国家出版基金项目

"十二五"国家重点图书出版规划项目

中国共产党先驱领袖文库

项英文集

（上）

人民出版社

项 英

（1898—1941）

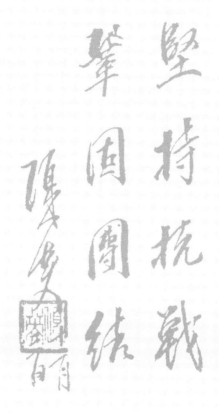

项 英

（1898—1941），杰出的无产阶级革命家，工人运动的著名活动家，党和红军早期的领导人之一，新四军的创建人和主要领导人之一。项英原名德隆，化名江俊、江钧。湖北武昌县（今武汉市江夏区）人。1922年加入中国共产党。在中共三大、六大上分别被选为中央委员、中央政治局委员。1926年至1930年期间，曾任湖北省总工会党团书记、全国总工会执行委员兼上海总工会党团书记。1931年后，任苏区中央局代理书记、中华苏维埃共和国临时中央政府副主席等职。红军主力长征后，任中共中央江西分局书记，中央苏区军区司令员兼政治委员，在赣粤边坚持游击战争。抗日战争时期，任中共中央东南局书记、新四军副军长兼政委。1941年3月，在国民党当局发动的皖南事变中，被叛徒杀害。

1931 年 11 月，中共苏区中央局委员合影。右起：王稼祥、毛泽东、项英、邓发、朱德、任弼时、顾作霖

　　1935年4月上旬，项英与陈毅在江西大余县长岭召开干部会议，对赣粤边区转变斗争方式、开展游击战制定方针，作出具体部署。这是长岭会议旧址

副军长项英

　　1938年1月4日，新四军部分领导人在武汉八路军办事处门前合影。左起：周子昆、张云逸、叶挺、项英、曾山

　　1938年1月，项英等新四军领导人同来自各游击区的干部在南昌合影。前排左起：张云逸、叶飞、陈毅、项英、黄道、涂振浓；后排左起：顾玉良、沈冠国、温仰春、曾照铭、李步新

1938 年，项英在安徽泾县云岭新四军军部读书时留影

1938 年 9 月，项英在延安参加党的六届六中全会时与陈云等合影。左起：项英、滕代远、潘汉年、陈云。蹲者为李富春

1938年9月，同中共六届六中全会主席团成员合影。前排左起：康生、毛泽东、王稼祥、朱德、项英、王明。后排左起：陈云、博古、彭德怀、刘少奇、周恩来、张闻天

　　1938年9月，项英在去延安参加党的六届六中全会期间，第一次、也是一生中唯一一次同女儿项苏云（左）、儿子项学成（右）在一起团聚。这是由国际友人马海德为他们拍的照片

1939 年春合影于皖南泾县云岭，周恩来（中）、叶挺（右）、项英（左）

　　1939年3月14日，周恩来视察新四军军部离开前，叶挺、项英和指战员们欢送周恩来时合影。前排一为周恩来，七为叶挺，九为项英，三为陈毅，四为周子昆，五为粟裕，十为邓子恢。前排站立者一为袁国平，二为李一氓

1939 年 7 月，项英主持召开的新四军第一次党代表大会在皖南泾县云岭附近树林中搭盖的草棚中举行。图为草棚中的会场

　　1939 年 7 月，新四军第一次代表大会主席团成员合影。前排左起：陈毅、袁国平、项英、周子昆、邱一涵、李坚贞、八为傅秋涛；后排左起：谭震林、三为曾山、五为卢胜、七为黄火星

1939年，项英（右）与陈毅（左）和中共东南局青年部长
陈丕显（中）合影

1939 年，项英在新四军军部机关举行的五四青年节纪念大会上作报告

《中国共产党先驱领袖文库》
出版说明

为纪念新中国成立六十周年，人民出版社决定，启动《中国共产党先驱领袖文库》编辑出版工程。

本文库所称先驱领袖，是指在新中国成立前就义或逝世的无产阶级革命家。他们均为中国共产党早期革命运动领袖，或为党的创始人，或为工人、农民、青年、妇女等运动的杰出领导人。他们与毛泽东、周恩来、刘少奇、朱德等一道共同组成了我党早期领袖群体，为党的发展壮大，为民族的解放，为新中国的诞生做出了不可磨灭的贡献。他们的光辉业绩将永载史册，他们的革命精神将永远值得我们学习、继承与发扬。

新中国成立以来，以人民出版社为主的相关单位曾陆续出版了一些先驱领袖的著作，为保存党史文献、弘扬革命传统做出了应有贡献。但由于各种原因，仍有一些先驱领袖的著作尚未整理出版。而已出版的著作，多数出版时间已较为久远，总体缺乏系统性，许多还囿于当时的政治环境局限及史料限制等而存在一些缺憾。有鉴于此，人民出版社决定，在新中国成立六十周年之际，组织出版《中国共产党先驱领袖文库》。将共和国成立前辞世的无产阶级革命家的著作集中整理并系统出版，这是新中国成立以来的第一次。文库的出版，对于推动中国共产党历史研究，推进马克思主义中国化、时代化、大众化，构建社会主义核心价值体系，建设社会主义文化强国，均具有重要意义。

本文库所收著作分为文集与全集两种。无论何种类型，均力求全面、准确、系统，并均经由中共中央党史研究室等相关部门审定。该工程得到了相关单位及专家学者的积极响应与鼎力支持，也得到国家新闻出版总署等部门的高度肯定与支持，被列为国家出版基金项目和"十二五"国家重点图书出版规划项目。

本文库从二〇一一年起分批陆续出版。

人民出版社
二〇一一年七月

目　录

郑覆他同志传略[*]

（一九二八年九月四日）

　　覆他同志，年二十六岁，浙江人。他是一个印刷工人。当一九二五年上海工人运动经过一个短时期的消沉而又重新勃兴起来，他就组织印刷工会，并加入中国共产党。"五卅"运动发生以后，覆他同志领导全上海印刷工人参加总同盟罢工与反帝国主义运动，并组织上海印刷总工会，被选为执行委员。

　　"五卅"罢工运动被资产阶级与帝国主义者妥协，勾结奉系军阀强迫工人上工，封闭上海总工会而失败了！上海工人运动遂转入秘密状态，覆他被派至上海市政工人群众中工作。上海市政工人（电车、电话、电灯、自来水、清道夫等工人）在"五卅"时虽有工会组织，至"五卅"罢工失败后完全瓦解，覆他同志亲身参入市政工人群众中，日与为伍，逐渐将他们秘密组织起来，并领导电车电气工人作经济斗争，均得着相当的胜利。后联合各种市政工人，组织上海市政总工会，覆他同志被选为委员长，同时建立上海三次暴动中最有力的一支主力军的基础，大都

＊　据中共六大档案中一份编写烈士传记的分工名单记载，本传略是项英同志写的。

是覆他同志努力的成绩。

一九二六年上海总工会改选，覆他同志被选为总工会常务委员兼组织部部长。此时北伐军已进到长江流域，全国革命最紧张的时候，上海总工会即准备北伐军抵上海附近时武装暴动，起来推翻奉系军阀在上海的统治，在准备武装组织与训练及工人代表会各种组织的同时，发动广大工人群众的经济斗争，以提高工人革命的情绪，覆他同志是亲身参加指导和计划这些工作的。每次暴动时，能动员数十万工人群众参加，这大都是覆他同志的努力和指导的成绩。在第二次暴动（筹备）前，上海总工会开会讨论暴动计划时，被租界捕房破获，覆他同志与其他同志一同被捕，但当时革命空气异常紧张，帝国主义者尚不敢对于他们加以危害，仅拘因于监狱，至三次暴动前即释放出狱。

上海三次暴动胜利，工会已得到公开自由后，其发展更为猛进，不到一月已组织成八十余万工人的组织。覆他同志此时负总工会组织部部长的责任，倘不遭蒋介石的屠杀，对于上海工会组织发展在覆他指导之下，定有伟大的成绩。

四月十二日，蒋介石残杀上海革命工人，覆他同志幸免于难，复被选为第四次全国劳动大会代表（在汉口开会），会毕被选为全国总工会常务委员。

上海工人运动自蒋介石叛变大屠杀工人之后，一切革命工会均遭封闭，代以官僚流氓的工会，但革命的工人群众并不由此而停止其秘密工会活动与斗争。当七月上海党部及工会机关被破坏，一切负责同志被捕，覆他同志又派回上海恢复工会与党的工作。上海工会运动自覆他同志与许白昊同志抵上海后，逐渐恢复而重新发展起来。上海总工会改组，覆他同志被推为总工会委员长，同时江苏省委改组，被推为常务委员。

上海总工会恢复后，即领导上海工人反对官僚工会（工会统一委员会）运动及各种工人经济斗争（电车大罢工，纱厂大罢工，印刷工人罢工，各种店员的罢工）。恢复了各种工人秘密组织，扩大了革命工会的影响，这都是覆他同志与许白昊同志努力的成绩。在每次斗争时，覆他同志都是亲身参加到群众中指挥一切。

一九二八年二月十七日，上海总工会召集各工会负责人秘密开会，覆他同志与许白昊、陈乔年等十余人一同被捕入狱，于同年五月二十四日与许白昊、陈乔年等同志同时被蒋介石命令钱大钧枪毙而牺牲了。

覆他同志是上海工人最真诚最勇敢的领袖，是中国共产党中最好的一个工人党员，他的牺牲固然使上海工人群众失掉了一个最好的领袖，但是他的精神却永远遗留于上海革命工人群众中！上海革命的无产阶级定能继承他的精神及用上海三次暴动的经验，起来以武装暴动的力量，打倒工人阶级的敌人——蒋介石！推翻反动阶级的政权！达到中国革命最后的胜利。

一九二八年九月四日

于赤都

许白昊同志传略[*]

（一九二八年九月二十四日）

　　白昊同志是中国共产党中一个最忠诚、最勇敢而能战斗的党员，同时又是中国职工运动中最好的群众领导者与先锋。

　　他是湖北应城县人，生于一八八九年八月四日，幼年就丧失了父母，依靠叔父生活，颇受婶母虐待。到了成年的时候，到武昌求学，最后在武昌私立工业学校学习机械科，因与家庭不睦，叔父不供给学费，遂不得已半途废学，来到上海，就其所学的知识入机器厂做工。后到杭州电机绸缎厂充当修机匠。此时正值五四运动兴起，一般青年学生因感受中国受国际帝国主义侵略，在政治上发生很大的紊乱，同时又接受了苏联十月革命的影响，一般爱国运动及文化运动同时高涨，白昊同志也是热烈参加运动的一个。最后一九二一年上海劳动运动初起，中国共产党开始由思想的研究小团体正式成立组织，并着手进行劳动运动，成立中国劳动组合书记部，作为向工人群众公开活动的组织。白昊同志即首先加入，到下年第三国际召集远东被压迫民族的代表会议，白

---

　　[*] 据中共六大档案中一份编写烈士传记的分工名单记载，本传略是项英同志写的。

昊同志被推为代表到莫斯科参加会议。

白昊同志参加会议后，更引起他对于革命运动的热忱与共产主义认识和信仰，而加入中国共产党，在上海努力参加工会组织与罢工运动。

一九二二年武汉工人运动自人力车夫大罢工胜利后，京汉、粤汉路工人亦相继成立工会组织，影响于武汉一般工人甚大。于是武汉工人运动呈现突进发展的现象。六月，白昊同志遂被党派至武汉工作，当他到了武汉的时候，正值汉阳钢铁厂为组织工会，被厂主与军阀萧耀南勾结，将工会用武力封闭而激起群众罢工，以表示反抗。白昊同志遂积极参加这次指导罢工的工作，颇得着全体工人的信仰，不久罢工完全胜利，工会恢复后，由群众推选为工会秘书。

武汉的工人运动，自汉阳钢铁厂罢工胜利后，更澎湃汹涌的发展起来。白昊同志除了在钢铁厂工会工作外，更积极地来发展各种工人的组织与领导各种工人的经济斗争。故不到三个月的时间，武汉共成立有二十三个工会组织，就联合这些工会于双十节（十月十日）成立湖北全省工团联合会。这种伟大的组织发展多为白昊同志的努力所致。他被选为联合会秘书，足见他在武汉工人群众中的信仰。

工团联合会成立后，武汉的工人运动更突飞猛进，斗争的剧烈也与日俱进。各种工人均次第组织工会。白昊同志当此工作紧张之际，每天差不多只能吃一次饭，真是"枵腹从公"、废睡忘食，取得武汉三镇四十万工人更深的信仰，后来联合会在一九二三年二月由干事会制改为委员会制时，他又被选为执行委员会的委员长。

当武汉工人运动突飞猛进之时，引起直系军阀吴佩孚、萧耀南大大的忌惮和恐慌，由放任态度转为极端压迫。遂借京汉铁路工人成立总工会的当儿，向工人进攻，禁止总工会在郑州开成立会，于二月一日工人及各省代表整队赴会场开会，用武装军警布满街道，阻止开会。当时，白昊同志领导武汉工会的全体代表与会，对于直系军阀的无理压迫十分愤激，遂率领所有的代表及工人并各地工会代表，以赤手空拳冲破军警的封锁线，直达预定的会场，宣布正式成立总工会。使吴佩孚大为震怒与恐慌，当即宣布郑州戒严，将全体工人代表驱逐出境。当时工人群众愤激万分。总工会决定于二月四日全路罢工，反抗压迫。白昊同志又领导湖北全省有组织的工人积极援助京汉铁路工人，并决定：如京汉路罢工不得解决时，全省工人一致罢工援助。二月七日，正值工团联合会代表大会在江岸开会，遂被萧耀南派兵包围会场，大肆屠杀，继而工团联合会亦遭封闭。白昊同志此时仍然很坚决地领导全体工人宣布总同盟罢工，反抗军阀的残暴。可是敌人更以全部的武装力量不断地向各种工人压迫，总同盟罢工遂相继失败，拘捕各工会首领。白昊同志当时虽幸逃出军阀之手，敌人仍四处严密悬赏通缉。

武汉工人运动自"二七"惨杀以后，一切工会均遭封闭，一切工作由公开转为极端秘密状况。白昊同志虽在这种严重形势之下，而自己又为敌人悬赏通缉，仍然留在武汉进行秘密工作，恢复各种工会组织，不断地引导工人作各种日常斗争。到一九二四年，因为经济困难，不能维持生活，白昊同志遂到汉口英租界电灯厂做工，下工后仍继续做工会与党的工作。未满一月即被敌人发觉，派侦探到厂逮捕，幸已下班未遭毒手。但未到二月

（五月）又被工贼告密，在寓所与其他同志数人同时被捕，即转押武昌陆军军法处。吴佩孚得知后，即命令用专车押解至洛阳（吴佩孚办公的地方），亲身审问数次，判决十年监禁。数月后，冯玉祥在北京倒戈。吴佩孚失败，白昊与其他同志数人得乘机出狱，仍回到武汉继续从事工会与党的工作。

武汉自白昊与其他同志数人被捕之后，工会与党的工作又遭打击而几至停顿，尤其是工会运动。白昊同志出狱后又重新建立工会工作与党的组织，领导汉口人力车夫大罢工及英美烟厂、英国电厂、火柴厂等五万工人的大罢工，这些罢工均为白昊同志所指挥，得到相当的胜利，还发展了秘密工会组织，同时又进行恢复工团联合会的工作。

当时就有一批工贼勾结国民党右派与军阀、厂主联合一气，企图窃取最有光荣历史的革命的工团联合会组织，作为欺骗工人群众的工具。白昊同志在工人群众中尽量揭破工贼们的假面具，亲自写一本《工贼与工团联合会》的小册子，暴露工贼们的欺骗行为及一切出卖工人阶级的罪恶，终将他们这种企图打破，使武汉工人不受改良派的流毒，白昊同志之力居多。随后，将工团联合会改组为"武汉工人代表会"，吸收工人中最激进的优秀分子参加代表会工作，而建立北伐军抵武汉时之湖北全省总工会的伟大基础。

一九二六年五月一日，中华全国总工会开第三次全国劳动大会，白昊同志由武汉工人推选为出席代表，并在代表大会中当选为全国总工会执行委员。

第三次劳动大会中决定全国工人援助北伐，白昊同志参加会议后回到武汉，即积极进行在工人中宣传与实际的准备工作，建立工人纠察队组织。当北伐军将抵武汉时，白昊同志在枪林弹雨中领导武汉工人扰乱敌军后防及破坏侦探等工作，北伐军遂得武汉工人之帮助，很快的占领汉阳、汉口，汉阳兵工厂及火车车辆均由武汉工人从敌军手中夺取下来交给北伐军使用。

武汉工人运动自北伐军抵武汉后完全公开，各种工人纷纷成立或恢复工会组织。不一月而有二十万工人组织成立。遂于十月十日正式将武汉工人代表会改组为湖北全省总工会。自湖北全省总工会正式成立后，湖北全省工人组织更突飞猛进的一日千里发展起来。组织有五十一万工人组织，几乎将全省工人组织起来了。总工会于一九二七年六月一日召集全省代表大会，讨论工会运动一切方针并改选委员会。白昊同志为全体会选为常务委员，白昊同志为全体工人所最信任之领导者，而委以执掌工会财政与工人经济斗争的工作。

湖北工会运动自公开后，不但组织上在很短时期中有了空前的发展，而且素在军阀、帝国主义与本国资本家严厉剥削和压迫之下，甚至还保存着奴隶的形式的店员手工业工人，均一旦得着自由的机会了，经济要求与斗争遂勃然地爆发起来了。当时，国民党主张对于工人斗争与要求暂缓发动，甚至要制止发动。总工会极力反对并积极赞助或领导工人群众的斗争，当斗争发生之后，一般资本家借国民党之政治势力与联合战线口号以减低工人要求，而白昊同志在领导工人斗争与资本家谈判中，均极力维护工人的利益，揭露资本家一般欺骗和狡猾行为。尤其是在订立契约时，他都能一字一句地为工人利益而力争，使武汉工人在经济上得着相当的利益。尤其是极力打破了在店员手工业者与其主人的奴隶关系，拥护女工的特殊利益。湖北全省工人运动遂得在这个时期建立了群众斗争的革命的组织及斗争发展的基础，白昊同志遂成了湖北全省工人唯一信仰的领导者。

一九二七年五月，在中国共产党第五次大会上，白昊同志被选为中央监察委员。

武汉国民党最后叛变后，一切革命组织工会均被解散，捕杀工人群众的领袖与革命分子，白昊同志自然是一般反革命者所最仇视的人，当然不能在反动势力之下生存。一九二七年八月由党派他到上海总工会作指导工作。

白昊到上海后，即领导上海工人与反动的政府工会斗争（与国民党的工会统一委员会斗争）及纱厂工人大罢工与各种经济斗争发展，使上海革命的工会运动遭受反动的国民党最残酷的大屠杀之后，又重新逐渐恢复和发展起来了。

白昊同志到上海工作不到三日，即将上海总工会与群众关系、秘密工会又得绝大的发展，在这种发展的进程中，不料于今年（一九二八）二月十七日正值上海总工会召集各工会负责人秘密会议之时，被英帝国主义者的侦探（英租界巡捕房）查获，全体被捕，翌日即转解到淞沪戒严司令部。当时因为蒋介石与桂系冲突，争夺上海地盘（当时戒严司令为桂系之军阀熊式辉），故未将白昊同志等即刻枪毙，暂监禁于狱中，以后蒋介石将上海地盘从桂系之手完全夺来之后，即命令钱大钧将白昊同志及陈乔年、郑覆他同志于五月二十四日枪毙。死时只有三十九岁，遗有一女，年二岁。其弟年十五岁，是共产主义青年团员，同于当年在武汉被桂系军阀枪毙而牺牲了。

白昊同志的一生，是为中国无产阶级谋解放而努力奋斗。他是最刻苦耐劳而最勇敢忠诚的共产党员。他是中国工人群众中最能干的勇敢的战斗员与先锋。他是中国一切反革命者最仇视而欲杀害的,终至被军阀蒋介石枪毙而牺牲了。

白昊同志为中国无产阶级谋解放而牺牲了,为实现共产主义运动而流血了!中国无产阶级及一切劳动群众,更因为他的牺牲与流血而激发他们的阶级觉悟与阶级斗争的勇气,以打倒他的一切敌人,而完成中国革命!

一九二八年九月二十四日

于赤都

工人运动的发展和工会工作

（一九二九年二月）

全国工人阶级斗争发展的形势

全国工人阶级，在过去虽在极端白色恐怖之下，受了很大的打击，但是对于反动势力进攻的反抗，还是不断地发生。在最近一年来，工人阶级斗争的情形，已逐渐向前发展，表现复兴的形势。这种原因：一、工人群众在资本家严厉进攻之下，生活状况日趋恶化，几乎不能生存，因受生活的压迫，要起来争斗；二、工人阶级虽经白色恐怖，将工人革命的斗争一时压迫下去，但现在已经有相当时期的休息，斗争的力量和情绪又逐渐恢复起来；三、帝国主义的凶横，国民党无耻的卖国，对于群众的压迫和欺骗，激励了工人阶级革命的情绪，因此工人阶级斗争，在这种情形之下逐渐开展起来。现在分述如下：

一、国民党三次北伐前后工人斗争的情形

国民党自反动后，借口"清共"及军事时期，巩固后方，

来无情地压迫工人，拘捕和屠杀工人中的革命分子，以御用工会来牵制工人的行动，广东、武汉甚至解散一切的工会。全国工人群众在这情形之下，表现暂时消沉的状态，但是上海的工人群众的争斗，自"四·一二"以来并未停止，反抗国民党的压迫，工统会、工整会的无耻欺骗和压迫，更激起工人不断的斗争，特别是对于资本家进攻的反抗。以至北伐将开始时，国民党宣布停止民众运动，禁止罢工，但是上海工人群众的斗争和罢工并未因此而停止。从一月至四月罢工有三十五次发生，打破国民党对于工人压迫的命令，不过当时斗争的主要群众，是店员、手工业的工人，产业工人因为过去受摧残最重，工会组织多半瓦解，即或有工会的，又为工贼流氓所把持，很少有斗争发生。其中曾有一次六万人的丝厂大罢工发生，反抗警察殴毙工人，后因工整会的压迫，强迫上工，可是这一斗争并未停止，以后又为要求发给罢工工资及惩办警察，不断地发生两三次的总罢工，这是在国民党反动后第一次大罢工了。后北方战争已发动，国民党更借口军事时期，防止奸人捣乱后方，禁止一切罢工集会，来制止工人的斗争。

附表　一九二八年一月至四月上海发生罢工事件统计表
（据上海社会局的调查统计）

月份	罢工次数	罢工人数
1	7	10，812
2	8	7，265
3	8	65，113
4	12	4，670
共计	35	87，760

二、"五卅"惨案发生，全国工人
群众的愤慨和斗争的开展

"五卅"惨案发生后，上海及全国工人群众非常愤慨，自动的起来组织各种反日的团体，演讲示威，特别是上海工人群众，有一百余工会起来组织反日会，发宣言，组织讲演队，到各区讲演，并决定开全上海工人大会，全市罢工一天，举行示威，而无耻卖国的国民党，自"五卅"惨案发生以后，提出和平交涉，提交国际联盟会议办理，借口防止奸人捣乱后方，禁止集会结社，同时借口集中力量，取消一切反日组织，归并在市党部所御用的反日会，特别是对于工人的行动，更加严厉禁止，甚至有违反者以军法从事，当时工人群众目睹国民党无耻卖国，投降帝国主义，压迫群众反帝运动，非常愤慨，在一次反日代表大会中曾提出打倒国民党、工人直接起来行动等口号。在工人群众中也自动起来游行示威，打日本人（如杨树浦工人打日本人等）。后来因为黄色工会一般领袖（如邮务沈天生、陆京士等）的妥协与国民党勾结一气，将反日会无形解散，遂使轰轰烈烈的工人反帝运动受此打击，但是一般工人群众，由此更加将斗争的情绪激发起来，各种工人的经济斗争，遂开始发展起来，全国各地反日运动，也因为国民党的压迫、制止工人的行动，把持一切反日组织，同样变成他们御用的东西。

工人阶级自"五卅"惨案发生后，群众斗争的情绪提高，到"五卅"三周年纪念的时候，上海的工人群众有数千人到南京路游行示威等，而帝国主义亦不敢十分压迫，还有未停工的工人，则在工厂关车举行纪念，可见当时工人群众的革命情绪。上海工人的经济斗争，遂继续不断地发生了，罢工是逐月增加，斗争的范围也逐渐扩大（参看下表）。如估衣业店员的罢工与熟货业的罢工，并引起上海各工会的援助，后来组织被压迫工会联合会等。其他各业工人斗争不下百余次，继续不断的发生，而影响全国的邮务工人大罢工也继续发生了。在江西景德镇有几万瓷业工人的大罢工。广州的自来水、兵工厂、电灯厂、铁路，都有斗争发生，虽被李济深武力压迫下去，也可见广州工人自暴动失败后，在极端白色恐怖之下，开始作斗争起来了。北方铁路工人索薪斗争是每路都有。

其他各地工人斗争，当也不少，可惜无详细材料，无法报告出来。

附表　一九二八年五月至九月上海罢工事件统计表
（五、六两月是据社会局的统计，以下是据上总统计的）

月份	罢工次数	参加人数
5	7	2，492
6	4	66，095
7	14	7，697
8	15	18，102
9	14	9，755
共计	54	104，141

三、上海邮务罢工后全国工人的
斗争是开始复兴的形势

　　上海邮务工人二千五百余人于十月二日大罢工，更表现工人的斗争是向前。原来邮务工人的斗争发生甚早，酝酿数月，均被黄色领袖陆京士、沈天生等，始而用恐吓手段（如前年广州暴动时，邮务工人要罢工，陆、沈等以罢工是帮助共产党、是共产行为来恐吓，将罢工制止），继而用延挨政策（如和平交涉、派代表到南京请愿等）来和缓斗争。但自"五卅"惨案以后，上海工人斗争的发展，邮务工人的斗争情绪更加增高，使黄色领袖鉴于群众的情绪不能再遏，亦恐众怒难犯，不得不赞成罢工，乘机攫取罢工领导机关，再来设法从中破坏罢工。自邮务罢工，国民党恐惧非常，一面与帝国主义勾结，用武力威吓，同时以欺骗方法，什么"维持国家交通"、"维持党国威信"这一类肉麻的话，并驱使其走狗商务印书馆六工会的领袖来劝邮务工人复工。在罢工的领导权落在黄色领袖手里的邮务罢工，加以内部群众组织还不十分坚强，黄色领袖遂得大施其妥协方法，出卖罢工的手段，为国民党尽忠效劳，用威迫劝诱的方法，无结果的先行复工，再行提出条件。这一个伟大的罢工，就是这样结束了。

　　（一）上海工人的斗争是继续向前发展

　　上海工人的斗争自邮务罢工后，各业工人的斗争更加发展起来，不久时期（十一月二日）又发生法电全体工人大罢工。法电的罢工的发生，是工友吴同根被法国水兵杀死而引起全体工人的愤慨，起而反抗，并提出要求。准备罢工，后被市党部社会局与上海青帮头子杜月笙同法帝国主义勾结一气，用威吓欺骗将吴同根案解决，至于工人要求，由社会局负责调解；同时市党部派其走狗洪东夷、刘云等借口来拦阻工会，其实鉴于工人斗争情绪的激昂，借此来防止工人的罢工发生。可是迁延数月之久，不仅工人要求没有解决，连答复都没有了；社会局和市党部只有一味迁延欺骗，说什么"尊重国体""和平斗争""服从社会局市党部"的话。但是时日过久，工人群众已知其欺骗，并已知和平交涉之不能解决，只有直接行动（罢工）才能取得胜利，于是酝酿很久之罢工，遂于十一月二日实现了。

国民党见工人斗争情绪不可制止，欺骗方法已被工人识穿，遂改变方法，扬言赞成罢工，勾结工会中妥协分子和工贼，把持罢工委员会，用封锁政策，禁止法电工人与上海革命的工友相接近，假借工友会议，每日宣传三民主义来麻醉工人，罢工会不开会，罢工中各种组织（如纠察队、宣传队等）不进行或是只有名义存在，使它不发生组织作用，以削弱群众斗争力量。随后，造谣、恐吓，以涣散群众情绪，在会议中有发言者，或提出质问者，即诬为共产党，与对付邮务罢工同样的，驱使七大工会的走狗，表面借援助名义，派代表帮助工作，其实进行破坏罢工工作。他们的政策是领导罢工来破坏罢工，同时与杜月笙及法帝国主义勾结一气，欺骗工友，说条件已确定，强迫上工。可是群众上工后，法国资本家不但没有承认条件，反变本加厉压迫起来，工人群众到此时才知道受骗，于是第二次罢工又发生，经过十四日之久，国民党的走狗刘云又勾结工贼华志勇、陈茂林等用欺骗手段复工了，但是条件仍未得着解决。当时一般工人群众已知受国民党的欺骗，已喊出打倒国民党的口号。最后工友第三次的罢工，才得相当的解决（详情见全总出版之"工人宝鉴"第二册）。在这次罢工中，上海一般工人群众组织的工会，都尽力起来援助，可是被国民党阻挠，不得与法电工人见面；同时勾结巡捕房将工会组织的后援会解散，拘捕二十余人，这都是国民党破坏罢工、压迫工人的勾当。

在法电罢工时，有金银业工友为工会职员被资本家与官厅勾结而被捕，全体罢工反抗。华商电车工友已提出条件斗争，英界电车提出条件要求，亦得相当胜利。接连有棉织工人的罢工，中国造灯厂罢工，邮政局快信工人罢工，商务印书馆的怠工，新新公司大罢工，英美烟厂罢工，沪宁、沪杭铁路工人要求加薪的斗争，南洋烟草公司浦东分厂工人反对停工的斗争，最近内外棉七厂的罢工，吴淞兴华纱厂罢工等，不断地发展起来，形成群众斗争向前发展的形势。

在江苏外县的工人斗争亦有发生，如徐州因警察打死车夫三人，引起全埠工人总罢工五日，苏州绸缎业染坊工人罢工二十余日等。

附表　一九二八年十月至十二月上海罢工事件统计表
（据上总统计调查）

月份	罢工次数	参加人数
10	13	9，078
11	22	11，587
12	16	22，237
共计	51	42，902

（二）北方工人的斗争正开始向前发展

北方工人的运动，自国民党军打到北京以后，改组派遂利用党部在工人中大施其活动，组织北京、天津总工会及唐山铁路工会等组织，在工人中极力宣传改良主义，以利用工人的组织，以为他们上政治舞台的工具，所以虽然组织了工会，亦不愿工人有斗争发生。但北方工人斗争发展是由上海邮务工人罢工后，遂影响到北京邮务工人起来响应，并提出要求，其他工人的斗争也发动起来，北京电车工人为军人不买票殴打工友发生罢工，电灯工友要求加薪的斗争，天津英美烟厂提出要求四条（失业复工、开除工人及招添工人须得工会同意、厂主负担工人学校经费、每月加工资三元）并发生罢工，裕元纱厂为要求吃饭时间在厂关车，又有地毯工人的斗争。而平奉铁路工人提出要求，反对局长斗争已开始，并酝酿全路总罢工，北方工人运动数年来均在北洋军阀压迫之下，生活痛苦到不堪的地步，目前斗争，只有更加扩大的向前的发展起来。

北方铁路工人在军阀直接管理之下，拖欠工资，有的到十余月，各路工人对于索薪运动的斗争是普遍的发生。

（三）汉口反日大罢工

武汉工人阶级自国民党最后反动后，大遭军阀的屠杀，到桂系军阀掌握武汉政权以后，更变本加厉来屠杀，动辄以共产名义任意屠杀工人，绝对禁止集会结社，凡是工人群众的组织，都视为共产党的行动，武汉工人在此种情形之下，无异遭受一大厄运。但自"五卅"惨案发生，全国工人斗争的发展，使武汉工人受此影响，其革命情绪又活跃起来了，所以日本水兵杀死车夫水杏林事件发生，工人群众的革命情绪激发，遂发生汉口日〔租〕界工人的大罢工（据报告参加者有八千余人）。虽然这次罢工在形式上是桂系所指示之下的党部所领导，桂系军阀表面也赞同这次罢工，这不是桂系军阀贸然改其军阀反动的行动，领导工人罢工、反对日本帝国主义，而是因为其主人（英帝国主义）的指示。原来英、日帝国主义的冲突，自"五卅"惨案后已更加尖锐，如指使其工具在中国发展其势力（详见报告第一段），因此，桂系在这种情形之下来利用这次罢工，以效忠于英帝国主义，更可利用这次罢工在政治上以对待他的政敌——蒋介石。同时，因为工人群众的革命情绪的激发，桂系军阀知道简单的压迫是不能成功的，遂采用改良欺骗的方法来消除群众的革命情绪，这也是反日大罢工的发生原因。

因此，罢工发生时，即被桂系一般走狗将罢工会把持，只提出惩凶、赔偿、道歉——中国外交上惯例的卖国骗人的条件，不敢提出收回租界，更不敢喊打倒帝国主义的口号，当然更不愿意提出工友的要求。虽然有纠察队，但不敢武装起来，并且主张和平的抵制，所以屡次被日本水兵将纠察队及工友拘捕毒打，使工人大受其苦。虽然在这种情形之下，工人群众现在已罢二月余，仍然坚持，可见其革命精神。虽然这一次罢工被桂系军阀所操纵把持，但使一般工人革命的精神是充分表现出来了。

（四）广东、香港的工人争斗也呈活跃现象

广东的工人运动，自广州暴动失败，同武汉一样的在桂系军阀铁蹄之下，就是从前反动的机器工会也遭解散，可想见该地的反动情形。在"五卅"以后，工人的斗争已逐渐开展，自电灯局、铁路工人斗争后，继有油业工人反对减人的斗争、面粉工人为厂方取消下栏工作钱的斗争、车衣女工的斗争、汽车工人的罢工、佛山油业工人反对开除工人而罢工、轮渡工人反对剥削的斗争，东莞、石龙的长生店工人要求加薪斗争，西江肇庆建筑工人的斗争。其余南路海口，北海以及英德、韶关等地工人，亦有零碎的罢工发生。

香港是英帝国主义在华统治的根据地。香港工人群众自"五卅"惨案后，已逐渐开始活跃起来，群众的斗争，如水师工厂斗争，织造女工反对工厂的苛例，太古糖房工人反对开除工人，金银工人反对虐待的斗争。自该地邮务工人发生加薪斗争后，更加发展。虽然一些斗争尚属零碎，但是已经将沉闷很久的工人群众推向前进，将来斗争的发展是无疑地向前发展起来。

附表　香港十一、十二月工人斗争调查表

业名	原因	要求	参加人数	斗争方式	结果
冯祥树胶	反对炸伤工人	要求抚恤	未详	未详	胜利
冯祥树胶第二次	作不好不扣罚，鞋底破坏不扣，电油不盖不扣	未详	未详	胜利	
太古漆务	反对减少工资一元减二毛，八角减二毛		未详	包围工厂	无结果
太古漆务第二次	反对西人打伤工人		未详	未详	相当胜利被打工人复工

业名	原因	要求	参加人数	斗争方式	结果
电厂	反对送礼扣一元半钱给西人	未详	未详	胜利	
邮务	未详	未详	失败		
四海酒楼	反对工头	要求花红加薪等	未详	未详	胜利
大兴织造厂	反对虐待	未详	罢工	失败	
棉艺织造厂	反对扣工钱及工头虐待工人	未详	打工头	工头屈服	
金星织造厂	反对开除工友	增加工钱改良待遇	未详	未详	胜利
民福织造厂	反对开除工友	未详	未详	胜利	
太古船厂	反对工头任意开除工人	以后不得开除工人	未详	未详	胜利
九龙船厂	反对猪仔头	未详	未详	失败	

　　其他各省工人争斗，已在开始发展，如厦门的锡工、煤炭工人、运输工人和船夫子，浙江杭州的纺织业工人，萧山、湖州的丝厂工人，宁波的纱厂工人，都有小的斗争发生；山东淄博的矿工有一次罢工发生。

附表　一九二八年下半年上海各业工人斗争比较表

业别＼月别	7	8	9	10	11	12	统计
纱厂	10	8	0	3	3	2	26
丝厂	1	2	1	2	2	0	8
烟厂	1	5	2	3	0	5	16
蛋厂	0	0	0	0	1	1	2
火柴	1	0	0	2	0	1	4
造灯	0	0	0	0	0	1	1
烛皂	0	0	1	0	0	0	1
制麻	1	2	1	0	0	0	4
制砖	0	0	1	0	0	0	1
金属业	1	1	1	1	0	1	5
市政	1	1	0	1	4	3	10
铁路	3	0	0	0	1	0	4
码头	0	4	0	1	1	5	11
海员	1	0	0	0	0	0	1
手工业	10	7	11	10	14	9	61
印刷业	0	1	3	2	10	3	19
店员	3	3	4	5	2	4	21
公仆	0	0	0	1	0	0	1
统计	33	34	25	31	38	35	196

附表　一九二八年下半年上海各业工人斗争原因统计表

月份	原因	7	8	9	10	11	12	统计	百分率
资方的进攻	资方破坏条件	3	4	6	3	5	1	22	
	开除工人	5	8	3	4	3	8	31	
	禁止组织工会，拘捕领袖	2	2	2	0	3	3	12	
	资方关厂，减少工作	3	2	1	1	1	3	11	
	增加工时	0	1	1	0	0	0	2	
	加重工作	1	1	1	1	0	1	5	
	减少或克扣工资	2	3	0	2	2	1	10	
	克扣红利及储蓄金	1	0	1	0	0	0	2	
	取消米贴	1	1	0	0	0	0	2	
	滥罚	1	2	0	0	0	0	3	
	包捐人舞弊	0	0	1	0	0	0	1	
	待遇恶劣	4	3	2	1	1	2	13	
	共计	23	27	18	12	15	19	114	32
工人之反攻	要求签订或改订条件	2	2	8	9	0	5	26	
	加工资	11	10	11	9	17	12	70	
	要求星期赏工贴花红	4	2	1	1	3	1	12	
	要求改良待遇	12	4	10	7	9	3	45	
	要求减少工作时间	3	2	1	1	3	0	10	
	要求开除洋走狗	3	0	0	0	0	0	3	
	要求减少车租床费	2	0	0	0	0	0	2	
	要求减轻工作	1	0	0	0	1	0	2	
	要求打破包工制	1	1	0	0	1	1	4	
	要求不中断工作	0	0	1	0	0	0	1	
	要求安插失业工人	1	2	1	0	0	0	4	
	共计	40	23	33	27	34	22	179	60

月份\原因		7	8	9	10	11	12	统计	百分率
其他	打倒工贼	0	0	0	0	0	1	1	
	帮口冲突	0	0	0	2	0	1	3	
	共计	0	0	0	2	0	2	4	8
统计		63	50	51	41	49	43	297	100

现在总结起来说，全国工人的斗争在这一年中逐渐向前发展起来。其发展的趋势，概括如下：

一、发展的瞬段："五卅"惨案发生后，全国工人的斗争开始活跃起来。到了上海邮务罢工，一直到现在，全国工人的斗争，继续向前逐渐走向复兴的形势。

二、发展的形势：在"五卅"前后，斗争尚偏于上海及店员手工业工人方面，以后逐渐发展到全国及产业工人方面。直到现在，是在继续地发展。

三、斗争的性质：当然是多偏于经济方面的，这是工人斗争由开始复兴的必然形势。

（五）全国工人斗争中的弱点

全国工人的斗争是在继续向前发展，逐渐走向复兴的形势，但在斗争中还表露很多的弱点，这些弱点在工人斗争开始走向复兴形势的时候，若是不能逐渐消除，也能妨碍斗争的很快向前发展，这是我们应该注意的。特别指出如下：

一、在全国工人的斗争，大多数是自发起来的，特别是在广东、香港、北方、其他各省，就是上海的工人斗争也是多数缺乏斗争组织的力量，偏于部分斗争居多，因此，表现零碎斗争的形成，尚不能形成广大的斗争向前发展。

附表　上海各业工人斗争中领导力量的比较表

月份	斗争次数	上总	黄色工会及党部	自发	不明
七	30	10	3	17	
八	33	11	5	17	
九	24	9	5	10	
一〇	29	7	1	21	
一一	37	23	0	10	
一二	34	10	9	15	
共计	187	70	23	90	4
百分率	100	37	12	49	2

二、因为缺乏组织的力量，在斗争中又很少能扩大组织的力量，因此使斗争本身不能继续发展，表现时起时伏的现象，许多斗争遭失败。

附表　斗争胜利失败的统计表

月份	斗争次数	完全胜利	相当胜利	失败	妥协及无结果	未解决	不明
七	30	5	9	6	4	无	6
八	33	11	4	6	10	无	5
九	24	5	4	2	8	无	5
一〇	29	2	4	6	7	5	1
一一	37	11	11	2	4	10	无
一二	34	7	4	4	7	8	4

月份	斗争次数	完全胜利	相当胜利	失败	妥协及 无结果	未解决	不明
共计	187	41	36	26	40	23	21
百分率	100	25	19	13	21	11	11

三、在这些自发的缺乏斗争组织力量的斗争中，主要是缺乏赤色工会的领导，因此，不能使这些斗争得着胜利的保障和有力的扶持，大部分在黄色工会领袖领导和国民党影响之下（特别是北方的斗争及其他各省），只有使斗争失败的居多。甚至在反日运动中，及最近汉口对日大罢工斗争及全国反帝运动领导权，完全被买办地主资产阶级的国民党所把持，更使许多革命的斗争走到妥协的道路；使革命势力不能迅速的向前发展。

四、一般工人群众受生活的压迫，需要起来斗争，但是在革命失败后的恐惧的心理，仍未完全消除，因此不敢直接起来斗争，使改良主义及黄色工会乘机大活动起来，大多数群众都受这种影响，特别是一般工人中的领袖分子，不免走上合法运动道路的倾向，增加对于国民党的幻想。

附表　上海工人斗争形势的比较表

月份	斗争 总次数	罢工	和平交涉 请愿仲裁	群众 直接行动	厂方让步	厂方自 动加资
七	30	14	12	2	3	
八	33	15	12	3		
九	24	14	9		2	4
一〇	29	13	13		2	4

月份	斗争总次数	罢工	和平交涉请愿仲裁	群众直接行动	厂方让步	厂方自动加资
一一	37	22	11		1	
一二	34	16	11	5	3	
共计	187	94	68	10	11	4
百分率	100	50	37	5	6	2

赤色工会运动的工作及其工作的缺点

赤色工会运动，自国民党叛变后，一切反动势力联合进攻以来，受了很大的摧残，不仅完全失掉了公开的地位，陷于极端秘密的状态；在不断的摧残当中，虽非赤色工会的组织，稍带革命色彩的群众组织，亦遭压迫。发现赤色工会的会员，不是杀戮，就是监禁。这一年来赤色工会的工作达到极端困难地位，赤色工会的组织也缩小到了极小的限度。

赤色工会当国民党反叛革命后，不久的期间，各地赤色工会均遭封闭，赤色工会的领袖和革命分子，不是遭枪毙，就是拘捕监禁，或被通缉，流亡于外，赤色工会的组织遂完全瓦解，随后虽在严重的白色恐怖之下，仍然继续恢复，或建立赤色工会的组织和工作，但在恢复或建立工作中的继续不断的受摧残，使赤色工会组织随起随灭，遂至有许多地方（如武汉、湖南、广州）到现在赤色工会的秘密组织都很困难的建立起来。因此，全国赤色工会的范围是缩小了很多。

一、赤色工会运动的概况

以前赤色工会在产业工人中最有基础的是海员、铁路工人。但海员运动自国民党叛变以后，一般工贼遂乘机攫取海员总工会的招牌，或另组织其他名义的工会，赤色海员工会完全陷于秘密工作状态，工作范围只限于香港、南洋及上海三处，至于武汉、天津、潮汕、广州等地，都无组织和工作关系了。就是以上三处，也只有香港、南洋稍有群众组织的基础，上海的工作是非常的微弱。赤色工会的会员，大部分是太平洋航线的外洋船上，基本组织有的不大健全，有的尚未形成组织，分散于各船上。因此，赤色工会的组织，在群众中还不能有如何领导的作用。

铁路工人运动自"五卅"后，国民军的失败，铁路工人运动又遭打击，公开组织遂瓦解，一直到北伐军抵武汉时，还没有工作；至国民党背叛革命时，在北方的铁路工人运动更加停顿。后来虽曾经恢复工作，而没有成绩，在不久以前，才开始整顿铁路组织，开始进行各路的工作，尚无大的成绩。在广东、两湖的铁路工人运动受白色恐怖而停顿。总之，铁路工人，在过去工作没有积极来注意发展这一工作，使有历史关系、群众基础的铁路工人运动，反而无甚工作，这是非常错误的地方。

重要城市的工人运动，第一就是上海。自"四·一二"以后，赤色工会的工作虽然继续进行，因为工作方法不良，不能使赤色工会有广大的发展，虽领导了不少的群众斗争，还不能建立在群众中真实的群众基础。上海的赤色工会运动在过去的重要群众基础是纱厂工人，目前纱厂工人群众中黄色工会的组织不大发展（因为大部分的纱厂没有工会组织），但是赤色工会的组织虽有少数会员是分散在纱厂工人群众中，仍然是一种秘密状态，很少能在群众中起领导作用。其他重要的五金工人（兵工厂、造船厂、铁厂）还没有赤色工会的组织。码头工人及市政工人都很少有组织的建立，只有电车工人有组织关系。其余大部分是在公开的手工业、店员和印刷（特别是店员）工会中，上总可以影响和指示他们的工作和斗争。上总虽在群众中有相当的关系和影响，但是赤色工会的群众基础和群众组织，还是十分微弱，还不能与群众建立赤色工会的组织关系，工作多偏于店员手工业方面，忽略了主要的产业工人的工作。

香港的赤色工会运动，也是数月前才恢复工作的。群众组织在船厂工人群众中虽有秘密群众组织，但都是人数很少。其他工人群众中也有点秘密组织，或是借其他灰色的名义来组织。以上的组织，在群众中领导作用都非常薄弱。目前，虽将以上的秘密组织联合起来，发起组织香港工人代表会，但是正在筹备中。

广东内部各地的赤色工会运动，都没有工作的发展。

天津的赤色工会工作，以前多半忽视，到现在才开始，但没有什么大的发展。

唐山的工作，在矿工及铁路稍有点工作，但是组织和力量都是薄弱的。

江西的景德镇，在磁工中有点工作和组织的关系。其他各省各县的赤色工会的工作，不是因为环境困难进行，就是没有注意这一工作。总之，赤色工会运动，虽因环境关系，在工作上发生许多的困难，但是工作的观念和工作方法的不好，也是使赤色工会的工作不能有大的发展的一个原因。

二、赤色工会运动在工作上的弱点

赤色工会运动，在过去公开工作时代，在形式上虽取得了广大的产业工人、手工业工人及店员等群众，但是在工作中没有造成在组织上的骨干，没有造成与企业中工人之密切关系，同时也没有充分训练出工会干部人材；工会中缺乏民主化，还未吸收广大工人群众来参加工会工作，只形成少数的一部分人来包办工会，以命令方式来指挥群众，使工会组织未真能成工人群众的阶级组织，遂使一般工人群众对于工会没有正确的认识（认为是少数人代群众谋利益的组织，不是群众自己的组织等）。

过去赤色总工会虽领导了许多伟大的革命斗争，但未能充分注意工人切身的经济利益的争取，遂使一般工人群众对于工会认为是政治的组织，养成群众依赖政治的观念。因此，这些缺点给予工人群众的影响，直到现在还存留在群众的脑筋中，遂使黄色工会在工人的这些弱点中大施其活动来骗取工人群众。

三、目前赤色工会运动的主要缺点，概括地指出如下

（一）在极端白色恐怖之下，赤色工会的活动又陷于极端秘密状态，只是保持上层的组织，在群众工作上和组织上更运用委派制度，偏重空架机关式的工会组织系统建立，不能深入群众，与群众关系更加隔离起来。赤色工会的组织和工作，仍归少数工会运动者来包办一切，不能逐渐扩大到广大群众中去成为群众斗争的组织。

（二）在斗争时，不能用宣传鼓动方法来动员广大群众起来，不能运用工会组织来推动群众起来斗争，完全采取脱离群众的方法强迫群众，命令罢工，用红色恐怖的政策对付工贼。

（三）忽视工会经常工作，特别是组织工作，忽视日常斗争的发动和领导，往往企图大的罢工。做工会工作不能建立在群众实际生活关系上面，逐渐脱离了群众，形成群众外的组织。

（四）在斗争时不能正确估量客观条件和主观力量来领导群众斗争，斗争的口号不是过高就是太多，以致在客观环境上不能达到胜利而遭失败，甚至溃散，将工会的组织基础完全瓦解。

（五）不了解赤色工会利用公开活动的策略来扩大群众的组织和斗争，限于极小范围的秘密活动。有的运用公开活动策略时又走到合法道路，遵守国民党一切限制工人的办法，不敢领导群众起来，如注册登记、开会事前报告，以及听其派人来改组工会、不罢工、经过劳资仲裁等等，走上合法运动的道路，使群众增加对国民党的幻想和合法的倾向，这是过去工作最大的错误。

（六）简单偏于组织方面和平发展，不了解在斗争中来发展和扩大工会的组织和工作，甚至发生先要建立组织然后才能领导群众斗争，完全走上和平发展的道路。

（七）过去的工作，多避难就易，不肯艰难困苦去进行群众工作，只注意公开的手工业、店员工会的工作，忽视重要产业的工作，如铁路、矿工、五金、市政等等，更使赤色工会的基础更为缩小。

（原编者按：摘自一九二九年二月项英同志在中华全国总工会第二次扩大会议上的报告《过去一年来职工运动发展的形势和目前的总任务》，文字略有删改）

国民党反动统治下
工人阶级的生活状况

（一九二九年二月）

反动势力对于工人阶级进攻的形势

国民党自一九二七年反动以后，与帝国主义及一切反动势力联合，积极地向工人阶级进攻。其主要的政策是用极端的白色恐怖来对待工人阶级，不断地屠杀、拘捕工人群众中的革命分子，以消灭肉体来对待工人中的革命领袖。去年（指一九二八年——编者）一月至八月的工农被屠杀者将十万人，内中仅有二万七千六百九十九人是正式宣布"罪状"的，现在关在监狱内的还有一万七千二百人左右。虽然反动势力以这种残酷的手段来对付工人阶级，仍然不能消灭中国工人阶级的革命行动，……相反更促进他们的反抗，特别是在"五卅"惨案发生后，工人阶级革命情绪的激发，使蒋介石及汪、陈派不得不采用改良主义的欺骗方法来缓和群众的革命行动，麻醉工人群众，来消磨群众的革命性。帝国主义在世界欺骗工人的走狗——国际劳工局长汤麦氏这时也亲身来华，以欺骗世界工人的经验来对付中国工人群众及告诉中国资产阶级一些欺骗方法。这种欺骗方法到现在虽在群众中发生一些影响，但不能消灭群众的革命斗争，最近的工人群众斗争的发展就可证明。

至于革命工会老早封闭殆尽，稍有革命行动的工会亦禁止存在。反动统治者首先以改组工会的名义，建立御用的官僚、工贼工会，以钳制工人的行动，可是屡遭工人群众的反抗，已不发生作用；在"五卅"惨案前后，又以工会整理委员会的名义重整旗鼓，以改良欺骗方法在群众中发展黄色工会的组织，规定一切工会须在国民党部和政府登记，一切行动都要经党部许可，企图用法律来钳制工人组织工会的自由，以和平的合法的方法来代替工人的直接斗争，以劳资合作代替阶级斗争；委派国民党员改组斗争的工会，派遣秘书，把持工会的会务，如铁路工会；对于稍有革命性的工人群众，仍是以白色恐怖的手段对付（如最近在河南丝厂拘捕四百余人等）。这正是反动统治者目前对付工人阶级的策略。

中外资产阶级运用反动的政治武力，加紧对工人进攻，不仅在"共产时代"工人由斗争中所争得的条件，取消殆尽，工人中的革命分子被大批开除，并且中国资本家更借口整顿生产发展实业，以加重工作，增长时间，减低工资，大批开除男工，代以童工、女工，加紧剥削，至于压迫苛待，更是不堪言了。

反动势力进攻下的工人生活状况

目前工人阶级的生活状况，一般的来说，是一天比一天的恶化了。为了更能实际了解工人生活状况起见，分述如下：

一　工资减低

工人工资是日渐低落了。一般工资的低落，有两个原因：第一，自国民党反动后，工人在所谓"共产时代"所争得的条件，被资本家利用他们反动的政治势力，完全推翻了，工人的工资，不独没有增高，并因此减少。自"四·一二"以后，上海工人的工资，是减低了，特别是过去有很长斗争的纱厂工人的工资。斗争最激烈的广东、武汉，这种现象更加厉害。据报纸所载武汉工人工资，能照所谓"共产时代"维持原状的，只有十分之二，十分之八是减低了，如去实际考察，无论如何，在武汉方面工人的工资总有十分之九是减低了的，只有很少数的维持原有工资（银行职员）。广州建筑工人的工资，由九毛半减至七毛，油业工人工资被厂主减了三次，印务工人反对减少工资曾斗争一次，而且工人的工资，均由资本家自定，定了多少，就是多少，工人不能过问。安源的矿工，只有一角钱一天，云南矿工工资是三元钱一月，天津北方纱厂最高每日四毫二分，最低每日一毫，还有一种学徒（叫里徒）每月只给八毫钱，地毯工人最高的每日五毫，最低的每月二三元，芜湖纱厂工人工资最高每日三毛，最低每日一毛。上海店员手工业者，在斗争中所得的增加工资条件，都没有完全实行。上海纱厂工人，从前做十六支纱的，现在做三十二支，从前一人管理一部或二部机器，现在一人管三四部，实际上是加重了工作，减少了工人，降低了工资。再拿物价来说，是高涨了，工资却无形降低。北方一带工人，从来没有增加过工钱，就是上海有一部分工人稍微增加一些，而物价的高涨，已经超过了增加的数量。北方铁路工人欠薪到几月或十几月不发，都是无形减低工人工资的明证。至于物价的增高，从民国二年到十七年物价的指数看，在广东增加了三分之二，在上海也增加了三分之二，天津增加了一半。我们以工人日常需要品的粮食为例，在北方，拿百分比来说（以一九二三年为一〇〇，下同），在民国二年，米价是百分之六四点八四，现在是百分之一二三点二八，几乎增加了一倍。再就上海看，民国七年，米价是百分之七六，现在是百分之一二三点五八，除主要的粮食外，还有日用品、油盐、小菜、茶，都增加到两倍左右。看下表：

一九二三年以来上海日用品之物价与其指数一斑

类别	品名	1923 年 5 月		1924 年 9 月		1928 年 9 月		备注
		物价	指数	物价	指数	物价	指数	
食料	白米（石）	10.63	100.00	12.40	116.98	13.10	123.58	白米以大洋计算
	青菜（斤）	33	100.00	55	166.66	80	242.42	青菜以下均以钱文为单位计算
	豆芽菜（斤）	72	100.00	70	97.22	100	138.88	
	猪肉（斤）	560	100.00	640	114.28	940	167.85	
	牛肉（斤）	350	100.00	425	121.43	705	201.42	
	鸡蛋（斤）	30	100.00	40	133.33	80	266.66	
	盐（斤）	90	100.00	120	133.33	200	222.22	
	食料总平均				127.71		204.91	白米不在内
燃料	青炭（斤）	60	100.00	80	133.33	150	250.00	
	大白菜（个）	90	100.00	120	133.33	240	266.66	
	火油（斤）	150	100.00	180	120.00	220	146.66	
	燃料总平均				128.88		221.11	

续表

类别	品名	1923 年 5 月		1924 年 9 月		1928 年 9 月		备注
		物价	指数	物价	指数	物价	指数	
小食	粥（碗）	10	100.00	20	200.00	30	300.00	
	馒头（个）	10	100.00	15	150.00	30	300.00	
	大饼（个）	10	100.00	15	150.00	30	300.00	
	油条（根）	10	100.00	20	200.00	30	300.00	
	粽团（个）	10	100.00	20	200.00	40	400.00	
	小食总平均				180.00		320.00	

　　上海如此，其他各地则更甚，物价增长了一倍，工资就丝毫没有增加。兹将各地工人工资列表如下：

上海纺织业工资统计表

工人种类	最高	平均	最低	赏工
缫丝业车间工人	五毫至七毫	三毫至四毫	不停工，礼拜赏一毫至三毫	
丝间女工	六毫			无礼拜赏
剥茧女工			八分	
棉纺业	六毫	三一四毫	二·五毫	夜工加膳二分
丝织业	一元	五毫		
棉织业	六一七毫	三毫		
针织业	一·五元		三毫	两礼拜不停工赏三毫三礼拜不停工赏五毫
毛织业	三一四毫		每月五元	

上海各业每月平均工资的统计表

业名	平均工资
纱厂	每月十二·八元
布厂	每月十四·五元
丝厂	每月十二·〇元
电车	每月二十·〇元
邮务	每月四十五·〇元（邮务员除外）
印务	每月二十·〇元
店员	每月十二·五元

香港海员工资工时统计表

公司	国别	航线	工资（每月以元计） 尾 管事	尾 厨	尾 名下	面 舵	面 水手	面 头目	底 烧火	底 打杂	底 打杂	工作时间 尾	工作时间 面	工作时间 底	附记
昌兴	英	太平洋	60—70	最高80	25	白人做	白人做	白人做	菲人做	菲人做	菲人做	无定	八时	八时	
大来	美	太平洋	46	48—82.5	25.3							十余时	十余时	十余时	
太古蓝烟筒	英	太平洋及世界													
太古黑烟筒	英	沿岸	45—50	70	24.5							八时	八时	八时	
恰和渣甸	英	沿岸	36	36	12	32.4	29—32.4	25.9	36.9	28.6	28.6	无定	十时半	八时	二三手工金，约在头目与散仔之间
挪威	挪	沿岸	包工			40	36	32	40	35	31	无定	八时	八时	挪船海员工金有相差甚远者
渣华	荷	三仟冷				35	28	23	39.9	27.7		无定	九至十二时	八时	二三手工金，约在头目与散仔之间，打杂少，生火约三元
招商局	中	港沪粤	包工			36	36	28.8	40	31.2					同上

续表

公司	国别	航线	工资（每月以元计）								工作时间			附记
			尾			面			底		尾	面	底	
			管事	厨	名下	舵	水手	头目	烧火	打杂				
杂外国船														同上
杂中国船			40	40	25	40	35	28	40	28		九时半	八时	同上
德忌利士	英	港汕厦	包工	24—30		36.4	36.40	28	40	31—33			八时	
省港澳及同安	英及中	省港												
港江	中	港江												
港船	中	港船												

上海海员工人工资及工时统计表

轮船类别	公司	工资（每月元计）			工时	附记
		侍者	水手	生火		
外洋船		20—30	33—43	33—43	8	待遇比其他好一点
长江船	太古、怡和、招商	12	28.8	31.2	10—12	"五卅"后怡和减一成工金
长江船	日清、三北	12	24	26		有更低的
南洋船		12	24	26		
南洋船	政记	12	12	10	12时以上	饭菜船东供给。此公司待遇最坏
北洋船						减工金
小轮船	汇德、丰华	12	24	26		
驳船		头目11	散仔8—14	无定		

广州起义前后广州工人的工资调查表

工人种类	原有工资	起义失败后的工资	增减	备考
轮渡工人	每月二十五元	二十元	减五元	
码头工人	每日一元四毛	六或七毛	减八或七毛	
油业工人	每槽榨三元一毛	一元六毛	减一元五毛	
酒楼茶室工人	每月最高四十元	每月最高三十元	减十元	
印务工人	每月三十元	二十元	减十元	
建筑工人	每日九毛半	七毛	减二毛半	

全国粗工每月工价表（根据《新国民年鉴》上的调查）

工人种类	最高工资	最低工资	平均工资
纺织男工	十二元	六元	九元
纺织女工	十元	五元	七元半
铁工	二十元	十元	十五元
机械工	二十元	十元	十五元
矿工	十八元	九元	十四元
制丝厂男工	十二元	六元	八元半
制丝厂女工	十元	五元	七元半
其他男工	十六元	六元	十一元
其他女工	五元	三元	四元

全国精工每月工资调查表（同上）

工人种类	最高工资	最低工资	平均工资
纺织男工	三十元	十二元	二十六元
纺织女工	二十四元	八元	十二元
机械及铁工	五十元	二十元	二十五元
矿工	四十元	十六元	二十二元
制丝厂男工	二十二元	六元	十二元
制丝厂女工	二十二元	六元	九元
其他男工	三十元	九元	十五元
其他女工	二十元	七元半	十二元

　　我们再就民国十三年（一九二四年）资产阶级经济学者朱懋澄调查工人生活费列表如下：

上海工人每月生活费表（一九二四年朱懋澄之调查）

家庭类别		食料	被服	房租	柴炭	电车等	杂费	总计
粗工	独身者 费用	5.45元	1.19元	1.78元	0.47元	0.71元	2.25元	11.85元
	百分率	46	10	15	4	6	19	100
	工人家族 费用	11.10	2.13	2.78	1.92	0.85	2.56	21.34
	百分率	52	10	13	9	4	12	100
细工	独身者 费用	7.32	2.31	3.09	0.57	2.12	3.85	19.26
	百分率	38	12	16	3	11	20	100
	工人家族 费用	15.06	3.94	5.02	2.51	2.15	7.17	35.85
	百分率	42	11	14	7	6	20	100

但是现在相隔六年了，物价更增加，生活费当然也要随着增加。目前各业工人工资，除了有技术的熟练工人每月有三十几元或再多一点的工资（但这种工人在中国整个工人中是很少数），普通的不过十三四元左右。还有几元一月的。物价的增高，更无形中将工资减低了。

二　工作时间加长

工人工作时间，就一般说，不但没有减少，并且是无限的加长了。就民国十五年（一九二六年）的统计，工人在斗争中得来的：国家企业每日工作时间九至八小时，武汉纱厂十小时，店员十二小时，童工九至八小时，自国民党反动以后，除铁路及国家企业，仍保留着九或八小时工作以外，其他各产业工人工作时间，都恢复了十小时以上。如上海纱厂和丝厂，现在六进六出，实际是十二小时的工作，以前所争得的吃饭半小时的休息，现在都没有了，至于星期日休息，在工作忙的时候，是没有的。总之，一般工人工作时间是都加长了，列表如下：

上海社会局发表的纺织业工作时间统计表

业　名	工作时间
缲丝车工人	十一小时
丝间女工	七小时
剥茧间工人	十一小时
抄间女工	十二小时以上
棉纺业工人	日工十一小时，夜工十二小时
丝织业工人	日工十·五小时，夜工十二·五小时
棉织工人	日工十小时，夜工加五小时
针织业工人	十一小时
毛织业工人	日工十一小时，夜工十小时

上海各业工人时间统计表

业　名	类　别	工作时间	星期日
纱　厂		一二小时星期六增加三小时	休息无工资
布　厂	日　厂	十二小时	休息无工资
	中　厂	十四小时	休息无工资
	英　厂	十六小时	
丝　厂		十一小时	不一定
电　车		九小时	无
邮务工人	邮务生	七小时	
	邮　差	八—十一小时	
	苦　力	九—十小时	

业　名	类　别	工作时间	星期日
印务工人	墨色石印	十小时	每月休息二天无工资
	华洋印务	十小时	休息
	彩印工人	九小时	
	报界工人	八小时	
店　员	普　通	十二—十四小时	无
	最多（如熟货业等）		十七—十八小时
兵工厂		十二小时——若加夜工三小时则十五小时	
造船厂		九小时	
铁　厂		十二小时	无

三　工作加重

帝国主义以"生产合理化"的方法，逐渐部分采用在中国直接所经营的工厂，使工人阶级的工作加重了。如用蒸气发动的改用电力（如上海纱厂），用煤的改用煤油（如外洋轮船），一般重工业轻工业的机器，都采用最新式、最精良的机器，减少工作人员，加重在业工人的工作。在中国工厂里面，加紧剥削工人，提高生产率，节省生产费，裁减工人，加重其他工人的工作，更普遍造成绝大的失业的恐慌。

四　待遇的恶化

现在工厂中的待遇，是一天恶化一天，工厂中打骂工人、苛罚工资、随意开除工人是极平常的一件事，无足奇怪。以前工厂中的赏工，现在都取消了。在武汉政府反动以前，武汉的女工，争到了产前产后的一月休息，现在是一天也没有了；童工曾争得自由参加童子团，不做过重工作，现在是做成年工人的工作。工厂中的武装压迫，现仍继续存在。工厂工人，实行保结联保。上海巡捕房随便入厂逮捕工人，武汉、河南的工厂驻兵……，这些武装的监视和屠杀，也是最普遍的。还有包工头的剥削更加厉害，如码头工人卸货系一毛一分钱一吨，而大工头抽去五分，二工头抽去三分，有时还有三工头要抽去二分，工人所得无几。至于因公受伤的抚恤、吃饭前后的休息、工厂卫生、工人教育、养老金……，都是更谈不上的问题。

五　失业的恐慌

目前失业问题，成为一个极严重的问题。造成失业的原因是：（一）采用最新式的机器，或节制生产费，加重工人工作，大批裁减工人。（二）开除革命的工人，削弱工人阶级的阶级斗争。（三）开除成年工人，雇用女工、童工。（四）农村经济破产，大批失业农民集中城市，工人后备军增多。（五）因军阀战争和帝国主义商品侵入的影响，工厂停闭，造成大批不能复业的失业工人。就最近报纸上的统计，在汉口有一○三、○五九人，在广东八、七八四人，还有在解散工会中，有二三万人没有列入统计的。经常失业的海员，香港、上海两地不下二三万人。山东在日本帝国主义者侵略占据之下，及一些张宗昌属下的残余军阀混战当中，失业的有二三万人。山西受战争的影响，农村购买力的降低，停闭了许多工厂，即兵工厂工人，也减少了三分之一。杭州、湖州绸缎业停厂，失业工人不下六七万人。临城矿山停歇，失业工人二千余人。上海失业工人人数，据社会局调查的一百八十七个工会中，失业人数就有一五五、○六九人，其他未调查到以及未参加工会的更有很多是失业的。现在仍继续开除工人，每一个工人都在提心吊胆地过他的牛马一般的生活。在这失业恐慌之下，工人生活是痛苦万分。因此，失业问题成为一个极严重的问题。可惜没有精确的材料来统计全国失业工人的数目。

（原编者按：摘自一九二九年项英同志在中华全国总工会第二次扩大会议上的报告《过去一年来职工运动发展的形势和目前的总任务》）

中华全国总工会工作报告[*]

（一九二九年十一月）

自全国第四次劳动大会（一九二七年六月）到现在，差不多两年半了；在这个长期间中，全国工人在帝国主义、豪绅资产阶级和国民党联合进攻、压迫、摧残、屠杀之下，不断起来抗争。全国总工会是全国二百八十多万工人阶级组织的联合机关，是全国工人阶级的总指挥部。在此全国工人不断的英勇的反抗斗争当中，虽因反动统治阶级对于交通的封锁，对于赤色工会的破坏，使各地工人与全总的直接关系和全总指导各地工会工作上发生不少困难，然而全总在全国工人阶级拥护之下，在全国工人长期的不断斗争中，终于能够打破这些困难，遂至在全国工人运动发展中，于十月革命十二周年纪念的十一月七日，实现了今天的劳动大会。全国工人代表能相聚一处，共同检阅过去的工作和讨论今后的工作计划，这是全国工人英勇的斗争和热诚拥护他的总指挥部——全总的结果。这是我们甚为欣慰的。

在这两年多的长期间中，全国工人运动的发展经过了非常复

---

* 原载《劳动》周刊第 16、17 期"第五次劳动大会特刊"，1929 年 11 月出版。

杂的变化。所以全总的工作如果要详细的很广泛的报告起来，也是非常复杂的。因此，今天报告的范围，只能注意到全总本身及其所属各工会比较技术方面的工作；至于整个职工运动的叙述，已另有专门报告，在这里不涉及。

我们要说明全总工作的大概，首先要简要说明全总的职责和地位。

全总是全国工人群众组织的联合总机关，在中国民族革命史上负有重大的责任，占了重要的位置。中国工人阶级在反帝国主义及豪绅、地主封建势力的革命中，是主要的革命动力。中国革命运动很急剧的发展，达到一九二七年中国革命的最高阶段，就是中国工农阶级参加革命、领导革命的结果。这在以下几个例子就可以证明：

第一，自上海"五卅"反帝国主义运动，全国反帝的高潮就像潮水一般的汹涌起来；广州"六·二三"沙基惨案，继之省港工人大罢工参加革命运动，置香港英帝国主义于死命，并巩固了那时还带有革命性的国民政府。这一反帝的高潮，使帝国主义在华的统治大大动摇，直至以工人阶级的革命力量收回了汉口、九江英国租界；以三次暴动驱逐了北洋军阀在上海的军队，组织了上海市民政府。

第二，中国南部各大城市（如广州、上海、汉口）工人，反对资本家的过分剥削与榨取，不断地发动急剧的经济斗争，工人生活的确得到相当的改善，更增加工人革命的力量；另一方面则使资产阶级震惧异常。

第三，城市工人在革命运动中表现伟大的力量，而广东、两湖的农民，久处地主、豪绅、军阀们的高压和剥削之下，亦在革命蓬勃的高涨中抬起头来。他们在农民协会组织领导之下，努力于推翻地主、豪绅的统治，进行土地革命，动摇中国封建制度的基础。

这一工农阶级联合领导的革命，革命的运动才有急剧的进展。换言之，中国革命能够很快地由广东进取武汉，把北洋军阀打倒，也就是我们工农阶级领导革命的结果。

中国革命发展俱在中国工农阶级领导中进行。工农在革命运动中的地位愈重要，工农阶级的革命势力也愈发展，因此，国民党及地主、豪绅、资产阶级畏惧工农势力的膨胀动摇其统治地位，更难维持其无限制的剥削工农、榨取工农的制度，就无耻的公开的背叛中国革命，结合帝国主义、军阀、官僚、豪绅、地主，联合一致进攻工农阶级。在所谓北伐的当中，他们就已设下进攻工农的计划；到一九二七年四月十二日蒋介石的屠杀工人，资产阶级的反革命更加明显。接着，四月十五×××在广州的大屠杀，夏斗寅在鄂西的大屠杀，长沙五月二十一日的大屠杀，帝国主义、豪绅资产阶级、地主联合一致地向工农阶级下总攻击令，企图消灭革命工农势力，以遂行其建立反动统治政权的迷梦。

在豪绅资产阶级公开的背叛革命、到处屠杀工农的时候，全国第四次劳动大会正聚集全国代表开会于武汉，讨论全国工人运动以及工农革命运动的进行计划。四次大会闭幕，即以这些重大任务交付全总执委去执行。可是不久，武汉政府如汪精卫等继续投降帝国主义，跟着蒋介石公开地反动了，说"工农运动太激烈过火"。在他们的意思，是不愿意工农运动损伤帝国主义的毫毛，不愿意损伤豪绅、地主的皮肉。工农革命势力动摇了帝国主义在华的统治，动摇了封建制度基础，他们自然是认为"太激烈过火"！

四次大会以后，资产阶级的反动、白色恐怖更加厉害，湖南、湖北、江西、广西工农阶级都不断地被汪精卫、×××、朱培德、胡宗南×××等人屠杀；河南×××在卫辉纱厂的大屠杀，天津、北京张作霖的大屠杀，全国各地无不洒上工农的革命热血！最后，一九二七年十二月十三日帝国主义又伙同广东军阀李福林、张发奎、×××等在广州市大屠杀革命工人五千九百余人。工人阶级在反动统治白色恐怖底下而牺牲者，前后达十数万人！

反动统治的极端的白色恐怖的镇压，工人领袖以及一般活动干部分子多数牺牲或流亡；全国赤色工会被封闭解放；工人阶级政治上的自由完全被剥夺，而经济生活尤为痛苦。过去工人斗争得到的条件全被取消，工资减少，工作时间加长，更加以改良主义的欺骗，全国工人阶级愈陷万分痛苦。

在各地职工运动遭到这样大的摧残以后，赤色工会的工作就不能不转变到一个秘密状态之下。然而，四次大会交付给全总的任务，就是领导全国工人阶级向反动统治阶级反攻；在斗争中艰难困苦的发展工人群众的组织，尤其是要注意大的产业工人群众的组织的恢复和发展，以实现工农阶级革命的任务。所以全总在这两年多的时间的工作，就是努力执行这一个任务。

全总为了实现这一任务，在一九二八年二月间会召集各产业工会、各重要地方总工会的干部，开了一次扩大会。在这次会议中，估量客观环境及主观力量，改正第四次大会政治的错误，计划全国的职工运动的工作。工作原则上是：要从组织上和宣传上领导所属工会积极地启发群众的阶级意识，发展和领导群众的斗争，扩大群众的组织。工作要点分列如下：

（一）确定政治新任务，坚决推翻国民党、帝国主义的反动统治。

（二）特别注意海员、铁路、矿工、纺织、五金等产业工人，及上海、天津、青岛、香港、广州、武汉等大城市工会工作。

（三）对于铁总、海总、上总（现改组为上海工联会）及全总南方办事处（现已取消）工作，经常予以有力的指导，并随时派人巡视指导其工作。

（四）加强对于上海工作的指导，经常参加上海的会议，实际帮助上海建立工会群众的组织。

（五）在工人斗争期内，注意派人巡视，直接指导各地的工会斗争。

（六）在严厉白色恐怖摧残之后，工运干部人材的缺乏，影响工作甚大，故必须开办工会干部训练班，同时督促所属各工会就地开办训练班，培养干部人材。

（七）积极注意宣传教育工作，并实际帮助所属各工会的宣传教育工作。

（八）研究国内经济、劳动情形及职运的一切理论和实际问题，随时供给各干部及群众组织，作宣传教育的材料。

上述各要点，可以说是全总在一九二八年二月扩大会后至一九二九年二月扩大会前，一年间的工作标准范围。虽然在工作进行中不能全盘地顾到，但工作方针大体上是没有改变的。

在一九二八年二月第一次扩大会议后至一九二九年二月，这一年中间，全国职工运动的发展已开始到二个新时期，而黄色工会在各地的发展以及其欺骗宣传，在部分的群众中不免受到相当的影响。同时，又接到赤色职工国际第四次会议决议案以及其指示中国工运的信；全总为着职工运动计划和策略更加正确以及如何去切实执行国际的指示起见，又于今年"二七"五周年纪念日，在上海举行第二次扩大会。事先通知全国赤色工会及同情赤色工会的工人组织，选举代表参加，除各大工业区及各重要产业均有代表列席外，皆有几个省份因白色恐怖严重压迫，所选派的代表未能登程，或中途被阻。到会代表全体共计十七人（天津、山东、河南、江西各一人，满洲、广东、海员各二人，江苏七人），委员列席五人，其中尚有代表一人于开会期内被上海帝国主义工部局无故逮捕，迄至今天才释放。代表中计分：铁路二人，矿工二人，海员二人，纱厂三人，交通一人，店员一人，印刷一人，五金一人，妇女二人，其他二人。

此次会议是在帝国主义、中国军阀、国民党军警联合监视之下举行，所以全体会议的会期前后共计四日（二月十七日至十日），连各委员会（铁路、海员、矿工、上海及总任务等委员会）的工作前后经过一星期的讨论。为节省时间及注意中心问题起见，在议事日程中只规定极重要的报告及发展主要问题的讨论，其内容如下：

（一）出席赤色职工国际第四次会议代表的报告——苏兆征；

（二）出席太平洋劳动会议扩大会议代表的报告——文虎；

（三）全国职工运动状况的报告——项英；

（四）海员、铁路、上总、南方办事处、青工、女工等报告。

此次会议所讨论的主要问题，为黄色工会与改良主义、工厂委员会及斗争策略等，通过的决议凡七件：

一、中国职工运动目前的总任务（附青工、女工问题决议案）；

二、国际报告决议案；

三、太平洋劳动会议报告决议案；

四、中国铁路工人运动决议案；

五、中国海员工人运动决议案；

六、中国矿工运动决议案；

七、上海工人运动决议案。

（各报告及各决议均见《中国工人》第八期）

经过此次会议以后，工运计划策略更为正确，工作更为切实地到群众中去。全总工作在第二次扩大会后直到现在，都是为着执行这些决议案而努力。

全总工作在大体上已如上述。现在我们更为较详细地叙述全总过去两年多的工作的情形：

一、领导斗争：全国工人阶级在资本家的进攻之下，生活痛苦已达极点；加以帝国主义、国民党军阀联合的压迫，工人的集会、言论、罢工等自由完全被剥夺殆尽。在此情形之下，全国工人阶级为争政治上的集会、言论、罢工等自由，争经济上的条件，不断的起来斗争。全总在全国工人阶级不断的大小斗争中，无不直接地或间接地领导，给以正确的斗争策略，使斗争达到胜利。最著为去年上海法电工人的斗争、邮务工人的斗争，今年煤炭、码头、丝厂、成衣业等工人的斗争，尤其是法电及邮务，全总尽全力参加这些斗争，领导这些斗争。此外如海员工人、皇后船反包工制剥削的斗争，全总加重对于海总的指导，以正确策略领导海员工人的斗争。唐山五矿工人的斗争，全总特派专员参加指导工作。江西景德镇二十万工人自五月份到现在，不断的发动大小斗争，全总特派专员参加指导。在领导工人的斗争中，全总给各工会的指导，在策略上特别指出者：（一）在斗争中加紧巩固和发展群众组织和训练；（二）指出黄色工会的始则延搁政策以缓和工人斗争，继则以领导斗争来消灭斗争，使斗争走向失败道路的欺骗政策（如上海邮电工人斗争，以及唐山工人斗争）；（三）指出斗争的领导权要完全在工人手中，一切条件要由工人群众解决，以防止工头和少数黄色领袖的出卖和妥协（如皇后船的斗争）；（四）在斗争中积极扩大赤色工会的政治影响，加紧反对黄色领袖。各种斗争的结束，无论胜利和失败，更将斗争的经过和教训编成专册，以教育工会干部和工人群众，以便在斗争中借鉴，兹将我们所领导的斗争，简单统计如下：

一九二八年上海罢工统计

月份	件数	赤色领导的次数	非赤色领导的次数	人数
1	7	4	3	10,812
2	8	3	5	7,265
3	8	4	4	56,113
4	12	3	9	4,670
5	7	3	4	2,492
6	4	3	1	66,095
7	14	4	10	7,697
8	15	5	10	18,102
9	14	4	10	9,755
10	13	5	8	9,078

续表

月份	件数	赤色领导的次数	非赤色领导的次数	人数
11	22	9	13	11,587
12	16	7	9	23,237
共计	140	54	86	231,806

一九二八年下半年我们领导的斗争：

地名	斗争次数	我们领导的
上海	187（下半年）	70
香港	12	12
淄博	2	2
浙江	8	8
四川	3	3
云南铁路	13	13
抚顺	1	1
共计	226	109

　　二、发动群众的组织：有组织才有力量，有健全广大的组织才能表现斗争的力量，斗争才有胜利的可能。自国民党无耻投降帝国主义反叛中国革命后，全国各级工会尽被封闭，或完全在秘密状态之下。因此，赤色工会的活动范围，缩小到极小的范围，加以严厉白色恐怖摧残，一般工人畏惧心理还未完全消除，间有表示不愿组织的。这自然是不正确的观念。全总除直接或间接指导各工会积极领导工人的日常斗争，在斗争中发展群众组织外，更随时注意客观环境的需要和主观力量的所及，随时派专员到各地帮助当地群众组织的工作，如满洲、唐山、津浦铁路、沪宁铁

路、沪杭铁路、武汉、江西景德、香港，全总均派专员到各地帮助群众的组织工作（全国群众的组织现状，俟下文再详述）。

三、宣传教育工作：宣传教育工作是提高工人阶级的阶级意识、揭破国民党黄色工会的欺骗阴谋的最重要的工作；全总对于这种工作，经常的注重。计出版方面，有《中国工人》，初为半月刊，系一种职工运动的理论兼内部阅读的刊物，自一九二八年十一月一日发刊，出至第七期后改为双月刊，内容亦变更，纯为职工运动理论的指导，现已出至八期。但近数月来，因工作发展，工作人员多出外巡视，遂未能顾到，尚未续刊。同时为提高一般工会干部文化及群众宣传起见，帮助上海、广东各出工人日报，并帮助共自办印刷，解决印刷上的困难。至于政治变化急剧的时候，除印发宣言（如军阀战争以及最近国民党承帝国主义的意旨进攻苏联等），更印发临时鼓动日刊（如四月间蒋、桂军阀混战时印的"混战"）；为使工人群众特别学习斗争的经验，对于每一次较大的斗争，作有系统的叙述，编成小册子（如上海法电、邮务斗争的《工人宝鉴》、皇后船斗争即由海总将始末编成小册子等）。至今年八月间，更觉宣传工作尚未足供工人群众以及干部之需求，遂又出版《劳动周刊》；同时翻印国际职工运动的材料，以为训练干部之用。并有编印职工运动小丛书以及有关中国劳动书籍的计划，现在从事编纂，不久当可以完成。

全总不但注意本身的宣传工作，同时亦注意各工会的宣传工作，注意指导各工会自办工厂小报。对于上海工会的宣传工作及日报、三日刊，颇便于就近指导，较有成绩。其他较远之处，则以书面指导。

全总前后刊印的宣传品，计大小共三十二万六千五百，印刷问题已用很大力量解决困难，虽然因各地工会尚多无直接关系，以及反动统治阶级对于交通之封锁，发行上的困难仍未能解决，宣传品尚不能普遍的达到各地工人群众中去，但宣传收效尚称不坏。兹将全总刊物表列如下：

宣传出版物的统计

出版物名称	出版年月	定期或不定期	每期份数	总份数
中国工人	1928.12.1.	初为半月刊后改二月刊	3,000	24,000
工人宝鉴	1928.11.	不定期,已出两册	3,000	6,000
混战小报	1929.4.6.	两日刊	4,000	40,000
传　单		不定	每种3,000至5,000	215,000
职工国际决议案	1924.12.		2,000	2,000
职工运动报告	1929.5.		1,000　1,000	
劳动周刊	1929.8.1.	每周一期	2,300	34,500
革命与苏俄	1929.10.		4,000	4,000
总　计				326,500

附：各工会定期刊物表

工会名称	刊物名称	期　间	附　注
铁　总	火车头、铁路工人	周刊	
海　总	中国海员	月刊	
上海海员	海灯、海员生活	周刊、旬刊	
上　总	上海工人	三日刊	
上海工联	上海画报、日报	三日刊、日刊	即上总前身
上海工联	工联三日刊	三日刊	

工会名称	刊物名称	期　间	附　注
福　建	厦门工人		
香港工代会	工人之路、香港工人		
顺　直	天津工人		
北　京	北京工人		

（各工会刊物以收到者为限）

教育工作：这个工作是在上海一个地方开始工作，其他各地尚未顾及。这工作在今年五月间开始，办理稍有头绪和成效后，即交上海工联会继续办理。上海工人教育分工人读书班及工人学校两种，这工作是一方面使工人多认识字以启发其阶级意识，另一方面利用教育的关系，扩大群众的组织工作。初开办时，即成立教育委员会，指定委员五人；全总经常参加会议，讨论教育计划，审定教材，以及读书班及学校的计划。办理三月，读书计发展至五十二班，学生四百余人。学校则有××××学校：十余人，××学校：数十人。现这些工作已完全交上海工联会经常办理（除全总特别自办的一校外）。工作发展情形，工联报告当有详细，不重叙述。

四、训练干部人材：全国工运干部，在国民党长期的白色恐怖摧残底下，不少牺牲，而全国工运工作的发展，各地工会的干部更觉需要。虽然在不断的斗争中养成不少的新的干部人材，但仍不足供工运发展客观上的需要。因此，全总第二次扩大会议后，工作路线的改变，由下向上地建立工会组织系统，这要实行"到工厂、作坊去"，才能建立真正的群众工会基础。要实现这一正确路线，干部人材的养成和训练更是刻不容缓。于是决定开办训练班，第一班训练海员与铁路学生十四人，三星期毕业。同时更帮助海总、铁总、上海各在当地办训练班，全总派人参加训练，或由各工会负责。计已受训的干部三十余人。在上海，更有继续开办上海铁路、五金工人的训练班，以及找一班热心工运的人材训练，以供全国各地需要的计划，这计划不久即可实现。

五、指导工作及巡视工作：在工运工作口有发展的当中，一切斗争、组织、宣传，对黄色工会的策略，工厂委员会的运用，斗争的发动，斗争的汇合与联系……的工作中，执行正确的策略以及策略的转变，都是非常重要的问题。因此，全总对指导工作非常重视，对于上海总工会（现在为工联）的指导工作，均由全总经常派人参加各级会议，共同决定各种日常工作问题，予以实际上的指导与帮助。在一九二八年十二月间，还举行上海工作的下级巡视，由全总分派工作人员到市政、交通、运输、纱厂、丝厂、重要手工业及店员工会中，实际考察工会及群众情形，参加讨论问题和决定，随时予以指导和纠正其错误，使工作路线更能正确，工作更能发展。对于铁路、海员、从前的南方办事处、香港工代会，则因地域远离的关系不能直接参加指导，只能经常以书面指导；有重大问题和必要时，则召集各工会负责人参加全总会议，共同讨论工作问题。至于上海海员、沪杭、沪宁、津浦路南段工作，均由全总直接负责经常指导。

至于其他各地有工会组织之处，因组织关系未能与全总直接发生关系，或尚未形成组织者，亦设法使之间接发生关系，用种种方法使全总的指导能达到各地工会和工人群众中。

巡视全国重要产业区域，帮助当地工人建立组织的计划，在二次扩大会后，也曾具体的计划；但重要的地方和产业，如天津、北京、唐山、满洲、江西、香港、铁路、海员等，曾先后派专员出发巡视。巡视员到达各地，除实际考察各地各工会工人情况外，更以种种方法帮助各地各工会建立和发展群众的组织，并使与全总能经常发生关系。这一工作实行以后，工作进展可以说已达到一个新时期。

六、全总常委会的经常工作：全总常委经常地举行指导全国各地各工会的工作会议。在两年多中间，除二次扩大会议后常委数人出国参加第四次职工国际会议，不在会外，其余时间会议照常进行，很少间断，计共四十六次。讨论的问题主要的是工作路线、斗争策略、宣传、组织、工厂委员会、黄色工会以及各产业工会、地方工会问题，计讨论的问题，主要的有二三八件。兹列表如下：

常委会议及讨论问题统计表

常委会议总次数	46
讨论各种问题的次数	
组织问题	15
宣传问题	12
斗争策略	27
黄色工会及工厂委员会	19
铁路问题	31
海员问题	34
矿山问题	2
上海问题	37
香港工代会	4

续表

讨论各种问题的次数	
反帝国主义及世界大战	
拥护苏联	4
劳动大会	6
其他各地工作	47
共计	235

附记　关于讨论问题的次数，只择各种大问题加以统计，至于小的技术工作的讨论，每次常委都有五六件，尚有不提交由常委会，直接由秘书处解决者亦颇不少；因不关重要，故不列入统计。

至于全总秘书处经常工作，则随时和各地方工会、各产业工会的代表接洽，解决各种问题。计和各地代表接洽最多的是天津、香港、海总、铁总及满洲、武汉、江西、云南各地。

秘书处发出各地的文件是经常不断的，关于重要的政治问题如：反国民党反军阀战争，反黄色工会的欺骗，以及最近的反帝国主义，国民党的夺取中东路、进攻苏联，反世界大战，均普遍宣传，使赤色工会政治影响深入群众，更通告所属各工会，指示各种问题的工作进行。而主要的仍是指导各地方工会、各产业工会的文件，计指导海员九件，铁路八件，南方办事处一件，香港工代会一件，天津二件，满洲二件，山东二件，河南三件，陕西一件，广东三件，绍建二件，江西二件，安徽一件，云南三件，报告国际四件，致各兄弟国工会四件，通告十三件。兹将详细统计如下：

发出文件统计表

类　别	件　数
关于政治的	37
关于指导的	41
通　告	13
报告职工国际	4
致兄弟国工会	4
关于技术的	24
其　他	4
共　计	127

附记　指导各地方、各产业工会工作的重要文件，普通信件不计。除经常报告太平洋劳动会议不计，专书报告太平洋及职工国际者。印度工会、南洋工会、美国工会、苏联工会。

七、全总与赤色职工国际及太平洋劳动会议秘书处的关系：赤色职工国际是全世界各国革命工人的组织，全总也是加入赤色职工国际的，因此国际与全总是有经常的关系的。在去年五月，全总曾派代表数人出席国际会议，全总按时将全国职工运动向国际报告，国际亦随时指导全总工作，全总亦派代表经常驻在国际，随时将中国职工运动问题向国际提出，讨论工作的进行计划。太平洋劳动会议是太平洋沿岸各国革命工人的联合组织；全总并派人参加秘书处的组织。去年十一月秘书处扩大会议，全总派代表二人参加。今年八月一日太平洋劳动会议第三次大会在海参崴开会，除各地工人代表外，全总亦派代表参加。反帝大同盟亦在八月一日在欧洲开会，全总亦派代表一人前往参加，现代表因交通关系尚未回国。至于赤色职工国际及太平洋劳动会议的组织及详细情形，各载"赤色职工国际第四次会议决议案"、"太平洋劳动会议的缘起及其组织"及全总出版之《中国工人》第八册中。兹不赘述。

八、全总与各国工会的关系：各国革命工会和全总，同是参加职工国际、同时在国际指导之下工作，和各国工会自然是应有很亲密关系的。中国工人阶级在1927年遭受空前的白色恐怖摧残之后，各国工人阶级尤其是苏联工人，都不胜愤慨和同情。国际曾经号召世界各国工人举行"援助中国职工运动周"，以精神和物质的援助，这是各国工人在我们全国工人长期艰苦的奋斗中，给予我们的鼓励。这更在实际上证明：全世界无产阶级是站在一条战线上，联合一致地向帝国主义和资产阶级进攻。至于全总和各国工会的关系，也应略略说及。在第一次扩大会议后，曾发出告太平洋各国工会书，在印度棉织工人大罢工中，致电鼓励其斗争的勇气。菲律宾工会与全总常有文件来往。南洋总工会在太平洋劳动会议三次大会前，系由全总指导其工作，亦常有文件往来；现南洋总工会已由太平洋秘书处直接指导，但和全总关系甚密。在帝国主义指使国民党强夺中长路、进攻苏联的事件发生后，全总曾通电世界各国工人及苏联工人，一致武装拥护苏联，反对世界大战，同时更和日本工会、菲律宾工会共同对于中长路事件发表宣言，指出帝国主义和国民党进攻苏联的阴谋。

至于最近反对帝国主义、国民党进攻苏联的工作布置：中东路事件发生，显然是帝国主义进攻苏联的初步工作，他们唆使他们的走狗——国民党强夺中东路，以为进攻苏联的根据地，全总即通告全国工人（通告第十号）。通告中具体地指出：

一、反动国民党仰承帝国主义的意旨，一步一步地加紧对于苏联的进攻；

二、反动国民党假造苏联红军进攻的谣言，以及其公开的向帝国主义请求公断——即共管的丑态；

三、指出帝国主义对于苏联进攻，同时就是实行瓜分中国；

四、帝国主义及反动国民党为着进攻苏联，同时对于工人阶级的斗争加紧压迫和摧残；

五、全国工人必须一致行动起来，反对帝国主义国民党进攻苏联，保护中国革命，反对瓜分中国；在这斗争中要与工人一切斗争联系起来。

关于全总工作已略如上述。现在说到全总的现况，以及全国工人群众组织的概况。

自第四次劳动大会闭幕之后，国民党已完全反动，大会所选出的执委许多因反动统治阶级严厉的压迫，执行工作职务发生困难。因此，在一九二七年全总乃由武汉迁至上海。一九二八年二月第一次扩大会议后，常务委员会才能正式成立。但这期间，又以出席国际会议，常委在上海者只二、三人，组织仍未健全，直到九月间常委（七人组织之）乃能健全地成立。组织系统如下：

```
                         ┌ 秘　书
          ┌ 秘书处——秘书长┤ 交　通
          │              └ 发　行
          │
常务委员会——委员长┤ 组织部——部　长
          │
          │              ┌ 编辑委员会
          │ 宣传部——部　长┤
          │              └ 干　事
          │
          └ 青工部——部　长
```

在全总下面所属总工会之组织，计有：

一、上海总工会（现为上海工联会），

二、铁路总工会，

三、海员总工会，

四、全总南方办事处（在广东），

五、南洋总工会（在新加坡现由太平洋秘书处直接指导）；
其他各省有部分的工会组织，但多未形成总组织。

本年二月第二次大会后，全总本身及所属各工会的组织均有变更，为使工作更深入群众，从下而上建立真正的群众的基础起见，采取缩小上层机关和减少委派人员的办法，全总即将各部分立的组织裁撤，常委之下只设秘书处，减少机关工作，实行集体的指导和参加下层群众的工作；南方办事处取消。海总、铁总、上海也采取这个原则，机关尽量缩小，工作更切实地转到群众方面去。

在这个期间，全总所属各工会工作因工作路线的转变，虽然遇到许多困难，然而努力地在正确的路线之下艰难困苦工作，群众工作确有不少的进步，详细另有各工会单独报告。兹将各工会工作情形、群众组织状况概述如后：

一、上海工会联合会：工联会包括二十余个工会，以上海划分五区，各区成立区工联会，约有会员二万七千余人，包括铁路、海员、电气、纱业、丝业、店员等。其组织统计略如下：

上海工联会群众组织统计表
以区域针

区　别	人　数
东	2,960 人
南	2,900 人
西	2,480 人
北	9,280 人
中	6,540 人
浦东	1,610 人
吴淞	1,000 人
闸北、虹口丝厂	760 人
共计	27,530 人

二、海员总工会：海总设于香港，实际上工作只能注意香港、南洋、外洋船及省河船工作，至于长江船及北洋船，则另设海员分会于上海，由全总直接指导工作，最近更派人到天津，发动海员组织。过去海员工作没有健全船上委员会的组织，更以海员的帮口观念关系，工作颇感很大的困难。全总二次扩大会后，对于海员工作已有新的纠正，特别注意群众组织的发展，在斗争中发展组织。在此时期发动了皇后船的斗争，群众工作颇有发展，但在广大的海员群众中仍未能成为广大群众的组织。海总新的工作的总报告尚未送到，兹将其去年十一月间报告的组织情形列表如下。至于如何发动与发展，可参看海总对大会的报告。

上海海员分会，最近工作渐有发展的现象，但又生活困难。群众组织还未能形成很广大的范围。

香港海员组织状况表

航线	公司	轮船总数	有支部的船数	有会员未成立支部的船数	会员人数	附记
外洋	昌兴	3	3	无	122	这个统计是海总在一九二八年十一月的报告；迄今如何变化增减，尚未有新的报告来，只能根据这表
	大来	16	2	3	22	
	太古	数+	1	2	9	
哥士	太古	30（+）	无	3	4	
	渣甸	20（+）	3	8	37	
	挪威	30（+）	10	4	96	
	荷兰	10	6	1	48	
	杂号外国船	40（+）	4	7	26	
	杂号中国船	40（+）	7	7	50	
内河	各公司、港、梧、陈	24	5	9	40	
岸上	宿舍	100（+）间	24间	22间	371	
总计		300	41	44	825	

三、铁路总工会：铁总设在天津。铁路工作因过去——一九二八年以前长期的忽视，所以停顿了好久，加以干部人材的缺乏，使工作更加困难。而全国铁路工作范围甚广，铁路工作实际只能领导北方，如京绥、京汉北段，京奉南段，津浦北段；其他铁路因交通和人力的关系，铁总实际上不能顾到。因此，全总二次扩大会后，决定铁路工作先从京奉、京汉、京绥、正太、津浦各主要线路着手，山东、满洲及南方各铁路工作则由各地方工会或全总直接指导工作。

现在铁总工作也渐有发展，铁路工人在赤色工会影响之下有二千余人。中东路三十六桐已发动斗争发动组织；浦镇已成立组织，并发动斗争；沪宁路常州、镇江、吴淞、北站，均已着手组织起来；沪杭闸口有群众组织，但尚未健全；滇越路亦有工会之组织。统计铁路组织现已普及于全国十三条干路。

四、香港工代会：香港工代会在本年七月间，由香港各工会（十一个工会）联合组织。有组织会员可统计者1,296人，但会员成分手工业工人占大部分，重要工厂如太古船厂、九龙船厂、邮电等或尚没有组织，或有组织基础仍很薄弱。兹将其组织状况列表如下：

香港工代会群众组织表

工人类别	人　数
太古船厂	80
码头工人	30
煤炭工人	30
清道夫	100
九龙货舱	200
黄埔船厂	30
过海小轮船	6
烟业工人	120
半岛酒店	40
洋务工人	40
木匠工人	600
总　计	1,296

附记　香港工代会的工作，还未能发展到大的产业工厂，而主要的大产业工厂大部分有黄色工会的组织。反之，则主要的大产业工厂，则大部分没有赤色工会的组织。

五、唐山矿工：唐山五矿工人在今年五月间大斗争以前，差不多完全在黄色工会欺骗之下，自发动斗争，赤色工会积极领导群众斗争，揭破黄色工会欺骗的面具，因此，赤色工会影响逐渐扩大，计现在五矿工人在赤色工会领导之下者一万八千人，如下表：

唐山矿名	人　数
赵各庄	10,000
林　西	8,000
共　计	18,000

此外，福建省总工会最近开全省代表大会，成立组织（福建工会出席代表另有报告）。北平人力车夫有二千人的组织。满洲纱厂，矿山——抚顺、鞍山，中东路各处，最近已发动斗争及组织。广东顺德丝厂工人有五百人的组织；东莞、石龙、佛山、陈材、江门、汕头、广州以及各地，一九二八年上半年赤色工会仍〔积〕极活动，会员统计有七万七千七百多人。最近未接报告，详情未悉。云南昆明有总工会组织。四川成都有数千手工业工人组织。川东盐业总工会有会员 12,000 人。川西独轮车夫会有会员 2,000 余人。江西大兴纱厂、印刷工人、景德镇的瓷工均有部分的组织。过去北方之天津，山东之青岛、淄博，河南之开封、卫辉、磁州，均有部分赤邑工会组织，惟迭遭白色恐怖的摧残，最近已失联络。最近广西之南宁酱园工人、轮船工人及汽车路工人，亦有不少赤色工会会员。

至于赤色区域如湖北、湖南、江西、福建、广东各地，农村工人的工会组织均有广大的群众热烈参加，惟以交通不便，尚未得到详细材料，暂不详述。

总政治部的任务及红军中
政治部与政治委员的关系[*]

（一九三一年二月十七日）

组织革命战争，消灭军阀战争，是目前革命的中心任务。执行这个任务，就要创造铁的红军，要争取广大群众，因此，加强红军中的政治教育，使红军的指挥员、战斗员明了他们的任务并且坚决地去执行，同时加紧对群众的宣传和组织，发动战区之内的广大群众起来斗争，就成了我们的迫切任务。执行这些任务的，是红军中的政治委员、政治部，统辖各地红军的这些任务就要有总政治部。现在全国各地红军有大的发展，统一和加强他们的政治指导，成了迫切的需要。为了这个需要，在本会内设立总政治部，以毛泽东为主任。为了事实需要，本会总政治部暂时兼任第一方面军总政治部职务。

总政治部指挥红军中的政治部，并指导政治委员的政治工作。总政治部的命令，红军之中政治部要绝对的服从，而关于政治工作方面的则政治委员同样要接受并服从。各红军中的政治部

＊ 本篇系项英与朱德、毛泽东联名签发的苏区中央革命军事委员会通令。根据军事科学院军事图书馆馆藏件刊印。

要经常按级向总政治部作报告，政治委员除向上级的政治委员报告外，同时并向上一级的政治部作政治工作报告。红军中政治部与政治委员在组织上各有单独的组织系统，但在工作上则下级政治部服从上级政治部的指挥，同时要服从同级政治委员的指导，下级政治委员服从上级政治委员的指导，同时在政治工作方面同样受上级政治部的指导。

以上通令到达后，望切实执行为要。

主　席　项　英

副主席　朱　德

毛泽东

二月十七日

参谋部成立红军战史编辑委员会[*]

（一九三一年四月十七日）

中央军委决定在本会参谋部成立编辑委员会，并指定叶剑英、朱云卿、郭化玉、左权、杨立三、范树德、林彪、林野、黄公略、陈奇涵、耿凯、邓萍、曾士峨[①]等十三人为编辑委员会委员，以叶剑英为总编辑，朱云卿为战史部主任，左权为编译部主任，郭化玉为杂志部主任，（暂缺）[②]为军事地理部主任。其工作内容：第一是搜集数年来中国红军在战争中英勇斗争的历史材料并妥为整理，使之具有中国红军战史的雏形，以便将来编辑。第二是搜集中国红军战士在战争中的经验与创见，及介绍国际尤其是苏联军事作家的著述，以提高红军军事指挥员的技能。第三是发行不定期出版的杂志，使红军全部生活能在文字上发挥其忠实的见解和提高马克思主义列宁主义的军事理论以及各种介绍等，以创造铁的红军有力的帮助。第四是详细调查红军连年转战各地区的地理、经济、政治、居民状况及与军事有关的各种材料。这些工作应当是中国红军各级机关经常的而且要有计划的工作，应

---

[*] 本篇系项英与朱德、毛泽东联名签发的苏区中央革命军事委员会通令。根据中央档案馆馆藏件刊印。篇题为编者所加。

当有专门负责机关——编辑委员会，尤要红军全部一致地参加这种工作，尽量供给材料，以充实编辑委员会各部工作的内容。希望各级机关迅速传达，以后投编文稿可迅送中央军委参谋部为要。

此令

主　席　项　英

副主席　朱　德

毛泽东

公历一九三一年四月十七日

注　释

① 叶剑英，时任苏区中央革命军事委员会参谋部部长；朱云卿，时任红军第一方面军参谋长；郭化玉，即郭化若，时任红一方面军司令部参谋处处长、后曾任代理参谋长；左权，时任红一方面军司令部作战参谋、后曾任参谋处代理处长；杨立三，时任红一方面军经理处处长；范树德，时任红一方面军第 3 军军需处处长；林彪，时任红一方面军第 4 军军长；林野，时任红一方面军第 12 军参谋长；黄公略，时任红一方面军第 3 军军长；陈奇涵，时任红一方面军第 4 军参谋长；耿凯，时任红一方面军第 4 军第 12 师师长；邓萍，时任红一方面军第 3 军团参谋长；曾士峨，时任红一方面军第 4 军第 11 师师长。

② （暂缺），此处原文如此。

中国工农兵苏维埃第一次
全国代表大会开幕词[*]

（一九三一年十一月七日）

同志们！

中华苏维埃①全国第一次工农兵代表大会，已于苏联十月革命胜利第十四周年纪念的今天，正式举行开幕了！

中国革命自一九二五年至一九二七年的大革命，被帝国主义的走狗、豪绅地主、资产阶级的代表国民党背叛革命而遭受失败，可是，中国工农劳苦群众在中国共产党领导之下，为打倒帝国主义和国民党军阀，为工农群众彻底解放作不断的斗争。一九二七年十二月十二日广州暴动②，举起苏维埃旗帜，开辟了中国工农革命新道路——苏维埃革命道路。从此，苏维埃运动在中国南方各地发展和建立起来，推翻了这些地方的豪绅地主统治，农民平均分配了土地，建立真正工农兵的苏维埃政权，创造了真正工农红军。现在，不仅在南方各省发展，而且在北方已创立了新的苏维埃区域，在中央区及各地苏区的工农群众和英勇的红军三次击溃了敌人的进攻，取得伟大胜利，奠定了中国苏维埃运动胜

---

   * 本篇根据军事科学院军事图书馆馆藏件刊印。

利的基础，使苏维埃运动成为中国革命主要标志，成为中国千百万工农劳动群众唯一解放的旗帜。

全国苏维埃代表大会的开幕，正值国际和中国的新形势之下，革命运动有更大的新发展，统治阶级的内部矛盾和崩溃的加紧，尤其是国民党南京政府，正是在革命势力打击下宣告破了产。全苏大会的开幕，即是宣告中国反动统治阶级要死亡的日子。

全苏大会是全国工农及英勇红军斗争的结晶，是统一全国的苏维埃运动，建立中华苏维埃共和国临时中央政府，领导全国工农劳动群众来推翻帝国主义在华统治，推翻中国豪绅地主、资产阶级的统治，为争取苏维埃新中国胜利而奋斗。为具体规定和保障工农群众在苏维埃政权下的权利和利益，要将中国统治阶级最后葬送到坟墓中去了，以实现工农群众的彻底解放。

全苏大会的成功，临时中央政府的建立，是继续苏联十月革命的胜利，在东方建立了第一个苏维埃共和国——世界第二个苏维埃共和国。他将领导中国千万万的工农劳动群众团结在他的周围，完成中国苏维埃的胜利；他将使东方无数万的被压迫工农劳动群众在他影响之下，与全世界无产阶级联合起来，完成全世界十月革命胜利。最后高呼：

全苏大会成功万岁！

中华苏维埃共和国万岁！

世界苏维埃联邦共和国万岁！

全世界无产阶级和被压迫民族解放万岁！

注　释

① 苏维埃，俄文 совет 的音译，意即会议或代表会议，是俄国十月革命
　后的苏联权力机关的名称。土地革命战争时期，中国共产党在各地所
　建立的工农民主政权亦称苏维埃政权，其所控制区称苏维埃区域，简
　称苏区。

② 广州暴动，指 1927 年 12 月 11 日在张太雷、叶挺、恽代英、叶剑英、
　杨殷、周文雍、聂荣臻等领导下的革命士兵，工人赤卫队等在广州举
　行的起义。

反对帝国主义瓜分中国
和推翻国民党的统治[*]

（一九三一年十二月二十八日）

日帝国主义以武力强暴的占领东三省，显然是在各帝国主义相互冲突和妥协之下来进行的。证之最近以来的消息，日本继续向锦州进攻，为要完全占领东三省，法国出兵广西、云南的边境，英国指使藏兵进占四川、西康①，美国在国际联盟②的活跃，锦州、天津划为国际共管③区等等，都是充分表示帝国主义瓜分中国的共同行动。日本占领东三省，不过是帝国主义实际瓜分中国的开端。

国际联盟是帝国主义宰割殖民地的分赃公司。自东三省事变④发生，三四月来，帝国主义在国联的集议，各帝国主义的互相争执和协作，不是为了压制日本，维持世界和平，而是为了欺骗世界无产阶级和被压迫的劳动群众。实际内容，完全因为帝国主义的分赃，互相争夺瓜分中国，特别是在瓜分中国上以进攻苏联为互相协作的条件。美国与国联的合作，据最近消息，国际准

＊ 本篇系项英的署名文章，发表于 1931 年 12 月 28 日《红色中华》报第 3 期。

备将中日交涉移交美国来裁判，完全就是这一个道理。因此，帝国主义的内幕，不仅是共同来瓜分中国，而且以进攻苏联及直接镇压中国革命为其最大的目的。同时，帝国主义因为争夺瓜分中国，使互相冲突更加尖锐。最近军缩会⑤中的用武，各国大力拓充军备，证明世界的杀人大战爆发日益紧迫起来了。

国民党和其政府，是帝国主义统治中国的工具，所以自东三省事变以来，即将东三省送给日本，继而自己向国际提议将锦州、天津交给国际共管。什么无抵抗主义、镇静、共赴国难、信赖国联、国际公理的裁判，这都无非是掩饰其出卖中国的面具，特别是藉此来镇压群众的反帝运动。可是他这种无耻的举动，最近已被广大工农劳动群众揭穿了，由请愿的方式进到公开的喊出打倒国民党口号，捣毁国民党和其政府的机关，痛殴国民党的蔡元培、陈铭枢。⑥这样一来，反革命的国民党当然要更公开的对群众施行武装镇压的拿手好戏：下令禁止工人、学生反日运动；解散工人反日团体，用武装军警包围学生，押解北平⑦示威学生出境；用绑票的手段，在上海拘捕学生代表；张学良⑧向日本公开承认禁止学生运动等，接连的来了。这不仅蒋介石⑨、张学良如此，就是反对张学良、蒋介石的国民党内的汪精卫、胡汉民、孙科⑩各派，阎锡山、冯玉祥、李宗仁、陈济棠、张发奎⑪等军阀，他们除了来欺骗群众，缓和反帝运动，以挽救将要死亡的国民党的统治外，正在争宠于帝国主义，好取得反革命的南京政府的领导。因此，整个的国民党是代替帝国主义进攻中国革命的工具，他不但不能而且不愿意反对帝国主义，只有使中国更完全变成帝国主义的殖民地。要打倒帝国主义，必须推翻反动的国民党统治。

　　目前反帝运动的高潮，已使千百万工农群众和革命学生认识了反革命的国民党，公开喊出打倒国民党。这一运动的发展，将要在无产阶级领导之下，很快的走上推翻国民党和其政府的道路。

　　这里我们要指出的：要反对帝国主义，驱逐帝国主义滚出中国，完成全中国民族的完全独立，只有苏维埃的政府，才能实际领导群众，去完成这一任务。现在苏维埃境内，已将帝国主义的势力驱逐出去，帝国主义和国民党，对于苏维埃和红军的进攻，几次都被苏维埃政府领导工农群众和红军的伟大力量将他击败了。苏维埃境内的工农劳动群众，已完全得到自由和解放。现在，我们号召在反动国民党统治的工农劳动群众和革命的学生们，一致地站在苏维埃旗帜之下，群众自动起来武装暴动，推翻国民党的统治，与苏维埃境内的工农群众和红军一致，在苏维埃临时中央政府领导之下，来为打倒帝国主义推翻国民党统治，建立真正独立的苏维埃新中国而奋斗。

注　释

① 西康，旧省名，1928 年设立，在中国西南部，包括今四川西部及西藏东部地区。1955 年撤销，金沙江以东地区划归四川；1956 年昌都地区划归西藏。

② 国际联盟，简称国联。第一次世界大战后于 1920 年 1 月成立的国际组织，是帝国主义列强在第一次世界大战后形成的凡尔赛体系的工具。1946 年 4 月宣告解散。

③ 国际共管，指国家间因相互争夺某一地区，作为一种妥协办法而相互

同意对它实行共同的统治或管理。

④ 东三省事变，指 1931 年 9 月 18 日夜日军向沈阳及其附近的中国军队进攻，在蒋介石"绝对抱不抵抗主义"的命令下，中国军队撤至山海关以南，至 1932 年 2 月初，在短短四个多月，东北的黑龙江、吉林、辽宁三省沦陷。时称东三省事变。

⑤ 军缩会，1930 年 1 月，美、英、法、意、日五国代表围绕缩减军备问题召开的会议。

⑥ 蔡元培、陈铭枢：蔡元培，时任南京国民政府监察院院长、中央研究院院长；陈铭枢，时任南京国民政府行政院副院长兼交通部部长、代行政院院长。

⑦ 北平，今北京。

⑧ 张学良，时任国民政府陆海空军副总司令，九一八事变后所率的东北军撤至山海关。

⑨ 蒋介石，时任国民政府主席兼行政院院长，因对日本帝国主义采取不抵抗政策，妥协退让，于 1931 年 12 月 15 日被迫第二次"下野"，辞去南京国民政府主席、行政院院长、海陆空军总司令等职，只任国民党中央军事委员会委员长。

⑩ 汪精卫、胡汉民、孙科：汪精卫，时任广州国民政府主席；胡汉民，时任广州国民政府中央执行委员；孙科，时任南京国民政府行政院院长。

⑪ 阎锡山、冯玉祥、李宗仁、陈济棠、张发奎：阎锡山，自 1930 年 9 月与冯玉祥、汪精卫等联合反蒋失败后，释权下野，被迫过寓公生活；冯玉祥，自 1930 年 9 月蒋冯阎大战失败后，释权下野，九一八事变后，积极呼吁抗日，反对对日不抵抗政策；李宗仁，时任宁沪粤三地国民党中央监察委员；陈济棠，时任广州国民党中央党部西南执行部和国民政府西南政务委员会委员；张发奎，时任国民党中央委员、中央监察委员。

一九三一年的总结与
一九三二年的开始[*]

（一九三二年一月六日）

一九三一年已过去，一九三二年刚刚开始，当这新旧交替的时候，我们对于过去的一年应作一个总结，同时对于新的将来也要来一个前途的估量。

一九三一年在世界历史的发展上，是最大转变的一年。这种转变，显然的表现在：

一、苏联社会主义经济发展兴盛，与资本主义经济恐慌、衰败，达到了高度。

资本主义的经济恐慌和危机，在一九三一年是达到最高的程度，真是急转直下的走向衰落、崩溃的道路。资本主义所号称的繁盛兴荣，已成过去的幻想，工厂关闭，银行倒台，贸易减少，生产无法销出，全世界失业工人已超过三千五百万以上。这种恐慌和危机，由工业发展到农业，普遍了全世界的各个国家。从前对于资本主义的歌颂，现在各帝国主义国家变成了"经济衰

---

* 本篇系项英的署名文章，发表于 1932 年 1 月 6 日《红色中华》报第 4 期。

落"、"世界不景气"的狂呼。在德、英、日等国，更是公开呼号"挽救国难"，全世界已有十四个国家（占世界人口四分之一），已改变金本位制。至于发生严重金融恐慌，或银行倒闭和停止付款者，更不知有若干国。帝国主义虽然极力减低生产，调剂市场，倾销政策，增高关税，禁止现金出口等等，这都没法挽救他将要到来的垂死命运，反而愈〔加〕促进经济危机的扩大，特别是紧接着的帝国主义的财政大恐慌。这种恐慌表现在几个主要的帝国主义国家，如英、日、美、德等国，更闹得很凶，入不敷出的数目大得很，虽设法增加税收、裁薪和减少失业津贴等都没法解决。号称金元的美国，一九三一年的预算，亏短了九万万金元，如连一九三二年及三三年预算不敷并计，将达三十二万万金元，其他各国更可想见。帝国主义国家的财政破产，在任何时候都没有这一年的厉害。因此，一九三一年是资本主义衰落和走向崩溃的最厉害的一年。

相反的方面，苏联社会主义经济的发展却有惊人的成绩。五年经济计划，已经四年全部完成，有的部门三年已告成，而且超过原定的计划，社会主义式的工业与农业社会主义化有惊人的成功，工人的实际生活有大的改善。第二个五年计划，又要从今年开始，比第一个五年计划更为伟大。从前许多资本家的学者讥笑苏联五年计划为妄谈，现在不得不公开承认苏联五年计划的伟大成功，于是又由恐惧、惊慌而狂喊苏联经济亦将于世界经济恐慌中而衰落，企图以全力来封锁苏联与抵制苏联粮食、货物出口。这更证明五年计划的伟大成功与资本主义的垂死挣扎。在这一年中，充分表现资本主义经济的衰落和颓败，社会主义经济的兴盛，日益向上发展的两极端现象。这更加使全世界工人对于社会主义革命的坚信，积极为推翻资本主义制度的世界而斗争。同时也就在社会主义制度与资本主义制度的矛盾尖锐发展中，帝国主义仇视苏联、武装进攻苏联的战争，愈加紧迫起来了。在欧洲以法国为领导者、在东方以美国为领导者的反苏联活动和军事布置的积极，特别在此次日本强占东三省事发后更加明显和紧张。

二、帝国主义互相冲突的加紧，与世界大战要爆发的紧张形势。

经济恐慌与财政破产，更加紧了帝国主义的相互冲突。在争夺市场上、瓜分殖民地上、关税政策上以及欧战赔款①问题上，这都使帝国主义的相互矛盾异常尖锐起来。英、美的世界主要冲突，欧洲大陆的法与德、意的冲突，日、美的冲突等等锐利的形势，和彼此缔结同盟对抗，而主要的表现在战争的准备。军缩会已完全破产，各帝国主义竞争军备扩充。最近自日、法公开主张增加军备以来，更使各帝国主义猛力扩充军备。帝国主义财政虽到绝境，可是，军费是继续的增加，这可以看出帝国主义在危机的时候，极力想以战争来解决。虽然帝国主义因为与苏联的主要矛盾尖锐，不愿首先爆发帝国主义相互间的大战，极力互相协调，以进攻苏联为主要条件，但是帝国主义互相的冲突，仍然无法缓和，而更加尖锐起来。最近，日本以武力强占东三省，各帝国主义争夺瓜分中国与互相协调来向苏联进攻，就充分表现了帝国主义这种矛盾。总之，这一年中表现的战争危险，比一九一四年前更显明的锐利，同时也可见将来帝国主义大战的残酷和猛烈。

三、世界革命的高涨与共产党的影响扩大。

一九三一年的革命高涨的形势，特别显示出它的特点：第一，工人的革命斗争，在德国、法国、波兰、芬兰、捷克、罗马尼亚等国大罢工，尤其是西班牙几次总同盟罢工和暴动，使西班牙的革命走向无产阶级革命的暴动。这些罢工，充分含有极浓厚的政治意义。法国和英国特别是美国的失业工人不断的示威和骚动。在这些罢工中，尤其几个主要资本主义国家的工人罢工（如德国、波兰等），不仅一般的反对资本主义，而且进一步的反对资本家的走狗社会民主党②，这是表现世界工人阶级已离开社会民主党的影响逐渐在共产党领导之下，进行坚决推翻资本主义的斗争，是一九三一年工人斗争高涨的特点。第二，殖民地和半殖民地的革命运动高涨。如印度、安南③，以至南美、中美诸国家反帝运动的发展，尤其是中国苏维埃运动的发展和胜利，印度、安南的反帝运动已逐渐脱离民族改良者的领导，在共产党领导之下，进一步反对民族改良主义了。在这一年更表现在许多殖民地的革命运动（如印度等）逐渐转移到工农领导之下进一步的尖锐斗争。第三，是以前所未有的少数民族的斗争发展，如在波兰之乌克兰和但泽④之德国的少数民族反抗波兰的压迫。第四，农村工人和农民因失业和饥饿而坚决起来斗争，特别是在美国饥民不断示威和骚动。第五，英国海军的罢工，反抗减薪运动，这是历史上很少的事件，将大英的威严完全打破了。世界革命的高涨，表现革命发展更加尖锐的形势，统计世界革命的发展已有帝国十九国之多，转入革命旋涡者人数占全世界人口总数之半，除主要的工人阶级以外，还包括广大的被压迫的殖民地工农劳动群众。资本主义国家的国民和下层小资产阶级群众一直发展到帝国主义军队中的士兵群众。这样伟大的革命运动发展中，共产党的影响扩大和领导加强，更逐渐取得这些革命斗争的领导地位。因此，各国共产党有很大的发展，特别是法国、中国、美国、波兰、捷克、西班牙等等国家共产党已取得广大工人阶级在其领导之下。社会民主党在这样革命急剧发展中，不仅社会法西斯蒂⑤化了，而且工人阶级已直接起来反对社会民主党。因此，目前全世界不仅是经济的危机进到政治的危机，使世界革命危机逐渐成熟起来，而且有许多国家革命危机已存在了（如中国、西班牙等）。

四、帝国主义国家的法西斯蒂专政化。

帝国主义为挽救自己的危机，为了镇压本国和殖民地的革命，为进行战争，不得不采用更专政的手段，来支持这一局势。一九三一年中在波兰、葡萄牙、捷克、罗马尼亚等国已是法西斯蒂专政了。在南美诸小国则行将军独裁的另一种法西斯蒂专政形式，在德国则出以紧急法令代替国会民主形式，在英国则出现混含各派的国民政府的法西斯专政，另一种是经过社会民主党而实行法西斯蒂专政。这些都是为了更有力地镇压国内革命和对付无产阶级的主要工具。证以历史上的事变，这是世界伟大的事变将要到来的显征。

总括起来说，一九三一年是世界最大变化的一年，是社会主义制度与资本主义制度明显不同的巨大表现，是两种不同制度的矛盾发展到很尖锐的形势，是资本主义表现极端衰落和颓败的时候，是帝国主义战争要爆发的前一时期，是世界革命危机逐渐成熟起来，是造成了世界革命将要爆发和胜利的前夕。虽然资本主义发展不平衡，同样的在革命发展上头亦显示极不平衡的形势，但是在总的趋势上是要使经济危机更加深入和尖锐，更加使革命危机普遍的发展起来。

同样的在一九三一年，在中国更加锐利表现这种形势。

一、两个国家的对立

中国政治经济危机达到最高度的结果，国民党统治的破产和崩溃，工农革命的残酷斗争的结晶，已建立了中华苏维埃共和国，在中国境内从此有了两个极端相反的国家存在和对立，这是一九三一年的产物。苏维埃共和国是在日益巩固和发展，是取得千百万工农的拥护，国民党统治的国家是日益削弱和崩溃，已在全国工农群众的坚决反对中宣告他们的破产。

二、全国政治经济的危机与全国革命的高涨

中国经济危机在世界经济危机发展下、帝国主义国民党的统治和剥削之下，愈达到了最高峰。城市工业的倒闭或转移到帝国主义之手，农村经济的剧烈破产，造成一九三一年的十八省大水灾，灾民达到一万万人，由城市直到乡村普遍是失业状态；帝国主义强盗在中国统治的加强和更加横暴，国民党露骨的投降帝国主义，这都更加深了中国殖民地化的过程。全国革命运动在这样危机状态之下，有了很猛烈的发展。苏维埃运动已成为中国革命的主要标志外，工人斗争已在主要城市由反攻进到进攻。自日本武力强占东三省以来，全国反帝高潮达到高度，并由反帝运动发展到直接喊出打倒国民党的口号。一万万灾民的斗争，特别是军

阀军队的瓦解与士兵的急剧革命化，是一九三一年中的特点。全国兵变不断发生，北方和宁都的兵暴⑥成为红军，成为发展苏维埃运动的一个主要力量，愈促进军阀军队的瓦解。这些证明中国革命的危机毫无疑义是存在着的，这些革命运动发展，在现在仍然是不平衡的发展，可是将来这些运动将要汇合在苏维埃旗帜之下去争取全中国的胜利。

三、苏维埃的胜利和发展与国民党统治的崩溃

帝国主义、国民党为镇压中国革命，维持其统治地位，在一九三一年的开始，正是国民党遭受第一次大失败后，集中其最大的军力和一年的时间向全国苏维埃和红军不断的进攻，可是被工农群众和红军在全国各地接二连三的击败。在中央区胜利尤其大，次之鄂豫皖区，其他苏区都取得或大或小的胜利，消灭敌人在全国共有十六七师以上的反动军队。全国苏区扩大八九个县的版图，并且建立大的苏维埃根据地，成立中华苏维埃共和国临时中央政府，苏维埃运动是在胜利地向前发展。

国民党统治在苏维埃和红军的胜利下，在全国反帝高潮下，在一万万灾民下，已宣告破产，表示没有力量继续来统治中国了。虽然国民党尽量的出卖中国，希图在帝国主义羽翼之下来维持其统治地位，可是在日本武力强占东三省后，愈加引起全国工农群众和革命的学生直接起来反对国民党的统治。国民党的财政完全到了绝境，每月不敷超出收入一倍以上，公债发到八万以上，信用已破产，这都是给国民党统治更大的致命伤。国民党各

派的冲突，更是分崩离析，各派军阀势均力敌。最近在南京所开国民党一中全会⑦的分赃会议，并不能团结一致，愈加因分赃不均更促进内部冲突发展和军阀战争的爆发。蒋介石虽表面下野，实际上是暂时退让，等候时机；汪、孙⑧二派虽分得了一部分南京的反动政权，其他各派也绝不甘心。国民党只有愈加分裂，愈加加深中国的混乱局面。尤其是国民党任何派别和军阀，只有争宠于帝国主义，以取得和维持在南京反动政权的领导。对于东三省事件⑨，任何国民党派别，任何欺骗方法（如汪精卫提出之国民救国代表会），事实上都只有投降帝国主义，使中国完全殖民地化，只有代替帝国主义镇压中国革命。这都必然更引起全国工农群众起来，在苏维埃旗帜之下做推翻国民党的坚决斗争，将国民党葬送到坟墓中去。

一九三二年虽然是刚刚开始，全世界和全中国的形势是紧接着去年继续地向前发展。这就是说，一九三二年是继续一九三一年资本主义世界危机更尖锐地向前发展；是继续帝国主义的互相冲突而走向最残酷的世界大战的爆发。帝国主义武装进攻苏联，压迫殖民地革命更成为一九三二年的最主要危险，全世界工人阶级的革命斗争和殖民地的革命运动，必然在这一发展中，愈加走上直接推翻帝国主义的道路。苏联社会主义经济更加兴盛和巩固，更加引起全世界无产阶级和被压迫民族的劳动群众围绕在苏联的周围，以武装拥护苏联，以国内战争来消灭帝国主义战争。

国民党统治也只有愈加崩溃，愈加在群众中宣告他的统治破产。国民党任何派别和一切社会民主主义、托洛茨基主义的思想和派别，都只有出卖中国和压迫革命，任何反革命派别的欺骗在他取得政权后都要揭穿殆尽。这都必然使全中国的工农群众坚决地站在苏维埃旗帜之下，为推翻国民党、打倒帝国主义、争取苏维埃新中国而斗争。因此，一九三二年在国际的和中国的极端有利的客观条件下，是更便利于苏维埃运动的发展和争取一省或几省首先胜利的前提。同时，争取一省或几省的首先胜利，以革命战争消灭军阀战争，也成为我们今年当前的实际任务。

注　释

① 欧战赔款，1919 年 6 月—1920 年 8 月，第一次世界大战的战胜国先后签订对战败国德国、奥地利、保加利亚、匈牙利、土耳其等国的和约，规定战败国的赔款数额、年限和方式。不久，德、意等国法西斯势力兴起，赔款遭到抵制。1929 年 6 月，德国声明，因经济危机，无力支付赔款，战胜国又拟定了 58 年 7 个月的分期支付赔款的"杨格计划"。德国总统兴登堡请求美国总统胡佛同意延期偿付赔款。1931 年 6 月，胡佛颁发"延期偿付令"。但期满后，德国仍以经济危机为借口，拒不偿付战争赔款，杨格计划遂最终落空。

② 社会民主党，又称"社会民主工党"、"社会党"、"工党"等。大多为机会主义者所控制的国际社会右翼政党。

③ 安南，越南的旧称。

④ 但泽，英文 Danzig 的音译，即格但斯克。波兰北部重要港市，格但斯克省首府。

⑤ 法西斯蒂，英文 fascisti 的音译，指法西斯主义的组织或成员。

⑥ 宁都的兵暴，指宁都兵暴，又称宁都起义。1931 年 12 月 14 日，有中共地下党工作的国民党军第 26 路军参谋长赵博生（共产党员）和旅长季振同、董振堂等率 1.7 万余人，在江西宁都举行起义。起义后，

改编为中国工农红军第一方面军第 5 军团。

⑦ 国民党一中全会，即 1924 年 1 月 20 日—30 日在南京举行的第一次全
国代表大会。

⑧ 汪孙，即汪精卫和孙科。

⑨ 东三省事件，即东三省事变。

大家起来做防疫的卫生运动[*]

（一九三二年一月十三日）

在目前帝国主义争夺瓜分中国，而更加紧互相的冲突；国民党各派分赃的大团结，更暴露他们的分裂崩溃，无力继续维持统治的末路；全国反帝高潮和广大的反国民党的群众运动，在这样的客观条件之下，是非常有利于我们苏维埃向外发展的。因此，我们在目前的任务：是大大地向外发展；是发展革命战争，以争取苏维埃更大的发展和胜利。可是当这个时候，有一个严重问题——瘟疫问题。这一问题如若发生或发展，不仅危害工农群众的健康和生命，而且要影响到阶级战争的力量损失。这是我们应该严重注意的问题，应该立即解决的问题。

现在春天快到了，一切瘟疫很容易发生。它们的传染性是非常之快而且很危险的，轻者损害人的健康，重则牺牲无数人的生命，这是何等危险的事呵！

瘟疫的发生，主要的由于平日饮食和居住的地方不洁净，一切污秽肮脏的东西，随便堆积，抛露在屋里和居住的周围，经过

---

* 本篇系项英的署名文章，发表于 1932 年 1 月 13 日《红色中华》报第 5 期。

腐烂，日光的蒸晒，就容易发酵起来，成为瘟疫。到了春天的时候，更易于发酵，发生瘟疫的可能性最大；另一种是由传染来的，要是不知防疫，也同样的发展到最危险的地步。

经过战争的区域，那里是比任何地方都容易发生瘟疫的，因为死人也比较多些，掩埋也随便些，有的抛露好久，或者任他腐烂下去。在我们苏区内，更因白军①残酷摧残和无纪律，大烧大杀，人粪马屎随便的拉，凡是白军经过或居住的地方，臭气蒸人，污秽不能插足。若是当时没有用大力量去清洗干净，到了春天，不可避免的要发生瘟疫。加以江西省区经过三次的长期剧烈战争，特别是第三次战争②中，白军的残酷摧残，大烧大杀，最辣毒的手段，就是他们打不赢红军，临走时将许多死尸，故意的抛置或埋葬在工农群众的住宅里（如富田③），以企图制造瘟疫，进一步的危害工农群众生命和革命势力。所以今年春天，在江西省区发生瘟疫的危险性更较大。

去年在江西已发生疟疾、痢疾等等传染病，这是因敌人进攻、骚扰所产生的，可见染上这种病在苏区是很普遍的。现闽西发生天花，在富田已发生一种厉害的瘟疫，几天内死了几十个人。若是在各地传染起来，那是危险得很呀！像高兴圩、良村、黄陂、老营盘④等作战的地区，死人最多的地方，也就是容易发生瘟疫的区域。

国民党军阀的武装进攻，我们倒不怕，可以用工农群众的力量和红军的英勇将他击败，以至消灭。国民党军阀用最残酷方式所制造的瘟疫，这个东西发生和传染起来，在目前缺乏药品的时候，解救是非常困难的。若是发生一种最危险的瘟疫（脑膜炎、鼠疫、虎列拉等等，一天内或几个钟头，人就会死的），就有药也无法解救了。

临时中央政府特别注意这件事，已开会作了一次讨论，拟定许多具体防疫办法，并决定在中央区内举行一种防疫的卫生运动，不日就要公布出来的。

防疫的卫生运动具体的办法：

（一）每地规定每月举行一次卫生运动，发动男女大小，有组织的分组，来打扫和清洗房屋及其周围；

（二）凡是一些不清洁肮脏东西，将它焚毁干净，一切臭水沟子，要将它清洗干净；

（三）用石灰水洒在污秽的地方；

（四）一切腐烂的东西不要吃；

（五）至于经过战争区域过去掩埋死尸的地方，用土加盖厚些，未掩埋的腐尸，赶快的掩埋，放过死尸的地方，都用石灰水清洗；

（六）发现瘟疫的地方，病人吃的东西和用的物件，不要共吃共用，将病人很快的送到附近的医院内去（现在的红军医院）。

我们有了健康的身体，才能更努力革命，才能更勇敢的参加革命战争，消灭国民党军阀。所以防疫的卫生运动，是保障工农群众和红军的健康运动，是为强固革命力量去争取苏维埃更大的发展和胜利的运动。我们为要消灭残酷凶暴的国民党军阀，更要强健自己的身体，努力做防疫的卫生运动。

各级政府各红军应当领导群众去做防疫的卫生运动！

各群众团体要领导群众积极参加这一运动。

各红军的医生同志——要努力来研究许多防疫的方法和药

品，努力向群众做卫生宣传工作，指导各地的卫生运动。

工农同志们，起来努力做卫生运动！强固我们阶级战争的力量！

注　释

① 白军，当时用语，苏区军民称"围剿"苏区的国民党军。

② 第三次战争，指国民党发动的第三次"围剿"战争。

③ 富田，村名，在江西吉安县城东南。

④ 高兴圩、良村、黄陂、老营盘，均为村名，高兴圩位于江西兴国县城西北；良村在兴国县城东北；黄陂位于江西宁都县城东北；老营盘在江西泰和县和兴国县交界处。

纪念列李卢庆祝苏区共产青年团与少先队的代表大会 *

（一九三二年一月二十日）

一月十五日，是世界无产阶级革命领袖李卜克纳西、卢森堡①同志牺牲的第十三周年纪念日。

李、卢两同志，是领导世界无产阶级反对帝国主义第一次世界大战，尤其是与无产阶级的叛徒社会民主党作坚决的斗争，亲身号召和领导德国无产阶级，变帝国主义战争为国内阶级斗争，以武装暴动来推翻资产阶级的统治，实行无产阶级革命，因此，即被帝国主义社会民主党而杀了。

李、卢同志的牺牲，更唤起全世界无产阶级，为推翻资产阶级的统治，打倒社会民主党，实行无产阶级革命的坚决斗争。德国无产阶级，现在在共产党领导之下，继续李、卢的精神，正在积极的作推翻资产阶级统治，打倒社会民主党，走到实行无产阶级革命的最尖锐的斗争道路上，德国革命危机日益成熟。德国无产阶级革命必然要获得最后胜利。

---

* 本篇系项英的署名文章，发表于 1932 年 1 月 20 日《红色中华》报第 6 期。

　　一月二十一日，是世界革命最伟大的领袖列宁同志逝世的第八周〔年〕纪念日。列宁创造了十月革命，创造了无产阶级祖国——苏联，他创造了布尔什维克②的共产党，创造了世界革命的武器——列宁主义。苏联在列宁主义领导下，社会主义建设日益牢固地发展起来，五年经济计划四年已全部完成，获得最伟大的成绩。各国共产党已有很大的发展，获得各国广大无产阶级的拥护。世界革命日益高涨，中国苏维埃运动在列宁主义的中国共产党领导之下，已建立了第二个苏维埃共和国。列宁主义是世界革命的惟一武器，全世界无产阶级和被压迫的劳动群众，正高举着列宁主义的旗帜，为世界无产阶级和被压迫劳动群众的解放而斗争。

　　今年纪念列、李、卢三位领袖的时候，正是帝国主义经济危机达到不可挽救的地步，正是帝国主义互相冲突达到最尖锐而要爆发第二次战争的时候，尤其是帝国主义进攻苏联的主要危险愈加严重的时候，世界革命继续高涨。因此，我们今年纪念列、李、卢的任务是武装保护列宁所首创的苏联，反对帝国主义大战，打倒资产阶级走狗社会民主党、托洛斯基派、取消派③等等。

　　同样的，在中国正是帝国主义积极进行瓜分中国，正是反动国民党统治到了完全破产，日益走上死亡道路，苏维埃运动在全国获得很大的胜利，全国革命是继续高涨的时候。我们的任务是反对帝国主义瓜分中国，努力向外发展，去争取苏维埃更大的发展胜利；发展革命战争，以革命战争消灭军阀战争，以革命战争去推翻帝国主义、国民党的统治，以革命战争争取苏维埃在一省或几省首先胜利。

要大大的向外发展，更加强革命战争的力量与发展，就要扩大红军，创造铁的红军；就要建立强有工作能力的苏维埃政府，来领导广大工农群众积极参加革命战争。所以，今年纪念列、李、卢的时候，工农群众就要积极的参加红军，巩固红军，参加苏维埃建设运动。这是我们实际的纪念列、李、卢的工作。

在今年纪念列、李、卢的时候，正是苏区共产青年团代表大会于李、卢纪念日开幕，少年先锋队代表大会于列宁逝世纪念日开幕。这两个代表大会，正当着目前革命形势紧张的时候来举行，这是有很伟大的意义的。

共产青年团是青年的工农和劳动群众的领导者，少先队是青年的工农群众先锋组织。青年工农群众是苏维埃运动中一支生力军。这两个代表大会，在列宁主义领导之下，在青年团创造者李卜克纳西和卢森堡同志精神之下，必然获得更大的成功。

我们现在以列宁主义的敬礼来庆祝两个代表大会的圆满成功。同时，以最热烈的革命热忱，希望这两个代表大会，除讨论和决议列宁主义的青年工作路线和策略外，特别是关于领导广大青年工农群众，热烈参加苏维埃建设运动，踊跃加入红军，创造铁的红军，以及领导广大青年工农群众，去参加革命战争等等实际问题的讨论和提出最实际执行办法。

注　释

① 李卜克纳西、卢森堡，李卜克纳西即卡尔·奥古斯特·李卜克内西（1871—1919），德国社会民主党和第二国际左派领导人之一、德国共

产党创建者，1919 年 1 月 15 日与卢森堡等同被杀害；卢森堡，即罗莎·卢森堡（1871—1919），德国社会民主党和第二国际左派领导人之一、德国共产党创始者，1919 年 1 月 15 日与李卜克内西等同被杀害。

② 布尔什维克，俄文 Большевик 的音译，原意为多数派，后指俄国马克思主义者。

③ 托洛斯基派，即托洛茨基派，简称"托派"，俄国工人运动中以托洛茨基为首的政治派别。取消派，指俄国社会民主工党内的机会主义派别，主张取消党的秘密组织，以放弃党的革命纲领等为代价而换取合法地位，建立公开的"工人党"，故被称为"取消派"。

大大的向外发展
积极的进行革命战争[*]

（一九三二年一月二十七日）

目前的政治形势，最有利于苏维埃革命的发展。最近的事实，国民党的统治是在很迅速的崩溃中。内部的分裂，更在他们所谓宁粤统一会议^①后，继续发生的有中部九省联防，西南五省团结，北方六省联合，以及变相割据的北方与西南的政治分会又设立起来，这是公开暴露了国民党崩溃中愈加分裂的形势。在上海国民党各派争占国民党部，互抢黄色工会^②机关，争夺商会，此争彼夺，种种丑态，都表演殆尽，真所谓"强盗火并"、混战一场。

所谓共赴国难，即是纠合全国新旧军阀官僚于一堂，顾维钧、王揖唐、胡适之^③都成为国民党的党国要人了，旧交通系的梁财神（即梁士诒^④）正被请到南京，北洋军阀的头子吴佩孚^⑤，正在北方大受欢迎。国民党到了走投无路、计竭智穷的时候，就不得不求救于他们的老前辈，恰恰如俗话所讲"法宝不

---

* 本篇系项英的署名文章，发表于 1932 年 1 月 27 日《红色中华》报第 7 期。

灵请祖师"。

　　财政呢，目前更到了绝境。南京政府每个月要差一千八百万元，虽罗雀掘鼠，无法补救，公债信用，达到最后破产；各省财政，更不堪言状。这种穷途末路的形状，正是国民党将要死亡的现象。

　　在外交上，更成为最后暴露国民党各派出卖中国的罪恶。自日本帝国主义强占东三省后，继占锦州，猛攻热河，武装攻击天津之后，又积极在上海作武装攻击；法国已袭击广西龙州⑥，进兵云南；英国则出兵西藏；美国增加舰队到上海。这是使全国民众最后认识国民党任何一派都是出卖中国，直接帮助帝国主义殖民化中国的工具；这是使全中国工农和劳苦群众更加认识了要求中国民族解放，不做帝国主义的奴隶，必须打倒帝国主义的工具——国民党，推翻国民党的统治。

　　现在，全中国的工农劳动群众，甚至一般小资产阶级，已经是由反帝运动进到公开反对国民党的斗争了。白色统治区域各地的国民党党部都被群众捣毁了，示威运动日益发展，国民党反动统治的权威，到现在已被群众的革命行动所摧毁，丧失了经常统治的状态。工人的罢工运动，特别是中国无产阶级中心区域的上海罢工运动，正在大大的发展，反动军队急剧瓦解，兵变与兵暴日益在扩大中。凡此种种，都足以表明目前中国的革命形势，在苏维埃区域和红军胜利的影响之下，已进到非常紧张的状态，全国革命危机日渐成熟。

　　这个时候，国民党任何欺骗方法，任何派别的欺骗幌子，都被事实和群众的革命斗争最后揭穿殆尽了，都无法挽救他的垂死命运。最近汪精卫⑦到南京，不过是与蒋介石妥协，企图作一最后挣扎。可是汪精卫入南京，也就是他在事实上最后在全国群众前面暴露他的欺骗幌子，进一步说，就是表示国民党垂死的命运，将要在他们集合一切新旧军阀官僚共同的、去一步一步的将国民党及中国豪绅地主资产阶级的统治，葬送到坟墓中去。

国民党统治的急剧崩溃，全国革命危机的日益成熟，是在正比例之下同时发展的。全国革命运动是要很猛烈的向前开展，由这种最尖锐的斗争很迅速的进到推翻国民党统治的斗争，这个时候不仅是最利于苏维埃革命发展的时候，而且是全国革命危机日益成熟的时候。这一革命斗争，只有汇合在苏维埃旗帜领导之下，才能更有力向前发展。因此，我们目前最中心的任务，是大大的向外发展，积极的进行革命战争，以苏维埃的发展和红军的胜利去领导全国的革命运动，汇合在苏维埃旗帜之下，以革命战争的发展和胜利去引导全国工农劳苦群众起来，为苏维埃政权而斗争。

目前向外发展，不是仅仅为了扩大苏维埃区域，而且是联系河东西⑧的苏区建立更广大的革命根据地，是要首先夺取一二个较大的中心城市，以加强苏维埃政权对于全国革命的领导作用，以造成一省、数省革命首先胜利的局面。发展革命战争，是要以最积极的进攻策略去进攻敌人，去摧毁国民党的统治，去争取江西一省或湘鄂赣三省的首先胜利。

事变的发展在日日进展中，当这个紧张时候——革命与战争的时候，不容许我们有丝毫的迟疑地方，各级政府和各群众团体大家一致动员起来，去执行我们当前的任务，去努力动员和领导广大工农群众，为苏维埃胜利向外去大大发展，进行革命战争；去积极参加红军，扩大红军，加强红军的力量；去积极准备一切力量，来配合红军行动；去发展苏区的阶级斗争，强固革命群众组织力量，巩固革命根据地，扩大向外发展的力量；去努力做防疫的卫生运动，以保障工农群众的健康，强固阶级战争的力量，努力去执行苏维埃建设运动，建立强有工作能力的政权，去执行当前的一切工作和任务。

一致动员起来，大大的向外发展，去积极进行革命战争，高举着苏维埃的旗子，用革命战争去领导全国革命运动，来为苏维埃的政权而斗争，来为打倒帝国主义，推翻国民党统治，实现苏维埃新中国而奋斗！

注　释

① 宁粤统一会议，指 1930 年 10 月 22 日蒋介石、汪精卫、胡汉民三位国民党的头面人物所进行的"和平统一"会谈，决定宁粤双方同时召开国民党四大选出中委，再合起来在南京召开四届一中全会，产生国民政府人选。

② 黄色工会，指大革命失败后国民党所控制的工会。

③ 顾维钧、王揖唐、胡适之：顾维钧，早年留学美国，攻读外学和国际法，1912 年学成回国后，在北洋政府和国民党政府中担任要职，历任外交总长、内阁总理、外交部长等；王揖唐，曾任北洋军阀政府内务总长、安福国会众议院院长；胡适之，1931 年九一八事变后，创办《独立评论》，支持蒋介石"攘外必先安内"的政策，并发表"全盘西化"的主张。

④ 梁士诒，清末曾任铁路总局局长、交通银行帮理，后在北洋军阀政府任交通银行总理，为旧交通系首领。

⑤　吴佩孚，北洋直系军阀。1923 年，曾残酷镇压平汉铁路工人大罢工，制造二七惨案。1931 年九一八事变后，蛰居北平（今北京）。

⑥　龙州，县名，位于广西西南边境。

⑦　汪精卫，时任国民党南京政府行政院院长，主张对日妥协。

⑧　河东西，指赣江东、西两岸。

"二七"事略[*]

（一九三二年二月三日）

"二七"，是一九二三年二月七日，京汉铁路工人为反对军阀争工会自由、举行总同盟罢工、惨遭军阀吴佩孚屠杀的大流血纪念日。

这一事件的发生，是当着苏联十月革命成功后，中国工人阶级受了苏联无产阶级革命的影响，大大的惊醒起来，在中国共产党领导之下，开始从各地组织工会，来反对资本家的压迫和剥削，来为本身利益而斗争。铁路工人是中国产业工人中最主要最先进的一部分工人，因此在中国工会运动开始发展的时候，铁路工会就首先在各地组织起来。一九二一年至一九二二年间，京汉路、陇海路、粤汉路、津浦路、京奉路、正太路、道清路、京绥路等都先后成立了工会，而京汉路工会是铁路工会中，组织最统一、团结最坚固的一个居领导地位的工会。全路分三大段，以长辛店、郑州、江岸三个大站为中心，共组织了十六个工会，会员共有二万余人。

中国的铁路，绝大多数以债权关系或直接经营而把持在帝国

---

* 《红色中华"二七"增刊》，1932 年 2 月 3 日。

主义之手，中国军阀更视为军饷的来源和军事交通的工具而互相争夺和割据。当这个时候，京汉铁路是被直系军阀曹锟、吴佩孚势力所割据。他们对于铁路是尽量的管制，置铁路的修理而不顾，对于工人的剥削那更加残酷，常常以武力来镇压工人的反抗，以维持他在铁路的剥削与统治。

京汉铁路工人自成立工会以来，反抗工厂和法帝国主义的厂长、工程师的压迫与剥削，要求增加工资、改善待遇，做了不少的斗争，并在一九二二年五六月间举行一次罢工，尤其是反对军阀军队压迫和蹂躏，是因工人团结坚固斗争坚决，都取得了胜利。

工人的胜利，愈加促进帝国主义军阀的仇视。因为铁路工人的斗争，是直接与军阀以至帝国主义相冲突的，每一个经济斗争都很快的发展成为政治斗争。当京汉路工人开始成立工会和斗争的时候，军阀吴佩孚是一方面以欺骗的方法，来麻醉工人，笼络工人，以缓和工人的斗争，可是这类欺骗被工人斗争的事实和发展所揭破，在工人中不能发生什么大的作用，只有极少数的工贼和杨德甫等才为他所用。另一方面，利用交通系的余孽收买少数高等的司机工人组织工艺研究所，来分裂工人，破坏工会。这种企图未发生大的效用，反使京汉路工人愈加团结一致的在工会领导之下来斗争。这一年，唐山五矿总罢工发生，京汉铁路工会即发起全国铁路工会援助唐山罢工之会议，并有为唐山罢工不解决、全国铁路即举行总罢工援助的决议。同时在这一次会议中，鉴于阶级斗争的日益尖锐与发展，需要扩大阶级的团结，统一和集中阶级战斗的力量，有筹备全国铁路总工会与各路总工会组织之提议。京汉路总工会之筹备，即在此会议中所决定，复于是年六月在郑州举行正式筹备会议，决定联合全路十六个工会成立全路总工会，于一九二三年二月一日在郑州开正式成立大会。"二七"大流血即从此而产生。

在铁路工会援助唐山罢工时，军阀吴佩孚已深知工人的举动是不利于己，待京汉总工会的筹备会成立后，对于工会的仇视日益显露起来。当时工人深知这种情形，在筹备会后，派代表四人去探视吴佩孚之态度，可是吴佩孚非常狡猾，表面不表明态度，暗地已命令路局局长赵继贤、冯云等极力破坏，使这一总工会不能成立起来。工人也洞悉其奸，更努力于总工会之筹备，故经半年之久，全路十六个工会都健全起来，团结更加坚固，对于总工会成立大会之一切筹备都充分准备好了，全路工人都是很热烈的来拥护这一总工会的成立。

当着成立大会日期要到的时候，各站工人纷纷选举代表，出席成立大会，全国各铁路工会和武汉工团联合会所属之各工会均大备庆祝物品，选举出席庆祝大会代表，□□的齐集于长辛店乘车南下，武汉及江岸代表则挂专车北上。沿路各站的工人，均齐候车站，欢送代表。当代表专车过时，燃放鞭炮，高呼口号，那一种热烈情绪，真是无法描写出来。

各地代表抵郑州时，该地形势非常严峻，武装戒备极严，始知吴佩孚已下令禁止开会。总工会筹备会曾派代表去质问，终无结果。预定之大会会场已被军队封闭，全路代表于当晚开紧急会议，一致决定明日仍然举行开幕典礼。次日全埠已实行戒严，路上布满军警，特别是到会场一条大马路（会场在普乐园戏园），有千余武装军队，梯子形横列在马路上约有半里之长。当时京汉工人及各地庆祝代表，睹此情形，愤慨非常，大家一声呼喊，一个冲锋从军队防线冲过去将军队冲散，直到会场，将门捶开，宣布开会。这个时候，军队被工人冲散后，继续跟踪而来将会场包围，施放排枪示威，一时"打倒军阀"、"争集会结社自由"、"总工会已成立了"之呼声与劈啪劈啪之枪弹声混作一团，震动瓦屋。双方相持二三小时之久，工人始散。当各代表由会场回至旅馆，住房已被军队占据，并禁止各饭店旅馆卖给工人代表吃。限令外地代表立时出境，郑州铁路工会亦同时遭封闭。工人及各地代表更加愤慨，遂秘密会议，全体一致议决，举行全路总罢工反抗，以反对军阀压迫工人，提出争工人集会结社自由、撤换路局局长赵继贤、冯云，惩办直接压迫工人之郑州警察局长黄殿辰、赔偿工会损失、实行八小时工作制等等为罢工要求条件，以二月四日上午十时（注：据查工人出版社1983年版的《二七大罢工资料选编》第130页，罢工开始时间应为2月4日中午12时）为全路总罢工一致动作时间。罢工总指挥机关，移至汉口江岸。各路和各地代表也一致决定，以实力援助京汉罢工，为罢工延长时全国则举行总同盟罢工来援助。会议毕，各代表即分途回去召集工人开会，报告经过情形与总罢工之决定。全路工人非常愤慨，一致拥护，总同盟罢工之伟大斗争遂开始了。

总罢工命令下后，长二千余里之路线，二万余工人之众，均于二月四日上午十时，一致罢工下来。不前不后，在一个时间内一致行动。有的开火车的，开到半途，罢工时间已到，即将火车停放于半路中。有的刚在修理物件，不等物件修好就停放，绝无参差不齐的情形，充分表示无产阶级组织和团结一致的精神。

总同盟罢工后，一切交通和货物输运完全停止，各站工人每日均齐集工会听候照会命令来行动，纠察队、调查队、交通队、罢工委员会等等都组织得很完备很严密，每一工人都参加一种组织，担任一种工作。工会命令一下，全体都动员起来，好像一支有训练的军队作战时一样。

吴佩孚自工人罢工后，即电令各地军队开到各车站，对各站工会采取包围形式，企图恐吓工人上工，同时对于江岸之罢工总指挥机关，则令汉口镇守使署参谋长张木阶率一团军队将江岸包围，四五两日间，多方恐吓强迫工人上工。这种恐吓对于有组织的坚决斗争的京汉工人，不发生丝毫作用，只有愈加使工人愤慨。继而用欺骗手段企图拘捕罢工领袖，都被工人识破。六日这一天，于是又用武装队伍，拘捕司机工头，强迫开车，以破坏罢工，忽被工人侦知，数百工人纠察队蜂拥而上，将司机人夺回，军队被冲散，敌人之计又告失败。到下午又将巡查铁路之纠察队员拘捕，工会派代表前去质问和交涉，又被扣留，并令武装军队包围代表，以屠杀来威胁代表下上工命令。代表毫不畏惧，声言"头可杀，上工命令不能下"。工人代表被扣，一时数千人重重叠叠的将军队包围，去抢夺被扣代表，双方冲突，吼声与厮打声混成一遍，于是张木阶睹此情形，卒不得不将代表释放。同时在郑州也是一样的将工会委员捆在车站示众，这个时候正是严冬的时候，将衣服剥下只剩一套单衣在身，使其受冻不过而屈服，可是终无效力。其他各站也采用压迫威吓方式，可是敌人一切企图均归失败，而全路罢工则愈加坚决与敌人作最顽强的斗争。

京汉路总同盟罢工后，武汉各种工人之结队慰问者日以数千计，同时湖北工团联合会下紧急命令，二月八日举行全省总同盟罢工来援助京汉工人。粤汉铁路工人已于二日下午举行全路同盟罢工，援助京汉、津浦铁路，亦于此时宣布罢工。其他各路工会正在准备罢工中。罢工情势在全国日益扩大的紧张起来。这是使着帝国主义军阀非常恐惧，而必然要采取屠杀政策来镇压中国工人阶级。吴佩孚遂于六日急电湖北省军阀肖耀南及京汉路局长赵继贤，于七日下午同时全路动作，来屠杀罢工工人。汉口各帝国主义的领事和中国资本家代表，六日同在督军署集会计划屠杀方法。而"二七"大流血的惨剧遂紧接的开演起来了。

七日下午四时，江岸形势异常严重起来，大批军队陆续开至，谣言四起。工会早料必有严重事变发生，于是将全部纠察队集合在工会前一空场内，全院工人也集合于此，严阵以应付发生事变。不料于工人刚集合时，张木阶率领全团队伍而至，一面将工人包围，一面占领工会机关。纠察队与之发生冲突，冲锋号声一响，四面枪声大作，一时弹如雨下，人声沸腾，杀声震野，空场内遍地是尸，鲜血满地。曾玉良同志等三十二人已在枪林弹雨之下而牺牲了，被枪伤者数十人，当场被缚绑的工人百余人，捆至车站月台上。适江岸工会委员长林祥谦同志亦在被缚之列，被张木阶看见，即强迫下上工命令，祥谦厉声答复："不能下上工命令"，其随从之马弁奉张令向林同志胫部砍一刀，林同志仍厉声大喊"头可杀，上工命令不能下"，后连砍三刀将头悬挂在电灯杆上示众。在屠杀江岸工人时，湖北工团联合会及各工会同时被封闭，工人领袖被捕多人，中国共产党员施洋同志是武汉工人运动的一个领袖，素为帝国主义军阀资本家所仇视，也同一时被捕而被枪杀牺牲了。未被捕的均下令通缉。长辛店在同日下午遭屠杀，牺牲者五人，正定、保定、长辛店的工人领袖被捕入狱者二十余人。其余工会均遭封闭。当"二七"大流血发生后，汉阳钢铁厂工人、杨子厂工人等等即宣布同盟罢工，以后卒因武装压迫而失败了。全国各铁路工会完全被武力解散，领袖或被捕入狱或开除工作而失业，全国工会运动经此摧残而受一严重打击。

"二七"大流血发生后，全国震动，军阀罪恶完全暴露于全国民众之前，打倒军阀之声浪遍及全国，使中国革命运动在无产阶级伟大的英勇斗争与牺牲之下，开展了新的发展局势，推动了一九二五——二七年大革命的高潮，所以"二七"伟大的英勇斗争，是开辟了中国革命新的发展道路。

反对帝国主义瓜分中国的
大战，夺取赣州、吉安[*]

（一九三二年二月十日）

自从日帝国主义强占上海、炮击南京以来，上海闸北、吴淞，已在大炮、飞机、军舰的轰击爆炸之下变成一片焦土了，几十万居民都在日帝国主义屠杀之下，受着最悲惨的牺牲。最近，日本正在大量增调军队到中国，又由上海进而图占武汉。这种屠杀中国人民的惨祸，将由东三省、上海、南京，扩大到长江各埠、沿海各口岸了。

这一事变的发展，愈加使帝国主义瓜分中国的争夺激烈到了万分，帝国主义的强盗大战，更是盘马弯弓待发的紧张形势。在太平洋大战的主角美帝国主义，向日本严重的抗议和通牒，那不过是帝国主义战争要爆发的一种通常表面文章。实际呢，美国亚洲舰队全部开到上海和南京，六千陆军已到上海，其余还在动员开拔中。英、法、意等国军舰，也大批调到上海，陆军英兵有五六千，意兵有千余，法兵有若干都集中在上海。帝国主义大战，

---

[*] 本篇系项英的署名文章，发表于 1932 年 2 月 10 日《红色中华》报第9 期。

只要一碰就要爆发起来。最近英、美等主张划上海为中立区，实际就是首先来瓜分上海进而瓜分全中国。可是帝国主义的冲突，特别是日、美冲突，在目前已进到最尖锐的时候，这样是不能解决的。于是日本就反对这种办法，继续武力攻击。美国及其他帝国主义，也不过借此来更加紧军事布置和战争动员的准备，以及各因利害关系，互相来结成战争中的同盟。帝国主义大战的爆发，到现在只是时间上迟早的问题。

国民党和他的政府，仍然继续作出卖中国的勾当，最近更承认帝国主义瓜分上海，对于自动抵抗日军的英勇士兵和革命群众，他们本来派军队去缴械的，反而这些军队士兵又自动加入作战。这使国民党又不得不转变方法欺骗群众，汪精卫、何应钦、宋子文①的声明就是铁证。最近，国民党更企图挑起世界大战，来促成帝国主义更快的解决瓜分中国问题以及将来在日、美正式作战时也可以"向日宣战"，那都不过是帮助美国及其他帝国主义来抢夺中国和欺骗群众。在大战爆发时，国民党各派军阀必然都分组在各帝国主义指挥之下，成为帮助他们瓜分中国，特别是屠杀中国人民的一个支队。

空前的杀人大战快到临了，全世界的工农及一切劳动群众，都遭受比第一次大战更悲惨的灾祸。中国是这一次杀人大战的主要战场，中国几万万群众将要被屠杀于帝国主义枪、炮、炸弹、毒瓦斯之下，比现在上海被屠杀的惨状还要超过百十倍。因此，反对日帝国主义屠杀中国人民，反对美国及其他帝国主义瓜分中国与屠杀世界工农劳动群众的大战，我们要以革命战争去消灭帝国主义的大战，才能消灭大战的惨祸与灾害，要变帝国主义战争为反帝反国民党的民族革命战争，驱逐帝国主义出中国，推翻国民党的统治，以争取苏维埃在全中国的胜利。这是我们当前的最主要中心任务。

要执行这一任务，就要积极进行革命战争，扩大与加强红军，发展与牢固中央苏区，夺取赣州、吉安，贯通河东、河西②两大苏区，以及与湘鄂连结起来，以争取江西首先胜利，建立最广大的最巩固的全国革命根据地，来组织和领导全国革命战争准备，与帝国主义作最残酷的战争，实行以革命战争消灭帝国主义的杀人大战，变帝国主义战争为反帝、反国民党的战争。

现在红军已将赣州包围了，敌人的增援部队被红军消灭了一团，赣州将要攻下，进而就要夺取吉安了。夺取赣州和吉安是准备与帝国主义直接作战最实际的任务，工农和一切劳动群众，大家要一致动员起来，积极参加革命战争来夺取赣州，发展赣江西岸的工作，动员广大群众来配合红军去夺取吉安，每一位工农同志要当红军去！到前线去！

在我们苏区内，有一种太平观念、和平思想是非常浓厚的，以为敌人不来就完了，这是非常不对的，这是妨碍革命发展与胜利的。在各级政府的工作中就有这种现象表现，对于任何工作、任何命令和决议，都是松懈而不紧张的去执行，这是非常有害的。我们要坚决与这种观念作斗争，克服这种思想和观念。

还有一种观点，就是以为帝国主义的大战与我们苏区没有关系，或者以为帝国主义打起仗来了，敌人更不能进攻我们了，好像欢迎帝国主义打仗一样，这都是很错误的。我们必须知道，帝国主义大战的爆发，他首先要进攻中国革命，镇压国内外的革命，同样的帝国主义虽然互相打起来，他对于苏联的进攻，仍然时时企图将战争转向进攻苏联战争。中国是主要战场，中国人民首先遭受屠杀和牺牲。帝国主义大战的爆发，其结果毫无疑义的要掀动世界革命大爆发，来葬送他到坟墓去。正因为如此，我们更要努力去发展和组织全国的革命战争，去消灭帝国主义战争，消灭反革命对革命的进攻。

世界空前的大事变要来临了。大家动员起来，紧张起来，同时武装起来去发展革命战争，夺取赣州、吉安，反对帝国主义的大战，变帝国主义大战为反帝反国民党的民族革命战争！

注　释

① 汪精卫、何应钦、宋子文：汪精卫，时任国民党南京政府行政院院长；何应钦，时任南京政府军政部部长兼国民党军赣粤闽边区"围剿"军总司令；宋子文，时任国民党南京政府行政院副院长、财政部部长。

② 河东、河西，指江西赣江东岸、西岸一带地区。

发展生产，节俭经济，
来帮助红军发展革命战争[*]

（一九三二年二月十七日）

目前，为加强革命战争发展的力量，使革命战争更顺利的向前发展，积极的去准备充分的经济，就成为一个主要条件了。

当第二、三次革命战争[①]中，若是经济准备不充分，红军给养困难，那么，三次伟大的胜利，就不能很完满获得。就过去的很多经验来讲，常常因为经济困难，红军给养发生问题，而直接影响到我们的战略和发展方向；同时红军因为要自己筹给养，使得本身训练减少。这对于创造红色铁军、争取革命战争更伟大的胜利，都有很大妨碍的。

现在，要使红军以充分的力量去执行当前的大大向外发展，积极进行革命战争，夺取赣州、吉安，争取江西首先胜利的紧急任务，那就要我们准备充分的经济来帮助红军，供给红军的给养，减少红军筹款的工作，使其无顾虑的顺利的去积极进行革命战争。这是我们各级政府和广大工农群众一个很重要的任务，同

---

[*] 本篇系项英的署名文章，发表于 1932 年 2 月 17 日《红色中华》报第 10 期。

时也就是积极参加革命战争一个很实际的工作。

我们要准备充分的经济，就要努力发展苏区的一切生产，大大的增高农业的生产量，使得粮食充足，很丰富的供给红军给养；使得出口的生产恢复起来，在正确执行经济政策下，吸收现金，来帮助军事上的必需费用。这还不够，更应努力举行节俭运动，使大部分经济，用来帮助红军发展革命战争。各级政府和各群众团体，一切费用都要十二分的节俭，不急用的费用不要用，要用的就要节俭，不要浪费一文钱、滥用一张纸、少点一点油，积少成多，就可以节省一大笔经费。我们要知道，节俭一文钱即是对革命有一分的帮助，谁要"浪费一文钱实等于革命的罪人"。

这一运动，要大大的发动起来，形成广大的群众运动，要使每个工农同志，都了解发展生产与节俭运动的意义。大家热烈的努力耕种，增加生产，用革命竞赛的方法来鼓励他们，并鼓励储蓄粮食，供给红军，使其自动的捐助粮食给红军，以建立一个强大的发展革命战争的经济力量，去争取苏维埃更大的胜利。

中央政府特为此分别颁发了两个训令——春耕问题与节俭运动。各级政府应该坚决去执行，应该领导广大群众去积极发展这一运动，谁要怠工和敷衍，谁就是苏维埃的罪人。

我们要坚决同那些浪费金钱、滥耗政府财政的人作斗争，我们要号召工农群众驱逐那些人出苏维埃机关。

同志们！努力发展生产，节俭经济，是加强革命发展的力量、争取革命胜利的一个重要条件。大家努力的来帮助红军，发展革命战争。

注　释

① 第二、三次革命战争，指中央苏区红一方面军 1931 年 3 月至 5 月和 1931 年 7 月至 9 月所进行的第二次和第三次反"围剿"作战。

实行工作的检查

（一九三二年二月二十四日）

革命的形势，一天天紧张的向前发展，我们的任务也一天天的繁重起来。为要抓紧时机，完成自己的任务，我们要很紧张的很实际的去进行一切工作，才能完成自己应尽的责任，这是十分必需要的条件。

临时中央政府成立以来，对于苏维埃的建设，领导各种斗争以及加强革命发展的力量各种很实际的方针和办法，做出很多训令、通令、决议、条例等来指导各级政府，若是很切实的照所指示的办法去做，那么，对于苏维埃及革命的发展，毫无疑义会有很大的进步和开展的，可是在将近三个月以来，在他对中央政府一切训令、通令、决议等等的执行，那是非常令人不满。一般的说，到现在没有一个政府向中央做一个执行工作的报告，进一步来说，很多政府不但没有实行工作的报告制度、连讨论都没有讨论，哪里还谈得上执行吗?! 成为一种麻木不仁状态，这是多么严重的现象。

若是说各地政府的办事的人，因为文化程度低，对于文件看不大懂，这只能说增加在执行中的困难，绝对不至于将上级的文件、命令置之不理，好像没有这一回事一样，不仅乡、区政府如此，就是县、省两级政府，也不过是依样葫芦用油印翻印一下，发下去他们的责任就完了，这些事情下级做了没做，也不过问，敷衍了事，这只拿各级政府不报告、不讨论命令执行的办法，就可证明有很多政府是这种恶现象。

至于许多政府（如昌县西冈）对人欺骗，说是什么工作都做好，其实什么工作都未做好的事实，那是很多的。

这种现象的养成，不仅由于下级政府不健全，而最主要的还是由于各该上级政府没有执行自己的职权，没有实行工作的督促和考察，特别是没有在每件工作做了以后，实行检查一次，而加以指示和纠正。

实行工作的检查，本在中央所颁布的地方政府暂行组织条例上已规定了的，是各级政府在工作中应该执行的一件重要事情。

再说，在为了执行一切工作和任务，为了消灭所存在的恶现象，而建立强有工作能力的地方苏维埃，就要很严格的实行工作的检查。

当前，各地正在举行各级苏维埃选举的时候，我们更要用检查工作的方式，来实际的改选各级政府。

反对浪费　严惩贪污[*]

（一九三二年三月二日）

现在，正当红军在前方进行革命战争、夺取赣州的紧张时候，在后方的同志除了积极领导群众去参加革命战争、建立巩固的后方外，最重要的就是节俭经济来供给红军，帮助红军进行革命战争。谁要不努力去做这一工作，就等于对革命战争怠工。

临时中央政府，为了节俭经济帮助红军，曾发了一个第三号通令，要各级政府严格缩减用费，禁止浪费经济来帮助红军。这是一个很重要的通令，无论哪一级政府，都要绝对的遵守去执行。

这个时候，谁要浪费一文钱，都是罪恶，若是随意浪费，那实际是破坏革命战争。至于吞没公款、营私舞弊等贪污行为，简直是反革命的行为，都非用革命的纪律制裁不可。

最近，中央政府派人到兴国，清查兴国、万、太①、赣县等县的财政，发现许多政府每月开支浪费得很，一个区政府每月要用到四五百元的经费，有一个区政府每月的信封用了二千九百

＊　本篇系项英的署名文章，发表于 1932 年 3 月 2 日《红色中华》报第12 期。

个，吃仁丹一个人一天吃了八包，诸如此类的很多。这是何等骇人听闻的事呵！不仅如此，像兴国县主席与财政部长、鼎龙区财政科长、兴国所办的国家商店的经理等，贪污公款，假造账目，扯旧账造新账等等贪污舞弊情形，更为严重。还有一种普遍的现象，就是将存款打埋藏，隐藏不报，差不多在兴国各区都是这样做，真是无奇不有的怪现象！

对于这种随意浪费，我们要坚决反对，如若继续不改，就要用革命纪律来制裁，对于贪污的要非严办不可。中央政府对于兴国的贪污事情，已命令江西省苏②，将兴国县主席、财政部长、鼎龙区财政科长、国家商店的经理一律撤职查办，将来还要开法庭审判。这是非常之必要的。

贪污是苏维埃政权下绝不准许有的事，如若发生即是苏维埃政府的羞耻。我们号召工农群众起来帮助政府，来反对各级政府浪费政府的钱，驱逐各级政府中的贪污分子出苏维埃。对于一切浪费经济，特别是贪污分子，都要给以严厉的惩办。

注　释

① 万、太，指江西万安县与泰和县。

② 省苏，省苏维埃政府的简称。

为苏维埃法庭写在前面的几句话

（一九三二年三月二日）

　　临时中央政府成立后，对于肃反问题的颁发了第六号的训令，一方面是更彻底的去肃清了革命派别，纠正过去在肃反中发生的错误，建立正确的肃反路线，另一方面是保障工农群众的权利，建立革命秩序，并禁止肉刑，严禁偏信口供，注意侦察工作和事实证据，对于犯人的处置，分▲▲成份与首要，附和来判罪，规定拘捕反革命的机关属于政治保卫局，审判的权限归各级裁判部的将来的法院。

　　这次中央政府的临时最高法庭与闽西政府所开的刑事法庭，完全是根据中央第六号的训令第一次开庭来审判 AB 团改组派，社▲、托派等反革命派别。第一是按▲▲▲▲判罪的。闽西托派施简、宋铁英虽然是托派重要领袖，本次判决十年，因为他是产业工人出身，真减刑到五年，中央区军医院的 AB 团份子陈宗后，因为他是地主出身，所以重判他三年徒刑，第二是分首要与附和来判罪的，闽西的托派和社▲有的判五年和三年，有的只判几个月，最高法庭对改组派有的四年、有的只半年，第三是根据确实证据来定罪，凡是证据不充分，或证明出是受诬害者一概释放，闽西是当庭释放了四个人。第四是对于证据确凿，企图借中央政府对于过去帮派中的证据指证，来故意反供，逃脱罪恶，如在最高法庭的审判之改组派，就当庭企图反供，终被实际证据将他揭露，并各加判半年，就是对于现在当了反革命派从前在红▲中有了英勇斗争和成绩的，概行减刑，有的减一年半或半年的。

总之在这些反革命审判中，完全是执行中央第六号的训令，保障工农权利，而给其正的反革命份子应得之罪。

中央执行委员会，对于此次审判的结果，都加以详细审查，除批准外对于判决稍轻的是予以增加（如曹舒翔等），稍重的予以减轻（如魏柏刚等），真是慎重其事，一面使工农份子不致受诬，同时使反革命派无从逃脱罪恶或企图▲头。

最后我们更在这次法庭审判中可以看出反革命派的企图推翻苏维埃政权和红军，阴谋罪恶这完全是这些反革命分子自己口供中供出来的，我们为保护苏维埃政权和红军，必须要给这些反革命派以制裁。

一切反革命派，都逃不了革命的制裁。

中央执行委员会封于临时最高法庭审理 AB 团改组派军事犯等要犯的判决书的决议案。

三个判决书忆全部原文▲通过之，但须修正以下各点。

一、曹舒翔，原判应监禁二年，但本执行委员会认为太轻。因为她是红军医院第四分院的政治委员，又公然的加入 AB 团来破坏苏维埃政权和红军，违背了共产党和苏维埃政府的委托。并且曹舒翔曾在苏联学习过三年，在苏联学习的时候，在政治上是站在一切不良份子方面。回国后来苏区工作，又加入 AB 团，可见她之加入反革命组织不是偶然的。因此须增加监禁一年三个月，共须监禁三年三个月。为夺选众权的期限仍照原判。

二、孔繁树，依判决本应监禁三年，因他在革命战争中做过相当的工作，并因带花而残废，因此法庭减少了他一年六个月监禁。但是他在 AB 团里是担任的指挥的责任，虽然做过相当的革命工作，对他的处罚，还是很轻，须增加三个月的监禁，共监禁一年九个月。但剥夺选举权的期限仍照原判。

三、黎心诚，依原判是监禁二年，因他历次作战勇敢，且受伤数次，应减轻六个月，则监禁一年六个月。剥夺选举权的期限仍照原判。

四、魏柏刚，依原判应监禁五年，但依他的罪状，处罚未免过重一点，因此应减轻六个月的监禁，即四年六个月。但剥夺选举权的期限仍照原判。

本决议案对于上列反革命犯的监禁期限之减轻和加重，应通知上列各犯人知悉。

中央执行委员会

主　席　毛泽东

副主席　项　英　张国焘

临时最高法庭判决书

第一号

——一九三二年二月二十五日中央政府临时最高法庭——主席何叔衡，委员梁柏台、万家林。书记欧阳毅、何秉才。同时参加审判的国家原告娄梦侠。审判 AB 团反革命案件的被告人：曹舒翔、孔繁树、陈宗俊三人。从国家原告机关的材料及法庭审判的结果，被告人的反革命事实，已经证明了，他们自己对法庭也已经承认了。AB 团是地主豪绅富农、资产阶级的法西斯蒂组织，他开始则用暴动的方式，企图消灭苏维埃政权和红军，暴动失败后，则隐藏到苏维埃区域内，积极破坏苏维埃、共产党，红军及一切群众团体的工作，破坏工业联盟，组织暗杀队，暗杀革命领袖，成反革命国民▲▲▲进攻苏区的内应。在红军后方医院内则用残酷的手段，上不好的药以谋害▲员和指挥员。将救治红军伤病士兵的经费移作 AB 团活动之用，将群众慰劳红军的食品，仅分给 AB 团团员。AB 团的策略和阴谋是要推翻苏维埃政权，恢复国民党军阀的反动统治，在过去事实中已经证明了。即被告人等的口供，也承认这些反革命企图，而且在事实上已做了许多反革命的工作，反革命事实已成为铁证。兹将他们的罪状列举如下：

1. 曹舒翔，廿二岁，女性，未嫁，河南临颍人，家庭背景中农，受过师范教育，在苏联学习过三年，原为共产党员，后被开除，曾在第四分医院担任过教委，一九三一年十月五日被捕。一九三一年八月在兴国石窝经戴济民介绍入 AB 团，加入 AB 团之后，在第四分医院秘书指挥 AB 团的工作，发展 AB 团的组织。曹舒翔是第四分医院的政治委员，受共产党和苏维埃政府的委托，她不但不努力执行共产党和苏维埃政府给她的任务，反跑到反革命的营垒去，作了革命派进攻苏维埃的工具，这是她反革命而兼渎职罪。她在医院中积极的进行 AB 团的反革命的工作，为别的 AB 团分子一面派人去调查逃跑的路线、预备逃跑，一面共同勾结白军。作敌人的内应，她帮医院工作，凡是 AB 团分子则用好药医治，对于非 AB 团分子则乱用药，使他们不能很快的恢复健康，或者谋害他们，使他们不能再为红军服务，这是用另一个方式来破坏红军。吞没公款，拿去做 AB 团的活动费。把 AB 团动摇分子即行屠杀，曹舒翔是直接破坏革命、破坏红军、破坏苏区，造成恐怖现象的反革命分子。

2. 孔繁树，廿七岁，男性，湖南浏阳人，家庭背景中农，学生，受过中等教育，原为共产党员，后被开除，曾担任过红军总医院的中共院委书记。一九三一年十月十五日被捕。孔繁树是一九三一年八月加入 AB 团，加入 AB 团之后，担任红军总医院 AB 团的代理秘书。AB 团首领李用之被捕后，他就代理 AB 团的总指挥，虽维持甚短但他是继续指挥各医院 AB 团的组织和活动，孔繁树是破坏红军、破坏革命的真实反革命分子。

3. 陈宗俊，廿二岁，男性，湖南桃源人，家庭背景地主，师范学生，非共产党员，已婚，曾任红军第六分医院总务科长，去年十一月八日加入 AB 团，加入 AB 团之后，担任了 AB 团分团部的组织，据他的口供，曾在伙夫队、洗衣队中做发展 AB 团的工作，同其余的 AB 团共同破坏医院的工作，是 AB 团的活动分子，而且是地主家庭出身，所以他加入反革命组织是有地主观条件。

以上被告人等的反革命事实已经证明了，本临时最高法庭，根据中央执行委员会第六号训令，按照阶级成份、首要与附和，分别作以下的判决：

1. 曹舒翔监禁二年。从一九三一年十月五日计算起。在监禁期满后又剥夺选举权五年。

2. 孔繁树应监禁三年，因他曾在红军服务带花，又系残废以前做过相当的革命工作，特减刑一年六个月，只监禁一年六个月。从一九三一年十月十五日计算起。在监禁期满后又剥夺选举权五年。

3. 陈宗俊因他是小地主家庭出身，应监禁三年，从一九三一年十月十五日计算起，并永远剥夺选举权。

主席：何叔衡　委员：梁柏台　万家林

临时最高法庭判决书

第二号

一九三二年二月二十五日至二十六日，中央政府临时最高法庭主席何叔衡，委员梁柏台、万家林，书记欧阳毅、何秉才。同时参加审判的国家原告娄梦侠。

人民委员会命令　第六号

——政府工作人员要加紧学习——

有许多地方的政府，往往因负责人的文化程度太低，了解问题太差，以及不能把政府的经常工作好好的建立起来，对于上级的命令和文件，多半不能了解，也就不能执行，大抵不能有计划地推动和进行，甚至连本地方▲零细问题，都不能解决，因此更大的减低了苏维埃政府的威信和作用，这是一个很大的缺憾。固然许多地方政府的负责人，纯系工农成份，文化程度低下，缺乏充分的工作能力，但是决不能因此便让他继续下去，甚至借口工农，无论对任何问题，均以"我是工农，我也不晓"来搪塞，以掩饰因循敷衍消极怠工的恶习以至不愿学习不想进步的具体表现。这是绝对不准存留在政权机关内的，我们要坚决同这一倾向斗争，每一个在政府工作的人都应当加紧学习，尽量提高自己的文化程度和工作能力。尤其是不识字的工农同志，更要努力识字，积极学习政治和工作，造成真正的工农干部。凡是不积极学习的就是对革命怠工，对苏维埃政府工作不努力，这种份子，如若（不）自觉的如此屡戒不改那就应该不让他来负苏维埃的责任。现在为了提高工农同志的学习加强文化教育起见，决定每一区、县、省都要设识字班，所有的委员和工作人员都要强迫他们努力识字，并要邀请群众团体的负责人参加识字，乡苏的学校的开办识字班，没有的以该乡识字的人来负责，主席及苏维埃代表都要强迫识字。初学识字的人，平均每人每日至少要记五个生字，每个识字的人要教不识字的人。程度稍高的就要成立读书班。可用中央所发的训令、通令、法令、条例等及红色中华为教材，上级政府应当经常督促指示下级做这一工作，并要检查他们的成绩，下级要经常向上级报告并要求上级的帮助，无论哪一政府人员，如故意忽视学习的工作，敷衍了事者，则以怠工论。

此令

公历一九三二年三月二日

反对对于参加革命战争的消极[*]

（一九三二年三月九日）

向外发展的革命战争，正在各方积极的进行着，英勇的红军已夺取了上杭、武平，大大的开辟了赣南苏区疆土，包围了赣州。在开始就取得大的胜利中，正是敌人惊慌告急，正是我们乘胜去大大发展革命战争，猛烈进攻敌人，夺下赣州，以至争取一省几省首先胜利的最好时候啊！

要使革命战争更大的向前发展，去争取更大的胜利，这不仅在红军的勇敢作战，而且还在动员广大工农群众，积极参加革命战争的工作；不单是前方的努力，而且要有巩固的得力的后方工作，以加强和补充前方的战斗力量。这样，才能使革命战争一天天更大的开展，使新的胜利不断的获得。

临时中央政府为了加强革命战争的发展，建立巩固的后方工作，曾号召各级政府努力做动员群众参加革命战争的工作，领导广大工农群众配合红军作战；努力做扩大红军的工作，以充实革命战争的武装战斗力量；积极领导群众去耕种"红军公田"和

---

[*] 本篇是项英的署名文章，发表于 1932 年 3 月 9 日《红色中华》报第 13 期。

帮助红军家属耕种，切实执行优待红军条例，以鼓励群众踊跃的参加红军；领导群众努力春耕，提高生产，以加强发展革命战争的经济力量，节俭经济、储蓄粮食来供给红军作战，并鼓励群众捐米粮以帮助红军给养等等。这一切，都是为了动员全苏区的一切力量，去为发展革命战争而努力工作，要使每一个工农同志，都积极的来为发展革命战争的工作而努力。

现在这些工作做得怎样呢？检查起来，不仅是没有很好的去做，而且很多地方对于这些发展革命战争的工作，是一种怠工的形势。有的是敷衍了事，并未实际地去领导群众做，有的是认为漠不相关，过他的太平生活，一切工作更谈不上如何的做。我们只看实际的事实是怎样：扩大红军，各地虽在进行，但没有成为群众中最热烈的一种运动；春耕呢，并没有将广大群众动员起来去进行这一运动；积储粮食供给红军更未执行，甚至有的地方对于红军的价钱反卖高；执行优待红军条例，到现在还未完全实施；交通运输吗？由中央政府到前方的信迟至十几天才到，运输东西是拿钱请不到人；节俭经济，在事实上是恰恰相反，浪费乱用，打埋伏，差不多成为普遍现象，贪污更是屡见不鲜。这些事实等于破坏革命战争的行为。至于在群众中，更看不见一种对于参加革命战争的热烈空气，事实上所表现的是太平无事，乐业安居，这是何等严重的现象啊！为什么发生这种现象？主要的原因，由于各地政府对于参加革命战争工作的领导消极，没有去动员和领导群众来执行一切工作。

这种消极怠工、危害革命战争的发展，是削弱发展革命战争的力量，在客观上等于帮助敌人，破坏革命战争。因此，为了加强革命战争的发展，为了执行后方的任务和工作，必须坚决与这一消极怠工做无情的斗争。谁不更改的，就要用革命纪律来制裁谁。

要消灭这种消极怠工，各地政府就要坚决的去执行以上的工作，并随时实行工作的检查。很实际地来动员广大群众，在群众中造成一种最热烈的参加革命战争的空气，来打破和消灭现存的太平保守观念。

批评不正之风的三篇短文*

（一九三二年三月十六日）

好阔气的江西政治保卫分局

现在正是节省经济来发展革命战争，可是江西省政治保卫分局，做一面旗子就花了九块多大洋；购两根手枪丝带，用了一块二毛四；买日历一买十本，用去了三块多大洋；一个月点洋烛，就点了三十包。这大概是政治保卫分局的负责同志，认为没有漂亮的旗子，好看的手枪丝带，不足显示保卫局的特别威风!？本来中央政府所出的日历，不仅是价钱少（十片）主要的还是不好看，哪有单张扯的日历又好看、又便利！洋烛点起来虽然不及电灯那样辉煌，总比那光大如豆油、茶油灯亮得多，摆阔的同志们，当然是拣好的用。总之，这些花费，在摆阔的同志眼光中，本来不算一回什么事，恐怕还要说是乡下人的眼光，没见过大市面的，这些些微小事何必大惊小怪呢！不过我这个乡下人，以为在目前的苏区，总觉得好阔气的江西省保卫分局！

---

* 本篇系项英用江钧化名的文章，发表于 1932 年 3 月 16 日《红色中华》
报的"突击队"栏目里。

威权无上的区苏秘书

在过去各地苏维埃，因许多工农同志不识字，于是由秘书来做文字工作，哪晓得这班会写字的大秘书，以为工农同志是可欺的，就大权独揽，造成普遍的秘书专政。现在会昌洛口区苏的秘书，更是威权无上，将区苏主席坐起禁闭来，比那些专权的秘书，还拿着主席做木菩萨，更显示得威权大得多了。对于这样擅越职权、破坏苏维埃组织的太上秘书，希望该上级的政府，必须严厉惩办才好！

无奇不有的兴国国家商店和合作社

兴国县区苏维埃的同志，真是努力建设工作，大概怕商人操纵商场，县苏不惜将没收的商店和合作社，组成冒牌的"中华苏维埃共和国国家商店，各区政府就组织冒牌的合作社"使人突然听到这个消息，真觉得兴国同志格外努力。哪晓得考察的结果，这个冒牌的国家商店偏偏贩卖那顶礼菩萨的贡檀香，这大概是怕那破庙里的菩萨冷落了香火啰！办合作社呢？当然是抵制上级政府提款的花枪。至于冒牌的国家商店（？）合作社（？）不是抵制商人投机，便利群众，实际上是垄断商业，操纵市场，我不晓兴国区苏维埃不加紧去努力执行苏维埃政纲，领导群众发展革命战争，而来学投机商人，做冒牌垄断商场的事业，这真是无奇不有，令人惊叹！

强固城乡苏维埃的组织和工作

（一九三二年四月六日）

中央区依照中央第五号训令，进行各级苏维埃的选举运动，特别是建立城乡苏维埃基本组织。这一运动，在中央区经过了三个多月之久，可是还未进行完毕，大多数对于城乡苏维埃的选举，是做得不对，没有很正确的照中央的规定去做（如有些仍照旧办法，开群众会选代表，有的不管选民到多少就选举）。现在对于选举完全不合法的，应当宣布无效，再重新选举一次。至于算正式成立的城乡苏维埃，据我们所考察的结果，苏维埃的制度——代表会议制度——仍然是没有很好的建立起来，甚至将城乡主席选举以后，代表也就等于无形取消，这完全是继续过去的换汤不换药的办法，没有认识代表会议制度的意义与作用。这样的错误，如若再让它继续下去，那是于苏维埃建立上有莫大的妨害，要非立即纠正不可。

城乡苏维埃，是苏维埃政权的基本组织，是直接吸引大多数的工农群众参加政权工作的方式。所以这种制度的起立——代表会议制度的建立，才能巩固工农政权的基础，消灭脱离群众的现象，才能在这一基础上，更有力的来领导群众去争取苏维埃在全中国的胜利。

现在各地所成立的城乡苏维埃，就要使这一真正工农政权的代青天会议制度，使它名符其实的巩固起来，实际的来发挥它的作用，这是各级苏维埃在目前的一个中心任务，没有强固的城乡苏维埃就不能树立整个苏维埃政权的基础。

为要巩固这一制度，就要使代表会议按期开会，城乡苏维埃的工作，都要经过代表会议的讨论和决定，使每个城乡代表都要分担苏维埃的一切工作，消灭过去少数人包办苏维埃的现象；要实行城乡代表对于选举他的选民负责，经常的向选民报告和传达苏维埃的会议决定和工作，要能随时按选民的意见和请求，提交代表会讨论，同时要使每个选民知道随时监督代表的工作，并实行召回代表另行选举之职权，城乡苏维埃不仅是能正确的执行上级的命令、决议，还要有计划的去进行苏维埃应该做的经常工作，这样的苏维埃，才能更有力量的直接来动员和领道全乡、全城市的工农劳动群众在上级政府领导和指示之下，去积极参加目前革命战争的一切工作，以完成争取江西和邻近几省首先胜利的伟大任务。

对军区后方军事指挥等问题的意见[*]

（一九三二年七月二十九日）

周、毛、朱、王：

（一）军区与后方军事指挥，是否属中央政府，应确定。如前方有命令，须通知中央政府。

（二）军事动员必须先通知中央政府，否则前方、后方均发命令，极不统一，有碍进行。

（三）独三师将寻、会①独立团大部调走。只顾自己不顾整个后方布置和计划是不对的。以后关于此类事，前方均须先通知中央政府，否则劳战会②与中央政府对于全部无法来计划。望电复。

项 英

（二十九〔日〕）

---

* 本篇系项英给周恩来、毛泽东、朱德、王稼祥的电报。根据中央档案馆馆藏件刊印。

注　释

① 寻、会，即江西省寻邬（今寻乌）县、会昌县。

② 劳战会，即劳动与战争委员会的简称，隶属临时中央政府人民委员会。

怎样配合红军的胜利去
争取江西首先胜利[*]

（一九三二年八月三十日）

我红军自实行全线出击，以粉碎帝国主义、国民党的四次围攻以来，在全国各线上都接连不断的获得伟大胜利，特别是鄂豫皖的红军，连续获得十次大胜利。中央区红军，自消灭张贞①后，又在南雄、康、庾②一带，击溃了素称顽强的广东军阀军队十八团之多，给粤敌以重大创伤，回答了陈济棠③军阀对于苏区的进攻；最近在北面于一星期内，连占乐安、宜黄、南丰、宁化四个县城，扩大苏维埃区域数百里，消灭高树勋④全部，逼近抚州，开创了中央区最大的新局势。这不仅是给帝国主义、国民党四次围攻的重大打击，而且是取得了实现江西首先胜利最有利的条件。夺取抚、樟、吉、赣⑤中心城市，以实现江西首先胜利，就是目前的事情了。

在红军继续胜利中，我们的任务是实际地配合红军的胜利，来消灭敌人更大的部队，迅速实现江西的首先胜利。这是我们当

---

* 本篇是项英的署名文章，发表于 1932 年 8 月 30 日《红色中华》报第31 期。

前的实际任务，是我们马上要做的事。

怎样去完成这一当前任务：

一、各军区、各级政府动员和领导全部的武装，在全线上以最积极的进攻，与前方红军的胜利行动相呼应，打击和截断敌人各方的联系，更利于前方红军消灭敌人的主力。

二、各级政府和一切群众团体，要以"到前线去"、"夺取江西首先胜利"的口号之下，最高度的动员广大工农群众去参加红军，使原有扩大红军的计划加倍的实现起来，更加强红军消灭敌人的力量。

三、各级政府和群众团体，动员和征调大批干部，到新发展区域，去发动群众的斗争实行土地革命，建立政权，组织各种群众组织，迅速巩固这些区域，动员这些区域最大的工农群众，去配合红军的行动。

四、各级政府和群众团体，要积极的进行白军士兵工作和发动附近白区的工农群众，特别是吉、赣、樟、抚、南昌等中心城市的工作，来削弱敌人的力量，瓦解敌人的军队，加强我们在白区特别是夺取中心城市的力量。

五、加紧进行一切国家税收，要从"拥护红军胜利迅速缴纳国税"、"为夺取江西首先胜利就要踊跃的缴纳国税"、"缴纳国税就是帮助红军消灭敌人"等等口号动员之下，使群众迅速缴纳土地税，以供给红军给养，继续消灭敌人。在新区域筹款，不仅要严格站在阶级的路线上，而且要消灭过去一切浪费的现象，以充裕革命战争的经费。

六、各级政府与群众团体，动员最广大的群众来组织运输队、担架队等，来担任军事运输便利于红军作战。

这是我们当前的最实际工作。只有这样，才是实际的去配合红军的胜利，争取江西首先胜利。

各级政府和工农群众都要为实现以上的任务而努力！

注　释

① 张贞，时任国民党"围剿"军第49师师长。

② 康、庾，指江西省的南康县和大庾（今大余）县。

③ 陈济棠，时任国民党军赣粤闽边区"剿匪"副总司令。

④ 高树勋，时任国民党军第9路军第27师师长。

⑤ 抚、樟、吉、赣，抚指江西省抚州，今临川市；樟即樟树镇，今樟树市；吉指吉安，今吉安市；赣即赣州，今赣州市。

今年纪念国际青年节的战斗任务[*]

（一九三二年九月六日）

今年国际青年节①正是世界上两个制度——社会主义与资本主义制度的对立，中国两个政权——苏维埃与国民党政权的对立，达到了空前的紧张状态。帝国主义进攻苏联之东方战线的先锋——日帝国主义者，自从强占东三省之后，不遗余力的来攫夺中东路②，多方的摧残苏联公民，组织白俄军队③，积极向苏联挑衅，到了最近愈加的紧迫了，同这相连锁的就是帝国主义进攻中国革命，瓜分中国。自"九·一八"④日本帝国主义在各帝国主义一致赞助之下，与国民党政府及其军阀之无耻的出卖中国，极便利的强占了东三省，屠杀了无数万的东北和上海的民众。各帝国主义更指使国民党政府及其军阀压迫中国革命运动，特别是进攻苏维埃和红军。日本帝国主义最近更继续的积极进攻热河⑤，又调大批海陆空军，在华北、上海一带，准备重演上海"一·二八"⑥的大屠杀。

反动的国民党政府及其军阀，一贯的出卖中国，替帝国主义当清道夫，迅速的签订出卖上海的协约，一面将上海抗日的英勇

---

* 本篇系项英的署名文章，发表于 1932 年 9 月 6 日《红色中华》报第 32 期。

士兵强迫撤退，同时更集其全国最大的反动军队八十师以上，在帝国主义指使之下，向彻底反帝的苏维埃和工农红军举行四次大围攻⑦，这是为更便利于日本及一切帝国主义瓜分中国。近日正在准备继续出卖热河和华北，在上海又严禁反日的抵货运动，取缔热河的义勇军，以实行将整个中国出卖于帝国主义。

在这种形势之下，愈使全国的反帝反国民党的民族革命战争开展了新的形势。最近上海反日运动大开展，东北五十万义勇军之积极活动，使日军及其走狗遭受了莫大的打击。特别是全国工农红军在苏维埃中央领导之下，实行全线出击以来连续空前的胜利，使帝国主义、国民党对于苏维埃和红军的四次围攻，受到了全线上的惨败，争取江西及邻近几省的首先胜利，和实行对日作战，日益迫近眼前了。

因此，今年纪念国际青年节，我们的战斗任务，是彻底粉碎帝国主义、国民党"四次围攻"，争取江西首先胜利，以实行直接对日作战。只有这样，才是实际的去武装保护苏联，反对帝国主义进攻中国革命、瓜分中国，驱逐日本及一切帝国主义出中国，争取中华民族真正独立和自由。

现在，全国工农红军战士正在前线上，很英勇的拿着刺刀和枪，为实现这一任务而战斗，并且连续不断的获得全线上伟大胜利。全苏区的工农群众，大家一致的拿起枪来，到前线上去，配合红军胜利，彻底粉碎敌人的四次围攻！

红军是反帝国主义、反国民党的主要武装力量。为扩大反帝反国民党的民族革命战争，一切英勇的工农群众，要踊跃的到红军中去！扩大红军！加强革命战争的力量！

工农群众们！到前线上去，到红军中去。这是我们今年实际的去执行国际青年节的战斗任务！

赤卫队的队员们！少先队的英勇的青年们！踊跃到红军中去！为粉碎敌人的四次围攻，争取江西首先胜利，实现直接与日作战而战斗！

注　释

① 国际青年节，在列宁、李卜克内西等领导下，1915 年在瑞士举行第一次国际革命青年代表大会，并决定每年 9 月的第一个星期日为国际青年节。

② 中东路，指中东铁路，亦称"东清铁路"、"东省铁路"。即从哈尔滨西至满洲里、东至绥芬河、南至大连的铁路线的旧称。

③ 白俄军队，由日本帝国主义出面，搜罗流亡在东西伯利亚、中国东北的俄罗斯人而组成的雇佣军，亦称为"白军"。

④ "九·一八"，指九一八事变。1931 年 9 月 18 日夜，日本驻中国东北的关东军炮击沈阳，随后向吉林、黑龙江发动进攻。蒋介石严令张学良所率东北军不得抵抗，除小部分违反蒋介石命令奋起抵抗外，其余均不战而退撤至关内。

⑤ 热河，旧省名，1928 年设省，省会承德，辖今河北东北部、辽宁西南部和内蒙古东南部地区，1955 年被撤销。

⑥ "一·二八"，指一·二八事变，或称一二八抗战、淞沪会战。1932 年 1 月 28 日午夜，侵华日军进犯上海，驻上海的国民党军第 19 路军奋起抗战，第 5 军驰援上海作战。3 月 2 日，淞沪被日军攻陷。5 月 5 日，国民党政府与日本签订丧权辱国的《淞沪停战协定》。

⑦ 四次大围攻，指 1932 年 6 月开始，蒋介石调集 50 万大军对湘鄂西、鄂豫皖和闽浙赣苏区发动的第四次"围剿"作战。

关于红校干部、毕业生及
击退团匪等问题[*]

（一九三二年九月十日）

周、毛、朱：

（一）红校^①干部尚不敷，前方调人须注意并望设法帮助以红军能力，十二月一批须迟到四期为好。

（二）红校毕业学生在各军服务情形及其优缺点，应令各军转告红校以供他们在教育上参考和注意。

（三）闻各军特别是五军团^②对于红校学生不注意发挥×^③，若这样则对于红校和纪律前途上损失甚大，请注意。

（四）泽民^④不能久在前方，银行及×财政工作均有×曹科长^⑤已病，即须回中央。

（五）寻边^⑥粤敌已于前日退回牛斗光、留车^⑦等地，留去贪污系团匪^⑧，已被我军击退。武平团匪千余人，于前日进占瑞边之新迳区抵抗，今日中央已令红校之交通已出发该地。

（六）汀连^⑨土匪经中央警卫营之二连配合地方武装已击散，

---

[*] 本篇系项英致周恩来、毛泽东、朱德的电报。根据中央档案馆馆藏件刊印。篇题为编者所加。

但未×⑩同时我派岳⑪往前去帮助工作，稍有转变。福建全省工作成问题，我们现用大力纠正。

（七）龙岩希望恢复三十四、五两师，已集中该地。十九路军⑫仍在适中⑬，贞⑭残部在燕市并有与永定粤敌连成一气的企图。

（八）前请军委发六五子弹至今未到，最近警卫营出发均由红校供用，目前警卫营成为各方策应部队，应需用子弹，以上各项希复。

项　英

十八日

注　释

① 红校，红军学校的简称。

② 五军团，即红军第5军团，总指挥董振堂，政治委员肖劲光。

③ 原件如此。

④ 泽民，即毛泽民。

⑤ ×财政工作均有×曹科长，×、×处脱字，原件如此。曹科长，名不详。

⑥ 寻边，指江西寻乌县边境。

⑦ 牛斗光、留车，村镇名，位于寻乌县东南。

⑧ 留去贪污系团匪，语意不详。

⑨ 汀连，指福建之长汀、连城。

⑩ ×，原件如此。

⑪　岳，名不详。

⑫　十九路军，即国民党军第 19 路军，总指挥原为蒋光鼐，此时由蔡廷锴代总指挥。

⑬　适中，村镇名，位于龙岩南部。

⑭　贞，指张贞，时任国民党"围剿"军第 49 师师长。

猛烈扩大红军
反对对于扩大红军的消极*

（一九三二年九月十三日）

在全国工农红军继续获得伟大胜利中，夺取中心城市，争取江西及邻近几省的首先胜利，直接与帝国主义全部武装冲突的斗争任务，迫近眼前了。目前，革命战争已进到与反革命决死斗的时候，因此，敌人在屡次围攻中，遭受我英勇红军在各线上将其进攻的白军各个击破和消灭，使国民党军阀愈加集聚大的兵力死守中心城市，和采用几师以上的大兵团行动，以企图避免各个击破和消灭。这一革命战争的剧烈形势，在主客观上都需要我们以最强大的红军力量，来担负这一当前的战斗任务，所以扩大红军就成为我们迅速完成当前战斗任务的最中心条件了。当苏联国内战争时，列宁在某战役中说："估计敌人的兵力，我们明春要有红军一百万，再后要有三百万，才能解答我们所负的任务"。我们目前革命战争的情况正如列宁所说一样，只有猛烈扩大红军才能答解我们所负的任务。

---

* 本篇系项英的署名文章，发表于 1932 年 9 月 13 日《红色中华》报第 33 期。

革命战争是阶级斗争的最高形式，只有彻底消灭阶级敌人的武装，才能取得阶级的最后胜利。我们检查各地扩大红军工作的成绩，实在令人不满意，在江西只能达到原定计划之半，在福建更差得远，并且暴露许多对于扩大红军的严重错误。首先表现在地方苏维埃政府，对于扩大红军工作的消极。主要原因是没有认识当前的战斗任务，是以革命的进攻消灭帝国主义、国民党的进攻，粉碎敌人四次"围攻"，争取江西首先胜利，更不认识扩大红军，加强红军力量，是完成这一战斗任务的中心条件，这实等于对革命怠工。

地方苏维埃从未将扩大红军列为自己的经常工作之一，大部分是委之于扩大红军委员会而自己站在不负责的地位。有许多乡政府对于扩大红军在表面上好像积极，其实是一种强迫命令和欺骗利诱方式，不问成分质量如何，只要足数就完了。于是小的、老的、弱的都送到红军去，甚至很多开小差为生活的坏分子，政府也不加考察，随便充数送去，更助长和传播开小差的风气。这不是扩大红军，是削弱红军力量，阻碍红军扩大以至破坏红军。关于对扩大红军工作所表现的一种寒热症更成为最普遍现象，最严重的是包庇开小差，勾引士兵回家，在许多地方不断发生，特别是在福建省表现得更厉害。这简直是公开的直接的破坏红军的反革命行动。

在革命战争达到与反革命决死斗的时期，绝对再不容许这种严重现象继续下去，应迅速的来消灭这一现象。同时，要求我们猛烈的扩大红军，加强红军的力量，来达到彻底消灭敌人的武装，愈加迫切了。

我们首先要了解目前是革命战争的时期，应当集中一切力量去为战争不断的大批输送新战士到前方扩大红军，更是为争取战争胜利的实际工作，同时是地方苏维埃政府的最中心工作之一。这一工作应该列在工作日程上的第一位，使一切工作都是为了发展和加强革命战争的力量，为了动员最广大的工农群众到红军去。特别是城乡代表会议、选民大会、赤卫军、少先队，这些组织成为我们经常发动和进行扩大红军工作的地方。

动员和鼓励广大工农群众到红军去，就要依靠我们的政治宣传鼓动，依靠我们在一切斗争领导上去动员群众，绝不是命令强迫，在事实上命令强迫，不仅不能扩大红军，反而阻碍红军的扩大。我们应当使每一个工农群众了解，当红军是为了争取革命战争更大的胜利，不彻底消灭敌人的武装，就不能保障革命已有的胜利，完成苏维埃在全国的胜利。在目前，以"粉碎帝国主义国民党四次围攻"、"夺取吉、赣、抚①、南昌中心城市，实现江西首先胜利"、"以革命进攻消灭帝国主义国民党的进攻"，是动员群众当红军的中心口号。

革命战争愈胜利的向前发展，我们与帝国主义、国民党全部武装决战的形势愈扩大愈剧烈，而扩大红军的工作，更成为阶级战争决胜负的一个基本条件。因此，扩大红军成为地方苏维埃经常的中心工作，坚决消灭寒热症的扩大红军现象。

我们要坚决与对扩大红军的一切消极怠工做无情的斗争，要以全部的力量在一切组织上、一切工作中，去为扩大红军而努力！

注　释

① 吉、赣、抚，指江西省之吉安、赣州、抚州（今临川市）。

关于中央区作战地域
划分与人员委任问题*

（一九三二年十月二十八日）

周、朱、王：

电悉：关于中央区作战地域划分与人员委任问题，我们有下列意见：我们认为，对南方敌人的进攻上，在赣南军事上必须用统一的布置，组织强固的防御战线，以便配备和调动我们力量，去打击进攻之敌人。因此，主张雩、信、赣、胜、会、寻、安①必须有统一的军事系统组织，以瑞金为后方，由叶剑英②兼总指挥和政治委员，到必要时剑英应到雩、会去指挥。闽西成为东方战线地域，但因直属总指挥部不便，且为与南方战线更好的配合，可划归南方战线总指挥部指挥。剑英去雩、会时，则由中央政府兼顾指挥之责；瑞金卫成区应包括长汀县、兴、永、吉、太③为一单独地区，兴国现在后方指挥部应在东固、龙冈④一带，因这区域武装应准备单独行动，打击和牵制吉、永进攻之敌，以便主力消灭一面敌人，可由周子昆⑤任总指挥，毛泽潭⑥

---

* 本篇系项英与中共苏区中央局委员、国家政治保卫局局长邓发、中共苏区中央局委员顾作霖、中共苏区中央局副书记任弼时致周恩来、朱德、王稼祥的电报。根据中央档案馆馆藏件刊印。篇题为编者所加。

兼政委；宁宜、乐南、广石⑦、建宁、（宁）化、清流为一地区，以宁都为后方，指挥部应设广昌，以陈毅⑧为总指挥兼政委，富春⑨可兼省苏全权代表。我们认为，这样更适合敌人进攻形势的布置。以赣江流域，由永、吉到信丰为一地域，是不适宜，必分散南方战线的力量，而不能统一对付南方敌人。如必须按你们原来决定，我们认为项英兼政委不妥，因妨碍整个动员方面工作，可由剑英兼政委。如何盼告。

项、邓、顾、任

二十八日

注　释

① 雩、信、赣、胜、会、寻、安，指江西之雩都（今于都）、信丰、赣县、会昌、寻乌、安远县。其中胜，指胜利，当时所设的一个县，辖今于都县银坑地区。

② 叶剑英，时任红一方面军总参谋长。

③ 兴、永、吉、太，指江西省之兴国、永丰、吉安、太和（即泰和）县。

④ 东固、龙冈，东固为镇名，位于江西吉安县城东南；龙冈，村名，位于江西永丰县城南部，东固以东。

⑤ 周子昆，时任红一方面军红5军团参谋长。

⑥ 毛泽潭，即毛泽覃，时任中共苏区中央局秘书长。

⑦ 宁宜、乐南、广石，指江西宁都、宜黄、乐安、南丰、广昌、石

城县。

⑧　陈毅，时任江西军区总指挥兼政治委员。

⑨　富春，即李富春，时任中共江西省委书记。

中华苏维埃临时中央政府
一周年纪念向全体选民工作报告书

（一九三二年十一月六日）

全体选民同志们！

中华苏维埃临时中央政府，自成立到今天，已有一周年了。临时中央政府当周年的时候，根据第一次全国工农兵代表大会之规定，将自己在这一年的工作和行政实施情形，向全体选民作简要的报告，并愿听受全体选民对于自己的政权——苏维埃政权过去的工作与以后行政方针之意见与提议。

我们在报告工作之前，首先讲一讲这一年来的政治情况与其发展，以后再报告中央政府在这种情况之下采取的行政方针与实施的情形。

同志们！这一年来政治的事变和发展，无论在哪方面都是比去年更加锐利的向前开展，最主要的特点：

一、在世界上的社会主义国家苏联愈加兴盛巩固，资本主义世界愈加衰败，两个不同制度的对立，达到空前的尖锐地步；

二、世界革命日益高涨，各国无产阶级日益走到共产党领导之下，帝国主义国家的法西斯蒂专政日益普遍，形成两个极端现象；

三、帝国主义战争，尤其是反苏联战争的危险性，极端紧张。

中国因世界形势的急剧发展，帝国主义瓜分中国的积极，苏维埃中央成立，事变的发展愈加剧烈，因此这一年当中：

一、全国苏维埃政权是继续胜利的开展，国民党政权是更加削弱和崩溃，这两个政权对立的形势，确到了极尖锐程度；

二、全国国民经济到达总崩溃的地步，在帝国主义、国民党统治下的白区，发生巨大的水灾、旱灾、瘟疫及日本帝国主义武装的屠杀，使无数万的工农群众，遭受空前的灾祸与牺牲；

三、全国革命的危机日益增长和尖锐，反帝运动的高涨发展到反日的民族革命战争，东三省义勇军已有五十万人，特别是苏维埃运动在中国共产党正确的领导之下，于一年中得着空前的新的开展，已成为全中国工农的民族的解放旗帜；

四、因此帝国主义进攻中国革命，由秘密的帮助国民党军阀，进到公开的直接的武装镇压，日本占领东三省，进攻上海，最近更积极的进攻热河，各帝国主义积极瓜分中国，组织并指挥国民党军阀进攻中国苏维埃和红军，而帝国主义直接进攻中国革命的危险性，日益加强起来；

五、国民党和军阀，是更公开的投降帝国主义，除出卖东三省、签订出卖上海协定外，正在继续出卖热河和整个中国。完全接受帝国主义的指示，集其全力对于苏维埃和红军作大规模的四次"围攻"，现更倾全力积极布置对于中央区的大举进攻。

这一年来政治形势，因为革命胜利的开展，阶级对比的力量已大大转变了，就是说，革命力量日益增长和加强，反革命的势力日益削弱和崩溃，现在的形势已是反革命与革命决死斗争的时期，是历史上最重要的阶段。

中央政府在这些政治事变和发展中，是抓住这些事变和发展，来领导与组织全国工农群众，去发展革命战争，开展苏维埃革命新的胜利，与争取全中国工农的民族的解放而斗争。

在今年初即确定夺取中心城市实现江西首先胜利，来领导全国反日、反国民党的民族革命战争的方针，二月红军积极攻闽，占领上杭、武平、宁化，并于四月五日正式宣布对日作战，领导与组织全国工农群众，以民族的革命战争，来驱逐日本及一切帝国主义出中国，保障中国领土的完整，争取中华民族真正独立与解放，同时要达到这一目的，首先就要推翻帝国主义统治的工具——国民党政权，并以积极向外发展，夺取中心城市，为实现直接对日作战的前提，于是领导红军占领漳州，消灭张贞军阀军队。当国民党决定出卖上海的协定时，苏维埃中央公开宣言反对，否认这一协定，号召全国工农群众武装起来，进行反对帝国主义国民党的民族革命战争。

在这个时候，鄂豫皖红军占领黄安县后，在豫东南占领潢川，在皖西占领六安、霍山，湘鄂西红军占领鄂中各地，苏区大大扩大，在陕甘成立了新的苏区，所以帝国主义国民党因为苏维埃红军的胜利和发展，于是迅速签订出卖上海的协定，集全国反动势力，调动全国军阀军队八十师以上，来进攻全国苏维埃红军，首先是对于湘鄂西和豫鄂皖苏区进攻，这时中央政府是领导全国工农群众和红军，以积极进攻，实行全线出击，来粉碎帝国主义国民党的四次"围攻"，全苏区和红军在中央政府领导之下，鄂豫皖连续获得十次的空前胜利，湘鄂西消灭进攻的川军，赣东北、湘鄂赣、湘赣都获得大胜利，中央区的红军由漳州回师，击溃素称顽强的广东军阀军队十七八团之众，给进攻苏区的广东敌人严重创伤，使国民党在全线都遭受严重的打击，全国红军共消灭白军十余师，击溃的约二十余师，缴械约五万余，其他军用品无数，真是空前的伟大胜利。后中央区红军北上消灭高树勋全师，占领宜、乐、南三域，逼近抚州，震动南昌，因为红军在北面大的胜利开展，国民党为挽救其死亡拼命挣扎，目前倾其全力正在积极布置对于中央区大举进攻，以及进攻中央区的两翼——赣东北、湘鄂赣。

同志们！由于革命胜利的结果，反革命为挽救自己垂死的统治，也就是一次大一次的集其力量来进攻革命。

同志们！这是革命与反革命的阶级斗争决死斗的重要关节。

临时中央政府目前是坚决的领导全国工农群众来粉碎帝国主义国民党的大举进攻，对于全国苏区和红军，已下紧急动员令，动员全苏区工农群众全体红军战士更有配合的、以坚决的进攻方针，首先击破敌人一方面、积极发展四周的苏区，争取四周广大工农群众，猛烈扩大红军，扩大和加强工农群众武装组织——赤卫军，巩固和深入现有的苏区，准备充分的经济和粮食，动员一切力量，准备一切经济和饷糈，以胜利的进攻来消灭更多的敌人，彻底粉碎敌人的大举进攻，实现江西首先胜利，这是我们当前紧急任务，是我们全体工农群众为了争取阶级的全部胜利，应当努力而奋斗的！

现在再报告这一年来中央政府对一切法令的实施，这些法令的实施与颁布，那是为实际保障工农阶级的权利，争取苏维埃在全中国的胜利，以达到工农阶级的完全解放。

（甲）彻底执行土地法，并检查各地已分配之土地，并严厉督促和指导各级政府的执行，直接由中央派人几次到各地区实际检查，使土地革命的利益完全归于贫农、中农等所享受，不致被富农所窃取，的确在大多数地方没收了豪绅地主和其家属窃取的土地，没收了富农的土地，给了他的一份坏田，使贫农、中农、雇农得到实际利益，但还有些地方因为该地政府不健全，还没有迅速的彻底的使土地法全部实现，是一个很大的缺点。

（乙）劳动法的实施，首先要讲的各级政府对于这一法令的执行，是表现许多怠工的地方，中央政府曾坚决的同这些倾向作了不少的斗争，检查制度虽有建立，但工作不大实际和深入，现在在城市中相当的实现劳动法一部份——八小时、休息制度、集体合同等，但还有许多未能实现，特别是在乡村中对于劳动法还未具体的来实施。这些，对于保障工人利益上是有损失的，我们应当公开承认这是一个错误，必须立即纠正的。

（丙）经济政策的实施，在这一年是有相当成绩，特别使商业恢复，使工农群众日用品的供给在敌人封锁之下还能继续输入，为发展生产，颁布了工商业投资条件，但苏维埃生产品输出的方面比较输入上还是差些，主要是敌人封锁与资本家逃跑，不过各级政府在执行经济政策中，又发生另一种错误，即是有些地方对资本家的退让，而妨害工人群众的利益。

颁布税则，彻底废除国民党军阀一切苛捐杂税，实行统一的累进税，将税的重担，加在资本家、富农和商业者身上，对于红军、工人、雇农、苦力实行免税，贫苦群众免税和减税。

（丁）优待红军条例的实行：中央政府并规定实行优待条例的具体办法，在绝大多数已经留外籍红军的公田，并领导群众组织了耕田队帮助红军家属耕田。邮局已实行对于红军家属信免费，并颁布红军抚恤条例，组织抚恤委员会。同时，为鼓励并优待工农群众和政府工作人员参加和领导战争，又颁布了赤卫军与政府工作人员为战争死伤的抚恤条例，但在检查中，仍有很多政府没有彻底执行和怠工的地方，尤其是不能很好的领导群众来实行对于红军家属的帮助，这是极其严重的问题，至于有的地方（如福建长汀）政府人员不执行红军优待条例反擅自的要群众来优待自己，这完全是违反法令的行为，中央政府除严办这些怠工和违反法令的份子，并号召全体工农同志来反对这些自私自利的份子，并严防和监督各地政府坚决执行。

（戊）建立肃反的正确路线与司法程序。这一年来是有大的成绩，纠正了过去不分阶级和首要、次要的错误，绝对废止了肉刑，建立国家保卫局各级组织与肃反工作，中央建立了临时最高法庭与各级裁判部，以及处决和办理反革命案的各种原则。但是在这一过程中，又发现放弃和宽恕反革命的事情，后来中央虽严厉纠正，可是这种错误，在各级政府或多或少的还有。现当敌人大举进攻的时候，反革命的活动必乘机起来，尤其是国民党团结一切反动势力来进攻，肃反问题更成为我们保障胜利的一个重要条件，全体选民同志要一致的来帮助政府，彻底消灭反革命一切派别——AB团、社会民主党、托陈取消派、第三党、改组派等的活动，消灭一切反革命利用封建的迷信的组织与活动——大刀会、一心会、懒子会、童子军、红枪会等。

（己）中央政府为了保障妇女的权利，首先颁布婚姻条例，彻底消灭过去封建的婚姻制度，实行婚姻自由，并保障妇女在离婚、结婚中之一切权利，在这法令执行中，表现许多政府负责人完全违犯这一法令而且是拥护封建的婚姻制度，有许多工农同志，还有不了解实行婚姻自由是彻底消灭封建残余，保护妇女权利，而发生许多纠纷，中央政府为了保障妇女权利，严厉打击一般违反婚姻条例的政府和其负责人，但希望全体工农同志，必须了解过去老公打老婆、买卖婚姻、虐待童养媳是封建制度，我们的革命政权为要彻底消灭封建势力打倒帝国主义才能成功，大家应一致的来拥护这一法令实行。中央为实际进行保护妇女权利，已颁布和组织了各级妇女生活改善委员会，专负这一工作。

（庚）为了巩固和加强革命战争的主力——工农红军，树立政治委员制度，颁布政治工作条例，创办大规模的红军学校，已培养出来大批新的干部，提高了红军的军事技术，进行扩大红军工作，决定扩大红军的办法（第十五号训令），但是扩大红军的工作，过去各级政府没有将这一工作列为自己主要工作之一，没有运用各种政治的宣传鼓励方法，来动员工农群众踊跃的自动加入，反而采取了强迫命令的方式，特别是有些政府没有彻底执行优待条例，这些是实际阻碍了扩大红军工作，中央政府最近正在严肃纠正这些错误。目前扩大红军是保障战争全部胜利的最主要的一个基本条件，尤其是为了更多的消灭进攻的敌人，更要动员扩大红军。

同志们！为争取战争全部胜利，大家就要踊跃加入红军！

中央政府为武装全体工农群众，特颁布赤卫军组织原则与训练方式及其任务。已成立了几十万赤卫军、少先队，只有全体工农群众武装起来，造成最大的阶级武力，任何敌人都能彻底消灭。

（辛）根据经济政策确定了财政的制度与方针，正式颁布财政条例，实行财政统一，严厉消灭过去财政上各自为政的现象，确定会计年度实行预算决算制度，这一工作在中央区有些县已得成绩，有些县区未消灭，特别是对贪污浪费的惩戒，有些政府还不能坚决执行。最大成绩就是纠正过去专打土豪的财政政策，整理税收，树立财政基础，特别是对于红军的供给，大大减少了红军筹款的担负，使红军更以全力来发展与进行革命战争。

财政上最主要的用途，是用在发展战争方面，并为充实革命战争的经费，发行第一次革命战争公债六十万，在广大工农群众拥护之下，很迅速的发完，的确对于发展战争给予莫大的帮助。最近又为彻底粉碎敌人的大举进攻，又发行第二期公债，同志们踊跃购买公债，就是积极参加战争的工作！

（壬）对于教育行政的建立，规定小学校制度，创办各乡小学校，并积极进行小学教员的培养，创立列宁师范，这都有相当的成绩，但属于成年教育识字运动远未集中大的力量来进行，还未普遍的发展起来，这是一个很大的缺点。

（癸）对于交通建立和整理：颁布修理桥梁道路之规定，并督促各级政府执行，获有相当成绩，特别是利于军事运输，同时统一中区的邮政，建立统一邮政制度，这是于军事和工农的交通上是有很大便利的。

此外，为了发展苏区经济，维护工农群众利益，颁布了合作社的条例，帮助和领导各地合作社运动，同时领导了今年春耕运动，增加农业生产，领导各级政府来帮助解决春耕中耕牛、种子、农具等问题，规定每年春季举行植树运动。为了保障工农的健康，颁发了防疫条例，并发动各地防疫运动。对于去年三次战争中被敌人摧残的地方，中央曾拨了一笔款项来救济当地群众，同时领导了红军和各级政府捐募耕牛和经济衣物等救济运动。

同志们，这是中央政府在这一年中行政实施的大概情形，最主要的缺点，就是一切工作还不能全部实施，和一切工作不深入，我们希望全体选民同志对于过去行政上的缺点，多加以批评和提议，对以后要踊跃参加政府一切行政工作，监督和帮助各级政府全部实施一切政纲和法令！

中央政府在这一年中对于苏维埃建设是用了很大努力和注意。

子，颁布行政区域划分的条例，以利于目前斗争的领导。

丑，建立城乡苏维埃代表会议制度，树立了工农苏维埃的下层基础。

寅，依据工农专政的原则，规定苏维埃选举原则和其办法，纠正了过去不分阶级的错误选举办法。

卯，规定了地方苏维埃的组织与工作。

辰，为了建立坚强而有工作能力的苏维埃，规定苏维埃组织与任务的基本原则，当中央政府成立不久，即宣布地方各级苏维埃重新自下而上进行选举和改造，在这一选举运动，相当的动员了工农群众参加苏维埃选举，吸引广大工农群众参加城乡代表会议和各级政府工作，驱逐了隐藏政府中的阶级异己份子、怠工腐化份子出苏维埃，但因各级政府动员不充分，还未达到应有的成功，最近更宣布继续改造地方政府，特别是以领导战争与实施政纲为改造标准。

巳，建立巡视制度与检查工作制度，来实行检查地方苏维埃工作，在实际上到现在尚未很好的建立起来。

午，为了监督和防止各级政府工作人员发生官僚腐化，加强工农检察工作，设立各级控告局，规定突击队的组织与工作，但未使这些组织与工作能吸引各群众团体与工农积极份子参加，因此未能收到实际效力。

未，建立城市民警局进行户口调查，不过只有几个城市稍有工作，大多数还没有实际建立起来。

申，颁布和进行劳动感化院的组织。

西，颁布各部组织与工作纲要，建立各部行政系统与工作。

戌，开办苏维埃工作人员训练班培养苏维埃的干部。

亥，中央政府各部工作，因为组织还不十分健全，还不能更充分去进行各部工作及各级的行政系统与工作实施。

现在，苏维埃的组织与工作，当然有许多进步，但是缺点和不健全的地方还很多，当目前粉碎敌人的大举进攻中，必须要建立坚强而有工作能力的苏维埃，来领导工农群众去发展战争去粉碎敌人的进攻，这就要全体选民同志们，积极参加苏维埃改造，健全苏维埃的组织与工作。

最后，讲到中央政府对于全国地方苏维埃政府工作的指导与关系。

因为目前全国各苏区还未打成一片，交通的困难和白区的阻隔，这是增加中央政府对于全国苏区指导工作的困难条件，因此中央政府所在地只有江西、福建两省和瑞金直属县，其他如湘赣、湘鄂赣虽较接近，常因交通阻碍，有时不能通信，鄂豫皖、湘鄂西、赣东北、广东琼崖、东江、广西左右江，因离更远，往往不能直接交通，除了在政治上的领导外对于工作的指导是困难的，中央正在努力领导全国苏区积极向外发展迅速夺取阻碍全国苏区联系的中心城市——赣州、吉安、南昌、抚州，实现江西首先胜利，将全国苏区打成一片最广大的疆土！

中央政府对于江西、福建和瑞金是经常的来指导和督促他们的工作，但还感觉不充分，还需要大的努力！

选民同志们！苏维埃中央在中国共产党领导之下，这一年中行政方针与实施，主要的是发展革命战争，开展苏维埃更大的胜利，来保障已得的胜利，争取全中国工农的民族的解放，因此一切工作是以战争为主体，同时在工作上的缺点与弱点也就表现在这些工作上还不能适应革命的发展和需要，这是十分不够的。这些缺点与弱点，都希望全体选民同志，加以详细检查，充分的帮助苏维埃政府，迅速的将它克服，这就是使苏维埃强健起来，有力地完成自己在历史上的伟大任务。

同志们！这一年来革命有了大大的发展，革命的力量大大增长了，特别是苏维埃运动在中央政府领导之下，在全国得到了空前的开展，红军得到了空前的胜利，因此反革命对于革命的进攻，也就大大的加紧了阶级斗争达到了拼死斗争的阶段。

全体选民同志们！反革命眼见工农革命胜利的发展，就倾全力来镇压革命，抵抗革命，豪绅地主资本家，他们每天在企图夺回土地，继续收租，减低工资，加长工作时间，来恢复他们对于工农劳动群众的剥削，国民党军阀用全力来进攻苏维埃与红军，是因为苏维埃是工农阶级的政权，红军是工农阶级的武装，国民党军阀是代表帝国主义、豪绅、地主、资本家来进攻工农劳苦群众的，这是阶级斗争的决死。

同志们！帝国主义、国民党，是我们阶级的死敌！不打倒帝国主义，推翻国民党的统治，就不能保障已得的土地革命胜利，就不能取得阶级的全部胜利！

同志们！用战争的手段，去彻底粉碎帝国主义国民党的四次围攻实现江西首先胜利，将国民党葬送到坟墓中去！驱逐帝国主义滚出中国！

全体选民同志们！中央政府已下战争的紧急动员令了，红军已在前方积极进攻敌人一面并占领了黎川、建宁、泰宁、邵武四个城了，大家一致动员起来：

踊跃当红军去，加强红军力量来消灭进攻的敌人！

全体男女工农同志加入赤卫军、少先队，武装起来去进攻敌人！

积极向外发展，扩大苏区，加强革命战争的力量！

积极进攻敌人，不让敌人扰乱到苏区里来！

踊跃买公债，快完土地税，蓄藏粮食，充实战争的经济！

迅速毁灭一切城墙和以前敌人修的工事！

积极进行肃反工作，消灭一切反革命派别的活动！

加紧赤色戒严，不让敌人一个侦探混到苏区来！

同志们！当我们纪念中央政府成立一周年的时候，正是战争紧张的时候，我们用战争的胜利在纪念我们光荣的十月革命节，拥护苏维埃政府！

选民同志们！现在革命形势，是最有利于我们革命的发展，我们苏区扩大了！工农红军加强了！工农群众人数加多了！！敌人力量削弱了！我们有胜利的条件，我们用"一切帮助给革命战争，抛弃一切的动摇，集中一切力量，准备一切牺牲，当然这次我们是胜利的"。

中华苏维埃临时中央政府　主席　毛泽东

副主席　项　英　张国焘

一九三二年十一月七日

对敌大举进攻苏区之对策与布置[*]

（一九三二年十一月二十二日）

朱、周、王：

（一）十二日急电因电台人误，十八日方收到。

（二）对敌大举进攻形势，同意你们估计。我们亦曾估计敌在各方积极布置中，深入苏区的行动要在南京三中全会^①以后。

（三）日前向资、金溪^②的行动，对于调动敌人破坏敌人大举布置，配合全国，特别是赣东北、河西红军行动上是有很大意义。但我们觉得这一行动离根据地很远，难打到敌人，又不得不集结兵力，很难征集资材；当敌人调集以后，在这区域大规模作战，于我也不太利，且有被截断归路危险。我们意见，不应久留这一区域，如可能打击敌人则迅速机动，给敌以打击后或在估计不可能打击敌人之下，在敌被我行动调动中我们均以回向光、邵^③，争取时间向东开展局面为宜。

（四）敌人大规模进入苏区的行动，即在明年而这一次又是长期艰苦斗争，关于战争物资上须更充分准备。现在前方即要由

---

* 本篇系项英致朱德、周恩来、王稼祥的电报。根据中央档案馆馆藏件刊印。

后方供给，苏区的财源断难继续长期维持，而且目前现金的供给，已感受极大困难。因此，红军在这个月中，不仅要做到自给，而且要能筹足两个月给养才好，望特加注意。望电复。

英

注　释

① 南京三中全会，指 1932 年 12 月 15 日至 22 日，中国国民党在南京召开的第四届第三次全体会议。

② 资、金溪，指江西的资溪、金溪两县。

③ 光、邵，指福建的光泽县和邵武县（今邵武市）。

盼告转换作战区域的意见[*]

（一九三三年一月十四日）

周、朱二同志，电悉：

（一）已电赣军区转令二十一军北上。据仇西[①]报告：二十一军领导力弱，部队无进步，葛耀山工作情绪不好，如要不调换工作，而且能力也不宜任独立行动之军政委。我们意见，应设法将葛与前方部队调换一人。我们已令赣军区迅以雩都[②]独立团及信丰游击队编成五师，赤面寨攻下后，胜利[③]独立团归六师建制开信丰。

（二）据闽军区报：杭[④]敌纷纷向大浦撤退，并说东江[⑤]一带发生战争，但抚州[⑥]消息未证实。

（三）敌受八日战争失败后，必不敢如前轻敌，而必集中全力采取四方面包围形势，以雄厚兵力向抚州出击，与我求得连续战斗，这一战争关系全局甚大。我们为求得战争中主动，应注意退路的安全。在目前所据环境，如能在一日内击破敌之一部，继续给敌各个击破，现在之回旋幅员很小之区，则必增加我们极大

---

[*] 本篇系项英与中共苏区中央局副书记兼组织部长任弼时致周恩来、朱德的电报。根据中央档案馆馆藏件刊印。篇题为编者所加。

困难。我们觉得应估计这些方面。如你们也有同样感觉，则是否应在适当时机转换作战区，或由黎川经西南伸出宜、乐⑦、崇仁调动敌人，求得消灭敌之主力。你们意见如何，盼即告。

项、任

注　释

① 仇西，指刘畴西，时任红10军军长。

② 雩都，即今江西于都县。

③ 胜利，指中华苏维埃共和国所设的县，即胜利县，辖今江西于都县之银坑地区。

④ 杭，指福建上杭县。

⑤ 东江，指广东珠江的东江流域一带。

⑥ 抚州，今江西临川市。

⑦ 宜、乐，指江西之宜黄和乐安县。

确定我军今后之战略部署[*]

（一九三三年一月十六日）

周、朱同志：

（一）回电悉。根据来电的敌情，敌正在集结赣与闽北所有力量四面包围逼近，主力由抚河配合各方出击，取得与我连续战斗。

（二）此时，我们应有正确估计，确定以后我们战略，如估计在敌人目前布置情况下，我们依托的安全后方各方感受敌之威胁，预防我们兵力不够分配，在群众工作基础尚极薄弱，金溪一带连续不断决战，而无完全胜利把握。我们觉得应迅速机动转移战场，调动敌人作战为宜。如在敌人布置完备步步逼近，使我回旋区域更为缩小，那时若不便打击敌人再来转移战场，估计大兵团行动之不容易那时更增困难，而造成被动不利形势。

（三）我在抚河以东决战，固有十军、十二军配合的便利，但如向黎川（转变战略）不转移战场，或能首先打击南城城外敌人，调动敌人，求得战机，敌现有布置落空，而我靠着安全后

＊ 本篇系项英与任弼时致周恩来、朱德的电报。根据中央档案馆馆藏件刊印。

方，则好便利争取连续战斗的胜利。如我军转移到抚河以南，调动敌之主力决战，则可使东北所到之敌在十军、十二军箝制之下，使其失去直接包围、威胁的作用。赣江南昌又无大量增援敌人，使我有充分兵力各个击破敌人主力。因这次决战关系重大，特再重复我们意见，必须速加考虑后即电复。

（四）闽西敌人退后，近复由张贞①再占虎冈②，十九路〔军〕一部进入白沙③，我们估计这是闽敌极其犹豫作用，配合抚河决战而进扰我大后方之行动。十二军如不变动，行动方针已向将乐开动，即可争取主力决战的全部胜利。

（五）思美④同志已来苏区，现到汀州⑤。

（六）此间十四日谍报，五师与五十三师⑥在余江。十五日谍报，独立三十二旅驻某地，余与你们电告相同。

项、弼

十六日

注　释

① 张贞，时任国民党军赣粤闽边区"剿匪"总司令部左路军第49师师长。

② 虎冈，又作虎岗，在福建省永定县北部。

③ 白沙，地名，位于福建上杭县城东北。

④ 思美，即张闻天，又名洛甫，时任中共中央宣传部长、临时中央政治局常委。

⑤ 汀州，今福建长汀县。

⑥ 五师与五十三师，五师隶属国民党军赣粤闽边区"剿匪"总司令部
中路军第 3 纵队；五十三师则属该总司令部总预备队。

第十九军的组成及其任务[*]

（一九三三年二月十五日）

朱、周：

甲、此间与闽军区①来南战区人会议商定，目前闽西必须要有一个充实的主力军，以独立七、八、九师和军区特务营组成两个充足师，番号为十九军，以总指挥兼军长。该军集结在旧县②一带打击敌人。三个团担任这一方任务。

乙、独七师联络早回宁化，现准备集中旧县改编。你们意见如何？望复。

项 英

十五日

注 释

① 闽军区，即福建军区，由原闽西军区改称，总指挥刘畴西，政治委员

---

* 本篇系项英致朱德、周恩来的电报。根据中央档案馆馆藏件刊印。篇题为编者所加。

谭震林。

② 旧县，位于福建上杭县城北部。

关于打击敌两纵队之部署[*]

（一九三三年五月十六日）

朱、周：

1. 根据来电，敌六个师组成两纵队使用在抚河两岸。

2. 敌似有先以左纵队吸引我主力东向，复以右纵队截击我侧后企图。

3. 因此，我们有下述意见，供你们参考：

A. 我主力在目前须抓紧敌右纵队这一目标，乘其向凤岗圩^①南下时，集中一、三、五军团及二十一、二^②军用全力消灭该敌。

B. 为求得敌左（？）^③纵队大胆南下起见，应将主力移到适当地方隐蔽起来，对抚河东南应增加兵力，吸引和打击敌人力量。因此，调一个独立师或其他部队配合十一军行动是需要的。

4. 如同意时则我军需事先集结待机，不要因改变军队而忽

本篇系项英致朱德、周恩来的电报。根据中央档案馆馆藏件刊印。篇题为编者所加。

略决战之准备工作，望复。

项

十六日

注　释

① 凤岗圩，村名，位于江西宜黄县城西部。

② 二十一、二军，指红军第 21 军和第 22 军。红军第 21 军，军长寻淮洲，政委李井泉；第 22 军，军长罗炳辉，政委蔡树藩。

③ 敌左（?），原件如此。

关于我军作战行动的意见[*]

（一九三三年五月二十三日）

朱、周：

1. 抚河敌军似在调集三个师以上兵力，先行解决刘珍年部，同时在金、资^①一带构筑据点，企图把信河^②间封锁起来，而对我主力暂取守势。

2. 我们对你们行动有如下意见：

A. 在抚西准备与陈诚在永、乐、崇、淦^③间决战，以主力置于崇、乐或永、乐大道以北地区。

B. 以挺进队分向新淦、樟树、丰城以吸引敌人，这是我们的上策。

C. 抚西如求不到战斗，须即转移作战地区，于抚河东岸相机打击闽北或信、抚间敌人。

3. 上述意见，盼讨论后电复。

英

二十三日

---

* 本篇系项英致朱德、周恩来的电报。根据中央档案馆馆藏件刊印。篇题为编者所加。

注 释

① 金、资，指江西金溪县和资溪县。

② 信河，即江西之信江。

③ 永、乐、崇、淦，指江西之永丰、乐安、崇仁、新淦（今新干）四县。

积极筹款及建立供给系统[*]

（一九三三年五月二十五日）

在长期的连续战斗当中，必须积极充实战争经费，才可顺畅地争取革命战争的全部胜利。过去，中央政府和劳战委员会[①]曾经颁布了关于筹款及地方武装经费的训令，但是各军区及地方武装执行的程度非常微弱。近来，各部队更纷纷向上级请求经费，而不积极向外发展游击战争筹款自给，这样便影响到整个预定的经费，减弱了对主力红军的供给，妨碍了革命战争的发展。嗣后，各部除切实执行中央政府和劳战委员会关于筹款及地方武装经费的训令外，必须由军区或军分区有计划的指定部队经常深入白区，积极向外开展扩大苏区，同时筹款自给，并须经常在敌人后方联络线劫夺其辎重粮秣，除供给其他作战和警戒部队外，并须负责供给主力红军的责任。

过去中央××[②]方面军有统一开支和供给系统外，各军区、军分区和所属部队都是各自为政，毫无系统，经费不足时便临时向上级请领，这样常常影响到整个的预算。现为统一军事费用、建

---

[*] 本篇系项英与王稼祥、彭德怀联名发出的中央革命军事委员会训令。根据中央档案馆馆藏件刊印。篇题为编者所加。

立供给系统、实行预决算制度起见，决定自七月起各部的收入支出必须造报预算、决算，按级汇报，由方面军及军区或特别区送交本会总供给部审查，以便有整个的预算和分配，筹得款项亦须随时报告。在筹款中除根据批准之预算数目可以留用外，多余的均须送缴政府国库，并同时报告总供给部转账，以清手续而便统计。

此令

代主席　项　英

副主席　王稼祥

彭德怀

注　释

① 劳战委员会，即劳动与战争委员会的简称。

② 中央××，原件如此。

关于建立报告制度的训令 *

（一九三三年五月二十五日）

作战决心的基础，首先对于自己的力量和部队的素质必须有正确详密地估计，同时对于敌人的力量、素质、配备、企图和其首长的个性亦必须详确地了解，然后才能作适当的决心和处置。其次，战争的胜败关系于时间甚重，欲求先制之利必须迅速地明了必要的情况，也就是巧迟不如拙速。要达到以上的目的，就必须有适时的经常的报告制度。过去对这一工作颇多忽视，有些很久时期没有报告，有些报告送出很慢，以致失去了时间性；更有些报告作为普通信来写，不按照规定的项目以致遗漏了必需的材料，常常只写某地到敌多少——甚至连消息的来源时间和敌人的番号都没有。这样便不能使上级有更适当的判断处置和更好的帮助。为了纠正以上的缺点，兹规定报告办法，务即转属严格遵行为要：

一、定期报告：

1. 时期：连、营每日报告，独立营、团、师、区军事部每星期报告，独立团、独立师、军、县军事部每两周报告，独立

＊ 本篇系项英与王稼祥、彭德怀联名向全军发出的中央革命军事委员会训令。根据中央档案馆馆藏件刊印。篇题为编者所加。

军、军团、军区、特别区每月报告，以上均按系统呈报上级。

2. 内容：

A. 全部政治、军事工作。

B. 人员、武器统计。

C. 工作成绩与缺点。

D. 经济及给养情形（军团、军区、特别区）。

E. 重要命令、训令原文。

3. 送出时间：连在每日十八时以前，营在二十时以前，周报在下星期一日（以前），两周报在下星期三日以前，月报在下月五日以前。

隔离的军区或远离上级驻地的部队得酌量变更，但总以尽量提前送出为要。

二、不定期报告：

1. 敌情报告：获得情报须随时迅速报告，对于上级不得用汇报长时期的通报以致失去时间性，并须按照规定项目逐次记载以免遗漏。

2. 战斗详报：军团、独立军、军区、特别区，须于战役结束后五日内送出。

3. 其他重要事项随时报告。

4. 作战重要命令原文随时报告。

此令

　　　　　　　　　　　代主席　项　英

　　　　　　　　　　　副主席　王稼祥

　　　　　　　　　　　　　　　彭德怀

实行检验和登记地方
武装枪支办法的规定[*]

（一九三三年六月十一日）

中央区的英勇红军在屡次战争的伟大胜利中，约计缴获了敌人的数万枪支，大部分都分配给闽赣两省的地方武装。这样巨量的枪支，由于武装组织的不严密和地方军事机关的忽视，从未加以详细检查，也无精确统计，而被失散的时有所闻，至于因保护不好而遭损坏的更不在少数。这种严重现象，不但对革命战争的开展有莫大损害，而且将英勇红军以血战得来的枪支随意遗失和损坏，更为不可宽恕的罪恶。当目前国内战争猛烈的开展中，正需集中枪支以加强革命战争的力量，兹遵照中央政府检查私人枪支的命令，决定实行检验和登记地方武装的枪支，其办法如下：

一、除方面军和独立军、师、团的正式红军外，凡属赤少队和带地方性的独立团、警卫连、游击队、特务班等部队的武器，均在检验和登记之列。

二、检验和登记由县军事部组织检验委员会执行，赤少队分

---

* 本篇系项英签发的中央革命军事委员会训令。根据中央档案馆馆藏件刊印。

区检验，其他脱离生产之诸地方部队按其独立组织单位举行（如团、游击队、警卫连、班）。

三、检验时以连为单位，集合全体须携带武器由检验员亲自检查，特别是枪支须考查是否损坏，枪的数目和种类（如七九、六五、俄造、义比士、手枪、五响、单响、九响等），枪上号码、子弹多少、属于何种（如六五、七九、俄式、洋造、翻造等），刺刀有无以及其他武器（手榴弹、马刀）——检验。

四、检验后在枪托尾部盖上"红色"二字的火印，然后按花名册登记并填写登记表。

五、所检验出损坏机件的枪支，须由区军事部集中送县军事部转送军区或军分区修理。

六、登记表须誊写二份，一份存区军事部，一份送县军事部。县军事部根据检验情形和登记表作成统计，向军区和本会做报告。

七、检验和登记后，诸部队的枪支须固定的责成队员负责保护。如以后发生损坏和调动时，赤少队由该队指挥员向区、县军事部报告备案，脱离生产之诸地方部队则向县军事部报告备案。如有遗失的由该部队指挥员与所负保护责任之队员共同负责。

八、以后诸地方部队和地方军事机关须按月造表按级报告，在每次作战结束后对于枪支增减、子弹耗费与缴获均须造册报告，如缴得之枪支须由区、县军事部检验加盖火印和登记。

九、检验委员会以十三人组织之，设主任一人，以四人为一检验小组，设组长一人，分别到各区、乡检验。

十、检验日期以六月二十日起至七月十五日完毕。以上各项须责令军区、军分区具体拟定计划，分别指示各县执行，并经常加以督促和指导。七月底，各军区或军分区将检验总结报告本会为要。

　　此令

　　　　　　中央革命军事委员会代主席　项　英

　　　　　　　　　　　　一九三三年六月十一日

加紧新战士军政训练，
充实武器弹药[*]

（一九三三年六月十九日）

在五六两月的动员中，中央苏区已经动员了几万新战士正式加入红军。这样大批的新红军战士，我们除加紧军事、政治训练外，还须立即充实武器弹药，使在很短的时间内全体加入前线作战。

查过去我英勇红军在几次伟大胜利中，所缴获的枪弹，除最大部分发给各县地方武装外，还有一部分留在各级机关——由中央至省、县、区由赤军、少队[①]或个别保存的。这些枪都是好的枪支，不应放在机关里面，必须集中到火线上去。特决定所有各级机关（中央一级与各省、县、区、乡各级机关，群众团体一概在内）所存留的步枪——除边界的区、乡两级准许保存现有数目的二分之一外（即现在两支留下一支，现有八支留下四支），其余各县、区机关及内地的区、乡机关里的步枪，须全数交本会[②]转发红军战士（有许多机关内的步、马枪虽然在国家保

　＊　本篇系项英签发的中央革命军事委员会训令。根据中央档案馆馆藏件刊
　　印。篇题为编者所加。

卫局领了枪照的，也应交出，得同时交还枪照）。由各军区动员武装部及各县、区军事部负责收集，限七月十日以前以县为单位集中起来，解送瑞金、博生③两处点收（按各县的远近分别送到瑞金或博生）。所交还的枪支，不准随意损坏零件，并须将原配子弹全部交出，不得私自藏匿为要。

　　此令

中央革命军事委员会代主席　项　英

一九三三年六月十九日

注　释

①　赤军、少队，即赤卫军、少先队。

②　本会，指中央革命军事委员会。

③　博生，当时为纪念赵博生烈士，而将宁都县改名为博生县。

参加查田运动　保护秋收*

（一九三三年六月二十五日）

苏维埃中央政府为了"发展最高度的阶级斗争，向着封建势力作最后一次的进攻，而把他们完全消灭"，"实行广泛深入的查田运动"，"并责成中央军事人民委员部指导各级军事部，在查田运动中整顿与扩大地方武装，动员群众参加红军。"同时，在共产党与苏维埃领导之下的今年，春耕夏耕运动得到全苏区工农群众积极拥护与努力，已经获得最大的成绩。现快到秋收的时候，军委为了完成中央政府所给予的查田运动①任务，为了保障今年的秋收与增加生产二成的全部胜利的获得，特号召全体红军战士与赤少队②的队员，积极拥护与参加查田运动，实行武装保护秋收，并规定以下执行办法：

一、前方作战部队应以积极进攻敌人，彻底粉碎敌人的大举进攻，来拥护查田运动，保护秋收，并就作战地区与边区积极发动工农群众扩大与深入土地斗争，帮助边区苏维埃政府完成查田运动的任务。同时，在作战地区及其周围在秋收时组织割禾队，

＊ 本篇系项英签发的中央革命军事委员会训令。根据中央档案馆馆藏件刊印。篇题为编者所加。

割地主豪绅的禾，分给当地群众来发展土地斗争。

二、各军区领导、各级军事部动员赤少队全体队员，最积极的参加查田斗争，清查隐藏的地主、富农，并镇压他们的活动。在这一斗争中，积极动员工农群众来扩大赤少队组织，建立与扩大模范赤少队，动员最广大的群众，特别是赤少队加入红军，首先在七月内完成工人师、少共国际师③，继续来完成创造百万铁的红军的任务。在查田、查阶级斗争中，洗刷地方武装中阶级异己分子，来巩固与健全地方武装组织。

三、为了保护秋收，不让敌人扰乱边区抢劫新禾，各军分区、边县军事部要领导地方武装，消灭边区附近的地主武装，发展游击战争，挺进到敌人的侧后方和白区去，发动和组织广大工农群众的斗争。应组织精干有力的游击队到白区领导群众，组织割禾队割豪绅地主反动派的禾，分给当地群众，发动当地群众斗争，繁殖新的游击队。

四、动员邻近边区的中心区的赤少队，帮助边区群众割禾，边区的赤少队须以一部分担任放哨警戒，保护群众秋收、秋种，没有担任警戒的队员，须帮助警戒部队队员割禾。

五、在武装保护秋收的口号之下，最大限度发展与加强边区赤少队组织，加紧军事、政治训练，建立政治委员制度，扩大独立师、团、游击队，号召广大群众加入红军。

六、各兵团、各军区、分区、各级军事部，接到这一训令后，须立即具体讨论，并依照当地实际情形定出自己的计划，一切形式的、空洞的计划是不需要的。同时，要经常检查每一工作的执行，采用各种必要的办法，为着计划每一条文的实现而斗争。

你们的计划和工作情形，须随时按级报告我们为要。

此令

中央革命军事委员会代主席 项 英

注 释

① 查田运动，指1933年至1934年夏开展的彻底消灭封建势力，巩固苏维埃政权，清查漏划的地主、富农的土地和财产的一次群众运动。

② 赤少队，即赤卫军、少先队的统称。

③ 工人师、少共国际师，工人师，1933年由苏区工人组成的红军师，又称中央警卫师，1934年2月正式命名为第23师；少共国际师，1933年8月由苏区共青团员组成的红军师，不久正式命名为第15师。

关于红一方面军行动部署的指示[*]

（一九三三年六月二十五日）

一方面军朱、周：

甲、粤敌张枚新部①沿河②向安远方向延伸，计驻重石③一团、板石④一团、安息⑤一营，张枚新率两营驻安远城。王赞斌⑥及一团在安远城，一团进驻官联⑦，再一团维持贝岭⑧至安远交通，一团在三南⑨。寻城、吉潭⑩敌无变动。

乙、已令三师、二十二师、独三师一部于二十八日在天心以南陈李廖屋一带集中完毕，首先消灭天心、重石之敌。以后按照情况继续消灭张枚新余部或逐次摧破王黄营部。我独三师一部牵制安远、板石方面敌人，独二师牵制寻城、吉潭方面敌人，会昌独立团、武平县游击队牵制武平县方面敌人，独六师在古陂⑪、安息一带，袭击、威胁敌人后方。

丙、闽西华家亨之敌撤退，余无变动。已令二十二师逼白沙⑫之敌，以吸引杭、武⑬敌人，不致威胁会昌东部和策应安远之敌，以一部由大乾头挺出白沙、半迳之南。在反对国民党各派

---

* 本篇系项英致红一方面军司令员朱德、政治委员周恩来的电报。根据中央档案馆馆藏件刊印。篇题为编者所加。

军阀竞卖中国、白军士兵暴动起来与红军一起来打帝国主义、农民暴动起来收割自己的谷子等口号下，来广泛发动群众斗争。

项　英

二十五日

注　释

① 张枚新部，指国民党军赣粤闽边区"剿匪"总司令部右路军第 4 师。

② 河，指从赣南安远流经定南至广东贝岭方向的定南水。

③ 重石，位于江西会昌县城西南。

④ 板石，即今版石，位于赣南安远县城北部。

⑤ 安息，即今安西，位于安远县城西北。

⑥ 王赞斌，时任国民党军赣粤闽边区"剿匪"总司令部右路军第 44 师师长。

⑦ 官联，地名，方位不详。

⑧ 贝岭，地名，位于广东和平县城东北。

⑨ 三南，指江西南部的全南、龙南、定南三县。

⑩ 寻城、吉潭，寻城即寻乌县城；吉潭，位于寻乌县城东部。

⑪ 古陂，位于江西信丰县城东南。

⑫ 白沙，今白砂，位于福建上杭县城东北。

⑬ 杭、武，即福建之上杭、武平。

中革军委建议"八一"为
中国工农红军成立纪念日的决定[*]

（一九三三年六月三十日）

一九二七年八月一日，发生了无产阶级政党——共产党领导的南昌暴动。这一暴动，是反帝的土地革命的开始，是英勇的工农红军的来源。中国工农红军在历年的艰苦战争中，打破了帝国主义、国民党的历次进攻，根本动摇了帝国主义、国民党在中国的统治，已成了革命高涨的基本杠杆之一，成了中国劳苦群众革命斗争的组织者，是彻底进行民族革命战争的主力。本委会为纪念南昌暴动与红军成立，特决定自一九三三年起，每年八月一日为中国工农红军成立纪念日。

我们纪念工农红军成立的"八一"日子，正是全世界工农劳苦群众每年举行反帝战争的日子，特别是我们现在决定开始来纪念之时，正是帝国主义新的世界大战与反苏联战争的危险极端紧张，特别是国民党与日本签订了卖国的华北停战协定，移兵进攻苏维埃和红军之时，凡我红军军人，更要学习与提高军事技术

＊ 本篇系项英签发的中央革命军事委员会命令，经过中央政府批准，发表于 1933 年 7 月 11 日《红色中华》报第 93 期第二版。篇题为编者所加。

和政治知识，以造成百万铁的红军，完全粉碎帝国主义、国民党四次"围剿"与帝国主义直接作战，武装拥护苏联，反对帝国主义大战，为苏维埃新中国胜利而奋斗等实际行动，来纪念这一光荣日子。

　　此令

代主席　项　英

一九三三年六月三十日

关于东方军的组成等问题*

（一九三三年七月一日）

朱、周、彭、滕、周、萧、叶，并转萧、邵、周子昆、曾日三、薛、黄：

为迅速建立和完成抚河以东的作战地区和东方军，着以三军团（暂缺第六师）、十九师为东方军开始组成部分，任彭德怀兼东方军司令员，滕代远兼政委。为配合作战，三十四师及闽赣军区、宁清归①分区各独立师、团、营统归彭、滕就近指挥，并以袁国平兼东方面军政治部主任。该东方面军仍直接受一方面军朱、周指挥，望各部通电联络。

中革军委代主席　项　英

一日

---

* 本篇系项英致朱德、周恩来等人的电报。根据中央档案馆馆藏件刊印。篇题为编者所加。

注　释

① 宁清归，指福建的宁化、清流、归化（今明溪）三县。

目前东方军的行动及攻击部署 *

（一九三三年七月六日）

周、朱：

1. 对东方军①目前的行动，如就来电所云，事实上仅能消灭泉上、归化②之敌，即转移北上，绝无可能打击连城援敌。

2. 泉上、归化均属城固，工事虽较清流城易攻坚，则我意仍以清流为攻击目标，坚决消灭三团人。连城敌有增援可能，若消灭援敌，东南、西南战线有大影响。

3. 攻击清城③，可先以一部协同七师消灭嵩口坪④之敌，围攻北塞，一部围攻南塞，大部配合三十四师打击援敌，十九师可由万安寨⑤进到将乐、归化间，牵制打击归化、永安之敌。

4. 围攻清城，可在不断的争取小的胜利中，同时估量清城敌粮食不充裕条件下，可在援敌未到前围剿消灭之。

5. 陈连敌未发现我三军团援队，至多三团以内，如发现三军团援队有增至五六团可能，鉴于现在闽西敌人布置集结一师援兵，最快要六天以上，同时才能赶到，则我军利用这一时间先消

　＊　本篇系项英致周恩来、朱德的电报。根据中央档案馆馆藏件刊印。篇题为编者所加。

灭清敌。此意请考虑，并电复。

项

六日

注　释

① 东方军，系由红3军团（暂缺第6师）和第19师组成，彭德怀兼司
令员，滕代远兼政委。

② 泉上、归化，泉上位于福建清流县城北部；归化，即今福建明溪
县城。

③ 清城，即清流县城。

④ 嵩口坪，即今嵩口，位于清流县城东南。

⑤ 万安寨，即今万安，位于福建将乐县城北。

第三十四师的行动部署[*]

（一九三三年七月九日）

朱、周：

我意当三军团在泉上、归化乃至沙县行动胜利的开展中，我三十四师①的行动，第一，应抓住清敌②回援运动中，配合独七师消灭该敌；第二，应乘连城敌向永安或漳平追击，而均应跟踪截击，并令地方武装相机占领连城。这不独给三军团行动有力策应，更利开展闽西局面，望考虑作复。

项

九日

注　释

① 三十四师，1933 年夏由原第 19 军缩编而成，归福建军区指挥，不久又改归红 5 军团指挥。

* 本篇系项英致朱德、周恩来的电报。根据中央档案馆馆藏件刊印。篇题为编者所加。

② 清敌，指驻清流县城的国民党军赣粤闽边区"剿匪"总司令部左路
军新编第2师，师长卢兴邦。

关于制发团旗事命令 *

（一九三三年七月九日）

中国工农红军由本身发展适应更大规模的作战，曾经按照新的编制改编完结。兹由中央革命军事委员会制发每步兵团团旗一面，并由各该军团军团长和政治委员（各该军区司令员、政治委员）代表本委员会于"八一"红军成立纪念日，举行授旗于所属之步兵团的典礼。

团旗是标示工农群众所赋予这一步兵团为苏维埃而斗争的使命，同时也是提高这一步兵团作战的声威。凡我红军军人不单是要敬重、爱护这一团旗，而且要在实际战斗中发扬工农武装力量的声威，完成其赋予的伟大使命。

此令

代主席　项　英

一九三三年七月九日

＊　本篇系项英签发的中央革命军事委员会命令。根据中央档案馆馆藏件刊印。

关于颁发红星奖章的命令[*]

（一九三三年七月九日）

在革命战争的进展当中，每一个红军军人本其阶级的政治觉悟，为自己工农的解放，英勇的与敌人作殊死的武装斗争，固然是其应有的职责，然而就其牺牲本身为整个工农的苏维埃政权而奋斗看来，其有特殊功绩的应给以表扬，以示优异而励来者。兹由本委员会制定三等红星奖章，按照下述功绩的等次来发给：

第一，领导全部或一部革命战争之进展而有特殊功绩的；

第二，在某一战役当中曾经转移战局而获得伟大胜利的；

第三，经常表现英勇坚决的。

各方面军、各军区就其所属的红军军人考察其有上述功绩者，限于本月二十日以前将其事迹概略报告本委员会，以凭审核后，于"八一"红军成立纪念日，按其等次发给红星奖章。

此令

代主席　项　英

七月九日

＊　本篇系项英签发的中央革命军事委员会命令。根据中央档案馆馆藏件刊印。

关于东方军的作战部署问题[*]

（一九三三年七月十日）

朱、周：

（一）我东方军在延洋①击溃援泉上②之敌，并占领归化③、进攻嵩口坪④以后，清流敌人行动有几种可能：

1. 已发觉我大兵团，有放弃清流撤退永安的可能。

2. 以固守清流，以待十九路军来援的可能。今日（十日）十九路军因我三十四师攻雾阁⑤，约一团已一面出兵，约二团应援，一面约清敌派兵夹击。

（二）在消灭敌军实力的基本原则下，我意主要突击方向，不应向着沙县，而应向着清、连⑥。据此部署如下：

只留一团围攻泉上，并由该团抽出一连为基干，领导归化东北游击队，巩固归化，另一团监视嵩口坪和配合独七师由北面佯攻清流敌人，防敌由北岸⑦逃脱，余主力四团（如泉上攻下，北岸只留少数部队）配合七师。其余全部立即转移清流南方，驻于适当地点，可遭遇清敌两种可能，或消灭清流撤退之敌，或配合三十四师打击连城增援之敌。

＊ 本篇系项英致朱德、周恩来的电报。根据中央档案馆馆藏件刊印。

（三）你们意见从速决定，并急复。

项　英

十日

注　释

① 延洋，位于福建明溪县城西。

② 泉上，位于福建清流县城北。

③ 归化，即今福建明溪县城。

④ 嵩口坪，即今嵩口，位于清流县城东南。

⑤ 雾阁，位于福建连城县城北。

⑥ 清、连，指福建清流、连城两县城。

⑦ 北岸，指流经清流县的九龙溪的北岸。

第三十四师的作战行动[*]

（一九三三年七月十一日）

朱、周，彭、滕，周、曾：

（甲）由于我三十四师今日进攻雾阁、双泉、谢团①之结果，七十八师②已由连城派兵两团应援，并邀清敌③夹击我三十四师。

（乙）估量连敌④增援队明十二日上午可到双泉，清敌受我三军团之打击与牵制，或不致南移夹击我军，但连敌到雾阁、双泉后，便是他继续援清的初步。

（丙）三十四师不应单独作战，而应星夜由双泉、雾阁撤至雾阁西适当地点，严格监视这一援敌。如该敌继向清流北进时，我三十四师则应尾随其后，以便配合三军团消灭之，望查酌实行见复。

（丁）刚才接周、曾来电称：我三十四师于昨十日在马屋⑤附近之水井击溃十九路军一团，同时占领敌之九个堡垒，乘胜进占上堡⑥，俘获正在清查中。我三十四师大部昨晚宿营马屋。

项　英

十一日

＊　本篇系项英致朱德、周恩来、红3军团军团长彭德怀、政治委员滕代远、福建军区司令员周子昆、政治委员曾日三的电报。根据中央档案馆馆藏件刊印。篇题为编者所加。

注　释

① 雾阁、双泉、谢团，雾阁位于福建连城县城北部；双泉、谢团方位不详。

② 七十八师，即国民党军赣粤闽边区"剿匪"总司令部左路军第 78 师。

③ 清敌，指驻守清流的国民党军新编第 2 师的一部。

④ 连敌，指驻守连城的国民党军第 78 师的一部。

⑤ 马屋，位于雾阁北。

⑥ 上堡，位于雾阁西南。

关于制发团旗的奖章的说明[*]

（一九三三年七月十一日）

朱、周：

军委会制发团旗、奖章命令内容如下：

一、红军为适应目前大规模作战，已按新编制整编完竣。由军委会制发，每步兵团团旗一面，由各该军团长、军区司令员和政委代表本会于"八一"举行授旗典礼。团旗是标示工农群众所赋予这一步兵团为苏维埃斗争使命，同时是提高该团作战威声。凡我红军军人不单要敬重、爱护团旗，而且在实际斗争中发扬工农红军力量威声，完成伟大使命。

二、红军军人本其阶级政治觉悟为自己谋解放，英勇与敌人作殊死战，固是应有职责，然就牺牲本身为整个工农的苏维埃而奋斗有特殊功绩者，应予褒扬奖励。本会特制定三等红星奖章，照下述功绩发给：第一，领导全部或一部革命战争的进展有特殊功绩的。第二，某一战役中曾经转移战局获得胜利的。第三，经常表现英勇坚决的。各方面军、各军区就所属红军军人考查有上

＊ 本篇系项英致朱德、周恩来的电报。根据中央档案馆馆藏件刊印。

述功绩者，于本月二十日前将其事绩概略报告，审核后于"八一"按其等次发给红星奖章。

项

十一日

中革军委对东方军作战部署的指示[*]

（一九三三年七月十二日）

朱、周同志并转彭、滕同志：

（一）我迭电你们不是命令，而是提出某一阶段中作战意图。

（二）消灭敌人势力，这是东方面军①这次行动中之主要任务，指出东方面军主要突击方向，向沙县之不妥。现泉上②敌人已被围攻，增援队已消灭一团，嵩口③在我手，安、清④交通断绝，清敌死守待援外，而绝援下也有乘机逃永⑤可能，非援张到清⑥，再援泉上有可能。因敌已知我三军团到清流，目前情况第二步主要行动不是向北或东，而宜以主力适时集结清流西南适当地点，与三十四师适应敌情，各个击破之，如敌来援最好首先消灭之。

（三）迅速消灭泉上之敌，当为完成第一步的主要部分，至于兵力多少，不是原则问题，可按情况增减。

（四）每一步要前后接应，不失时机的各个消灭敌人，如待

＊ 本篇系项英致朱德、周恩来并转发彭德怀、滕代远的电报。根据中央档案馆藏件刊印。

连敌增援入清集结起来，在决战上对我不大有利。现七十八师全部正向连城集中，我三十四师在连敌北援，只能相当阻迟敌人，独七师力量更弱，倘主力若不适时集结相当地点，那时也只有隔岸观火，仍希再三考虑。

项

十二日

注　释

① 东方面军，即东方军，由红3军团等部编成，彭德怀兼任司令员，滕代远兼政委。

② 泉上，位于福建清流县城北。

③ 嵩口，即嵩口坪，位于清流县城东南。

④ 安、清，指福建永安、清流县城。

⑤ 永，指永安城。

⑥ 清，指清流城。

对方面军作战任务的意见[*]

（一九三三年七月十四日）

朱、周：

一、你们前电原是同意了遵行首先消灭敌人的基本原则，但看现在实际情形，清流卢敌①告粮缺乏，预备逃走地步，连敌②七〔十〕八师七团进到山下，有增援清流可能，然而彭、滕③目下布置和行动是分散就粮，主要是未抓住这一稍纵即逝的时机，未决定消灭敌人的主要突击方向，部署兵力如因此而放走清敌或失去打障路钢④，纵然现在占领了清、归⑤地域，必致将来转移兵力时又回复原状。再我十九师占领太宁⑥、进逼将乐时，也未曾消灭敌人。这样，混乱了作战的各阶段，特别是失掉了各阶段的重心，势必累赘第三阶段的工作无法顺利进行。假若北方敌情此时越转紧张则更困难。我们意见：

1. 三军团以一部继续围攻泉上⑦，得手后主力应集结珠城西南适当地点，盼所属独七师及三军团小部监视清流和封锁，不必强攻清流，相机配合十九师消灭增援部队，或由清脱逃之

＊ 本篇系项英与中革军委委员秦邦宪（博古）致朱德、周恩来的电报。根据中央档案馆藏件刊印。篇题为编者所加。

卢部。

2. 我二十一师应过河⑧活动于归、将⑨之间，并配合三军团和十九师的行动。

3. 我十九师在此地求得消灭敌人，这一意见你们参酌实际情形处理。

二、地方战地自我军占领丰城后，敌情变化如何，我军部署如何，望电告。

项、秦

十四日

注　释

① 卢敌，指驻守清流的国民党军新编第 2 师，师长卢兴邦。

② 连敌，指驻守连城的国民党军第 78 师一部。

③ 彭、滕，指红 3 军团军团长彭德怀，政治委员滕代远。

④ "打障路钢"，原件如此。

⑤ 清、归，指福建清流、归化（今明溪）。

⑥ 太宁，即福建泰宁。

⑦ 泉上，地名，位于清流县城北部。

⑧ 河，指由福建建宁流经将乐的金溪。

⑨ 归、将，指福建归化（今明溪）、将乐两县。

关于东方军行动部署的指示[*]

（一九三三年七月十六日）

朱、周：

十六日二时电，请考虑。我意东方军应以迅速行动，先灭四堡^①之两团，并准备打击连城敌之增援部队约三团至四团之众。部署中应注意不使该两团撤回连城固守，而成相持之势，望立即复。

项

十六日

注　释

① 四堡，村名，位于福建连城县城西北。

---

* 本篇系项英致朱德、周恩来的电报。根据中央档案馆馆藏件刊印。

对三军团作战部署的指示[*]

（一九三三年七月二十四日）

朱、周：

目前，我以为三军团主力应速转移河南①，箝制连城西北之岩头、野孤垄地带，截击连敌②，突击附近之先头部队，逼其以现有兵力与我决战，同时亦便转击其北上援连之敌。三十四师不应远离和分割，应出动莒溪、朋口③。彭、滕④现在是为自限于攻连，将不易运用机动。望查酌，并电彭、滕。

项 英

二十四日

注 释

① 河南，指从福建清流流至永安的九龙溪以南一带。

[*] 本篇系项英致朱德、周恩来的电报。根据中央档案馆馆藏件刊印。

② 连敌，指驻守福建连城的国民党军第 78 师一部。

③ 莒溪、朋口，莒溪位于连城县城南部；朋口位于连城县城西南。

④ 彭、滕，指红 3 军团军团长彭德怀、政治委员滕代远。

东方军第二阶段的作战任务[*]

（一九三三年七月二十四日）

朱、周同志：

方面军第二阶段任务，大半在第一阶段实现了，仅新二旅在邵武，我们不易再求得消灭敌人。东方军既已南下，则宜遵上海[①]指示，求得消灭十九路军之一部，以扩大地区。第一阶段任务，而减轻南方战线以后之困难，并拟于八月五日左右向北。现敌之五、六、八等师势将进窥金、资、黎[②]，准备以十九师及三军团北进，至于东方军以后行动，容后再命。

项　英

注　释

① 上海，指党在上海的中共中央局。

② 金、资、黎，指江西金溪、资溪、黎川。

---

* 本篇系项英致朱德、周恩来的电报。根据中央档案馆馆藏件刊印。篇题为编者所加。

关于颁发中国工农红军誓词的说明*

（一九三三年七月二十七日）

朱、周：

给中国工农红军誓词，即发各部队：

（一）我们是工农的儿子，愿来当红军，完成苏维埃给我们的光荣的任务，为着工农解放奋斗到底。

（二）我们是红色军人，要保证自己和同志们绝对遵守和服从苏维埃的一切法令，以自己的思想和行动做模范，努力学习政治、军事，爱护工农的利益和自己的武装，使它不遭损失和窃夺。

（三）我们是苏维埃柱石，誓以我们血与肉发展民族革命战争，实行土地革命，推翻国民党，保卫苏维埃，打倒帝国主义，争取中国解放，武装保护苏维埃完成革命，为社会主义前途斗争。

（四）现在敌人正在大举进攻，我们要团结一致，拿着刺刀和枪炮与敌决一死战，拿我们头颅和热血，换得苏维埃新中国。

（五）我们为着阶级利益，遵守革命纪律，服从上级命令，

---

* 本篇系项英致朱德、周恩来的电报。根据中央档案馆馆藏件刊印。

如若违犯不遵守，甘受革命纪律制裁，愿听同志指斥。谨誓。中
革军委颁发，"八一"。

项

二十七日

动员一切力量，
准备粉碎敌人五次"围剿"*

（一九三三年七月三十日）

由于我英勇的红军勇敢善战，军事技术的提高，政治觉悟的坚定，苏区和白区的工农群众的拥护，共产党正确的领导，自今年三月东、黄陂①两次伟大胜利之后，已经将帝国主义、国民党的四次围攻②完全击破了。

帝国主义、国民党为了挽救其统治和殖民地化中国，现又重新的组织力量和布置，来准备和进行更大规模的、最后绝望的五次围攻③。这是阶级斗争最残酷的决战，是关系苏维埃新中国与中国殖民地的决死斗争。

由于帝国主义侵略之加紧，国民党无耻卖国，国民党经济的总崩溃，尤其是红军的伟大胜利，更加推进了全国革命的形势，使其更加尖锐化了，国民党统治更加削弱，苏维埃的巩固发展，红军力量增加一倍，已锻炼成为不可战胜的力量，全中国工农劳动群众对于苏维埃红军的拥护。在目前阶级力量对比的变化上，

---

* 本篇系项英与王稼祥、彭德怀联名签发的中央革命军事委员会训令。根据军事科学院军事图书馆馆藏件刊印。篇题为编者所加。

我们粉碎敌的五次围攻，是更有充分胜利的条件。

　　动员我们一切力量，去粉碎帝国主义、国民党的五次围攻，争取战争的全部胜利，这是当前的紧急战斗任务。诸红军部队和地方武装，应当依照既定的作战方略，坚决的执行，彻底的消灭进攻的敌人，不让敌人进攻苏区一寸土。在这一残酷阶级〔段〕的决战中，每一个红色军人更要用一切时机，努力从政治上、军事上去坚强我们的战斗力，特别是最大限度的提高军事技术，以达到创造铁的红军任务，来同帝国主义直接作战，争取苏维埃新中国的胜利。同时，必须继续红五月扩大红军和创造工人师、少共师的突击精神，动员最广大的工农群众如潮水般加入红军，在第二次苏大会④前完成二十个新编制的充足师，并使每个师有一个充实的补充团，来保证新的编制的完成与充实；建立十六个新编制的独立师，在各个战线上来配合主力红军作战，从数量与质量上去完成创造百万铁的红军任务。这是彻底粉碎敌人五次围攻，实现江西首先胜利，直接与帝国主义作战，争取苏维埃新中国的一个基本前提。为了实现这一动员的任务，须执行下列各项：

　　一、在恢复和建立赤少模范营，扩大和健全赤少队的工作基础以上，"粉碎敌五次围攻"、"保障土地革命的胜利"、"保卫苏区"、"不让敌人进攻苏区一寸土"、"争取江西首先胜利"、"反对帝国主义瓜分中国"等口号之下，继续红五月以来的突击精神，更开展动员赤少队整团、整营加入红军的怒潮，由模范营加入红军运动，扩大到普遍的赤少队整连、整营加入红军。

　　二、对于在红五月以来扩大红军最落后的县，如南丰、广昌、宜黄、乐安、安远、寻邬、会昌、信丰、武平、宁化、石城等县，以及闽赣、闽粤赣、湘赣、湘鄂赣等苏区，由诸管辖之军区及县军事部集中最大的力量，在这四个月中运用江西各县动员的经验，有计划的以布尔塞维克的速度与突击精神，来开展这几县和这几个苏区的扩大红军运动，首先动员赤少模范营，启发加入红军，以消灭落后的现象。

三、诸红军部队和独立团营、游击队，在积极进攻敌人深入白区、发展苏区中，充分利用苏区周围白区群众的反帝反国民党的斗争情绪和对苏维埃、红军的影响，在发动群众斗争的基础上，来争取白区广大工农劳苦群众积极参加红军。

四、诸红军部队、地方武装和军区、各县军事部，必须努力的利用火线上和敌人驻军周围或打入白军部队中去进行白军士兵运动，由战场的政治鼓动和日常斗争的领导，以至拖枪哗变、暴动，去瓦解敌人的军队，削弱敌人的力量。这不仅是粉碎敌人五次围攻的重要工作，同时在这一工作中争取大批白军士兵投入红军来。同时，对于在后方受训练之被俘的白军士兵，应特别加强政治工作，提高他们的阶级觉悟，指出阶级斗争的热情，迅速的争取他们加入前线作战，参加粉碎敌人的五次围攻。

五、发动广泛的归队运动⑤，发动一切开小差的归队。这一运动的实际开始，首先要发动各群众团体，特别是附近的工农群众积极参加这一运动，从积极的动员上来鼓励和督促，争取开小差的全部归队。

六、后方医院应积极领导医生及看护生及一切工作人员，从医治上调养以及政治工作上使伤病战士迅速痊愈，回到前方。

七、诸红军兵团及其政治机关、卫生机关，应特别加强新部队和战士的政治工作，以巩固新战士的斗争决心，提高阶级斗争的热情，广泛的进行卫生运动，以保障士兵身体的健康，这样来消灭逃亡与疾病的现象，来巩固与加强诸作战部队。

八、诸红军部队、各军区、县区军事部，应根据本会所拟定的四个月扩大红军计划（另行通知），按照本身实际情况规定具体实施计划。首先是广泛的进行政治鼓动，集中各种组织的力量，协同一致的动员，更要密切联系正在开展的查田运动⑥、保护秋收等当前的实际斗争，灵活运用过去动员的实际经验，消灭一切阻碍动员的方式和错误，经常检查对于每一时期计划执行的结果，为着计划完全实现而斗争，以保障四个月动员计划百分之百的完成。

此令

代主席　项　英

副主席　王稼祥

彭德怀

注　释

① 东、黄陂，指东陂和黄陂，均位于江西宜黄县城西南；东陂在黄陂以南。

② 四次围攻，指蒋介石国民党军对中央苏区红军发动的第四次反革命"围剿"。

③ 五次围攻，指1933年9月开始，至1934年10月，蒋介石调集50万大军对中央苏区所进行的第五次"围剿"。

④ 第二次苏大会，指 1933 年 12 月 11 日举行的第二次全国苏维埃代表大会，后大会延期，于 1934 年 1 月 22 日举行。

⑤ 归队运动，指通过各种形式动员"开小差"，即自动离开部队的红军中的成员重新归队。

⑥ 查田运动，指 1933 年至 1934 年夏开展的彻底消灭封建势力，巩固苏维埃政权，清查漏划的地主、富农的土地和财产的一次群众运动。

扩大红军与红军补充区的划分[*]

（一九三三年八月一日）

（一）为着适应目前日益扩大革命战争的需要，保障工农红军在不断胜利的战争中，经常的能获得大批人员与资材补充，保证编制定额的充实，使野战军更加壮大，实现扩大百万铁的红军，以及有计划的分配和发动各种斗争动员工作，很好的建立野战军与地方的联系制度起见，本会暂决定将中央苏区各省、县划分为几个红军补充区。每一补充区组织一个补充师成三个补充团，负责管理、训练该区集中的新红军战士，并协助各级政府进行动员等工作。各补充师、团除隶属各该军区之指挥外，关于动员和训练工作同时应接受当地军区之指挥。

（二）补充区划分及其隶属系统规定如下：

1. 现在之瑞金、会昌、石城三县，以及将来之彭湃、长胜[①]二县划为一军团补充区，组织一个补充师，师部设瑞金。

2. 兴国、赣县、公略、万太[②]及将来之杨殷、龙冈[③]县划为三军团补充区，组织一个补充师，师部设兴国。

3. 胜利、博生[④]、广昌三县及将来之洛口、赤水[⑤]县划为五

---

[*] 本篇系项英与彭德怀、王稼祥联名签发的训令。根据中央档案馆藏件刊印。篇题为编者所加。

军团补充区，组织一个补充师，师部设博生。

4. 建宁、黎川、太宁⑥、光泽、邵武、金溪、资溪七县为七军团补充区，组织一个补充师，师部设黎川。

5. 南丰、宜黄、乐安、永丰四县划为独立二、三、四团补充区，由江西军区领导，组织一个补充团，团部设乐安。

6. 安远、寻邬⑦、武平、雩都、信康⑧五县为二十二师独立五、六、十各团的补充区，直隶粤赣军区，组织一补充师，师部设在筠门岭⑨。

7. 将来之西江县⑩划为中央警卫师补充区，组织一补充团，团部设西江市⑪。

8. 福建之汀、连、杭、永、岩、新⑫，及宁化、清流、归化⑬为十二军团⑭及独立一、七、八、九各团的补充区，直隶福建军区，组织一个补充师，师部设汀州。

（三）以上第二项之规定，统应于八月份内建立起来。各兵团应按所属补充区域，分派得力干部建立补充师、团组织。各军区（军分区）原有补充团、新兵训练之组织应即一律撤销，其训练人员仍按原有隶属系统归还建制，但其训练器材则就近移交该区原有之补充师、团。

（四）从八月份起，各县扩大之新战士统由各级军事部负责递送到当地补充团集中，不得在各该县、区久留。

此令

中央革命军事委员会代主席　项　英

副主席　彭德怀

王稼祥

注　释

① 彭湃、长胜，均为当时即将要设立的县。彭湃县在今福建宁化县安远地区；长胜县在今江西宁都县长胜地区。

② 公略、万太，均为当时所设之县。公略县在今江西吉安县东固地区；万太县大致在今江西万安、泰和县境。

③ 杨殷、龙冈，均为当时即将要设立的县。杨殷县在今江西兴国县均村地区，后来未成立；龙冈县在今江西永丰县龙冈地区。

④ 胜利、博生，均为当时所设立的县。胜利县辖区在今江西于都县银坑地区；博生县即江西宁都县的改称。

⑤ 洛口、赤水，均为当时即将要设立的县。洛口县在今江西会昌县洛口地区；赤水县位于今江西瑞金县境。

⑥ 太宁，即福建泰宁县。

⑦ 寻邬，即今江西寻乌县。

⑧ 雩都、信康，雩都即今江西于都县；信康为当时设立的县，在今江西信丰、南康县边区。

⑨ 筠门岭，位于江西会昌县城南部。

⑩ 西江县，当时即将要设立的县，在今江西会昌县西江地区，位于瑞金西部。

⑪ 西江市，指西江县城。

⑫ 汀、连、杭、永、岩、新，分别指福建之汀州（今长汀）、连城、上杭、永定、龙岩、新泉（当时的一个县，今属连城）。

⑬ 归化，今福建明溪。

⑭ 十二军团，指中国工农红军第12军团，后来未组成。

乘机消灭连城之敌[*]

（一九三三年八月一日）

朱、周，彭、滕：

区寿年①电蔡②称：如坚决守连城，自可支持，如决放弃连城，今日还可设法撤退，明日则惟有死守等语。此敌似有逃脱可能，你们应迅速作机动的部署，如果该敌脱逃时，毫不失时机消灭之。

项　英

八月一日

注　释

① 区寿年，时任国民党军第 78 师师长。

② 蔡，指蔡廷锴，时任广东国民党军第 19 路军总指挥。

---

* 本篇系项英致朱德、周恩来和红 3 军团军团长彭德怀、政治委员滕代远的电报。根据中央档案馆馆藏件刊印。

对庞云两旅老战术之对策[*]

（一九三三年八月四日）

朱、周：

　　庞、云①两旅主要是乘我围攻延平，推我侧背的老战术，故彭、滕②转兵力应在恰好时机，并严密伪装。如过早而暴露企图，庞、云或可不来。东方军结束战斗适时转移主力时，应以小部在延东游击，以隐蔽企图，并监视这一方面的敌人。

项　英

八月四日

注　释

① 庞、云两旅，指广东国民党军第 19 路军之庞成、云应霖分别所率之旅。

② 彭、滕，指彭德怀和滕代远。

---

* 本篇系项英致朱德、周恩来的电报。根据中央档案馆馆藏件刊印。

破坏敌军部署　打击将邵之敌[*]

（一九三三年八月九日）

朱、周同志：

（甲）我军乘敌部署未完成之前，破坏其计划，打击将乐、邵武两翼，以争取以后决战更有利的条件。虽此刻我军新的力量的强固仍未充实，但可努力争取，且消灭敌人，才能充分武装新的力量。同时，必须接受粉碎四次"剿匪"①前，破坏敌人计划的胜利教训，是必要的。

（乙）东方军北上路线，可以一支队取道永、沙②，借此分散闽敌兵力出顺、将③；主力经将、泰④回，力求首先消灭将乐敌人，再向邵、光、资⑤方向进入第三阶段。

（丙）东方军因需要补充、整饬，应在连城或途中多休息几天，无须集结建、泰⑥等待八月底才转进资溪。

项　英

八月九日

---

* 本篇系项英致朱德、周恩来的电报。根据中央档案馆馆藏件刊印。篇题为编者所加。

注　释

① 四次"剿匪"，指从 1933 年 1 月至 3 月蒋介石指挥国民党军对中央苏区发动的第四次反革命"围剿"。

② 永、沙，指福建永安、沙县。

③ 顺、将，指福建顺昌、将乐。

④ 将、泰，指福建将乐、泰宁。

⑤ 邵、光、资，指福建邵武、光泽；江西资溪。

⑥ 建、泰，指福建建宁和泰宁。

第三第五军团的作战行动*

（一九三三年八月十二日）

朱、周，彭、滕同志：

（一）中央电示，在八月间调五军团的一师，到建宁、泰宁与三军团协同消灭将乐和顺昌之敌人，并进到邵武区域，以便在五次"剿匪"①开始时，破坏南京计划。

（二）我意应努力照此电示，望彭、滕立刻□□□□□洋口、延平②之间，是否容易搜集渡河船只，及由连城去里路如何？希于本日电告，以便计划。三军团由此道消灭延平、洋口、顺昌之敌。

（三）中央电示由朱、周即转彭、滕。

项　英

八月十二日

---

* 本篇系项英致朱德、周恩来、彭德怀、滕代远的电报。根据中央档案馆馆藏件刊印。篇题为编者所加。

注　释

① 五次"剿匪"，指即将从 1933 年 9 月至 1934 年 10 月蒋介石发动的对中央苏区的第五次反革命"围剿"。

② 洋口、延平，洋口位于福建顺昌县城东北；延平即今福建省南平市。

红军第一方面军的作战部署[*]

（一九三三年八月十三日）

朱、周并转彭、滕：

（一）各方敌情如你们所知。

（二）第一方面军应以主力出动于顺、将、邵、光①地带，先消灭闽中北部之敌，再剪除赣敌之左翼，以一部活动于抚河西岸，钳制正面之敌。据此，规定第一方面军作下述的部署：

（甲）东方军应具有消灭洋口②、顺昌、将乐地带敌人之目的。八月十五日由连城开拔，取道归化、夏茂③后，以主力出洋口以东适当地点，渡过顺昌大河。这一主力为秘密过河作战，勿须派兵到沙县。同时，以一小部出顺昌以西适当地点，渡过将乐河。而这小部须能在将乐河北岸，保持我攻击洋口、顺昌的军队过邵武河下流西岸之交通，同时协助第六师消灭将乐之敌。

（乙）第六师以协同东方军左支队消灭将乐之敌人为目的。应计算于该支队出动于将乐以东时，约八月二十九日即已达到有利地位，协同动作。

---

* 本篇系项英致朱德、周恩来并转彭德怀、滕代远的电报。根据中央档案馆馆藏件刊印。篇题为编者所加。

（丙）第五军团第十三师加入东方军作战。适时由现地出发，并往广昌至黎川，协同第二十师、二十一师等各兵团，来消灭洋口、顺昌、将乐之敌以前，各在现地活动，牵制赣敌左翼之前进。但须以一部适时截击邵武之敌，来配合东方军转到邵光地带的活动。

（丁）第一军团与第三师、十四师以及各独立团编为中央军，由林、聂④指挥，积极活动，箝制抚河以西之敌，配合抚河以东的作战。

（戊）第十五师即开到广昌，为战略预备队。

（己）第三师预备在九月初由瑞金开往广昌地区。

（庚）第一方面军应先到泰宁，直接指挥其主力在抚河以东地区作战。

（辛）你们接到这一电令如何实施，望电复。

项

八月十三日

注　释

① 顺、将、邵、光，指福建顺昌、将乐、邵武（今邵武市）、光泽四县。

② 洋口，位于福建顺昌县城东部。

③ 归化、夏茂，归化即今福建明溪；夏茂位于将乐县城东南。

④ 林、聂，指红1军团军团长林彪、政治委员聂荣臻。

中革军委公布红军地方部队暂行编制表的命令[*]

（一九三三年八月十三日）

兹公布地方部队暂行编制表，应由相关机关严格遵照实施，并限于 9 月底以前完成其工作。凡过去颁发的地方部队一切令文，概作无效。

地方部队是指地方不脱离生产、不分性别、普遍公民的赤卫军和脱离生产的独立营、连和游击队等。这些地方部队，均应受该管军区相关系统和红军首长统一和集中的指挥。这些部队是由半殖民地、半封建军阀制度下所产生阶级斗争而衍出带地方性的、志愿的工农武装组织。我们要在开展的民族革命斗争中，把这一组织有计划地转变到阶级的义务军组织。

现在，地方部队不单是巩固苏区、发展苏区，配合红军消灭敌人的武装力量，而且是红军干部和战士补充的一个重要来源。因此，赤卫军特别是他们的基干、模范部队的编制，都要适合于作战的要求，训练补充的便利，也就是要尽量采用适于战斗勤务的三三制^①。但因行政地域的大小不同，人口多少不同，所处地

位、所负责任又不同，其编制的定额和组织的单位，也要有相当的伸缩，来适应当地的实际情况，至于脱离生产的独立连、营，均依照红军编制。

每县不脱离生产的地方部队的组织，应以营或团为高级单位而直属于区赤卫军指挥部（司令部和政治部等的合称），县、区的中间无设指挥机关的必要。

县苏、区苏②的军事部是掌管战争的动员、地方部队的编制和训练，县、区赤卫军的指挥部是指挥地方部队的军事行动。为了工作简捷和节用人员起见，县、区赤卫军司令员及其余人员由县、区军事部长及其余人员兼任，县、区赤卫军政治委员及一切政治人员由相关的政治机关选任。这些政治委员及一切政治人员，对于赤卫军的政治领导和教育以及军事行动自然要负责任。对于相关的军事部进行政治教育同样也要负起责任。

军区对于全省的战争动员、地方部队的编制、训练、指挥以及红军补充的事宜，都是在中央革命军事委员会直接指挥之下负责进行。

为使军区便于遂行其作战任务起见，曾由军委划定各军区边境地域及其作战分区、军区、诸作战分区就是直接受军区的命令，指挥其所属基干兵团和地方部队作战的机关。

各军区和各作战分区均应成立教导营和教导连，来造就地方部队一切的初、中级干部，惟作战分区主要是造就游击队干部。

各兵团补充部队首长在其补充区进行动员、训练新战士的工作，应受军区首长的指导。

少年先锋队是在少共领导下半军事的青年工农群众的组织。应由相关军事机关派出军事代表为其参谋长，以保持军事行动的指挥和实施军事学术的教育。如与其队长有不同意见时，则由党代表解决之。

少年先锋队是关于军事行动（作战、卫戍和后方勤务等）事项，应受相关赤卫军首长的指挥；关于军事教育和扩大红军事项，应受相关军事部的指导。

赤卫军一切部队，特别在作战分区的，为要巩固苏区、发展苏区，协助红军作战，在苏区外扩大红军以及打破敌人经济封锁起见，应编成卫戍部队和游击部队，其编成要旨如下：

一、卫戍部队在配合作战上，应以其基干之一小部，有时并以独立团、营之一小部，在要道上择险构筑工事（如火力不足，则以土筑碉楼之类的为宜；同时要了解这些工事并不是过去的死守口子，而是进攻的跳板），阻止进扰苏区之敌人，同时以其主力（其中要以基干部队为核心）适时集结于工事外之适当地点，对攻我工事之敌人的侧背而突击之。这是配合出敌后方的游击队和转移打击敌人的独立团、营最有效的战术（如敌人侵入苏区时，则应普遍发展游击战争和坚壁清野等）。

二、卫戍部队不只要有赤色戒严、清查敌人之间谍、封锁消息、布置防御等巩固苏区的严密组织，而且要尽可能从积极方面以一部出动边境去游击，发动工农群众的阶级斗争，打击团匪③，侦察敌情，这样才能使巩固苏区的任务容易完成。

三、游击队因其任务不同，应区分为下述三种：

其一，边区游击队，通常为赤卫军以及少先队之模范营的部队任之。其任务是要发动、领导辖区外的工农劳苦群众的阶级斗争，消灭团匪，进行白军士兵运动，繁殖新的游击队，推翻反动统治，建立苏维埃政权，分配土地，扩大地方武装组织，同时要游击敌人，侦察敌情。这种游击队，主要是就近发展苏区，并要注意以联欢和欢迎参观来开展白区群众对苏区的同情与拥护，以发展苏区，同时也是巩固苏区。万不可变成固定物体，被敌人碉楼、堡垒限制了本身的活动，更不可演成赤白区对立的现象。

其二，挺进游击队，通常由独立团、营的部队任之。其任务要深入敌人后方交通路的地带游击敌人，不断地破坏交通，截夺辎重来分散、疲惫、麻醉④、穷困、瓦解敌军，同时打破敌人的封锁线，揭破敌人的任何阴谋和欺骗，宣传苏维埃一切主张和法令，发动白区劳苦工农群众开展阶级斗争，繁殖组成新游击队。这种游击队主要是使敌人腹背受敌，配合红军基干兵团作战，同时也是扩大苏区。

其三，远殖游击队，通常由军区或作战分区选择部队编成的。其任务是深入敌人远的后方，发动当地工农劳苦群众的阶级斗争，辗转滋蔓地繁殖游击队，将所在地域造成广大的游击区，打入城市作工人运动，并抓紧民族危机领导、组织抗日义勇军，进行白军士兵运动，特别要揭破帝国主义、国民党任何阴谋和欺骗，宣传苏维埃一切主张和法令。这种游击队主要是在敌人远后方造成地方暴动，建立苏维埃政权。

边区地方部队的组织，应迅速健全起来，并切实施以军事的、政治的教育，这样才能担负上述的一切任务。

新发展的苏区，应迅速整理、加强其已有的游击队，并就其中组成新的独立部队为基干，同时应成立地方部队一切组织，这些都要靠边区地方部队的帮助。

赤卫军应依据其分担任务，将所有的武器，如快枪、土枪、土炮、刀矛之类，定出适当的比例，混合配置于编制以内。如武器不足时，则应先武装模范营。

这一普遍的、大量的、由阶级斗争产生演进的地方部队的组织，首先要加强无产阶级的领导和教育，使其在实际斗争环境中养成其为有组织的、有纪律的、有阶级觉悟能负政治责任的、有坚强战斗力的部队。特别要消灭过去游击队表现的弱点和坏现象，〔如〕散漫、迟钝、与群众缺乏联系、无目的不分阶级的烧杀与抢夺。这些弱点与坏现象，就会销蚀游击队本身的活动力，就会造成赤白对立、铜墙铁壁样的政治、经济封锁线，就会破坏苏维埃的威信，这在客观上是帮助了反动统治。

因为军阀制度的雇佣兵制，社会轻视当兵的习惯，以及文化的落后……以致一般的军事学术，很难普遍到广大的工农劳动群众中来。当此开展的民族革命斗争中，我们更应依托普遍的武装组织来普及军事教育。军事教育，首先要求各战士善于使用自己的武器（不管新旧式武器，都应练到准确地射击或斩杀敌人），善于利用地形、地物，善于在部队战斗中协同动作，善于在警戒中监视敌人，善于在侦察中搜索敌情，特别务使每个战士和每一部队预先切实演习其当前任务的动作，万不可操作只重表面不合实际的动作。

总而言之，我们对于部队要健全其组织，要经常实施政治、军事训练，并指挥其负担相当的勤务，这样才能使地方部队起应有的伟大作用。无论从何方加以忽视，或寒热般的进行工作，都是在战争中不可丝毫容许的现象。

代主席　项　英

副主席　王稼祥

彭德怀

注　释

①　三三制，指红军的一种编制，规定每级直辖三个单位，如每团辖三个营，每营辖三个连，每连辖三个排，每排辖三个班。

②　县苏、区苏，即县、区苏维埃政府的简称。

③　团匪，指当时的反动地主民团武装。

④　麻醉，当时用语，麻痹之意。

剗除赣敌左翼侧　猛烈开展游击战争[*]

（一九三三年八月十四日）

朱、周、肖：

（一）此间已令东方军于十五日集中连城北上，经清流、归化，首先消灭将乐、顺昌之敌，然后配合新进入黎、口、泰①之第六师及第十三师，出邵、光②、资溪区域，剗除赣敌左翼侧。

（二）除令方面军转示你们的军事行动外，目前你们应：

开展与深入崇安③河东，力求保卫闽娄杉铺以西、将乐河以北一带地区工作，建立初级地区的政权，肃清团匪，巩固东方军的后方。此是巩固将、泰④之线，猛烈开展下述区域内游击战争，特别是要以挺进游击队出动顺昌西北、建阳以西地带，动员广大群众参战，以应东方军及时的需要，保障对东方军粮食的供给。

项　英

八月十四日

---

* 本篇系项英致朱德、周恩来和红7军团政治委员肖劲光的电报。根据中央档案馆馆藏件刊印。篇题为编者所加。

注　释

① 黎、口、泰，指江西黎川，福建溪口、泰宁。

② 邵、光，指福建邵武（今邵武市）、光泽两县。

③ 崇安，今福建武夷山市。

④ 将、泰，指福建将乐、泰宁。

关于处理战利品办法的训令[*]

（一九三三年八月十四日）

一、查过去各部队对缴获的战利品往往自行处置，并且多不将全部缴获数目报告上级，或暗中弥补损失，武器配备随意增减，种种游击习气、各自为政的现象。这不仅妨碍了统一支配，特别是破坏新编制的原则。

二、兹规定处理战利品办法如下：

1. 一切战利品须分类详具数目，全部按级报告上级。

2. 除按编制必须补充、报告上级批准外，多则一概呈报上级处置。

3. 无论平时、战时损坏武器，必须按级报告切实数目，严格禁止暗中抵补，隐匿不报。

4. 关于军用地图及各种书籍、文件、新闻报纸等，必须交上级以供研究参考和选择翻印，如份数少时，不得先行留用。

5. 应交上级各物品，统由兵站转送总供给部统一分配和保管。

---

* 本篇系项英签发的中央革命军事委员会训令，根据中央档案馆馆藏件刊印。

三、各部务即转属严格遵守为要。

代主席　项　英

八月十四日

破坏湘敌"清剿"计划
各个击破四面之敌[*]

（一九三三年八月十九日）

朱、周、蔡、肖：

（一）目前湘敌①集结十个团于莲花、石砻地区，你们处于被包围的梅花山、田南之线观望不动，所以正面防堵，坐待敌人逐步"清剿"准备完毕，分进合击。似以我们回旋内幅日渐缩小，不特无机可适宜，且使行动更难。

（二）现你们应乘湘敌进攻准备未完毕以前，操着先击〔机〕之利，破坏其进攻计划，各个击破西面之敌而消灭之。因此，应以一部配合地方武装，有力的袭击敌人后方，要吸引调动敌人，而以主力集结于适当地位，在运动战中干脆消灭之。虽是小部队，也应双方加紧不断的消灭，并扩张战果。

（三）对于敌人分散"清剿"部队，也应有计划的打击和消灭他，来团结和提高群众斗争力量。

（四）十六师②应与你们密切的协同作战，特别是在这一阶

---

* 本篇系项英致朱德、周恩来与红6军团政治委员蔡会文、军团长肖克的电报。根据中央档案馆馆藏件刊印。篇题为编者所加。

段中间。此间，决定该师在湘鄂赣军区活动时，关于应与你们配合作战事项，受你们指挥，并已电孔、黄③遵照。

（五）因为对于你们情况不很明了，地图又不很确实，只能作原则上的指示。你们应根据这一原则，按照实行情况，规定具体计划，并将敌情详细电告。

项　英

八月十九日

注　释

① 湘敌，指集结参与对中央苏区进行第五次反革命"围剿"的国民党军湘系军队。

② 十六师，由湘鄂赣第 16 军按中革军委指示改编而成，原计划编入红 6 军团建制，后因种种原因始终未归建。

③ 孔、黄，指孔荷宠、黄志竞。孔时兼任第 16 师师长，黄兼任第 16 师政治委员。

湘鄂赣与湘赣军区应密切配合行动*

（一九三三年八月十九日）

朱、周，孔、黄：

（一）湘鄂赣与湘赣军区行动，特别是在目前形势下消灭湘敌的行动，应有密切的配合。因此，我们决定第十六师在湘鄂赣军区活动时，关于应与湘赣军区配合作战事项，并受蔡、肖指挥，望即遵行。

（二）你们依照前电战略指示的执行计划如何，十六师及独三师现在行动如何？望速电告。

项　英

八月十九日

＊　本篇系项英致朱德、周恩来与第 16 师师长孔荷宠、政治委员黄志竞的电报。根据中央档案馆馆藏手抄件刊印。篇题为编者所加。

绝对不容许忽视上级的
命令及湘鄂赣红军的作战行动[*]

（一九三三年八月二十五日）

孔、黄：

二十一日两电悉。

甲、首先严厉指斥你们对于军委长电至今并无报告，仍然进行己意。这样忽视上级命令在纪律上是绝对不容许的，必须立即电复。

乙、粉碎敌人五次"围剿"，是关系苏维埃中国或殖民地中国重要的关键。可是，你们没有深刻了解这一斗争的严重性，更不了解你们的行动不只限于湘鄂赣本身，而实关系于全局，没有以主动地位、最积极的行动乘敌人未准备完毕以前，积极破坏敌人进攻计划，以至争取五次战争[①]的全部胜利。相反的，你们在这一紧要时期，却太平消极，将基干兵团集中边境和平训练（我们的训练只有在实际战斗当中及其间断的时间来进行，决不容许丝毫存留等待训练好，再打敌人的错误观念）。

丙、你们仅只地方武装就在三千以上，应运用此力量从各方

---

* 本篇系项英致湘鄂赣军区第 16 师师长孔荷宠、政治委员黄志竞的电报。根据中央档案馆馆藏件刊印。篇题为编者所加。

阻扰、打击、分散、疲惫、麻醉敌人，以便我主力行动自如，乘该敌在此种困难状况下，各个击破而消灭之。乃不如此，以致苏区被敌人截成几块。我们回旋内幅日益缩小，似此坐待敌人逐步"清剿"准备完毕，分进合击，我们行动将更困难。

丁、现你们应以最大的积极行动，操着先机之利，主动灵活的选择敌人弱点，各个击破敌人，以摧毁其进攻计划，恢复巩固和发展苏区，以配合湘赣的行动。但这不是要你们攻坚硬拚，而是要你们有计划、有配合的使用红军和地方武装，以一部有力的袭击敌人要害，吸引调动敌人而集结主力于适当地区，迅速、干脆消灭之（虽是小敌也应当抓紧），继续扩张战果。

戊、这一指示是辅助上次长电所未及，望将此后部署电告。

己、几块苏区隔离的情况和距离，及敌人详细的布置，务要根据十万分之一地图详细电告。图上没有的地名要注明在某地、某方向、若干距离，以供研究。萍、浏②方面的游击情形如何，独三师行动如何，通无线电否？并告。

项

二十五日

注　释

① 五次战争，指中央苏区红军即将于 1933 年 9 月开始进行的第五次反"围剿"作战。

② 萍、浏，指江西萍乡和湖南浏阳。

对闽浙赣工作的指示[*]

（一九三三年八月二十六日）

刘、曾：

我们根据万同志到军委的报告：

甲、认为东北在目前陷于一种严重的状态，主要原因是：

A. 由于一贯采用军事的专守防御，处处防堵，完全陷于被动地位，给敌人以合围和碉堡政策实施之便利。

B. 同时各方面缺乏适时的配合和协同一致，形成只手打人，使敌人易于集结优势兵力对付我主力，他方面给敌乘虚侵入苏区腹地。

C. 没有积极在敌人的远后方，特别是围绕东北之策源地不同的各个敌人的远后方发展广泛的游击战争，截夺敌之交通运输，以分散、疲劳敌之兵力，便利我主力各个击破敌人。更不能主动的调动敌人，选择敌之弱点求得运动战（运动战是内战中主要方式，望努力练习），反而处处陷于被动地位，硬碰攻坚，

---

[*] 本篇系项英致闽浙赣军区司令员刘畴西、政治委员曾洪易的电报。根据中央档案馆馆藏件刊印。篇题为编者所加。

逐渐缩小了内线作战的回旋内幅。至于对警戒的疏忽、战术运用的殊笨，受到许多不应有的损害。这些战略、战术的错误，不仅是军事上领导的错误，主要还是在政治上犯了许多严重错误（浓厚的保守主义、过分估计敌人力量、不坚信自己的力量等等）。因此，开展反保守主义和机会主义的斗争成为转变的前提。

乙、由于以上的错误，对于巩固红十军①的工作虽近来有转变，但没有达到应有的努力。

A. 不能以一切服从战争，因为给养困难，致使扩大红军战士改期集中。

B. 没有吸引地方干部参加红军，加强领导。

C. 军事技术惊人落后，没有用一切方法去提高，特别运用每次战役和战斗的教训实际，加强教育。

D. 未积极提拔和培养新的干部。

丙、为彻底粉碎敌人新的五次"围剿"，争取战争全部胜利，以实现江西首先胜利，我们的行动总的纲领：

A. 现我方面军创造新的作战线，首先击破敌人左翼，破坏敌人新的布置。

B. 力求在单一战略意志之下，使各方面红军协同动作。

C. 造成战略上的转取攻势。

D. 尽量组织新的武装力量。

丁、在这一总纲之下，你们应该：

A. 以积极的行动，严密配合中区②红军主力，特别是配合东方军的行动，牵制敌四师、七十九师、二十一师，勿使南移。在中区红军胜利的开展同时，你们应有机动的部署，乘你们当前的敌人移动时，继续打击和消灭敌人，恢复苏区。

B. 向浙西，特别是皖南沿婺源东北之黄山山脉地带繁殖、远殖游击队，猛烈开展游击战争，造成这一带的游击区域，建立将来发展有利于战略的基础。

C. 努力组织新的力量，在近期内应扩大红十军成为一个新编制的充实之师，组织三个乃至四个师，照新编制的充实的独立团，并应加紧培养和提拔部分干部，吸收地方干部到红军中来，加强红军部队中的军事教育以及党和政治工作。

戊、

A. 只有积极的进攻敌人才能消灭敌人，扩大苏区。一切死守和单纯的防御，都是要遭受严重失败的。

B. 在决战时期，集结优势兵力于决战方向消灭敌人，而以少数兵力在次要方向钳制敌人。这是用兵的基本原则。

C. 现你们使用地方部队在各地段、从各方面，特别要到敌人后方（不要被敌工事限制），箝制、分散、疲惫、迷惑、麻醉、瓦解敌人，使主力行动自如，而主力则乘敌人在这种困难状况下，灵活、秘密转移主要突击方向，采取坚决、迅速、干脆的手段，力求在运动战各个击破敌人而消灭之。虽是小敌也要抓紧消灭之，万不可专门硬攻敌人工事，自陷于被动地位，坐待内弧幅员日渐缩小，不能周旋。

D. 严密警戒、秘密我军行动，以及充分的明了敌情，都是进行战斗的必要条件。综合上述战略、战术的指示，都是战斗胜利的原则。望严加注意与灵活的应用到实战中去。

己、由于对你们的情形还不能详细的了解，不能给你们更详细的指示。希你们根据这一原则的指示，规定具体的执行计划与步骤的实施，更望你们将执行这一指示的计划和你们的一般的情形，经常的告诉我们。

项　英

注　释

① 红十军，由闽浙赣军区赤色警卫师为基础编成，军长兼政委王如痴。
② 中区，指中央苏区。

关于赤卫军野营演习问题的训令*

（一九三三年八月二十七日）

一、赤卫军是在半殖民地中国反帝和土地革命的苏维埃运动中，所产生的工农群众武装斗争的组织，是发展和巩固苏区的地方武装部队，在苏维埃斗争史上表示了他的伟大作用与力量。

二、赤卫军同时又是红军有力的补充队，特别在今年扩大红军与创立新的红军师、团上已获得空前的成绩。

三、为了彻底粉碎帝国主义、国民党五次围攻①，争取苏维埃新中国的胜利，必须以更大努力来创造百万铁的红军，扩大与加强赤卫军组织与训练，成为当前的紧急战斗任务之一。

四、因此本会决定：今年利用农闲的期间，开始举行赤卫军短期的野营演习，其目的使每个赤卫军战士了解军队的集体生活、学习初步的军事知识与动作，以锻炼和加强战斗力量，以期达到成为红军的现成后备军。

五、今年实施野营演习暂定瑞金、兴国、博生、胜利②、赣县、雩都③、会昌、长汀、上杭九县，分为三期举行，从今年十

---

* 本篇系项英与王稼祥、彭德怀联名签发的训令，根据中央档案馆馆藏件刊印。

月半起至一九三四年三月半止，订定为演习时期。

六、为了完成这一演习计划，首先责令各军区、各县、区军事部于九月底完成赤卫军新的编制。

七、责成各军区与各县、区军事部，依照本会所拟野营计划切实计划进行，特别是充分进行政治动员和组织上、物质上各种准备工作，并将拟定的执行计划按级报告审查，其政治动员工作与训练计划，另由本会总政治部与总训练部拟定颁发。

八、今年未举行野营演习之各县，仍照经常规定进行军事训练与政治教育。

此令

代主席　项　英

副主席　王稼祥

彭德怀

一九三三年八月二十七日

注　释

① 五次围攻，指国民党军对中央苏区所进行的第五次"围剿"作战。

② 博生、胜利，均为当时的中央苏区县。博生，为纪念宁都起义领导人赵博生烈士，将宁都县改为博生县；胜利，位于今江西于都县银坑地区。

③ 雩都，今江西于都。

对作战计划之补充意见[*]

（一九三三年八月二十七日）

朱、周：

（密译）为遂行一二则作战计划，目前我们有下述的补充意见：

（一）关于抚河以东方面：

（甲）东方军袭取延平[①]无论得手与否，须以小部兵力出尤溪口[②]附近，伪装窥取福州，以调走敌十九路军在闽西兵力的一部，回北保障连城。

（乙）闽北独立团应监视并截击邵武之敌，而你们应准备以肖劲光[③]适时率领第六十一团及二十师之一部进攻邵武。

（丙）二十师、二十一师应于第二阶段之末，即固守在崇安[④]、光泽、贵溪三角区域，采用游击的战斗，加紧掩护东方军之右翼侧，同时要令红十军适当时牵制广丰、河口[⑤]、沿山地带之敌，以便二十师、二十一师随东方军主力之进展，而转移合战或前出于进贤地带。

（丁）第十三师现应隐蔽待机于黎川附近。

---

[*]　本篇系项英致朱德、周恩来的电报。根据中央档案馆馆藏件刊印。

（二）关于抚河以西方面：

（甲）中央军⑥现应继续积极活动，特别在永、乐⑦西北地带伪装主力，抑留并向西北正面和赣江之敌，使其迟滞东移，以利我东方军作战，同时要准备以一军团之一、二两师于东方军由资溪方面西移时，即开始转赴抚河以东，何时何处渡河，由你们根据情况决定，以便加入会战，使更顺利地剪〔翦〕除赣敌左翼。

（乙）中央军自第一、二两师东移后，即以第十四师和抚河西岸诸独立团统归肖劲光指挥，肖完成一项任务后，限制继续向当前之敌活动，特别牵制其向东移动。即转到抚河，以利我抚河以东的作战，此刻应以一个独立团编入第十四师，加强其战斗力。

（三）关于战略预备队等数，十五师在广昌训练和第三师仍准备适时开广昌策应作战，凡关于方面军各兵团的行动，须依上海指示情况实定。

（四）关于东南、西南的：

（甲）三十四师现时应该同警卫师的第一团，及地方部队积极扑灭敌十九路军的前锋傅柏翠⑧等部，并准备打击和阻扰十九路军的前进。

（乙）二十二师、第三师及警卫师之一部，现正准备抗击粤敌可能向筠门岭⑨前进的军队。接此电后计划如何，电告。

项

二十七日

注　释

① 延平，今福建南平市。

② 尤溪口，位于福建尤溪县城东北。

③ 肖劲光，时任闽赣军区司令员兼政治委员。

④ 崇安，今福建武夷山市。

⑤ 河口，今江西铅山县城。

⑥ 中央军，由红1军团、红10军团和江西四个独立团编成，林彪兼司令员，聂荣臻兼政治委员。

⑦ 永、乐，指江西的永丰和乐安。

⑧ 傅柏翠，时任闽西地方武装领导人。

⑨ 筠门岭，又称门岭，当时所设的一个县，位于江西会昌县城南。

关于准备粉碎敌人
五次"围剿"的命令[*]

(一九三三年八月二十八日)

第一，敌情判断：

甲、北路敌军——蒋介石订了卖国的塘沽协定[①]后，即调其在北方军队三师一旅南来江西，充实其五次"围剿"的基干军，力求与湘鄂的军阀一致"进剿"，改组自己的军队，构筑工事堡垒、紧张两翼的活动力，特别是进扰闽浙赣、闽赣苏区，企图造成其利于领导并协同其他军阀的"进剿"条件。我们估量敌人这次初次用兵的大概方向如次：

一、从抚州[②]沿抚河流域进入房居地带，是为主要作战线。这是北路敌人领导和协同闽粤敌军最有利的一条作战线。

二、从永、吉[③]经藤田或富田[④]，趋龙岗[⑤]地带，为次要作战线。

三、从宜、乐[⑥]出其主力的右面，经东口或经招携，趋东韶、洛口[⑦]地带，为次要作战线。

乙、福建敌军——蔡廷锴[⑧]在其所属的七十八师在连城惨败

---

[*] 本篇系项英与彭德怀、王稼祥联名签发的命令。根据军事科学院军事图书馆藏件刊印。篇题为编者所加。

后，集结其主力约三师于龙岩、漳平[9]，刘和鼎师[10]分布于延、顺、将、邵[11]地带，卢兴邦师[12]分布于尤、沙[13]地带。我们估量这一敌人用兵的大概方向如次：

一、由龙岩区城乃至长汀，为其主要作战线。

二、由永、岩[14]经新泉或白沙出河田[15]，为其支作战线。

三、由沙县趋归、清[16]，为其支作战线。

四、由顺昌经将乐趋泰宁，以及由建阳经邵武趋光泽，为其支作战线。

丙、广东敌军——粤敌取进式据安远、寻邬[17]两城后，集结五师兵力于安远、寻邬及武平、上杭地区，集结三师一旅兵力于赣县、信丰、南康、大庾[18]、南雄一带。我们估量这一敌人用兵的大概方向如次：

一、分由寻邬、安远、重石[19]以及武平趋会昌，为其主要作战线。

二、分由信丰和赣县趋雩都[20]，为其次要作战线。

丁、赣江敌军——自湘赣红军击败陈光中师[21]，特别是何健就任西路"剿匪"总司令后，不仅指挥其嫡系刘建绪所部[22]约五师，而且指挥了湘鄂赣及湘鄂的白军，"围剿"我湘鄂赣及湘赣苏区和红军，其在赣江接近我中央苏区者为驻在安福、峡江的朱耀华师[23]，驻在吉安、泰和的李蕴珩师[24]（近已隶于赣江军卫立煌[25]指挥）和驻在万泰的王懋德部[26]。我们估量这一面敌人除协攻我湘赣苏区和红军外，将以李云杰师[27]与王懋德师协同南路敌人沿赣江进攻苏区。

第二，作战纲领：

我军各军区应一面指挥其作战分区、独立军及独立团，配合地方部队进行游击的战争，以钳制、麻醉、分散和瓦解当地敌军，同时要乘敌人在各种状况之下指挥的失误或协同不紧，同当地的基干兵团转移主要方向，深入□□□□□□□□□。

第三，作战地区：

基干〔部队〕、各军区之直属基干兵团和作战分区，即按军委规定如下：

甲、江西军区所属的作战分区，第×军㉓在北方各地作战，故无直属基干兵团。

（一）永丰、广昌划为江西第一作战分区，以独立第四团为基干兵团，其指挥机关设立于东坊、黄陂地域，其指挥要旨如次：

A. 崇仁、乐安南部至米场一带山脉连接苏区，并依托该地带，向外发展游击，特别向东、北两面游击，游击队破坏两南㉙、宜黄的交通。

B. 游击队扰乱南丰及宜黄一线上的敌军，配合中央军作战，尤须切断里塔㉚地带，造成游击区域，便于向北挺进游击、发展攻进。

C. 赤卫军模范营升编，造成强而有力的游击队。

D. □□□□□□都县北的地带至宜黄的敌军□□□□□、肃清□□西部残余的地主武装组织。

（二）宜黄、崇仁、新淦㉛、乐安划为第三作战分区，以独立第十一团为基干兵团，又因战略需要以及地形关系，在崇、新间另外要组成一独立支队（充实的团），现指挥机关设〔谷冈〕、归峰、西原地区，其指挥要旨如次：

A. 赤化库罗〔鸡公〕嶂㉜至甘〔公〕溪一带山脉来接连苏

区，并依靠这小山脉将宜黄、崇仁、乐安地域造成强大的游击区域，向各方面挺进游击，破坏两南、宜、崇、乐特别是宜、崇间东北相互之间的交通及其工事，并袭击、阻碍在这一交通线上的敌军，配合我中央军作战。

B. 由新、崇间紫云山山脉，南连西牛田及富游家山地区，应造成强大的游击区域而赤化之，以连接苏区。同时，将这一区域的游击队中组成基干的独立八支队，起游击队的核心作用，活动于故山山脉东西地带，游击崇仁、新淦之敌，破坏交通，以呼应独立第十一团的行动，便于我中央军作战。必要时并挺进樟树、抚州的中间地带，但对丰城、樟树以东地域须设法派上远殖的游击队。

（三）永丰、吉水、公略[33]划为第二作战分区，以独立第三团为基干兵团，现指挥机关设在白沙、水南[34]地带，其指挥要旨如次：

A. 积极的发展永、吉北部的游击区域，破坏新、永、吉[35]交通，袭击和阻止在这交通线上及赣江上的敌军。

B. 完全赤化并巩固乌江以南、赣江以东地区，加强地方武装部队，择要构筑支点，对于永、吉及赣江敌军进攻部队采取机动的游击的战斗手段，配合守支点的少数队伍来进行积极的行动，使我中央军无左侧顾虑地来消灭敌人。

（四）万、泰、杨殷（均村）[36]、赣县兵团划为第四作战分区，以独立第十二团为基干兵团，因敌情、地形的关系，另外要在兴国以西地区组成一个独立支队（充实的营），现指挥机关要设〔在〕均〔筠〕村附近，其指挥要旨如次：

A. 兴国西、北两面，万、泰及沿江两边游击的地带，应加强地方部队便于完全赤化而成为巩固的苏区，并确实保持。由赣江沿岸去来河西的交通，密切联系到湘赣省苏区，并设法向遂川以南地带（赣粤两敌结合部）派出远殖游击队。为防止赣江万、泰方向敌人之进攻，应在兴国以西地带成立一个独立大队。

B. 防止赣州、信丰方向敌军进攻，兴国和雩都特别现在要具有力游击队活动赣州城附近，使上犹江以北、赣江以西的苏区巩固起来，在茅店、江口㊲等处须筑强固的堡垒，以少数强干部队守之。遇敌人进攻此堡垒时，该分区基干兵团应配合地方部队，由北向南突击，以与此堡垒呼应作战，拒止敌人，而便于我基干兵团行动，自主各个击破敌人。

乙、粤赣军区直属的基干兵团是第二十二师，其作战分区规定如次：

一、信丰、雩都由江西划为粤赣军区，第一作战分区以独立第六团为基干兵团，指挥机关设在新陂、小溪地域，其指挥要旨如次：

A. 破坏信丰至重石和安远的交通，袭击和侧击安远敌人，特别是该敌向会昌前进时。

B. 破坏信丰至赣州的交通，袭击和侧击赣、信方向的敌人，特别是该敌向雩都前进时。

C. 信、康㊳间和信、南㊴间地带，挺进游击并繁殖游击队，造成其为游击区域，向三南㊵、连平派出远殖游击队。

D. 加强三南并连平远殖游击队。

E. 扩大、巩固信丰以及安远北部的苏区，在重石北部及濂江、贡河交会的上游，选择适当地点构筑堡垒，以少数兵力扼守，来配合基干兵团、地方部队机动的作战，拒止敌人，以便于基干兵团各个击破敌人。

F. 以游击队打破赣江方面要道上的经济封锁线。

二、安远、寻邬、筠门[41]划为第二作战分区，以独立第五团为基干，兵团指挥机关设在清平、长安、清溪一带，其指挥要旨如次：

A. 游击队破坏寻邬、吉潭[42]敌人通平远、大埔、罗浮的交通线，并打破其经济封锁线，繁殖游击队，将这一地带造成游击区域，随时灵活游击寻邬、石漳之敌。

B. 以挺进游击队破坏安远通寻邬上魏村、冈炎的交通线，在这一交通线附近造成强大的游击区域，游击安远的敌人。

C. 寻邬、吉潭和安远、重石之敌进攻苏区时，须敏捷打击和阻挠这些敌人，以协助基干兵团作战。

D. 须沿五华山脉、龙川间派出远殖游击队。

E. 普遍发展游击队来保持安、邬、门[43]原有苏区。

三、会昌、武平河西、上杭划为第三作战分区，以独立第十团为基干兵团，指挥机关设筠村附近，其指挥要旨如次：

A. 游击武平附近之敌，并从先西北两面逼近武平而赤化之。如敌向筠门岭、会昌和瑞金进攻时，即灵活的以打击或阻挠，以利基干兵团作战，并挺进、破坏武平通上杭的交通，造成游击区域，打破敌人经济封锁线。

B. 逼近上杭之敌，游击而恢复上杭西、北两面的苏区。如该敌向西、北两面移动时，即灵活打击或阻挠之，并挺进、破坏上杭通武平、岩前[44]方向的交通，造成向南发展的游击区域。

C. 肃清武、杭西、北两面的团匪，恢复并巩固其政权。

D. 挺进、打破敌人上杭河的经济封锁线。

丙、福建军区直属基干兵团是三十四师。其作战分区规定如次：

一、上杭河东、永定、龙岩划为第一作战分区，以独立第八团为基干兵团，指挥机关设在大板附近，其指挥要旨如次：

A. 巩固杭、永、岩的苏区，保持与华家亭、白砂、旧县苏区之联系，并造成向东面发展的游击区域（在闽粤两敌结合部而威胁两敌侧后）。

B. 破坏敌人上杭通永定大道，以及龙岩通永定的交通，同时打破南面敌人的封锁线。

C. 以饶、和、埔、诏、漳㊺的远殖游击队联系协同动作。

D. 杭、永、岩敌军移动时，须不失时机袭击和阻滞之，以便利基干兵团作战。

二、新泉、连城江东划为第二作战分区，以独立第九团为基干兵团，指挥机关设在新泉营溪（目前设新泉），其指挥要旨如次：

A. 建立、恢复和巩固太平山、赖坊、长校经连城魏地田，以至古田、华亭、白砂连接杭、永、岩苏区（首先肃清内部团匪、土匪，特别是傅××、曹半溪、李××子㊻）和建立地方武装、组织后方，并与第一、三两分区确实联系。

B. 向宁洋、白沙、梅村，特别在铁山、罗地积极繁殖游击队，造成游击区域，可能时并向大田派出远殖游击队。

C. 挺进、游击龙岩、永安、宁洋方面之敌，特别是当敌人进攻苏区时，须打击或阻挠之，以利基干兵团作战。

三、宁化、清流、归化、彭湃（安远市）㊼划为第三作战分区，以独立第七团为基干兵团，指挥机关可设在清流、归化

（目前设在清流城），其指挥要旨如次：

A. 逐步恢复、建立和巩固建、泰、将[48]南部的官桥、彭湃水南、娄杉铺以南，及夏茂[49]、归化、清流、安、沙[50]，以至大丰山、长校连接苏区的政治与后方及第二作战分区，与闽赣军区的苏区切实打成一片，依次肃清童子兵团匪和建立地方武装。

B. 向永安、沙县河边及顺昌、南平河边发展游击区域。

C. 挺进、打击或袭击卢兴邦部进攻苏区的军队。

丁、关于闽赣军区作战分区的划分及其他一切规定，由第一方面军指导闽赣军区根据上述一切原则拟定，交由本委员会颁行。但拟定时须计划对闽浙边的景宁、寿宁地带，浙西的武义和遂昌地带，以及江西的东乡、进贤地带派出远殖游击队。

第四，各作战区一般的军队区分：

各作战分区对敌人的作战，应按当时情况区分出主要方向与次要方向，来指挥一切地方部队在各地区独立发展游击战争。同时，运用直属基干兵团在主要方向起核心作用，开展游击战争，特别注意集结这一兵团的兵力，灵活的转移其突击方向，各个击破敌人。

各作战分区一切地方部队，为要巩固苏区、发展苏区，辅助红军作战，在苏区外领导阶级斗争中扩大红军，及打破敌人经济封锁线起见，应区分卫戍部队与游击部队。这些部队行动要旨如次：

一、卫戍部队在配合作战上，应以其基干之一小部分，有时并以独立团、营之一小部，在要道上选险构筑工事（如火力不足则以土围、碉楼之类为宜，同时要了解这些工事并不是过去的死守口子，而是进攻的跳板），拒止进攻苏区的敌人，同时以其主力（其中要以基干部队为核心）适时集结于工事外的适当地点，对攻我工事之敌人的侧背而突击之。这是配合敌后方的游击队和转移打击敌人的独立团、营最有效的战术（如敌侵入苏区时，则应普遍的发展游击战争和坚壁清野等）。

二、卫戍部队不仅要赤色戒严、清查敌人间谍、封锁消息、布置防御与巩固苏区的严密组织，而且要尽可能从积极方面以一部出动边境去游击，发动群众的阶级斗争，打击团匪，侦察敌情，才能使巩固苏区的任务容易完成。

三、游击队因其任务不同，应区分为下述三种：

其一，边区游击队，通常以赤卫军、少先队之模范营的部队任之。其任务是要发动领导边区外的工农劳动群众的阶级斗争，消灭团匪，进行白军士兵运动，繁殖新的游击队，推翻反动统治，建立苏维埃政权，分配土地，健全地方武装，同时要游击敌人，侦察敌情。这种游击队主要是就近发展苏区，并且注意以联欢与欢迎参观来开展白区群众对苏区的同情与拥护，以发展苏区。同时，也是巩固苏区，万不可造成固定物体，被敌人的碉楼、堡垒限制了本身的活动，更不可演成赤白的对立现象。

其二，挺进游击队，通常由独立团、营的部队任之。其任务是深入敌人后方交通线（敌人的血管）的地带游击敌人，不断的破坏交通，截夺辎重，来分散、疲惫、麻醉、穷困、瓦解敌军，同时打破敌人的经济封锁线，揭破敌人的任何阴谋与欺骗，宣传苏维埃一切主张和法令，发动白区工农劳苦群众的阶级斗争、白军士兵斗争，繁殖组织新的游击队。这种游击队主要是使敌人腹背受敌，配合红军基干兵团作战，同时也是扩大苏区。

其三，远殖游击队，通常由军区或作战分区拣选部队编成的。其任务是：深入敌人远的后方，发动领导当地工农劳苦的阶级斗争，辗转滋蔓的繁殖游击队，将此地域造成广大的游击区域，打入城市作工人运动，并抓住民族危机领导、组织抗日义勇军，进行白军士兵运动，特别要揭破帝国主义与国民党任何阴谋和欺骗，宣传苏维埃的一切主张与法令。这种游击队主要是在敌人远后方造成地方暴动，建立苏维埃政权。

第五，侦察和通讯联络：

各军区特别是作战分区指挥部，对于所在地域特别是作战线上的敌情、地形，必须有计划的进行间谍侦察（深入敌境的便衣侦察）及部队的侦察（运用游击队），特别要发动工农群众的阶级斗争积极性，随时汇报敌情、地形，也只有敌情、地形都能随时了如指掌，才便于容易袭击和消灭敌军。

加紧赤色戒严，断绝敌人交通，特别清查敌人的间谍，破坏敌人的侦察网，并有计划的散布谣言、占领山头放野火、插红旗、布置疑兵以迷惑敌人，更有利于我军作战。

各军区和作战分区除利用现有的通讯工具外，应确实建立纵横相互之间以及与红军的递步哨，以保障通信的更加迅速与确实，并须筹设秘密通信所，准备在被敌隔离时仍能保持秘密的通信联络。这样是使作战指挥以及侦察所得材料适应时机。

第六，后方设备：

军区应指定作战分区适当的后方交通线，并发动群众与合作社，在这一后方交通线上附近的安全的地方，储蓄柴米盐油之类，以便红军到达时购用。特别在作战地区，要将战地工作委员会一切工作适时的健全起来，担任作战的军需运输、打扫战场、收送伤员、押送俘虏、采办粮秣以及送信、引路等工作，使红军在干脆消灭敌人后，尽快转移突击方向，顺畅扩张战果，从容应付敌人残酷的连续战斗。

代主席　项　英

副主席　彭德怀

王稼祥

注　释

① 塘沽协定，即 1933 年 5 月 31 日，中方代表熊斌和日方代表冈村宁次在塘沽签订的停战协定。协定规定日军占领长城沿线，中国军队退至长城以南。这表明，国民党政府实际上承认了日军占领东北三省和热河的既成事实，将大片中国领土拱手让给了日本侵略军，使华北门户洞开。

② 抚州，今江西临川市。

③ 永、吉，指江西的永丰和吉安。

④ 藤田，地名，位于江西永丰县城东南。富田，地名，位于江西泰和县城东。

⑤ 龙岗，当时所设之县，位于江西宁都县城西北。

⑥ 宜、乐，指江西的宜黄和乐安。

⑦ 东韶、洛口，均为地名，东韶位于江西广昌县城西北，洛口为当时所设之县，位于广昌县城西。

⑧ 蔡廷锴，时任国民党军第 19 路军总指挥。

⑨ 漳平，今福建漳平市。

⑩ 刘和鼎师，指国民党军第 56 师。

⑪ 延、顺、将、邵，指福建的延平（今南平市）、顺昌、将乐、邵武（今邵武市）。

⑫ 卢兴邦师，指国民党军新编第 2 师（后改为新编第 52 师）。

⑬ 尤、沙，指福建的尤溪、沙县。

⑭ 永、岩，指福建的永定、龙岩。

⑮ 新泉，地名，位于福建上杭县城东北。白沙，今白砂，位于上杭县城东。河田，位于福建长汀县城南。

⑯ 归、清，指福建的归化（今明溪）和清流。

⑰ 寻邬，今江西寻乌。

⑱ 大庚，今江西大余。

⑲ 重石，地名，位于江西安远县城北。

⑳ 雩都，今江西于都。

㉑ 陈光中师，指国民党军第 63 师。

㉒ 刘建绪，时任国民党军西路军第 1 纵队指挥官。

㉓ 朱耀华师，指国民党军第 18 师。

㉔ 李蕴珩师，指国民党军第 53 师。

㉕ 卫立煌，时任国民党军北路军第 2 路军第 1 纵队指挥官。

㉖ 王懋德部，指国民党军第 28 师。

㉗ 李云杰师，指国民党军第 23 师。

㉘ 第×军，此处原件如此。

㉙ 两南，指江西的南城和南丰。

㉚ 里塔，地名，江西南丰县城北。

㉛ 新淦，今江西新干。

㉜ 库罗（鸡公）嶂，"库罗"二字疑误，括号及括号中的"鸡公"二字

为编者所加。鸡公嶂，山名，方位不详。

㉝ 公略，当时为纪念黄公略烈士，中华苏维埃共和国临时中央政府所设的一个县，辖区以江西吉安县东南的东固镇为中心。

㉞ 白沙、水南，地名，均在江西吉水县城东南。

㉟ 新、永、吉，指江西的新淦、永丰和吉水。

㊱ 万、泰、杨殷（均村），万、泰指江西的万安、泰和两县。杨殷是当时为纪念杨殷烈士所设的一个县，在今江西兴国县西部。均村位于兴国县城西北。

㊲ 茅店、江口，地名，均位于江西赣州市东北。

㊳ 信、康，指江西的信丰、南康。

㊴ 信、南，指江西的信丰、龙南。

㊵ 三南，指赣南的龙南、全南和定南。

㊶ 筠门，又称门岭，是当时所设的一个县，位于江西会昌县城南。

㊷ 吉潭，地名，位于江西寻乌县城东。

㊸ 安、邬、门，指江西的安远、寻邬（今寻乌）、门岭（筠门岭）三县。

㊹ 岩前，地名，位于福建上杭县城西南。

㊺ 饶、和、埔、诏、漳，指闽西南与粤东边区的饶平、平和、大埔、诏安、漳浦五县。

㊻ 傅××、曹半溪、李××子，原件如此，人名，均为团匪或土匪首领。

㊼ 彭湃（安远市），当时为纪念彭湃烈士，中华苏维埃共和国临时中央政府所设的一个县，辖福建安远（宁化县城北）、泉上（明溪县城西北）、均口（建宁县城南）地区。安远市，即今安远。

㊽ 建、泰、将，指福建的建宁、泰和将乐三县。

㊾ 夏茂，地名，位于福建将乐县城东南。

㊿ 安、沙，指福建的永安和沙县。

关于部队缩编及逃亡问题[*]

（一九三三年八月三十日）

朱、周：

三十号四时半电悉。

（一）现已决定缩小部队编制，由七千余减为五千余人，枪由三千八百支减为三千五百支为一师，充实战斗员，大大减少非战斗员和杂务人员，以适合于山地战和干部能力。每团减为一千五百余人，营取消机枪连，只设机枪排，每连减为二百一十人，九班步兵，每班减为九人，轻机枪一班。编制表已在付印，不日送来。

（二）近来各地动员质量都差，一军团补充师兵员的质量最坏。现各地正进行突击，在十月革命节前后，可动员一万五千人上下，在争取病兵归队和俘虏共四千余人，准备在十一月半后都按新编制充实起来。

（三）各师充实后，预定每月以四千五百人补充来保持编制。

（四）逃亡问题，在地方与部队中均甚严重。在部队中必须

＊ 本篇系项英致朱德、周恩来的电报。根据中央档案馆馆藏件刊印。

大大改善争取工作，来巩固新战士，地方上更要消灭强迫命令，加强政治动员。

（五）协定文件已由欧阳钦全部带来。

项　英

八月三十日二十时

严密防空防毒，
粉碎敌人五次"围剿"[*]

（一九三三年八月）

帝国主义、国民党在四次"围剿"当中，虽然受到了严重的惨败，损失了整个十几师的基本精锐部队，但是为要挽救其垂死的反动统治，现正更大规模地出卖中国，订立了许多公开的秘密的卖国条约，大借外债，购买大批军械，增调和训练大量的军队，在帝国主义直接指挥之下，来准备对苏区和红军进行新的更大规模的五次"围剿"。在这一"围剿"当中，敌人必然要采用一切更残酷的手段，来屠杀工农革命群众和红军，以图作最后的挣扎。在这里飞机的轰炸、毒瓦斯[①]的毒杀，将要成为他们惨无人道的屠杀手段之一。虽然，事实证明在鄂豫皖方面敌人的轰炸和毒瓦斯效力极小，但为保证苏区群众和红军部队更少的遭受敌人的残杀，我们必须在这一"围剿"未开始以前，对于防空、防毒有严密的设置和防范，特别要预先宣传来揭发敌人残酷的罪恶和已行的、将行的欺骗宣传。

---

[*] 本篇系项英与彭德怀、王稼祥联名签发的中央革命军事委员会训令。根据军事科学院军事图书馆馆藏件刊印。篇题为编者所加。

（一）准备工作

1. 组织防空防毒委员会

在各城市、各市镇，由各级军事部协同当地党的机关、政治保卫分局、工会、红军部队（如有时）及群众团体，组织防空防毒委员会，主席即为防空防毒司令员，负责组织和指导防空防毒的计划、教育及实施一切事项。

2. 宣传

由防空防毒委员会有计划有组织的对各部队、各机关、各团体和居民作防空防毒的报告、讲演会、讨论会及书面通知、传单等，并组织流动宣传队，务使群众普遍地深刻了解防空防毒的方法，特别是帝国主义、国民党惨无人道屠杀群众的罪恶和揭发敌人的欺骗宣传。

3. 构筑防空掩蔽部（飞机洞）

A. 各部队、各机关和居民，须有计划的构筑防空掩蔽部和分配并指定进入的道路。

B. 掩蔽部分地面上的（夹墙、城墙、山坡等）和地面下的两种，可按照情况分别采用。无论何种掩蔽部，其掩盖泥土的厚度须在六尺以上。

C. 掩蔽部须有两个以上的出入口，口部须有曲折，并须有排水的设置。

D. 掩盖要有通气孔，并须有木炭层以防毒气侵入。出入口要有门及厚门帘，并存放石灰吸水或尿缸以备消毒之用。

4. 设置对空观察哨

每日在敌机可能飞来时间以内，在四周能向远方瞭望的处所，酌设对空观察哨。每一观察哨须经常有二人以上对空观察，如发现敌机飞来时，即以约定警报信号通知驻地。

5. 规定警报信号

A. 对空观察哨用号炮②或打锣、吹竹筒（如能听到时），以及旗号、烧烟火等等作为警报信号。

B. 在驻地附近须设传达哨，经常听着或看着对空观察哨的讯〔信〕号，以便传达到全驻地。

C. 在驻地内每隔一百步要设铜锣一面，并指定专人管理，一闻警报各处锣手都要敲打锣声，使全驻地都很快知道，但除发现敌机以外，概不得打锣，以防扰乱。

6. 对空射击

A. 对空射击部队

步枪以班为单位，重机关枪两挺至四挺（如有时），按照情况在驻地周围酌设几个火力点，在敌机可能飞来时间须经常准备射击。

B. 射击时机

步枪：敌机直距离在四百米达③以内时。

重机关枪：如附有对空射击瞄准具时，敌机直距离在一千米达以内可以射击；没有对空瞄准具时，敌机直距离在五百米达以内才可射击。如发射角在四十五度以下时，须严防射杀友军和居民。

C. 瞄准方法：敌机直距离有几百米达，就瞄飞机前方飞机身长的几倍。

7. 撤警信号

敌机确已飞去时，用钟声通知全驻地（或用其它信号，但不得用炮声，以免与号炮混乱），在未听到撤警信号以前，不得出掩蔽部以免被敌发现。

8. 救火设备

飞机投弹处有时会引起火灾，因此每家或每几家要设大水桶，经常贮满水，并准备铁桶或小木桶以便临时打水救火。

各处按照情况组织消防队。

9. 救护

由医院组织救护队，以救护受伤或中毒者（如有时），如有受伤或中毒者迅速送往附近医院治疗。

10. 肃反

在我们宣传准备或敌机投掷炸弹时，难免不有反动分子乘机造谣惑众，引起恐慌和扰乱秩序、乘机抢劫，必须集中注意力严密防范，特别要从政治上广泛发动群众随时检举揭发。

11. 演习

各处在准备完毕后，应举行驻地防空、防毒的演习（包括全部驻地居民和红军部队及各机关各团体），以资熟练。

（二）简易防空、防毒法

1. 防空

防空主要是不让敌机发现，因此须特别注意掩蔽和伪装。在敌机可能飞来的时间，驻地附近不要多晒衣服、被毡，特别颜色鲜明的衣物，骡马要隐蔽起来，不要暴露或散放在田野、山上。

A. 当敌机飞来时，要安静地有秩序地进入掩蔽部，没有掩蔽部的要躲避在森林内或伏在附近空地上。

B. 在田里耕作的或走在路上的遇到敌机来时，要就近掩蔽起来，没有掩蔽物时要停止在路旁或田地里面，千万不要乱跑，乱跑就易被敌机发现。如果人多则要分散掩蔽起来或躲开道路，卧倒在地面上。

C. 地面部队更要注意伪装，特别在行军当中，必须将骡马停止，掩蔽起来。

D. 每家要挖一个地洞，将重要的东西藏在里面，免被敌机炸毁。

2. 防毒

A. 毒气的识别：

敌人普通用的毒气炸弹，在炸裂时声音比较小，放出的烟是绿黄色，并且有些臭味，烟不向上飞而停止滞于地面。

B. 防毒法：

每人应做一个简单防毒具（炭包），用长五寸左右、宽四寸左右的粗布做成一个布包，里面装满碎木炭、木炭屑，要像豆子那样大小，布包要装到一寸厚，四角缝上布带，用时把布包掩在鼻口上，带子捆在脑后，可免中毒气。如没有带炭包时，可用手巾或帽子、衣服等用水或尿打湿，掩在口鼻上也可避毒。毒气比较重，不往上飞，只能随风吹送，因此遇到毒气要往高的地方或横风走，便可躲开。遇到毒气不要乱跑和喊，因为这样吸的气更多，易中毒。每家和飞机洞内要多备石灰及木炭，遇毒气时，把石炭水洒在门帘上，并将石灰、木炭遍散地面上，可以吸收毒气。

C. 消毒：

毒气炸弹炸裂的地方或毒气经过的地方，要多洒石灰水或尿来消毒，在毒气稀薄的地方用火烘，使毒气飞散，惟消毒的人必须带上炭包，以免自己中毒。染过毒气的水和食物，不要再吃；染过毒气的衣物，要用白粉洗过才可用。

D. 救护：

如有人中毒，救护者自己先应用炭包或湿布掩蔽口鼻，然后将中毒者抬至没有毒气的地方，换下中毒者的衣服，用水替他洗头和手，想法使他呕吐，再给他浓茶喝。附近有医院和救护队时，由救护队或送到医院医治。

各级军事部和红军部队，务须按照这一训令严格执行，并将执行情形按级报告为要。

此令

代主席　项　英

副主席　彭德怀

王稼祥

注　释

① 毒瓦斯，毒气的旧称。

② 号炮，为传递信号而施放的炮，如放鞭炮或发射火炮。

③ 米达，英文 Metre 的音译，即公尺，今称米。

对消灭云、庞两旅等部的指示[*]

（一九三三年九月二日）

朱、周：

（一）现敌刘和鼎师①分散各城，策应不及，赣敌援闽尚未得开拔消息。司徒非派先头部队，徘徊于水口、葫芦山②道上。云、庞③两旅，则在由漳平经永安、毛维寿④四日到永安往顺、洋⑤途中。这样分途远隔，时间参差，实给我以各个击破的良机。

（二）我意在云、庞两旅或赣来援之敌远离东方军之先，应迅速集结相当兵力，秘密干脆地消灭水口、葫芦山附近之司徒非部队。不可过于远出，使转移、突击困难，为敌所乘，很快的转过来突击庞、云两旅于顺昌东南地带，主要的使其与延、顺⑥敌人及赣敌不能取得互相呼应。届时如顺昌、将乐尚未到手，则以相当兵力监视顺、将外，余则全部作战。为确实保障胜利，则令第十三师适时转移，参加这一作战。

（三）此时应加速取得顺昌、将乐，以免分散兵力。闽北方面，则须积极钳制赣敌及其西敌。此间已令第三十四师出动小

---

* 本篇系项英致朱德、周恩来的电报。根据中央档案馆馆藏件刊印。

陶、苦竹方面，以抑留云、庞两旅向顺昌、洋口之急进，来取得充裕时间。

（四）如赣敌先于庞、云两旅南下邵武以东地带时，则东方军主力即转移北上而突击之。

（五）你意如何，望更参酌实际情况决定见告，并望特别注意侦察敌情。

项　英

九月二日

注　释

① 刘和鼎师，指国民党军第 56 师。

② 水口、葫芦山，地名，均位于福建南平市东南。

③ 云、庞，指云应霖和庞成，两人均为国民党军第 19 路军的旅长。

④ 毛维寿，时任国民党军第 19 路军第 61 师师长。

⑤ 顺、洋，指福建顺昌县及其县城以东之洋口。

⑥ 延、顺，指福建延平（今南平市）和顺昌。

关于动员新兵的命令*

（一九三三年九月四日）

少队总队部①为着动员少先队加入前线，配合各个战线红军作战，来彻底的粉碎帝国主义、国民党的五次"围剿"，在军委同意之下，计划在江西、福建、粤赣、闽赣四省动员少先队四团分配到各个战线。总队部计划共分两批动员——十月一日以前为第一批，十一月一日以前为第二批，每批动员两团（以三营为一团，三连为一营）。

第一批：由瑞金动员一营配合一军团；由兴国动员一营配合三军团；由博生②动员一营配合五军团；由乐安、永丰动员一营（乐一连、永二连）交方面军政治部；同时，在长汀、上杭、宁化三县动员一营（每县一连）配合三十四师；在会昌、雩都③动员一营（会一连、雩二连）配合二十二师。

第二批：由彭湃、长胜④、石城三县动员一营（每县一连）配合一军团；由赣县、公略、万太⑤三县动员一营（每县一连）配合三军团；由胜利、杨殷、洛口⑥三县动员一营（每县一连）

配合五军团；同时，在建宁、泰宁、黎川三县动员一营（每县一连）配合七军团；在汀东⑦、长汀、宁化三县动员一营（每县一连）交福建军区，分别配合三十四师与独立七、八、九团；在雩都、会昌、门岭⑧三县动员一营（每县一连）交粤赣军区，负责以连为单位分别配合各独立团。

军委责令各级地方军事机关、各红军军团、独立的师、团，为帮助和领导各级少先队部百分之百的完成这一计划，应执行下列各项：

一、各军区须立即根据这一命令领导各该县之各级军事部，〔以〕最大的力量帮助和领导同级少先队部有计划的进行动员，首先经过充分的政治宣传，反对强迫或欺骗，特别在集中时对干部的检查与调换更应予以最大帮助。

二、各军区要依照该省所征调的少先队数目，估计动员时及前送中必须的经费造具预算，报告本会开支或先行付出待后报销。

三、各军区对被征调的少先队队员集中地点及集中时的政治工作应有具体计划，并应转知各地方部队政治部准备开欢迎会，及领导群众沿途欢送与欢迎。

四、集中后经过兵站⑨线护送前方，责成总兵站转令沿线各兵站负责招待，帮助采办粮食，并应以大力进行沿途的政治工作，以巩固与提高少先队队员的战斗热情。

五、负责领导和指挥之各军团、各师及各独立团，应立即准备相当干部，以便大批少先队员到达部队以后，去加强对于他们的领导和政治、军事的教育，并要计划该队到达时之欢迎会及各种娱乐晚会，使之与红色战斗员密切结合。同时，要努力争取他们加入红军，以扩大与充实各军团。

以上各项须立即遵行，并将工作进行的情形随时报告本会为要。

此令

中央革命军事委员会代主席　项　英

副主席　王稼祥

彭德怀

注　释

①　少队总队部，即少年先锋队中央总队队部的简称。

②　博生，当时为纪念赵博生烈士，将江西宁都县改名为博生县。

③　雩都，今江西于都。

④　彭湃、长胜，当时所设的县。彭湃县是为纪念彭湃烈士而设，辖福建安远（宁化县城北）、泉上（明溪县城西北）、均口（建宁县城南）地区。长胜县位于今江西宁都县长胜地区。

⑤　公略、万太，当时所设的县。公略县为纪念黄公略烈士所设立的一个县，辖区以江西吉安县东南的东固镇为中心。万太县大致在今江西万安、泰和县境。

⑥　胜利、杨殷、洛口，当时中央苏区所设的县。胜利县位于今江西于都县银坑地区。杨殷是为纪念杨殷烈士而设，位于今江西兴国西部。洛口县位于今会昌洛口地区。

⑦　汀东，当时中央苏区所设的县，位于今福建长汀县城东部。

⑧　门岭，当时中央苏区所设的县，又称筠门县，位于今江西会昌县城

南部。

⑨ 兵站，当时中国工农红军沿交通运输线设置的以供应、转运为主的后勤保障机构。

用佯攻战术消灭敌左路军[*]

（一九三三年九月五日）

朱、周，彭、滕：

你们四日十七时电收阅。敌人原拟定我围攻延平时，出洋口①抄我侧背。我们即决定消灭其左路，应施行符合敌胃口的伪装，如佯攻战术类，一方面适当转移主力，又我军远出延平以东或过早转移到王台②，都使敌人变更原定计划，如庞、云出两旅将出沙县以东，先会合闽江军队，而后接近翁照垣③就福州城防司令。

项

九月五日

注　释

　　① 洋口，地名，位于福建顺昌县城东南。

---

* 本篇系项英致朱德、周恩来、彭德怀、滕代远的电报。根据中央档案馆馆藏件刊印。篇题为编者所加。

② 王台，地名，位于福建延平县（今南平市）城西部。

③ 翁照垣，原名翁腾辉，广东潮州人。时任国民党军第 19 路军旅长。

对红三军团作战部署的意见[*]

（一九三三年九月六日）

朱、周：

看了彭、滕①五日二十四时电述作战部署，我有下述意见：

（一）佯攻延平（尽量）伪装，可能吸引云、庞两旅②，（八日到沙县）出动沙河左岸。我军在闽江下游出动，并侧击闽江左岸，以便有利于消灭云、庞两旅。在决战前不宜停止佯攻延平，并要知道这一佯攻的小部队，同时是为我左翼侧。

（二）为集结优势兵力于决战方面，将乐、顺昌不能适时攻破时，只以小部兵力对将乐、顺昌敌人采取监视。只以第六师及第六十一团或再加上第十五师之一部，因其兵新、枪少，并于必要时向建瓯方面游击，或监视之和维护交通。第十三、十九两师应抽出加入野战，来保障顺利消灭云、庞两旅，及其可能相随的部队。决战方面的军队须计算里程，适时动作，特别要有适应云、庞走河左或河右的部署。

（三）闽北独立部队，现应佯攻或游击建瓯之敌，抑留其南

＊ 本篇系项英致朱德、周恩来的电报。根据中央档案馆藏件刊印。

下活动。这些都望你们更参酌实际情况决定见告。

项

九月六日

注　释

① 彭、滕，指彭德怀、滕代远。彭时任中革军委副主席、红 3 军团军团长兼东方军司令员，滕任红 3 军团政治委员兼东方军政治委员。

② 云、庞两旅，指国民党军第 19 路军所属云应霖、庞成分别所率之旅。

东方军打击闽敌的作战部署*

（一九三三年九月七日）

朱、周并转彭、滕：

（甲）闽敌因我军攻下洋口①，攻延平②，威胁福州，日本及一切帝国主义者借此派出兵舰。德化、仙游一带土匪蜂起，以及该地本身为巩固地盘和此后便与赣敌呼应作战，已将其总指挥部由漳州移至福州。张炎师③由永定移防田土、坎市、平浦、云韶④，沈师⑤由龙岩移漳平、南靖、永安方面，以求集结兵力。

（乙）我们现要从各方努力，特别要以优势兵力于决战，并要令十三、十九两师，合同四、五两师作战，先干脆消灭敌之基干兵团云、庞两旅⑥，还可相机打谭、刘两师的部队。如果能如此，不但更胜利地完成了第二阶段，而且是打破了敌人五次"围剿"的东方战线，开辟了击溃闽敌的更顺利的局面。据目前看来，云、庞似图攻夏茂⑦，仍望此后注意侦察该敌行动，且作机动的部署。

（丙）我拟再令第三十四师，派出有力部队挺进永安附近，

---

* 本篇系项英致朱德、周恩来并转彭德怀、滕代远的电报。根据中央档案馆馆藏件刊印。篇题为编者所加。

抑留永安、漳平方面的敌军，便于东方军作战。

项 英

九月七日

注 释

① 洋口，地名，位于福建顺昌县城东。

② 延平，今福建南平市。

③ 张炎师，即国民党军第 61 师。

④ 田土、坎市、平浦、云韶，地名，田土、平浦、云韶均方位不详；坎市位于福建永定县城东北。

⑤ 沈师，指国民党军第 60 师，师长沈光汉。

⑥ 云、庞两旅，指国民党军第 19 路军之云应霖、庞成分别所率之旅。

⑦ 夏茂，地名，位于福建沙县县城西北。

关于选送红校第七期教导团学员条件及各军区的分配名额*

（一九三三年九月八日）

为着彻底粉碎帝国主义、国民党的五次"围剿"，争取苏维埃在全中国的胜利，扩大百万铁的红军，创造红军中铁的干部，是相当关键的紧急任务。几个月来，由于红军大大的扩大以及阶级战斗的尖锐化，因此积极培养红军干部，是适应革命战争需要的最中心问题。历来红军干部都是由红军本身解决，很少从地方部队输送到红军中充当干部的，即五、六、七三个月，热烈动员赤少队整营、整团加入红军的运动中，对输送干部到红军中去的注意力，仍是不够。这样不仅不能充实红军干部，而且对于整个战斗任务都要遭受很大的影响。以后，必须建立赤少队输送干部供给红军的经常制度。每隔三个月要从赤卫军（或模范营）中选送四百五十名，另由少先队选送三百五十名，共计八百名到红军学校教导团入伍，入伍期满后转入本科学习，培养成为红军下级或中级的干部。

---

* 本篇系项英与王稼祥、彭德怀联名签发的中央革命军事委员会训令。根据中央档案馆馆藏件刊印。篇题为编者所加。

红校第六期教导团将于本年十月底毕业，十一月一日为第七期教导团开学日期。各军区应立即转令各县按照分配数目，选送学员来红校学习。关于少先队三百五十名学额，另由本会转知少先总队部，除具体计划选送外，亦将赤卫军（或模范营）应选的学员名额分配于下：

江西军区二百二十名、粤赣军区六十名、闽赣军区四十名、瑞金十名、福建军区一百二十名。共计四百五十名。

各军区选送学员来红校时，应注意下面的条件：

（1）工农成份，属于赤少队的干部或队员中的积极分子，特别要注意选送工人成份（工人成份应占百分之三十）。

（2）政治坚定、斗争积极、志愿当红军的。

（3）年龄在十八岁以上、二十八岁以内的。

（4）身体强健，无暗病或传染病者。

到第七期教导团学习的学员，应于十月二十日（开学前十日）到达瑞金集中，以便按时入校。今后每隔一、二月，必须按照上述数目选送一批学员到红军学校入伍（如第八期教导团在一九三四年二月一日开学，第九期教导团在一九三四年五月一日开学，余类推）。每次选送学员时，统限于开学前十日到齐。

各级地方军事机关选送学员来红校时，应经过严格的选择与充分的政治宣传，使被选送的学员能够深切了解本身所负的政治责任，抱着最大限度的热情，志愿到红校学习。坚决反对不经过政治宣传的单纯指派方式，或宣传只训练几个月就回家做地方工作的说法。同样，要坚决反对不挑选先进的积极分子来红校，而动员老弱疾病、思想落后，甚至是自新或阶级异己的分子，用来敷衍塞责的行为。并望各军区随时将选派学员的情形，报告本会为要。

　　此令

　　　　　　　　　　中央革命军事委员会代主席　项　英
　　　　　　　　　　　　　　　　　副主席　王稼祥
　　　　　　　　　　　　　　　　　　　　　彭德怀

对红三军团作战方案的意见[*]

（一九三三年九月九日）

朱、周并转彭、滕同志：

（一）彭、滕八日电告作战计划收到。

（二）目前敌人目的在解延平之围，容易准备今后作战。云、庞两旅到沙县后，即派一部到夏茂向王台^①游击，其主力则待谭师^②集中漳湖坂、尤溪口^③向西岸前进时，再取齐头并进。佟旅则可用其就近警戒或扰乱。敌军邓旅^④系预备队，现由漳平向沙县前进中。

（三）你们第一个方案大体我是同意的，但须注意各纵队适当间隔，容易呼应作战。我佯攻延平部队须能时时转移过来箝制谭师，此时你们须特别注意敏捷地消灭其游击部队。如其增援则消灭之，如其不及时增援，则我收得各个击破之效。

（四）因为敌人是解延平之围，所以必须加紧对延平佯攻，压迫敌人急于增援，便于各个击破。否则，谭、毛^⑤将会合作战和迫我离开延平，增加我军转移对于敌作战的困难，或致转移

＊ 本篇系项英致朱德、周恩来并转红 3 军团军团长兼东方军司令员彭德怀及政治委员滕代远的电报。根据中央档案馆馆藏件刊印。

延迟。

（五）你们第二方案，我在侧背有受西芹⑥敌人威胁，如谭、毛会合后，又不便我们各个击破，至于兵力对比悬殊时，和河川障碍亦须注意。第三方案亦因临河将受敌人主力由沙县出击，是否适当？请参酌敌情、地形决定。

项 英

九月九日

注 释

① 王台，地名，位于福建延平（今南平市）东。

② 谭师，指国民党军第 19 路军所属的补充师，师长谭启秀。

③ 漳湖坂、尤溪口，地名，均位于延平东南。漳湖坂，即今樟湖板。

④ 邓旅，指第 19 路军所属的邓志才之旅。

⑤ 谭、毛，指谭启秀和毛维寿。毛任国民党军第 19 路军第 61 师师长。

⑥ 西芹，地名，位于延平西南。

东方军必须注意蒋之行动*

（一九三三年九月十二日）

朱、周：

（一）毛师①到沙②后，除派庞旅、卢师③各一营由高桥④向夏茂⑤，并以游击队侦察我主力。似此看来，敌人有等待谭师⑥和邓师⑦一部到达相当地点，再向我分进，同时还须注意其有配合赣敌企图。

（二）目前东方军应该速将顺、将⑧攻下和集结主力于适当地点，依据情况变化迅速各个击破敌人。对将乐方面你们须就近指示，以期迅速攻下。

（三）你们必须注意蒋之行动，如赣敌有配合闽敌之企图，应有准备地以便迅速转移，消灭北线主要敌人。

（四）北面情况有无新的变化，并望将你们考虑的结果电告。

项　英

九月十二日

＊　本篇系项英致朱德、周恩来的电报。根据中央档案馆馆藏件刊印。篇题为编者所加。

注　释

① 毛师，指国民党军第19路军第61师，师长毛维寿。

② 沙，指福建沙县。

③ 庞旅、卢师，分别指国民党军第19路军所属的庞成旅和新编第2师，师长卢兴邦。

④ 高桥，地名，位于沙县县城北部。

⑤ 夏茂，地名，位于沙县县城西北。

⑥ 谭师，指国民党军第19路军所属的补充师，师长谭启秀。

⑦ 邓师，即邓旅，指国民党军第19路军邓志才所率之旅。

⑧ 顺、将，指福建的顺昌和将乐。

酌情集结主力，电告集结地点[*]

（一九三三年九月十二日）

朱、周，彭、滕：

据我们所得情报，至昨十一日止，敌人在夏茂、高桥[①]仅少数部队。注意十二日十时电告敌情，何必用偌大兵力去摸，亦宜暴露企图于闽赣两敌。望你们照我们昨十一日二时电，并参酌实际情况集结主力于预告地点，并电告我们。

项

九月十二日

注　释

① 夏茂、高桥，地名，分别位于福建沙县县城西北和北部。

---

[*] 本篇系项英致朱德、周恩来、彭德怀、滕代远的电报。根据中央档案馆馆藏件刊印。篇题为编者所加。

各个击破，先打闽敌，
尔后对赣敌作战*

（一九三三年九月十四日）

朱、周并转彭、滕同志：

（甲）据目前敌情看来：

（1）蒋贼①仍极力构造永、乐②方面之封锁线，刻未东移，容我东方军迟于二十日若干时间再行北上。其到浦城的张銮基旅③，如其没有后续部队，将因我寿宁、政和方面部队的活动，有不敢骤然向南推进可能。

（2）蒋、蔡贼④现从各方团结之嫡系兵力，约可十五六团，似将利用刘师、卢师⑤就近部队起钳制和警戒的作用，准备独立与我作战。大约该敌全部在二十日左右将完全集中于尤溪口⑥、沙县一带，再向延、顺⑦之间行战役的展开，主力出西芹⑧或出王台⑨方面尚难判定，但谭师⑩目前单独出下道⑪的可能较少。

（乙）这样的时间和空间的条件，还容我们采用各个击破的手段，先打闽敌，以便将来独立对赣敌作战。

---

* 本篇系项英致朱德、周恩来并转彭德怀、滕代远的电报。根据中央档案馆馆藏件刊印。篇题为编者所加。

（丙）现我主力集结峡阳、茂地⑫附近的机动地位是可以的。但顺昌、将乐未打下，将束缚我军不能集结优势兵力于决战方向，且保障我后方交通线周旋较难。故现应力求在决战前，打开顺昌或将乐，否则在决战时，须留出第六十一团及第十五师之两团。东方军之多余枪支，须立即武装该师，监视该两敌，来腾出工兵〔人〕师与敌决战。

（丁）第三师欠一团将于二十一日集中宁化待命，并将博生电台暂拨归该师应用。

（戊）第三十四师逼近永安，已击溃其出击部队五里停。现令其以一部游击永安，主力则活动于林田、西洋⑬地带，抑留并迟滞永安、漳平主力沈师⑭去沙⑮集中的部队。

（己）你们意见如何部署及顺昌或将乐进攻情形如何？望告。

项　英

九月十四日二十四时

注　释

① 蒋贼，指蒋介石。

② 永、乐，指江西永丰、乐安。

③ 张銮基旅，指国民党军独立第45旅。

④ 蒋、蔡贼，指国民党军第19路军前任总指挥蒋光鼐和总指挥兼第19军军长蔡廷锴。

⑤　刘师、卢师，指国民党军第 56 师和新编第 2 师，师长分别为刘和鼎和卢兴邦。

⑥　尤溪口，地名，位于福建尤溪县城东北。

⑦　延、顺，指福建的延平（今南平市）和顺昌。

⑧　西芹，地名，位于延平西南。

⑨　王台，地名，位于延平西。

⑩　谭师，指国民党第 19 路军补充师，师长谭启秀。

⑪　下道，地名，位于延平东南，即今夏道。

⑫　峡阳、茂地，地名，分别位于顺昌县城东南和西南。茂地，即夏茂。

⑬　林田、西洋，地名，林田在今福建永安市境，具体方位不详；西洋位于永安东南。

⑭　沈师，指国民党第 19 路军第 60 师，师长沈光汉。

⑮　沙，指福建沙县。

对红三军团作战计划的意见*

（一九三三年九月十六日）

朱、周同志：

（甲）敌前判断我将撤围延平①，敌欲以谭师②部队夹闽江而上，乘间从玉屏、九峰两山钻入延平。另一面，毛师③部队，准备由沙县前出西芹④、九峰会合谭师前进，但敌人目前在实际行动上似非常稳重（本日电告）。

（乙）此刻我军主力应立于机动地位，在各方游击队、侦察队掩护之下，敏锐观察敌情，而后以不先不后的进击，以免暴露企图，且借此得着休息。

（丙）彭、滕⑤十五日二十二时作战计划，如在沙敌未动、谭敌单独急进的条件下，是容许我们在毛敌未赶到前干脆消灭赣敌。但须注意毛敌可能以沙县为其掩护左侧背水的支撑点，将由沙县东岸安全道路出兵西芹。在这种敌情下，我十三师似应用来与敌主力决战，而不宜远远分出。若攻沙县不容易，则应抑留毛敌，乘敌不戒备，须派部队佯攻沙县，只须以该师小部或用其他部。

---

* 本篇系项英致朱德、周恩来的电报。根据中央档案馆馆藏件刊印。

（丁）上述意见，望察酌实际情形处置，见告。

项　英

九月十六日十四时

注　释

① 延平，今福建南平市。

② 谭师，指国民党军第 19 路军补充师，师长谭启秀。

③ 毛师，指国民党军第 19 路军第 61 师，师长毛维寿。

④ 西芹，地名，位于延平西南。

⑤ 彭、滕，指彭德怀、滕代远。

保证机动迅速派出侦察队[*]

（一九三三年九月十八日）

朱、周：

（一）为保证这次机动，军委昨日命令，我军必须迅速派出有力的侦察队如下：

（1）一军团向东坪圩、钟贤①派出。

（2）五军团向熊村、得胜关②派出。

（3）三军团向石峡、竹油村、湖坊③派出。

（二）侦察的任务：

（1）在指定的侦察地点，应充分消灭敌人的侦察队。

（2）从十九号起，要防止敌人向一、三军团移动的方面进行一切侦察。

（三）此外，三军团并须向资溪桥④察明该地的堡垒及其兵力，并其他敌军的位置。

（四）侦察结果报告军委不得迟于二十号。

项　英

---

* 本篇系项英致朱德、周恩来的电报。根据中央档案馆馆藏件刊印。篇题为编者所加。

注　释

① 东坪圩、钟贤，地名，均位于江西黎川县城西。

② 熊村、得胜关，地名，均位于黎川县城东南。

③ 石峡、竹油村、湖坊，地名，石峡位于江西南城县境内、竹油村方位不详，湖坊位于黎川县城东。

④ 资溪桥，地名，位于黎川县城北。

主力控制西芹等地不利于内线作战[*]

（一九三三年九月二十日）

朱、周，彭、滕：

主力控制西芹、沙溪口^①，不只已失去转移突击玉屏山^②敌人之良机，而且将着主力于河套顶上之外岸，更无法适应攻击东南两方敌人之协进。这样坐视敌人轻易进入，于害我作战线内，违反内线作战的原则，望特别注意。十三师是否可以适时用来增强主力，保障决战胜利？并望计及。如何？望立复。

项

九月二十日五时

注　释

① 西芹、沙溪口，地名，均位于福建延平（今南平市）西南。

② 玉屏山，在延平（今南平市）境。

---

* 本篇系项英致朱德、周恩来和彭德怀、滕代远的电报。根据中央档案馆馆藏件刊印。

对敌情的分析和作战意见[*]

（一九三三年九月二十一日）

朱、周同志：

甲：A. 现敌人估计我军配置已近真实。我们提出二十二日的动作，将不会给敌人补充的消息，相反的要引起他向北注意。

B. 敌人比现在资溪桥、严和市[①]将更加集中，在技术上是不可能。现在敌人筑成的堡垒只能容一两个师在内，而其大部将必在堡垒外不完满的阵地，因此敌人难于一下开展进入战斗。

乙：永久筑城才叫作要塞，欲在几日内构筑七个师的要塞是完全不可能的。敌人在此只能构筑简单的野战式的堡垒，这并不是我们不可征服的障碍物。

丙：军委昨二十日二十二时曾电给十九、二十两师的任务，要消灭运动中的七十九师，现只看结果如何。问题的中心就是在进攻要塞外和增援来到的敌人，最好在其运动时进攻之。如敌不移动而继续停留现地时，则乘其还无完满堡垒的现在袭击之，也就是袭击其在堡垒间隙的部队。一、三军团并不参加此种袭击而要隐蔽控制，以便突击。

＊ 本篇系项英致朱德、周恩来的电报。根据中央档案馆馆藏件刊印。

丁：我们二十二日坚决进攻的问题，要依敌人行动而定。我们二十二日夜或二十三日早坚决进攻的问题，主要是依你们对敌人堡垒程度的估计，以及我军逼近战斗的机会如何而定。

项　英

二十一日十三时

注　释

① 资溪桥、严和市，地名，资溪桥位于江西黎川县城北部。严和市方位不详。

红一军团适时参加抚河以东的会战*

（一九三三年九月二十二日）

朱、周同志：

　　我们预先计划消灭蒋贼[1]东行的五个师，以一军团参加为更有把握。因此，中央军现在钳制永丰以北地带敌人的行动中，须计划适时抽调一军团东行。会战的一切准备，最好是使十四师[2]能利用一军团积极行动的余威，吸引着永、乐[3]敌人，而该军团则适时加入抚河以东的会战。你们意见如何？并望将实际情形部署见告。

项　英

九月二十二日十五时

注　释

　　① 蒋贼，指蒋介石。

---

　* 本篇系项英致朱德、周恩来的电报。根据中央档案馆馆藏件刊印。篇题为编者所加。

②　十四师，时隶属红 9 军团，师长程子华，政委朱良才。

③　永、乐，指江西之永丰、乐安。

关于派袁国平与陈公培谈判问题[*]

（一九三三年九月二十三日）

朱、周，滕、彭：

（一）朱、周电悉。关于谈判①对策问题，昨已与中央局②商定，以中央局指示电为基础进行。

（二）必要时，可派国平③先往西芹④，与陈公培⑤一谈，以探知敌人更多内容。

项

九月二十三日八时

注　释

① 1933 年 11 月 20 日，蔡廷锴、陈铭枢、蒋光鼐与李济深等领导第 19路军将领等发动了"福建事变"，成立了抗日反蒋的"中华共和国人民革命政府"。在"福建事变"前，为共同反对蒋介石，曾派代表与

---

　* 本篇系项英致朱德、周恩来、滕代远、彭德怀的电报。根据中央档案馆馆藏件刊印。篇题为编者所加。

红军进行谈判。

② 中央局,即中央苏区中央局。

③ 国平,即袁国平,时任红一方面军政治部副主任兼东方军政治部主任。

④ 西芹,地名,位于福建延平(今南平市)西南。

⑤ 陈公培,原名吴明,第19路军派出的与红军谈判的代表。

对与公培谈判事所取的策略[*]

（一九三三年九月二十五日）

朱、周，彭、滕：

目前，在我军结束东战线向北消灭蒋敌援闽部队（军委另有命令来），对公培①之事绝不能存大希望。可在我撤退与集中时，便带耍一个滑头，向公培表示红军履行以前宣言，诚意与他们来订立反日反蒋作战协定。可首先撤退西芹一带之兵，但须绝对注意不要暴露我军之企图，而实际来集中我之兵力，请你们酌情进行。

项 英

九月二十五日二十一时

注 释

① 公培，即第 19 路军派来与红军谈判的代表陈公培。

---

* 本篇系项英致朱德、周恩来、彭德怀、滕代远的电报。根据中央档案馆馆藏件刊印。

对红一军团作战行动的说明 *

（一九三三年九月二十五日）

恩来同志：

此时一军团在现地挺进活动，破坏敌封锁线，固然抑留蒋贼①主力，但须估量该敌在其开始大举进攻和发现我东方军北上时，可能由其远后方移兵东向。我一军团是为能深迫工事，远后箝制，比现在多的敌军，还要估计到的。我二十二日十五时电，意在要一军团现做猛烈活动，准备适时交由十四师继续任务，而本身秘密速到宜、南②的机动地位，东则可以参加主力作战，北则可扼敌增援队之左背，还望加考虑处置。这一问题的本身，就在决定和运用箝制方面的兵力，而非如你所说将又成只手打人的问题。以次要方向积极的作战和伪装，原可以极小兵力争取决战所需短时箝制作用，特别紧要，也是在敌我兵力悬殊情形下抽出优势兵力决战之法。当然，不可说平分兵力于突击与箝制方面，才算是不是只手打人。此原则并此说明。

项 英

九月二十五日九时

---

　*　本篇系项英致周恩来的电报。根据中央档案馆馆藏件刊印。

注　释

① 蒋贼，指蒋介石。

② 宜、南，指江西宜黄和南城。

关于对付敌之左翼队的决定[*]

（一九三三年九月二十六日）

现为要确实对付敌人的左翼队，特决定如下：

（甲）十军^①应沿信^②河钳制敌二十师及八十师。

（乙）即以十九、二十、三十四三个师及昨令第十军南下之一个独立团，编为第七军团。

（丙）独立团主要向上清^③地域行动，其目的在：

（1）保障第十军与第七军团间的联络。

（2）领导信河南岸的游击动作。

（丁）七军团主要是在金溪地域及下述道路上动作：

（1）金溪、上清之间。

（2）金溪、抚州^④之间。

（3）金溪至南城至硝石^⑤之间。其主要的任务，是消灭敌人第四师及八十五师的部队，以及其他开来换防和增援的一切部队。

（戊）第七军团新的编制就是要搜获更勇敢坚决地动作，并

＊ 本篇系项英致朱德、周恩来的电报。根据中央档案馆馆藏件刊印。原报无报头，篇题为编者所加。

可进攻敌人一二个师编成的纵队。同时，要他们的动作绝对秘密和出敌意外。

（己）在这些任务范围内，方面军⑥有指挥该军团的充分自由。

项　英

二十六日十五时

注　释

① 十军，即中国工农红军第 10 军，军长兼政治委员王如痴。

② 信河，今江西信江。

③ 上清，地名，位于江西金溪县城东北。

④ 抚州，今江西临川市。

⑤ 硝石，地名，位于江西南城县城东南。

⑥ 方面军，即红一方面军。

军委对作战部署的补充指示[*]

（一九三三年九月二十八日）

朱、周同志：

我们二十五日二十四时给你们的电令，现有以下的补充指示：

（甲）东方军指挥抚河以东军队，以其有消灭硝石、资溪桥①、黎川地区敌人之目的，应该区分为两个纵队，其一：以第四、第五、第六、第十三、第十五〔师〕之一团、第十九共五师两个团为右纵队，就近由万安寨②经朱口、金坑、杉关、周湖源前，出相埠、寒丰桥地带，进攻硝石、资溪桥、黎川之敌，原大小竹③活动的二十师，须适时转出水口、珀圩④地带，钳制金溪方面之敌，掩护该纵队的侧背，该纵队在运动中特别要秘密。其二：以第三师之两团、第十五师之一团，以及三军团教导营为左纵队，各由现地出龙安镇、弋阳隘⑤地带，箝制和截击钟贤⑥、黎川附近之敌。

（乙）中央军的一、二两师、十四师、独四团等，由宜南⑦间向里塔圩⑧前进，攻敌罗卓英纵队⑨，但须以独一团迅速转到永乐⑩地带，领导独二、三两团等，尽量吸引当前之敌。

---

* 本篇系项英致朱德、周恩来的电报。根据中央档案馆馆藏件刊印。

（丙）东方军右纵队的进攻，最好在十月六日之前。中央军的行动，应与东方军同时进行。

（丁）你们特别注意，派遣侦察部队，搜索敌情和领导地方部队游击掩护。

（戊）你们根据此电令参酌实际情形的部署，望速电告。

项　英

九月二十八日二十时

注　释

① 硝石、资溪桥，地名，硝石位于江西南城县城东南，资溪桥位于江西黎川县城北。

② 万安寨，地名，位于福建将乐县城北。

③ 大小竹，地名，均在南城县城东。

④ 水口、珀圩，地名，水口位于福建光泽县城西；珀圩位于南城县城东北。

⑤ 龙安镇、弋阳隘，地名、山隘。龙安镇位于江西黎川县城西南；弋阳隘方位不详。

⑥ 钟贤，地名，位于黎川县城西。

⑦ 宜南，指江西的宜黄和南城。

⑧ 里塔圩，即今里塔，位于江西南丰县城北部。

⑨ 罗卓英纵队，即国民党军第3路军第5纵队。

⑩ 永乐，指江西的永丰和乐安。

战地工委就近指挥突击敌人[*]

（一九三三年九月二十九日）

恩来同志：

我们对于此次的作战计划，已于昨二十八日二十时电告你们。只有从各方努力，特别从争取宝贵时间来坚决实行这一计划。因地形、时间和阵势上都便于我们突击敌人之暴露翼侧，故也告战地工委[①]，并望就近指挥。

项

九月二十九日二十时

注　释

① 战地工委，战地工作委员会的简称。

---

* 本篇系项英致周恩来的电报。根据中央档案馆馆藏件刊印。

严防敌蓝衣社等
组织的阴谋企图*

（一九三三年九月二十九日）

在帝国主义、国民党绝望的五次"围剿"当中，除了企图以大批飞机轰炸苏区、加紧封锁，企图断绝工农群众的食盐、日用品外，现在蒋介石更利用其法西斯蒂组织——蓝衣社和从苏区逃出的一切异己阶级分子，来组织侦探队与各种恐怖组织——便衣队、暗杀党等，来侦察红军的行动，来破坏和捣毁苏维埃及经济机关，来捣乱我们的后方、屠杀与摧残工农群众，来掩护和配合其主力进攻。不久以前，兴国高兴①附近发现粤敌便衣队，最近又发生中村②附近之北坑区苏③被杀十余人，兵站被抢去枪四支，乐安之万崇后方医院被劫。这几个事件，是值得我们深刻地警惕的。

根据各方面的报告和各地已经发生的事件，我们分析敌人在这一方面可能采用下面几个方法来实现这一阴谋。

一、战斗间，在第一线部队分布蓝衣社员来进行侦察工作，

---

* 本篇系项英与王稼祥、彭德怀联名签发的中央革命军事委员会训令。根据中央档案馆馆藏打印件刊印。篇题为编者所加。

并掩护其后续兵团的展开。同时，利用其前线作战部队或游击武装掩护其混进苏区，来进行破坏红军与苏维埃的各机关，实施屠杀工农群众。

二、利用我们发展对外贸易机会，伪装商人、小贩混进苏区。

三、利用我们扩大红军的动员中，混进红军队伍。

四、利用山僻小路、悬崖绝壁及河流等最容易忽视的地方，冒险的〔地〕偷过我警戒线。

五、利用金钱收买以及封建的社会关系隐藏在苏区。

六、利用一切伪装携带或预先运进短兵武器（小刀、手枪）及爆炸品（手榴弹、炸药），来企图实行暗杀与破坏。便衣侦探队均携带小无线电，来将苏区消息通报附近白军④。

因此，严密防止敌人这一切阴谋企图是保卫苏区的战斗任务，是保证粉碎敌人五次"围剿"的完全胜利的一个重要条件。各军区、各作战分区、县、区军事部，以及各红军兵团和地方部队，须立即配合广大工农劳苦群众切实执行下列各项：

一、立即深入我们的宣传工作，召集军人大会、队员大会、群众大会做报告，使每个工农群众都认识敌人这一阴谋和增加阶级的仇视，懂得什么叫便衣队、蓝衣社及其残酷行动和阴谋。这样来动员广大的工农劳苦群众参加这一斗争。同时，须防止机会主义一切过分夸大和苏区内的阶级异己分子造谣煽惑的发生。

二、各红军兵团和地方脱离生产部队，无论行军、驻军均宜特别注意侦察、警戒。地方扩大红军也须注意考察，防止敌人侦探混入。

三、立即动员赤卫军、少先队等地方武装，特别是边区加紧赤色戒严的布置。主要是：

1. 边区须经常领导模范营、游击队向敌人侧后方活动外，应指定模范营每天以一连轮流担任警戒和检查。距边区百里之内地，也须有一班或一排以上的赤少队担任要道和小道的警戒、检查和巡查。对于夜间和下雨、下雾的时候，均应特别注意警戒、巡查。

2. 警戒部队须配备相当武器（步枪和梭标、土枪），并须作战斗的配备，时刻注意敌袭的处置。

3. 警戒方法除了每个路口与通路设置步哨（盘查哨）以外，还要多设游动哨。游动的作用就是在监视区域的附近，以游动的方法补助步哨（或盘查哨）盘视所不及，同时担任哨与哨间之联络。

4. 每个警戒区域须有巡查队，人数一班至一排，须配备枪支。它的任务就是经常的向各处小路、悬崖及一切人迹罕到之处担任巡查。

5. 巡查队在进行其他的工作时，应该细心地进行搜索特别要防备突然的事变。因此：

（1）必须先派一两个队员装好子弹，用持枪姿势在先头行进。

（2）要注意两旁有无奸细埋伏。

（3）如发现有人时，须以枪口指着大声令其停止，并令其高举两手，然后走近其身旁作精细的盘问与检查（但须注意走火）。

（4）夜间巡查特别注意减免携带火把或马灯暴露自己，并须注意音响的判别。

6. 盘查哨不仅单纯的看看路条、考察来历，特别要注意精细的检查来人的行动态度以及携带物品，在检查之先须同样令被检查者高举双手。盘查哨同时要有游动哨，辅助盘查哨监视之不及。

7. 各群众团体、各机关必须各自派出近距离的直接警戒，并预备讲求应急的处置（文件必经常检好，辎重和群众的谷米均要立即妥为贮藏）。

8. 要规定警报信号，最好是用号炮⑤，并指定附近一切武装和群众应援的行动（如一声炮响是敌人在东来或袭击某地，附近武装及群众即从四面向该地合围等）。号炮的个数及位置由县军事部指定。

9. 各区特别是边区须组织赤少队经常举行村内、区内的突击检查，特别注意客店及居民人口的骤增，并在检查中须详细解释检查的意义，特别是动员群众积极参加这一检查运动。

四、责成各军区、各作战分区、军事部立即完成这一布置，由军区负责经常检查，并将布置经过随时报告。

此令

代主席　项　英
副主席　王稼祥
　　　　彭德怀

注　释

① 高兴，地名，即高兴圩，位于江西兴国县城西北。

② 中村，地名，位于江西永丰县城东南。

③ 区苏，区苏维埃政府的简称。

④ 白军，当时用语，苏区军民称"围剿"苏区的国民党军为白军。

⑤ 号炮，为传递信号而施放的炮，如放鞭炮或发射火炮等。

关于东方军等部基本
任务和作战动作的决定[*]

（一九三三年九月三十日）

朱、周：

（一）补充我们最后电令，特电告军委全部的决定。这一决定，决定了我们在最近一两周内的作战动作。

（二）东方军的基本任务是：

粉碎敌人的左翼队，造成对敌人中心根据地南城的威胁，箝制周、薛两纵队①。

（三）中央军的基本任务是：

1. 箝制吴纵队②。

2. 逐次粉碎敌第二突击集团。

（四）看执行这些任务的程度以后，以转为最后消灭敌人突击集团之一，即是进行决战。这个集团最可能的就是周、薛两纵队。

（五）五军团之两师箝制周、薛两纵队，其手段如下：

＊ 本篇系项英致朱德、周恩来的电报。根据中央档案馆馆藏件刊印。篇题为编者所加。

1. 在资溪桥③之东及东南的堡垒地区，有积极的防御。

2. 在硝石④、黎川及资溪桥、黎川间的交通道上，进行不断的游击动作。

3. 以一小部于黎川地域积极活动。

（六）三军团移至资溪桥、硝石之北，依据于资溪西南之地隐蔽，消灭在金溪、浒湾⑤、南城的敌人部队及在该地域移动的部队。为着掩护自己的左翼侧，应向南城至硝石的交通道上进行补助的动作。敌八十五、四师，如稍有企图出金溪城时应消灭之。

（七）七军团应在三军团之右翼并协助之。七军团的动作，北至上清⑥、西达邓家埠，保持在贵溪地域之十军联络。在有利的条件下，不仅限于进攻八十五师和四师，而且可临时向北前出，消灭在信河南岸之二十一及八十师的部队。

（八）一军团在根本上破坏了南城—硝石、新丰—硝石、硝石—黎川间的一切桥梁及其它的道路建筑物后，暂时经康都⑦移至抚河西岸，会同九军团及独立一、四团共同钳制棠荫、理塔⑧地域在堡垒内的敌人，坚决消灭移动中及正在构筑堡垒的敌人。其一个目的是在前出至新丰西的地域。

（九）九军团应援助及掩护一军团，而其三师应依据广昌、康都的堡垒地域，以积极的动作，制止新丰、硝石、黎川、南丰地域内敌人的移动和构筑工事。

（十）一切的行动都应该：

1. 隐蔽。

2. 迅速突然。

3. 应得到独立营、地方部队等游击动作的援助。在各地域内地方部队，原则应划归各该军团指挥之。

4. 要依靠各方面和不断的部队侦察，并要提醒各部队，只有战斗而不是观察可以达到侦察的结果。

（十一）在本电令中，所指示的是运动中，为着最后消灭敌人的部队，有时难免要进攻敌人个别的支撑点及野战阵地。为着更适当的〔地〕实施这种进攻的动作，应集中五军团或东方军、中央军的炮兵与工兵部队。

（十二）执行情形盼电告。

项 英

三十日二十二时

注 释

① 周、薛两纵队，指国民党军"围剿"中央苏区的第 3 路军第 8 纵队（副指挥官周浑元）和第 7 纵队（薛岳兼指挥官）。

② 吴纵队，指国民党"围剿"军第 3 路军第 7 纵队，副指挥官吴奇伟。

③ 资溪桥，地名，位于江西黎川县城北部。

④ 硝石，地名，位于江西南城县城东南。

⑤ 浒湾，地名，位于江西金溪县城西北。

⑥ 上清，地名，位于江西金溪县城东北。

⑦ 康都，地名，位于江西南丰县城东南。

⑧ 棠荫、理塔，地名，棠荫即棠阴，位于江西宜黄县城东南；理塔即里塔，位于南丰县城北部。

关于东方军和中央军的作战行动*

（一九三三年十月一日）

朱、周：

　　敌人大概知我东方军企图，只有我东方军全体加速行动，完满坚决的执行军委电令方成功，而不要迟于六日接战。特别要求你们的：第一，不要分散减弱我决定胜负之突击队，东方军右纵队的兵力如分散，十三师于黎川东南及稍多分出十九师，对邵武敌部队。第二，不要改变中央军由宜、南①之间侧击、尾击罗纵队的任务，如用之于枫林或其他方面。第三，三十四师及六十一团应令其积极活动，妨害东方敌人集中，并箝制之。如何？望立复。

项

一日

---

　*　本篇系项英致朱德、周恩来的电报。根据中央档案馆馆藏件刊印。篇题为编者所加。

注 释

① 宜、南，指江西的宜黄和南城。

东方军应消灭硝石等地敌人[*]

（一九三三年十月二日）

朱、周：

东方军要消灭硝石、资溪桥[①]以及黎川附近之敌，才能贯彻这次战役之目的。开展战局，要在战术上作连贯的步骤，特别注意加速行动的时间，攻占黎川仅数日当不能造成强固的堡垒。张宗逊[②]到永乐，要带独一团及其电台去。

项

二日

注　释

① 硝石、资溪桥，地名，分别位于江西南城县城东南和黎川县城北部。

② 张宗逊，时任红7军团第34师师长。

---

[*] 本篇系项英致朱德、周恩来的电报。根据中央档案馆馆藏件刊印。

对东方军与中央军作战行动的指示[*]

（一九三三年十月二日）

朱、周：

（一）东方军的左纵队是以箝制黎川敌人，万不可再从其左纵队派十三师从黎川东南去打敌人，减少决战兵力，特别是薛岳判断我出其左侧背。该师取道须隐蔽，最好在杉岭山脉中间，不可突然出熊村[①]，而右侧敌运动。

（二）中央军主要在宜、南[②]间北出，抓住抚河以西的敌军，便于我抚河以东的决战。

（三）彭、滕[③]又要围攻邵武，忽视上级命令或将延误军机。战机紧迫，对于命令执行不容任何迟疑或更改，请注意。

项

二日

---

* 本篇系项英致朱德、周恩来的电报。根据中央档案馆馆藏件刊印。篇题为编者所加。

注　释

① 熊村，地名，位于江西黎川县城东南。

② 宜、南，指江西的宜黄、南城。

③ 彭、滕，指彭德怀、滕代远。

关于粉碎敌人五次"围剿"
决议的紧急命令[*]

（一九三三年十月五日）

帝国主义、国民党新的五次"围剿"，在我东方军与中央军清、连、洋口①与乌江等不断的胜利中，更加急迫的进行。最近，蒋介石的嫡系军队向黎川进攻，这是敌人正式的大举进攻的序战，粉碎敌人五次"围剿"的决战，就在眼前！

这一次决战，是关系中国两条出路——苏维埃新中国与殖民地化的决定胜负的重要关头。诸红军兵团、地方部队以及赤少队，紧急动员起来，集中一切力量，为争取这一决战的全部胜利而斗争。这是每个红色军人当前的惟一的战斗任务。

诸红军兵团、各军区、各作战分区、各级军事部、赤少队部，应立即执行下列各项：

一、诸红军兵团、诸地方部队，可依照各作战的环境，立即分别召集军人大会，赤少队以营或大队召集队员大会。根据总政治部第一号训令，特别着重目前争取决战全部胜利的意义进行紧

＊ 本篇系项英与王稼祥、彭德怀联名签发的紧急命令。根据中央档案馆馆藏件刊印。篇题为编者所加。

急的政治动员，来提高和紧张全体红色战士的战斗情绪与斗争决心，以保证各个任务之遂行。

二、诸红军兵团立即并经常完成各种战备，依照上级指示的作战方略，坚决的迅速地实施之。

三、各军区、各作战分区，立即完成军委密令所指示各作战区之布置，并责成军区对于所属之各作战分区的布置与实施情形，加以检查和指导。

四、各脱离生产的地方部队（独立团、营、连、游击队），依照各个任务立即出动，来打击、箝制、迷惑、疲劳各当前之敌，挺进游击敌之后方，以配合各战线基干兵团作战。

五、各地赤卫军及赤少队，在最短期内完成新的编制，并进行检阅一次。考察编制是否符合规定，武器是否齐备，加以改正和充实，并发动赤少队员准备充分火药，每人除备一支枪或梭标外，应备扁担一根，五人共一担架，准备随时出动，以配合红军作战与担任一切后方勤务。

六、各作战地区及其附近各县之战地工作委员会，立即组织和健全起来，随各战线之红军部队出发，指挥当地和邻近之赤少队帮助收集给养，运送伤病员，打扫战场，收集战利品等等，以便利红军部队随时转移方向和继续消灭敌人。

七、动员全部赤少模范营及赤少队，根据军委第七号训令严密赤色警戒，特别是建立盘查哨、游动哨、巡查队，来打击和消灭敌人之便衣队和侦探，以保卫边区并帮助保卫局压制和消灭一切反革命之阴谋企图，巩固后方。

八、各作战分区须依照军委密令②，在战略与战术的必要点上立即选择险要地，并完成必要的土围和工事，准备相当粮食与弹药，具体指定相当地方部队据守，并由各分区立即派专人去检查和指导，按级报告军委。

九、立即按照军委第五号训令③，由军区、军分区、各级军事部指挥各城市、各乡村成立防空、防毒委员会，在广大群众中宣传和教育防空、防毒的简单办法。诸红军兵团、地方部队更加紧防空、防毒的教育，并完备防毒口罩。赤少队应在各居住地方，领导居民挖备防空掩蔽部（俗叫飞机洞）、电光式的散兵沟，并举行防空、防毒的演习一次。

十、责令各县、区军事部立即设立警号，每五里路设土炮一座，轮派赤卫军掌管，一遇有警即鸣炮传报。至于警炮识别的声响数，由县、区军事部规定，通报邻近县、区。

十一、兵站、卫生、供给等后方勤务机关，立即完成各种作战准备，以便依据战况开展迅速执行自己的任务，使前后方密切地联系起来。一切运输勤务和兵站、医院之警戒，均由赤少队担任，兵站与医院之首长对运输、警戒有协同当地军事部指挥赤少队之权。

以上各项，须以最快的速度，限于十月二十日内全部完成，以利争取决战的全部胜利。责令各级政治机关应根据这一命令，以充分的政治工作来保障以上任务百分之百的实施。对于执行命令不积极和怠工者，须给予军纪之制裁。

此令

代主席　项　英
副主席　王稼祥
彭德怀

注　释

① 清、连、洋口，地名，清、连，指福建的清流和连城；洋口位于福建顺昌县城东南。

② 军委密令，指 1933 年 8 月 28 日中央革命军事委员会关于准备粉碎五次"围剿"的密令。

③ 军委第五号训令，指 1933 年 8 月中央革命军事委员会关于严密防空、防毒的训令第 5 号。

军队与地方财政统一的办法[*]

（一九三三年十月五日）

自建立金库制度以来，中央区各县财政确已进一步统一起来。但因各县军事部与财政部分支库关系不好、彼此隔膜，以及军事部会计系统没有建立，关于扩大红军及动员夫子①，军事部只做动员计划，不事先造报预算，财政部也不帮助军事部做预算，常常临时向县支库拆借，借后有些又不负责补还支票、算清手续，各县支库有些又很机械，不问军情缓急，一律坚持不借。因此，有些地方致动员的夫子因领不到款而半途回去。这对于战争动员是非常有害的。为适应战争动员的紧急经费，又不妨碍财政统一起见，中央财政部与革命军事委员会特共同规定下列办法：

（1）各县军事部以后扩大红军，及动员赤少队参战与担任后方勤务等（即运输事宜），应于事前按计划编造预算，按期呈报中革军委会总动员武装部核准，向中财部领去支票，向分支库领款，以符合会计手续，而防止浪费、浮支。

（2）如遇有临时紧急动员，或扩大红军超过预算来不及造成预

---

* 本篇系项英与中华苏维埃共和国中央财政人民委员部部长林伯渠、副部长邓子恢联名签发的紧急命令。根据中央档案馆藏件刊印。篇题为编者所加。

算时，在同级政府主席、军事部长与财政部长负责之下，得向分支库支款，作为暂借。在借后一个月内，由军事部报告上级补还支票，以清手续，不得借了便置之不理，致支库悬账不清。过期不补者，支库即将该部下月支票扣回补清。其它经费须照中革军委规定办理。

（3）为维持财政统一起见，无论任何情况，在县支库允许以前，不得在区一级自行借款，违者以私自挪用公款论处。

（4）红军师以上单位，在紧急行动情况下，可向县支库支款应用，但须取得师长、政委及供给部正式收条。分发借款后，即将该收条寄来总金库作为解款。

（5）各县军事部九月以前向分支库所借之款，限本年十一月底以前向总动员武装部报账，补还支库，以清手续。过期不清者，将下月支票扣留抵清。

（6）各县军事部本身经费，仍归行政费下支付，由县财政部编造预算，向上级领款，但须遵照中革军委规定军事部用费限度支付。

目前，正是粉碎敌人五次"围剿"的决战，前面各县军事部及分支库，须即遵照上述各条切实执行，不得再行违背，致碍战争。财政部须与军事部发生密切关系，并帮助军事部建立会计制度，努力筹款，充实金库收入，以供战争需要，争取战争更大的胜利。

切切此令

中央革命军事委员会代主席　项　英

中央财政人民委员部部长　林伯渠

副部长　邓子恢

一九三三年十月五日

注 释

① 夫子，参加战斗勤务的民工。

关于中央军的作战行动[*]

（一九三三年十月六日）

朱、周并转林、聂：

（一）独一、四两团仍立即转到北面，遵军委给予的基本任务。

（二）敌八师^①北出之两团，其一部既已入城中，则应迅速消灭其另一部，并要迅速与敌十一师^②及六十七师^③接战，或该两师在抚河以西部队接战。因此，我第二师及十四师应即会合第一师作战，但第一师最好于本六日晚前出李王嵊^④，由南进攻该敌。

（三）无论任何情况，中央军不得过抚河。

（四）以后你们绝须根据军委企图。

项

六日

---

* 本篇系项英致朱德、周恩来并转林彪、聂荣臻的电报。根据中央档案馆馆藏件刊印。篇题为编者所加。

注 释

① 敌八师，即国民党军北路军第 3 路军之守备队第 8 师。

② 敌十一师，即国民党军北路军第 3 路军第 5 纵队第 11 师。

③ 敌六十七师，即国民党军北路军第 3 路军第 5 纵队第 67 师。

④ 李王嵊，地名，方位不详。

对南黎间作战行动的指示

（一九三三年十月六日）

朱、周：

（一）第二十师①不应去阻扰南、黎②交通，免早暴露我企图。该师应即北向黄狮渡、左坊营③活动，并准备在南城敌东进时，打击其左侧背后。肖司令员④应带电台去指挥这一行动。

（二）预备队第十五师⑤应先到莲塘⑥附近，以便易于策应南、黎两敌，特别是南敌之向我前进。

（三）我东方军左纵队应采取迂回，由北面从敌的后方来消灭其实力。

（四）第三师⑦应从黎川东南进攻。

（五）独一、四团可以交换任务。

项
六日

＊ 本篇系项英致朱德、周恩来的电报。根据中央档案馆馆藏件刊印。

注　释

① 第二十师，时隶属红 7 军团，师长粟裕，政治委员黄开湘。

② 南、黎，指江西的南城、黎川。

③ 黄狮渡、左坊营，地名，均位于江西金溪县城南部。

④ 肖司令员，即肖劲光，时任闽赣军区司令员兼政治委员。

⑤ 第十五师，时隶属红 5 军团，师长陈光，政治委员冯文彬。

⑥ 莲塘，地名，今福建邵武市西南。

⑦ 第三师，时隶属红 9 军团，师长张经武，政治委员刘英。

我军在黎川地区的作战行动[*]

（一九三三年十月七日）

朱、周，彭、滕：

以第四师①及十三师②之一部收复黎川是不适当的。收复黎川，应由十五师③之一团、教导营及三师④欠一团担任之。以上各兵团，应担任肃清黎川附近周敌⑤之残余。东方军全部应即进到硝石⑥以北地域，至于追击西逃之敌，小部兵力足够，这先头的是阻止多数敌经硝石进至南城。

项　英

七日

注　释

① 第四师，时隶属红3军团，师长张锡龙，政治委员彭雪枫。

---

* 本篇系项英致朱德、周恩来、彭德怀、滕代远的电报。根据中央档案馆馆藏件刊印。篇题为编者所加。

② 第十三师，时隶属红 5 军团，师长陈伯钧，政治委员宋任穷。

③ 十五师，时隶属红 5 军团，师长陈光，政治委员冯文彬。

④ 三师，时隶属红 9 军团，师长张经武，政治委员刘英。

⑤ 周敌，指国民党军第 3 路军第 8 纵队副指挥官周浑元的部队。

⑥ 硝石，地名，位于江西南城县城东南。

东方军中央军的作战部署*

（一九三三年十月七日）

朱、周，林、聂，彭、滕：

甲、三军团各部应速消灭周敌①增援队。

乙、我箍制部队应立即进攻黎川，三军团教导营及十五师之一团从南向黎川进攻，三师欠一团从东南向黎川进攻。

丙、其余各部应最迅速的挺进资溪桥、祭上、杨坪②地域，以便八日晚到达寒丰桥，而处于敌二十四师、五十九师③及由南城甫来之罗纵队④之翼侧。

丁、三军团在完成甲项任务后，亦应迅速到达硝石⑤以北地区。

戊、东方军以后：

1. 箍制队、教导营、十五师之一团、三师欠一团扫清黎川区域之敌人。

2. 主力部队占据硝石及由北侧击由南城前来之任何敌人纵队。

---

* 本篇系项英致朱德、周恩来、林彪、聂荣臻、彭德怀、滕代远的电报。根据中央档案馆馆藏件刊印。篇题为编者所加。

己、一军团应即向抚河西岸吴纵队⑥之各部作有力之进攻。

庚、独一、四团应即刻挺至宜、崇、抚⑦区域，积极活动与阻止敌之任何部队之运动。二十师立即挺进金溪，勿稍迟误。

项　英

七日

注　释

① 周敌，即国民党军第 8 纵队，指挥官周浑元。

② 资溪桥、祭上、杨坪，地名，资溪桥位于江西黎川县城北部；祭上、杨坪方位不详。

③ 二十四师、五十九师，即国民党军第 3 路军守备队第 24 师和第 3 路军第 7 纵队第 59 师。

④ 罗纵队，指国民党军第 3 路军第 5 纵队副指挥官罗卓英的部队。

⑤ 硝石，地名，位于江西南城县城东南。

⑥ 吴纵队，指国民党军第 3 路军第 7 纵队副指挥官吴奇伟的部队。

⑦ 宜、崇、抚，指江西的宜黄、崇仁和抚州（今临川市）。

严密侦察警戒防敌袭击[*]

（一九三三年十月八日）

一、在广大工农劳动群众热烈拥护与积极参加作战之下——在军事方面如随时报告敌人消息、封锁自己消息、放哨、阻敌等工作——我工农红军在每次战斗中都顺畅地获得了伟大胜利。

正因为这一原因，在红军特别在地方部队当中便发生了专靠工农劳动群众，而疏忽了本身战斗勤务的现象。这些现象表现在：

1. 疏于直接侦察，而专靠工农劳动群众报告消息，又不将群众报告的消息来加以分析和整理。因此，消息往往未达到应有的详明之度，至在敌人极端秘密和极度迅速的运动当中，或白色恐怖镇压较厉害的区域，便更不能适时明了敌情。以致有些部队对于敌情往往同时有绝对不同的几种报告，或离奇突兀、不着边际的报告，甚至在敌人进驻某地数月后还不了解敌人的配备，更有些完全不明了敌情，以致在行军或驻军中遭受敌人不意的袭击。

---

* 本篇系项英与王稼祥、彭德怀联名签发的中央革命军事委员会的命令。根据中央档案馆馆藏件刊印。篇题为编者所加。

2. 疏于警戒配备。有些部队习惯了在苏区专靠工农劳动群众掩护，以致到白区后，因为这一习惯不论在行军或驻军当中仍然疏于警戒。有些在战备行军当中，并没有警戒部队的部署，有些在敌前仅配备内卫兵，有些在胜利后便完全不要警戒，甚至有些因为风寒雨雪等天候关系和部队疲劳的关系，以及到达宿营地过晚的关系，便不要或撤收警戒。因为这些错误而遭受敌袭的事实不胜枚举，甚至有时被敌包围尚茫然无觉，以致受到很大的损失。

3. 疏于备战。有些部队不按照敌情决定宿营方法和工事的种类及程度，有些虽然配备了警戒而没有明确警戒区域的划分，甚至有些在敌前全部舍营，将枪械、弹药完全挂在墙上，有些完全不做工事，以至在敌人袭击时不及和无从来抵抗。

二、在粉碎敌人五次"围剿"当中，为打破其利用一切反动组织，尤其是蒋介石的法西斯蒂组织——蓝衣社——对于我们进行侦察、破坏、暗杀、扰乱的企图，特别是他的夜袭。为要顺畅粉碎敌人这一"围剿"，争取革命战争全部胜利，各红军部队特别是各地方部队，必须严格纠正过去的错误，周密地执行如下的战斗勤务：

1. 必须经常不断地直接派遣间谍（暗探）侦察及部队侦察，必须对于敌情能够随时了如指掌，以便适当决定自己计划，而免遭受不意袭击。

2. 不论在行军、驻军、战斗当中，特别是天候恶劣和过度疲劳以及大休息的时候，必须严密地配备警戒，尤其是驻军警戒时，必须有警戒区域的划分，特别是两个警戒区域之间的道路、水流应该指明属于何部警戒范围，各步哨间必须用游动哨联络或配备潜伏哨，以防敌人从间隙潜入。步哨或派出巡察联络各哨所及检查各哨所机警之度，更要严禁在远距离大声问口令，以防被敌窃听。指挥员必须亲自轮流巡查，以免疏忽致遭敌袭。并须规定紧急集合场，以免敌袭时紊乱无措。更须了解侦察与警戒不可机械割裂而成为各不相关的动作，侦察部队同时要严密警戒，而警戒部队同时须积极进行侦察。

3. 必须按照敌情决定工事种类及强度和宿营方法等，在敌情紧张时首先应顾及迅速进入战斗，其次始顾及休息。因此，或以大部进入工事彻夜或用露营及村落露营，而不宜全部采用舍营。游击部队更可于薄暮后变换宿营地，至于人与武器更不可分离，即在睡眠或假睡时亦应抱枪或置于身旁，惟须禁止装子弹以防走火。

各红军兵团、各军区、作战分区、各地方部队应即根据这一命令，严格执行。

此令

代主席　项　英

副主席　王稼祥

彭德怀

一九三三年十月八日

对红一方面军作战行动的指示*

（一九三三年十月九日）

朱、周：

（一）第二十师应出金溪地域，破坏金溪通浒湾①、贵溪、南城等交通，阻扰敌军移动。

（二）东方军如对硝石②扑空，则其主力仍北移适当地点，以便突击南城来敌，特别要侦察吴、罗两纵队③，须注意抑留〔制〕其向硝石增援。

（三）中央军在东方军未解决战斗前，仍应继续以前任务箝制敌人，主要是运动战来消灭敌人个别部队，避免与大敌决战。

（四）独一团应前出南城之西北活动。

（五）我们消灭周敌④若干，黎川附近特别在其西北的游击队活动情形如何？望告。

项

九日

---

* 本篇系项英致朱德、周恩来的电报。根据中央档案馆馆藏件刊印。

注　释

① 浒湾，地名，位于江西金溪县城西北。

② 硝石，地名，位于江西南城县城东南。

③ 吴、罗两纵队，即国民党军第 3 路军吴奇伟第 7 纵队和罗卓英第 5 纵队。

④ 周敌，指国民党军第 3 路军周浑元第 8 纵队。

关于各兵团作战指导及战术的指示[*]

（一九三三年十月九日）

朱、周：

（一）军委认为，敌人正在进行集中其进攻纵队之最后步骤。敌之左翼八十七师、七十九师、四师[①]将于十五号前组成，而其中路军亦已以新的三个师（九师、四十三师、九十七师[②]）加强了。因之，我东方军处于敌人外翼侧之优势渐失，而十五号后被敌包围的危险将日益增长。此外，敌人之中路军将继续过去战略，向建、太[③]前进而断我东方军之归路。

（二）在此种情形下，将于十月下半月中，各兵团作战指导及战术应如下：

甲、不应攻击任何工事区域，不应向任何停滞的敌人作正面攻击。

乙、东方军之行动，应仅限于侧击行进中之敌之纵队。为达此目的，须有大的运动机动、包围与迂回。

---

* 本篇系项英致朱德、周恩来的电报。根据中央档案馆馆藏件刊印。篇题为编者所加。

丙、必须加强守备，否则上述任务将不能完成。

（三）军委命令：

甲、三、五军团依据硝石以北之适当区域，由此进击由南城或金溪前进之任何敌之纵队。

乙、佯攻硝石之部队，至多不能过一师。

丙、除二十师外，十九师亦应向北挺进，两师均归十九师师长统一指挥，东北区域中之一切游击队伍，亦归其指挥。通信联络经十九师电台。

丁、箝制队十五师之一团，并三师欠一团依旧在黎川之南及东南作战，保障东方军向建宁撤退之后方道路，亦包括在他们的任务之内。

戊、一切伤病人员及胜利品迅速经建、太南运达后方。

己、后方机关应于十二日准备在必要撤退的情况之下，向南迁移。

庚、在广昌、建宁、太宁④各构筑一防守支点，各个支点应有重机枪及一排或一连带十天子弹，广昌应有观察所。在工事一二千米达⑤应有火力巢支点，守备队长应由方面军指挥机关直接委任。

（四）一军团继续在抚河西岸箝制吴纵队⑥，而独立一、四团应不再延迟地而依前令，向敌人北线各道路动作。

（五）已令十军在信江南岸积极进行游击战争。

（六）如果东方军被迫向南撤退时，只有在接到军委命令后才能允许，由五军团部队先行，三军团随之。而十九、二十两师应留在东北，继续与加紧战争。在该令未下以前，各部队应以最大的积极活动，以便在最后一分钟阻滞敌人集中。

（七）执行情况即报告。

项　英

注　释

① 八十七师、七十九师、四师，八十七师隶属国民党军北路军第 2 路军第 2 纵队；七十九师隶属北路军第 3 路军第 8 纵队；四师隶属北路军第 2 路军预备队。

② 九师、四十三师、九十七师，九师隶属国民党军北路军第 3 路军第 7 纵队；四十三师隶属北路军第 3 路军守备队；九十七师隶属北路军第 3 路军守备队。

③ 建、太，指福建的建宁和泰宁。

④ 太宁，即福建泰宁。

⑤ 米达，英文 Metre 的音译，即公尺，今称米。

⑥ 吴纵队，即国民党军北路军第 3 路军之吴奇伟的第 7 纵队。

关于红三红五军团作战
行动及任务的指示*

（一九三三年十月十三日）

朱、周：

（一）东方各兵团所有伤病员与胜利品以及后方机关应立即南运，至迟于十六日应到达建宁地区。

（二）五军团十三日夜至资溪桥①。其任务为在三四天内在该地箝制从西方以及南方来的可能的敌人。为达到此目的，应进行积极的防御。

（三）三军团应力图在十三、十四两日，向西及西南以个别的短促的打击在一师以内敌之先头部队，不应与敌之大兵力作战，不应向硝石②作任何攻击，对硝石仅限于监视已足。

（四）军委详细命令今晚可到。

项　英

十三日

＊　本篇系项英致朱德、周恩来的电报。根据中央档案馆馆藏件刊印。篇题为编者所加。

注　释

① 资溪桥，地名，位于江西黎川县城北。

② 硝石，地名，位于江西南城县城东南。

对红一方面军实施机动的决议*

（一九三三年十月十四日）

朱、周同志：

（一）十一师、六十七师①及周纵队②之一部，移动至资溪桥及洵口③，给我们能在东方军转移时间内消灭敌一部兵力。

（二）我们以为敌人可能到这个地域内不会早于十五号，而我五军团可到达该地，而三军团在十七日可到达洵口。我们建议东方军如下的机动：

1. 五军团从十五号至十七号要箝制资溪桥、洵口之北的敌人，主力应抗击洵口。

2. 三军团绕过敌的右翼侧，即五军团所占领的，于十七号晚向该地前进，十八号由南施以意外的突击。

3. 十八号内可进行作战，此后东方军并继续向指定的地域移动。

（三）为取得胜利的实行机动，必须：

1. 要将敌人处置，由硝石吸引到北面。因为这样，当五军

---

* 本篇系项英致朱德、周恩来的电报。根据中央档案馆馆藏件刊印。篇题为编者所加。

团在资溪桥、浒口之北敌至时，才不会威胁它的右侧。

2. 在浒口之南的地域没有强大的敌人，一团以上的。

（四）我们方面要：

1. 从十七号早起，浒口东的山岭路要能保证在我们手〔中〕。

2. 三师及四十五团要向黎川作有力的示威。

3. 三军团的运动及接敌要绝对隐蔽。

（五）这只是决议，决不是命令。

（六）方面军应依照实行的情况自动决定。

项　英

十四日

注　释

① 十一师、六十七师，十一师隶属国民党军第 2 路军预备队；六十七师隶属第 3 路军第 5 纵队。

② 周纵队，即国民党军第 3 路军周浑元第 8 纵队。

③ 浒口，地名，位于江西黎川县城东北。

关于战术问题的指示[*]

（一九三三年十月十五日）

第一，我们处于战略的防御地位，已成为不可争论的事实，所以我们的战术应根据这一事实来决定。我们东北方面主要的作战任务，曾经是现在还是制止蒋介石的大举进攻，惟有消灭他突击部署中一两个纵队的有生力量，才能达到这一任务。无论取得地方或获得局部的战术胜利，都不能替代这一任务。

第二，现在我们的作战情况是非常复杂的。为达到我们的目的应该是：

1. 尽量保存我们自己的有生力量。

2. 当敌我两方部署兵力时，先争取时间，使我们能进行坚决的突击。

第三，要记着：敌人的战术不是要想用一个突击迅速消灭我军，而是要想渐次削弱我军。敌人依据了这一原则，表现如下：

1. 特别依托要塞、强固堡垒地域和支撑点。

2. 敌军诸纵队（每纵队由两三个师编成）移动时，通常区

---

* 本篇系由项英与王稼祥、彭德怀联名签发的中央革命军事委员会训令。根据军事科学院军事图书馆馆藏件刊印。

分其纵队和兵团为三个梯队，并派出其好的军官和部队在前行进。

3. 敌人在开始战斗时，力求正面展开，占领防御阵地，借此求得火力配系的最好效率。

第四，因为上述原因，我们现在应该避免进攻要塞堡垒地域，甚至避免正面进攻停止的敌人。我们战术的特质就是要搜求运动中的敌人，特别是他的翼侧施行迂回，或因地形和时间的关系施行包围，以及迅速而猛烈地突击敌人纵队第二、第三梯队的翼侧。这并不是说不可以在堡垒地域或从正面上佯动、箝制敌人，以使突击队顺利实行机动。然而这只须派出最低限度的兵力，并不受过分的损害。

第五，这种动作必须：

1. 兵团（军、师和独立团）本身要进行有系统的不间断的侦察。

2. 我军要有确实的警戒。

3. 要隐蔽移动，特别是利用夜间或山地及森林的小路。

4. 隐蔽接近敌人后即突然开始战斗，甚至有因地形的条件而不用火力准备者。

5. 分出作预备队的兵力要小（不得大于兵力三分之一，然通常只分出六分之一乃至九分之一），并在战斗紧急的时候，使用之于表现胜利的地方。

6. 必须迅速和节省地展开自己兵力进行战斗。曾见到指挥员差不多平均分配自己兵力于宽大正面，这是不对的。必须组成优势兵力的突击队于窄小地段上。

第六，我们在少数的时机也进行临时的防御，但我们不应采取消极的，而应采取积极的和运动的防御。箝制敌人的兵力不得大于三分之一，而将三分之二或更多的兵力，用来机动突击敌人。突击队不是从配置箝制队的纵深，而是从其翼侧出来突击敌人。

第七，支撑点应构筑于有战略意义的地点附近，如重要城市旁、大路交叉点、渡河点等。支撑点只有在敌人必须占领地，才便于通过的地点，始有价值。支撑点应该是：

1. 在高地上、有良好的视界和射界；

2. 有工兵构筑的障碍物；

3. 设有掩体；

4. 周围有观察所和火力巢①（距支撑点一、二、三启罗米达②之处）；

5. 设备周围的防御；

6. 有一排到一连的机关枪兵和一两连步兵作守备队；

7. 备有二十天的粮食、十天的弹药。

第八，在敌人后方的游击队动作和别动队动作，成为我们战术极有效验的辅助方式。

1. 独立团、营以上及大的游击队等动作的目标，是敌人运输、兵站和移动的部队。

2. 小游击队和便装驳壳枪队等动作的目标，是敌人尾运输、兵站和联络线，而避免与其军队接触。

3. 方面军、军、师司令部应分配游击队的兵力，使其有计划地不间断地破坏、骚扰敌人的军路、联络线以及移动的纵队。

4. 如地方兵力不足时，则应由正式军队拨出小队伍（最好是驳壳枪队）任之。

5. 现在敌人的移动是在要塞中间沿着北面的迂回路。因此，我们要派出强的游击队，挺进到敌人深长的后方（直抵抚州③）。

6. 当未到达规定的动作地域以前，游击队不要使敌人发觉，及到达动作地域只有坚决的、迅速的、同时的、隐蔽的动作起来，才能保证经常的胜利。急袭及袭击就是战斗的主要方式。

代主席　项　英

副主席　王稼祥

彭德怀

注　释

① 火力巢，当时的军语，即火力点。

② 启罗米达，英文 Kilometre 的音译，即千米。

③ 抚州，今江西临川市。

红一军团仍按原定路线行动[*]

（一九三三年十月十七日）

朱、周，林、聂：

（一）我一军团明十八日仍须继续照原定路线由向石咀、千善①地域前进，务于十九日到达该地域。但运动须尽量隐蔽，并向黎川、南丰之中间及其以北地带、车坪、上杭严密侦察，随时电告。

（二）我十四师②应积极动作，伪装我主力所在。

项

十七日

注　释

①　石咀、千善，地名，方位不详。

②　十四师，时隶属红9军团，师长程子华，政治委员朱良才。

---

* 本篇系项英致朱德、周恩来、林彪、聂荣臻的电报。根据中央档案馆馆藏件刊印。

关于改编红军学校的命令[*]

（一九三三年十月十七日）

因为目前革命战争的开展，红军的猛烈扩大，红军学校的组织亦随着而长大起来了。因为红校本身的长大和各兵种不同，便发生了指挥及教练都感觉到复杂与困难。我们为了加紧培养红军的高级、上级干部与专门人材，以及一般中级干部的教育起见，现将红校组织从新变更，以原有高级班、上级班，改为红军大学校；以六期团改为红军第一步兵学校；以七期团改为红军第二步兵学校；以工兵营、炮兵连、重机关枪连、防空和装甲车连改为红军特科学校；游击队训练班改为游击队学校；此外，并即成立红军教导团四个。均直隶于本委员会指挥之下，由总司令部训练局掌理其事。

郝西史同志，他是一个俄国的工人，布尔什维克。自一九一七年至一九二一年国内战争中，他是在远东及南俄作战，随后在莫斯科陆军大学校毕业，被派到国外工作。一九二六年至一九二七年任广州苏联领事馆副领事，广州暴动^①失败后，广东军阀以

---

　　* 本篇系项英与王稼祥、彭德怀联名签发的中央革命军事委员会命令。根据中央档案馆馆藏件刊印。

其指挥广州暴动，把他枪杀了。我们为纪念郝西史同志，特将红军大学校命名为工农红军郝西史大学校。

彭湃同志是东江农民运动和海陆丰苏维埃领导者，杨殷同志领导省港大罢工②和广暴③。这两个同志，都是中国共产党党员，在一九二九年负党内军事工作责任，在上海被帝国主义者、国民党军阀逮捕枪杀。兹将第一步兵学校命名为工农红军彭杨步兵学校，以志纪念。

黄公略同志是中国共产党党员，红军创造者之一。在粉碎帝国主义、国民党第三次进攻的胜利后，在行军中被飞机炸伤而死的。我们决定第二步兵学校，命名为工农红军公略步兵学校来纪念他。

除另令委任各校、各队首长着手办理外，特此命令即希遵照。

此令

代主席　项　英

副主席　王稼祥

彭德怀

注　释

① 广州暴动，指 1927 年 12 月 11 日在张太雷、叶挺、恽代英、叶剑英、杨殷、周文雍、聂荣臻等领导下的广州起义。

② 省港大罢工，指在共产党人邓中夏、陈延年、苏兆征等领导下，从

1925 年 6 月 19 日至 1926 年 10 月 10 日，历时 16 个月的广州、香港工人为支援五卅运动、反对帝国主义而举行的政治大罢工。

③ 广暴，即广州暴动的简称。

协同袭击敌七十九师等部的指示[*]

（一九三三年十月二十日）

朱、周：

十九师^①速回黄狮渡^②地域，与二十师^③协同袭击运动中的七十九师^④，凡离八十五师、四师^⑤运动路两天行程内的游击队，应速集结起来，袭击这两个师。这一行动要特别坚决。

项　英

二十日

注　释

① 十九师，隶属红 7 军团，师长周建屏，政委吕振球。

② 黄狮渡，地名，位于江西金溪县城南。

③ 二十师，隶属红 7 军团，师长粟裕，政委黄开湘。

---

* 本篇系项英致朱德、周恩来的电报。根据中央档案馆馆藏件刊印。

④　七十九师，隶属国民党军第 3 纵队。

⑤　八十五师、四师，八十五师隶属国民党军北路军总预备队；四师隶属
　　国民党军第 2 路军预备队。

袭击吴纵队和第八师，发展游击战争[*]

（一九三三年十月二十一日）

朱、周：

二十二日[①]一时电述吴纵队[②]南进入第八师[③]情形悉：

甲、十四师[④]应袭第八师派出的游击队、南丰的西北三十九师在此的右翼侧部队。袭击的目的：

A. 压迫敌人往抚河边。

B. 不使敌筑垒。

乙、独一团应转南城西南地域，在箝制南城之敌并袭击吴纵队后方纵队，及其新丰[⑤]以西中×[⑥]的游击队活动，于宜黄东南的地域麻醉、钳制宜黄之敌。此二独立团都掩护十四师的侧背，协同动作。

丙、第三师[⑦]之七团立即占领抚河东的支撑点，康都[⑧]在内，侦察上杭圩方向敌情。

丁、南、广[⑨]警卫区及一分区司令员应动员该分区一切赤少

---

[*] 本篇系项英致朱德、周恩来的电报。根据中央档案馆馆藏件刊印。篇题为编者所加。

队、独立营，应活动于南丰东西地域，其余部队则令其十一月十一日占领其旧有的堡垒，广昌以北的。

C. 普遍发展游击战争，对广昌由我们双方通知。

项

二十一日

注　释

① 二十二日，疑误，似应二十日或二十一日。

② 吴纵队，即国民党军第 3 路军第 7 纵队。

③ 第八师，隶属国民党军第 3 路军守备队。

④ 十四师，隶属红 9 军团，师长程子华，政委朱良才。

⑤ 新丰，地名，位于江西南丰县城西南。

⑥ 中×，原件如此。

⑦ 第三师，隶属红 9 军团，师长张经武，政委刘英。

⑧ 康都，地名，位于江西南丰县城东南。

⑨ 南、广，指江西的南丰、广昌。

开办地方部队学校培养
军政干部的训令[*]

（一九三三年十月二十三日）

为使地方部队有力地配合红军作战，确实执行后备队的作用，对于地方部队各级干部领导能力的加强，是最先决的问题。过去各级军事部与赤卫军干部，一般都很薄弱，不能担负地方军事机关应有的任务，本会特决定开办地方部队学校，培养游击队、赤卫军及各级军事部、少年先锋队的军事、政治干部。训练时间暂定三月毕业，第一期准于十一月二十日开学，定额三百二十名，分编三连。由各级军事部选送学员一百二十名，少先队选送一百名，另由各独立团（营）、游击队选学员一百名。除少先队干部由总队部计划挑选外，关于各级军事部与独立团、游击队选送干部的名额，具体分配于下：

甲、军事部应选送的学员一百二十名，分配：

江西四十五名、福建三十名、粤赣二十名、闽赣二十五名，共计一百二十名。

---

* 本篇系项英与王稼祥、彭德怀联名签发的中央革命军事委员会训令。根据中央档案馆馆藏件刊印。

乙、独立团（营）、游击队应选送的学员一百名，分配：

江西三十名、福建二十名、粤赣二十五名、闽赣二十五名，共计一百名。各地选送学员时，应注意下列条件：

一、现任区军事部长或县、区军事部的科长、区赤卫军政治委员和赤卫军营、团政治委员，少先队区队长或区队部参谋员、训练员（以□□□□□□□①一半学习政治，选派来时，必须在介绍信上区别清楚）。

二、独立团（营）、游击队这方面，要选送现任的班长、排长、有战斗经验的军事干部。

三、被选学员要是斗争坚决，思想正确，工作积极者。

四、要是工农成份，年龄十八岁以上三十岁以下的。

五、体力强健，无痼疾或传染病者。

各军区须立即依照上述人数与学员条件，分配各县及各作战分区转各部队挑选。被选送来地方学校肄业的学员，应于十一月十五日以前到达瑞金，切勿延误为要。

此令

中央革命军事委员会代主席　项　英

副主席　王稼祥

彭德怀

注　释

① 有符号处，系原件字迹不清。

关于各政府机关部队
兵站对伤病员的保护问题*

（一九三三年十月二十四日）

红军是工农自己的武装，为了消灭阶级敌人和捍卫苏维埃政权，因战致伤、因劳成病的战士，我们应该热烈来爱护他们、慰劳他们，使他在物质上、精神上均能得着安慰，以表现我们阶级的团结友爱精神。

近据本会总卫生部报告：前方有部分伤病员送来后方时，因为各护送人员不能负责料理，及沿途各机关、政府、部队没有妥为照料，致使伤病员有的徘徊路旁无人照顾，并发生有中途掉队和死亡情事。查此种事情，军委曾经通令注意在案，现又有此事发生，这是不容许的。除总卫生部转令各医院妥派人员负责护送、注意料理外，特此通令各政府机关、部队、兵站，嗣后凡遇伤病员经过有落伍掉队时，须妥为照料，招待茶水、纸烟、饭食（各政府、各机关及地方部队照料伤病员所付用费，可向红军的供给机关或兵站领还，红军部队照料伤病员所付用费，可向供给

＊ 本篇系项英与王稼祥、彭德怀联名签发的中央革命军事委员会通令。根据中央档案馆馆藏件刊印。

机关报销）。在有匪区域①，沿途各地方武装及红军部队，应酌量派队护送，保护伤病员的安全。望即遵照，并转饬所属切实做到为要。

此令

代主席　项　英

副主席　王稼祥

彭德怀

注　释

① 有匪区域，指国民党军占领区或有团匪、土匪的地区。

各兵站和医院处置
伤病员手续的规定*

（一九三三年十月二十四日）

查近来各兵站及各医院对伤病员的出入医院，仍有不少的紊乱与疏忽现象存在，以致复杂分子混入医院，或致伤病员在中途徘徊无人收管。其主要原因是各兵站对介绍伤病员入院的手续不注意，对自称有病的人，不问其有无介绍信和其介绍信是否确实，即随便发给介绍书介绍入院。另一方面，各医院因为怕混进复杂分子，对走到中途发病的同志亦有不收留的另一极端。这些都是绝不应有的现象。为要纠正这一现象，特规定各兵站和医院，以后处置伤病员手续如下：

一、凡在中途发病的同志，兵站必须查明其介绍书及来历，如认为确实者，即由兵站给介绍书，连同其原介绍书一并送交医院。

二、各医院收容伤病员时，必须要查明其原介绍书和兵站介绍书才能收容。

---

* 本篇系项英与王稼祥、彭德怀联名签发的中央革命军事委员会通令。根据中央档案馆馆藏件刊印。

三、如无介绍书的伤病员，各医院必须切实检查其是否有病，与其原属部队及来历。在未曾查明其来历时，应注意暗中监视和侦察之，如无有病的，即遣送兵站转军事裁判所处置。

四、出院伤病员，各医院必须依照总卫生部规定出院介绍表（在卫生法规定之一内），详细填写一纸，并于表上注明发给几天伙食。

五、各兵站、各部队对出院伤病员必须查验其出院介绍表。

六、痊愈归队的伤病员，如中途老病复发时，应将出院介绍书交与各兵站或医院证明收容之。对老病复发伤病员，不得再发给出入院费。

七、对痊愈出院之伤病员，必须介绍其回原部队，非经组织上的许可，各部队、各机关不得随便收留或分配其工作。

八、兵站与医院在收容和转运伤病员或迁移医院时，均应发生极密切的关系。

以上仰切实遵照执行为要。

此令

代主席　项　英

副主席　王稼祥

彭德怀

红十军的作战行动及任务[*]

（一九三三年十月二十五日）

朱、周并转刘、曾：

（一）敌情由朱、周摘告。

（二）第十军①为直接援助我军主力与敌决战，除以其主力在信江北岸积极活动，箝制当前敌人不使其南下，并巩固苏区外，应速以有五百枪的一团渡过资溪南岸，以耳口、塞圩湾为根据地，并接受闽赣军区指挥，进行下述任务：

1. 袭击贵溪、上清间扰乱运送中之敌，破坏其交通。

2. 在上述地域普遍地向西面发展游击战争。

3. 经常侦察邓家埠、花桥、朱坊各方面敌情。

4. 与我金溪、资溪部队保持密切联络，协同动作。

（三）接此电令执行情形，分报军委及方面军。

项

二十五日

＊ 本篇系项英致朱德、周恩来并转闽赣军区司令员刘畴西、政治委员曾洪易的电报。根据中央档案馆馆藏件刊印。

注　释

① 第十军，最早成立于 1930 年 7 月，1933 年 1 月进入中央苏区，改编
为第 11 军；同年 2 月，中共闽浙赣省委以赤色警卫师为基础，组成
新的第 10 军，辖第二十八、二十九师。

关于防空组织法的规定[*]

(一九三三年十月二十七日)

防空以及防毒的设备，曾由本委员会颁布训令在案。兹规定防空的组织法如次：

第一，本委员会成立防空处，暂由处长（上级指挥员）、文书员、飞行场主任三人组织之，掌理指导下述的防空事宜：

（一）消极的防空（另有指示）。

（二）积极的防空（防空排任之）。

（三）防空人员的训练（特科学校防空连）。

（四）航空工具（飞行场）。

第二，凡战略要点以及重要城市（地点另规定）都应组成防空排。该排并担任对空的观察、通信联络等勤务（以下简称对空勤务）。其组织法如次：

排长、副排长：下辖重机关枪班第一班、第二班、第三班，每班班长一人，射手一人，副射手一人，战士二人，共五人。对空勤务班、管理班，每班班长一人，观察员四人（内中有专任

＊ 本篇系项英与王稼祥、彭德怀联名签发的中央革命军事委员会命令。根据中央档案馆馆藏件刊印。

识别信号者二人，发警报者一人，司号员一人），共五人。班长兼文书员一人，炊事员二人，共三人。

防空排的名额表

职别	中级指挥员	初级指挥员	射手	副射手	红军战士	重机关枪
名额	1	7	3	3	18	3

附记　每排应随时预备子弹三带（每带二五〇粒）

各防空排在组织上、纪律上，各应隶属于所在地卫戍的警备司令员，如该地没有军队时，则防空排即隶属于当地政治保卫局局长。

第三，军队防空组织法：

（一）各高级司令部（方面军、军、师）各应组织一个防空排而编入于警备连内。这一防空排的组织法，仍照前项规定，但因为司令部运动的关系，每机关枪班增加红军战士四人。每管理班增加运输员一人，炊事员一人。

（二）防空排在战斗时，应遵照兵团指挥员的指示射击地上的目标或担任地上的警戒。

第四，凡规定的地方和军队司令部统限本年十二月一日以前组织完毕，并报告本委员会。

代主席　项　英

副主席　王稼祥

彭德怀

对各军团位置及任务的指示[*]

（一九三三年十月二十七日）

朱、周：

（1）在石峡、洵口、湖坊①地域及其纵深的支撑点，应加速构筑，在十三师②驻地区内工作，由五军团指导，并将东方军工兵部队全部拨与该军团用。

（2）十五师③仍在资、硝④之南，以阻止敌人在上述各点及与黎川间的运动。

（3）三师⑤在遂行护送的任务后，即移康都⑥受领新的任务。

（4）第三军团在完成其堡垒现地区之先，应留于现地，但是每天要更换驻地，而且经常要准备突击与在堡垒外同等兵力敌人作战。

（5）第一军团应在硝石之南、黎川、河西之驻地，并于运动中打击敌第九师、七十九师⑦部队，在万一时则向康都撤退，每日要转移驻地。

＊ 本篇系项英致前方指挥作战的朱德、周恩来的电报。根据中央档案馆馆藏件刊印。

（6）七军团任务仍旧。

（7）军委已决定了战役问题，望转告彭、滕，停止建议。

项　英

二十七日

注　释

① 石峡、洵口、湖坊，地名，石峡位于江西南城县境；洵口、湖坊均位于江西黎川县城东北。

② 十三师，时隶属红5军团，师长陈伯钧，政委宋任穷。

③ 十五师，时隶属红5军团，师长陈光，政委冯文彬。

④ 资、硝，指江西的资溪和硝石。硝石位于南城县城东南。

⑤ 三师，时隶属红9军团，师长张经武，政委刘英。

⑥ 康都，地名，位于江西南丰县城东南。

⑦ 第九师、七十九师，第九师隶属国民党军北路军第3路军第7纵队；第七十九师隶属北路军第3路军第8纵队。

关于我军作战部署及任务的决定[*]

（一九三三年十月二十九日）

朱、周：

（一）军委决定我军部署如下：

1. 东方军之七军团（十九、二十、三十四师及十军南下的独立团）、三军团（四、五、六师）及五军团十三、十五师，统归彭、滕①指挥。

2. 中央军之一军团一、二师，新成立之九军团三、十四师及独一、四团，统归林、聂②指挥。

（二）东方军要由目前期待机的状态逐渐转入进攻敌人突击翼侧的动作，具体任务如下：

1. 五军团应该在资溪桥③、黎川以东地区箝制敌人，阻止资溪桥、硝石④、黎川间敌人的前进。

2. 三军团应依照敌情如何来决定，适时前出于资溪桥以北，进攻由南城隐蔽及资溪桥移动的敌人。

3. 七军团应行箝制金溪地域，并进攻往抚州、南城、硝石

---

* 本篇系项英致朱德、周恩来的电报。根据中央档案馆馆藏件刊印。篇题为编者所加。

移动的敌人。

（三）中央军的任务是粉碎抚河沿岸及抚河西的敌人：

1. 一军团应经康都渡河过抚河西岸。

2. 九军团仍旧留三师（缺七团）在康都⑤地域，阻止南丰、黎川间敌人的前进及构筑堡垒。

（四）十一月十日应该完结这一新部署，并在这期内最后完成五军团及建、泰地域筑的支撑点，当此重新部署的，应不断地继续战斗活动。

（五）十一月五日应详细察明下述地方的敌人堡垒状况、兵力配备：

1. 里塔、棠荫⑥间的。

2. 金溪地域的。

3. 浒湾⑦地域的。详细侦察浒湾附近渡过抚河的可能性。

（六）江西及闽赣军区要继续加紧赤少队的动员，这些地域的独立营、游击队也要积极活动。方面军各军团及各部队对此项工作须尽量帮助和指导。

（七）执行情形盼电告。

项　英

注　释

① 彭、滕，指彭德怀、滕代远。

② 林、聂，指林彪、聂荣臻。

③　资溪桥，地名，位于江西黎川县城北部。

④　硝石，地名，位于江西南城县城东南。

⑤　康都，地名，位于江西南丰县城东南。

⑥　里塔、棠荫，地名，里塔位于南丰县城北；棠荫位于江西宜黄县城东南。

⑦　浒湾，地名，位于江西金溪县城西北。

对红一红三军团行动的提议[*]

（一九三三年十月三十日）

朱、周：

（一）据前你们二十三时半、十月二十九日来电：

1. 对一军团的决心是对的。

2. 三军团十八日夜移至八都①地域，保持该处黎川河地渡河点，并对向南移动之薛纵队②施以侧击。

（二）这是提议而非命令，由方面军自下决心。

（三）如三军团前方出至八都时，最多应停顿二三天，即应东回执行其基本任务。一军团不应久停。

项

三十日

＊ 本篇系项英致朱德、周恩来的电报。根据中央档案馆馆藏件刊印。篇题为编者所加。

注　释

① 八都，地名，位于江西南丰县城东南。

② 薛纵队，即国民党军第 3 路军薛岳指挥的第 7 纵队。

使用红十军到主要方面的重要意义[*]

（一九三三年十一月一日）

刘、曾：

甲、二十七日十一时和三十一日刘、曾来电收到。

乙、粉碎敌人五次"围剿"，无疑地主力作战是在中央苏区东北方面。我们应在这个方面集中优势兵力，争取决战胜利，开展全国革命形势。其他各苏区，也只有在此胜利之下愈能巩固发展。故前临时电令十军派兵一团南下协同作战，留主力巩固闽浙赣苏区。顷据国际①来电，亦认为使用第十军到主要方面是正确的。你们要深刻了解这一重要意义。同时，要知道一团南渡后，不仅有利南方中央军的决战，而且更能扰敌后方，散其兵力，愈使闽浙赣作战容易。你们不应该束于狭小范围，而忽视全国关系革命前途。决定赵观涛②为闽浙赣警备司令，是表明敌人在战略上对此五师是取守势，何以认为是敌主要的进攻和围困。只有是你们继以前的消极保守，才能受此围困。开化之行是证明积极活动，更能巩固苏区开展战局。在粉碎四次"围剿"时，十一军③

---

* 本篇系项英致闽赣军区司令员刘畴西、政治委员曾洪易的电报。根据中央档案馆馆藏件刊印。篇题为编者所加。

南下起了伟大作用。望你们了解此次行动，在军事上更见重要。迅速执行二十六日电令，并将执行情形电告，勿违。

项

一日十三时

注　释

① 国际，指共产国际。1919 年 3 月 2 日成立，总部设在莫斯科，1943 年 6 月正式解散。

② 赵观涛，时任国民党军闽浙赣警备司令，所属辖敌第十二、第二十一、第五十三、第五十五、第五十七师及 1 个总预备队等。

③ 十一军，即中国工农红军第 11 军，1933 年 1 月 25 日组建，军长周建屏，政委肖劲光，此时已改编为第十九师。

各军区作战分区报告敌情[*]

（一九三三年十一月三日）

查以前各军区、各军区作战分区部队侦察（就是派出部队用战斗和观察的手段，去侦察敌情、地形等，现在我们可利用游击队行部队侦察）及间谍侦察（就是派出暗探深入敌境去侦察的），所得之敌情材料都不向本委员会报告，以致总司令部对于各方敌情不能充分搜集。兹自即日起，各军区及各军区作战分区，应将所得敌情直接报告本委员会交总司令部，每十日汇报一次，若有重要敌情变化即应随时用特快报告（如各军区作战分区除直接报告总司令部外，应另抄一份送各直属军区）。望各军区、各军区作战分区遵照执行。

此令

中央革命军事委员会代主席　项　英

副主席　王稼祥

彭德怀

---

* 本篇系项英与王稼祥、彭德怀联名签发的中央革命军事委员会训令。根据中央档案馆馆藏件刊印。

重申建立经常报告制度的训令 *

（一九三三年十一月四日）

要时刻深切了解敌我的实际状况，这是战争胜利的基本前提。为了保持与各作战军、各军区以及作战分区密切的联系，曾经训令各作战军、各军区按月作工作报告，这一报告制度的建立，在完成战斗任务上有非常重大的意义。但数月以来，仍未引起诸首长的注意而切实执行，这是极其错误的。兹再重申前令，并严格规定办法如下：

（1）各作战军、各军区、各作战分区在每月月终，应将自己在本月内之工作经过与成绩、目前状况具体的按级报告。

（2）报告分两种：

甲、对军委一切命令、训令的执行和执行的程度怎样，整个工作计划及实施、敌我状况。

乙、各作战军、各军区、各作战分区人员、武器的调查统计。

（3）在每次战役后，应单独作战斗详报。

　＊　本篇系项英与王稼祥、彭德怀联名签发的中央革命军事委员会训令。根据中央档案馆馆藏件刊印。篇题为编者所加。

（4）各作战军（以军团独立师、团为单位）、各军区、各作战分区报告一份直送军委，一份送各直属首长。

这一训令望各首长切实执行，不应再像过去对军委命令的忽视，否则以违抗命令论。

此令

代主席　项　英

副主席　王稼祥

彭德怀

挺进游击队的任务 *

（一九三三年十一月六日）

朱、周：

甲、敌人放松后方守备，求出全力于前线，而我们有力游击队则全体缩回苏区，使敌后方安静，更要加紧封锁线，倾全力来对付我军。现我们急应在敌人后方要道，发扬井冈山时代游击袭击的精神、第四次战役①的挺进成绩，来配合作战以及转变战局。

乙、此间已令湘鄂赣，独三师尽量破坏南浔路②，独二团活动于崇仁、丰城、新淦③、樟树等三角地带，破坏崇仁、抚州④、永丰相互交通。

丙、独一团带小电台，活动于南城、抚州、宜黄三角地域，破坏抚、南、宜相互间交通。第七军团应派有力之一团，活动于金溪、东乡、进贤、抚州地域，破坏南昌、抚州、浒湾⑤、金溪相互间交通。

丁、这些挺进游击队须加强政治工作，加紧战备，广泛地发

---

* 本篇系项英致朱德、周恩来的电报。根据中央档案馆馆藏件刊印。篇题为编者所加。

展游击战争，不怕敌人封锁、围困苏区的路，才能达到任务。

项

六日

注　释

① 第四次战役，指中央苏区红军所进行的第四次反"围剿"作战。

② 南浔路，指南昌至九江的铁路。

③ 新淦，今江西新干。

④ 抚州，今江西临川市。

⑤ 浒湾，地名，位于临川市东南。

关于各军团作战行动的建议[*]

（一九三三年十一月六日）

朱、周：

甲、我们抚河东兵力分散，极不便与敌决战，现第三军团即与敌接火，即应现状集结兵力。

乙、以七军团除以一部留金溪地域领导游击战争、妨阻敌人筑堡外，其主力应靠拢三军团。

丙、四十五团^①应向东北靠近，第五军团游击黎、硝^②之间。

丁、五军团除以一部守支点，继其主力应集结，随时策应三军团。

戊、以上建议，请你们考虑处置，并报。

项

六日二十二时

---

* 本篇系项英致朱德、周恩来的电报。根据中央档案馆馆藏件刊印。篇题为编者所加。

注　释

① 四十五团，时隶属红5军团第十五师。

② 黎、硝，指江西的黎川、硝石。硝石位于南城县城东南。

关于进攻坚固阵地战斗的指示*

（一九三三年十一月七日）

第一，我们应将敌人各种坚固阵地分为下述的三种：

一、永久的筑城或要塞。

二、支撑点或临时的防御构筑物，如堡垒之类。

三、野战的坚固阵地。

这些构筑物，差不多都在住民地以内和住民地的周围。所以，这种战斗同时也就是街市战斗。并且因为这些构筑物所掩护的通常是道路交叉点或渡河点，我们又可以说这种战斗是带有河川战斗及隘路战斗的特性。

第二，敌人的要塞，通常是构筑在有城墙的城市中，这样是将全城市都变成要塞了。如没有城墙时，则敌人是选择一些便于防御的集团家屋作为中心的城砦，并在其周围构成防御配系。

敌人在城砦和城墙的外边设置数层铁丝网或整个地域的有刺铁丝，且常挖有水沟以使城墙城砦巩固起来。机关枪巢、步兵掩体有时并炮兵阵地，都设置于其直接防御地带。

---

* 本篇系项英与王稼祥、彭德怀联名签发的中央革命军事委员会的指示。根据中央档案馆馆藏件刊印。

各个支撑点或堡垒都设置于上述防御配系之外，其相互间的间隔和到城砦的距离都不能超过重机关枪及野炮的有效射程。这样是可以保障相互间的火力联系。这周围的堡垒，也可以设置两层和三层，同时堡垒的配置是成象棋式的。要塞的守备队总不少于一旅，并常有一师或几师的。

第三，支撑点或堡垒如不属于要塞的防御配系时，则照规则也要依托于住〔居〕民地。他们的防御配系是与要塞的防御配系相同，不过规模要小一些。机关枪的火力配系，是支撑点的骨干。支撑点的守备队，是由一营到一团，而有时则超过之。此一支撑点到彼一支撑点的距离，超过三十至四十里（就是半日行程）的很少。

第四，敌人构筑野战阵地，就是预防我们进攻其运动部队用的，且企图在进攻我们时，即成为他的出发阵地，同时也是他的后方阵地。这种阵地的构筑是因时间和地形的不同而有差异，大概是需要半个昼夜，如顺次完成则需要一个星期。这种阵地与要塞及堡垒不同之点，就在于它未设备有周围的防御，而只有一定的正面，且它的构筑物较为简易，并且没有炮兵。其正面之宽，是依照防御的性质及防御的部队而定，依平均数说来，一营的正面宽，是一启罗米达①，而团的、师的及纵队的则按次增加一倍。

第五，照规则说来，红军在现在战斗的阶段上，应该避免进攻要塞。进攻要塞的胜利，最低限度要有下列条件中之一：

（一）进攻方面，要有高度的技术兵器（航空兵、炮兵、工兵及化学兵器）。因为我们目前的技术兵器没有达到必要的程度，于是这一条件是没有的。

（二）要塞内部要有士兵的暴动或民众的暴动。

（三）要尾追野战击溃之敌，乘势闯入要塞而占领之。

我们争取最后的两个条件，是极有可能的。暴动的发生，是依照我们政治工作的力量和组织来决定。尾追敌人夺取要塞，是可以中和敌人部分的火力及其人工障碍物。然而，要有充分的生力军队及优势的兵力来顺利解决街市战斗，并保障与要塞外的主力联络。

第六，我们在运动战的条件中，如果在原则上也拒绝了进攻敌人的堡垒及野战阵地，这是我们战术的极大错误。我们应经常争取消灭敌人的有生力量于其移动时（行军、宿营及其进攻时）。然而，敌人新的战术是逐段跃进的移动，一到达指定地点就立刻构筑阵地，并且从其野战阵地出来进攻，一到退却时则缩入在堡垒里面就防御起来。因此，在敌人移动中消灭他的可能渐渐减少了。今后我们可能只消灭敌人的小部队（侦察队及游击队），而其大部队差不多经常是逃脱了的。进行战役而限于这种战术的胜利是不够的，必须突击敌人的主力，追击他并且彻底消灭他才可了事。

第七，进攻堡垒及野战的坚固阵地，应有下述的几种方法：

（一）佯攻，目的在欺骗敌人、箝制敌人，真正进攻敌人的增援队。佯攻的兵力应尽量减小，最好是占全部兵力的九分之一至六分之一，无论何时都不应大于三分之一。进攻应采用宽大延伸的正面（大约团的正面二启罗米达，师正面五启罗米达以内）。进行佯攻应当是显露的和声张的，以使敌人感觉危险，然而要避免损失。在有利的条件之下，佯攻是可以局部地转为坚决的进攻（敌人放弃阵地或堡垒时，及其在开阔地实行反突击时之类）。此时，则应将延伸的正面缩小到二分之一和四分之一，兵力集结起来猛烈动作。

（二）围困（封锁），目的在消耗防御之敌的实力（消耗他的粮秣及弹药）。围困需要大的兵力久的时间，而且暴露我军的配备。因此，这不应成为适当的战斗方式，应避免使用他，而只须以小部队监视敌人，并须以游击队有计划地不断地袭击由所监视之堡垒出来运动的敌人，或袭击往堡垒去的纵队以及运输队之类。这种法则甚至于在我军进攻战役中，用来对付敌人遗留于我们后方的堡垒、野战阵地和要塞等都是对的。

（三）坚决的进攻，目的在以一个战斗动作（就是要一两天的时间）夺取其地点。这一动作主要的目的就是在争取并保障重要的隘路、渡河点，消灭敌人的守备队，夺取其贵重的器材。

第八，坚决的进攻，因构筑物状况的不同，而其进攻的方法也有不同。然而，有一般的原则，述之于下：

（一）进攻出发地，应在敌人重机关枪的有效射界以外（距冲锋地点二启罗米达以上），并对地上及空中敌人力求隐蔽（森林、村落、山）。

（二）进攻准备时期（部署兵力的时期）应加紧侦察，并适时派出部队于敌人后方路上，以便于开始进攻时就把敌人完全孤立起来。如敌人有无线电通信时，则我们应使用一个强有力的无线电台采取相同的电波来捣乱他，使其不知我军的兵力及其部署和不能退却。

（三）区分兵力，无论何时，都不应平均分配于全部正面。箝制队，不应大于全部兵力的三分之一，甚至有时更要小些（并可附与火器）。突击队（或几个突击队）不应小于全兵力的三分之二。派往敌人后方去的部队以及预备队，都应由箝制队拨出。

（四）接敌运动，应极端隐蔽。在许多的时机，接敌运动勿须使用火力的准备及噪闹的号音。当火力战斗时，防御的敌人是占优势，如我军过早进入火力战斗，则只是将自己的兵力、突击方向和火器（或是我们的弱点）向着敌人告密而已。保守秘密到最后的时机，以便施行突然的突击，这是我们最有利的。根据这一分析，我们应在夜间占领出发地，利用拂晓前的黑暗实行接敌运动，于拂晓时施行冲锋。

（五）突击方向，应根据下述两点选择之：

1. 具有最隐蔽和便利的接近地。

2. 敌人防御配系中最薄弱的地方（堡垒和火力的薄弱处）。

（六）冲锋应同时施行，而且是与箝制队的强大火力协同动作。冲锋应在狭窄正面实行（一团的正面不得超过五百米达②或者一华里，甚至于还要窄些），并须成二至三个梯队实行。第二梯队应在第一梯队正突入防御阵地前缘时即投入冲锋，而第三梯队则投入于表现胜利的方向（通常是投入于表现胜利的方向，决不是增援到失利的方向），来进行街市战斗和追击。

为准备在必要时排除和破坏人工障碍物起见，以工兵部队带工作器具（截断铁丝的大剪子及刀子，破毁胸墙③及枪眼的十字镐之类），附与第一梯队为有利。此外，还要把轻机关枪及手榴弹多附与第一梯队。

（七）如突击队采用散兵线或采用密集纵队冲锋都是不对的。只有采用按班、排和连而成之集团的战斗队形才是适当的。这种战斗队形不但可以减小我们翼侧的弱点以及敌火力之杀伤，而且可以充实地集结兵力突入敌人的纵深。一般的说来，我们的步兵分队（由班到营）都应时常采用集团战术。

（八）当开始胜利时，第一梯队不应向左右延伸，而应当继续进攻敌人配备的纵深。第二梯队应扫清敌人并保障第一梯队的翼侧。第三梯队应在战斗紧急时，以其有生力量加入战斗（如冲锋兵力不足时，可以不要第三梯队）。

我们不应只限于夺取敌人的坚固阵地为已足，而应完全消灭其有生力量。这只有截断敌人的退却路和跟踪追击，才能达到目的。

第九，当进攻支撑点（堡垒）或临时性的坚固地域（没有完成的要塞，没有城墙的或城墙残缺一部的城市也在内）时，应注意下述的事项：

（一）防御配备通常是周围的，然而强度并不是同等的。我们善于搜求弱点，则进攻的胜利是有可能的。

（二）为使突击队不受敌人侧射而通过其前方各火力点的间隙起见，应分派小的箝制队（由一个步兵班到一个排），来箝制其每个火力点以吸引其火力。然而最好还是在夜间通过之。

（三）突击队射击愈少愈好。敌人的火力配系，只有射击显著的目标才有效力。如我们箝制队积极进行火力战斗时，则敌人是对这箝制队射击的。

（四）我们重机关枪主要的任务，是占领适当选定的阵地，压制我们预定突破地段上之敌人的火力。

（五）当突入敌人正面时，突击队应具有坚决的动作。极小的动摇是给了敌人可能实行反突击，必须极端奋勇地继续战斗，来造成突破口中的据点，而便于其余的部队能跟进上来，这是必要的事（在这种战斗紧急之时，应运用一切战斗方式，例如抛掷手榴弹、出动轻机关枪到冲锋部队最先头，去直抵敌人发射短兵式的火力、烧毁家屋之类，以引起敌人的惊惶，取得余裕的时间，而便于我们的部队跟进到突破口来）。

（六）如冲锋未成功时，不应就地重复施行，而应选择新的冲锋方向，重新部署火力及突击队，以便在另一时间施行冲锋。

第十，敌人的野战坚固阵地与堡垒主要的区别如下：

（一）野战坚固阵地的防御配系不是周围的，而是正面的。这一正面纵然不是长的，总是有他翼侧的所在。不错，他们的翼侧及后方也常依托于支撑点上，然而他的防御配系还是间断的。

（二）野战坚固阵地的构筑物主要是土工作业（步兵和机关枪的战壕以及交通壕之类）。障碍物当然也是不完满的（一两列的铁丝网，且系间断的）。

（三）照这样说来，我们在进攻堡垒时，必须突破弱点。那么，在进攻野战阵地时，就必须包围敌人的一翼侧或两翼侧或由敌人的后方迂回之。在我们的条件之下，由正面突击敌人，是完全不容许的。

（四）当我们进攻时，敌人放弃其野战阵地比较放弃其堡垒更容易而迅速些，这是我们组织进攻时应预计的事。当开始战斗时（如有可能则在战斗开始以前），截断敌人退却路，破毁其通信联络，就是完全消灭敌人必要的条件。

第十一，既然敌人的堡垒和坚固阵地，时常用来掩护河川的渡河点（桥梁、徒涉场）和道路的交叉点，则我们就应时常特别注意这些地点。这些地点，或者是在防御地域的中央而成为其防御配系中极难征服的砥柱，或者是在其后方而成为退却路的掩护物。

由突击队中拨出一特别支队，专门去占领和扼止这种地点，是为有利。如这种地点在中央时，则特别支队应同突击队的第一梯队行进，勇猛突入该地点，遂行其受领的专门任务。如这种地点在后方时，则特别支队不须参加坚固阵地的战斗，而须适时出动取道迂回路去占领这种地点。

当占领之后，必须利用现成的防御构筑物来抵抗敌人的反突击，并派出一挺或数挺机关枪实施短兵式的射击。

第十二，街市战斗的特点，述之如下：

（一）房屋、街道及庭院之类，是敌我两方的良好掩蔽物。特别是防御者的良好掩蔽物。

（二）视界及射界差不多是降到零度了。这是说明火力的优势，已失其意义了。此时，最好的要算是近战的武器，例如自动枪、手枪、步枪、手榴弹以及各种格斗的武器。

（三）街市战斗是不能运用集中指挥的。这种战斗是由若干极残酷的此屋到彼屋、此街到彼街的小的战斗连接而成。

第十三，根据这些条件说来，革命军是具有许多优越的机会。因为这种战斗之决定的作用，是在战士的质量，而不是在武器。当战斗之前，我们应依照时间和战斗阶段来制定精确的动作计划：

（一）第一阶段是接近住民地及占领瞰制高地（高地）和接近地（住民地外的森林、道路、集团家屋）的战斗。这种战斗，通常是占领敌人堡垒或野战阵地的决战。

（二）第二阶段是前出于住民地的边缘，主要是在占据战术上重要的地物（桥梁、近接的家屋、交叉路）和预防敌人的退却而设置机关枪班的斜射火力。这个阶段是决定了最后的部署和突击方向。

（三）第三阶段是在占领极便于夺取中心地域的集团家屋而战斗（遮蔽地、接近地、便于射击的地点），以及猛烈地白刃扑搏来夺取中心地域。

第十四，街市战斗，应遵守下述的规则：

（一）实行进攻不应直走街道而应通过家屋、庭院、超越屋顶和沿着墙壁（利用充分的死角）。

（二）进攻应同时沿着平行街道施行之，保持诸突击队相互间的联络，应依靠横街并与通常在战斗中一样，向前方部队取得齐头。

（三）到预定的地区时，即在家屋中选出火力点，巩固起来，并且不停滞地继续进攻。

（四）肃清已占领地域之敌人的工作，应由第二梯队担任之，不得因此有任何的停滞。

（五）如不能前进时，我们应在所到达的地区巩固起来，预防敌人的反突击，并以火力和遭遇的突击来造成重新前进的可能。一切持久的防御，都是失败的开始。

第十五，当占领了地点或坚固阵地以后，就发生了将来的动作问题。我们战术的基本原则，是要求以灵活的机动来实行进攻的战斗。对于占领的支撑点和阵地实行任何的防御，都是不适宜的。只有在极少的时机，如巩固某地点对于我们具有战略的意义时，则我们才留置小的队伍（由一个机关枪排和一个步兵连乃至最大限度的一个机关枪连和一个步兵营）巩固起来，以求达到我们的目的。

在大多数的时机，我们是要破坏敌人的巩固阵地，并破坏其一切的人工构筑物（铁丝网、机关枪的和炮兵的阵地、掩蔽部），决不应无意义地进行土工作业。一切材料（特别是有刺铁丝）应送回后方以供给我们工兵的使用。因破毁敌人构筑物而消耗时间，是不可以的事。

代主席　项　英

副主席　王稼祥

彭德怀

十一月七日

注　释

① 启罗米达，英文 Kilometre 的音译，长度计量单位，意为千米或公里。

② 米达，英文 Metre 的音译，长度计量单位，意为公尺或米。

③ 胸墙，当时的军语，通常指工事的前壁，射击时胸部依托之处，有时也指齐胸高的矮墙。

关于严防敌人夜袭的指示[*]

（一九三三年十一月十三日）

据俘敌人军官供称，蒋贼[①]谓红军夜间警戒万分疏忽，以后应注重夜袭，必操胜算。其方法是在与我军相距不远时乘风雨晦月之夜，挑选精壮轻装士兵编为各个小部队，先于日间将联络方法、经过、路程等准备妥当，深夜出我不意猛烈袭击。因此，现在蒋贼各部队每周至少一次至二次，用各种色灯演习夜间实弹射击。吴奇伟[②]之纵队各团组织挺进大队，准备四周教育计划，除一般军事常识外，每周有四次夜间训练，学习夜间射击及行军。并称蒋贼令空军亦练习夜间航行，试验投掷照明弹。

对于严密警戒事项，委员会已有训令，但迄今未引起各级首长注意，特别是地方部队在夜间更不断地遭受敌人袭击，有被敌人捕杀者，有被其冲散者。这些在我们革命军队中，特别是粉碎敌人五次"围剿"中，是丝毫不可容有的现象。除关于警戒事项和反对蒋贼法西斯等组织——蓝衣社的事项，曾经载在以前训令上者不重述外，兹拟定下述指示，望各级首长警惕过去受到损

---

* 本篇系项英与王稼祥、彭德怀联名签发的中央革命军事委员会的指示。根据军事科学院军事图书馆馆藏件刊印。

害的血的教训，严格遵行。

第一，配置休息，如在距敌人两日行程以内以及在敌人可能来袭击时，所派出的前哨，对于各方敌可能前来的地方都应警戒起来，并构筑相当工事。这种前哨警戒由日间转到夜间时，前哨司令员应按照实际情况定出下述的指示：

1. 前哨翼侧及前哨连接合部定出保障方法；

2. 前哨预备队转移到何处去，为达何种目的；

3. 在某些地方要派出补充的军士哨和潜伏哨。

第二，除了前哨警戒外，各部队应在自己的宿营地派出直接警戒。

第三，在前哨警戒以前的通敌要道上，须派出侦察并定出敌来时的警报，以免突然受袭。必要时并在该要道上设置障碍物和埋伏，打击来敌。因敌人夜间前进常带着恐惧，必一经意外骚乱不易集合成队，且常自相残杀。

第四，日间对于警戒线前方各地物须测好距离，并完成射击设备，特别要在敌人必经路之要点上，预先完成简易的照明设备（堆积容易燃烧之物），在敌人到达时燃烧起来，而施以侧射或纵射。施行反冲锋须对敌人侧背行之，特别是在他立足未稳时。

夜间战斗主要是在步兵白刃扑搏，而火力战斗是受夜间条件限制的，特别是在进攻方面。

第五，宿营时须严密封锁消息，特别注意通信工具被敌人间谍利用，以免泄漏我军配置情形。

第六，上级首长在宿营时，应预拟敌人来袭时的战斗部署，告知所属首长以免临事仓皇。宿营各部队都要规定自己的紧急集合场，必要时并由高级首长规定大紧急集合场。

第七，凡游击队及其他独立活动的小部队的宿营地，须选在敌人可能派出侦探的地域以外，并在向各方运动无阻之处。这些部队须于黄昏后突然进入营地，并在宿营地派出必要的警戒，禁止任何人外出泄漏消息。最好是用忠实住民或自己侦探在敌人可能来道上监督敌人，预备火光信号，于敌人到来时即燃烧，警报我宿营部队准备行动。

第八，在风雨晦月一切天候恶劣及部队过度疲劳时，应特别注意严密配备警戒，各级首长并须亲自派员巡查。

第九，如发现敌人飞机投掷照明弹时，则我军应停止运动并卧下，以避免空中敌人的观察，无论何时严禁发生火光。

第十，我军尤其是游击队应按照当时环境，力求主动地、积极地袭击敌人，特别是夜间袭击敌人，以获得先机之利，不可消极防止敌人之来袭。为要保证这一动作顺利的完成，必须利用时间，根据步兵战斗条令及步兵操典来练习一切夜间动作，如方向识别、通信联络和迅速与静肃的运动，以及冲锋动作等。

各部应即转令所属按照此令，并参酌本委员会前发关于侦察警戒及反对敌人蓝衣社的训令，严格遵行。

此令

代主席　项　英

副主席　王稼祥

彭德怀

注　释

① 蒋贼，指蒋介石。

② 吴奇伟，时任国民党军第 3 路军第 7 纵队副指挥官。

转送新战士到部队的办法[*]

（一九三三年十一月十八日）

案查动员新战士补充红军一案，曾经本委员会划定各补充区，由各该补充的军团、师、团派驻额定的指挥、政治人员，在各军区指导之下进行收容训练、转送新战士的工作。近来各军区动员机关与各该补充部队指挥、政治人员的工作关系太不密切，竟有自行选定人员带到被补充的部队去，而不给以通知者。兹规定以后办法：凡动员新战士无论多少，都应经过驻在补充区之补充队的首长。如系动员地方部队整团、整营加入红军者，则由原来的团、营、连首长带去，以资熟手。如系动员个别贫民加入红军者，则由补充队直接派出首长带去，不得任意指定人员担任首长为要。

代主席　项　英

副主席　王稼祥

彭德怀

＊　本篇系项英与王稼祥、彭德怀联名签发的中央革命军事委员会命令。根据中央档案馆馆藏件刊印。篇题为编者所加。

给粤赣军区的指示信[*]

（一九三三年十一月十九日）

军委听了左权①同志的工作报告以后，认为粤赣军区的工作在最近两月来，虽然在某些部分上有他的进步，如某些部队（独立团）行动较前积极，军区指挥机关也有相当整理。但是，这些进步还非常迟慢，特别是对帝国主义、国民党五次"围剿"中西南战线总的任务执行得非常不够。一般的说，在西南战线上整个形势仍然没有大的开展，甚至在各级部队中还存在着非常严重的现象。主要表现在：

第一，首先应该着重指出，罗明路线②在粤赣军区中还是浓厚的存在，甚至各级首长中还有"政府不成立群众不起来，什么工作没办法"（独五团），以为敌人不增加大的新力量，不会进攻苏区（三分区）等十足机会主义的说法，脱离战争、和平训练的机会主义观点（二十二师③）。三分区从帽村搬到亭头，更是退却逃跑的具体表现，以及贪污腐化、脱离群众、疲倦现象，甚至消极怠工等，不可容许的现象还是继续不断的发现。这些一切都是反罗明路线的斗争在粤赣军区没有实际的、普遍的开

* 本篇系项英与王稼祥、彭德怀联名签发的指示信。根据军事科学院军事图书馆馆藏件刊印。

展起来。这是一切工作不能迅速、健全，斗争形势没有大的开展的主要根源。因此，抓紧这些事实在各级部队中开展和深入反罗明路线和一切机会主义的斗争，以布尔什维克的斗争和铁的纪律，来保证思想的一致和彻底粉碎一切坏的现象，是粤赣军区工作转变中的主要前提。

第二，只有领导与组织广大工农群众，这是完成巩固赣南总的任务的基本条件之一。军区过去对动员一切工农群众参加革命战争，消灭进攻的敌人这一工作表现出惊人的落后，甚至对粤敌进攻竹子发时把全部的田禾割去，以及团匪进攻帽村的抢掠都不能抓紧来提高群众的阶级仇恨，配合红军与敌人作坚决斗争，更少帮助地方政府开展查田、查阶级的斗争。在边区，豪绅地主、富农和反动分子不断的活动，赤色戒严不能按照军委命令执行，敌探时常可以混进边区甚至内地等严重现象。今后应该着重群众工作，抓紧敌人的一切残暴行动，来粉碎敌人的一切武断宣传与欺骗，来实际组织与领导边区和敌人占领区域的广大工农群众来与敌人斗争，这是每个部队最中心任务之一。

第三，瓦解白军工作是粤赣军区工作中最弱的一点，不仅组织工作没有很好建立，即使宣传工作也非常不够。因此，健全破坏部的组织，与根据粤敌士兵特殊的状况来作具体的深入宣传，特别是建立组织上的破坏工作，应该是目前中心工作之一。

第四，你们对目前敌情的判断和二十二师的布置，一般的是正确的。但必须了解只有积极行动和灵活机动地应用游击战术（就是主力部队二十二师的使用也应该如此），抓紧敌人分散驻扎这一弱点，眼明手快的动作，各个消灭敌人。发动群众，迅速完成各地支撑点，特别是发动支撑点周围的群众，来协同红军完成并守备这些支撑点，使二十二师随时能够灵活地转移战线，才能完成其战略任务。过去你们行动的不积极（独五团虽然比较积极，但仍是被动的形势），特别是不能机动地迅速各个击破敌人，不会使用游击战术，都是战略上了解与战术上应用的错误。

第五，一分区的区域，是敌人掩护其正面进攻的主要翼侧，也是我们在战略上开展游击战争的主要方向。三分区的行动，如果能从灵洞山脉挺出下坝方面，积极行动起来，可以给寻邬④敌人的侧背很大的威胁。过去军区对这两翼特别是对三分区的布置和每一行动的配合均缺乏具体的指示，使二十二师的行动形成只手打人，这是极大的缺点。此后必须加强对一、三分区的领导和经常具体指示，来有力的打击敌人侵入一分区地区活动的企图和威胁寻邬敌人侧背，来使整个西南战线各方面能互相联系的行动，使主力部队能更顺利的消灭敌人。

第六，在执行西南战线上总的任务，在战术上要广泛的开展游击战争，这是完成任务的重要手段。因此，必须从敌人侧方以至远后方广泛的发展游击战争，有力的箝制和麻醉敌人，使基干兵团能更灵活地各个消灭敌人。过去，粤赣军区首长对这一意义了解的非常不够，以致游击运动一般的说是在停顿状态，使敌人侧后方不受到任何大的威胁（龙南到右口圩二百余里的地方只费两营兵力），增加主力作战的困难，同时影响军区的经济，这一现象必须立即纠正过来。要抓紧这一切弱点（脱离群众、行动不积极、游而不击、藏匿山林，甚至零星分散、各自为政等）来坚决的开展广大的斗争，从斗争中调换不执行命令、不敢到白区发展游击战争的领导干部，提拔积极的、新的工农干部，以及另派一批最好的干部去加强其领导，将上述的旧的干部一律调回来训练。斟酌实际状况，将一部小的游击队集中起来，组织较大的游击队，作为当地诸小游击队基干，配合行动，特别是目前的条件下，应该注意各方面的配合行动。具体的说，就是从左翼——武北⑤——经过灵洞、梁野两山脉挺进下坝区、和平区岩前⑥，不仅可以巩固和发展武平苏区，并且可给寻敌⑦右侧背以极大的威胁；从右翼向安息、岗头寨挺进游击，更可打击敌人进攻粤赣苏区的左翼侧；在正面从寻南、安南、安西南⑧挺进兴龙河南⑨边界，更有截击敌军后方联络线与发展苏区的重要意义。兴龙河西、南雄等远殖游击队，立即健全起来，军区随时指示其行动，加强其领导。龙南和王寿山等远殖游击队，须迅速派出。各边区游击队，须动员边区及内地的赤少模范营，来组织领导边区赤少队与工农群众与敌人作坚决的斗争。要坚决相信并配合白区工农群众的伟大力量，从敌人碉楼间隙出去游击，号召群众斗争，造成游击区以至苏区，不要害怕和屈服碉堡，才能说得上游击队动作，并指定一定的模范营担任守备支撑点之责。这些游击队主要是积极的有计划的开展游击战争，打击与阻止进扰苏区的敌人，实际成为巩固与发展苏区的力量。

第七，过去，军区首长对于领导与组织广大工农群众来同敌人斗争的作用与意义是不了解的。因此，对地方部队动员和组织表现了极端的忽视，一切地方武装多是形式的组织，甚至有些地方根本没有组织，以至在每一战役斗争中都没有得到地方武装应有的帮助，来配合基干兵团的作战，来增加敌人行动的困难。今后必须以最大的力量来进行这一工作，同时要领导一切部队随时随地帮助地方进行群众工作。扩大与加强赤少队的组织，这一工作的发展不仅在与敌人斗争配合基干兵团作战上有极大的力量，而且更便利于我们扩大红军的工作。

第八，一般的说来，粤赣军区各部队在提高军事技术差，〔这〕一方面是最落后的。这主要是由于存在脱离战争、和平训练的右倾机会主义观点，必然不能利用一切斗争的实际环境来进行训练，来提高军事技术。同时，在军区本身一直到现在对干部教育、部队训练也没有有计划的来进行。这一现象再不能继续下去，应该马上纠正过来。首先应该无情地打击那些脱离战争、和平训练的机会主义观点，另一方面必须有计划的利用实际行动来加紧军事教育，提高部队中学习军事学术的热情。教导队必须有计划的继续来办，并且加强其领导，纠正过去把教导队当作直属队的现象，甚至对领导上发现惊人的事实（如叛变的事件发生），来保证教导队的教育计划完全实施。

第九，最后特别指出，军区各级部队中发现着虚伪报告、违反命令（三分区）以及反政治委员制度（独六团），这是组织上不可容许的现象。必须严厉打击这些分子，开展和深入这一斗争，直至执行红军铁的纪律，来保证党在部队中的绝对领导和行动的一致。

以上原则上的指示，望再斟酌实际情况，详细计划执行并报告本会。至于整个战略任务具体执行方法，可参看军委密令及迭次单独的指示。

代主席　项　英

副主席　王稼祥

彭德怀

一九三三年十一月十九日

注　释

① 左权，时任粤赣军区司令员。

② 罗明路线，罗明原任中共福建省委代理书记，因提出苏区边沿地区的
政策应有别于内地，而被指责为右倾机会主义的"罗明路线"，在福
建和江西遭到错误的批判。

③ 二十二师，即中国工农红军第二十二师，师长龚楚，政委方长（又名
方强）。

④ 寻邬，今江西寻乌。

⑤ 武北，指福建武平北部。

⑥ 岩前，地名，位于武平东南。

⑦ 寻敌，指驻守在江西寻邬的国民党粤军。

⑧ 寻南、安南、安西南，指江西寻乌南和安远南部、西南部。

⑨ 兴龙河南，指赣南桃江以南地带。

致师以上首长及司令部的一封信*

（一九三三年十一月二十日）

中革军委给方面军、各军团、各师首长及其司令部的这封信，是从自我批评方面做出了下述的结论，以为将来作战的教训。这封信的内容主要是讲到十月中战役的问题，但是顺便也曾讲到一些战术的问题。但战术问题，已写了一些专门的指示（如已印发的一般的战术指示、支撑点的构筑及其防御战术、对敌人坚固阵地的进攻），所以在这封信上，不需要再来详细的讲。

十月中的战役，主要的有四个问题：

1. 转移我军主力到东北方面和迂回的机动。

2. 洵口①的会战。

3. 在北面处于被包围的地位以及撤退。

4. 集中一切兵力，以便在资溪桥②地域坚决会战。

---

* 本篇系项英与王稼祥、彭德怀联名签发的指示信。根据军事科学院军事图书馆馆藏件刊印。

第　一　部

因为我们间谍侦察的好，我们适时的知道了敌军的部署，以及蒋介石开始大举进攻的时间。这一时间就是在十月中旬，他的主要部署，也就是沿着抚河以及抚河以东。我们所晓得的蒋介石的主要目的，是由南城向东南突击，以便割断江西的东北部与基本苏区的联系，并完成吉水、永丰、乐安、南丰，以达到邵武地区的坚固阵地的封锁线。这个目的如已达到，则其第二次的突击，就要对着广昌、泰宁、建宁地区，以取得与福建最后的联系，而使其统治势力伸到福建——就是我军的东南战线。

1. 在九月的下半月，有两个决定意义的事实：

（甲）蒋介石的中央突击纵队（周、吴、罗③）向南和东南前进；

（乙）我东方军在将乐、顺昌（对付敌五十六师部）未能成功，并陷于持久（三星期）的战斗，因而不能执行总的任务，就是经过邵武前出于敌的外翼侧的任务。

根据这两个事实，我们的决心当然应是：迅速撤去将乐、顺昌之围，且不失时机的前出于敌人中央纵队的外翼侧，这是我们能够做到的。因为，敌人在东北方面的左翼队（蒋介石起初的计划，是用第七十九师、第四师、第八十师、第八十七师组成）尚未组成。军委的决心也就是这样的，不过命令下达迟了（九月二十五号发的），并指示在泰宁预先集中，这样便缓迟了开赴东北去的所必需期限。

由南城经过硝石④的周纵队，于九月二十八日没有经过战斗就占领了黎川。由南城至黎川原只有两天的行程，然而他差不多费了一个星期。如果撤了将乐、顺昌之围，即迅速出动，即仅第三军团直趋湖坊⑤（出周纵队的翼侧），那么我们一定可以先于周纵队到达黎川北部，最晚也可与他同时到达，而使敌人在占领黎川之前经过激烈的战斗，即使他已经占领了。那么，我们即可追随其后，不使他有构筑堡垒的可能，这样我们便可恢复黎川。然而，实际上没有这样的做，蒋过了好久才撤了将乐、顺昌之围，在泰宁集中兵力到十月初才完成。这使敌人得到充分时间（约一星期）确实完成堡垒。

军委原定第三师由武北⑥出发，十八日到瑞金，并决定其于二十二日到宁化策应东、北两面。如果该师按期到了宁化，则我们使用之于黎川，迟滞周纵队之前进，是来得及的，乃该师竟沿途流连于二十七、八日才完全到宁化。二十二师在大、小竹方面活动也未能有力的迟滞周纵队由南城向黎川之前进，反而预先退往杉岭⑦方面。这些都是使我们不能在东方军回师以前保护黎川的原因。

我们在原则上正确下了决心，然而犯一个重大的错误（在决心本身上有之，而在移动兵力上则更大些）。这错误就是没有正确地计算时间。

第二个比较严重的错误，就是闽赣军区所犯的错误。如果该军区适时的展开了游击战争（对各独立营及游击队给以具体的任务，迅速动员一切地方队伍、赤卫队及少先队），那么毫无疑意义的，我们是能在几日之内阻迟周纵队的前进，借此可以把东方军移动中计算时间的错误挽救过来。

我们要说，甚至在敌人占领了黎川，以及我们军区司令员及各机关慌忙退出了黎城之后，也还没有见到游击战争发展起来，相反的，惊慌失措，毫无组织的撤退，损失了二百支步枪。此时，军区司令员本应在敌人后方（就是说在北方）组织和亲自指挥游击队动作，乃他反走往东南去了，似乎去迎接我们正式军队样子，直到了十月十号以后才把这个错误纠正过来。

2. 当敌人占领并巩固了黎川以后，军委的主要决心如下：

（甲）东方军隐蔽的转移到硝石、资溪桥之北，由北向南打击周纵队，并截断后路，占领战略要点硝石，并以主力由硝石以北的山地，突击敌人由南城到硝石去的增援队。

（乙）第一军团沿着抚河西岸，箝制罗、吴两纵队。

（丙）第三十四师掩护东方军的后方，来对付第五十六师及十九路军。

（丁）第二十师挺出金溪，阻碍敌人北方左翼队的集中。

（戊）独立第一团、第四团，阻止敌人经过抚州沿北方道路的移动。

决心的意旨是很明显的，而是适合情况的。一般说来，就是使敌人不能实现其进攻的基本计划，迫其重新部署，特别要使周纵队孤立，而与敌人其他的纵队隔绝起来。我们处在硝石以北的有利的地位，可以随敌情的变换向任何方向动作，以对付组成中之敌人左翼队，或对付南城来的增援队。因为我们自己的左翼侧，依托了不能徒涉的（只有三个地方可以徒涉）黎川河，并由北向南对付周纵队。但是，要想完成这一任务，必须具有下列的条件：移动完全隐蔽和避免过早的接战。为要达到这一目的，曾经提到实行大迂回，并将后方转移到光泽及资溪地区去。

为要争取时间，我们决定不实行大的迂回，而实行小迂回。这一小迂回是取道黎川及邵武中间一直向北，随即折而西向，到硝石及资溪桥以北的山地。当东方军于十月四号集中于黎川以东地域时候，这个机动原可于二昼夜之内完成。

在开始的时候，实际上方面军首长是动摇的，以为或者往西方去要比较好些，就是说要占领纯粹防御的阵地，或者是给敌人在东方自由活动。方面军首长的目的，为要与第一军团会合动作，企图突入赣江、抚河之间的北面。虽然这种动摇没有妨碍军委命令的动机，但也需要说到的，他们表现在：

（甲）在方面军首长对敌人计划的估计，与中革军委的不同，否则不会这样容易放弃江西的东北部。

（乙）方面军首长对于军委的一般意旨没有了解。

以上乙项所述的事实，一到执行命令的时候就越发明显起来。

第二十师没有到北方去（该师的派出只是在已决定撤退的时候，那时已经迟了），于是敌人的左翼队可以无阻碍的集中了。

东方军将迂回（进行迂回是完成全可能的）改成为最狭小的包围。他本应在山脉以东秘密的运动（这个山脉由北往南延伸），而他却在山的西面运动，这样将自己的翼侧对着敌人。

第一军团并没有真正箝制罗纵队及吴纵队，而想与敌人在里塔、李王山、东新山西北等处的几个营战斗，寻求战术上的胜利。但敌人在每次吸引了我一军团的兵力以后，立即隐蔽到堡垒里面，一军团不仅是没有箝制敌人的大部兵力，相反的被敌人的小部队箝制住了。在北方也没有看到独立第一团、第四团的积极行动。

结果，军委决心的一般意旨未能实现，而敌人却是继续完成了他自己的计划。我们总是在等待着有胜算的机会到来。

第　二　部

当周纵队到达洵口的时候，似乎好机会要到来。然而实际上确〔却〕不是这样的。东方军曾企图实行小包围，这样给敌人发觉了他的行动，此外并将自己的翼侧对着了敌人。在这种情况之下，勇敢的周浑元不能再忍耐了，于是将三师中的两师开到北方去，欲按照军事艺术一切规则来伏击我东方军。十月五号晚，第三军团的左翼之一团与敌人接触，十月六号第三军团坚决的转向西方去消灭敌人，东方军经过资溪桥继续向目的地前进。在这次得到了敌人的一千支枪及其他的军用品后，敌人逃走了，我们一直追到黎川。十月八号，我们的主力已经到了硝石。

洵口附近之战，毫无疑义我们获得了战术的胜利。但问题正在这次会战是否有利于我们？

1. 这次会战是出乎我们意料之外的，并且战役上我们的行动是防御的。在敌人方面是一种大规模的侦察战斗，这种战斗在战史中是常有的，只就这一方面来讲敌人的目的是达到了的。他很清楚的查明了我们的兵力，我们往哪里去，并且极容易的可以判断出我们的目的。至于他想以不大的兵力，用一个突击来击溃我东方军，这是他们的错误，而且他在这个错误中受了相当的损失。

2. 这次会战在战术上是非常感觉而有兴味的。应特别指出来的就是第三军团决心的迅速正确，他以坚决的行动将原有的形势挽救过来了。这次战役在物资上我们损失了的，子弹耗费了约二十五万发；缴获的子弹仅达消耗的四分之一，在我们军队弹药供给缺乏的条件下，这个事实对于我们有很大的意义。至于七百人员的伤亡尚不在内。在我们的条件之下，战斗的胜利不是占领地方，而是消灭敌人的有生力量及夺取其器材。在这一次，我们无论在哪一方面，也没有得到应有的程度。因此，以我们的损失与胜利来比较，那我们所付的代价是过分大了。

结论：

（1）在迂回运动中将自己的翼侧对着敌人，在作战上是不正确的。这样就将先机之利由我们手中送给了敌人，这便使我们不得不在不利的条件之下进行战斗。

（2）无论何时都应向远方（向前方派出由一日至二日行程，并向侧方派出半日行程之远）派出部队侦察。这种侦察虽然还是由部队侦察，但已经不是战斗的而是战役的侦察了。

（3）我们因为武器的关系，如枪膛的磨大、弹药的缺乏以及许多战士射击技能太差，应当在极近距离才能开始射击（步枪在二百——三百米达⑧内，轻机关枪在四百米达以内，重机关枪在八百米达以内，最好是依托射击），且要尽量的节省弹药（只有对着特别明显的目标才射击）。

（4）特别是在遭遇战的时候，必须寻找敌人的翼侧而行突击，仅以先头部队在正面钳制。

第 三 部

后来在硝石以北地域的行军，是按照计划完成的。然而，在这里又发现了对于将来事变的发展有重要意义的缺点。当东方军向硝石以北时，就应确实占领黎川北面的要点资溪桥，特别是在资溪桥没有发现敌人时，对于这样重要的地区（这个地方不论在进行机动时或在撤退时，都有同样的重要性），我们没有设任何的掩护。以后军委想纠正这个错误，命五军团占据资溪桥，并以积极防御来保持它，但是这命令仍然是没有执行。

1. 第二个错误是关于进行战役侦察的，这个错误结果是非常可悲的。既然所受的任务是在夺取硝石和袭击由南城前进的敌人，那么，预先就应当很精密的侦察以下事项：

（甲）在硝石有没有敌人、工事的性质及兵力、进攻时可能利用的接近道路，等等。

（乙）敌人纵队可能运动的道路，及适时的占领道路的交叉点，特别是河川的渡场。

这些事项在实际上都没有做到，最低限度也可以说没有预先侦察和严密的侦察。十月八号，东方军处于一种奇异的状态中，到了敌人的翼侧，但不能进行任何大规模的战斗动作。硝石的工事忽然发觉是永久筑城工事，而敌人沿着河的南岸自由的运动，东方军这样呆停了五昼夜，实际上没有参加任何战斗。

2. 东方军的基本任务是无法完成了，但他还想局部的执行自己的任务。为着这个目的，司令员采取了佯攻的方法，究竟能否奏效呢？不能奏效是可以断言的。

（甲）谨慎的而且吓怕了的敌人——国民党的军队——当我们进攻他的堡垒时，照例是不敢作伸出堡垒外的反突击的，他仅限于由堡垒内射击。即使他们实行反突击时，也仅只出堡垒不远的距离，以便不失去与其守备队火力的联系。所以，要想引诱他到开阔地来进行野战，差不多是不可能。

（乙）因为在河的南面，敌人有可以自由移动的道路，他便能够由新丰或南城调动援兵而不受我军侧击的危险。

在原则上为要引诱敌人出来实行反突击的佯攻，在战术上是对的。但是在过去的时候，因为这个方法应用过多了使敌人有了警觉，所以现在的敌人是不容易被引诱了，所以这个方法少用为佳。在执行佯攻时，亦应有特别精密的部署。东方军的进攻，是宽大的扇面式的进攻，并且派去担任各种警戒及预备队的差不多占了一半兵力。在佯攻时，当还没有可能突击敌人反突击的部队时，我们的突击队不应过早的出现，这一次这样的突击是没有的。实行佯攻，应以最小限度的兵力来担任（在这次情形之下用一师），而以三分之二的兵力来实行强有力的突击（十月二十三、二十四日在资溪桥佯攻的时候，兵力的分配是正确的，就是一个好例子）。

宽大扇面式的进攻，可以增加敌人消极防御的感想，它看不到有利于机动的方向。因此，我们既然要实行佯攻，我们就要给敌人良好的机会，使他出来反突击，以使我突击队能顺利的向他袭击。

3. 许多客观的条件，部分的由于我们的行动。从十月十号起，东方军处于一种新的情况之中。我们知道了敌人大约在十月十五号、十六号将他的左翼队约有三师以上在金溪一带可以集中起来，并且在南城同时增加了他的中央突击队（第三师、第九师及其他各师）的兵力（这个突击队可向两个方向行动，向东或者沿抚河向南）。敌人所以能够这样移动，是因为在北面的游击队，虽然有充分的枪械，但是他们的游击战争进行得非常薄弱。

（甲）独立第二团、第三团留在乌江南岸未动（或者是像独立第三团，回到那里不执行所受的任务）。

（乙）独立第一团、第四团前出崇、武⑨北区，在敌人北方交通道路上行动的任务执行得太迟慢，甚或完全没有到达目的地。

（丙）东北游击队及第十军没有执行对付敌人第四师、第五十三师及七十九师的战斗任务。

（丁）第二十师曾经再次的指示，直到十月十二号还没有前进到金溪去，赶到了以后，他的行动又是消极的。虽然我们在游击战斗中有很大的经验，但是我们还不懂得怎样有系统的进行游击战争，而使它得到最大的效果。游击战争，是正规红军按照作战计划进行作战时的革命战争的辅助形式。这正是游击队在正规红军行动的各作战区的任务（目前就是北方战区），一切游击队的运动与战斗行动，应该服从作战的总的目的及需要，这是第一。

第二，在这些新的条件下，游击队及独立的部队，应当最坚决最勇敢的行动起来，从西方对于敌人的优势兵力及整个的纵队，要实行夜间的急袭及袭击。在这种情况下，仍须保持部队灵动的性质，无论是进入战斗或退出战斗，都要自动的决定，而不进行战斗到底。为着适应北面严重的环境，应采取非常的办法，直至焚烧桥梁、房屋及其他的建筑物。此外，并以机关枪射击逃散的敌人。

第三，为着使小的游击部队不致在敌人深远的后方孤立起来，就要加强政治工作、开展群众斗争，是在敌人后方长期胜利战斗的必要前提。

4. 当十月十日情况明了后，军委及方面军可有下列两种决定：

A. 仍留在北面，并集中中央军第一军团，以大的机动来消灭正在组成中的敌人右翼队，然后从北向南来对付敌人的中央纵队。这种机动的意见，初见似乎是勇敢的，战略上是有根据的，且可根本转变形势的前途。而实际则不然，如果我们注意敌人新的战术时，则可看出他是经常地拒绝与我们野战，而实行步步为营，那么这种机动，只是荒漠中的游逛罢了！在这些地域内的堡垒（东边的邵武，北面的贵溪，西面金溪），同样是我们现有兵器所不能征服的障碍。在这时，敌人将黎川、邵武间封锁起来，以切断我百分之八十主力的归路，同时进到没有充分掩护的我基本中央苏区的门户——广昌、建宁、泰宁的地域。如此，这个机动便变为大的抄袭了，而作战的效果却很少。因此，军委没有采纳这个决定。

B. 从硝石以北撤至黎川之东，十九、二十两师箝制敌人的左翼队，同时一军团的主力也暂时向抚河以东移动，以便与东方军配合行动，与企图追击我们的敌人进行决战。军委便采纳了这个决定。

很明显的问题，是在执行方面过早的撤退，不能达到我们的要求的结果。我们所要求的结果就是：

A. 使敌人继续集中力量于东北，并减弱其向南进攻的企图。

B. 使敌人向东转移兵力，使我们能以遭遇的突击，或在撤退时突然向北回转过来而消灭之。因此，一切后方机关要预先撤退，而军队本身则应尽可能的多停留于北面。此外，在北面要继续诱惑敌人的战术，并给他一两次短促的突击，然后迅速隐蔽的脱离敌人。而实际上，这机动变成了过早的、没有战斗的撤退，而完全失去其一切意义。最后，甚至可以怀疑十月十三号东方军是否需要撤退，因为敌之右翼队在十月二十号才组成，并且其成份也很弱。这并没有具体的危险，问题只是在敌人向东移动切断我们归路的问题。无疑这是严重的危险。但在敌人运动速度的迟缓及我们保持在敌人中央队翼侧的形势下，我们是能保障向南移动道路的，虽然，或者是比现在走的道路要更东一些。无论如何，不经过战斗过早的撤退，并不能在形势上给我们任何根本上的改善。

第　四　部

在决定撤退时，军委同时决定将一军团东调。一军团的任务本应是在抚河西岸箝制吴、罗两纵队，但是却被敌人第八师、第六十七师的小部队所箝制了。这种奇怪的情形，局部是因为一军团想求得小的战术上的胜利（与当前的几个营）及独一、四团迟缓北进所致。因此，敌人便用不着顾虑我们的中央军了。但一军团没有他移之先，敌人在抚河西岸的进攻是不可能的。但是这种的形势，箝制是不够的，且执行这种消极任务所用的兵力又过多了。

1. 为着进行坚决的会战，可以择定不同的战地，第一便是佯攻黎川，可以诱使新丰或硝石之敌来增援。因此，决定从两方面来突击，一军团由康都^⑩，三军团由胡坊^⑪。但是，因为敌人东移至资溪桥而未见诸实行，故决定了第二种方案，集中全力于资溪桥的东南地域。进攻周、薛^⑫两敌，由南方进行主要的突击，从西北及东南面箝制之，并切断其向南及向西的归路。这次进攻的主要意旨，是在于不失时机的进攻堡垒还未充分构成的敌人。

方面军及其所属的各兵团了解及执行上都是相反，诱使堡垒内的敌人出击，而后消灭之，仍是旧的方法。军委的决心，要求迅速使敌人不能取得充裕的时间，而方面军的决心却未估计到时间的问题，而时间的估计却又是决定这次进攻得失的问题。

A. 一军团一路上迟延了一天，本来二十一号可到，而实际上二十二号晚才到。

B. 敌人并未受到惊慌，因此他能进行侦察、构筑堡垒及派出警戒等等。

这里要说一说关于堡垒的问题。敌人占领资溪桥一二天后，我东方军即到达了资溪桥的东南，在这个时间内，敌人能够构筑不可进攻的堡垒吗？这是不可能的。有支撑点的坚固堡垒要一个星期才能完成，在两三天之内，敌人只能构筑野战式的简易堡垒，并只能供给有限的部队（至多半个师）。这种堡垒对于我们并不是不可征服的障碍，如果原则上拒绝进攻这种堡垒，那便是拒绝战斗。因为敌人经常可以构筑这样的轻堡垒。

2. 当时的情况，对于总的坚决进攻是很有利的。敌人于二十日集中了六七个师于狭小的幅员内，约二十里路的长径，沿着河而且其翼侧却延伸得很长。在十月十九、二十两日，他最多只能构筑在主要市镇附近的一二个师的堡垒。二十一日的谍报已证明，潭头市可供一团，资溪桥可供一营之用，而其集中的大部分部队，没有确实的防护，处于堡垒的间隙中。当我们进攻时，敌人绝不能在这样有限的幅员上，展开这样多的兵力而适时的进入战斗。

方面军同东方军对情况的判断，是与军委有分岐〔歧〕的。方面军计算敌人二十四个团与我们十六团或加上一军团〔计〕二十二个团相对比；对地形的估计，亦正是从敌人的坚固堡垒出发，时间的估计要等待集中全力，结果是在二十三号前不能有任何的进攻，而只能进行佯攻。因为敌人有坚固的堡垒，就是说诱惑敌人于堡垒之外而迎击之。

我们对于情况则是另外一种估计：

A. 敌人二十四个团不能同时展开，机械的计算兵力，不能正确的判断在战斗中与敌人所接触的兵力。兵力大致相等，且是有利于我们的，更不用讲战士的质量方面。

B. 敌人来不及构筑坚固的堡垒。他在潭头市及资溪桥只能构筑不大于一营人的支撑点及野战式的简易堡垒，在周围防御时，敌人的战线要延伸到四五十里以上。

C. 我们进攻愈早则愈好。因为敌人的准备差些，并且不能够得到增援。因此，决定十月二十二日，同时计划一军团也能于是晚参加战斗。

必须的条件是：禁止敌人的侦察，切断其交通及后方道路，驱逐其警戒部队，并施行不断的袭击，以阻止敌人完成及扩大其堡垒。

在这些预先的任务完成之后，则此次进攻是具有完全胜利的机会。

但预先的任务一般讲来是没有执行的。因此，敌人到二十三、二十四号（就是经过一周）已能够构筑相当坚固的堡垒，坚决的进攻是不可能了，而只有以佯攻来诱攻敌人的企图了。

3. 在执行这个企图，主要有两件事实是值得注意的。虽一般正确地分配了兵力，但我们的企图仍未成功。

A. 十三师是从北面佯攻，虽起初是迟慢随后还是坚决的，而十五师从南面的佯攻则迟慢而无力，我们突击队部署在东南是预料敌人将向南反突击。决心的意旨与执行是相矛盾的，这是我们对于自己的力量缺乏确切的估计。十三师是五军团充实而坚强的老队伍，在另一方面，因此敌人自然是多顾虑到其北面的敌人。而我们的突击队却在南面期待突击，在敌人极短促的反突击时，无论如何来不及前出到北面，而佯攻也达不到目的。

B. 突击队是两个最好的军团。我们既然决定了佯攻诱敌反突击，又是从两方面佯攻，为什么我们又不将一个军团放在北面，另一军团放在南面呢（其间的距离不过二十、三十里）？那么无论如何，这里打不到，那里总可打到；或者是一方面佯攻而集中全力在手里，就要如上所说，佯攻时，应给敌人以反突击便利的条件，不然他便不会到我们所想的方面来。

第 五 部

除了分析个别问题时已经作了个别的结论外，现要做出几个总的结论来。

1. 军委及其总司令部对于方面军以及方面军及其司令部，对于各兵团等，都要造成工作上的协调一致。高级司令部的决心，经常应该在意义上去了解它、去执行它，而不应该机械的执行其字句。决心的意旨是不可争论的，而任务是由决心产生出来的。若想在自己的决心及上级的决心之间去寻求一中间的调和的决心，那只是对决心意旨的曲解和动摇，并延误时间而已。但在决心总的意旨范围内，所属的各兵团应自动地去寻找最好的执行方法。至于高级司令部的指示是应该注意的，但并不是绝对要执行的。我们应做到的事，就是各级指挥员及司令部的一致，也就是战役指导和战术的一切基本问题，应有统一意旨。只有在这种一致之下，才能明确地顺利地实行机动。

2. 必须服从上级首长及司令部的一切命令，不执行或迟延执行命令便是破坏总的计划，并能使战役的全部发生问题（如十九师、二十师、独立一团、四团、一军团的迟延，以及三军团在月初的行动）。

关于战斗任务的执行以及转移到所指定的地点是不够的。当敌人已遭受了我们打击时，才算完成了我们受领的任务。我们在这里要指出的，就是差不多全部的指挥员缺乏自发和坚决性。十九、二十师在金溪，十军在信河，及三师进攻资溪桥，都是特别不好的例子，至于独立团、独立营、游击队那就更不用说了。

3. 各兵团指挥员及司令部当给部属任务时，不应给以一般的任务，而必须给以具体的任务——特别在侦察与警戒方面。

我们这些战斗活动的方式（侦察、警戒），诸部队还没有充分的了解，这在将来要给以最严格的注意。

在十月内，差不多一切的机动及战斗任务，因为缺乏适时正确的侦察情报，以致没有完成。只靠着间谍侦察，这是大的错误。因为，他不能给我们估计情况、定下决心必要的材料。

部队侦察如靠观察是得不到结果的，只有以战斗才能得到结果。

4. 在战役的范围内，而特别是在战术的执行上，见了许多对于情况的主要因素的忽视（硝石、资溪桥）。正确的决心是建筑在对于情况每一变动的正确的估计之上的（任务的了解、敌情、自己兵力、地形的估计及时间的计算）。

5. 我们兵力的移动及部署，敌人差不多是适时知道了。这是敌人很好的有组织的飞机侦察，而特别是部队侦察，以及我们不注意保守军事秘密的结果（一个落伍被俘的战斗员能将全部的部署告诉敌人）。指挥员及司令部都必须深刻的了解，防止敌人侦察、保守军事秘密是胜利的第一前提。

军队（团、营、连内）的一切战斗活动都要保守军事秘密。为要隐蔽地移动、接战突击以及退出战斗等，最好是在黄昏夜暗或拂晓时行之。无论如何我们都要了解夜间的战斗及运动的特点，日间运动或驻止时都应利用山坡、树林及居民地（但须防止居民一切行动）。为要对付敌人的间谍侦察及叛徒，要采取最严厉的手段，直至枪决。

我们讲到这个地方为止了。其他战术的问题，可参看军委所印行的战术指示。

代主席　项　英
副主席　王稼祥
　　　　彭德怀

注　释

① 洵口，地名，位于江西黎川县城东北。

② 资溪桥，地名，位于江西黎川县城北。

③ 周、吴、罗，指国民党军第 3 路军第 8 纵队副指挥官周浑元、第 7 纵队副指挥官吴奇伟和第 5 纵队副指挥官罗卓英。

④ 硝石，地名，位于江西南城县城东南。

⑤ 湖坊，地名，位于江西黎川县城东北。

⑥ 武北，指福建武平以北。

⑦ 杉岭，山岭，位于江西黎川县城东北闽赣边境。

⑧ 米达，英文 Metre 的音译，意即公尺，今称米。

⑨ 崇、武，指福建的崇安、邵武。

⑩ 康都，地名，位于江西南丰县城东南。

⑪ 胡坊，即湖坊。

⑫ 周、薛，指国民党军第 3 路军第 8 纵队副指挥官周浑元、第 3 路军副总指挥兼第 7 纵队指挥官薛岳。

对各军团动作的指示[*]

（一九三三年十一月二十二日）

朱、周：

（一）二十日四时半来电悉。

（二）三军团仍照十五日军委给你们电动作。周、薛纵队①来到黎川以前与五军团一起在黎川东北动作，如该敌或周纵队已到黎川，则在黎川东南动作。

（三）一军团应在赤坊整理。如敌再前进时，则移向南或东南山地区域，以此应避免任何决战，但须进行有力的游击战斗，以消〔削〕弱敌人兵力，妨碍到打击洽村②为止。

（四）十四师③应转到罗坊、白番工事地区，在该地整理、完成工事并保持渡河点。

（五）一军团暂时不要转到抚河东岸。

（六）望令各兵团首长，应尽量保持有生力量及物资工具，以待将来决战。

项

二十二日

---

* 本篇系项英致朱德、周恩来的电报。根据中央档案馆馆藏件刊印。

注 释

① 周、薛纵队，指周浑元指挥的国民党军第 3 路军第 8 纵队和薛岳指挥的第 7 纵队。

② 洽村，村名，位于江西广昌县城西北。

③ 十四师，时隶属红 9 军团，师长程子华，政委朱良才。

加强中央苏区赤色戒严，
以防敌阴谋破坏*

（一九三三年十一月二十五日）

帝国主义、国民党在与我们做绝望的残酷战争中，其便衣队和侦察随时有混入边区侦察及捣乱的，甚或利用反革命分子进行反革命的阴谋和活动。所以，我们对赤色戒严是不得不特别加紧的。

军委第七号训令和紧急命令早指出，各军区、作战分区及各级军事部应动员全部赤卫军、模范营及赤少队严密赤色警戒，特别是建立盘查哨、游动哨、巡查队，来打击和消灭敌人之便衣队和侦察，以保卫苏区并帮助保卫局压制和消灭一切反革命之阴谋企图，巩固后方。

可是近查各县赤色戒严却非常松懈，不仅没有按照训令执行，且有放哨不携武器的严重错误。据我们知道的，如瑞京①县城市区之南郊步哨，当有一开小差的分子带刀经过，该步哨员手无寸铁没法阻挡，不得不听其逃走。更有宜黄、乐安、永丰等许

---

* 本篇系项英与王稼祥、彭德怀联名签发的中央革命军事委员会训令。根据军事科学院军事图书馆馆藏件刊印。

多地方简直没有设哨，如乐安之前寒村②至宜黄之黄陂市③，永丰之南坑④至乐安之招携⑤等地，茬田某乡步哨员都说是两个六七十岁的老头子。甚至像宜黄县军事部负责同志便说："群众不肯放哨，群众怕敌人便衣队。豪绅地主造谣恐吓群众，若去放哨一个个都会被敌人打死。"这完全是不相信自己的力量，夸大敌人的力量，十足的机会主义者的说法。此种极严重的错误，应毫不容许继续下去的。

兹为加紧赤色戒严计，不得不重加注意，各军区、作战分区及各军事部必须严格执行下述几点：

一、各军区立即督责各级军事部加紧赤色戒严工作；

二、各级军事部应召集赤少队干部会议，来讨论怎样执行第七号训令和紧急命令，纠正过去忽视赤色戒严的错误和缺点，立即加以改正；

三、确切建立游动哨、盘查哨、巡查队，每一步哨员必须携武器放哨并须常有对敌观念，防敌人的袭击。

各军区及各级军事部再不执行或执行不力的，即表示对赤色戒严有意忽视或故意违抗，决以革命纪律来制裁的。

此令

代主席　项　英

副主席　王稼祥

彭德怀

注　释

① 瑞京，即江西瑞金，时称中华苏维埃共和国首都。

② 前寒村，村名，在江西乐安县境内。

③ 黄陂市，镇名，位于江西宜黄县城南。

④ 南坑，村名，在江西永丰县境内。

⑤ 招携，镇名，位于乐安县城南。

对各部任务及动作的指示[*]

（一九三三年十一月二十八日）

朱、周：

（一）因为北面作战情况的变动，军委十七号的训令亦得变更。

（二）敌人现有三个突击方向：

1. 蒋纵队^①于永丰之南；

2. 第七纵队^②及第五纵队^③半数在抚河西岸；

3. 第八纵队^④及第五纵队半数在抚河东岸。这几个方向中，目前没有一个是主要的。其主要的方向，要看南城预备队的使用及闽北情况的发展如何而定。军委认为，敌人将继续其主要的突击方向，尤其黎川东南旧有的方向。

（三）我们的基本任务是：

1. 整顿补充我们突击兵团，一、三军团战术上重新的训练。

2. 迟滞敌人的进攻，削弱其力量，以达到制止敌人五次"围剿"的最终目的。

3. 对敌各个部队不大于一师的，给以短促迅速的突击。在

＊ 本篇系项英致朱德、周恩来的电报。根据中央档案馆馆藏件刊印。

一切动作中，要以最高度的保持有生力量、物资基础及我们新的原则为出发点。因此，要避免与敌大的兵力过早开始决战。

（四）对付蒋纵队的动作如次：

1. 独二团与独十一团应在永丰、乐安北之敌人的远后方活动。

2. 独三团及独十三团应在古县⑤地域敌人的近后方活动。

3. 工人师⑥缺一团，从正面箝制敌人的十师及八十二师，但依战术说来，最好是在地形上的侧击阵地。所有这些部队及游击部队应编为西方军，受江西军区司令员⑦指挥。

（五）对付抚河西岸敌人集团的动作如次：

1. 独一团在宜黄、抚州、南城、抚河之间敌人的远后方活动，并经常变动自己动作的方向。

2. 独四团在敌人近后方待机对吴纵队⑧的翼侧活动。

3. 一军团派出小的部队，如游击队到正面活动。他们应同五军团的动作一样，取小战的战术，最高度的开展，并领导地方部队的游击战争。

4. 一军团的主力应于沙坪上⑨以东的地区，该域由方面军的首长确定、整顿。从十二月一号起，准备到任何方向实施新的游击动作，第五、六军团、七军团动作照旧。

项

二十八日

注　释

① 蒋纵队，即国民党军第 2 路军总指挥蒋鼎文所辖第 1、第 2 纵队。

② 第七纵队，即国民党军第 3 路军所辖薛岳纵队。

③ 第五纵队，即国民党军第 3 路军所辖陈诚纵队。

④ 第八纵队，即国民党军第 3 路军所辖刘兴、周浑元纵队。

⑤ 古县，地名，位于江西永丰县城东南。

⑥ 工人师，即中央警卫师，师长孙超群，政委张经武。

⑦ 江西军区司令员，此时陈毅任司令员。

⑧ 吴纵队，即国民党军北路军第 3 路军第 7 纵队，副指挥官吴奇伟。

⑨ 沙坪上，村名，位于江西南丰县城西南。

对各军团作战行动的补充指示*

（一九三三年十一月二十八日）

军委二十五日二十时给你们的密令完全是适用的。兹因情况的进展，给以下述的补充指示。

1. 第七军团在敌人四师为掩护其调往闽北某路军的右侧，而构成黄狮渡、珀圩、南堡、嵩市以至资溪县一带之堡垒时，应以一小部领导地方部队，依托田西、水口、东山山脉对敌右侧活动；以主力转到南堡、上清①方向对敌左侧活动，妨害其筑垒，迟滞其向闽北前进。这特别要与金、资、贵、铅②以及闽北诸游击队配合。

2. 第三军团仍集结原地待机，其派到光泽之六师部队，应于消灭该地土匪、交由新独立团领导地方部队活动后，即归还建制。

3. 当抚河西岸敌人之五、七两纵队③抽兵出闽北和出黎川东南时，独立一团应挺出南城西北地域活动，独四团则进迫棠荫④附近活动；一军团则派队到沙岗上、熊坊⑤跟踪游击，主力

---

* 本篇系项英对红一方面军各军团签发的指示。根据中央档案馆馆藏件刊印。

应在原地待机。

4. 西方军⑥应以独二团挺出永乐以北敌人远后方，独三团由鹅公圩、七都圩⑦向藤田、古县⑧敌人左背活动，独十三团则由冠山、查口向该敌右背活动，特别破坏其交通和供给，而与正面之坚壁清野相呼应；警卫师则依托罗背街、鹅公圩山地游击该敌，特别是在运动中侧击之。

项　英

二十八日

注　释

① 上清，地名，位于江西鹰潭市南。

② 金、资、贵、铅，指江西金溪、资溪、贵溪、铅山四县。

③ 五、七两纵队，指陈诚、薛岳指挥的第 5、第 7 纵队。

④ 棠荫，地名，位于江西宜黄县城东南。

⑤ 沙岗上、熊坊，地名，均位于江西南丰县城西北。

⑥ 西方军，由工人师和独立第 2、第 3、第 13 团等部组成，陈毅任司令员兼政治委员。

⑦ 鹅公圩、七都圩，地名，均位于江西永丰县城东南。

⑧ 藤田、古县，地名，均位于永丰县城东南。

红五军团的任务与整顿红九军团[*]

（一九三三年十一月二十九日）

朱、周：

（一）周纵队^①逼近黎川，五军团的任务须变更如下：

A. 十三师之一团应占领全十三师之堡垒地区，而主力则在周纵队硝、黎^②之间的交通线上，继续游击。

B. 四十五团应占领十五师的堡垒地区，而该师主力则阻碍敌人向钟贤^③及向黎川之南筑垒。

C. 堡垒地区与黎川的地方应坚壁清野、搬走一空，以与截敌人后方供给之动作相应。

D. 突击队不要进行持久的战斗，对敌人部队和运输的侧背，只限于作迅速短促的突击。

E. 占领堡垒地区的部队，当作是休息，每师之诸团应轮流换班。

（二）三师的主力仍活动于黎川、南丰之间，向北发展游击动作；另一营占领三师的堡垒地区。

---

* 本篇系项英致朱德、周恩来的电报。根据中央档案馆馆藏件刊印。篇题为编者所加。

（三）赶快整顿三师及十四师，使其于十二月初具有战斗力，而能在九军团编成内动作。郭天民任九军团司令部参谋长，促取近路去三师整顿后，并去十四师整顿；在整顿后则代行九军团长职务。当郭未去十四师前，即由一军团负责。

（四）交军事裁判所者，只限于不负责而犯严重过失的人，但须注意教育来纠正错误。

项

注　释

① 周纵队，即国民党军第 3 路军第 8 纵队，副指挥官周浑元。

② 硝、黎，指硝石、黎川。硝石位于江西南城县城东南。

③ 钟贤，地名，位于江西黎川县城西部。

各军团动作的基本原则、根据及其任务*

（一九三三年十一月三十日）

朱、周：

（一）一切的动作应基于下述的原则：

1. 敌人的突击方向，现已不是在永丰、棠荫①之南；

2. 周纵队②仍属箝制方向；

3. 第一路军③的主力将经浙境入闽北。

（二）我们的动作根据于下述的意见：

1. 在敌人原来的突击方向跟随其后，而占领其所放弃的阵地；

2. 在东北方面，不要与敌第一路主力作战；

3. 照旧竭力保持有生力量及资材。

（三）西方军仍行昨日的命令。

（四）一军团及独一团：

1. 游击党口④；

---

* 本篇系项英致朱德、周恩来的电报。根据中央档案馆馆藏件刊印。篇题为编者所加。

2. 袭击九十师⑤的部队。

（五）五军团之十三师袭击黎川以北之部队，及硝、黎间的交通，来诱引周纵队，而适当敌人部队出动、行反突击时，则以全力猛击这种部队。三军团的突击应迅速而短促，突击后立即回到原来的地位〔域〕。七军团应在游击战争中，积极猛烈地开展战争的活动，来削弱敌四师⑥及七十九师⑦的部队。

（六）应确实掌握三军团在自己手中，六师应归合于主力集结，目前不应企图进攻四师及七十九师。

（七）十二月二日将有战役的训令电告。

项

注 释

① 棠荫，地名，位于江西宜黄县城东南。

② 周纵队，指周浑元指挥的第 8 纵队。

③ 第一路军，即国民党军北路军之第 1 路军，由顾祝同兼总指挥。

④ 党口，地名，位于江西南丰县城西北。

⑤ 九十师，隶属于国民党军第 3 路军第 7 纵队。

⑥ 四师，隶属于国民党军北路军第 2 路军预备队。

⑦ 七十九师，隶属于国民党军第 3 路军第 8 纵队。

关于各部队选送第一步校
第二期学员数目条件的命令*

（一九三三年十二月一日）

为适应革命战争的需要，现决定将第一步兵学校①第一期（即原红校第六期）学员提前于十二月十日毕业。这一批毕业的学员，在十二月二十五日前可分配到各部队去（学生的分配数目另有通知）。

第一步兵学校第二期学员定于一九三四年一月十五日开学。各部队应选送该校第二期的学员，应于接此令后马上按照以前所规定选送学生的条件，选定妥当。俟分配到部队工作的第一期学员到达后，即马上（务于一月十日前赶到瑞金）送来瑞金城第一步兵学校接待处，以便按时开学为要。

各部队应选送第一步兵学校第二期学员的数目，规定如下表：

---

* 本篇系项英对红一方面军所属部队签发的命令。根据中央档案馆馆藏件刊印。

部队	选送步兵学生数目	选送政治学生数目	备考
方面军直属队	五	二	
独立第一团	一〇	五	
独立第二团	一〇	五	
独立第三团	一〇	五	
独立第四团	一〇	五	
中央警卫师	二〇	一〇	
政治保卫局部队	一〇	五	
第一军团	八〇	四〇	含第一、二师
第三军团	二〇〇	一〇〇	包含第四、五、六、三四师
第五军团	六五	三三	包含第十三、十五师
第七军团	六五	三二	包含第十九、二十师
第九军团	四〇	二〇	包含第三、十四师
江西军区	二〇	一〇	包含独立第十一、十二、十三团
福建军区	一五	七	包含独立第七、八、九团
闽赣军区	四五	二三	包含第六十师及其所属之独立团营
粤赣军区	三〇	一五	包含第二十二师及独立五、六、十团
合　计	六三五	三一七	

过去各部队选送红校的学员，有很多不合条件的。这次选送学员，必须选送有一年以上战斗经验的班长或战士。

各部队原应选送第二步兵学校②的学员，仍应遵照本会二十二日电令迅速补送。

此令

代主席　项　英

注　释

① 第一步兵学校，又名工农红军彭杨步兵学校，1933 年 10 月由红军学
校第六期改编而成。

② 第二步兵学校，又名工农红军公略步兵学校，1933 年 10 月由红军学
校第七期改编而成。

红军应保持三三制的编制原则*

（一九三三年十二月二日）

朱、周：

（甲）二十八日彭、滕①电，拟将每营编两步兵连、机枪一连，这是不合战术原则，将演成战术的后果。

（乙）我们要保存三三制②，特别是三军团③。

（丙）现中央已实行动员，战士补充的紧急，十二月底可望前送。

（丁）教导第二团十二月半拟补该军团。

英

二日

注 释

① 彭、滕，指彭德怀和滕代远。彭时任红3军团军团长，滕为红3军团

* 本篇系项英致朱德、周恩来的电报。根据中央档案馆藏件刊印。

政治委员。

② 三三制，指红军的一种编制，规定每级直辖三个单位，如每团辖三个营，每营辖三个连，每连辖三个排，每排辖三个班。

③ 三军团，即红一方面军第3军团。

节省动员经费充实战争经济的办法[*]

（一九三三年十二月三日）

动员经费及新战士的衣被，向由总动员武装部负责分发和清算。这一办法在几个月以来发生不少的毛病：（一）每月各县支出与实际扩大红军之数不甚相符，主要的是半途逃亡，各县军事部没有负着责任，而且损失衣被甚多。（二）各县军事部将动员费扯去支付地方部队经费。（三）往往因经费事前无精确预算，不能适时发给之伙食费用，直接影响于动员。现为消灭此种现象，节省经费以充实战争经济，便利于动员工作起见，特规定以下办法：

一、扩大红军费用、衣服等项，改由各补充师、团负责，向总供给部领取、分发和报销，总动员部只负动员的责任；

二、各县所需之动员经费拟定预算，向各属之补充师、团报告，由该师、团按数派人送到各县，并协同军事部支发；

三、新战士的衣服由各补充师、团按计划领发，各县寄存由补充师、团派一专人保管和分发，新战士到县再发衣服；

---

* 本篇系项英与王稼祥、彭德怀联名签发的中央革命军事委员会命令。根据军事科学院军事图书馆馆藏件刊印。篇题为编者所加。

四、发一人的伙食费用、衣服等，须有一个新战士到补充师、团，如半途逃跑者由该军事部负责；

五、动员经费绝对不能移做他用，否则由军事部及补充师、团负责赔偿；

六、按月作决算一次，所用经费、所发衣服须与实际扩大红军数目相符合，由各补充师、团负责清查向总供给部报销；

七、无补充师、团组织之独立团、营、游击队等，其动员经费、衣服，均由军区和作战分区负责；

八、动员运输员的经费，以后属于兵站者由兵站负责，照以上办法执行；属于前沿各军师者，由该补充师负责。

以上各项，立即遵照执行。

此令

代主席　项　英

副主席　王稼祥

彭德怀

关于第十七第十八师等部的活动方向[*]

（一九三三年十二月六日）

陈：

　　湘赣来电，十七、十八两师十号前后可达遂、万、泰[①]方向活动，相机马家州[②]及泰和城，打通河东[③]联系。湘赣独四团同时由遂川苏区出横石井、沙地[④]行动，并恢复上、崇苏区[⑤]。已令富春[⑥]同志转三、四两作战分区挺进河西游击，适时配合行动。

项

六日十三时

注　释

　　① 遂、万、泰，指江西省遂川、万安、泰和县。

---

　　* 本篇系项英致江西军区兼东北战区指挥部总指挥陈毅的电报。根据中央档案馆馆藏件刊印。篇题为编者所加。

② 马家州，即马家洲，位于江西泰和县城西南。

③ 河东，指江西省赣江以东一带地区。

④ 横石井、沙地，地名，横石井位于江西遂川县城东南；沙地位于江西赣县县城西北。

⑤ 上、崇苏区，指江西省之上犹和崇义革命根据地。

⑥ 富春，即李富春，时任江西军区兼东北战区指挥部政治委员。

罗坊广昌堡垒构筑违背支撑点原则[*]

（一九三三年十二月六日）

朱、周：

据一军团[①]电及程子华[②]及周建平[③]称：罗坊[④]、广昌至建宁各堡垒，每个须一连以上兵力守备，且无适当距离，没有火力配系，常时倒塌，这是完全违背了构筑支撑点的原则。要小而节约兵力，要坚固、要隐蔽、要集团、要有侧射、要有火力配系的要求，望就近检查和纠正。牛田医院[⑤]伤病兵不愿归队，散在民家，纪律最坏，政治工作惊人落后，望速处理。

项

六日

注 释

① 一军团，指红一方面军第 1 军团，军团长林彪，政治委员聂荣臻。

---

* 本篇系项英致朱德、周恩来的电报。根据中央档案馆藏件刊印。

② 程子华，时任红 9 军团第十四师师长兼政治委员。

③ 周建平，时任红一方面军第十九师师长。

④ 罗坊，村名，位于今江西南丰县西南。

⑤ 牛田医院，红军开设在江西乐安县城西南的野战医院。

关于箝制向光泽前进敌人之部署[*]

（一九三三年十二月七日）

周、朱：

（1）收彭、滕①七日一时半电。

（2）驻守光泽的地方部队，应前出于寨里②附近，迟滞、箝制向光泽前进的敌人，另酌由第三十四师派出部队，前出于寨里西北适当地点，由西侧击该敌。

（3）第六师应归，留在三军团建制。

（4）第三军团应于十二日前执行突击周纵队③，完成任务，以便于十二日后自由使用于另一方面。

项

七日

注　释

① 彭、滕，指彭德怀和滕代远，时分任红3军团军团长和军团政治

---

* 本篇系项英致周恩来、朱德的电报。根据中央档案馆馆藏件刊印。

委员。

② 寨里，村名，位于福建光泽县城北部。

③ 周纵队，指国民党"围剿军"第 3 纵队周浑元师，周为师长。

各军团各师应欢迎新战士归队[*]

（一九三三年十二月九日）

朱、周并转各军团、各师首长：

各县的归队运动①正在开展，十二月份定有大批新战士归队。前方各军团、各师应来电欢迎他们踊跃归队，不要侮辱他们，特别要从政治上定出具体办法，吸引和教育他们。

项

九日

注　释

① 归队运动，指通过各种形式动员"开小差"，即自动离开部队的红军中的成员重新归队。

* 本篇系项英致朱德、周恩来电报。根据中央档案馆馆藏件刊印。

关于敌军部署及我军的作战决定[*]

（一九三三年十二月十三日）

第一方面军朱、周：

述军委的决定如下：

（子）我们估量敌人十二月的部署如下：

A. 由第八十七、第八十八、第八十、第八十九、第三及第九师等编成之三个纵队，是绕过我东北的苏区，经过浦城以图迅速地突击，第十九路军之新编第四旅及第五十六师，是其邵武与建瓯地区的箝制部队。

B. 由第四、第七十九、第十师及第八十三师等编成的两个纵队，将由金溪经资溪、光泽实行其辅助的突击。

C. 第五、第八两纵队①已集中于黎川地域（第五、第六、第九、第十六、第十一、第十四、第六十七、第九十四师等，除了守备队外，还有这七八个师）。

D. 原在党口、古县②的突击方向已撤消。

E. 广东敌人正在对付十九路军布置防御，并重新部署来克

---

* 本篇系项英致朱德、周恩来的电报。根据中央档案馆馆藏件刊印。篇题为编者所加。

服其内部的矛盾。

F. 湖南的敌人同前。

（丑）我们以相当兵力箝制东北的主要敌人，而以其余的兵力调到西方转为反攻，其目的如下：

A. 在西方消灭敌人一两个师。

B. 迫使敌人实行局部的新的部署，要看这一战役的结果如何，来决定以后进展的两个可能方向：

（1）往乌江以北。

（2）往赣江以西。

在这两种情况下，目的是打通与基本区域切断了的区域。

（寅）为求在东北方面更顺利地箝制敌人，应构筑补充的堡垒地区：

A. 由黎川东南至泰宁。

B. 由康都③至建宁及更向东南延伸，完成泰宁与广昌的堡垒地域，可利用第五军团的工兵部队指导这一工作。

（卯）第十军应保持其原有的基本地域，并侧击经上饶开浦城移动中敌人的纵队。崇安的独立团应依据其原有的地域，发展游击动作，来对付浦城地域内敌人的部队。

（辰）第七军团和资溪、光泽的独立团以及其他的游击队，仍在东北方面，其任务是发展游击动作与侧击向资溪、光泽运动中敌人的中央纵队。如东北方面被切断时，他们仍应留在东北为独立部队，继续发展游击战争，在资溪务须进行顽强的防御，其进行时也只是保障第七军团突击敌人前进部队，且应从山地集中地突击向资溪、光泽间的敌人。

（巳）第五军团应编入有第十三、第十五及第三十四师（该师最后编入）顺次地依靠着堡垒地区，扼阻第五、第八两纵队，向黎川之东及南前进，守备堡垒地区者不得使用全兵力三分之一以上，而其三分之二的兵力，应仍旧侧击移动中的敌人。当敌人压迫时的退却路：

（1）第三十四师是泰宁。

（2）第十三师是黎川东南地域，以后便是建宁、泰宁地段。

（3）第十五师是在康都和建宁。

（午）第九军团应依托于白舍④、康都一段堡垒地域，箝制抚河两岸的敌人。看情况的变动如何，第三师可调至抚河西党口的方向。

（未）第一军团协同独立第一、第四团在五都地域，应短促突击敌人九十师及五十九师的部队，并在第三军团向西通过后即转移到永丰地域，那时第一军团现在的地段则应由独立第一、第四团接任箝制的任务，再后则由第九军团接任之。

（申）三军团缺三十四师，应于二十号转移到古县地域，该地之警卫师欠一团、独二、三、十一、十三团都归他指挥，其任务是消灭古县地域的第九、十三师。第一军团应在第三军团后跟进，切断乐安、永丰、吉水以南的道路，并依当时的情况，在乌江以南或乌江以北消灭敌人前来增援的部队。第一军团、第三军团组成西方军，受军委总司令部的指挥，而军委之特务队（炮兵班一、工兵排一、化学排二）附属于西方军。

（酉）西方军应向下面两个方向进行侦察：

A. 吉水、永丰、新淦、七琴⑤。

B. 泰和、万安及永新、安福方向，依据侦察及在古县、永丰战斗的结果，西方军在正月内的行动或者赣江西岸与十七、十八师配合行动，将河西的苏区与中央苏区联系起来，或者是向北恢复我们的苏区。

（戌）粤赣军区之第二十二师及警卫师之第二团与独立团，其任务如下：

A. 掩护从寻邬、安远到瑞金来的这一方向。

B. 尾追从安远、上杭、武平敌人退却的部队。因此，必须保持不断的与敌接触，并积极的发展游击动作。

（亥）这是秘密的决定，只在各个命令中通知各兵团、各军区的任务。

项

十三日

注 释

① 第五、第八两纵队，即国民党军第3路军所属的第5纵队和第8纵队。

② 党口、古县，地名，党口位于江西南丰县城西北；古县位于江西永丰县城东南。

③ 康都，地名，位于南丰县城东南。

④ 白舍，地名，位于南丰县城西南。

⑤ 新淦、七琴，地名，新淦即今江西新干县；七琴位于新干县城东南。

关于西方军等部目前的任务*

（一九三三年十二月十四日）

周、朱，陈毅：

（一）西方军①目前的任务，不是要夺取古县②城域，而是要使第九十三师③孤立，而是要采用发展游击动作的方法，来逐渐削弱他的力量，阻碍他构筑新堡垒，并切断他与其基本根据地之永丰、乐安的联络。

（二）警卫师应移到其七都，其任务如下：

（1）断绝永丰与乐安地域相互间的以及这些地域与敌第九十三师地域的一切交通和运输。

（2）为要监视及持久的孤立梁坊、古县、莲花山，集中几个基本的要塞地域起见，对于每处人员派出一营去活动。

（3）主力应经常准备突击在堡垒外的敌人。

（4）我们占领大小岭的敌堡应保持之。

（三）独十三团应断绝敌人在古县重要道及其西北的交通，而独立团应活动于永丰之南以前与警卫师协同动战④。

＊本篇系项英致周恩来、朱德和江西军区司令员陈毅的电报。根据中央档案馆藏件刊印。篇题为编者所加。

（四）独二团及独十一团，应深入到新淦⑤、丰城去活动。

（五）继续侦察第九十三师及其堡垒配系的情形，并将所得新的情报随时电告军委。

项

十四日

注 释

① 西方军，由工人师、第十四师和独立第 2、第 3、第 11、第 13 团编成。

② 古县，镇名，位于今江西永丰县城东南。

③ 第九十三师，隶属于国民党军第 1 军（也称西路军）。

④ 协同动战，即协同作战之义。

⑤ 新淦，即今江西新干县。

目前的任务是坚壁清野破坏道路[*]

（一九三三年十二月十六日）

朱、周：

目前要迅速采用一切方法迟缓敌人向泰宁的前进，并在沿途各区域实行坚壁清野。为完成这一任务，除用苏维埃及地方部队外，还可使用第七团及三十四师之一部，以及一切工兵，第一军团[①]的在外。这些都应依照各司令部的详细计划行之，现应采取下述的方法：

（1）一切伤病员撤回建宁，至于牛田医院移交第七军团[②]，熊村医院移交第三军团[③]，樟村、大田市[④]以北各兵站及一切后方机关应撤收之。

（2）箝制得胜关[⑤]及泰宁之间及得[⑥]西南的第二线支撑点，并准备樟村、大田市地区和建宁以东一带第三线之支撑点，由你们根据地形条件具体决定。

（3）破坏道路。

①由资溪到光泽。②资溪、牛田、樟村、新桥。[⑦]③得胜关、

---

* 本篇系项英给在前方指挥作战的朱德、周恩来的电报。根据中央档案馆馆藏件刊印。篇题为编者所加。

新桥的平行路和交叉路。

（4）将敌人前进路上居民地的男子及资材撤运一空，并准备退出光泽的一切步骤。

（5）准备安全退出泰宁，委托方面军⑧司令部规定计划并执行之。

项

十六日

注　释

① 第一军团，隶属红一方面军，军团长林彪，政治委员聂荣臻。

② 第七军团，于 1933 年 10 月成立。

③ 第三军团，隶属红一方面军，军团长彭德怀，政治委员滕代远。

④ 樟村、大田市：樟村位于今江西黎川县南；大田市，即大田，位于福建泰宁县城西北。

⑤ 得胜关，即今德胜关，位于今江西黎川县城东南，系由福建泰宁至黎川的道路上的重要关隘。

⑥ 得，指得胜关。

⑦ 新桥，村镇名，位于今福建泰宁县城北部。

⑧ 方面军，即中国工农红军第一方面军。

注意我们部署中的弱点*

（一九三三年十二月十七日）

朱、周：

望在我们的部署中注意下述的弱点：

（1）第九军团①的任务过于繁杂，且有按团分散兵力之害，最好集中两个师在一起成为主力，以保障战斗的顺利。

（2）第三十四师②应注意自己的翼侧，特别是要在猴形隘掩护自己的右翼。

（3）要详细侦察上、南、得胜关③之间有无敌人、能走的山路，因为这个地段似没有我们的部队掩护。

项

十七日

---

* 本篇系项英致朱德、周恩来的电报。根据中央档案馆馆藏件刊印。篇题为编者所加。

注　释

① 第九军团，隶属红一方面军，军团长罗炳辉，政治委员蔡树藩。

② 第三十四师，隶属第 7 军团，师长周子昆（兼），政治委员程翠林。

③ 上、南、得胜关：上指上顿（今江西临川市），南指今江西南城县，得胜关位于江西黎川城东南的闽赣边境。

各兵团对空袭防御应注意之方法[*]

（一九三三年十二月二十日）

当敌人飞机袭击时，我军重复受到损害及混乱，是由于未执行西方军①十一月中旬所分发的对空及对化学防御之指示的结果。诸兵团应重复研究这一指示，并在一个星期内传达到每个战士，必特别注意下述方法：

甲、要避免混乱，主要是靠着军队中政治工作及指导员、政治委员以身作则。

乙、要渐次的转变到夜间动作，要详细研究夜间动作的战术，现在就应该在夜间转移部队，但须在日间预为侦察敌情及道路，除此以外我军应熟习夜间作战。

丙、一遇着对空警报的信号时就要采取稀疏的战斗队形，以免敌人飞机每次袭击都受到大的损害。

丁、每师内应拨出一个重机关枪排到防空的特务队内，其任务是射击一百米以下的飞机。

戊、每营内每日应指定对空的值班步兵排，射击四百米以下

---

* 本篇系项英签署的中央革命军事委员会训令。根据中央档案馆馆藏件刊印。

的飞机，其余的部队都不应该射击，以免空费子弹和增加混乱。
执行的情形于正月一日前报告各军团。

项　英

二十日

注　释

① 西方军，1933 年 11 月 12 日由工人师（缺一个团）、十四师和独立第
2、第 3、第 11、第 13 团等部组成，陈毅任司令员兼政治委员。12 月
20 日，西方军改组，由第 1、第 3 军团及独立第 11、第 13 团编成。

我军转移突击方向和
重新编组及各军动作问题[*]

（一九三三年十二月二十日）

朱、周，林、聂（西方军及方面军）：

（一）敌人以周纵队①在得胜关②附近暂时箝制我军，而主力则向东进攻，以便与其在邵武地域的中央纵队取得联络。但敌人回后其向泰宁的突击方向仍然是可能的。

（二）我们要转移突击方向到西（永丰、古县③）去，此处是敌人最弱的地区。我们的目的，是消灭乌江以南及以北的敌人部队和恢复我们的苏区。至于东北现已被切断了。

（三）我们根据以上的情况来组织以下的三个军：

（甲）东方军由第五、第七两军团编成之（东北诸独立团及独立六十一团都在内）。

（乙）中央军由九军团及独一与独四团编成之。

（丙）西方军由第一、第三军团及独立第二、第三、第十一及十三团编成之。

＊ 本篇系项英致朱德、周恩来及红1军团军团长林彪、军团政委聂荣臻的电报。根据中央档案馆藏件刊印。篇题为编者所加。

（四）东方军的动作如下：

（甲）第七军团应结束牛田④伤病员向南撤退的工作，必须时则用自己兵力沿山路及三十四师阵地的东西撤回伤病人员，以后则仍回到北面开展游击战争。

（乙）第五军团应防守现占领的地区。当敌人突破时，则第三十四师退至泰宁地域，该地域之六十一团即受三十四师的指挥，而第五军团的主力则退到建宁以北。

（丙）第九军团的主力仍应位于五军团左侧的前面，以箝制敌人，进行游击战争和短促地突击敌人的右侧。

（丁）第三军团应经康都、洛口⑤至古县东北的地域，并应于正月一号到达该地域，其所属之第十七团应由东北抽出来跟随三军团的主力行进。

（戊）第一军团立即转移到乌江北岸，与独二、独三及独十一团协同消灭税警团的部队，并相机消灭敌第九十二师、第二十七师⑥及第十三师⑦的部队。警卫师任务仍旧，并以自己的动作掩护一军团。

（五）当三军团向西转移及组成新的东方军时，则方面军司令部即回到瑞金开始运动。大概要在二十五日开始运动。

项

二十日

注　释

① 周纵队，指国民党"围剿"军北路军第3路军第8纵队，副指挥周

浑元。

② 得胜关，关名，即今德胜关，位于江西黎川县城东南的闽赣边境。

③ 古县，地名，位于江西永丰县城东南。

④ 牛田，地名，位于江西乐安县城西南。

⑤ 康都、洛口：地名，康都位于江西南丰县城东南；洛口位于江西广昌县城西部。

⑥ 第九十二师、第二十七师，均隶属国民党军顾祝同指挥的第 1 路军。

⑦ 第十三师，隶属国民党军钱大钧指挥的总预备队。

关于第七军团编制和配备问题[*]

（一九三三年十二月二十二日）

朱、周，董、朱，寻、乐：

（一）第七军团^①应改编如下：

（甲）第十九师编为三个团（即第五五、五六、五八团）。每团约人数一千人，五百枪，九架轻机关枪；六架重机关枪；每团有三个营，加一个重机关枪连；每营有三个连，每连有三个排、一个轻机关枪班；每排分三个班，每班九个人。

（乙）第五十九团改为独立团，在第七军团的编内行动，共应有五百人，三百枪及两架轻机关枪，其组织编为一个普通的营及两个独立的连。

（丙）军团直属不应超过三百五十人，一百枪，在这种情况下，用不着侦察连，因为独立团能担任这一任务。

（丁）崇安^②及光泽独立团应照原来的编成单独行动，并应与七军团协同动作。

（二）指挥人员由方面军^③以及第七军团分配之，第七军团

---

* 本篇系项英给朱德、周恩来、红 5 军团军团长董振堂、政委朱瑞、红 7 军团军团长寻淮洲、政委乐少华的电报。时红 5、红 7 军团被编为东方军。根据中央档案馆馆藏件刊印。篇题为编者所加。

首长及其司令部与第十九师的首长和司令部应合而为一营。第七
军团回至东北后，即进行组织。

（三）在今后的战斗中，应依据下述各项来使用该军团的
部队：

（甲）崇安、光泽独立团应负特别的任务，在敌人的后方进
行游击战斗。

（乙）独立第五十九团应根据第七军团总的动作计划，进行
侦察、箝制敌人部队，以及游击动作。

（丙）第十九师应集结一起，来突击敌人的翼侧及后方。

（四）后方机关如兵站及医院亦应编入到军团内，这是为计
算在上述的编制以内。

项

二十二日

注　释

① 第七军团，即红一方面军红 7 军团，军团长寻淮洲，政委乐少华。

② 崇安，即福建崇安县，今武夷山市。

③ 方面军，指中国工农红军第一方面军。

关于红十军行动的指示[*]

（一九三三年十二月二十四日）

朱、周，刘：

根据宏毅^①同志报告，对你们有以下指示：

甲、应广泛发展游击战争，有力的配合和策应主力的行动或游击队发展的方向，一个应沿修×^②向着开化、常山之间，一个应沿平山山脉向着婺源、休宁方面，必须加强其干部，特别政治领导应与省委^③计划派地方工作团同去，甚至选派红军一连去领导其行动。这些地区均完满具备发展游击运动的条件，要打破等候具备暴动的条件方去的错误观念。

乙、在敌采取逐步推进的情况下，你们在万年、乐平方面以地方部队择险构筑支撑点，扼止敌人推进，坚壁清野，并以兵力侧击之。同时，在该敌后方开展游击战争，阻其接济。这样，才能尽箝制敌人的任务，保障第十军^④根据军委的指示或行动自如。

---

* 本篇系项英给朱德、周恩来、红 10 军代军长刘畴西的电报。东北军，指向北进发的红 10 军和闽浙赣军区的部队。根据中央档案馆馆藏件刊印。篇题为编者所加。

丙、要从各方向充实和加强十军，但须充实战斗部队的组织，避免指挥机关及非战斗员的浮肿现象。

项

二十四日

注　释

① 宏毅，即曾洪易，时任闽浙赣军区政治委员。

② 修×，原件如此。

③ 省委，指中共闽浙赣省委，省委书记曾洪易。

④ 第十军，即中国工农红军第一方面军第 10 军，代军长刘畴西。

第七军团应在泰宁进行整编训练*

（一九三三年十二月二十五日）

朱、周，董、朱，寻、乐：

1. 七军团①应根据军委二十四日二十时电在太宁②进行改编，在未得军委命令以前，暂不回东北，利用这一时间来休息，并作战术上的训练。指挥员、政治工作人员及战斗员，特别要注意侦察、警戒与夜间动作的问题。军团指挥机关与十九师指挥机关合并为第七军团，应经常准备多指挥两个师。

2. 独立第六十一团应编为三十四师之第三团。

项

二十五日十三时

---

* 本篇系项英致朱德、周恩来和红5军团军团长董振堂、军团政委朱瑞和红7军团军团长寻淮洲、军团政委乐少华的电报。根据中央档案馆馆藏件刊印。篇题为编者所加。

注　释

① 七军团，隶属红一方面军，军团长寻淮洲，政治委员乐少华。

② 太宁，指福建泰宁县。

关于第五军团动作的原则及任务 *

（一九三三年十二月二十五日）

朱、周，董、朱：

1. 敌人的第三路军①目前主要方面，是向金坑②并绕过地区堡垒地域的北面，以便与第四路军③取得联络。

2. 我们的动作应根据下述的原则：

（1）最高度地顾惜我们的兵力及资材。

（2）要使我们第十四师及独六十一团的部队，不被截断在金坑以北。

（3）必要时，可将东方军④现有的兵力集中到太宁⑤以北堡垒地域的第二线。

3. 独六十一团，应从金坑以北的地域，经金坑以东的山地渐次撤退，而与第三十四师的主力会合，同时他应进行游击战争，坚壁清野及破坏道路的工作。向南移动动作的时间及方法，由方面军⑥依当时的情况决定之。

＊ 本篇系项英给朱德、周恩来、红 5 军团军团长董振堂、军团政委朱瑞的电报。根据中央档案馆馆藏件刊印。篇题为编者所加。

4. 第五及第九军团的任务仍旧。

项

二十五日二十时

注　释

① 第三路军，隶属国民政府军事委员会委员长南昌行营，总指挥陈诚、副总指挥薛岳。

② 金坑，地名，位于福建泰宁县城东北。

③ 第四路军，即南路军，隶属国民政府军事委员会委员长南昌行营，总司令陈济棠。

④ 东方军，由红5、红7军团和独立第61团等部编成。

⑤ 太宁，指福建泰宁县。

⑥ 方面军，即中国工农红军第一方面军。

关于接收调拨新兵工作的指示

（一九三三年十二月二十五日）

朱、周，林、聂：

甲、各红军参加扩红，不仅军委有命令，而且应当做目前问题。因一、五军团在该地争夺，故我们决定扩大之新兵仍为五军团补充。将接收一军团仍需参加工作，将来在乐、永①也是一样，他们应该按军委扩大数目，其至请求发给他们都可。

乙、近来下面以及过去常常发生自由拨新兵，特别是保卫队、游击队、独立团，使扩大红军一部分随意分配，影响对于主力补充。

丙、此次交各补充师接收之新兵，并不完全属于该军团，仍由军委作最后分配。

丁、除洛口②之新战士，已由一军团接收一百五十名外，再拨二百，其余交五军团接收，因为将来还要补充九军团。博、胜、广③等扩红成绩不大，已知□□□□……突击队和五军团补充师。

项

二十五日

注　释

① 乐、永，指江西的乐安和永丰县。

② 洛口，位于今江西广昌县西。

③ 博、胜、广，指江西之博生、胜利、广昌三县。

关于支撑点的构筑及其
防御战术的补充指示[*]

（一九三三年十二月二十五日）

第一，这一补充指示，是根据构筑堡垒地域及地区的实际经验中得出来的。

第二，现在的构筑，主要的缺点如下：

（一）现在构筑的支撑点像圆的土墙而不坚固，时常因雨倒塌，且不能确实抵抗敌人的火力，对于地上及空中的敌人并未实施伪装。这就是说，支撑点不但容易被敌人观察，且遭其由附近另外之制高地发射的优势火力以及空中的轰炸，而且敌人也容易绕过它，因此便失了它应有的作用。

（二）诸支撑点相互间的配置常成一线，并且是用很长的一线战壕将它们联贯起来，这样的配置完全是不正确的。敌人可以用突击的兵力冲破某一方向，以后就容易深入于堡垒的纵深，或沿着战壕、各个消灭诸支撑点。

（三）没有纵深的防御，并在一二里路的前面也没有派出担

---

* 本篇系项英与王稼祥、彭德怀联名签发的中央革命军事委员会指示。根据中央档案馆馆藏件刊印。

任警戒者的战壕，并在敌人易于隐蔽的接近地（死角），也没有单独的火力巢及抛手榴弹的火力巢，并从支撑点到后斜面也没有交通壕来保障支撑点相互间的交通，以及在纵深部队之休息或反突击的交通。

第三，另一方面说来，前令之技术的指示，因为缺乏熟练的工人、构筑的材料（树木、石头）和充分的时间之故多未执行。因此，我们要利用现在的构筑，把它完善起来。当构筑新的支撑点时，要看实际具体的条件，根据原有的指示或这一简单的指示行之，在这一指示中主要的是在说明土工作业的技术。

第四，当改造现在支撑点时，必须：

（一）加深支撑点周围的外壕，在壕脚下设置竹钉，这是不可通过的障碍物，在外壕之前也要如此设置。支撑点及外壕的上面与周围都应用树枝、禾草或其它材料做的伪装网隐蔽起来（看第一图）。

（二）若诸支撑点相互间已用延长的战壕联贯起来了，那么，这些战壕的前或后应加造曲折部，从支撑点向后走的地方应构筑交通壕（在后斜面上构筑到部队的配置处）。

（三）在支撑点之前一二里路的地方（看地形如何而定），构筑单独的步兵战壕及抛手榴弹的火力巢。必要时，应构筑观察所。

（四）在后斜面上，要预计有守备队休息的及突击队的地位（看第二到第五图）。

第五，在山地构筑新的支撑点时，最好用从地下作业的方法，这样既能隐蔽又能确实抵抗敌人射击和空中袭击。支撑点也可构筑在山顶上或在倾斜面上，如构筑补充的支撑点于倾斜面上，更适于消灭基本支撑点的死角（看第六、第七图）。

第六，当构筑整个地域时，应注意下述之战术的指示：

（一）诸支撑点相互间应有火力的联系，这就是说两个支撑点都能射击其相互间的间隙地。

（二）诸支撑点之间不要用延长的战壕联贯起来，因为这样既要多量的工程又要多数的守备队来防御。

在诸支撑点之相互间，前面和翼侧都要构筑单独的步兵战壕等（看第四项和第五图）。

第七，特别要注意的就是，要正确的构筑机关枪及步枪从支撑点内发射的枪眼，若构筑枪眼如寻常窗子一样甚或枪眼外面反为大些时，这是不对的：

（一）枪眼应内宽外窄；

（二）机关枪或步枪向各方面瞄准时，不是转运枪膛，而是转动步枪的枪托、机关枪的把手部，火身轴也是不移动的。

在这一点上原来指示中之附录第三及第二图是不对的，应该删去。

枪眼正确的构筑看第八、第九图。

第八，附上战壕各种的示范的断面图。

代主席　项　英

副主席　王稼祥

彭德怀

一九三三年十二月二十五日

各部应在年节开展给
红属写信的运动[*]

（一九三三年十二月二十六日）

朱、周，林、聂，彭、滕，董、朱，寻、乐，罗、蔡，陈，彭、黎：

近日，各红军家属要求红军战士在年节给家中通信一次，各部应即进行。这次运动，惟须首先从政治教育上，使每一个红军战士充分了解在粉碎敌人五次"围剿"中的阶级任务，同时要预防逃亡现象的发生。

项

二十六日

---

* 本篇系项英给红一方面军朱德、周恩来，和红一、红三、红五、红七军团、江西军区等单位领导人的电报。根据中央档案馆馆藏件刊印。篇题为编者所加。

关于政治工作的原则*

（一九三三年十二月二十七日）

朱、周：

一、第七军团①即十九日在改编完毕后，应准备从二十九日起出动。

二、明二十八日应派出一个很好的侦察营，到将乐地域，以便与十九路军②的部队取得联络，即在该部队中进行政治工作。

三、应由西方军③的号令，将七军团政治部好的政治工作人员派到这个侦察营中去。

四、政治工作的原则如下：甲、以革命战争反对蒋介石和帝国主义；乙、国民革命给劳苦群众应有的民主权利；丙、组织及武装工农的义勇军；丁、与十九路军士兵的亲善；以便吸引他们到我们方面来。总政治部④的详细指示，随后即到。

五、此外，侦察营的任务是要侦察蒋介石的部队敌情，前进将乐。当第十九路军退出，而蒋的部队未到时，应争取地方资

---

* 本篇系项英致朱德、周恩来的电报。根据中央档案馆藏件刊印。

财，阻止蒋敌部队的前进，但须避免决战。

项

二十七日二十四时

注　释

① 第七军团，隶属红一方面军，军团长寻淮洲，政治委员乐少华。

② 十九路军，指国民党军第 19 路军，总指挥蒋光鼐，后蔡廷锴为总
指挥。

③ 西方军，由红 1、红 3 军团和第 11、第 13 团编成。

④ 总政治部，隶属中央革命军事委员会，总政治部主任由王稼祥
（兼）。

关于地方武装野营缓期举行的命令*

（一九三三年十二月二十八日）

在各县、区地方武装第一、二批野营演习的检阅①，曾发现了多数的县、区在组织上未能按新的编制进行，零碎召集。证明各地方对于赤卫军之组织与训练非常忽视，决定第三批之野营演习改至明年第四批时举行。凡第二批未集中的立即停止，已集中进行演习的须努力按计划实施。当目下的粉碎敌人五次"围剿"决战当中，扩大红军工作为当前争取全部胜利的紧急任务。各级军区、军分区应集中全力，在十二月内进行扩大红军工作，完成最近军委扩大红军的突击计划（见动员部通知），同时更加紧完成赤卫军编制，动员广大队员加入红军与配合红军作战，以争取决战的全部胜利。

代主席　项　英

副主席　王稼祥

彭德怀

* 本篇系项英与王稼祥、彭德怀联名签发的中央革命军事委员会的命令。根据中央档案馆馆藏件刊印。

注　释

① 当时习惯用语，即检查工作。

关于各军团部署及任务的指示[*]

（一九三三年十二月二十九日）

朱、周，董、朱，罗、蔡：

（一）蒋敌之第五路军[①]进到顺昌，其第三路军[②]之第五、第六两纵队进到金坑[③]威胁到我们三十四师的左侧。现第十九路军[④]放弃了顺昌和将乐西，将自己的左翼由延平[⑤]开展回到沙县，致使我们三十四师转受威胁。

（二）由于十九路军的兵力非常薄弱，并经不住蒋介石军队的攻击，为要掩护我们福建领土，及在十九路军的部队中进行我们的政治工作起见，我们决定向东南延伸我们的战线，并准备泰宁以北及其以东的地域发展游击战争。

（三）第五军团[⑥]的动作照旧，但其防御地区的工事应延伸到龙安镇[⑦]附近，当敌人第五师、第六师的部队进攻时，可将厌己[⑧]的左翼撤到樟村[⑨]的堡垒地区。

（四）第七军团[⑩]十九师应转移到将乐的地域，与十九路军的左翼部队取得直接联络。当蒋介石的军队进攻时，则退到将乐

---

[*] 本篇系项英致朱德、周恩来和红5军团军团长董振堂、军团政委朱瑞与红9军团军团长罗炳辉、军团政委蔡树藩的电报。根据中央档案馆馆藏件刊印。篇题为编者所加。

河的南岸，并依据那一带的山地活动。

（五）第九军团⑪第三师、第十四师各缺一团，应转移到泰宁、新桥、朱口铺⑫的地域，并向大埠冈⑬方向侧翼发展游击战争，以便迎击敌第十一、第十六、第十四各师。

（六）正月一号⑭前你们应完成这一新部署。

项

二十九日

注　释

① 第五路军，隶属国民政府军事委员会委员长南昌行营，总指挥陈诚。

② 第三路军，隶属国民政府军事委员会委员长南昌行营，总指挥陈诚。

③ 金坑，地名，位于福建泰宁县城东北。

④ 第十九路军，指国民党军第19路军，总指挥蒋光鼐，后蔡廷锴为总指挥，辖第六十、第六十一、第七十八师等5个师。

⑤ 延平，县名，今福建南平市。

⑥ 第五军团，隶属红一方面军，军团长董振堂，政治委员朱瑞。

⑦ 龙安镇，镇名，位于今江西黎川县城西南。

⑧ 厌己，地名，方位不详。

⑨ 樟村，村名，位于今江西黎川县城南部。

⑩ 第七军团，隶属红一方面军，军团长寻淮洲，政治委员乐少华。

⑪ 第九军团，隶属红一方面军，军团长罗炳辉，政治委员蔡树藩。

⑫ 新桥、朱口铺：地名，新桥位于今福建泰宁县城西北；朱口铺，位于

泰宁县城东北。

⑬　大埠冈，即今大埠岗，位于福建邵武市西南。

⑭　正月一日，指 1934 年 1 月 1 日。

关于第九军团等部的任务[*]

（一九三三年十二月三十日）

朱、周，罗、蔡：

1. 第九军团第十四、第三师各缺一团，应须从樟村①经新（桥）②转至太宁③。

2. 你们勿须在新桥驻扎。你们的任务是：甲、派一团占领朱口铺④，向北及东北金坑、大埠冈⑤发展游击战争，并与第三十四师保持联络。乙、主力应依靠太宁地域并在邵武及顺昌之间，对付敌人第五路军交通后方及翼侧，实行游击战。同时，与在万安寨⑥地域第七军团的左翼部队保持联络。

3. 务于正月一日⑦就应该使这些动作开展起来。

项

三十日

---

* 本篇系项英致朱德、周恩来和红9军团军团长罗炳辉、军团政委蔡树藩的电报。根据中央档案馆馆藏件刊印。篇题为编者所加。

注　释

① 樟村，位于今江西黎川县城南部。

② 新（桥），位于今福建泰宁县城西北。

③ 太宁，即今福建泰宁县。

④ 朱口铺，位于今福建泰宁县城东北。

⑤ 金坑、大埠冈：地名，金坑位于福建泰宁县城东北（朱口铺北）；大埠冈，即今大埠岗，位于福建邵武市西南。

⑥ 万安寨，位于福建泰宁县城东部。

⑦ 正月一日，指 1934 年 1 月 1 日。

关于第三第七第九军团的动作问题*

（一九三四年一月二日）

朱、周，彭、杨：

一、（与给第七、第九军团的电令同）。

二、十九路军的左翼部队在延平①地域防御。

三、我军的动作如下：

（甲）我七军团于一日占领将乐，四日开始向沙县、青州②地域移动，并进行游击及侦察。

（乙）第九军团已集中泰宁，从四日起在将乐、万安寨③地构筑堡垒，并向顺昌以北发展游击战争。

（丁）④福建三分区的独立部队占领了归化⑤，并应肃清卢兴邦⑥指挥的土匪。

四、第三军团三日应开始向沙县地域移动，并应于十日协同第七军团遂行进攻卢兴邦旅⑦及占领沙县的任务，行进路经安远市⑧、归化向沙县前进，移动时须绝对秘密。

五、在归化及归化、沙县间地域的地方部队，以及此间由炮

---

* 本篇系项英致朱德、周恩来和红3军团军团长彭德怀、第一方面军政治部主任杨尚昆的电报。根据中央档案馆馆藏件刊印。篇题为编者所加。

兵班和工兵爆破排编成的特科队，均归三军团指挥。该特科队于四日由瑞金出发，并带有爆炸的材料。

六、执行情形电告军委。

项　英

一月二日

注　释

① 延平，旧县名，今福建南平市。

② 青州，地名，位于福建沙县县城东北。

③ 万安寨，今万安，位于福建将乐县城北部。

④ （丁），原件如此。电文中在甲、乙、丙、丁的排序上无"丙"字。

⑤ 归化，旧县名，今福建明溪县。

⑥ 卢兴邦，时任国民党军新编第二师师长。

⑦ 卢兴邦旅，似应"卢兴邦师"。

⑧ 安远市，当时由中华苏维埃共和国所设置；今安远，位于福建建宁县城南部。

第七第九军团打击
敌第五路军的部署*

（一九三四年一月二日）

朱、周并转寻、乐，罗、蔡：

（一）蒋敌之第五路军①现在占领的地域如下：

第十师、第三十六师原在顺昌，现向王台、青州②前进，以便绕过十九路军在延平的堡垒阵地。第四师在顺昌、峡阳③的地域，新十一师在邵武、拿口④的地域，第七十九师在光泽，新二师卢兴邦之一旅在沙县，其另一团在尤溪，两团在永安。

（二）我第七、第九军团应一面箝制在沙县卢兴邦之一旅，另一面发展游击战争来对付敌人的第五路军，以削弱其部队并迟滞其前进。

（三）第七军团应于四日早晨向沙县地域前进。（甲）其侦察营应加强政治人员经中堡合⑤附近向青州地域前进，该营是对顺昌的敌人警戒。七军团的主力侦察敌人向王台、青州前进的情形，并与十九路军在延平的左翼部队取得联络。（乙）第七军团

---

* 本篇系项英致朱德、周恩来并转红7军团军团长寻淮洲、政治委员乐少华和红9军团军团长罗炳辉、政治委员蔡树藩的电报。根据中央档案馆馆藏件刊印。篇题为编者所加。

的主力经陂坑、水南（夏茂西南）附近向沙县地域前进，其任务是侦察沙县地域卢兴邦部队的配置及其堡垒的配系，断绝归化⑥与沙县间及顺昌与沙县间的交通，并相机袭击卢兴邦部队。（丙）第七军团应依靠着沙县以西、西北及东北的山地行动。我在归化与沙县间动作的游击队受福建第三分区指挥。（丁）动作时应严密注意警戒、顾惜兵力及资材，只在有利条件下才与敌人作战。

（四）第九军团应占领万安寨⑦到将乐的地区，并布置防御，发展游击战争，来对付在顺昌以北第五路军的部队。

（甲）派出一个加强营，在朱口铺⑧向大埠冈⑨并再向邵武、拿口地域游击、侦察，并与第三十四师保持联络。

（乙）在万安寨地域应有一个团，一面构筑堡垒，一面向大干、水口寨方向游击。

（丙）第九军团的主力应在将乐城周围的山地选筑堡垒，征集运回一切资材，并向顺昌方向进行游击侦察，与七军团保持联络。

（丁）不要进攻敌人的堡垒，特别是水口寨、大干、顺昌地域的堡垒。

（五）第九军团应于四日早接替七军团在将乐、万安寨部队的防务。

（六）执行情形电告军委。

项　英

一月二日

注 释

① 第五路军，隶属国民党军东路军，总指挥卫立煌（兼）。

② 王台、青州，地名，王台位于福建延平（今南平市）县城西；青州位于沙县县城东北。

③ 峡阳，地名，位于福建顺昌县城东南。

④ 拿口，地名，位于福建邵武市东南。

⑤ 中堡合，地名，位于沙县县城东北。

⑥ 归化，旧县名，今福建明溪县。

⑦ 万安寨，地名，位于福建将乐县城北部。

⑧ 朱口铺，地名，位于福建泰宁县城东北。

⑨ 大埠冈，地名，今大埠岗，位于邵武市西南。

肃清闽赣边区地主武装和
保障兵站线的安全[*]

（一九三四年一月五日）

一、为迅速肃清闽赣边区地主武装，以巩固苏区和保障兵站线的安全，兹由中革军委决定，将闽赣边区指挥部取消，所有上述任务移交由江西省政治保卫局局长娄梦侠兼任闽赣辖区指挥部，清匪事宜负责执行。

二、博生独立营、赤水独立营、石城独立营、石北游击队、木兰游击队、兵站警备队、建宁警卫连各部队，统归江西省政治保卫局闽赣辖区指挥部统一指挥。首先肃清石、建线①以西地区的地主武装，继续肃清石、建线以东地区的地主武装。惟博生独立营须首先迅速将驿前②之烟叶负责运至小松③后，开始执行突击任务。兵站警备队应任石、建兵站线的警备和护送，并防石、建线以西的地主武装东窜。

三、建宁警备区应于本月十日以一连活动于宜家湾、双溪口一带，配合这一行动。

---

* 本篇系项英与王稼祥、彭德怀和国家政治保卫局长邓发联名签发的中央革命军事委员会命令。根据中央档案馆馆藏件刊印。篇题为编者所加。

四、福建三分区在泉上、安远④地区的部队应积极活动起来，防匪东窜。在江西省政治保卫局闽赣辖区指挥部进至石、建线以东地区时，上述部队应受该指挥部的指挥。

五、原闽赣边区司令员谢名伟同志即调任江西省政治保卫局闽赣边区指挥部参谋长，须于本月九日以前到达白水⑤。原政治部主任罗炳庭同志及指挥机关各工作人员，统由该指挥部酌量分配工作。

此令

代主席　项　英

副主席　王稼祥

彭德怀

政治部主任　王稼祥

国家政治保卫局局长　邓　发

注　释

① 石、建线，指江西石城至福建建宁一线。

② 驿前，地名，位于石城县城北部。

③ 小松，地名，位于石城县城西北。

④ 泉上、安远，地名，泉上位于福建明溪县城西北；安远位于宁化县城北部。

⑤ 白水，地名，位于江西广昌县城南部。

关于夜间动作的战术*

（一九三四年一月五日）

第一，我们战术的基本原则，就是实施迅速突然的机动，特别是突击队的翼侧。在敌人使用空军侦察和轰炸，而且每天在到达的地点构筑堡垒的条件下，我们的机动常不能出敌意外，相反的，敌人却从堡垒出来夜袭我们的部队，而我们没有训练部队来对付敌人的夜袭。于是，我们在日间进行战斗便遭受了过分的损害，混乱了自己的战斗队形，甚至有时不能遂行所受领的任务。

第二，我们红军应渐次学会夜间动作的方式，并特别尽量应用夜间来移动和冲锋。夜间动作的基本前提，就是我们指挥员、战士所具有最高度的勇气、地形的熟悉和严格的战斗纪律。

夜间动作的特点如下：

（1）免除空中的侦察，使敌人不能及时知道我军的运动和企图；

（2）免除空中的轰炸扫射，使我们缺少经验之战士的精神上不会受到影响，也不会遭着过早的损害，也不会紊乱秩序和感

---

* 本篇系项英与王稼祥、彭德怀联名签发的中央革命军事委员会指示。根据中央军委档案馆馆藏件刊印。

觉敌军技术的优越；

（3）敌人的堡垒在看不见和难看见的条件下，是会部分地丧失其应有的价值。因为敌人守备队的主力正在休息，预备队在夜间又调动得慢，则我们可在此时隐蔽地接近他，突然冲锋而夺取之；

（4）敌人优越的技术兵器，特别是机关枪的火力失掉了效用，射击命中也等于零。因此，我们的部队在预先火力战斗中，就可以节省时间并节省自己有限的弹药，而能实行接敌和冲锋。

第三，在另一方面说来，诸部队及诸分队的指挥人员及政治人员，应估计到夜间通讯联络、标记、地形都感困难，而战士的精神又欠冷静，于是夜间动作就不容易指挥部队。因此，在每一次动作中、每一个分队中，都要拟出周密、详细的动作计划，特别要注意保持次序、联络及隐蔽运动。当夜间动作时，政治工作干部应随着诸战斗进行不断的、灵活的政治工作，是有决定意义的。

除此以外，必须讲究并熟悉夜间战斗活动特别的方式，也只有经常的、有方法的实习夜间动作，才能保障其确实的成功。

第四，夜间动作应分为下述的五种：

1. 接敌行进；

2. 进攻（拂晓进入冲锋地的接敌运动）；

3. 夜间冲锋（袭击）；

4. 防御；

5. 退出战斗。

在我们现在的条件中，整个的兵团（师和军团）都可以实行各种的夜间动作，但必须根据总的计划，给诸分队（营、团）

以某种独立的任务。当夜间冲锋（袭击）时，凡派出的诸步兵分队（连、营），都应以本身的力量来独立解决某种任务。在这种情况下，因为指挥的特别困难，要使用整个的兵团是不适宜的。

第五，夜间行军是隐蔽我军移动，不受敌人空中侦察最确实的手段，同时可使敌人不明我们所预定的机动。因此，我们红军应随时采用夜间行军。既然这样，那无论部队或兵团的大小如何，日间都应隐蔽地配置休息。

当夜间行军时，必须采用下述的方法：

1. 预先派出道路侦察，以免在夜间迷失道路。政治人员及工兵人员应派到侦察队内去，以便保守军事秘密和修理难走的路。

2. 应从当地的居民中，找出可靠的向导员，并分给各部队。

3. 必须加强直接警戒的编成（前方、侧方、后方的警戒）。这些警戒只须派出步兵，勿须附于补充的火器。警戒部队与被警戒部队之间，以及在纵队之内都要缩短距离。

4. 加强通信联络，用联络复哨来保持联络，其相互间的距离以能保持视号通信或音响通信为度（相隔五十至一百米达①）。对于道路交叉点应设立容易看见的路标（标识符号、标志哨员或约定记号），以免搜索道路，因而阻滞部队的运动。

5. 纵队应集中运动，而不应有很大的间隔。如可能遭遇敌人时，则应拨出行李及后方机构编为一队，使其在有力的掩护之下，随部队后尾跟进或取平行路（在无敌人的一面）并进，总之不可使其插在部队中间行进，以免破坏次序，以及与敌人遭遇时妨碍部队的战斗准备。

6. 应遵守严格的行军纪律。禁止吸烟、大声讲话、发口令、燃火、点灯，非有上级首长的命令，不得射击之类。

7. 减少甚至不要小休息，以免战士打瞌睡，大休息则完全不要了，在高原地上不可停止，以免显映人影于空际。挨近敌人的部队即被指定为值班部队。

第六，夜间进攻（接敌）。夜间进攻应在拂晓时（在拂晓前或在晨雾的掩护之下）完成之，以便出敌意外施行冲锋。因此，必须极端的、隐蔽地接近敌人直到投往冲锋的距离（即离敌人阵地五十至一百五十米达）。

在这些情况下，军团及师的任务应分给各团，因为在团以上的运动和作战太难指挥了。

团是按营疏开行进，通常是两个营为第一梯队，同时每营采取的宽度，不得大于二百至三百米达，第二梯队则在第一梯队后二百至三百米达距离处行进。

运动的方向应是最简单正直的。在团和营的范围内，不应有任何复杂的机动。

运动绝对的静肃，是隐蔽接敌的基本前提。

在营和团的范围内特别重要的事，就是要遵守下述的方法：

（1）预先要做的是：

一、选择夜间接敌的出发地，并侦察到达该出发地的道路。

二、如日间进到该出发地不能避免敌人的观察时，则在黄昏时行之。

三、对于敌人日间或晚间的侦察和警戒，应压退之于适当地区，以使我主力能秘密占领冲锋出发地，还要侦察接敌运动的地形。

（2）预先侦察的事项：

一、营及连动作的地域，及如何隐蔽地进到各该地域（地域的选定及其标示，并要搜索到达各该地之便利隐蔽的接近路）。

二、诸部队运动，在一定的时间内应采取齐头并进的特点。

三、营及团属重机关枪的阵地和医术救济所②。

（3）在敌人未开火之前，不可射击，即或要射击时也只有在最短的距离内，以看见的程度来决定。

（4）每营在自己前面约五百至一千米达的距离之处派出侦察队。每连则在其前面及暴露的翼侧约一百米达之处派出警戒的侦察群，并用联络复哨来保持联络。

（5）连及排都应依照地形的条件及黑暗的程度，来决定按分队疏散地行进，或者以各排成蛇形队形行进，指挥员则在各该分队内先头行进。第二梯队的连、营，一般行军序列行进的方向，是以行进的分队为基准。

（6）当夜间接敌时，只有战斗的诸分队才能参加，一切不使用的火器、服务人员及担子等都应在后面，以免阻碍运动，而便于接连的开始战斗。

（7）一到预定的地区（冲锋出发地）时，即应仔细地分配兵力及火器。如照总的计划是预定速度转为夜间冲锋时，则应不失时机地开始冲锋，使敌人来不及准备战斗。如要等至拂晓冲锋时，则诸战士应配置于隐蔽的地方，以避免敌人射击，并应保持静肃。每营应派一个或两个战斗警戒排，每连则派出警戒侦察群，以防敌人发现了我们的部队而首先开始战斗，至于暴露的翼侧必须派出警戒。

最好是不要过久推迟冲锋，因为诸战士长久停顿，必然感觉疲劳，且在敌人的近前神经紧张易受惊感。这些现象都是减弱诸战士应有警惕性，并且敌人过早发觉我们企图的危险也增长起来。

第七，夜间冲锋（袭击）。当敌人部队配置休息或是在堡垒内任守备队时，则应对之实行夜间突然的冲锋。虽然夜间袭击敌人运动中的部队是最有利的，但是这种机会是较少的了。

在敌人第五次"围剿"中，敌军所采用的战术，是早晨三四点钟出发，分地区和分梯队前进，而下半天则在宿营地筑堡起来。依据这种战术，夜间对敌人的纵队突然冲锋是有可能的，并且我们也应采用一切的手段在拂晓袭击敌人（就是第一梯队也好）。

要随时顺利地进行夜间冲锋，最好是敌人没有照明兵器（照明火器及探照灯等）和我们预先仔细研究敌人的配置（部署）及其接近地，纵使敌人有了照明兵器，这并不是完全不能实施夜间冲锋，不过是困难些罢了。因为在隐蔽接敌时及在开始冲锋时，也就是白刃战斗之前，敌人是不能使用照明兵器的，同时使用火器也是极有限制的。当敌人使用照明兵器时，自然地暴露了我们的配置，但同样也暴露了他自己的配置。

当夜间冲锋时，应特别注意下述的事项：

一、突然的冲锋，是基于使用白刃战斗之有生力量的突击上，预先不应有任何的火力准备，以便于忽然间抓着毫无准备的敌人，可是机关枪应准备好，以便在突然冲锋失利时来使用它。

二、夜间冲锋应由营及连的小部队实施之。如使用师或团的时候，则对于每个分队应给以独立的具体的任务，要他用自己具有的兵力和兵器，来解决这一任务。

当进攻敌人堡垒（支撑点）时，则指定某一分队冲击某一点。为要保障胜利起见，必须具有大于敌人二至三倍的兵力，这就是说如敌人的堡垒有兵一连时则派一营，如有兵一排时则派一连等。为要通过敌人的阻碍物起见，则每排或每连应附于半个或一个工兵班，随带器具（特别要用来通过外壕的二至三米达长的木板）。对于前方的诸排及诸班，应给予手榴弹，使其能迅速地征服敌人守备队抵抗的企图。

三、接近敌人以及冲锋之际，应绝对的静肃起来，不要呐喊，不要射击，不抛手榴弹。当敌人堡垒前面的地雷爆炸、敌人开火及其发出警报时，我们不仅不应停止运动，相反的应赶快运动，并且像日间一样，在自己火力援助及抛掷手榴弹之下，一下子投入冲锋。以这样的进行冲锋，我们所受到的损害比退却或停止时要小些，虽然胜利的机会是减少了，但还是有胜利的机会。

四、一切的运动及动作，应力求简单。不应有任何的机动，诸分队应对直行进，营则分成连、连则分成排、排则看地形成一路纵队或诸班并列的纵队。

约在一百米达距离的前面时派出有警戒的排，或班抑或侦探组，他们同时是标定冲锋之分队的方向，并有联络复哨与之保持联络。这些警戒部队的任务，是要迅速无声地捕获敌人的观察哨、潜伏侦探或侦探组。

五、以整个的部队或兵团，同时对几个地点实施夜间突然的冲锋时，则诸分队应准定时间齐头运动，以便同时对几个地点进行冲锋，否则冲锋某一点便是惊醒了其他的守备队而失掉了突然性。

六、冲锋部队一占领指定的冲锋点时，应立即整理就绪，巩固所占领的地点。第二梯队应以其生力的部队与敌人的退却部队、预备队和增援队继续战斗。

在特殊时机，我们消灭了敌人，因受敌人主力的威胁，是可以放弃已占领的阵地，但这只有依照上级的命令而且是不能保持这个阵地时，才容有这样的动作。此时应破坏堡垒，即使破坏一部也好，并撤走受伤人员、俘虏、战利品，务须拂晓前离开夜间的冲锋地域。

当冲锋失利时，亦应照上项行之，而不应重复无胜算的冲锋。

第八，夜间防御。为要使用整个部队和兵团（团、师、军团）扼守堡垒地区或支撑地域，或在敌人有可能夜间来进攻我们驻地的部队时，则我们应组织夜间防御。

步兵诸分队担任警戒（军士哨、小哨、连哨、前哨）时，则夜间防御是被其普遍采用的。

一、当在支撑地域防御时，则首先应依据一般的任务定出防御计划，并按照侦察得来的情报随时补充之。这一计划应根据明确的估计敌情、自己兵力和地形而定。

1. 使用什么兵力和兵器来防守支撑点；

2. 当敌人进攻的某个时期，应该射击诸道路或地区的某点和某段，某些机关枪应向什么地方射击，依照怎样的约定记号来发射和停射某个地区；

3. 前方部队（侦察队、警戒侦探群和潜伏侦探），应在什么时候经过什么道路，往什么地方撤退，以免封锁我们的火力；

4. 第二梯队的任务应依照什么信号向哪些道路调到前方；

5. 规定发觉敌人进攻开始的信号。高级兵团的司令部应经常检查计划，使之正确的适时的执行。

二、当夜间战斗时，机关枪配置于纵深内是不利的，最好是把一切机关枪调到防御的第一线上，来配置于支撑点内及联络线内，以便构成下述的火力配系：

1. 在最受威胁的地段构成不透的火网；

2. 构成确实的侧防火力和防止敌人能迂回的方向。

组织火力配系特别是要构成侧射、斜射和交叉射的火力。火力点相倚的配置，应依照地形如何来决定二百至六百米达。因为，就是重机关枪射击的距离也不应超过二百至三百米达，若再远时则夜间命中的效力多半是很小的。如有天然的或人工的障碍物时，敌人要通过这些阻碍物时必然停滞的，我们正应乘此对之射击。

三、步兵之诸分队勿须射击进攻的敌人，而应秘密控制于近的纵深内，当敌人挡我机枪的射击面溃乱时，则实施迅速的短促的刺刀突击，而最后消灭或击溃之。突击队适当的配置及其适时的调近，且于溃乱的敌人整顿之先进入战斗，是有决战意义的。

四、为要适时知道敌人的进攻开始起见，最好的方法是派出侦察和加强警戒以搜索敌人，并不断地保持其接触及安置地雷于敌人运动路上。有了这种动作的方法，敌人要想实行突然的夜间冲锋，差不多可以说是例外之事，而防御的部队也有了这样充分的时间，来准备当前战斗。

五、对突入的敌人，应乘其还未整顿就绪和巩固所占阵地（支撑点）时，即以突击队及第二梯队的反突击而消灭之。

如敌人因我们的火力及反突击而撤退时，则诸步兵分队应使用第二梯队实施追击。夜间追击通常只能到达一定的地区，以免离开自己的支撑点而突出于敌人阵地的附近反遭其突击。

在特别的时机，如敌人完全溃乱，且据我们侦察的情报，敌人又没有大的生力的预备队时，则跟踪追击逃窜的敌人，应直到其出发的阵地，并与敌人一同卷入其阵地而占领之。

支撑点的守备队必须留在堡垒内，准备在我军出于我的射界外失利时的策应动作。

第九，撤出战斗，必须在敌人强烈压迫而不可扼止之时，才可以在日间退出战斗，若在其余的一切时机，则必须在夜间进行之。

退出战斗，可在敌人压迫之下行之，也有不受敌人的压迫而行之者（有时在战胜了敌人的部队之后，为避免与敌人重兵遭遇及第二天战场将受敌机轰炸起见，也得退出战斗）。

一、在未受敌人的压迫时，诸部队应在战场整顿就绪，并沿预先察明的道路，按团撤到预先指定的隐蔽地点。各师应该分道行进，以便缩短纵队的长径，并能在拂晓前隐蔽起来。

行军警戒与通常的一样就够了。对于敌人方面，可以派出小的侦察部队和侦察群来掩护，诸部队应迅速脱离敌人，但侦察队及侦察群则应在天明前与敌人保持接触，使其不能于拂晓时突然冲击我们疲倦的部队。

二、在敌人压迫下的退出战斗与日间相同，也就是要预先指出掩护部队停止的地区，各撤退部队的道路及其集合点。如前方部队因战斗而溃乱时，则他们应在第二梯队（突击队或预备队）的掩护之下，首先退却。如战斗队形还没有紊乱时，则前方部队于第二梯队完全退却以前，应留在原来的阵地作为掩护部队。无论在任何时机，火力不但不应减弱，相反的应加强起来，以使敌人无从知道我们退出战斗的企图。为达到这种目的，而有针对敌人行短促突击。

三、经常要特别注意的，就是适时的撤退后方机关、伤员和战利品，以免封锁退路而阻碍退却的遂行。

四、为使敌人不能跟追我们的部队，应将工兵部队及器材适时附于掩护的部队，以使用于设置障碍物（挖断道路，破坏桥梁，安置地雷）。工兵部队应随行于最后的诸掩护连中，而与诸轻机枪班及诸步枪班一起。这些轻机关枪班与步枪班，在工兵的作业未完成之前，应以自己的火力来遏止敌人。我们这样的作业，可以充分的阻滞其或完全制止敌人的夜间追击。

五、掩护部队应渐次退归合主力和撤收为行军队形，在后面留下自己的侦察队保持与敌人的接触。

第十，应根据这一训令，在指挥员及政治人员中立刻进行这新的训练，而且要将夜间动作的知识传达到战士中去。要深刻的记着，如其没有相当的训练时，则夜间战斗不是置敌人于死地，而是致自己部队于死地的。

这一训令，不应机械呆板的运用，而应根据其基本的原则，来参酌每一实际的情况而决定其运用。

代主席　项　英

副主席　王稼祥

彭德怀

一九三四年一月五日

注　释

① 米达，英文音译，意为公尺，也称米。

② 医术救济所，战场上的医疗救护组织，即今救护所。

继续开展检举运动*

（一九三四年四月二日）

在目前，粉碎敌人五次"围剿"①的决战，已到了最紧张、最尖锐的决定最后胜负的阶段。这一决战的胜负，有决定中国苏维埃革命的发展与胜利的重要意义。这个时候，动员与领导全苏区的工农劳苦群众加入决战，巩固与扩大红军，动员群众集中一切力量与资源，为着战争前线的胜利，来争取彻底与完全粉碎五次"围剿"的全部胜利，这是我们当前最紧迫的任务。

我们各级苏维埃为了执行与完成这一最光荣的历史的伟大任务，就要最高度的提高我们的工作能力，改善一切工作方法，紧张我们的工作速度，正确地实施一切政策与法令，使苏维埃与千百万工农劳苦群众更亲密地联系起来，这样来领导和执行当前的一切战斗任务。

在这一最战斗的紧急任务之下，一切工作中不好的现象和坏的分子都要妨碍任务的实现，影响战争的胜利，尤其要警觉的是苏区内阶级异己分子与反革命。他们不仅在下面更加积极活动，

---

* 本篇系项英以中华苏维埃共和国中央工农检查委员会主席名义的署名文章，发表于 1934 年 4 月 2 日《红色中华》报第 177 期上。

以与敌人进攻相呼应，而且必然用各种方法混入苏维埃机关，直接进行反革命的阴谋。因此，为了保障目前一切战斗任务的实现，为了使一切工作围绕于战争任务的周围，必须坚决的反对一切妨碍任务实行，削弱战争力量的现象与行为，扫除我们工作中的障碍。中央工农检查委员会为执行这一战斗的紧急任务，决定继续在各地开展检举运动②。

继续检举运动，主要的是反对对于目前一切战斗任务的消极怠工，反对退却逃跑，不坚决领导群众斗争，反对将工作与战争脱离，反对对于阶级敌人妥协，反对不执行和曲解一切政策法令，反对贪污浪费的现象，反对官僚主义的领导。在这一斗争中，来检举苏维埃机关内的消极怠工的分子，贪污、腐化、浪费的分子，脱离群众、离开群众利益和工作上的官僚分子，退却逃跑、动摇不坚定的分子，包庇地主、富农与妥协的分子，违反法令与破坏纪律的分子，特别是检举暗藏在苏维埃机关内的阶级异己分子和反革命。

继续检举运动的目的，主要是在检举与斗争中来改善与加强苏维埃的工作，教育工作人员转变工作方式，建立劳动纪律，提高工作速度，节省经济充裕战费，保证一切任务正确的执行，使各级苏维埃更坚强而有力的来动员群众、领导群众，充分地执行一切的战争任务。因此，我们在检举与斗争中不仅是反对某一现象或某一坏分子，而且是拿着这一现象与坏分子来做例子开展斗争，教育群众，实际的改善与转变我们的工作（比如反贪污浪费不仅是检举几个贪污分子，而是拿这一事实来教育全体工作人员，什么是贪污浪费，他对于革命的危害是怎样，并实际建立和改善会计制度，实行节省，使一切工作人员热烈参加反贪污浪费斗争，自动的开展节省运动，减少各种费用，订出许多具体的节省办法。这不过是举一个例子）。我们在每一检举与斗争中，都要达到这一目的。

过去的检举运动，虽在某些检举上（如反贪污浪费、洗刷阶级异己分子）得着一些成绩，在某些地方（如中央一级瑞金、西江、博生、就同③等地）有了相当开展，但仔细检查起来，还没有在全苏区各地更大的开展起来。主要有两个大缺点：第一，是将检举运动变成了消极的洗刷坏分子，没有在每一检举中从积极方面来转变与改善该机关的工作。第二，是只检举而不开展斗争，几乎一般的将坏分子检举出来后，撤职了事，很多群众审判会也变成法庭的公审，只批评了错误，经过群众做一个结论，而不是运用群众公审会来教育工作人员与群众，特别是由这一斗争开展更大的斗争，由这一坏分子的检举更进一步的揭发其他的坏分子与坏现象，普遍将斗争单纯化，不能由这一斗争继续开展其他的斗争，如反贪污的斗争，就不能开展反浪费斗争、反官僚主义斗争。因此，过去的检举运动就不能更大的普遍的开展起来，这是我们在继续开展检举运动中应立即纠正与改善的。

检举运动是广大群众斗争的行动。我们不仅动员自己的工农通信员、突击队，来参加揭发一切坏现象与坏分子，来帮助检举的进行，而在某一机关进行检举时，要召集各种会议（如列宁室、工会、青年团及工作人员会等等），报告检举的意义来动员群众积极参加检举，举发一切坏现象与坏分子，吸收他们中间的积极分子来组织检举委员会，发动该机关中的通信员、突击队、轻骑队积极活动，采用一切方法来鼓动和吸收群众的意见，特别是依靠该机关党的领导与帮助。这样，才能使检举运动成为广大的群众的斗争行动。

检举的标准，应当以工作人员为主体。任何机关和部份，任何工作人员，要从工作上去检察他们，每一工作人员的检举，当然要注意他的斗争历史、阶级成份，特别是现在的工作。

检举的进行不是普遍的检举，而是首先选择目标，选择最标准的代表来作例子，发动斗争去揭发一切坏现象与坏分子，使检举运动开展和深入。

检举运动带着充分的实际教育性质，不仅利用每一事件来教育全体工作人员，而对于每个人的错误，应分大小与轻重，处置上同样要有区别。大的、重的应受检举与做组织上的结论，小的、轻的或偶然的错误，不必用检举方式，或在工作人员会议上或用个别谈话的方式来批评，特别是细心教育与说服他们。对于成份不同，处置也不同。工农群众应着重在教育，阶级异己分子犯了错误的应该洗刷，严格纠正过去检举中没有区别的一律撤职处罚。这是惩办主义，是检举中最凶的官僚办法。

边区特别是战争邻近区域，是我们检举运动的工作中心。各省检委④应当以大力来领导这些区域的检举工作。每一县、区应该以他的工作最落后、最严重的区、乡开展检举工作的中心。每一县与每一机关的检举，都应以当地情形与工作最严重的现象为检举与斗争的主要目标（如边区县主要的是反对退却逃跑，反对对参战工作怠工，对于查田分田运动⑤的检查，洗刷机关中阶级异己分子与暗藏的反革命和侦探等等。如合作社、经济机关，主要的是开展反贪污腐化斗争等等。各县订出检举与斗争的主要目标；在这一主要目标下再联系其他各种检举与斗争），反对一般的、平均的进行检举。

对于一切检举应当以当前的一切战斗任务（例如目前春耕

与赤少队等等）为主体，离开了当前的工作，那完全失掉了检举运动的主要意义与目的。

各级检委接到这一训令后，应当立即组织具体讨论，计划与开展各级检举运动，并将自己的计划与工作，随时按级报告。

这一检举运动的成绩，应当以该地工作的转变与开展，为检阅⑥工作的标准。

主席　项　英⑦

一九三四年四月二日

注　释

① 五次"围剿"，指蒋介石发动的对中央苏区红军所进行的第五次"围剿"作战。

② 检举运动，是中央革命根据地在 1932 年底至 1934 年间进行的一次群众运动。目的是检举苏维埃政府工作人员的某些不良行为，并且通过检举，清洗混入革命队伍中的反革命分子、阶级异己分子等。

③ 西江、博生、就同，均为当时所设的县。西江县位于江西瑞金西南；博生县是为纪念赵博生烈士而将宁都改名；就同县方位不详。

④ 检委，即工农检查委员会的简称。

⑤ 查田分田运动，即查田运动，是 1933 年至 1934 年夏中央革命根据地内在分配土地后进行的一次群众运动。目的是清查漏划的地主、富农，按照当时的土地法没收和分配他们的土地和财产。

⑥ 检阅，当时用语，含有检查、总结之意。

⑦ 项英，时任中华苏维埃共和国中央工农检查委员会主席。

在江口与敌斗争的部署[*]

（一九三四年七月十日）

朱：

（一）顷接江口[①]来报，赣州粤敌一日配合团匪[②]数百，昨晚分由石芫潭、茅店两路于今早拂晓前袭击江口，至即被其占领，敌军此刻是否已退，正侦察中。

（二）江口贸易局因毫无准备，敌袭时该局局长仅只身逃出。

（三）我们判断继中[③]当时袭击性质，布置如下：

甲、如敌未退即以第二挺进队、工人游击中队及动员赣县模范营积极活动于江口、储潭[④]、茅店间，断绝敌人后方联络，孤立江口敌人，待其撤退时，即用埋伏、袭击消灭其一部。如该敌已退时，该队仍积极活动于大湖江[⑤]、储潭、茅店一带，不时向水东[⑥]游击。

乙、第一挺进队、江口市卫连检查队，立即由大田[⑦]转移方向，经峡山、口方到江口以东地区，利用夜间袭击江口敌人。如

---

* 本篇系项英担任赣南军政委员会主席兼赣南军区司令员时致朱德的电报。根据中央档案馆馆藏件刊印。

敌撤退时，即尾追而追击之，并配合第二挺进队、工人队歼灭之。

项

十日

注　释

① 江口，地名，位于江西赣县县城东北。

② 团匪，指当时的反动地主民团武装。

③ 继中，原件如此。

④ 储潭，地名，位于赣县县城西北。

⑤ 大湖江，地名，位于赣县县城西北。

⑥ 水东，指流经江西兴国、赣州间的平江以东一带。

⑦ 大田，地名，位于赣县县城东部。

信丰敌军的活动及我军之作战行动[*]

（一九三四年七月十九日）

朱、周：

（一）信丰粤敌第二师[①]抽出两团移南康、上犹之线后，其驻信丰附近兵力减弱，第一师[②]兵力亦分散，其驻龙布[③]部队仅第三团团部、五个步兵连、机枪一连。我们判断该敌目前很少推进可能。

（二）我们拟抽出独立六团第二营配合登贤营积极袭击长演坝、小分及韩坊、固陂[④]、小分间团匪，傍向韩坊、固陂、信丰间挺进游击，恢复这一带苏区，直接威胁信丰，使敌不敢继续向西北移动。

（三）赣南新成立部队及七军归队之一连均须发枪弹，军区一时收买不及，请发七九子弹二千发、六五子弹一千发，以应急需。

（四）赣县营十五日击溃武索进扰棠梓义勇队，缴获步枪两

---

　　* 本篇系项英任赣南军政委员会主席兼赣南军区司令员时致朱德、周恩来的电报。根据中央档案馆馆藏件刊印。篇题为编者所加。

支。登贤营十七日击溃由长演坝进扰牛岭坳团匪，缴获步枪四支。特告。

项

十九日

注　释

① 粤敌第二师，粤敌，即陈济棠指挥的广东国民党军（南路军）；第二师，隶属南路军第 1 军。

② 第一师，隶属南路军第 1 军。

③ 龙布，地名，位于江西信丰县城东北。

④ 韩坊、固陂，地名，韩坊位于信丰县城东北。

我军对敌企图袭击仁风之部署*

（一九三四年七月二十三日）

朱：

（一）据独立团报告，二十日龙师①之敌一团二十二日（二十一日？）②在龙③同浮槎一带与六团全部接触一天，六团一部被敌冲散撤回茶梓。一部敌因我第一大队从河石及大江关西方向袭击敌侧背，该敌即在浮槎停止宿营，二十二日早围攻我狮子寨支撑点，午后进攻茶梓、饶尾被其占领。现独六团在仁丰收容及警戒，匡华率负伤，损失情形待查。

（二）我们判断敌军当是第三团之全部，有袭击仁风钨矿的企图。

（三）我们布署如下：

甲、独六团以一连配合钨矿警卫队守备仁风支撑点，担任正面警戒，其余集中活动于茶梓。任务：

A. 袭击围攻狮子寨之敌。

B. 相机袭击茶梓之敌，进入茶梓。

C. 坚决消灭进扰仁风之敌，保护钨矿。

---

* 本篇系项英任赣南军政委员会主席兼赣南军区司令员时致朱德的电报。根据中央档案馆馆藏件刊印。

乙、国局④保卫七中队活动于茶梓东北。其任务：

A. 侧击进扰桂林江捣仁风之敌。

B. 向茶梓、河石间游击，破坏敌交通。

C. 堵截苏区向桂林江逃跑群众。

丙、第一大队（缺三中队）积极破坏重石⑤、龙布与茶梓间交通，目前特别是配合三中队夜间袭击狮子寨之敌。

丁、第三大队转向唐村、龙布游击。

戊、独立连开驻小溪，相机策应长洛和牛岭坳、夺岭方面的部队，其余无变更。

（四）拟请令粤赣派独立营从蔡坊以北后而转到罗坑一带游击，以威胁重、板石⑥。

（五）六团及各部队子弹极少，拟请补充。

项

二十三日

注　释

① 龙师，指在龙布（位于江西信丰县城东北）的国民党军。

② （二十一日？），原件如此。

③ 龙，指龙布。

④ 国局，国家政治保卫局的简称。

⑤ 重石，地名，位于信丰县城东部。

⑥ 重、板石，即重石和板石。板石，即版石，位于信丰县城东南。

关于我军侧击牛岭马岭敌军的部署 *

（一九三四年七月二十四日）

朱：

（一）进攻茶梓之敌主力于浮枢、河石一带。

（二）狮子寨支点确被敌用炮兵攻陷。

（三）韩坊、月岭敌的两连二十二日进至小分、牛岭，因团匪约四百在其先头是晚进攻马岭，该敌有进扰畚岭企图。

（四）我们已令二、五大队由半岭坳、牛岭侧击由牛、马岭向畚岭进攻之敌。独立连隐蔽于大坝分西北大山，袭击由马岭向大坝分、畚岭前进之敌。畚岭正面由当地游击小组、模范营担任警戒，迷惑敌人。

项

二十四日

---

* 本篇系项英任赣南军政委员会主席兼赣南军区司令员时致朱德的电报。根据中央档案馆馆藏件刊印。篇题为编者所加。

开展广泛的群众游击
战争保卫中央苏区[*]

（一九三四年十月十八日）

万恶的国民党匪军、白狗子蒋介石的血爪，已经侵入到我们的基本苏区来了！我们的中心地域——博生、汀州^①，都已在法西斯蒂的炮火与枪弹的直接威胁之下。蒋介石匪首现在正驱使着将近百万的白军^②，企图深入我们最中心的区域，以迅速实现他的总攻瑞金的企图。因之，粉碎五次"围剿"^③的决战，在今天已经到了最严重的关头，战争形势已经进入了最紧张的状态。在这一紧张的形势之下，我们大部分的中心区域将要变成为战区，辽阔的战线将要在全中央苏区展开起来，我们将要在各方面与敌人进行最残酷的国内战争了！

为了保卫苏区，配合主力红军作战，争取最后彻底粉碎五次"围剿"的胜利，共产党中央与苏维埃中央政府曾于十月三日发

---

* 1934年10月，中央苏区第五次反"围剿"失败后，中共中央、中革军委决定撤离中央苏区，开始实行战略转移，项英任苏区中央分局书记、中央军区司令员兼政治委员，奉命留下来领导坚持斗争。本篇是项英为开展游击战争，保卫中央苏区，掩护红军主力转移而发出的指示。根据军事科学院军事图书馆馆藏件刊印。

表宣言，号召全苏区的工人、农民、赤少队④员及一切劳苦群众们起来，最广泛地发展游击战争，以武装自卫来反对敌人的进攻，来配合主力红军作战，来保卫自己的土地、自由和苏维埃政权！

因此，发展游击战争是我们中央苏区整个党与苏维埃目前最中心的任务！只有完成这个任务，才能解决我们在五次战争⑤中"死亡或者胜利"的历史问题。

什么是群众游击战争？中央在宣言中正确的指出："群众游击战争就是苏区每个工农群众保护自己的生命、儿女、土地、财产的自卫的保护自己的最好方式。同时也是牵制、扰乱、疲惫和分散敌人，帮助主力红军取得决定胜利的重要工具之一。"

在我们中央苏区，残酷的国内战争已经继续了好几年。我们的工农劳苦群众，以世界革命历史上所罕见的毅力，自从举起反帝的土地革命的旗帜实行暴动以来，就组织了自己的武装队伍，与国民党、豪绅地主、资产阶级进行血的战斗，从发展广大的游击战争中，建立了苏区，创造了铁的红军，成为坚固的顽强的牢不可破的队伍。所以，不管国民党军配有各种现代的杀人武器，不管帝国主义者竭尽一切力量帮助蒋介石，我们的工农红军不仅一次、二次，而且三次、四次的粉碎了国民党军队的"围剿"。在五次战役⑥中，我们英勇无敌的红军不仅是在敌人堡垒政策的前面顽强不屈，而且屡次挫败了他们，消灭了许多敌军，给了他们有生力量以很大的杀伤。虽然我们取得了这些胜利，但是还没有最后粉碎敌人的五次"围剿"。蒋介石在几次惨败的教训中，尽力避免与红军打运动战，便依靠于乌龟壳⑦步步推进，企图这样来紧缩与围困我们的苏区，消灭工农的苏维埃与红军。而我们红军为着保全自己的有生力量，尤其为着求得更有利的条件去消灭敌人，亦必须采取各种斗争方式，由目前防御的地位转到反攻，来彻底粉碎敌人"围剿"，胜利的保卫中央苏区。

在这种情况下，每个苏区的工农劳苦群众，为着拥护自己的苏维埃政权，保卫自己的土地革命利益，如果像过去一样，仅只以潮水般的加入红军，以及集中一切资材来帮助红军，已经不够了。在现在，最主要的应该是全体武装起来，组织游击队，加入游击小组，发展最广泛的群众的游击战争，来扰乱和牵制敌人，以阻止敌人侵入到我们中心地区，以配合主力红军作战，使我们的主力红军更容易取得最后的胜利，而且依靠着我们广大的群众游击战争，来胜利的保卫我们的苏区！

历史告诉我们，游击战争是伟大的力量。从发展游击战争中，我们曾经创造了红军，建立了苏维埃区域。在今天，我们就要以这个伟大的群众的游击战争来配合主力红军作战，来保护每个工农自己的生命、儿女、土地、自由，以及自己的苏维埃政权了！在今天，每个工农群众只有武装起来，用我们的梭镖、短刀、鸟枪、土炮、快枪——用这一切新旧武器武装起来，阻止敌人侵入苏区，不让白鬼子蹂躏我们的一寸土地，无论如何要把敌人驱逐出去，把他们全部消灭在我们苏区门内！

然而游击战争的发展，不能单独依靠于脱离生产的基干部队，不能满足于现在所有的独立营与独立团。我们必须动员全苏区的工农群众，不论男子、女子、老年人、小孩子，都要鼓动他们加入游击队伍，发展最广泛的群众游击战争。因此，全苏区的党与苏维埃必须进行广大的宣传鼓动工作，正像历次扩红⑧突击一样，在群众中造成最热烈的空气，响亮的提出发展游击战争的口号，使每个群众了解发展游击战争的意义与群众的游击战争的伟大力量。只有这样，游击战争才能成为群众的运动，游击战争的烈焰才能像野火一般在全苏区燃烧起来！

现在战争形势已经紧张到了极度，前方正激响着敌人的大炮声、飞机声。法西斯蒂白鬼子正企图把他们在占领区域内所尽情发挥的杀人、放火、强奸、掳掠、拆屋的兽性，同样的施行到我们的中心苏区来。被打倒了的地主、富农、资本家，也正企图重新恢复他们的剥削、压迫制度，向贫苦工农来收租、逼债了。在这个时候，号召群众发展游击战争，正是适合于群众的切身要求。每个党、团员、每个苏维埃工作人员应该以身作则，起模范的领导作用，去团结本屋、本村、本乡、本区的群众，组织游击组、游击队，尤其要使赤少队全部成为地方部队，以一村一屋的赤少队组织为班、为排，以一乡赤少队成立为连，使他们在敌人驻址地的周围到处活动起来，随时随地打击敌人、扰乱敌人，阻止敌人到本村、本乡来。这样，依靠着我们无数的坚固的群众游击队，我们将不仅能胜利的保卫苏区，而且每个群众也一定能够保全自己的生命、财产、土地与自由，使蒋介石匪军在我们数十万游击队伍面前全部崩溃下去！

同时，游击战争的发展，一定能够打破敌人的封锁线。我们估计到敌人的兵力，老早就指出：敌人愈前进，敌人的后方也就愈空虚，尤其当敌人深入我们中心区域时，敌人严密的但是细长的封锁线，必然缺乏守备的兵力。从我们许多游击队的报告中，已可证明敌人往往以一班人守着数个后方堡垒。这就是说，敌人的堡垒是不能束缚我们游击队的活动的，而我们却有着充分的条件来打破敌人的封锁线。我们的游击队随时可以袭击敌人的堡垒，可以伏击敌人的行进部队，扑灭敌人的别动队，以至捕捉敌人侦探、采买，破坏他们的交通，使敌人无衣无食，日夜不宁，站不稳脚跟。再加上我们瓦解白军工作，组织他们暴动起来，拖枪投入红军，那我们一定能够使蒋介石的严密封锁线毁灭殆尽！所以，游击战争的开展，我们的游击队在敌人后方与翼侧的活动，将不仅能胜利的保卫苏区，巩固苏区，恢复被占区域，而且将最后的粉碎敌人的堡垒政策和它的五次"围剿"，并使苏区大大的扩展起来！

全中央苏区的党、团员，苏维埃工作人员，以及一切工农劳苦群众们，时机十分紧迫了！五次决战的血的斗争要求我们全体武装总动员起来，加入游击队去，学习游击战术，发展最广泛的群众游击战争，使全苏区群众成为真正的铁的队伍，配合着我们的主力红军，为保卫苏区，坚决的粉碎敌人的进攻而战，使蒋介石的百万匪军全部覆灭在苏区门内！

注　释

① 博生、汀州，博生即江西宁都县，当时改名为博生，是为纪念赵博生烈士；汀州即今福建长汀县。

② 近百万的白军，国民党军对中央苏区的第五次"围剿"时，蒋介石调集的兵力近100万，其中直接用于进攻中央苏区的兵力达50万人。

③ 五次"围剿"，指蒋介石从1933年9月开始在江西南部、福建西部对中央苏区发动的第五次"围剿"。

④ 赤少队，指中央苏区人民为自卫而组成的赤卫队和少先队。

⑤　五次战争，指中央苏区军民进行的第五次反"围剿"。

⑥　五次战役，指中央苏区军民进行的第五次反"围剿"。

⑦　乌龟壳，指国民党军的堡垒。

⑧　扩红，即扩大红军的运动，动员苏区广大工农劳苦群众积极参军、参战。

目前主要的任务与作战部署[*]

（一九三四年十月二十三日）

蔡、钟并报朱、周：

一、你们目前的主要任务是迅速占领安远城、新田、固陂、韩坊、安息^①一带，肃清残留的团匪^②，恢复政权，不是简单的维持宿营工作。

二、你们的部署应如下：

1. 杨^③率独十四团进占韩坊、固陂，肃清小坌铲匪，堵截固陂一带团匪，向信丰游击。

2. 独六团缺一营，立即配合十五团占领安城^④后，六团即×^⑤岗头寨，要与古陂之十四团取得联系。

3. 杨率独立十五团占领安城后，除一小部在安城肃清附近团匪、维持安城秩序、破坏工事外，立即向南发展，进占芦屋、镇江一带。该团担任恢复龙头、车头、安铺、安城、镇江一带工作。

4. 第一大队与西江独立营即进行到重、板石、龙布^⑥一带。

---

* 本篇系项英致赣南军区司令员蔡会文、赣南特委书记钟得胜，并报中革军委主席朱德、副主席周恩来的电报。根据中央档案馆馆藏件刊印。篇题为编者所加。

5. 蔡即率一个保卫队到新田指挥独六团之第三营，亦即转到新田军区⑦大桥头肃清这一地区团匪。

6. 大田游击队需挺进信河西岸游击，破坏敌堡垒，恢复西岸苏区，争取群众回来。

7. 长洛游击队即到大埠圩⑧、东岸长演坝一带游击。

8. 立即在雩南之新陂、黎村、禾丰及二分区区域，动员全体模范营有计划的分布在牛岭坳、长演坝、小垒、白室、塘村、龙布、长河一带，维持交通及肃清潜匪。

9. 三分区动员模范营分布在天坳、蔡坊、龙头、车头、上濂官铺一带，维持后方交通及肃清潜匪。第六游击大队必须配合天坳游击队占领天心、黄坑，恢复苏区。其余游击队布置俟来电。

三、安、寻⑨县一级机关应即进到安城，加紧进行发动群众斗争，恢复安、寻政权及肃反工作。

四、登贤县⑩一级领导机关应立即移到小垒，进行恢复及肃清反革命分子的工作。

五、龙布、重石、韩坊、固陂、安息等地点均须由省、县派出工作团去进行群众工作。

六、恢复区域敌之一切堡垒工事，均立即动员群众拆毁。

项

二十三日十五时

注　释

① 新田、固陂、韩坊、安息，均系地名，新田位于江西信丰县城东部；古陂位于信丰县城东南部；韩坊位于信丰县城东北部；安息即今安西，位于信丰县城东南部。

② 团匪，指当时的反动地主民团武装。

③ 杨，名和职务均不详。

④ 安城，指江西安远县城。

⑤ ×，原件如此。

⑥ 重、板石、龙布，地名，重、板石，即重石和板石，重石位于安远县城北部；板石即今版石，位于安远县城西北；龙布位于信丰县城东北。

⑦ 军区，指赣南军区。

⑧ 大埠圩，地名，位于赣州市东南。

⑨ 安、寻，指江西安远和寻乌。

⑩ 登贤县，当时为纪念罗登贤烈士而设的县，位于今江西于都、赣县、安远、会昌之间交界地区。

电询第十九师今后的行动方向[*]

（一九三四年十一月七日）

朱、周：

　　十九师^①今后行动，据他们报告，铅、玉、常、开、屯、婺、祁^②间封锁线大部已完成，且尾追之敌已集婺、德、浮^③间继续向南进。如仍回至浙皖赣边，在目前我们感觉不利。同时，他们提议十九师拟穿过常、开封锁线，转向闽浙边发展，如此则与军委前电指示相反，但可使敌人变更整个部署，便于活动与发展。此事关系总的方针，特此电询，请即电复。

项　英
七日二十四时

注　释

　　① 十九师，由原红7军团改编而成，现隶属红10军团，师长寻淮洲、

---

　　* 本篇系项英致朱德、周恩来的电报。根据中央档案馆馆藏件刊印。篇题为编者所加。

政治委员聂洪钧。

② 铅、玉、常、开、屯、婺、祁，指皖浙赣边之铅山、玉山、常山、开化、屯溪、婺源、祁门。

③ 婺、德、浮，指江西之婺源、德兴、浮梁。

关于中央苏区情况的报告[*]

（一九三四年十二月二十八日）

朱、周、博：

（甲）第三师①于二十二日占领会昌，五十二师②十六日进占归化，二十六日占清流。其他如你们所知。

（乙）最近，敌人除构筑城围与封锁线，加紧修路，并以小部队采用远出袭击与夜袭我地方机关和部队。

（丙）游击战争在各地还没有大的开展，分兵把口的现象普遍，游击队巩固工作差，动员与领导群众参加游击战更差。坚壁清野工作有成绩，但没有与发展游击战争联系。退却逃跑在各地发生，尤以南、胜、×③为最，瑞金与西江④也有一部分。我们正在开展反退却逃跑的斗争，以大的力量去整理和巩固各游击部队，把群众的游击战争实际开展起来。而二十四师⑤谢坊⑥战斗，因各方配合不好，消灭敌人不到两营。现该师已转移到九堡⑦与麻地⑧之间，取伏击姿势，消灭敌向九堡、梅坑出击部队，并帮助整理瑞、西⑨之线区游击队。二十四师当野战军⑩出

---

　　* 本篇系项英致朱德、周恩来和博古（秦邦宪，中共中央总负责人）的电报。根据中央档案馆馆藏件刊印。篇题为编者所加。

发时，全师只有二千七八百人，枪不到千××[11]，部队极涣散。经过两次补充共两千余人，现仍只××××[12]，枪千七百余。

（丁）各独立团除十六团外，均未达到编制，且七团更减削到六百余人，三团与十一团不过五百人上下。行动以三团较积极，七团最差，现正着手改造几个团。

（戊）医院归队，除赣南外，由十月二十日到现在出院四千余人，残废与重伤已分散到群众家里，瑞、西地区还有八九千轻伤病兵，赣南河南[13]共有一万上下，杨、赣[14]二千上下，兴、胜[15]之间千余人。

（己）江西一、二分区正向吉、新、乐、宜[16]封锁线外发展，水南、富田[17]苏区恢复很多，赣南情形较差，安远城及重、板石、古、韩[18]等处重被粤敌与铲匪[19]占领。独六团极端弱，不断受敌袭，损失很大。我们与你们的联系[20]极坏，野战军行动仅从敌人方面得知一二。以后，请随时告诉野战军行动概况，并盼给以指示。

项

二十八日二十四时

注　释

① 第三师，隶属国民党军驻闽绥靖公署驻闽预备军。

② 五十二师，隶属国民党军驻闽绥靖公署第10绥靖区。

③ 南、胜、×，南、胜，指江西的南丰和胜利；胜利为当时设置的县，

辖区在兴国县银坑地区；×处，系原件如此。

④ 西江，当时所设置的县，辖区位于瑞金西南的西江地区。

⑤ 二十四师，隶属中央苏区中央军区，师长周建屏，政治委员杨英。

⑥ 谢坊，地名，位于江西会昌县城西北。

⑦ 九堡，村名，位于瑞金县城西北。

⑧ 麻地，村名，今麻州，位于会昌县城南部。

⑨ 瑞、西，指瑞金和西江。

⑩ 野战军，指中央苏区已实行战略转移的主力红军。

⑪ ××，此处原件如此。

⑫ ××××，原件如此。

⑬ 河南，指江西南部的赣江以南地区。

⑭ 杨、赣，指杨殷和赣州。杨殷系当时新设的县，以纪念杨殷烈士，辖区在今江西于都、赣县、南康、上犹之间地区。

⑮ 兴、胜，指江西兴国和胜利。

⑯ 吉、新、乐、宜，指江西之吉安、新余、乐安、宜黄。

⑰ 水南、富田，地名，水南位于江西泰和县城东北；富田位于泰和县城东部。

⑱ 重、板石、古、韩，指重石、板石（今版石）、古陂和韩坊。重石和板石，位于赣南安远县城北和西北；古陂和韩坊，位于赣南信丰县城东南和东北。

⑲ 铲匪，指反动组织"铲共团"。

⑳ 关系，意指两者间的联系、联络。

目前敌人"清剿"
形势与党的紧急任务[*]

（一九三四年十二月二十九日）

目前战争新的形势与敌人的"清剿"企图

一、目前战争新的形势

野战军①的出动，使革命战争形势在全国发生了大的变化与新的开展，这在革命历史上是有伟大意义的，这正是由于党根据马克思列宁主义而采取了正确的战斗方式。只有一些机会主义者才认为野战军出动是"退却逃跑"或是"革命失败"。事实上证明，野战军出动后在各方面取得了新的胜利，不仅突破了南方封锁线转向敌人后方进攻，而且破坏了帝国主义、国民党进攻苏区，特别是中央苏区的布置与原定计划。从前帝国主义、国民党集中全国最大力量于中央苏区周围，依靠堡垒主义与封锁政策，以优势的兵力逐步渐进，企图在狭小地区内来消灭红军与苏维

---

* 本篇系项英在瑞西、瑞金两县积极分子工作会议上的报告。根据军事科学院军事图书馆馆藏件刊印。

埃。野战军出动②，使敌人这一计划破产，分散了敌人兵力，不但南方的广东敌人被吸引，而且北方敌人亦调动了十多师到野战军方面。同时，在中区③周围的苏区，如安徽、浙江等地，都开展着新的革命战争的战线。在湘赣、湘鄂赣苏区，以前湘敌集中大力量来进攻，现在差不多全部调回湖南去了。因此，湘赣、湘鄂赣苏区都有新的开展与胜利，湘赣烧毁了大批堡垒，恢复大块苏区。同样的，闽浙赣红军（抗日先遣队④）已深入到皖南，在他们行动中不仅打击了蒋介石部队，扩大苏维埃与红军影响，而且威胁蒋介石的巢穴——南京，使敌人手忙脚乱。这一形势的开展与胜利，主要的由于野战军出动。在这一新的局势下，将使苏维埃运动更加广大的开展到全中国。特别是野战军所经过地区，广泛的散布了苏维埃种子，极大的开展了群众革命斗争，将造成更大的新苏区。我们应该明确认识，这种形势是由于野战军出动，由于党采取马克思列宁主义的正确战斗方式，有力的来粉碎敌人五次"围剿"，争取苏维埃在全中国更大胜利。同时，在这一新的形势下，表现了革命战争愈加紧张、残酷与剧烈。

二、敌人对中央苏区的进攻形势

在我们中央苏区周围的敌人当野战军出动后，即乘机侵入我们中心地区，首先占领各重要城市，现在对我们进攻形势是：

1. 占领各重要城市与交通要道，如古瑞、博瑞、会瑞、博兴、兴于⑤等，依托这些重要城市与交通要道企图来摧残我们基本苏区。

2. 敌人用分割各个苏区，构筑封锁线、堡垒线的办法，企图把我们基本苏区割成许多块，切断各个苏区的联系。

3. 因为深入到苏区后，地区辽阔与交通不便，使敌人在兵力与给养上更感困难，为着便利交通就建筑纵横的马路汽车道，以便于他们兵力的转移与后方运输。

这些办法与步骤，主要的是为了便利进行目前敌人所谓"清剿"计划。

在这一形势下，应明确认识：敌人虽然侵入我们各个重要城市，虽然构筑一些新的封锁线，但敌人原计划、原有部署已改变了。因为一部分兵力被吸引到野战军方面，因为战线延长，敌人兵力更加分散，堡垒线稀薄，不能如从前那样严密，这都便利于我们发展游击战争。

同时，在这一形势下，战争火线将在各个地方开展起来，从前有战区与中心区的区别，现在每个地区都有可能成为战区，从前和敌人在火线上直接作战的是红军、地方武装与边区群众，现在全苏区的群众都要直接与敌人进行武装斗争。同时，地方党部⑥更成为游击战争的直接指挥者与领导者。

三、敌人"清剿"计划的内容与实质

1. 敌人构筑各封锁线，切断各个苏区联系，企图各个击破我们。

2. 敌人用反动武装力量，摧残苏区，企图消灭苏区。

3. 敌人每到一地，即武装豪绅、地主、富农、资本家、流氓和一切反动分子组织反动武装（如兴国一带的反共义勇队，瑞金一带的民团，会昌一带的铲共团），造成反动阶级的武装力量，一方面配合白军来摧残苏区，另一方面压迫群众，企图消灭工农武装。

4. 敌人用各种武断的宣传来欺骗群众，特别利用叛徒作无耻宣传，以动摇那些不坚定分子，企图涣散我们的团结与革命战线（如在段屋、中村抢群众东西，同时，威胁群众去"接头"）。

5. 企图消灭苏区、毁灭苏区，主要的是为着要恢复反动统治，建立豪绅地主、资本家的政权。敌人每到一地，即组织"保甲"，成立区、乡办事处。在办事处做事的人，都是豪绅地主、富农、资本家、流氓和叛徒，敌人利用这些组织来恢复他们的反动统治。

6. 敌人恢复反动统治的目的，为的是保护豪绅地主、资本家的利益，恢复剥削制度，压迫与剥削工农群众，企图把已得到解放的工农群众，重新回复到牛马奴隶的生活，把贫苦工农从前得到的土地夺回给地主，好田还富农，资本家可以残酷的压迫剥削工人。这是敌人"清剿"的目的。

上面这些便是敌人"清剿"的内容与实质。我们从前许多地方党只简单说：敌人如何抢东西、杀人……这是不够的，没有把反对敌人的"清剿"斗争提到政权与土地的高度上来。

四、敌人在"清剿"中的困难

1. 敌人侵入中心苏区后战线更延长，兵力更分散更单薄，如古瑞、博瑞、会瑞三条堡垒线，二百八十里远，只有二师兵守，同样，博兴、兴于亦有二百八十里，也只有二师人。这便于游击队的穿梭活动。

2. 敌人因兵力不够，分区"清剿"必将顾此失彼，我们容易打击他。同时，他们深入了中心苏区，后面堡垒一定会空起来，我们可大批毁坏它，如最近公略⑦一带拆了几十里路堡垒，恢复大块苏区。只要各地党能正确的坚持在各个地区领导群众斗争，敌人是没有办法的。

3. 敌人因深入苏区，离后方远，交通联络更困难，如果群众坚壁清野工作做得好，与游击队积极在敌人交通线上活动，敌人的给养与资材供给是非常困难的，我们一定可以饿困敌人。

4. 敌人的财政、经济与资材的困难是无法解决的。

5. 敌军在补充上的困难：白军士兵不易补充，敌人在五次战役⑧中损丧与消耗兵力很大，部队中病员数目极大，现在白军每连平均不过五六十人。同时，白军因分散守备，堡垒周围都是苏区，士兵容易受苏维埃影响，便利我们进行瓦解白军工作。

敌人这些困难是无法克服与解决的，敌人的困难即是我们的有利条件。同时，还要估计到野战军的继续胜利和中区周围苏区和红军的发展与全国革命斗争，这都是有力的配合我们行动，吸引与牵制敌人的力量。党应针对着敌人的弱点与困难，坚决执行中央指示，猛烈的开展群众游击战争，我们一定能够粉碎敌人的"清剿"。

党的当前紧急任务

一、粉碎"清剿"是紧急的中心任务

中央所指示我们的基本任务，是发展广大的群众游击战争，来反对敌人与保卫苏区。为了执行这一基本任务，目前应当动员和领导一切力量，来粉碎敌人"清剿"，胜利的保卫苏区。

目前，粉碎敌人"清剿"是执行党中央给我们基本任务的最紧急的中心任务。只有粉碎敌人"清剿",才能胜利的保卫苏区。我们在粉碎敌人"清剿"中有许多便利条件,不仅敌人的困难便利我们打击敌人,而且还有:(一)野战军与中区周围红军游击队的配合。(二)基本苏区的群众经过几年来斗争的锻炼,有反对敌人的高度革命热情与斗争积极性。(三)有极大数量的地方武装,配合着红军的行动。这都是有利于我们粉碎敌人的"清剿",并且准备在适当时候配合着野战军胜利与全国革命斗争,进行向敌人总的反攻,来恢复苏区、发展苏区,开展苏维埃在全中国的胜利。

同时,我们应该指出,在斗争向前开展中,我们应该估计到所遇到的困难。敌人必然要更进到我们基本苏区,甚至占领一切圩场,苏区分割得更小。每个地区都可能成为战区,环境比较现在更紧张,物资上比较现在更困难。如果只看到有利条件,不估计所要遇到的困难,就一定会发生空洞乐观,而松懈目前斗争中的一切工作,将来遇到困难就会悲观失望。我们必须明确了解粉碎敌人"清剿"斗争,是艰苦的持久的斗争。

二、我们怎样来粉碎敌人的"清剿"

(一)我们要动员一切力量粉碎敌人"清剿"。

广大工农群众是最伟大的,任何敌人所不能战胜的力量。因此,首先要在广大群众中做最广泛的深入的政治宣传鼓动工作,清楚的正确的解释目前敌人"清剿"的形势,敌人的困难,我们的便利条件;解释敌人"清剿"的内容与实质。只有最清楚明白的解释,才能达到动员一切群众的目的。过去解释工作不深入，太简单，只在下边开活动分子会来传达一下，这是非常不够的。应在各支部、各个组织中来具体讨论、具体决定在群众中动员与解释的方法，利用乡代表会、村公民大会、工会及各种群众组织会议等，深入到每个村、每个屋子的群众中，作报告解释，发动群众的问答谈话，使每个群众都真正了解。过去扩红突击，每次动员都能动员几万人，就是因为我们在广大群众中宣传鼓动工作的深入。现在粉碎敌人的"清剿"，更是直接关系到每个工农的切身利益的问题，在保卫苏区、保护群众利益上，群众是更容易了解，更容易发动的。

解释敌人"清剿"不仅简单的说敌人怎样抢东西、杀人等，应该清楚的指出敌人主要目的是恢复反动统治，恢复剥削制度，把工农群众重新回到奴隶生活，这样才更能动员广大群众。

（二）怎样开展群众游击战争？什么是群众游击战争？

1. 现在各地对群众游击战争有两种不正确认识：一、单纯把扩大游击队、组织游击队，认为这就是群众游击战争，最好也只是区、乡游击队能够行动，只注意组织脱离生产的游击队，而忽视了动员广大群众参加游击战争；二、只注意编队、编游击小组、编赤卫队，如瑞金开始有游击小组六千多人，可是能行动的非常少。这两种认识都是不了解群众游击战争。必须指出，开展游击战争最中心问题是实际行动，假如不能积极行动，不能在敌人堡垒周围活动，一切组织都只是形式的。党不仅要动员组织游击队的工作，还应直接去领导他们行动。开展游击战争主要是反对与打击敌人。同时，群众游击战争应该是大部分能够拿武装的基干部队与敌人作战，其他不能直接作战的，要全部积极参加侦察、交通、救护、宣传、瓦解白军、坚壁清野、破坏敌人的道路及运输等工作，来协同与配合作战部队的行动。这样来吸收老少男女到游击战线上来。因此，不仅要积极从政治上动员广大群众参加游击战争，还要依靠游击队、赤少队的积极行动，不断的在战斗与胜利中，提高群众参加游击战争的热情，去吸引本地及其周围的广大群众来加入游击队与参加游击战争中各种工作，使每个群众都积极担任游击战争中一种战斗工作。此外，现在已经组织的游击小组，不应取消而简单的改编赤少队，主要是领导他们积极行动，已有赤少队的，不应偏重整理，而同样要直接领导他们行动。这样去团结与吸引广大群众，开展群众的游击战争。

2. 每个区应有一个基干部队。如果没有强大的基干部队为中心力量，群众游击战争不能有力的开展起来。现有的基干部队一方面要巩固，另方面要大大扩大起来。过去做些扩大工作，但巩固工作差。一般独立营、游击队都削弱了，党和司令部对游击队经常领导很差，必须使基干部队扩大巩固起来，作为一县一区一乡的主力，来团结与领导群众开展游击战争。中央现决定独立营扩大到四百——五百人，区游击队扩大到一百——一百五十人，争取在一月十日⑨前完成。

3. 党、团的领导与模范作用，成为开展群众游击战争的一个基本条件。党员对群众不但有密切联系，且在群众中有威信。党员在群众和游击队中做模范，作战英勇坚决，是有力动员与领导群众广泛的开展游击战争的必要条件。党的支部应成为乡的游击战争的指导者与领导者，党应使每个党员来动员群众、领导群众参加游击战争。

4. 一切游击队和群众武装的行动要积极起来，要反对游击队守口防敌，反对把游击队变成机关保卫队。守口防敌阻碍游击战争的开展。只有积极行动经常穿袭堡垒不受敌人封锁的限制，打击与消灭敌人，才更能提高群众的积极性。同时，脱离生产的地方武装每到一地就要团结当地广大群众，武装他们，教育他们游击动作，这样使游击战争在全苏区开展起来。

5. 为着粉碎敌人"清剿"，每个地方党应领导游击队坚持在当地斗争。敌人是企图驱逐我们离开基本苏区，所以退却逃跑正是帮助敌人。要各个地区都坚持的坚决的顽强的与敌人作战，才能分散敌人力量，配合红军消灭敌人，不致为敌人各个击破。

6. 每个党员要领导游击战争，要学习游击战术，应当不断的在斗争中来学习。

如果说："我不懂军事，不能参加和领导游击战争"，这是放弃任务与消极怠工的说法，应坚决反对这样倾向。同时，党应经常检查与讨论游击队工作，加强对游击队领导，正确运用游击战术，在群众游击战争发展中，使敌人到处受到我们的打击、杀伤、饿困，加以我们的瓦解白军工作与红军不断的消灭敌人，这样使敌人的"清剿"全部归于失败。

（三）彻底的正确的进行坚壁清野工作，准备持久战斗。

过去单纯做坚壁清野，不能联系、动员群众参加游击战争是不对的。坚壁清野的工作，不是与游击战争对立的。坚壁清野的目的不仅使敌人得不到一点东西吃用，同时要保障我们持久战斗的给养。过去对公谷乱发、乱丢是不对的。应当在政治上解释坚壁清野的意义与作用，使坚壁清野成为开展胜利的游击战争的一个重要条件与工作。另方面敌人占着城市与圩场，必然要继续封锁，并且用各种经济手段来紊乱苏区的金融和市场。我们必须极大发展合作社，解决群众和部队生活上的需要，这样去保障与敌人持久作战。

（四）巩固内部，严厉镇压反革命活动，消灭敌人的内应，使敌人孤立。在"清剿"中，一切反革命会积极活动起来，应该提高我们最高度的警觉性，严厉镇压反革命来巩固苏区。事实证明，哪个镇压反革命坚决与严厉的地方，群众斗争也就更开展。目前应该：

一、迅速扑灭藏在山上的豪绅地主反动武装，这是敌人最有力的内应。

二、加强保卫局系统的工作，破获一切反革命组织的活动。

三、不断的揭破反革命的欺骗，争取被欺骗群众。

四、扑灭民团，捕杀反革命头子，使敌人民团组织不起来，摧毁被占领区的反革命各种组织（如办事处等），使群众斗争更易发展。

五、争取开小差分子积极参加乡游击队。

六、动员一切群众参加肃反工作，把群众警觉性提高，随时扑灭反革命活动，使肃反斗争成为群众的斗争。

（五）开展反叛徒斗争——叛徒是最凶恶的敌人，应根据中央命令发动广大群众捕杀叛徒。

一、严厉处置叛徒，用各种方法捕杀叛徒；二、对于叛徒头子，不但他本人，而且凡是与他的叛变有关系的，同样要受到严厉处置。在群众中发动反叛徒的斗争。大家起来捉拿叛徒，捕杀叛徒。但在这里，叛徒与被欺骗群众应分开，对叛徒要严厉，对被欺骗群众要争取。

（六）加紧被占领区工作——被占领区原是我们苏区地方，应建立秘密党的组织，领导群众各种斗争到武装斗争，与我们的游击战争配合起来；县、区党组织都应有专人管理被占区工作。

（七）瓦解白军工作——不仅是宣传发传单喊话，还要利用一切机会去接近白军兵士，去组织和发动兵变和拖枪投红军等，要把这一工作成为群众运动，造成一种兵变拖枪投红军的潮流，这是对敌人的致命打击。

（八）领导游击战争是党当前的惟一中心任务。目前党的一切工作应该为了开展游击战争。党不但组织与扩大游击队，而且应经常负责领导与指导游击队的行动，经常检查游击队的工作，加强司令部的领导，纠正现在党部住在后方与司令部、游击队脱离的现象，这实际是准备退却逃跑。党应领导与动员苏维埃及一切群众团体，使他们发动自己组织系统内的群众来参加游击战争。要反对党不过问游击队行动的错误倾向。同时，为着适应游击战争的发展，党的一切工作方式都要适合于领导游击战争，要最紧张的工作速度，最迅速的处理问题。

最后，当敌人"清剿"进到基本苏区时，党内个别的不坚决分子必然发生机会主义动摇和退却逃跑。目前各地在中央分局领导下，开展反退却逃跑斗争，得到一些成绩，应把这一斗争更深入的更普遍的正确的开展到全党到广大群众中去。这是保障党的正确路线与胜利的发展游击战争的先决条件。巩固我们胜利的信心，坚决的顽强的领导广大群众游击战争，为着粉碎敌人"清剿"，保卫苏区，争取苏维埃在全中国胜利而斗争！

注　释

① 野战军，1934 年 10 月 7 日，中革军委命令将中央苏区主力红军组成野战军准备实行战略转移。

② 野战军出动，指中央红军主力于 1934 年 10 月 10 日开始撤离中央苏区实行战略转移。

③ 中区，指中央苏区。

④ 抗日先遣队，1934 年 7 月 6 日，由红 7 军团 3 个师组成，由军团长寻淮洲、政治委员乐少华率领，从江西瑞金出发，北上抗日。

⑤ 古瑞、博瑞、会瑞、博兴、兴于：古，指长汀县古城；瑞，即江西瑞金；博，指博生县，1933 年初为纪念红五军团副总指挥赵博生的牺牲而设立的县，即今江西宁都县；会，指江西会昌县；兴，指兴国县；于，指于都县。

⑥ 地方党部，指中共地方各级党组织的办事机构。

⑦ 公略，当时所设的县，以纪念黄公略烈士，位于今江西东固地区。

⑧ 五次战役，指中央苏区军民进行的第五次反"围剿"。

⑨ 一月十日，指 1935 年 1 月 10 日。

中央军区政治部训令 *

（一九三四年十二月）

目前我们的主要任务，是开展广泛的游击战争，来粉碎敌人"清剿"与胜利的保卫苏区。这一任务的遂行，必须依靠广大群众。因此，坚固的亲密的团结广大群众，组织和发动及武装群众参加游击战争，应成为各部队经常工作的一部分。另外，目前虽然暂时由大兵团作战方式转变为游击战争方式，但这只是在斗争方式上与战术上的转变，过去兵团好的作风，突击紧张，敏捷有组织、有规则的生活，我们应在部队中发扬起来，学习创造好的作风，要使我们的部队在生长与锻炼中真正成为铁的红军。绝不是因为战争方式的改变，便放弃正规红军生活，而染受过去游击队中不好的游击主义习气。这样，不但不能开展我们的游击战争，并妨害我们游击战争的胜利与开展。

最近在各部队中，不断发生严重现象，过去的游击主义又在重新生长着，主要的表现在：

一、脱离群众，随意没收群众东西，与不分阶级路线，动辄

* 本篇系项英对中央军区所属部队签发的命令。原件无时间，1934 年 12 月系编者根据军事科学院军事图书馆馆藏件内容所判定。

藉口反动物品没收自用。还有不经当地党及政府机关许可，乱砍树木；不得群众同意，随便拿用群众东西，用后又不归还。

二、不爱惜武器，随便失掉炸弹底火，损坏与抛弃枪支；不爱惜公物，撕棉衣、毯子打草鞋，更有将衣服、毯子出卖。

三、对命令的忽视与不坚决执行，不听指挥，自由行动，不守纪律，部队生活表现散漫、松懈、迟缓。

四、部队到一驻地只图住房方便，不注意警戒，忽视侦察工作。

这些是游击主义习气与坏现象，是开展广泛游击战争的障碍。各首长、各政治机关，必须立即检查在自己部队中有无这些现象与事件，实际的具体的在部队中开展斗争，巩固红军铁的纪律，坚决反对这些脱离群众及不爱惜公物、不执行命令、不注意警戒、侦察等游击主义的习气与坏现象。详细解释目前的任务，应发扬过去游击战争光荣事业，学习正规红军的生活与好的战斗作风，不断在自己的行动中锻炼与教育全体战士。这一训令，应在军人大会上与各种会议上深入传达，以保障这一训令的绝对执行。

此令

司令员兼政委　项　英

要求中央经常给各苏区以指示[*]

（一九三五年一月八日）

博[①]、周、张：

　　自野战军入湘桂黔边以来，几与我们断了关系，不仅消息很少电告，甚至屡次提出的问题也未答复。虽因行军作战忙，绝不是无复电的时间与机会。长此下去，将要影响中央军区与各地的指导与全国斗争的配合。我坚决抗议，要求中央不时的给予我们及各苏区的以指示，盼急复。

项

一月八日

注　释

　　① 　博，指博古，即秦邦宪。

――――――――

　　* 　本篇系项英致博古、周恩来、张闻天的电报。根据中央档案馆馆藏件刊印。篇题为编者所加。

关于中央苏区情况的综合报告[*]

（一九三五年一月二十七日）

二十二日电二十六日才收到。

（甲）目前部队分布如下：

（一）十六团在珠□与洛口之间，独立七团在下坝、稳村、黄沙一带，瑞金、西江两独立营在九堡、下宋、梅坑一带，瑞西独立营在寨下西，保卫大队在段屋、中村之间。

（二）赣南四团及军区警卫营在潭头附近之龙口，雩都独立营在新陂，罗江独三团在小溪、畲岭间活动，十四团及登贤独立团在仁风、乱石间。独立团近遭损失，见敌即解散，已宣布解散，分属于二十四师及赣南团。会昌独立营在珠□河南活动。

（三）十五团近被粤敌"追剿"，前日退至高排以东，现正整理，仍令其回转原地。

（四）三十四师^①与□团为机动部队，现转至赣南洛村，配合三团打击粤敌。

（五）福建之十九团现活动于三都、濯田间，独立团在小兰

---

* 本篇系项英致秦邦宪、朱德、周恩来的电报。根据中央档案馆馆藏件刊印。篇题为编者所加。

之北，现全〔正〕向武平与平蕉地域挺进游击。

（六）闽赣军区及十七、十八两团在宁、汀、瑞、石之间活动，十二团在中畲、罗元、塘坊一带。

（七）江西因电台未出，详情不知。

（八）杨赣一分区及十三团近被粤敌"搜剿"，情况不清。

（乙）部队情况：

（一）由于医院归队，工作有成绩，中区的师团在数量上相当充实，独三、七、十一、十六团各有三个营，赣南团二个营，十四团五个连，十五团二个营，也大大改变②，但巩固工作差。病员不断增加，逃亡与投敌虽减少，还未完全消灭，二十四师近三月来减员达二千七八百人，正大力克服。

（二）干部已大改换，但独立指挥能力差，对战术的了解与运用特别差，常常受到不应有的损失，尤以对粤敌为最。

（三）部队行军力量一般不强，二十四师最差，每次行军落伍常一二百人以上，一般的动作不迅速，攻击精神还未大大提高，顽强性还不够。

（四）游击主义已在部队中生长，我们已很好地注意，正在斗争中克服。

（五）部队的斗争情绪还好，战斗力除二十四师，以三团较强，十四、十六两团最差。

（六）独立师、团的子弹平均每人约五十发以上，手榴弹一般的每人两个到三个，平均梭标占二分之一。

（七）游击队在数量上有大的扩大，除基干部队外都进行③，均以女的占多数。独立营有相当充实，比游击队积极些。大多数游击队还不能穿袭封锁线。在中区肃清山上反动武装有成绩，福建与江西都差。

（丙）地区给养问题：

（一）目前借谷因敌进占均分发群众，遂大多数被敌强迫交出，现中区及赣南所存之谷，只能维持部队机关至三月半上下，以后地区小，成问题。

（二）国票惊人跌价，目前依靠群众动员方不成问题，二月以后整个经费发生困难。

（三）文件还□买□冬衣被已解决。筹款来源太少，现金成问题。

（丁）群众斗争：

（一）中长九区域较好，特别对地主富农斗争，只有段屋旨俟逃跑多④。赣南较差，但对红军与苏维埃还是热烈拥护，卖油给红军，保护伤病员，积极参加游击队。反动派用红军跑了、红军消灭了以及利用野战军落伍与开小差分子回来欺骗群众。

（二）江西对于群众动员差。闽赣除极少数地方外，一切工作均垮台。最近万泰一带正在恢复中。福建群众好，但领导差。

（三）兴万泰群众仍坚持着斗争。

（四）被占区的群众斗争没有大的发动，大都秘密工作。当敌占后，不是回到苏区就是无消息，这由于我们现在还不能在新的环境运用新的工作方式继续领导斗争。

（戊）对党的工作：

（一）中区各区自开展反退却逃跑的斗争，工作上有转变，对于野战军出动与粉碎敌人"清剿"、发展游击战争做了相当之动员工作，扩大游击队获得有很大的成绩。但灵活的去开展游击战争还差。

（二）支部工作没有很好的转变，一切工作还是继续以前的突击方式。

（三）地方党员最大的弱点是不能适应环境来转变、改善工作与方式，对于游击战争领导差，只注意动员工作。

（四）干部□□□属与接敌区域的投敌现象还存在，我们正开展反叛徒斗争，但各地还未造成群众的斗争，只是采用行政手段解决。

（五）福建因省的领导机关以"左"倾空谈代替实际工作，因此放松了反对"清剿"的具体领导与布置，影响群众斗争与游击战争的发展。敌人占领某区，工作即解体。

（六）闽赣党的领导更弱，特别是群众斗争发展，当着敌人进攻时，各地工作除少数武装与工作人员外，大部无形取消。泰宁、宁化、汀东均是带着一部分武装上山打□，最近正在纠正中。

（七）江西省博洛地区⑤由于事前动员与具体布置工作缺乏，当敌"清剿"时，许多遭受损失，最近情况不明。

（八）赣南地区大部分成为游击区域，完整区不过五六个，党的工作比以前没有大的进步。

（九）分局曾派李鹤鸣到兴、万、泰⑥去传达和巡视，敌经雩（于）都封锁后完全隔断；又曾派人穿插封锁线，到福建检查工作；并调钟循仁随长胜营穿插至石太⑦任闽赣书记，现已到达；阮啸仙调赣南任书记；直属各个县，准备调赖昌祚回任特委书记。

（十）团与工会没有很好开展本身工作，工会更差，苏维埃也仅只办点公事，对于群众的号召与领导差。

（己）湘赣很早因电油缺乏与我们失了联络。湘鄂赣曾派林瑞生〔笙〕到湘赣，找中央报告工作，据湘赣转告十六师只剩一千余人，由彦刚[8]率领在湘鄂边活动，准备转回原地区恢复工作，近状全不知。

（庚）我们报告共数千字。此间情形大略已述及，请中央及军委迅速给我们指示。

项

二十七日二十三时半

注　释

①　三十四师，系第 24 师之误。

②　原文如此。

③　原文如此。

④　原文如此。

⑤　博洛地区，指博生县（今宁都县）洛口地区。

⑥　兴、万、泰，系兴国、万安、泰和的简称。

⑦　石太，即石城县和太雷县（为纪念张太雷烈士而设，不久即撤销）。

⑧　彦刚，即湘鄂赣军区司令员兼红 16 师师长徐彦刚。

保持现有地区或
转移活动地区的请示[*]

（一九三五年一月三十日）

博、朱、周、张：

（甲）此次二十四师派队两团袭击牛岭粤敌一营，小岔一营增援，但指挥错误被敌各个击破，遭受巨大损失，至昨还有八九百人未归队，现部队正在整理中。

（乙）目前情况日趋紧张。我们是努力来破坏打击敌人构筑雩、会[①]封锁线，以保持现有地区，坚持斗争。

（丙）如敌封锁完成，瑞西地区更狭小，主力必转至雩南，但不能给粤敌以大打击，向南开展则仅□禾黎[②]三个区，以一万五六千之众，不但给养困难，而且无回旋余地，将处于四面包围不利的地位。

（丁）如转移活动地区，在目前情况下适当区域，南则非大打击粤敌不能立足，西到湘赣则转移不易，东则无大发展，前途给养甚困难。如穿袭封锁线，则部队巨大不便。

---

* 本篇系项英致秦邦宪、朱德、周恩来、张闻天的电报。根据中央档案馆馆藏件刊印。篇题为编者所加。

（戊）目前部队数量有相当，但干部指挥能力弱，影响部队战斗力。

（己）我们的行动方针，应根据各方情况与中央总的方针确定，因此要求中央迅速给我们具体指示，适应情况执行。

（庚）任何紧张情况下，应抽空讨论我们的问题，并迅速回电。

项

卅日十八时

注　释

① 雩会，即江西雩（于）都、会昌。

② 禾黎，指雩（于）都的禾丰区、黎村区。

关于红十军团等情况的汇报[*]

（一九三五年一月三十日）

朱、周：（万万火急）

（甲）据谍报：十军团自十八日被敌击后大部溃散，密本遗失，只乐少华、刘英、粟裕①带一部到闽浙赣苏区。王如痴、刘畴西②先后被敌搜擒。方志敏③仍匿居开化、德兴间的山中。敌仍在搜索中，并称王供出我收敌电方法。

（乙）敌七十九师补充团集结雩南④，将进攻新陂、白峨。

（丙）粤第一师黄植楠率宋、邓两团与□小垒、牛岭将进攻小溪，请仁凤之独四师潘团及长洛之敌策应，又进占小溪，请七十九师派队接小溪防。

项

卅日二十时

---

* 本篇系项英致朱德、周恩来的电报。根据中央档案馆馆藏件刊印。篇题为编者所加。

注　释

① 乐少华、刘英、粟裕，当时分别任红十军团政委、政治部主任、参谋长。

② 王如痴、刘畴西，前者为红十军团第十九师参谋长，1962 年被人民政府追认为革命烈士；后者为红十军团军团长兼第二十师师长。

③ 方志敏，时任红十军团军政委员会主席。

④ 雩南，即江西雩（于）都南部。

请中央速达目前方针[*]

（一九三五年二月一日）

朱、周、博^①：

（甲）屡电谅达，无一指示，令人不解。中区环境日益紧急，迟延不决是最有害的。

（乙）目前问题是整个行动方针关系全国与中区前途，因此必须中央决定与指示。

（丙）集中行动必有立足之处，不能长久游击，目前四周无此条件，否则一战不利，即被敌冲散。

（丁）分散目标，便于游击，但各自为战，领导困难，易被敌各个击破。

（戊）对各地与部队领导均感困难，解决不能兼顾。

（己）敌人目的主要是摧毁有生力量与领导机关。

（庚）我们行动必须根据全国形势与中央总方针决定，否则易于错误，影响工作前途。

＊ 本篇系项英致朱德、周恩来、秦邦宪的电报。根据中央档案馆馆藏件刊印。篇题为编者所加。

（辛）盼一二日内将中央方针与对中区指示电复。

英

注　释

① 博，博古，即秦邦宪。

关于行动方针问题的请示电[*]

（一九三五年二月四日）

中央与军委：

（甲）粤敌有企图以三个团配合瑞会①之右路向我围攻提议。

（乙）目前行动方针必须确定，还是坚持现地，还是转移方向、分散游击，及整个部署如何？均应早定，以便准备。

（丙）中央与军委自出动以来无指示，无回电，也不对全国布置总方针。也□援敌荷约一七团会合方针增援的现身极不妥当②。

（丁）请中央及军委立即讨论，并盼于即日答复。

项

四日一时

＊ 本篇系项英致中共中央与中央军委的电报。根据中央档案馆馆藏件刊印。篇题为编者所加。

注　释

① 瑞会，即江西之瑞金、会昌。

② 原文如此。

拟以周建屏等为中区
分会委员的请示[*]

（一九三五年二月九日）

中央军委：

（甲）粤敌四个团南率^①于十二日向小溪、禾丰"进剿"。

（乙）将敌增调九十七、九十八师到雩瑞^②。

（丙）我们等中央决议，请急电告，以便执行，如再迟不能应付新的情况。

（丁）我们准备打击粤敌之一路。

（戊）根据现已与中央关系有失联络危险，我们已与各地仅〔保〕持电台联系，如成立成问题，则全部失联络，已与拟周建屏及龚楚或杨英^③为委员，请批复。

项　英

九日

＊　本篇系项英致中革军委的电报。根据中央档案馆馆藏件刊印。篇题为编者所加。

注　释

① 原文如此。

② 雩瑞，即江西之雩（于）都、瑞金。

③ 周建屏，时任红二十四师师长；龚楚，时任中央军区参谋长，1935年3月叛变；杨英，时任红二十师政委，1935年3月牺牲。

部队分布于赣南闽西情况的报告[*]

（一九三五年二月十九日）

博、朱、周：

（一）北敌及八十九师之一部于七、八、九三日急占雩会① 沿河地区。企图将我封锁于河北岸。但我们前几日已移至河南。

（二）已遵中央指示布置部队主要分布于赣南与龙、上、崇、寻、安、武、蕉②、福建间。但来电较迟，情况紧迫，部队分布于地方工作不免仓忙。

（三）我们已执行中央指示并彻底检查了工作与错误。

（四）我们俟各部队出发后，率队辗转活动于赣南、闽西。但目前情形河水阻隔，而且地域不大，□基础小。独立团辗转较困难，必要□□仍相当分散行动。

（五）以后请令电台注意与我们联络，否则易失联系。

项
十九日

---

* 本篇系项英致秦邦宪、朱德、周恩来的电报。根据中央档案馆馆藏件刊印。篇题为编者所加。

注　释

① 雩会，即江西之雩（于）都、会昌。

② 龙、上、崇、寻、安、武、蕉，即福建之龙岩、上杭，江西之武平、崇义、寻乌、安远，广东之蕉岭。

关于当前工作情况的综合报告*

（一九三五年二月二十一日）

朱、张洛甫①：

（甲）我们为了加强各地领导，派潭秋②到福建饶和埔③并建立白区工作；汪随队到寻安平④；张覃莲⑤到闽赣负责恢复江西工作；王随队到兴龙⑥。但覃莲当敌封锁会雩河时，他们当由白鹅入小密未北转，是否能穿福建还成问题。

（乙）挺进部队一部已出发，一部准备继续出击。但时间紧迫，地区狭小，赣南与福建、粤赣边及边区与远游部队均散布不开。

（丙）我们辗转地区隔河流太多。南部因粤敌将群众围住，大村庄除南寻一部其他我们均无一点工作。南北敌人堵夹与春天河道辗转与粮食均困难。向闽西有河流与封锁，独立团不易转移与穿插，只能随几百人部队行动。

（丁）贺⑦随□到湘粤赣边指挥这工作。我们与陈⑧在分局准备转向武福。

---

* 本篇系项英致朱德、张闻天的电报。根据中央档案馆馆藏件刊印。篇题为编者所加。

（戊）我们在辗转中无相当时间立足，则携带电台行动时有被击危险，将来与中央及各地联系更成问题。

（己）福建现地域很狭小，敌人正在进行"清剿"，饶和埔消息断绝，仅知独九团正被敌"清剿"中。

（庚）赣南目前仅剩禾丰、黎村两个全区，北敌正限期"清剿"瑞金西岗与瑞万等县。

（辛）白区工作已派人随挺进队出发，如谭〔覃〕发出厌烦该项工作，指导又成问题，因分局游击行动，很难指导这一工作。对闽浙赣三十日〔师〕中央能直接指导最好。中央对我们还有指示否？因我们一二日后要行动，以后联络甚困难。

项

二十一日

注　释

① 原文如此。张洛甫，即张闻天。

② 潭秋，即陈潭秋，时任中共中央分局委员。

③ 饶和埔，即广东饶平、福建平和、广东大埔边界地区。

④ 汪，即汪金祥，时任中央军区政治保卫局局长；寻安平，即江西之寻乌、安远、广东平远县。

⑤ 张覃莲，即毛泽覃、李才莲。毛泽覃时任中共中央江西分局委员、红军独立师师长。

⑥ 王，即王孚善；兴龙，即广东省兴宁县和龙川县。

⑦　贺，即贺昌，时任中共中央苏区分局委员、中央军区政治部主任。

⑧　陈，即陈毅，时任中共中央苏区分局委员、军委分会委员、中华苏维埃共和国中央政府办事处主任。

中共赣粤边特委关于
开展反叛徒斗争讨论大纲

（一九三六年）

（一）革命是残酷的阶级战争。

（甲）革命，应是工农阶级起来推翻豪绅地主、资产阶级的行动和斗争。简单一句话，就是工农群众革豪绅地主、资本家的命。

（乙）工农群众受豪绅地主资本家的压迫和剥削，疲苦不堪，穷得不能活命，要想不受压迫和剥削，能得来自由，就要起来反对豪绅地主、资本家，打倒他的剥削，就要起来革命。因为工农群众唯有革命才是真正出路，其他就没有法子可想。

（丙）工农群众非革命不能出头，豪绅地主、资本家最怕工农革命，最反对革命。因为革命胜利了，豪绅地主、资本家不但不能剥削压迫，而且他自己就要垮台。所以豪绅地主、资本家用尽千方百计来压迫革命，屠杀革命的人，想把革命镇压下去，来保证他的生命财产和统治地位。这样，我们的革命工农阶级和反革命的豪绅地主、资本家阶级就要进行不断的斗争，必须将豪绅地主、资产阶级完全打倒才能胜利。

（丁）因为这样，革命就是最残酷的阶级战争，就是工农阶级与豪绅地主阶级拼死活的战争，在这个战争中没有媾和的余地的，只有坚决斗争到底。

讨论的问题

（1）为什么革命才是工农的出路？

（2）为什么革命是残酷的阶级战争？

（二）革命就要斗争的决心、流血牺牲的精神。

（甲）革命既是残酷的阶级战争，和平是不能革命的，一定要坚决同敌人作斗争。因此，同敌人斗争才能最后打倒敌人，取得革命最后胜利。

（乙）要坚决斗争就要有对于革命的坚定信心，吃得苦、耐得劳，不怕任何困难。任何严重，坚决干下去，反对后退。

（丙）革命不仅要有坚决斗争的决心，还要有为革命流血牺牲的精神，如若我们怕死怕牺牲自己的生命，那就一定不能坚决斗争，因为革命斗争中流血牺牲是不能免的事，如同打仗不打死人就不能打胜仗一样。

（丁）我们能坚决革命，能够抱定为革命流血牺牲的精神，这样坚决继续的干下去，革命就能一定能得到胜利。

讨论的问题

（1）革命为什么要有坚决斗争的决心？

（2）革命为什么要有流血牺牲的精神才能坚决斗争到底？

（三）　流血牺牲是革命的光荣事业。

（甲）流血牺牲是革命的代价，革命的胜利就是革命战士的血和牺牲争取来的。

（乙）革命是为整个阶级的解放和利益，革命同志是牺牲个人的利益幸福为争取整个阶级的利益，这样的牺牲，为阶级的利益而牺牲是全阶级群众所钦佩的、所信仰的人，是人类最光荣的事业。

（丙）一个革命同志应是坚决的来革命，就要有决心为革命而斗争，就要以革命的成功为他奋斗的目的。为此就要以革命的利益为他自己的利益，就要有宁可牺牲自己，不可损害革命利益的决心和精神。

（丁）革命同志的光荣，就是他自己始终坚决的为革命而工作而斗争，就是他能够为革命而流血而牺牲，成为始终一致的为革命斗争的英勇战士，所以流血牺牲是革命的光荣事业，是革命同志最光荣的模范。

讨论的问题
（1）流血牺牲为什么是革命的光荣事业？
（2）革命同志以什么事业为最光荣？

（四）流血牺牲的精神是推动和争取
革命胜利的伟大力量。

（甲）一个革命同志的牺牲固然对革命力量要受损失，但每个同志的英勇牺牲是最有力量的唤起广大工农群众更坚决的来革命，是增加群众斗争阶级的仇恨与觉悟，是推动与吸引更多的群众来革命，增加革命无数的力量。

（乙）中国革命在中国共产党领导之下不过十多年，得着最大的开展，胜利使中国革命达到争取苏维埃中国胜利大道，除了中国客观的革命条件与共产党领导的正确之外，还有无数共产党员与工农革命同志为革命流了不少的血，牺牲了不少生命，推动革命迅速发展。

（丙）一九二三年二七的流血京汉铁路惨案，一九二五年五月三十日的流血上海南京路惨案①，一九二七年上海工人三次暴动和四一二惨案使革命走上正轨，开展中国革命新纪元，推动中国工农群众起来革命，造成中国第一次大革命，一九二七年广州工人与革命士兵的暴动与牺牲，开展中国苏维埃运动的纪元。余游击战争□第一、二、三、四、五次革命战争②无数英勇红色战士牺牲，争取革命战争的胜利创造了几十万铁的红军，创造中国苏维埃区域，还有许多共产党员与工农同志在秘密工作中、群众斗争中被反动派所屠杀，当死的时候高呼口号，英勇的为共产党为工农革命而流血牺牲。

（丁）即在我们信康赣雄游击区域，几年来与反动派作残酷斗争，许多共产党员与工农同志游击队战士的牺牲，坚决的为了革命而流血牺牲自己，许多普通的工农群众被反动派捉去毒打或打靶③，要他带路，要他捉革命同志，他们都是能英勇的、不投降反动派，而为革命牺牲。恰如最近信康赣黄飞之④同志的牺牲，肖友信⑤同志在路上被反动派打伤被捉，反动派要他带路抄山，坚决不肯，被反动派杀死。最光荣的牺牲为赖文太⑥同志在北山被反动派捉去严重拷打和各种欺骗以及利诱，赖同志坚决为革命奋斗，大骂反动派，最后牺牲。赖同志的牺牲，使得北山的群众大家都象〔像〕他，我们什么工作都好做，赖同志的牺牲是感动了群众，增加了群众对革命的信心，是何等的光荣伟大啊！

讨论的问题

（1）革命的流血牺牲精神对于革命有什么作用？

（2）中国革命中许多同志牺牲影响中国革命怎样？

（3）赖文太同志牺牲对于群众影响如何？

（五）背叛革命（即是"反水"）
是可耻的行为。

（甲）一个革命的人如若背叛了革命，即是对于革命"反水"，就等于背叛了工农阶级，投降敌人，就等于认敌人作老爷，变成了反革命的走狗、工农阶级公共的敌人，要被全体工农所仇恨、所公骂，不认为他是工农阶级的人，因为这样行为是最可耻的行为，这种人他的本身虽是工农出身，现在他就没有一点工农的人权了，而变成了走狗了。因此，他就成为最可耻的东西，是革命的罪人。

（乙）叛徒即"反水鬼"是我们革命最凶恶的敌人，因为豪绅地主、反动派是我们公共的阶级敌人，叛徒比这些阶级敌人更凶恶些，特别是积极帮助反革命来摧残革命，所以工农群众最恨叛徒，也就是坚决的要杀叛徒。

讨论的问题

（1）背叛革命为什么是对革命最大罪恶与可耻的行为？

（2）叛徒为什么是阶级最凶恶的敌人？

（六）叛徒即"反水鬼"的发生及其末路。

（甲）叛徒的发生不是偶然的，是有他的背景和原因的，现在对叛徒"反水鬼"分析如下：

（1）是由于有少数阶级异己分子在革命发展顺利的时候，被他混到革命队伍中来，企图利用革命为自己谋利益的投机分子，当着革命到了共产党的时候，他眼见于他本身利益有妨碍，就公开叛变革命，这种叛徒主要的由于他的阶级背景，他绝对不能坚决革命，仅仅对革命投机，这种投机分子是叛徒来源之一。

（2）对于革命不坚定的分子，首先对于革命没有清楚的坚定的认识，一遇革命受着挫折或者环境困难，就根本动摇了他对革命的信念，以为革命无希望了，或是在工作中不能吃苦耐劳，怕困难，结果就公开叛变革命，这些由不坚定而动摇，叛徒变为反革命多是小资产阶级分子，他的阶级天性是动摇的，容易变成叛徒。

（3）在时常工作中，虽无问题，但到了他被敌人捉去以后，就"自新反水"。这种叛徒同样是对于革命是不坚定的分子，当时到生死关头他不能坚决为革命而牺牲，于是为了保全自己的性命而叛变革命。

以上的叛徒虽然在形式上不同，但叛徒叛变革命是一个样子，都是我们革命最凶恶的敌人。

（4）每个叛徒叛变革命只帮助反动派来破坏革命，如带路、抄棚子、捉人、破坏组织，企图一下来消灭革命。虽然当时我们工作上要受损失，但革命仍然继续发展，绝对不会消灭。因为革命是中国客观条件所造成，反革命在几年来用尽各种方法都无法消灭中国革命。

（5）每个叛徒以为投降了敌人可以保全性命，如叛徒带敌人来进攻革命，以后很多的仍然被敌人杀了，特别是被捉的"反水自新"的分子，最终是很少的不被反革命杀的。叛徒以为可保其狗命，自然保存不住，这个时候他死了等于死了一条狗。

（6）每个叛徒以为背叛革命可以得着反革命奖赏弄碗饭吃，做点反动的杂事，可是反革命除了利用他们进攻革命以外，哪里有饭给他吃呢！他以为有事给他做，只有最少的分子和经常利用他们的走狗以外，大多数叛徒还不是自己谋生活，很多叛徒上西华山挖沙子，这些叛徒在当地又被工农群众所仇恨，仍然是谋不了生。

（7）除了一些叛徒仍然被反革命杀了以外，有些叛徒逃不了革命的制裁，还是被我们与群众决杀了。中国革命最后一定要胜利的，少数叛徒躲在反动派那里做走狗或逃在外面谋生活的，革命胜利以后这些叛徒就无地可逃，最后逃不了革命的制裁。

所以叛徒狗东西他的末路，不是被反革命杀，就是逃不了革命的制裁和群众的制裁。

讨论的问题

（1）叛徒怎样发生的？

（2）叛徒来破坏革命能不能消灭革命？

（3）叛徒的末路是怎样，能不能逃脱革命的制裁？

（七）开展反叛徒斗争与消灭叛徒。

（1）叛徒不仅是最卑鄙无耻的东西，而且是革命整个工农阶级的敌人，是比豪绅地主、资本家、反动派更凶恶的敌人，我们要坚决反对他，要用尽方法捕杀他。

（2）必须将叛徒的罪恶向广大工农群众公布，使一切工农群众来反对叛徒，组织各种游击小组到处来捕杀叛徒。

（3）必须告诉群众，一个叛徒，不论他从前是个共产党员或革命的同志，他一叛变了革命就不能算共产党员或革命的同志，只算是我们工农阶级共同的敌人。因为共产党员和革命同志是坚决的，坚决为共产主义和为革命战争的人，才能做共产党员和革命同志，叛徒是反革命。所以我们要坚决反对他，捕杀他。

（4）我们必须了解叛徒背叛革命，在当时某些地方的工作要受些损失，但对整个革命是不能妨害的，而且这些叛徒不是阶级异己分子，就是对革命不坚决的东西，终究要背叛革命。可是这些坏东西叛变革命走到反革命方面去，对于革命队伍中少了一些奸细、反而使革命战争和组织更加巩固起来。

（5）为了开展反叛徒斗争，必须在党内、游击队内、群众组织中，来检查混入队伍中的异己分子，随时来洗刷这些对于革命的投机分子，以巩固革命组织。

（6）很多叛徒是对于革命没有坚定的信心，没有斗争决心，经常在革命中表示动摇，由动摇走上叛变革命。要开展反叛徒斗争，必须在党内开展反对对于革命动摇的斗争，这样在政治上一方面反对对于革命动摇，同时在斗争中教育党团员与革命同志。

（7）为了要开展反叛徒斗争，必须发展党内与群众团体中的思想斗争。因为有些叛徒的叛变，开始由于他的思想上观念上不正确，由这些不正确的思想逐渐发展到叛变革命。因此，正确的开展思想斗争，反对一切不正确观念和行动（如不相信自己力量，不相信群众力量，夸大敌人力量，恐惧困难，不能吃苦耐劳，生活实在不好等等），并且在斗争中来教育这些同志和全体同志纠正这些错误观念，使其成为一个真正的党团员和革命同志。

（8）为开展反叛徒斗争必须提高无产阶级的警觉性，因为叛徒未叛变以前在思想上、行动上、工作中一定有表现的，我们每个党员和每个红色战士、每个工作人员以至广大群众，都要注意到我们队伍中，这样来警觉来举发这些分子，使叛徒未叛变以前将他捕杀，使革命不受到一点损失。

（9）为了巩固革命战线，必须加紧党内与游击队中的政治教育工作，使每个同志了解中国革命性质和内容，了解整个革命发展大道，了解目前革命发展与必然的胜利，这样从政治上来坚定每个革命同志对于革命坚定信心和斗争决心。

（10）为了开展反叛徒斗争，必须发扬为革命的坚决斗争与牺牲的精神，以革命牺牲为共产党员与革命同志光荣的事业，以我们许多共产党员与红色战士与工农群众为革命流血牺牲为我们的光荣模范，我们不仅学习他们，而且踏着他们的血路坚决向前为革命战争到底。

（11）目前世界的中国客观形势最有利于革命发展和胜利的，全国革命正在各地深入和迅速的发展，野战军及各地红军游击队正在各地发展，虽然在某些地方受着敌人不断的进攻，这是因为全国革命的发展，反革命对于革命的进攻，特别对于革命游击区域的残酷的进攻，是企图镇压革命来挽救自己的死命。所以必须反对认为敌人进攻，是革命的失败，或者对于敌人进攻发生动摇。要同这种机会主义动摇作斗争，只要我们坚决执行党的正确路线，坚决的艰苦的去开展游击战争，争取群众，领导与发动群众斗争，我们不仅一定能战胜敌人，而且可能大大开展工作与革命胜利。

（12）因此我们必须坚决的去开展最广泛的游击战争，正确运用我们游击战术去消灭敌人，扩大自己，彻底消灭游击主义的残余，坚决的为争取群众扩大游击区域而斗争。我们必须向大田段、大屋场去发展群众工作，深入到城市去建立工农运动。更要转变我一切工作方式，是开展群众工作的前提，积极进行瓦解白军工作，目前群众对于革命的要求是最迫切的，最便于我们革命的开展，我们坚决的去干是有力的推动革命迅速的发展胜利。

讨论的问题

（1）为什么要开展反叛徒斗争？

（2）怎样来开展反叛徒斗争？

（3）要开展反叛徒斗争，为什么要检查阶级异己分子和投机分子？

（4）要开展反叛徒斗争，为什么要反对机会主义的动摇？

（5）要开展反叛徒斗争，为什么要开展思想斗争？

（6）要开展反叛徒斗争，为什么要提高阶级警觉性？

（7）要开展反叛徒斗争，为什么要有流血牺牲的英勇精神？

（8）要开展反叛徒斗争，每个党员与革命同志为什么要努力学习政治？

（9）目前革命形势对于革命有利益没有？

（10）为什么努力去执行党的任务，开展我们的工作是实际的来开展反叛徒斗争？

注　释

① 上海南京路惨案，指五卅惨案。

② 第一、二、三、四、五次革命战争，指中央苏区的第一、二、三、四、五次反"围剿"斗争。

③ 打靶，指枪决。

④　黄飞之，少共信康赣县委书记。

⑤　肖友信，信康赣游击队班长。

⑥　赖文太，北山区委负责人，被俘受刑后逃出，当时误认为已牺牲。

关于帝国主义的政治教材*

（一九三七年一月十日）

一、什么叫帝国主义？

帝国主义是代表资本主义发达到最后阶段的一个专门名称。这时候财政资本（即银行资本）统治了一切，用垄断方式代替了从前资本主义的自由竞争，资本输出成为主要形式，武装侵略和冲突成为争夺殖民地重分世界的最主要手段，全世界和人类都束缚于帝国主义势力之下听其剥夺，这个时代就称为帝国主义时代。凡是这样的国家统治，就称为帝国主义的国家和统治。

二、帝国主义时代是资本主义垂死的
时候，是无产阶级革命的前夜

帝国主义时代是工业资本时代继续发展起来的，是资本主义

* 这是项英为赣粤边特委编写的政治教材。

发达到最后而不能再向前发展的阶段。这时候资本主义的一切矛盾（如财产私有和劳动社会性，生产之无政府状态与社会的需要，特别是工人与资本家，帝国主义与殖民地，争夺市场原料而引起列强的冲突等等）更凶猛的爆发起来，资本主义的恐慌，更扩大成为全世界的，每次恐慌结果都动摇资本主义在世界的统治。帝国主义的杀人大战，更成为帝国主义解决自己矛盾与挽救恐慌的最后办法。这种大战是一次凶猛一次，范围一次大一次（如第一次〔世界大战〕一九一四——一九一七年大战和最近快要爆发的第二次大战），每次战争的结果，不仅牺牲全世界几千〔几〕百万的工农群众的生命，而且大大破坏了整个资本主义的生产，削弱了帝国主义统治的力量，使无产阶级便利来推翻资产阶级的统治，建立无产阶级专政。苏联的无产阶级革命的胜利，就是在第一次世界大战中获得的。

帝国主义时代将社会生产发展到大规模而更集中，造成了建设社会主义社会的物质条件的前提，同时促进全世界无产阶级国际的联合，以及全世界无产阶级与被压迫民族的联合，一致的来推翻帝国主义的在世界的统治。因此，帝国主义不仅是掘下自己死亡的坟墓，而且训练出掘资本主义坟墓的人。

所以，帝国主义时代是资本主义垂死的时代，是无产阶级革命的前夜。第一次世界大战，俄国无产阶级取得革命的胜利，建立了第一个无产阶级专政的国家，同时破坏了资本主义在世界的整个统治。目前，帝国主义第二次世界大战快要爆发，在这次大战中，凶猛残暴要比第一次更凶。于是，无产阶级目前不仅有了自己的祖国——苏联，而且各国都有强大的共产党领导，无产阶级革命必然要在几个国家内取得胜利。

三、目前世界最主要的几个帝国主义国家

1. 英帝国主义是帝国主义中资格最老而最大的一个，占领殖民地是最多而普遍于全世界各地，成为帝国主义的霸王。

2. 美帝国主义是帝国主义较新起的一个大帝国主义，目前世界各国都欠他的债，有金元（美国货币名）国的称号。他是与英帝国主义争夺世界霸王地位，同时在太平洋又与日本争夺霸权。

3. 法帝国主义也是一个老帝国主义，殖民地也很多，在争夺欧洲的霸权与英、德、意等帝国主义冲突，特别是与德国世仇。在目前，法、德的冲突，成为欧洲帝国主义冲突的中心。

4. 意大利帝国主义是较后起一个帝国主义，更是法西斯统治的国家，在目前是帝国主义中实行武装侵略最凶猛的一个，不久将非洲的阿比西尼利①国家武力吞灭了。他与英国有争取地中海霸权的冲突，同时在欧洲与法、德帝国主义在巴尔干与欧洲霸权也有冲突。

5. 日本帝国主义是帝国主义中最凶横最野蛮的一个，又与英、美争夺太平洋的霸权。特别是争夺吞并中国。

6. 德国帝国主义在第一次大战时，是一个最强大的帝国主义，因与英、法争取殖民地与世界霸权而爆发第一次大战，结果德国被打败了。许多地方反被英、法、意、美、日等帝国主义分了，受英、法特别是法国的压迫，到了最近几年前，法西斯的希特勒取得统治后，又恢复了帝国主义的地位，目前正向各地准备

以武装侵略与帝国主义大战，以争取殖民地与霸权，是目前帝国主义中最凶横的一个。

这六个强大的帝国主义国家，是目前世界上帝国主义中最主要的几个头子，其他二三等国家，都不过附属于这几个主要帝国主义之下，形成几个帝国主义的集团，如最近德、意、日三个帝国主义结成一个法西斯世界集团。奥匈等国家属于这一集团。法国与欧洲小协约国（捷克、南斯拉夫、罗马尼亚等）是一个集团。英国同他的殖民地（美洲加拿大、非洲联邦、澳洲联邦、印度、缅甸等等）是一个最大集团。美国及美洲一些国家成为一个大集团。其他还有些小国家，名义上是独立，实际上是分属于这几个集团的。

目前，世界除了六分之一的地方属于苏联，完全脱离帝国主义的势力，其余都统治和隶属于这几个主要帝国主义势力支配之下，他们互相间正在争夺统治地位与霸权。同时，整个帝国主义为挽救自己的死亡，就积极企图进攻苏联，以求恢复帝国主义对整个世界的统治。

四、帝国主义对于中国的侵略及其最近的形势

我们中国是一个资本主义尚未发展而以农业为主体的落后国家，从前又是还未被帝国主义占领和瓜分的地方，并且地方大又好，藏的财富又多，所以帝国主义在几十年前就开始向中国积极侵略。其侵略方式主要是大炮、军舰为武器，于是由英国鸦片战争以后，接连甲午的中日战争，庚子八国联军打到北京，以及中

法之战等等。中国都被打败了。以前，中国的满清皇帝，就向帝国主义投降，割让地方（如台湾、香港、澳门等等），赔钱（每次战争都是几千万两银子）并签订承认各种允许帝国主义在中国的特别权利的条约。在民国后，帝国主义更利用军阀取得更多的权利，于是中国从此受帝国主义的支配和统治，而失掉了一个独立国家的地位，成为半殖民地了。各帝国主义者，他们就利用战争的胜利和不平等的条约，把中国很多地方开为帝国主义做生意的地方，并强占一些土地作为租界，事实上，租界就等于帝国主义的地方了，强占中国重要海军港（如奉天②之大连、抚顺，山东之威海卫、青岛、胶洲湾，广东之九龙、广州湾等），为帝国主义海军根据地，帝国主义的海陆军随便开到中国各地驻扎和屠杀中国人。还有领事裁判权，帝国主义国家的人在中国不受中国管，就是杀人放火，中国也不敢办他的罪，只有送交帝国主义自己办。

在经济上，中国抽收进出口货物税的海关，完全在帝国主义管理支配之下（主要是英国）。因此，帝国主义的货物只交一次很少的税，就可很贱价到中国各地卖。当然，中国自己的落后的手工业物品，同他竞争不赢而失败倒台。这样，中国人一切用的、穿的、住的，甚至吃的，一切东西，大部分都要买帝国主义的货物，每年总是几万万现花边③送给帝国主义，这样使中国一年穷一年，帝国主义更直接开采中国各种矿山，以作制造商品的原料，在中国内地开设工厂来剥削中国最贱价的劳动力。开设很多银行，统治中国的金融与经济，操纵中国海、陆、空交通，轮船、火车、飞机大半都是帝国主义办的，一部是抵押于帝国主义之手，这样抓住中国的经济命脉，真是以中国自己的原料，剥削中国的工人，做成货物又来赚中国人的钱。因此，中国全国社会经济（城市与乡村的）在帝国主义侵略之下完全破产，而达到总崩溃不可挽救的地步。全中国人不是直接、就是间接受帝国主义的压迫和剥削，中国人真成为帝国主义所压迫和剥削的奴隶了。

帝国主义者更利用教会学校（天主教、基督教、监公会、福音堂等等），为他侵略中国的另一工具和先锋，深入到中国内部各地侦察各种情形，传播迷信与奴隶教育，收买一部分中国人替帝国主义当走狗，以便利帝国主义侵略与统治。

帝国主义在政治上是维持和扶持中国封建的反动势力，从前是利用北洋军阀，现在是利用国民党及其各派军阀做他统治中国的工具，保护各个帝国主义的权利。因此，造成中国军阀割据、互相争权夺利，军阀不断混战，主要是帝国主义的关系和背景。

开始侵略中国的主要帝国主义是英、法、俄（苏联未革命前的俄帝国）、德、日等，他们把中国划成各个管辖势力范围，如长江和珠江流域的省份以及西藏等属于英国势力范围，云南、广西、贵州属于法国势力范围，北满及蒙古、新疆属于帝俄的势力范围，山东属于德国势力范围，后因欧战以后，德国在山东的殖民地又被日本强占去。苏联革命成功，立即放弃帝俄时代所强占中国一切权利交还中国，可是北满、内蒙又被日本强占，新疆则被英国占为自己势力了。

美国是后起的帝国主义，在中国没有取得很多的权利和地方。当英、法、日等帝国主义想瓜分中国时，美帝国主义为自己利益起见，就起来反对，因为中国瓜分了，美国更无希望来争夺中国。当时，因第一次大战后各帝国主义已精竭力量，日本当时势力不大，于是在华盛顿会议订了一个九国公约，提出中国门户开放机会均等，这个意思就是说中国把大门打开让帝国主义进来，共同享受权利，不准哪一个帝国主义独霸。这当然对美国有利益，同时中国因为这种原因，暂时免掉正式瓜分而保存形式上的独立。可是，从此以后，英、美、日就成争夺中国的三个主要帝国主义了。

在英、美、日争夺中国，到一九三○年世界资本主义总的恐慌爆发，日本帝国主义为了挽救自己的危机，同时乘着其他帝国主义战争未准备好，于一九三一年在东三省利用九一八事变，武力强夺东三省，继续利用上海战争（一·二八）、长城战争，就吞并热河省。以至进占华北、内蒙。到现在内蒙，日本已利用封建王公用独立名义而统治于日本势力之下。察哈尔与河北在形式上为半独立，实际一切政治经济均统治于日本之手。宋哲元④不过是变相的满洲皇帝、内蒙王公而已。最近，日本帝国主义一方面利用蒙满军队与国民党军阀卖国贼等，同时自己已经调大批日本海陆军到华北来夺取绥远、山西、山东以至陕甘，完成整个华北统治，以便进一步的进攻南中国，达到整个吞并全中国。

当日本在九一八与上海战争时，美帝国主义为了自己在中国的权利，于是宣言积极反对日本，英国当时是不反对的，主要想日本占领东三省后去进攻苏联，正因如此，后来美国帝国主义见宣言反对无效，英国的态度又如此，自己军事力量还未准备好，于是暂时放弃宣言反对，埋头作扩充海、陆、空军，准备用战争来解决与日本争夺中国的问题。可是，日本更用这一机会来积极进攻以至侵犯英国帝国主义在中国的权利，于是英、日的冲突发展起来，英国的反对，主要是想保存他在中国的权利而求得与日本妥协。结果，日本不理，于是，英国一方帮助国民党（如计划中国货币借款等），更取得南中国更多的权利保障，同时想用英、美联合形式以威胁日本让步，可是日本并不因此而停止进攻，这是目前日帝国主义之侵吞中国与英、美、日争夺中国的最近形势。

日本帝国主义是目前中国的最凶恶的主要敌人，但是英、美等帝国主义绝不是中国的朋友，他们都是侵略中国、瓜分中国的，他们与日本的冲突不过是强盗分赃不匀而闹起来，所以帝国主义都是中国的敌人。

五、推翻帝国主义的统治，才能求得中国的独立和解放

我们中国完全是在帝国主义压迫和剥削的宰割之下，使全国经济总崩溃，全国人民陷于穷困、饥饿、失业的牛马奴隶的地位，不推翻帝国主义的统治和剥削，中国就不能求得独立和解放，中国人就不能翻身，而且很快当亡国奴。因此，中国目前只有一条路可走，就是实行民族革命，用革命的手段——武力手段来驱逐帝国主义的势力出中国，取消一切奴役条约，没收帝国主义资本的在华工厂、银行以及一切公司等，不还一分钱的债，收回租借地，取消领事裁判权，海关自主，把帝国主义海、陆军驱逐出中国，这样才能使中国真正成为独立国家，而在帝国主义势力之下完全解放出来，全中国人才能得到自由和解放。

中国国民党及其军阀政府等，他们是很早叛变革命而投降于

帝国主义，成为帝国主义最忠实的走狗和工具，他们是坚决的帮助帝国主义来镇压的中国民族运动，以便利帝国主义瓜分和统治，特别是近几年来，将东三省、热河、内蒙、华北等地，完全出卖给日本，将长江及南方不断的奉送给英、美帝国主义，不推翻帝国主义走狗——国民党统治，就不能抗日打倒帝国主义，以至求得中国的独立和解放，所以，推翻国民党的统治，成为争取中国民族革命胜利的前提。

目前半个中国已被日本帝国主义吞并，中国的危亡已到最后的生死关头，当前的紧迫任务就是武力抗日，实行对日作战，以收回华北、东北的失地，这是我们达到打倒帝国主义争取中国独立和解放的重心。

中国共产党在日本帝国主义吞并东三省时，就提出"全国联合一致抗日"、"实行对日作战"、"以民族革命战争来驱逐日帝国主义，收复东北"等主张，中华苏维埃中央政府老早宣布对日作战，并与红军联合宣言，要求全国军队订立对日作战协定，这些真正抗日救国的唯一主张和行动，都被国民党军阀坚决反对，并且继续出卖华北，集中力量来进攻抗日的红军，与阻止红军北上抗日，如果不打倒国民党及其军阀，就不能实行抗日以挽救中国的危亡。

目前，我们是坚决执行共产党的主张，联合全国一切抗日力量，一致实行武力抗日，团结和领导全国的工农群众积极参加抗日的民族革命战争，打倒卖国贼国民党及阻止抗日卖国军阀，以求得到中国真正的独立和解放，完成中国民族革命的任务。

推翻帝国主义在中国的统治，是中国革命主要任务之一，不打倒帝国主义，中国不能得到独立和解放，同时中国革命的其它任务也不能彻底的完成。

要能达到推翻帝国主义的统治，就要动员一切群众特别是工农群众，在积极去发动他们的斗争，彻底实行土地革命，才能动员最广大的工农群众到民族革命的战线来，才能有力量去打倒帝国主义。

这个教材，分四次讲和讨论，一至二段作一次，三、四、五三段，每段作一次。

注　释

① 阿比西尼利，即埃塞俄比亚。

② 奉天，指奉天省，即现在的辽宁省大部地方。

③ 现花边，指银元。

④ 宋哲元，曾任国民党政府军第 29 军军长、察哈尔省政府主席、冀察政务委员会委员长。

中共赣粤边特委和游击队联合宣言

（一九三七年八月八日）

日本帝国主义为挽救自己的危急，贯彻灭亡中国大陆的政策，遂拼命的不断侵占我国的国土，始而"九一八"、"一二八"、"四一二"，将我东北四省并吞，指使汉奸殷汝耕、德王①等，组织冀东、内蒙傀儡政府，继而增兵华北，进攻绥东，强迫冀察特殊，借假经济合作，攫夺我之经济命脉，用无耻的走私手段，以摧毁我之工商业，更施以"以华制华"的毒计，等等。日本帝国主义这样从政治、军事、经济、文化的各方积极侵略，无非为达到速亡我国之目的。

最近卢沟桥事件的爆发，正是日帝国主义欲效"九一八"之故伎，首将冀察变为满洲第二，继而并吞整个华北，以至灭亡整个中国之既定的步骤，当事件发生，日军即整整开进平津，在国内实行战争的总动员，日人之企图显而易见。

中华民族的危机和全中国人民之生存的危险性，随着日帝国主义之侵略而增长，最近卢沟桥事件爆发，使整个中华民族的危亡达到最后的生死关头，中国的存亡和兴灭全系于当前的关节而决定。

无疑的日帝国主义是整个民族的生死敌人，亦即是全中国人之共同敌人，求民族的解放是每个中国人的神圣责任，凡属中国人，除汉奸外，即应团结一致，统一于集中的指挥之下，为打倒共同敌人而奋斗。

日帝国主义既以武力实行侵略，以战争为工具，吾人欲制止日人侵略，求达民族解放，只有以抗日战争来对抗日人之侵略战争，以武力来制止武力的侵略，予打击者以打击。除此以外无他自救良策，和平只有在战争保证条件下，始能获得真正的和平，否则和平反足增长敌人之贪求无厌和侵略气焰，"九一八"以来的惨史足够教训了吾人。简言之，目前的中国抗日则存，不抵抗即遭灭亡。

西安事变的和平解决，使全国在抗日的前提下，日益和平统一，步调渐趋一致，这是中华民族的生机。卢沟桥事件发生，中央政府已宣言全国应战，我英勇的民族战士，更在炮火连天之下，开始与敌博战，显然见我政府已决心实行全国抗战。当此紧急关头，凡是稍有理智和不愿当亡国奴的人们，均应竭诚拥护政府对日抗战、团结一致的，在政府统一指挥之下，实行全国抗日的民族革命战争，以完成自己对于民族的神圣责任。

民族利益是目前全中国人的共同利益，当目前中国危亡的紧急关头，部分利益更应服从总体利益。我们呼吁全国民众应在争取共同的民族利益下，团结一致，整齐步调，集中一切力量，予敌人以沉痛的打击，这是挽救危亡、争取民族解放的胜利前提。

吾党和红军自"九一八"以来，一贯主张全国一致，对日抗战。西安事变后，吾党便向三中全会②提出抗日救亡的合作建议，放弃敌对政府的一切行动，即为统一全国力量，于集中的统一指挥之下，这是为适应中国革命历史的要求以达全国抗日战争的胜利，达到全民族的解放。

我们赣粤边共产党组织和游击队决然建议，为争取民族的解放，挽救中国的危亡，放弃一切敌对政府的活动，停止游击战争，并盼军政当局立停对于游击区"清剿"，俾在政府抗日指挥之下，与全国各界人士合作一致的努力于抗战工作，来为对日抗战和争取民族解放而作英勇奋斗。

更望政府当局为动员一切力量，保证抗日胜利须尽量允许民众抗日运动的自由，采取最低限度安定民生的必要处置，这样更能动员一切力量、集中在政府指挥之下御侮图存。

全国抗日的战鼓已响，平津又告陷落，正是吾人冲锋杀敌效命疆场的时机到来，全中国人除了汉奸以外，绝不允许有丝毫的徘徊和观望，一致团结在政府统一指挥之下，踊跃应征入伍，集中一切人力、财力来争取抗日救亡的最后胜利，我们正枕戈以待，愿国人一致奋起。谨此宣言。

八日

注　释

① 德王，即蒙古族上层反动分子德穆楚克栋鲁普，曾任"蒙疆联合自治政府"主席。

② 三中全会，指 1937 年 2 月国民党召开的五届三中全会。

中共赣粤边特委告赣南民众书[*]

（一九三七年八月二十五日）

工农商学及一切劳苦群众们：

全国抗日战争已开始了，日帝国主义的飞机、大炮、军舰正向我上海、河北、察哈尔各地轰击。我中国的军队，也在给敌人以迎头痛击，他们为抗日救国、为中华民族解放而作英勇的战斗。

抗日的全面战已展开了，这是我们与日敌的决死斗争，是我们中国存亡和兴灭的总决战，大家一致起来，拥护政府的抗战，准备牺牲一切，与敌抗战到底。

这一全面抗日战争是关系整个中国的存亡，胜则保存中国领土的完整，取得整个民族的解放，负则就遭亡国之惨祸，全中国人都要变成牛马都不如。因此，凡是一个中国人和不愿当亡国奴的人们，都要抛弃各人的利益和享乐，拼着热血和头颅来争取抗日战争的最后胜利。

工农商学及一切劳苦群众们！

速武装起来，准备听候政府的征调到前线去杀敌，一切壮丁

＊ 档案中此件无标题，现标题是编者所加。

都要起来，到军队中当抗日战士去！这是我们最光荣的事业，凡是政府的征兵和不愿意武装上前线的人是最可耻的行为，当兵是民族的最前线战士，杀敌是英雄、是好汉。

一切钱财都要捐助政府，充足抗日战费，大家要节衣缩食，把钱贡献政府抗日。现在国民政府已发行抗日爱国公债，有钱的人们要踊跃去购买抗日爱国公债，抗日战争的胜利才能保全一切家资财产。亡了国一切都要被敌人掠去，有钱的人们不要做守财奴，把钱捐助政府抗日，把钱购买抗日爱国公债。

工农商学及一切劳苦群众们！

现在是我们一致与敌决战的时候，大家团结一致，放下内部的争执，彼此让步，互相牺牲自己的部分利益，来为抗日的民族战争而共同奋斗，来为全中国人民的共同利益和解放而斗争！

我们共产党和游击队已于八月八号正式发表宣言，停止游击战争，正在枕戈待命，上前线杀敌，抗日救国是我们一贯的主张，抗日救国是我们革命的素来志愿，也是我们革命的任务和目的！

我们已准备好，只等与政府接洽商妥，就来同大家一同上前线，为中华民族解放而作神圣的英勇战争！

我们赣粤边特委号召：

大家一致团结起来，拥护政府抗战！

武装起来，上前线杀敌去！

一切壮丁踊跃的听候政府的征调入伍！

一切钱财捐助政府抗日！

踊跃的购买抗日爱国公债，充足抗日战费！

巩固内部团结一致，为共同的利益而斗争！

前线在炮火连天的撕〔厮〕杀，后方的人赶快动员准备，我们有四万万六千万人的力量，我们有全国一致杀敌的决心，能够战胜日敌的飞机大炮，能够收复平津、恢复东北，能够将日帝国主义驱逐中国领土以外，大家齐心努力，最后胜利是我们中国人的。让我们高呼：

抗日的民族战争万岁！

抗日战争胜利万岁！

中华民族解放万岁！

中国共产党赣粤边委员会

8 月 25 日

在国民党江西省党部举行
总理纪念周上的讲演词[*]

（一九三七年九月二十七日）

今天，英承省党部函召来此参加孙中山总理纪念周，觉得非常的荣幸，同时更觉得十分的愉快。因为在中国的历史上，从未有过像今日的全国精诚大团结，更没有像这样全国一致为一个共同目标而努力。所以，这一全国精诚团结，可以说是中华民族解放的基础，在此基础之上，已产生了一种最伟大的力量，这种力量是任何飞机大炮所不能克服的，这种力量足以战胜任何敌人的。虽然日本的武器比我们精良，但我们知道武器尽管厉害，如果没有全民众的力量紧密结合，那么，武器在战争中亦要减弱其作用。盖今日之战争，光是武器不能作决定最后胜利的最基本条件，只有全民众的力量，才可以决定最后胜利。再就国势讲，固然日本是强国，我们是弱国，是被压迫的民族。正因如此，使日本国内充满着离心的现象；而我们中国恰恰相反的，是日益繁强向心作用。因此，我们可以断言，抗战的最后胜利一定是属于我

---

* 此文原载 1937 年 9 月 30 日《明耻日报》。收入本文选时略有删节，文中的总理系指孙中山。

们的。同时，更深刻的认识全国精诚团结是抗战胜利之基准，惟有全国精诚团结，方足以谋中华民族的独立解放。所以我们中国共产党中央最近代表全党发表宣言，即本乎精诚团结共赴国难的精神，向全国作赤诚的表示，倡出奋斗的目标，并且再向全国宣告取消暴动政策及赤化运动；取消苏维埃政府，实行民权政治；取消红军名义，改编为国民革命军，为民族解放奋斗，现已见诸于事实，并且宣告我们中国共产党愿彻底实现孙总理的三民主义，使全国共同一致实现"民族的独立解放，民权的自由，民生的幸福"三大目标而奋斗。同时，同人遵照共产党宣言，以江西为中心的各个边区已正式宣布取消游击战争，放弃过去各种活动，并愿将各部武装改编为国家的抗日武装，统辖于政府指挥之下，担任前线杀敌之职责。目前正在各地集中改编。同人等不宁惟是，而且努力领导广大的民众拥护中央政府抗战，巩固统一团结，以争取抗战的最后胜利，以谋中华民族的解放而奋斗到底。

我们知道，全国精诚团结是民族抗战获得最后胜利之基准，这是我们的敌人所不愿意看到的，而且是敌人屡谋阻挠我们的统一团结。现在我们既已走到历史上空前未有的全国上下精诚团结的大道上，无怪乎敌人忧乱失措。今后我们在共同的目标下，更要加紧我们的团结，成为钢一般的力量。我们深切认识这神圣的抗战，是长期的持久战。在此战争中，我们不仅要有牺牲的精神，而且要有牺牲一切的精神，非至收复失地、将敌人驱逐出中国国土以外，决不停止我们的抗战。我们应有牺牲到底的精神，还要有抗战必胜的信念，因为在持久战中，难免不有某一阵线的稍受挫折，或某地方的被敌人一时占据，这是持久抗战的过程中必有的事，而不是决定战争的最后胜利，因为最后之胜利是决于最后五分钟，我们一定要有这种胜利信心，一定要坚信最后胜利是必属于我们的。

关于红军游击队集中
改编问题致刘英函[*]

（一九三七年九月二十八日）

刘英^①同志并转全体同志：

自一九三五年春，你们由赣东北出动至闽浙边一带活动，加以各种环境的困难，即与你们断了关系，直到目前事变境迁，始有机会与你们通讯。

你们在两三年的困苦环境中，不屈不挠的奋斗着，这是全党最光荣的战士，我们代表中央分局向全体同志致以最热烈的布尔什维克敬礼！

可是，在你们最艰苦奋斗的两三年中，正是日本帝国主义积极的向中国侵略，使民族危机达到最后的紧急关头，于是全国在抗日救国的共同目标下，一致团结起来，为挽救危亡求达民族解放而奋斗。

我们的党从来主张抗日。你们曾负抗日先遣队的任务，现为求全国精诚团结，共赴国难，已正式宣布取消过去的路线和策

---

* 本篇系项英致刘英等人的信。根据中央档案馆馆藏件刊印。篇题为编者所加。

略，已获各方谅解。全国红军主力已改编为国民革命军第八路军。分局遵照中央指示，已宣布停止游击，决将一切游击队改为抗日的武装，统辖于政府指挥之下，以全力争取抗战胜利。我此次来南昌与政府商洽各边区集中改编诸问题，已得着具体解决，目前为迅速集中部队，特商请省府利用各县政府与驻军同你们接近的关系，将中央宣言一封公开信，及我亲笔信，转达你们，求得迅速停止游击战，改编杀敌。你们接着文件和信后，立即依照执行，并设法将宣言、信件转达各地部队的同志和游击队，遵照执行。你们及其他部的部队迅速向江西境内交通适当地点集中，以便与关英②、黄道③诸同志会合改编。集中时可先报告当地政府转告奉命集中情形，请给予通行证，以免沿途发生误会，但须绝对遵守纪律。关于政府方面，已请江西省保安处通知各地查照。

我们在南昌设有总接洽处，由陈毅同志负责，可与他接洽一切。

至于集中前后一切经费，已蒙省府允许照发，你们可再向景德镇第五行政专员公署接洽领取。部队整编也有规定，仍到该处询问一切照办。

刘英同志将部队集中适当地点，指定一负责人统率队伍，自己务必亲来南昌到省保安处找陈毅同志接洽，或到分局顺便商定部队的各级干部，以便报请政府特委。

志敏同志光荣牺牲，他的爱人缪同志④，我们请求政府释放已蒙允准，现缪同志在我处，不日回赣东北，帮助集中部队，特此顺便告知。

但你们应将全部捕捉之土豪无条件释放，并通知当地政府接收，给予正式收条。

　致布礼。

项　英

九月廿日⑤

注　释

① 刘英，时任中国工农红军挺进师政委、中共闽浙边临时省委书记、闽浙边临时省军区政治委员。

② 关英，皖浙赣边红军游击队领导人、中共皖浙赣省委书记。

③ 黄道，闽北红军游击队领导人、中共闽赣省委书记、闽赣军区政委。

④ 缪同志，即缪敏，方志敏牺牲后，长期被国民党政府囚禁。

⑤ 根据刘英1937年12月2日给中共中央的报告所叙和项英此间的活动，此时间应为9月28日，而不是9月20日。

致书南方各边区红军游击队[*]

（一九三七年九月二十九日）

中国在近年来，由于日本军阀积极侵略，使民族危机到最后关头，我们因民族危机的紧迫，为挽救国家的危亡，为求达中华民族的独立和解放，于是有取消过去苏维埃运动和暴力取夺土地等政策，以求得全国团结一致共赴国难。余遵照最近党中央的宣言①已正式宣布停止游击战争，放弃过去一切活动，把全部游击队改编为抗日救国的武装，统一于国民政府之下，效命杀敌。各地接信后，立即听候点编，以便追随全国友军及第八路军之后，为挽救国家危亡和民族解放而作英勇的战斗。

项　英

注　释

① 党中央的宣言，指《中共中央为公布国共合作宣言》。

---

* 本篇系项英签发的致南方各区红军游击队的指示信。根据中央档案馆馆藏件刊印。原件无时间，此年月日是编者根据内容判定的。

中共南委代表关于
往赣粤边游击区联络
情况给中共南委的报告*

（一九三七年十月）

往赣南联络经过报告如下：

一、特委现状

赣粤边特委自项英同志八月下旬往南昌会见当局后，即公开在大庾县第五区署——池江圩池江公园设办事处，经常项英、陈毅、杨尚奎、陈阿丕①诸负责同志，均住在这里公开活动。一方面与国民党当局交换各种意见，一方面指导各县工作。同时，并公开张贴布告，使各地失了联络的同志及游击队，都来这里找关系。所以，特委办事处近来大有"门庭若市"之势，各县委、各地方负责同志都来请示工作，国民党官绅都纷纷来访候项英、

---

* 此件是中共中央南方工作委员会代表在赣南联络经过情况的报告，文中除 8 月 8 日系公历外，其余月日均为农历。

陈毅，失了联系的同志都来找关系，自新分子都来登记报到。至于各县的工作，同时为了新的政策实现，工作也特别紧张。我到赣粤边特委时，恰巧项英往南京（是接博古剑英②等同志电请去的——他们都公开通电报，电报均由大庾县政府转），陈毅同志往南昌，余的仅特委书记杨尚奎，及团负责人陈阿丕同志在那里负责（因为他们断了关系久不知道党组织变更，所以仍有团），又项英同志往南京，除了接上述电外，还由南京第十八集团军公开派了顾建业同志携博古亲笔信来约他同去。

二、特委与赣当局谈判经过

特委虽然与中央断绝关系很久，未接到党正式文件，然我们推动联合战线已在粤赣各处开展。特委为执行党的新政策，乃于八月八日发出宣言（该宣言三种已交秋云同志，请转取查阅）。国民党接到特委宣言后，仍未派人来接洽，特委乃派二位负责区委同志往里东接见驻防军某营长，某营长介绍到南雄团部，再由团部介绍到赣州行政专员公署，该公署表示接纳我们的意见，二位同志回来了，这是第一次。第二次，大庾县长彭育英派了县府秘书亲到池江约项英同志，由陈毅同志和他出来赣州接洽，谈判已得到具体的进行，双方都提出办法及意见。第三次，项英、陈毅两同志都同往赣州，江西省政府保安处参谋长熊滨亲自到赣欢迎，并派专车来迎接。因事阻，项陈两同志未到南昌。第四次，项英同志亲到南昌接见熊滨，他们口头上已接受了如下条件：（一）改游击队番号为抗日义勇军。（二）游击区域老租老债废除。（三）在游击队集中时期，一切费用由省政府负担，其余的候南京总决定。南京双方上级总决定，谈判顺利，比闽粤特委困难经过，这点是要算特别，然而特别也有特别的原因，那就是过去我们有了庞大的力量和群众基础。

三、游击队集中经过

自项英同志由南昌回游击区后，即开始命令各处游击队准备集中，决定大庾池江圩对河（赣江南岸，这一带是我们的群众，地域接近油山，在安全与给养都无问题）。一方面特委办事处在池江，指挥训练上也便利，江西省府送来一批开拔费一千元，特委平素也不觉穷，现在仍有数千元，开动费当然无甚问题，所以很快的把南山、北山、乌迳等处游击队都集中到指定地点，游击队现在所住分三处，各距离五里，均为安全地带，目下工作为政治训练和术科训练，因为游击队里面虽有十分之四是党员，但对联合抗日这一问题仍未彻底了解，其次就是过去的残酷的斗争，只在游击战术上各有特长，对军事普通常识都感不足，所以目下特委正在设法克服这些。

四、特委本身所感到的困难点

特委要执行党的新政策，改变工作方式，配合新的形势及环境，有如下的困难点：游击队本身分为拥护联合战线，反对联合战线部分，而"拥护"及"反对"两部分又分成许多不同的倾向，如"拥护"的这一部分人当中，有的以为联合战线成功，可以自由回家去，不用过那残酷斗争生活的痛苦。有的以为联合战线成功，将来希望住衙门，过优越生活，当然彻底了解的也占一部分。至于"反对"方面，他们也是一样发现复杂的倾向，如象〔像〕有一部分以为游击队改编后，须同一成不变的国民党军队受长官的压迫，行无谓仪节，所以表示对今后消极，有的以为放弃苏维埃政权运动及土地革命，就一切没有意义，有的以为现在同地主阶级组织的"铲共团"来友好，是比吃石子还难，有的因游击区即是他们的家乡，游击斗争，打土豪，打地主成了一种习惯的生活，一旦集中调动，第一离开家乡，第二过不惯生活，这是游击队里面指挥员与战斗员中发现了的普遍的倾向。甚至有的指挥员战斗员在游击区内有了爱人，结婚的，未结婚的，无可能结婚只有幽会的都有，这当然是反对联合战线了。如北山游击队政治委员③在开拔来池江集中的前夜，挟爱人挟公款六百元潜逃，这是多么严重的事（该政治委员已在信丰为警察局捕获，解回特委，执行枪决）。在各县工作同志倾向正复如是，不过有一特别的就是支部有少数负责同志——当然是了解联合战线策略——太过兴奋、常常趾高气扬，在豪绅地主面前，表示可以得到公开的高傲，这种感情冲动的同志已发现不少。各县豪绅地主本来不赞同联合战线，常受这刺激，更以使其阴谋加强，所以信丰、南雄边境有些豪绅公然发出："政府同共党合作，我们不同共产党合作，来一个杀一个，管他妈的"，这虽然是豪绅一贯的狠毒，然克服这种豪绅的度量与工作还做的不够，如信丰王母渡，我们同志去贴标语（标语是拥护政府抗战等的标语），因为态度不好，技术不好，竟因与保安队口头冲突，而被拘捕，致影响群众，因而生疑，这种种事实，特委目下除了加紧训练工作同志及游击队员外，并在设法加强自己的领导作用，然而，特委本身因干部缺乏，连项英同志要找一位可以经常写些公开信应付目前环境的人都难找到，其余更可想而知，而且游击队集中，正要加紧政治训练，可是因干部缺乏，编课程、定计划，只有叫一位党关系还未清楚的严重④君在那里负责，余的就可以看见特委的困难了。

五、群众的情绪

群众情绪对这回我们公开调动集中，联合抗日当中，发现如下倾向：

1. 担忧的，他们以我们调动对他们生活及利益无保障，我们游击队他调，民团及地主可以来收租收债，尤其是老租老债。同时担忧游击队上当。这是游击区内的群众。

2. 恐怕的，他们分两种。第一种是同情我们的，但过去因受军阀及"铲共团"的压迫摧残，现在他们要来接近还是害怕豪绅"铲共团"。第二种是豪绅阶级。他们一向对我们不好，这时候他们也害怕我们，但他们看到我们队伍集中，工作人员公开活动，军政当局人员时有往来，以及同志态度的和蔼，因此未敢表示敌对态度，而常到同志所住地方，探询我们集中开拔调赴前方的时期，他们是希望我们游击队马上开赴前方抗战，他们可以收租收债，可以放心压迫人家，其他大部分普通民众，过去因为对国民党的种种表示不信任，现在对抗日情绪也很冷淡，征兵是互相惊逃，对购救国公债都反对而不在乎（当然有其经济困难在），他们表示对我们信任，说："国民党不会抗日的，抗日也不会胜利的，只有你们红军，才可以保障胜利。"然而群众虽对我们好感，表示信任，但特委还没有开始做到在白区内和一般劳苦群众，及小资产阶级层的领导及扩大影响工作，好象〔像〕特委还没有动员广大群众到抗日旗帜下来的开始，这也是特委工作人员尤其可以充当公开群众活动的干部及技术人员太感缺乏的缘故，可不是么，特委目前感到需要的是找一些可以演街头话剧的，或能够在学校学生中、青年中任歌咏团演讲队的人材都不容易得到一个。

六、其　他

特委的负责人对我说，二月前已开始在各级党部讨论过联合战线问题，大部分同志都了解了，现在正在继续讨论，把新近的由中央来的文件发下去重新讨论，渐渐克服各种不良倾向，总共已发下了六种关于联合战线问题的文件，在未得到中央文件以前——八月十五日以前——所有文件是项英同志自己起草的，现在才有你们（指南委）及中央的正确消息。一切可以没有问题了。至于队伍集中调动等问题，老早已计划完毕，和你们及中央所考虑到的差不多，不至于上当。对扩大影响问题，陈阿丕同志及另一位同志经公开带宣言到粤境南雄等处去散发过，南雄整个粤境内环境不比赣境好。现在事实上，在赣南我们已绝对公开出来，工作人员及游击队员，无论大群小队单独在赣南各公路各市镇都公开行过，都戴着五星帽公开走来走去，这是谈判后的一种好现象。

陈毅同志本来应该住在特委工作，不应该住在南昌的，但是江西省政府因为要利用我们去和他解决瑞金县问题，所以强要陈毅同志住南昌接洽一切，原来瑞金县有王开金⑤这个东西，以前是红军的排长，数年前反叛出去，受国民党重用，给他一个团长，专来同我们作对，当他将要反叛的时候，是叫出"打倒朱德拥护毛泽东"的口号，反叛后偷了我们工作方法，四处拉拢，就给他造成了今日的反动小军阀地位。七月间，我游击队在某处集中，有所行动，国民党就给了瑞金县长一个命令，叫他请王开金部队来打我们，给他一千元，王开金那个时候就喜欢地带队来打我们，谁不知受到了英勇的游击队的打击，吃个败仗，给我缴了五十多支枪，王开金就掉转马头到瑞金去叛变，提出"拥护蒋介石打倒熊式辉"的口号，他把县长扣留，占据县城，占据石城，招兵买马，到现在已有二千多支枪，提出"保境安民，瑞金人保护瑞金县，不要调开去"的口号，来取得反对调动和征兵的民众同情，现在势力日见庞大，国民党无法，只有靠住我们和他解决这一问题。

江西政治犯已局部释放，一些过去工作同志被捕坐监的，现在他们的家属都纷纷函特委，请示转请当局释放，特委如有请求释放的，当局多接受释放，但是还要担保。

我因在特委仅住数天，所有这些是在各同志个别谈话及特委谈话中得来的材料，因为实际情形地方情形还不大明了，对工作意见，除了逐条加以在工作范围内作"检讨"式的供少少的意见外，余的请你们作结论及提出意见给他们好了。

注　释

① 陈阿丕，即陈丕显。

② 博古，即秦邦宪，当时任中共中央书记处书记、中共驻南京的代表，剑英，即叶剑英，当时任八路军总指挥部参谋长、八路军驻南京的代表。

③ 北山游击队政治委员，指刘燕富。

④ 严重，系赣粤边特委秘书。

⑤ 王开金，应为王才悌。又名黄镇中，当时任国民党军独立33旅旅长。

三年来坚持的游击战争[*]

（一九三七年十二月七日）

一、开始的话

一九三四年，中央红军在粉碎敌人五次"围剿"中，作了最英勇的战斗，为保卫中央苏区和土地革命胜利而奋斗。正因为我们在战略上违背了革命军队作战的基本原则，采取单纯的军事防御路线，虽然在五次战役中动员了全苏区的工农群众，集中一切财力人力，为了战争，虽然英勇无比的红军作了最勇猛壮烈的牺牲，终于不能挽救战略的错误，最后为了保存红军有生力量和突破敌人的包围，不得不被迫而离开了中央苏区，冲破敌人的堡垒封锁线，而企图新的发展，于是中国红军创造了世界的空前的二万五千里长征的伟大事业，创造了西北新的苏区，取得了进行抗日民族革命战争前进的阵地，促进了全国反日的民族统一战线的告成，开展了当前的抗日的民族革命战争。

---

[*] 本篇系项英1937年12月7日到9日在延安中共中央政治局会议上的报告。原报告共6部分，本文收入第1、第3、第4、第5、第6部分。

当着红军主力组织野战军准备冲破敌人的封锁和包围进行远征时,为了保卫中央苏区和土地革命的胜利,留一部分红军和干部在中央苏区来领导地方武装和工农群众,以游击战争来保卫苏区反抗敌人进占我们的苏区,无论如何,应当在苏区及其周围进行坚持的游击战争,使进占苏区的敌人不能顺利的统治下去,以准备将来配合野战军在某种有利的条件之下进行反攻,这是当时领受党中央给予我们的任务。

一九三四年十月十日野战军正式向南开动,十月十二日,党中央与红军总司令部同我们在西江县①之梅坑②作最后之分手,廿日野战军将敌人在金鸡、新田、安息、固陂③的封锁线突破向西前进,从此与党中央及主力红军分别,直到今年(一九三七年)卢沟桥事件发生,对日抗战发动,我们与国民党取得和平之后,我于十月廿三日到南京会见博古④同志,十月革命节(十一月七日)到达延安,才恢复党中央对于我们的指导关系,算起来分别的时间是整整三年了,在这整整三年中,开始还能靠无线电的通讯取得中央对于我们的指导,随后无线电的失掉,使我们脱离了党中央的领导,失掉了与各方面的联系,形成了各个区域的独立的各自为战,来坚持与敌人作最顽强的斗争。

我们这三年坚持的游击战争,因为开始对于当时整个斗争形势估计不足,使我们对于整个工作没有及时转变,受到了很大的损失,影响任务全部的完成。可是在继续长期的坚持的游击战争中,由于不断血的教训,使我们的斗争方式和游击战术不得不随着斗争的环境与敌人进攻手段的转变而转变,所以在敌人长期的继续不断的残酷进攻中,终使敌人消灭各游击区和游击队的企图归于最后失败,使我们的敌人不得不向我们屈服,而我们终于最后战胜了我们的敌人。因此，这三年的坚持游击战争，无论在斗争的策略和方式，无论在游击战术和群众工作，无论在党的领导和党内斗争，都有很多可宝贵的经验与教训。这种经验与教训，对于今后斗争，特别对于当前的持久的抗日民族革命战争有极大的帮助。目前，全党应当研究这些经验和教训，运用到今后的工作和斗争中去，是非常必要而且必需的。

这三年，南方各地区的游击战争，虽在极端困难和困苦中，能不屈不挠、百折不回的坚持斗争到底，虽然中央及其周围的苏区被失掉，武装力量有了大的削弱，但终能最后战胜了敌人，保持我们经过十年血战在南方的许多战略支点；保持了经过最艰苦所锻炼出来的各地游击队。因此，我们可以说，三年的坚持游击战争，在基本上是完成了党所给予我们的任务。同时，我们要说的各地坚持三年的游击战争，正是为了党的路线而奋斗到底。

这三年坚持的游击战争，是最残酷而最尖锐的斗争。这种残酷性和尖锐性，不单反映在与敌人的斗争中，而且反映于党内斗争，充分表现是我们十年血斗中的最尖锐的阶段，因为依靠党的正确路线和正确领导，终于打败敌人获得最后的胜利，终于使一部分为了个人利益而违背党的利益的家伙，以及只知为个人前途计算而不肯为党的路线而斗争的人，在每一次斗争达到最紧张关头，就不断的陆续的先后离开了党离开了革命，一部分变成工农阶级的敌人，一部分为了他的狗命而逃生。可是，为了党的路线而奋斗到底的英勇战士们终于获得胜利，高唱最后的凯旋。

这三年坚持的游击战争，却获得最多宝贵的实际斗争的经验和教训，应当把他所有的材料收集起来，加以整理，成为全党的财产，成为今后斗争的一种新式武器，这是迫切而必要的工作。

但是，因为我们各个区域在过去互相不能联络的各自为战的特殊情况下，目前不能把所有区域的斗争经验汇集起来，作成一个总的结论，仅仅是将我们在赣粤边一个地区的经验与教训写出来，这是一个很大的缺点，等候我们将各地经验总结以后，再写一个东西以供全党的参考和研究。

二、（略）

三、游击队与游击战术

这三年我们是处在游击战争的时代，可是因为在第一阶段中，对于斗争形势估计的不正确，对于斗争内容和实质没有明确的了解，因此由大规模的正规战转为游击战的过程中，不能彻底的转变，使我们的部队受到大的损失，但因对主客观条件认识不够，不能使我们很适时的灵活的转变我们的战术，正式运用起来，直到继续受打击，游击战争更趋于群众性，使我们适合于这个斗争环境的战术发展起来，形成起来。

游击战争是农民性的战争，是革命战争中一种初期发展形势和正规战的一种辅助方式，但这种战争的实际性质，因当时主观条件的不同而形成各种的性质和不同的特点。我们大概把他分为三种：

第一，井冈山时代的游击战争，这是农民战争初期发展走向大规模国内战争的游击战。一方面有相当巩固的根据地，另一方面有广大的幅员进退自如，便于进行大规模的游击战，固然我们是在创建时代，可是敌人更加幼稚无经验，加之阶段斗争的尖锐程度不深，还没有成为国内主要矛盾，使我们能依靠根据地向四周进行大规模的游击战，即或被迫离开根据地也可以在广大幅员内打圈子或进行游动的活动，在部队行动上可以采用大兵团的行动，在战术上说是游击战术，这种战术是带正规性的运动战、山地战。

第二，在江西苏区进行大规模革命战争中周围的游击战争，这时的游击战是配合主力军队战争，争取整个战争的胜利，他是革命战争的辅助力量。因此，他不与敌人决胜负，而在给敌人的打击，破坏敌人的后方，牵制和分散敌人的兵力，以削弱敌人后方侧翼以及交通线。进行挺进的游击动作，便利时随便活动，不利时转回苏区休息和补充，在战术多采用突然的袭击和伏击，多是进攻，而敌人完全处于防御地位。

第三，是我们在南方的三年游击战争，这时主客观条件完全同上两种的游击战争完全不同，这时阶级斗争已进行到最尖锐的阶段，阶级矛盾成为主要矛盾，又加以在长期国内战争的主要作战区和苏维埃运动的根据地，虽然主力红军出动离开江西苏区而转入到西北，但斗争的性质和形势并未消除。正因敌人取得了优势，企图铲草除根，以最大的决心来将我们的力量彻底消灭，因此形成长期的进攻和包围，加以敌人利用堡垒封锁的特点，更使我们活动受到最大的限制。因为敌人进攻中央苏区的结果，使汽车公路普遍建筑起来，敌人的追击和增援很迅速的便利的适应进攻的要求，到处组织民团，增加他们进攻的力量和耳目作用，这样使我们不能有巩固的根据地，同时也不能作大部队的游击战，否则只有被消灭和不断的打击，这样的游击战争，只有更带群众性的游击战，是游击队与群众密切联系的共同斗争方式，才能长期的抵抗和对抗敌人不断的进攻。

我们开始没有这样的了解，也不能根据这些特点来确定我们的方针和战术，反而以井冈山和有苏区的游击战看待，由于这一错误而受大的损失，直到后来在不断的斗争中逐渐了解了，而实行整个的转变，才能与敌人坚持斗争到底。

现在我们总结一切经验与教训来说明我们的战术：

（一）我们根据斗争的性质与任务，是要与敌人进行坚持的斗争，因此我们的抗战〔敌〕方针（也可说是我们的战略）是依靠群众保持有生力量并与敌人进行坚持的游击战争。因为对付敌人长期包围和残酷进攻，没有群众力量是不能对抗敌人，如若不好好保存自己的武装力量，拼一拼就说不打败仗，总说是打胜仗，但每次作战不可免有损伤，在长期战斗中的不断损伤，不要打败仗就要把自己力量耗费殆尽。因为在这一斗争环境扩大游击队较困难，如若将武装力量消失，就谈不上坚持斗争了。游击区失〔掉〕了武装力量，就要迅速被消灭，即或有一个小的武装力量能团结群众，就能作长期的坚持斗争。这一方针的确很重要的，而且在这一方针下才能确定我们正确的战术。

（二）我们的战术是根据上面的总方针来确定的，同时加以各个时期的形势和进攻敌人的特点来决定我们对于战术的运用。战术的基本原则是：

1. 赚钱的就打，赔本的就不来；
2. 不打硬仗，不攻坚；
3. 打不赢就走，走不了就躲；

4. 要消灭敌人，反对只吓敌人；

5. 有利时集中消灭敌人，不利时就分散。

我们曾写一个战术的歌诀，便于一般不识字的同志记忆，不过还未包括整个原则在内。

附录游击战术的歌诀：

团结群众，配合行动；支配敌人，自己主动。硬打强攻，战术最忌；优势敌人，决战要避。敌人正面，力量集中；攻打费力，又难成功。敌人侧翼，力量虚空；集中兵力，坚决猛攻。驻止之敌，施行袭击；行进之敌，采用伏击。动作突然，敌难防范；不行火线，白刃来干。行迹飘忽，敌难追踪；死板不动，挨打最痛。胜利要快，进攻进攻；保守主义，革命送终。

另外，还有关于行军宿营、侦察警戒、袭击伏击动作的歌诀，不能有秩序的记清把他写出来，只能大意的讲一讲。

对于行军，主要是利用夜间和敌人不常出的时间，大路不走，专走小路，以及严重时找无路的山爬。行军前先问群众，将敌人弄清再出发，行军中要安静，好静听路上的动静，如有敌情，也不致被发觉而好转移或后退却它路。

对于宿营，完全不住房子，如部队到垠无山时才住屋子，主要是绝对秘密，不许外人知道，仅仅是有关系而必须要他报告消息的人知道，住山要选择有树的山，还要退路好而便于侦察。宿营时要寂静无声，经常以战备姿势，注意出进目标经常转变，一遇有征兆就要立即移走，转移要消灭宿营地一切目标，不致使敌人发觉，如无山窝，也可在光山的小树宿住，因为敌人不注意这种山，但要保守秘密。在平原里宿营，一定要依靠有后山的地方，主要封锁消息，而且要向远的地区转移。

侦察完全依靠群众，教育群众侦察方法以及侦察什么。部队本身主要靠自己的观察哨。

警戒是建立在群众的保证基础上，只警戒自己的宿营地。如有远处敌情或敌人侦察，依靠群众掩护和报告，因此，就很少使敌人突然进迫宿营地，只有叛徒带路那是例外。在紧张情况下，日夜有哨兵警戒，夜间是靠听动静，白日靠观察，所有步哨多是隐蔽哨，如若敌人不向自己四方而来就不动，只报告首长发生的情况，如果向自己面前则鸣枪报警，哨兵以复哨最好。

袭击分伪装袭击和突然的战斗袭击。袭击时不行火战，突然实行白刃战，袭击不成迅速退走，埋伏侦察依靠工作，确切判断，选择敌人不好走的地势是消灭敌人的必要条件，应从侧翼出击，适当时先将部队展开，对于相等之敌侧击后卫，弱小敌人取歼灭包围。

在执行战术原则中，依照敌人的特性来灵活的应用，是非常的重要而保证胜利的条件。我们对于任何敌人，首先就要了解他的特性，部队性格，战斗力和作风和部队团结，特别是他在作战中善于和惯于使用哪些手段，然后才能针对敌人的长处和弱点来决定我们的战术和行动。

如广东军队的特点，是顽强而有战斗力，动作快，武器好，在袭击和追击时的动作迅速，好用埋伏。因为我们要避免与他决战，只有被迫而掩护退却时才进行战斗，主要是迅速脱离他，如遇粤敌的行踪，立即转移他去，注意他的埋伏，即走新路，如蒋军四十六师虽是正规军，他战斗力不强，武器不好，动作慢，尤其无"抄剿"的经验，我们对他仍然是避免决战，因为战斗损失对于我们是不利的，但对于他的进剿又要掩蔽好，不动不露目标可不必转移，只有在包围圈内才迅速脱离。保安队的战斗力更弱，不堪一击，但多以集团行动，善于抄山，而且抄得最严，因此，我们对于保安队在一中队（即一连）可以打他一下，使他不敢分散，如遇集团行动则避免作战，以免包围和损失。但遇保安队在搜山时，就要迅速脱离被损的地区。民团最弱，要打击，但他地形熟，常是配合白军部队行动，在这一情形就不宜打，同时注意在民团行动时虽无军队配合，但军队很近，很快发现目标，使敌军集团包围，特别在打击敌人，要注意群众的利害关系，常常在群众居住地方打击后，使大批敌人到该地来摧残群众蒙受大的损失，则我们就不应该在该地打。任何情况战斗和暴露目标后，立即转移地区以免包围，这是非常重要的。各地敌人相距很近，一得消息即四面包围抄剿。但我们的经验和教训：埋伏，无论敌我很难获得效果，因为山路多，双方都是突然行动，与群众相邻易于发现目标。同样我们只有一次，在北山先埋伏好，然后以少数部队诱敌出外而遇埋伏，同时敌人的埋伏我们很少中伏，多以突然的袭击生效。在信南游击即有侦察班事先伪装袭击，夺取堡垒，在松山因无短枪多以强袭收效。

　　这一区域的游击队以河东过来为主体，本地成分占少数，经过两三年来河东人仍占主要成份〔分〕，一方面表现土地革命出来的战士忠实勇敢，只有很少数叛变，多是英勇牺牲，更无三人以上叛变的事。另一方面，因与当地群众的联系上，外地人不如本地密切，特别对于地势道路的熟悉更觉重要。因此，我们认为游击队到一地应吸收当地人愈多愈好，才能增加部队的耳目，才能迅速取得与群众的联系。

　　游击队因为经常分散的结果，使部队涣散，如若政治领导弱，各种严重现象就易于发生（如破坏纪律、腐化等等事情都发生了）。在这样的游击条件下，游击队主要是靠最坚强的政治领导和以身作则为重要，军事首长差一点还不要紧，士兵很好，一切观念都由于官长发生而影响全体士兵，这是表现得很明显的。

游击队主要的是依靠经常的政治工作，但这种政治工作是要利用一切机会来进行，不能采取一种公式，为了保守秘密进行分组的教育和上课，利用本身一切发生事件作材料是最有效的。

经过长期游击战争的游击队，游击主义的习气是很重的。一方面由于客观斗争的条件（如不规则的生活和行动，经常的政治工作不能建立，以及农民成分为主体），另一方面，因为分散的独立行动，经常与上级关系不密切，加以领导干部的弱，使游击主义的习气日益发展和增长。这样发展的结果，使土匪主义的倾向易于发生，游击主义的发展根本的例子是涣散，纪律松懈，首长执行纪律马马虎虎，群众执行纪律也就马马虎虎，小团体观念重，执行任务的坚持性差，随意损坏武器和服装，自由行动不听指挥，不愿学习（无论政治军事），土匪倾向最主要的是脱离群众，讲嫖，讲赌，讲吃讲喝，只打土豪筹款就行动，不作群众工作，也不愿发动群众，乱杀群众等等。我们在两年中间同这倾向做了不断的坚决斗争，大体上才把它打击下去。但是在较远出处的部队，或多或少还存在，因为斗争的客观条件使我们不能将部队集中行动，也不能经常去指导。在游击战争中，对于游击主义的克服，防止土匪倾向是保证游击队执行任务的重要前提，这就依靠有坚强的经常的政治工作和党的领导，才能保证这种现象不发展起来。

在游击队中易于发生两种现象：一是领导干部能力较弱，使部队中极端民主的现象严重；相反，领导干部强而政治又较差，则军阀习气军阀主义就生长。这两种现象，对于游击队的团结和执行任务有极大妨碍。

我们的游击队因分散地区与环境不同，养成两个不同的特长，一是信南地区游击队会打仗，信丰及南山善于拼而不善于打，但能在远地方打土豪。

对于游击队的扩大，据我们的经验，在长期的游击区域中较困难。因为敌人对于群众的监视过严，对于红军家属压迫最凶残，将老婆强卖掉，一发现某某人当游击队员，立即将全家或父母拉出去拷打，追问罚款。但新区域较容易，因为斗争没有这样尖锐，不过无论白区、游区，如若我们能把群众本身斗争发动起来，以后极多群众一经听鼓动时就易于扩大部队。

我们对于部队的教育，开始缺乏具体办法，故无多大的成效。以后采用各种方法进行，如规定任务纪律等等，使每个部队都了解遵守建立士兵委员会，辅助首长维持纪律，帮助学习，管伙食，反对贪污。部队休息时，委派负责人到部队去指示和帮助他们的党与政治工作，在军事上以老战士传新战士，注意射击和刺杀动作，养成紧张的战斗习惯和敏捷动作，制定各种军事政治教材给他们，这样在信丰和南雄方面收有成效，信南较差些。

我们对于游击队的任务和纪律规定如下：

（一）游击五大任务：

（1）做群众工作；（2）打土豪分田地；（3）消灭反动武装；（4）建立苏维埃；（5）创造新红军。

（二）游击队五大纪律：

（1）一切行动听指挥；（2）不准侵犯群众的利益；（3）打

土豪执行阶级路线；（4）爱惜武器同自己的生命一样；（5）不准打人骂人。

（三）十项注意：

（1）武器不能离身；（2）说话要小心；（3）行军不能掉队；（4）没有勤务不准离开队伍；（5）打土豪要归公；（6）说话要和气；（7）买卖要公平；（8）借东西要还，损坏的要赔；（9）不搜俘虏的腰包；（10）对同志要友爱。

另外编了红色指挥员必读与红色战士必读。

指挥员必读的内容：（1）指挥员的职责；（2）战术要诀；（3）游击队的政治工作；（4）行军宿营要诀；（5）侦察警戒要诀；（6）袭击要诀；（7）埋伏要诀。

红军战士必读的内容：（1）歌（红军歌，杀敌歌，游击队歌）；（2）共产党十大政纲；（3）红色战士的职责；（4）五大任务；（5）五大纪律；（6）十项注意；（7）射击要领；（8）刺杀要领；（9）士兵委员会的组织与工作。

四、群众工作的经验

我们这两年多的游击战争是一种群众性的游击战争，主要的基础是依靠在群众力量上。没有群众的拥护和参加，不能战胜敌人长期的不断的"进剿"，不能对付敌人大规模的抄搜，不能打破敌人的封锁线，保证长期的给养的供给，使我们清楚了解敌人的情形而敌人不知我们的实际行踪，也不能在敌人集中和交通便利的狭小山地与敌人坚持斗争到底，以致最后战胜敌人。这一切我们都能得到，毫无疑问的主要是依靠群众的力量，不仅取得群众对于我们的拥护，而且我们与群众打成一片的共同斗争，使我们与群众的利害关系联成一起。游击队打了胜仗，群众等于自己的遇着喜事，游击队受了打击，群众感受非常的悲愤，一听见对于我们不利的消息，非常担心探问；敌人对于我们的进攻等于向他们的进攻，不仅十分关切，而且用一切力量去保护我们，无时无刻不在注意侦察敌人的行动，探听消息，迅速告诉我们。在敌人的进攻中，特别关心我们的行动是否妥当，要早警惕我们应注意的地方，用尽一切方法，在敌人进攻中，替我们购买粮食和一切东西，设法送给我们，替我们工作和部队放哨、送饭，反复侦察敌人的侦探，一有生人出现，立即告诉我们注意，自动把侦探和反动分子捉起，只要得着我们的批准，他们就动手干，甚至在路上发现胶皮鞋的脚印（群众穿草鞋及布鞋，白军穿胶皮鞋）即警觉起来。有敌人夜间进攻，打埋伏，要我们不要走这些地方或叫我们行路注意。因此，敌人长期的不断的埋伏，没有收到什么成功，正是这一原因。敌人将他们捉着，用毒刑拷打以至枪杀来追问我们的行踪，他们宁可自己身体打伤、坐牢以至牺牲性命，绝不说出我们一个字来。这样为保护我们而牺牲的，在最基本地区的群众是很多的，替我们搭棚、拆棚特别是在敌人进攻，冒险替我们拆棚消灭目标。至于打土豪、筹款、消灭敌人武装，完全是群众替我们调查，侦察情况、带路（队）。敌人进攻时，要他们带路，总是向没有我们的地方去抄山。要他们抄山时，故意怠工和乱吼，使我们知道好走。敌人放火烧山，他们有机会将火扑灭，遇见我们时，告诉我们怎样去躲，敌人强迫砍山，不是表现不去，去了就怠工，配合游击队们来扰乱敌人对于进山的

"搜剿"。我们最困难无钱时，基本地区的群众赊米、赊菜、借钱给我们，以度〔渡〕过困难。群众对于我们的爱护真是无所不至，所以敌人很清楚这一点，用一切方法使我们失掉群众的拥护，才好便利消灭我们。封坑就是为了使群众与我们脱离，可是群众留粮食设法通消息。敌人围房子，使我们不敢与群众发生关系。建立民团、堡垒，是以土豪反动分子充当队长。为了监视和阻止群众与我们发生关系，在南康赣县将一切壮丁每夜集中在哨位放哨，一方面放哨，一方面使群众不能与我们工作人员接头报告消息。但是群众告诉我们的记号未通过他们的哨位，使敌人还不知。敌人用残酷的压迫手段使群众害怕不敢接近我们，可是敌人的一切都归于失败。所以我们能在敌人附近驻，能在道路旁驻，看见敌人通过，能在对面山看见敌人抄山，敌人完全是瞎子、是聋子，我们有千里眼，有顺风耳。正是我们有了群众的拥护与参加，这是我们战胜敌人的最基本力量，使我们的敌人不得不最后向我们屈服。

群众对于我们这样的爱护，好象〔像〕爱护他们自己一样，绝不是偶然的。正因为这些基本地区的群众，他们在一九三〇年暴动后，得到土地革命的实际利益，后来虽遭了失败，土地被地主夺回去了，但因我们继续在该地领导游击战争，与敌人坚持斗争，事实上就使地主收回的土地，不敢直接收回去的仍保持在农民手里，地主只有依靠反动武装的保护才能进坑收租。除此以外，只能当农民出到外面场上阻拦□追索，农民一进坑就不敢来了。有少数狡猾而聪明的地主，常常用可怜的请求的方式，请求农民多少给点谷让他们充饥，这样在农民的怜悯心下给点租他们。为什么这样？就是我们党和游击队坚持的，在这些基本地区来反抗反动派，来反对地主收租收债，保护他们的利益。在我们最基本地区的地区，实质上是不还租的，只有在武装的压迫下才被迫而还租。土地的所有权在外表上是归地主所有，实际很多是照以前暴动时的分配而未变更。至于耕种权的变更，完全经过我们党的批准。常常因人口变动或是外面要进坑做田，一定请求我们的党来分配或允许。至于地主的山林竹木，成为农民公共的享受。正因为这样，使这些基本地区的农民，深刻了解我们是为了他们的利益，知道我们的胜利与失败，就是他们的利益的保持和失掉，明白我们能够坚持在这些地区继续斗争，就是对于他们利益有力的保证。所以他们爱护我们与他们自己一样，宁可牺牲自己的性命财产，绝不愿使我们遭敌人消灭和打击，这是一个最基本的原因。虽然有一时期发生肃反的错误，农民对于这种行动不满意以至害怕我们某些人，但绝不投向敌人而反对我们，也正是这一基本原因。同时，我们在这一基础上与农民连成一体，依靠他们的拥护和爱戴而能与敌人坚持斗争到底以至战胜敌人，也是一个主要原因。不仅基本地区如此，而且直接影响周围的工农群众的兴奋，增加对于我们的同情，特别威胁了周围的地主，使他们在剥削农民时发生惧怯。农民常常依靠我们来威胁地主，使他不敢残酷的剥削。有时，在秋收时有些要求我们工作人员和游击队到他们那里，使地主不敢进来收租，即或收租时也不敢凶狠恶逼，这是造成我们争取基本地区周围群众的有利条件。

当然，非基本地区的群众，对于斗争的经验当然差些，斗争的顽强性也较弱，一经摧残，害怕起来，不敢积极动作。基本地区的群众就好得多，乃因一方面是斗争的经验有高低，一方面主要的还是直接享受土地利益与否，而影响他们斗争的程度。

我们深知道，没有群众的拥护和参加，就不能进行坚持的游击战争，群众是我们游击战争的基础，只有巩固和加强这一基础，才能保证在任何情况下能与敌人继续斗争。因此，我们把群众工作看成为我们最主要工作之一，以最大的力量去进行这一工作。有些同志不认识这一点，常常企图削弱地方工作力量去加强游击队。当然加强游击队是很重要，可是在我们人力不够分配时，放弃地方工作去加强游击队是极不对的。因为在这种游击战争中，不能有大部队的经常活动，不得不分开活动，也不能如井冈山时代游击部队到某一地，可以住一些时便于进行群众工作。我们这时候就不同了，一方面部队小，不便长期的直接做群众工作，同时，敌人的进攻，使我们游击队不可能停留一地或久住〔驻〕一地，只能在行动中来传播我们的影响和主张，打土豪消灭反动派时来发动群众斗争，争取群众对于我们的同情，便利于我们去进行地方工作。因此，进行群众工作主要的是依靠地方工作，在这种群众性的游击战争与敌人作长期的坚持斗争，放弃群众工作就等于削弱自己的力量。那时，我们坚持这一原则，反对这种倾向，完全是必要的。事实上的表现，群众工作的好坏，成为我们发展的测量尺。

我们的群众工作主要方针，是建立在为争取和拥护群众利益的基础上来开展群众运动，把群众的利益当我们自己的利益一样，一方面坚决反对离开群众切身利益的单纯军事行动；另一方面，反对任何妨碍群众利益以及不顾及群众利害的行动。

我们初到时期，我们游击战争和地方工作，主要限于打土豪筹款，对于群众利益争取的不大注意。曾做了无情斗争，把这种现象打下去，渐渐注意群众切身利益的拥护。可是因为群众工作没有很好的转变，还不能取得大的成绩。过去工作人员及游击队不顾群众的利害和打击敌暴露目标，引起敌人摧残群众。只要自己本身不受打击，群众被摧残和损失好象〔像〕与他无关。我们曾不断的斗争，消除这一现象，处处以群众利益为主，以群众利害关系决定我们的行动，总是使群众不受大的打击和消灭、摧残。对于群众被捉被打，我们用一切方法援救，发动群众实行互济，这样使群众认识我们处处关切他们，一切行动都是为了他们的利益。对于一切脱离群众的行动严厉打击，特别对于肃反错误的纠正，使群众大大兴奋，更亲密的密切与我们的联系起来，这对于周围的群众争取更大的影响。对于打土豪，绝对执行阶级路线，在长期的游区周围，很多真正土豪，不是□了就是逃到城里住，这样打土豪筹款不得不打，打富农以至打到中农、商人身上，如继续下去是非常危险。我们首先反对这样打土豪，宁可自己受困难，另由其他方面去打土豪，严厉禁止这样破坏我们的现象。对于富农捐款也禁止。在我们游击区，得到富农的中立，对于我们反对敌人的"进剿"是有帮助的，不致使富农坚决反动，帮助敌人来进攻我们。同时我们对于富农应有戒心，信南很多同志曾忽视这一点而受到不应有的牺牲（如李乐天牺牲等等）。

群众斗争中对于落后分子的争取，是巩固团结、对抗敌人各种进攻的最主要工作。这些落后分子，只有我们努力争取，是很可能站在我们这边反对敌人，而只有把这些落后分子争取过来，才能巩固自己，使敌人失掉了耳目，失掉了领导而变成软弱无力的进攻。许多人把落后分子当成反动分子一样看待，必然遭受打击和失败，敌人正希望我们这样做，他才可以增加进攻我们的力量。因此我们在敌人进攻特别注意争取落后分子，用一切方法向他解释，即或他偶然透露了消息，我们不应把他当反动分子看待，而用阶级教育去说服，使他感动，站在我们方面。有些对于我们工作人的不满意，我们应该实行自我批评或向他解释误会。常常在敌人进攻中，发现我们过去工作中对于落后分子的不好的处置而受敌人引诱来进攻我们。受到一些打击，使我们在血的教训中注意了这一工作，而且收到了大的成效。

为了分散敌人的力量，特别打破敌人的企图，以自新分子做死走狗进攻我们，因此我们对于仅仅自新而未做任何反动事情的分子，使他消极中立，对于叛徒和反动的分子采用坚决的反对态度和必要的办法。群众对于自新和叛变是最痛恨的，对于许多光荣牺牲和被捉的坚决分子十分爱敬，并用各种方法去帮助他们，群众常常对于工作人说，你们不要做"反水鬼"，反水要不得。

对于农民群众的组织是感觉很大困难。一方面由于农民的散漫性，同时加以在残酷的斗争中，敌人对于加入组织的采用屠杀，使我们对群众组织不易建立。过去工作中又把群众组织变成第二党的形式，后来我们采用工农同盟的组织，把基本地区的群众组织起来。可是为了使他们加入组织时，一定使他们明白组织的意义，主要的还是与他们的利害联系。开始，我们以反对敌人进攻，实行互助为动员他们加入工农同盟，有些地方不正式提出组织的名称，只说我们联合一致反对敌人，以后再使他们了解我们，更用群众中日常问题以及群众互相的问题，都在这一组织中来讨论来解决，使他们直接感觉这种组织对于他们的利益，保持组织的作用。有很多地方不注意这一方面来运用组织实际教育群众，使成立的组织无形垮台下去。总之，在农民中，特别在斗争严重环境中，组织工作较困难进行，处处要以各种方法和耐心的进行，才能使群众组织发展起来、巩固起来，这一方面由于我们的干部多是农民成分，更缺组织能力，不注意组织工作，没有得到应有的成绩，很多同情和拥护我们的群众，但没有把他们很好的组织起来。

对于群众斗争的教育是很重要的，特别是新的区域群众，他们有很高的热情，而无斗争的经验，常受敌人的欺骗（如冒充游击队工作人员用各种欺诈方法等等），遭受打击，影响他们继续斗争的热情。因此我们把敌人一切手段和其他直接斗争的经验告诉他们，而且不断的教育，受打击后还要教育，使他了解而接受，因为农民无经验的事是不相信。我们在敌人新的进攻和对其他区域所用的手段，常常告诉和教育全区的群众，经过几次事实后，农民才相信我们的一切话，如告诉群众如何侦察敌情，如何做标记表示有无敌人，如何传达消息等等，都是要进行教育，才能在实际中获得更多的对于我们的帮助。

我们做群众工作的干部能力太弱，旧的方式不易转变，我们若用大的力量去进行教育，还没有达到应有的成绩，仅仅是将他们从前只争群众同情，而不注意群众切身利益的争取，以及组织工作的认识转变了，可是许多群众工作的方法没有多的改变，也是群众工作不能做得更好的一个主要原因。

五、党的领导作用

一切斗争的胜利和失败，对于党的领导正确与否是有密切关系，也可说党的领导决定斗争的前途。

我们转到信康赣雄游区，能够坚持与敌人进行最后的斗争，正是因为首先建立党的正确领导。如若继续过去错误的领导，这个游击区在敌人残酷的长期进攻中有消灭的可能，即或没有全部消灭，也不能保持原状，更谈不上发展游击区和土匪主义的继续发展，有可能走脱离党而为土匪的危险（当然名义还是游击队，但实际变成土匪）。特别在长期的坚持斗争，每一斗争的紧张中，发生不断的叛变和逃跑，没有党的正确的领导，也不能巩固自己的营垒，与敌坚持斗争到底。至于在对付敌人进攻和转变我们一切斗争方式以及战术运用，克服许多的不正确倾向，更依靠党的正确领导来解决。

在失掉中央的领导，陷于孤立斗争的环境，保障党的领导正确，以我们的经验，必须依靠以下几个条件：

（一）要时时学习马克思列宁主义的理论，以加强对于整个斗争形势的估计和分析的正确性，来保证党的方针正确。这一方面我们曾进行过学习理论的运动（我们曾带有少数的理论书籍，如"列宁主义概论"、"国际纲领"、"'左'派幼稚病"、"两个策略"、"政治常识"、马克思共产党宣言等等）。

（二）要用尽一切方法取得报纸看，能够了解全国形势，不致弄成狭隘的局部的观念，并在干部中进行政治教育，提高他们的政治水平。这方面对于县一级的干部政治水平有相当提高，但对于区一级干部成绩少，由于文化程度低，不识字，加以环境不允许经常集会和谈话。在估计政治形势和确定自己的方针时，应该依据全国形势，确定我们的总方针。随时依照自己当地的斗争形势来决定一切执行方针和反对敌人进攻的方法和策略，这样才不致使我们与全国斗争脱离，同时可以力求我们的斗争与全国斗争的联系。

（三）要在斗争中时时检查自己的方针和策略是否有错误，在斗争中学习一切经验与教训来帮助对于以后斗争的领导。

（四）以最高警觉性注意时事和敌人一切动态，以敏锐的观察和分析，以判断事先布置我们的工作以迎接敌人每一次的进攻。

（五）以最坚忍不挠〔拔〕的意志来坚持党的正确方针，任何困难情形绝不动摇而改变自己的方针。

（六）领导者自己的模范作用。任何纪律，任何困难，领导者自己要绝对遵守，不怕任何苦，如二年多不住房子，吃冷饭饮冷水。任何危险和困难，坚持不动，才不致受埋伏包围而影响全党，特别是最有力的。这种模范可以帮助克服□□现象，巩固自己的阵线。这在环境的最艰难最困苦的时候有左右全局的意义。

（七）领导者要常在斗争前线的地区观察一切征兆，才能事先指出全党的工作。

在党的领导方式上，开始，我们曾极力集体领导和会议生活，不久因环境日益吃紧，使会议困难，各处干部不断的牺牲，党的组织极不健全，常常一个区只有党团工作一个人。为了加强各地的党直接领导力量，把许多干部分派各地作经常的指导工作，形成个人负责制，同时成为绝对集中制，这是为了保证在最紧张的斗争环境中党的正确领导实现，直到和平以后才恢复集体领导，实现民主生活。

我们对于每次敌人进攻，事前已知道，迅速判断，各地的负责人如找来谈话时，用直接谈话的方式指示对抗敌人一切工作，否则用信指示。遇有任何问题都给予具体指示和回答，并将某地方发生的问题和指示转抄其他地方以供他们的参考。这样具体的指示方法，对于工作和干部是有大的帮助的。

区委的组织极不健全，只有几个中心区域较强，斗争的过程中，事实上县委的同志成为区委的书记，真正起区委的作用仅是中心区委。

支部工作一般说来没有很好的建立，形成区委同志代替支部的许多工作，这样使支部离开区委就不能独立工作，但在斗争的要求，是要支部有独立工作能力，只在基本地区的几个支部达到相当的程度，其他成绩较少。

六、党内教育和斗争

在这样残酷的长期斗争中，以及经过长期的游击战争的环境中，敌人不断的进攻，各种困难与困苦，特别是与各方失掉关系、孤立战斗的状况下，加以干部成分几乎全属农民，很易于发生各种各色的倾向和现象。最严重而且最主要的就是叛变、逃跑。几乎在每一斗争达到紧张关头，或是全国某一事变结束，都要或多或少的发生叛变、逃跑事件。这一现象，一方面可以直接影响我们当时的斗争（如叛变后即带敌人进攻）；另一方面间接影响我们内部的巩固，所以反叛变和逃跑的斗争可成为整个斗争中的一个主要斗争。这种叛变（以当地人居多）逃跑的（以河东苏区的人多）发生是有两个来源的。

1. 最主要的是政治的动摇。只见眼前的严重现象，没看见整个革命形势的发展，所以在敌人严厉进攻中以及两广事变和西安事变的解决，认为革命无希望，于是叛变逃跑。

2. 由于个人主义的发展不能牺牲自己来为革命，如是就不能吃苦耐劳，尤其是许多干部当着未被敌人捉着时表现很坚决斗争，到被捉后就实行叛变。还有一种尤其生活腐化，把革命意志消磨和丧失，而在斗争紧张环境到来就实行叛变逃跑，以图个人出路。

这两种是互相关联而不易分清，同时客观上由于长期艰苦的环境，干部以农民成分为主，再加以党的政治教育差，于是促进这一现象的发展。

我们研究很多叛变逃跑的分子，绝不是一时的动摇，而是有他的长久根源。如在政治上由某种倾向到动摇以至叛变逃跑，如开始很纯洁，由于到独立工作时即无经常的监督和教育，在某种环境下由贪污腐化发展到脱离群众、镇压群众，最后叛变革命。因此，我认为要消灭这一现象，就不仅从消极方面开展反叛徒逃跑的斗争。还应从积极方面加强党的政治教育，从政治上来坚定动摇分子。同时注意每个人的开始的各种倾向与不好意志和行动，用教育方式进行斗争，使他不致发展起来。这种积极方面的工作和斗争，是能争取许多动摇分子，坚定起来坚持斗争，可能克服这一严重现象的发展和增长。事实上我们在信丰已获得大的成绩，叛变逃跑现象大大减少，县委机关内从未发生过这一现象。谁不了解这一点而不努力于这一工作，也就使叛变逃跑的现象日益严重起来。南雄和信南因为不注意积极做这方面工作，造成在最后时期的严重现象，而影响整个工作的发展。

当着我们由河东转移到游区时，主要的是反对失败情绪和企图脱离当时的艰苦斗争，以及反对在长期斗争中不耐心的忍耐的进行艰苦斗争是很重要的，才能把内部巩固起来，保证坚持斗争到底。

在政治上易于发生几种倾向：只看见全国形势发展而忽视当前自己的斗争的形势而发生空洞乐观，结果放弃自己的斗争准备和布置，易于受到敌人的打击。另一种是右倾，只看自己当前的严重形势，而看不见全国形势和革命实际的发展，就要发生悲观失望，大家依靠天吃饭的倾向，只希望全国的形势来改转自己的斗争现况，不了解要用主观的斗争来争取形势改变，一遇全国某些事变的结束，就要悲观失望，这种右倾机会主义的观点是最危险的。

在游击战争中不相信群众，只希望单靠军事力量来战胜敌人，以及在资产阶级在敌人长期进攻中不能忍耐，企图将部队集中去同敌人拼一拼的冒险主义也有发生。至于游击主义和土匪倾向更成为主要的现象和斗争，在群众工作中的雇佣观念，脱离群众，欺压群众（如好多的干部开始做工作也就象〔像〕自己当了官一样，公开向群众宣布这条坑为我管，一切事都归我说话）以及假公报私仇，乱罚款子等等。

在生活中贪污腐化现象特别创造许多腐化的理论（如游区应当吃好些，不吃不喝就要准备逃，不吃不喝不穿死了也不值得，找伙计婆更普遍），至于怕困难、消极怠工更属普遍。

因此，我们为了克服这种倾向和现象，作了坚持的无情斗争，同时采用了各种教育办法，如将种种现象写成教材或在全党游击队中进行教育，如遇有新的现象，毫不放弃把他轻轻放过，但这斗争主要是教育的性质。

　　因为在我们这样环境和条件，使我们一方面同各种现象作斗争，同时不得不采取群众的教育的方式，一切简单的斗争方式在这样斗争的环境只有害而无利。但有一个主要标准，一切错误分子只要他不投降敌人，我们于是用耐心去教育去争取他。相反的，我们对他应该提高最高的警觉性，否则就是帮助了敌人。

　　这三年斗争是在最残酷的、最尖锐的环境，同我们敌人苦打奋斗，同时不断在党内进行残酷的斗争，依靠党的政治教育去克服一切现象来巩固我们自己的力量，我们是在这样内外的斗争中最后战胜了我们的敌人。

注　释

① 　西江县，位于江西省会昌、瑞金、雩〔于〕都三县交界地带。

② 　梅坑，是当时中共中央机关和红军总部所在地。属江西省瑞金县。

③ 　金鸡、新田、安息、固陂，是江西省信丰县东部的四个乡。

④ 　博古，即秦邦宪，当时是中共中央派往南京同国民党谈判的代表。

南方三年游击战争经验
对于当前抗战的教训[*]

（一九三七年十二月十一日）

一、南方坚持三年游击战争对于抗战的意义

自"九·一八"事变发生后，中国共产党和苏维埃红军即坚决主张对日抗战，随后又要求全国军队与红军订立共同作战的协定，全国一致抗日。当时这种主张还未取得国民党的同意，因而没有达到停止内战一致对外的目的，使得我们为了坚持抗日主张不得不进行自卫战争。一九三四年十月，主力红军为到达抗日前线开始了长途远征，同时在江西留下了一部武装力量，来领导群众，以保持南方经过七年血战所建立的民族革命阵地和保证工农大众已得的利益。在这种任务下，我们百折不回地继续坚持了三年的游击战争。

在这三年坚持的游击战中，大部分的苏区被占领，被截断，

＊ 本篇系项英的署名文章，原刊于 1937 年 12 月 11 日出版的《解放》周刊第 1 卷第 27 期，后又刊在 1938 年 2 月 2 日《新华日报》上。

使得我们不得不各自独立作战，陷于各个孤立奋斗的状态下，并且我们又是以最劣等武装的游击队来与挟有优良武器、数量超过我们三十倍至五十倍不等的正规军作战，可以说我们是在非常困难和最恶劣的条件下长期苦斗着的。可是我们终于克服了无数的艰险和困苦，终于最后获得了它的结果：

第一，保持了南方的许多游击战的支点，这些支点成为目前抗日战争中战略的主要支点。

第二，保持了经过十年血斗所锻炼的武装力量，这种力量将在当前抗日的民族革命战争中成为一个坚强的力量。

第三，坚持为实现共产党抗日救国的主张而奋斗，以百折不回的精神，卒至达到抗日战争的实现。

第四，红军主力二万五千里的长征，创造了空前的伟大事业，我们配合主力红军，坚持了三年的游击战争，对于中国革命在目前新阶段的开展起了推动机的作用。

最后，也是最重要的一种结果，就是我们三年坚持的游击战，成为目前抗战中一个实际的榜样，对于争取抗战的彻底胜利是有非常重大的意义的。

目前抗日民族革命战争的主观客观条件，是与我们坚持三年的游击战争的主观客观条件不相同的。具体的说，目前的条件更优于我们当时的条件，更有获得最后胜利的把握。最大的不同，就是那时是处在国内战争的环境里，现在是全国一致团结抗日，那时我们是在重重包围之下，是在各个截断的狭小的地区内，进行各个孤立的奋斗，现在有全国广大幅员与日寇作战，进退自如；那时我们是以劣势兵力和最原始的武器与数量超过我们几十倍且有精良武器的军队作顽强的苦斗，现在我们的武器虽比日寇

差，但与我们在游击战中比较起来要好得多，特别是军队的数量
要优于日寇。

把这些条件拿来比较，就不仅可以坚定我们抗战的信心，而
且可以明显的告诉我们有最后胜利的绝大把握。我们三年坚持游
击战，就是最好的一个榜样，足以打破对于抗日战争缺乏信心的
"恐日病"、"唯武器论"的失败主义，揭露汉奸、亲日派和平妥
协的投降阴谋。

二、三年游击战争与群众

在极端困难与非常恶劣的环境下，我们依靠些什么条件去取
得胜利呢？主要的是依靠共产党的领导，依靠我们能够正确的分
析和估计整个的斗争形势，适应各个斗争的主客观条件，决定我
们的行动方针；依靠游击战术的灵活作用，能够随机应变，以适
应各个时期对方进攻的手段；依靠最忠实于革命和民众利益的坚
强干部作骨干；依靠有高度政治觉悟以及有经常政治工作的武装
部队；最后而且最主要和最基本的，是依靠广大民众的热烈拥护
和积极参加，使武装与民众结成一片。这最后的一项，对于我们
目前的抗日战争是特别值得我们注意的。

从一九二五——一九二七年大革命失败后，南方各地广泛
的开展了游击战争，特别是以井冈山的游击战争为最重要；接着
中央苏区建立起来。从主力红军开始远征后，又转到游击战争。
现在，游击战争又成为抗日战争中战略上所必须采用的一种战
术。但是这几个时期的游击战争在内容上是否完全相同呢？我们

的回答是不相同的。因为各个时期内，主观的客观的条件，不能完全相同，每个时期游击战争的实质，是根据当时主客观条件来决定的。虽然在基本原则上大致相同，但是基本原则所包括的各个具体问题上，还是有差异的。

我们三年坚持的游击战争，比起井冈山时期，是更带着群众性的。当井冈山游击战争的时候，国内的矛盾还没有南方三年游击战争时代的那样尖锐，那时候在战争的继续上也还有一些中断和休止的时候，在对我们的进攻上还是多采用军事的正规的战争，在斗争的任务及战争的条件上，也都有些不同。我们南方三年游击战的特质，是在于更加以群众做基础，我们整个斗争的主要方式，是以武装的小部队配合广大群众的动作。若没有群众，离开群众，那么我们即不能坚持，不能存在。

我们在一个区域里，曾有二年半的时期，经常转移不停，因为山上的树木多数被砍得一根不留，丛木野草多被烧得精光，如果我们死停在一个山里，即要被发觉被消灭，所以我们必须经常从此山移到彼山，而且转移的时候很短促。这一事实说明了我们的艰苦环境，在战术上不仅是小部队的战斗动作，而且更主要是群众中的工作。依靠群众才能利用一切可能条件和优点，来保持和发展自己的力量。

再举一些事实来说。例如，在一九三五年，我们曾有一次被围困在山里，附近的民众，被驱逐干净，四面包围封锁得异常紧密，我们不仅没有饿死在那里，而且每天还能有白米吃，还能够行动。这完全是由于群众的帮助。他们在深夜的时候，会自动的想尽一切方法，冒险送米给我们。这就是说，我们的一切斗争都变成了群众自己的斗争。在今年正月间，又有一次进攻我们的部队，离我们只有八里路的光景，那时是很危险的，可是我们马上就知道了，因为群众很快的就把消息告诉了我们。诸如此类的事情，简直不胜枚举，群众成为我们的耳目，同时又是手足。

在当前的抗日战争中，应该包括井冈山时期及三年来所坚持的那两种游击战。现在八路军的作战，是带有游击战及山地战的性质；在许多条件下，我们可以而且应该采用坚持三年的游击战的方法。特别在现在，当游击战在整个的抗日战线上，日益占着重要地位的时候，接受和学习三年坚持游击战争的经验与教训，是更有重大的意义和必要的。主要是应当深刻认识，对于群众的紧密联系是保证胜利的必要条件；我们要争取抗战的最后胜利，就必须发动广大群众，与群众打成一片。三年坚持的游击战争与第八路军的屡获胜利，就是最明显不过的证明。

三、坚持三年游击战的战术特点

上面约略说了三年坚持游击战的任务和实质。根据这些，确定了我们对于游击战术的灵活应用。在这里，一般的原则我不多说，只着重的说三年游击战争中战术上的一些特点。

一般的说来，山地的地形是便利于游击战争的，但是这不是绝对的。在下述两个条件下，平地也可以进行游击战争：第一，是广大群众的帮助；第二，是游击战术的正确应用。领导者要能根据主客观条件灵活的实现自己的行动。当然，没有山地，游击战争的困难就比较多。

在南方，因为人口很密，交通发达，不仅各乡多有汽车道，而且每个山都有大路。在这样的条件下，就必须根据群众条件与游击战术原则来决定如何配合群众，如何保持并发展武装力量的办法。在三年坚持的游击战争中，我们在游击战术上加上了过去没有的一些原则。第一，用俗语来说，就是"赚钱就来，赔本不干"，每次战斗，我们一定要以最小牺牲换得大的代价；第二，"有把握就打，无把握就溜"。就是说要一下能把对方弄死才来，是决不轻易去打；第三，打不赢的时候就隐藏起来。这"躲"的办法，过去是不知道的；第四，有利的时候就集中来打，否则就分散；第五，利用对方的弱点和空隙的地方去进攻；第六，是"有路不走，没路就走"。因为有路的地方大概都有埋伏，对方常带着干粮，在路旁埋伏着一两天不动，我们只得找没路的地方走，所以时常使我们身上受到许多刺伤。整个说来，我们"躲"的功夫，是好的。但有很大的缺点，就是利用弱点进攻对方这点，还比较差。

其次，要讲到战术上的主要条件。第一，了解敌情。时时刻刻对于对方的情形，要清楚的知道，因为对方和我们一样常是突然进攻的。要了解对方，完全要依靠群众，而且群众须要有相当的训练，知道怎样去探听消息，更要紧的是知道怎样把消息传达给我们。我们在这方面曾有很大成绩，曾布满了群众在我们的边界上，而且他们很好地完成了自己的任务。第二，有情报后判断要迅速，不容有丝毫的犹豫，很快的定下决心，布置行动。第三，对于对方的特性应有清楚的认识。如当时某某军队，主要的是靠埋伏，但他们经常隔两星期就要休息一星期，因此，我们当他们埋伏的时候就不动，歇的时候就动。对于以堡垒为主要的对方就不同。他们除正规军外，还组织地方反共队等，正规军战斗力强，地方反共队就比较弱得多，可是反共队长于搜，对于地形很熟识。所以我们所采取的战术，就尽可能避免和正规军作正规战，多打地方反共队。他们联合起来力量比我们大的时候，就实行"溜"。对反共队不能采取"躲"的办法，就应当打他们的埋伏。

最后，我们游击战术运用的最主要的一个特点是在于有群众的配合。在对方进攻我们的时候，必须发动周围的广大群众，组织游击小队行动起来，以分散对方的注意力；必须动员广大群众来帮助我们对付对方，例如他们命令群众砍山，有时候一天也砍不了一棵树，命令他们搜山的时候，时常发现了我们，不去报告。

我们的战术是应该根据主观客观的条件及我们的任务来决定的。以上的一些原则，应当根据各该地的条件，来灵活的应用。在目前的抗日战争中，对于游击战术的原则，是应该了解的；但更重要的，是应该懂得怎样去灵活的运用这些原则。这三年坚持的游击战争，无疑地是给了我们许多宝贵的经验，值得我们去学习的。

四、对于当前抗战的主要教训

我们坚持三年的游击战争，已经获得不少的经验和教训。这些经验与教训可以给予当前的抗战以极大的帮助。为着坚持抗战到底，为着争取抗战最后胜利，必须运用这些经验和教训到当前的抗战中去。其中最主要的可以指出几点：

第一，要有正确的总的方针，才能领导斗争达到最后的胜利，否则经过了最大的代价，却不能获得最后的成功。我们三年来坚持的游击战争，正因为在共产党的正确方针之下，才能在长期的艰苦困难中坚持斗争到底。在目前抗战中，中国军队作了很大的英勇战斗，但我们在军事上却受到不少的挫败，我们必须细心检查失利的主观原因。我们不能不指出，这上面的原因是在于把抗战只限于政府军队的片面抗战，并在战术战略上多偏于单纯的消极的防御。这是目前抗战中最大的危险。我们应该接受痛苦的教训，只有坚持抗战，实行全面的抗战，变更我们的战术战略，才能保证取得最后的胜利。

第二，民众力量是最伟大的。我们三年坚持的游击战争主要的就是依靠民众力量。若是没有民众的拥护和参加，那么不但不能取得胜利，而且不能坚持长期斗争以至遭受失败。因此我们认为，目前的抗战只限于政府的军队的抗战，没有成为全民的抗战，甚至惧怕民众参加，是一种自杀政策。这样继续下去，不但不能保证获得最后的胜利，而且也不能坚持到底。我们希望能够迅速纠正这种错误，改革政治机构，开放民众运动，动员全中国的民众参加到抗日战线上去，转变单面抗战为全面的抗战。

第三，我们以劣势的兵力，能与优势的部队作长期的苦斗，这正因为我们的军队有高度的政治觉悟，指挥员与战斗员团结一致，有经常的政治工作，特别与群众有密切的联系。没有这样的部队，就不能顽强的坚持战争到底。目前中国抗战的军队是表现了英勇奋斗与壮烈牺牲的精神，但除八路军外，军队的组织与生活，大多数还是继续着过去的旧制度，甚至在战争中发生严重脱离群众的现象，这当然要重大的削弱军队的战斗力，影响整个的抗战。我们必须依照革命军队的组织，教育，生活，关系，来改造目前抗战的军队，使官兵一致、军民一致，这样才能保证在持久抗战中获得最后胜利。

大家知道，八路军在山西一带不断的获得胜利，到处受到民众的热烈拥护，到处与人民打成一片，主要的是由于他们具备了上面的三个条件。不仅目前八路军的胜利是一个实际例子，而且大革命时代北伐军的胜利，也是历史上的好例子。

我们为了坚持抗战到底，为了争取最后胜利，就应该迅速把政府军队的片面的抗战转变为全面的全民族抗战，转变单从正面的消极防御为积极防御，采取侧面的进攻和运动战与游击战，改造抗战的军队为官兵一致军民一致的革命军。若是执行了这些转变，那么，我们一定能够在持久的抗战中获得最后的胜利，一定能把日本帝国主义驱逐出中国去，完整我们的河山，使中国从殖民地化的危急状态下拯救出来，成为真正独立自由幸福的民主共和国！

国家出版基金项目

"十二五"国家重点图书出版规划项目

中国共产党先驱领袖文库

项英文集

（下）

人民出版社

毛泽东、项英关于
新四军编组等问题致叶挺电

（一九三七年十二月十四日）

叶挺同志：

各电均悉。

甲、新四军原则上可照军何①提议作进一步磋商。

乙、各支队以上最好能争到成为两纵队，纵队长一陈毅，一张鼎丞。

丙、长江以南各支队（共六个不是五个）可向东开，长江以北高敬亭支队暂留江北，不必北开，以便在该地准备沿江游击。

丁、其他条件如前所商，尤不要军何派人。万一两纵队不能成立，则陈毅可改为政治部主任。

戊、如暂时说不通，可稍延缓，但不要破裂。

项②即来汉。

毛泽东、项英

寒丑

注　释

① 何，指何应钦。

② 项，指项英。

关于新四军编组与干部配备问题
致毛泽东、张闻天电[*]

（一九三七年十二月二十七日）

毛、张：

一、根据目前形势，我们急需到南方布置一切。曾山及派往南方的军、政、党干部立即动身到汉①，迟行对于工作有损失。

二、张际春②，请毛急调回来。

三、四军编制为四个支队，支队等于旅。一支队张③、二支队张鼎丞、三支队云逸为妥，周士第如不来，周子昆改任支队长。如何？望告。

四、高敬亭、傅秋涛、周骏鸣④均已来汉，正在商讨各种工作。

五、浙江干部请多派来，以便建立工作，配合四军行动。

项　英

二十七日

---

* 本篇系项英致毛泽东、张闻天的电报。根据中央档案馆馆藏件刊印。篇题为编者所加。

注 释

① 汉，指汉口。

② 张际春，当时任绥德警备司令部（辖绥德、米脂、佳县、吴堡、清涧
5县）政治部主任。

③ 张，应是陈，指陈毅，时任新四军第1支队司令员。

④ 周骏鸣，原为鄂豫边红军游击队大队长，时任红军豫南人民抗日独立
团团长。去武汉的是该团代表张明河，周骏鸣未去。

催调干部来新四军工作*

（一九三七年十二月二十九日）

中央：

　　毛电①项悉。

　　一、高敬亭、傅秋涛均来汉，情形甚好，正在讨论各工作及部队改编出动等问题。高部②准备开安徽所指示地区作战，傅部③准备向皖赣边集中，汇合赣南及关英④各部在皖浙边作战。

　　二、此间情况紧张，我不日赴南昌，指导各地部队集中行动，并在电约陈、张、邓、刘、英⑤诸人在南昌相会。

　　三、曾山等人应即来汉，否则对于工作有损失，并立即促他们动身。

　　四、张际春请急调回派来，否则建立政治工作成问题。

项

十二月二十九日

＊　本篇系项英致中共中央的电报。根据中央档案馆馆藏件刊印。篇题为编者所加。

注　释

① 毛电，指 1937 年 12 月 28 日毛泽东复项英的电报。

② 高部，指高敬亭领导的鄂豫皖边红 28 军，拟编入新四军第 4 支队。

③ 傅部，指傅秋涛领导的湘鄂赣边红军游击队，拟编入新四军第 1
支队。

④ 关英，时任中共皖浙赣省委书记。在南方红军游击队集中改编期间，
党曾派他到赣东北弋阳地区说服该地红军游击队下山接受改编，不幸
被误杀。

⑤ 陈，指陈毅；张，指张鼎丞；邓，指邓子恢；刘，指刘英；英，似指
关英。

关于国共合作问题政治问答[*]

（一九三七年）

1. 问：共产党为什么和国民党重新合作？

答：自从一九二七年资产阶级叛变革命，国共两党分家后，国民党不仅成为共产党的死敌，而且也成为全国人民的公敌了，但是现在共产党又和十年斗争的国民党重新合作，建立斗争的联盟，这不是难以费解的怪事吗？我们的答复是一点也不奇怪，这是中国社会各阶级在革命发展过程中利害关系的转变，和中国共产党由于革命发展新形势所采取的新路线和政策的结果。

因为日本帝国主义是中国最凶恶的敌人，打倒日本帝国主义，是保障中国革命胜利的前提，而团结全国力量一致抗日，是战胜日本帝国主义的必要步骤，现在资产阶级在民族危机的最后关头已开始倾向革命，国民党开始放弃其十年来的错误政策，转向抗日。那么共产党为要贯彻它的新政策，创立抗日民族统一战线，为什么应该放弃前仇？向十年斗争的国民党伸出友谊的手、要求合作呢？为什么不应该牺牲部分的利益，而换取民族的总利益的获得呢？这正适合革命形势新发展和全国人民热烈的拥护和

---

[*] 中共赣粤边特委、中共汀瑞县委翻印，1937 年。

要求，再度证明中国共产党之光明磊落、大公无私，处处以国家民族的整个利益为前提进行伟大斗争的无产阶级政党啊！

2. 问：为什么国民党会放弃它一贯的投降政策转向抗日呢？

答：这是因为：（一）日本帝国主义六年来不断进攻中国，它从一九三一年"九一八"占领我东三省，接着"一二八"进攻上海，"四一二"长城之役，占领我热河，去年进兵绥东，特别是今年七月七日炮轰卢沟桥，占领平津，进袭淞沪，都证明日本帝国主义企图把中华民族变成朝鲜第二，任其屠杀宰割，这种血腥的无止境的进迫，使日本帝国主义在我全国人民面前成为最凶恶的最重要的敌人，打倒日本帝国主义，驱逐日本帝国主义出中国，不仅是工农大众的一致要求和呼声，并且也成为国民党内明达之士的愿望。（二）由于中日矛盾的特别尖锐、特别突出的结果，一方面降低了中国对英、美其他帝国主义间的矛盾，另一方面中日的基本矛盾，使中国内部阶级间、集团间的矛盾推到比较次要和从属的地位，这就是说日本帝国主义并吞中国的强盗政策，不仅威胁了全国人民的生存，而且使资产阶级内部甚至部分军阀引起生死存亡的恐慌，因为中国如果变成朝鲜第二，那么中国的劳动大众，固然是痛上加痛、苦上加苦，多一层奴隶的枷锁，而中国的统治阶级也将蒙受亡国奴的痛苦，因此中国部分资产阶级在此民族存亡的紧急关头，开始倾向抗日，向无产阶级寻找同盟军，而国民党内部明达之士开始接受共产党和平团结一致抗日的提议，对他十年来的错误政策有了开始的转变，而由卢沟桥炮声所激起的全国抗战怒潮，和共产党为创立抗日民族统一战线的苦心努力，更推动国民党南京政府最后抛弃内战、将不抵抗政策转向和平抗战的道路来。（三）中国共产党为要贯彻抗日救国的宿志，于"九一八"后就提出愿意在三个条件下同国民党中愿意抗日的部队订立抗日协定。一九三四年派遣抗日先遣队冲出重围，东向抗日；同年中央红军放弃苏区，进入抗日的前沿阵地——陕甘宁边区。一九三五年的"八一"宣言，更号召全国人民不分阶级、不分党派，创立抗日的民族统一战线。特别是西安事变，共产党利用自己有利的地位，坚持和平解决的方针，并于本年二月国民党三中全会提出五项要求和四项保证。这一切，都证明中国共产党几年来一贯的和平主张，对于国民党的转向抗日起了极大地推动作用。没有日本帝国主义特别的凶恶的进攻，没有中华民族生死存亡的最后威胁，没有中国共产党为和平自由抗战的奋斗努力，国民党的转向抗日是不可能的。

3. 问：国共合作是否投降国民党？

答：第一，我们的敌人、日本帝国主义及其走狗——托洛斯基派正在大声疾呼，造谣污蔑说朱德、毛泽东自新了，中国共产党出卖阶级、投降国民党了，他们主张代表无产阶级利益的中国共产党在今天不应该同资产阶级联合抗日，不应该同斗争十年的国民党建立斗争的联盟，这些表面似乎非常积极、非常好听的话，而实际进行是破坏民族内部团结，削弱抗战的反革命论调，我们留待以后再驳复它，现在我们所要回答的，就是国共合作决不是共产党投降国民党，而是共产党历年来和平主张的胜利。我们在上章已经提出，没有日本帝国主义特别凶恶特别露骨的进攻，威胁全国人民的最后生存，没有国民党从内战不抵抗到抗日的转变，国共两党合作是不可能的。

第二，国共两党的合作，是有条件的、有原则的。这就是：（1）保持共产党组织的独立性。（2）保持共产党对苏区与红军的领导。(3)保持共产党对同盟者的批评自由。违反这一原则，超过了这一界线，就会变成投降国民党，出卖阶级利益不可饶恕的罪人。

第三，我们不否认国共合作在某些意义上是向国民党的让步，但这一让步是实现并贯彻党的新政策所必须的，这一让步不仅没有妨碍党的组织独立性和批评自由，没有放弃久在我们党领导下的经过长期锻炼的民众力量于不顾，而且我们用这一让步去换取全国人民所渴望的和平自由和抗战。这难道是投降国民党吗？用这一让步去取得共产党在全国范围内公开活动的机会，千百倍扩大党的政治影响与组织力量，这难道也是投降国民党吗？在共产党领导下的英勇抗日的八路军"屡建奇功"、"迭挫凶顽"，赢得全国人民的热烈拥护与爱戴，这难道也是投降国民党吗？

4. 问：为什么要保持共产党组织的独立性？

答：因为（1）国共合作这只是在两党斗争纲领上的合作，而不是取消共产党的组织的国共合并或附属于国民党。共产党还是共产党，还是为民族为工农利益的代表。（2）国共合作并不放弃共产党的独立主张、共产党有他自己的党纲，她将为社会主义和共产主义的终极理想而奋斗。（3）只有保持共产党组织的独立性，才能在国共合作中不为同盟者所动摇变成资产阶级的尾巴。

5. 问：为什么要保持对同盟者的批评和自由呢？

答：中国资产阶级在民主革命进程中之特别动摇与不彻底性，加重了共产党对民主革命运动中领导的责任，共产党不仅不因今日国民党的转向抗日，认为心满意足而放弃了我们批评的武器，相反的由于资产阶级对这次国共合作的迟疑，更加重了共产党对同盟者对人民民主自由的给予始终表示疑惧等，更证明资产阶级在今天带着更浓厚的被动性与顽固性，更加重了共产党对同盟者督促批评的责任，只有保持对同盟者的批评自由，才能给动摇者以争取、破坏者以打击，巩固同盟者的斗争决心，使其逐渐走上抗日救亡的民族革命大道，并奋斗到底。

6. 问：共产党要保持对苏区红军的领导，但为什么又要取消苏区与红军的名义呢？

答：共产党自动放弃十年来有着光荣声誉的"苏维埃"与"红军"，这个名称改为中华民国特区政府和国民革命军，为的是要巩固国内和平，实现真正独立、自由的民主共和国，争取对日抗战的彻底胜利，但我们并不放弃对苏区和红军中党的领导权的保持，并力争抗日民族革命运动中扩大党的政治影响与党的领导权之获得，以保证中国革命由目前的民主革命顺利的进入社会主义及共产主义的前程。

7. 问：国共合作是否共产党放弃了阶级利益的争取？

答：第一，共产党是无产阶级的政党，他过去是、现在是、将来也是为工农谋利益的政党，当一九二七年资产阶级叛变革命、革命遭受严重失败时，只有共产党高举着革命的旗帜，创立了工人农民自己的政权——苏维埃和工农自己的武装——工农红军。中国共产党从他出世的第一天起，即是以解放无产阶级、争取国家民族的独立自由为己任，过去长期的残酷斗争，证明了只有共产党是无产阶级的唯一的政党，只有共产党忠实于无产阶级的利益，并处处以国家民族的利益为前提的伟大斗争的无产阶级政党。

第二，为要巩固国内团结共同抗日，我们放弃了苏维埃运动与没收地主土地的政策，但这决不是共产党放弃阶级利益于不顾，为什么呢？因为：

（1）驱逐日本帝国主义出中国，收复失地，争取中华民族的独立自由和解放，不仅是全国人民的要求，而且是工农小资产阶级今天的最高利益。因为在今天讲民族存亡的威胁，是超过了阶级间的对立，因为我们不能不相互的牺牲一部分利益，去服从全国人民的总利益——民族的独立自由和解放。

（2）中国土地属于日本还是属于中国的问题，已经超过了属于地主还是属于农民的问题，因此中国共产党为了团结全国人民抵抗日本帝国主义的侵略，挽救民族的危亡，停止没收地主土地的政策，这是完全正确的、必要的。

（3）推翻帝国主义在中国的统治和彻底取消封建势力，是中国革命的两大基本任务。因此，打倒日本帝国主义是推翻帝国主义在中国统治的前提，驱逐日本帝国主义出中国是保证中国土地革命彻底完成的有力条件。

（4）在另一方面，中国抗日民族革命运动，是弱小民族反对压迫民族的斗争，是阶级斗争的另一种形式。

因此，国共合作联合抗日，不仅没有违反阶级斗争的原则，而且是合乎阶级斗争原则的，只有我们积极的参加抗日救国的民族革命运动，打倒我们共同的敌人，才更有利来对付自己的阶级敌人，把中国革命从民主革命进到社会主义革命的进程。

8. 问：有人说：我们要抗日救国，工人就应该多做工、少吃饭。这话对吗？

答：这完全是错误的说法。第一，为要战胜共同的敌人，我们愿意牺牲部分的阶级利益，去服从全国人民的总利益，但这种牺牲应是相互的，而决不应是工农单独的牺牲，决不能借口抗日，就要工人农民多做工、少吃饭。第二，抗日救国的民族解放运动是阶级斗争的一部分，决不能把民族利益和阶级利益对立起来，我们不能因为抗日，就同意资本家无限止剥削，地主对农民无限止榨取和政府对人民的加租加税，增加人民的负担，相反的我们是力争工农小资产阶级生活的改善。只有这样，才能提高全国人民抗战的热情，争取千百万民众进入抗战队伍，使民众了解民族利益和阶级利益不是分离的、对立的，不会提出超过抗战利益的要求的。

关于解决新四军给养枪弹等问题*

（一九三八年一月十四日）

长江局并转中央：

（一）今日由汉①来人谈：新四军整个经费每月只批六万五千，其他补充均未批示。如此每月不能维持其军伙食实数一万余，购买枪支更谈不上，一切衣毯均无，严冬作战大成问题。请你们对于新四军问题设法直接交涉，易于解决。当然，任何困难我们应该克服。我们明日出发集中部队。向皖南休宁、徽州一带集中，如何？望复。

（二）黄道②、叶飞③已到此。黄部有一千一百余，叶部有一千四百余，两部枪支共一千二百余，合编为三支队。

（三）我提议，黄道加入东南分局，加强领导，请批准。

项　英

十四日

---

* 本篇系项英致中共中央长江局并转中央的电报。根据中央档案馆馆藏件刊印。篇题为编者所加。

注 释

① 汉，即汉口。

② 黄道，原任中共闽赣省委书记、红军闽赣军区政委，改编后任中共东南分局委员、新四军驻南昌办事处主任。

③ 叶飞，原任中共闽东特委书记、闽东红军独立师师长兼政委，改编后任新四军第 3 支队第 6 团团长。

关于湘赣部队和
游击队改编情形的报告[*]

（一九三八年一月二十九日）

长江局并转中央：

我同曾山等于十六日到吉安，会见谭余保①，随后到莲花，湘赣情形如下：

部队共有三百三十五人，枪约二百支，但埋藏有一百七十支，正在起出修理。新兵占半数，但多青年，身体强壮，党员一百八十人，老的和干部几乎全是党团员，老的战斗力很强，精神很紧张，对于党的信仰最好，现改为二团队第一大队。枪支修好除补充本身外，还可补充其他部队。

地方工作，包括茶陵、莲花、安福、永新、宁冈、袁州②、萍乡之一部，现组成三个县委：茶攸莲③、安永莲④、袁分⑤。支部有但不普遍，不过原有苏区的广大地区，还未大的发动与恢复起来。因为工作方式不能开展工作，主要是统一战线没有很好去建立，磨擦时有发生，土劣及当地政府仍有仇视与对立现象。

---

* 本篇系项英写给中共中央长江局并转中共中央的报告，原文标题为《东南分局项英关于湘赣部队、统战及党的工作情形等致长江局转中央报告》，此文为节选部分。篇题为编者所加。

特别是莲花最坏，县长最不好。我到莲花一次，与县长接洽，在表面上还好。如若湘赣特委不能很好去运用统战策略，还不可大踏步的开展工作。

一般干部很好，对于党绝对去服从，而且有些较老较久的干部，如加以训练是很好的。

我们召集他们开了两天会，详细讨论我的报告，一般所提问题都较好。

余保⑥同志对于党的观念好，对于党的指示能坚决执行，不过领导使干部怕他，生活虽有特殊现象（如吃），一般说来还是好的，还能保持苏区精神。

特委留了一个特务队，有二十人，都是短枪，并且是最好的成份。中间有很多干部，目前一下不能将他们调出，只好等以后再调出当干部。特务队多用化装办法，免人注意，主要是保卫机关和负责人，各县也留了三四支短枪。

吉安留了一个新四军通讯处（已经该区专员许可）。有一个工作委员会，在原来苏区之儒林⑦、水东⑧一带，发生了一些关系，每天有人来接头，不过旧日苏区的党团员十之九自新过。这在恢复组织上是一个大的困难，正在审查和调查当时情形，以便决定一个办法。东固⑨、吉水一带都有线索，正在进行恢复，山上还有一部分干部打拼，正在设法找他们出来。

吉安城市有些关系可以建立工作，这区专员与我们关系较好，便于发展工作。不过刘九峰⑩（以前在上海参加右派）一方面找我们恢复党的关系，一方面因为他过去是共产党员，第一次合作时是江西书记，到处以党员自命，并且自己建立支部，当我临走上车时，他找着我，因时间关系未谈，仅仅寒暄一顿。刘九峰当时参加右派活动与以后情形我不知道，博古当清楚，请电告我，以便返吉时作一解决（听说他后来自新过），以免清浊不分，影响我们工作。

……

我们到达赣州就得知瑞金事变。经过考察，这一事变当有背景，原因黄镇中（黄才悌）原是一军团连政委，打 AB 团时即拖一排人叛变，后来敌人"清剿"苏区即利用为工具，将部队编为保安廿团。在卢沟桥事变省政府改编该团，即来一个宁都事变，将专员县长扣留，将保安处派来的参谋杀了，公开宣言反对熊式辉、拥护蒋委员长。此时熊欲追剿又乏兵力，不得不向他妥协，准许不改编。于是他到处扩编部队，搜缴地方的一切武器，独霸为王。最近由康泽改编为别动队。当我们和平谈判，他妄想将汀瑞部队改编为己属不遂，加以我们工作方式使土豪更是挑拨。最近我们部队替县署破获一个抢劫案，县长表示很好，借钞发衣。但所捉抢匪系黄所委任的新队长，实为发动事变的近因。近时，当着谭震林由福建到赣南会见，路过该处召集负责人在办事处开会（在城内），事先有一同志知道风声不告诉大家，当夜黄部突然包围，将人捉去，缴了十几支短枪。第二日，温仰春及邓振询、李坚贞等到了瑞金，温即到该部交涉，将谭放出。他们又不走，当夜黄才悌电令驻瑞大队将谭、温捉起，款八千元、无线电机一架、印章符号等等，均已劫夺去了。同时派队进攻兰田（在桃阳与古城之间）的部队，双方打了一下，我们即撤退走了，无什损失，不过全部负责人只有一彭德胜[⑪]未去而未捉，现来到大庾[⑫]。黄部又联合一切土豪开会，决定组成协剿委员会，宣传汀瑞部队是土匪，不是红军，是朱毛不要的，所以非剿灭不可，并将电话、电报线割断，以便县长向省府报告，但县长主张和平解决。赣南曾去一电给县长，他回电无法挽救，请向军委请求。我在赣时曾将情形电告熊式辉，并要下令制止，释放人员，归还饷物。到大庾后，同彭⑬谈了一下，即要他秘密回去，迅速将部队秘密向安远移动，开到大庾，极力避免冲突。由我亲写一信给部队，说明避免冲突的意义，地方工作完全采取秘密方式，设法向各方宣布真相，以及我们避免冲突的原因，主要是争取抗战胜利，避免内争，要求各界主持正义。

到大庾后，赣南各县磨擦较少，仅虔南⑭发生捉工作人员，现已释放。原因由于方式不好。

桂东、桂阳的队伍已大部集中，还有小部在原地，已下令调走了。此间共有两个支队，一支队是大庾一带的，共有四百五十几人，枪二百一十五支，轻机枪一挺，新旧半数。二支队系桂东部队，共有三百人，但新的居大数，有些复杂成份，枪更少，仅九十余支，但此间还有四五十支在修理，准备拨给他们。

食秣是很多，正在设法购整。干部较差，准备将一支编为二团二大队，二支改编为二个连，准备与汀瑞部队合编（他们共有三百余人，一百五十支枪），准备明天着手改编，须要几天的工作，使队伍巩固，并等瑞金来会合。

……

关于部队情形请抄送军委，我不另写报告了。

项　英

元月廿九日于大庾

注　释

① 谭余保，中共湘赣临时省委书记、湘赣边红军游击队负责人。

② 袁州，指现江西省宜春市。

③ 茶攸莲，指湖南省茶陵、攸县和江西省莲花县。

④ 安永莲，指江西省安福、永新、莲花县。

⑤ 袁分，指江西省袁春市和分宜县。

⑥ 余保，即谭余保。

⑦ 儒林，原为江西省吉安县儒林区，辖曲濑、敦厚、永和等地。

⑧ 水东，指江西省吉安市和吉水县所辖的赣江以东地区。

⑨ 东固，属江西省吉安县。

⑩ 刘九峰，原名刘峻山，江西省吉安县人，1924 年入党，1926 年任江西地委书记，1931 年脱离党组织。

⑪ 彭德胜，应为彭胜标。

⑫ 大庾，今大余。

⑬ 彭，指彭胜标。

⑭ 虔南，现为江西省全南县。

关于新四军行动原则的建议[*]

（一九三八年二月十四日）

我军目前行动不宜全部集结岩寺。现首先以第一支队陈①出动。第二支队张②则暂留闽、赣，借词到福州，领回何鸣部被缴枪支，并等统方七百支枪由大埔运到。第三支队则在陈实际到达之后再行动，现尚须补充被服。叶偕陈毅同志今晨去绩溪晤顾③，要求：

甲、我军不住岩寺，尽可能向前伸出到浙、苏、皖之昌化、绩溪、孝丰、宣城、宁国。

乙、二档④正面开至□路之侧翼集结。

丙、以游击战在战略上配合正规军为原则，受领一定任务，机动的完成。

丁、到广大的机动地区（即上浙苏皖边境），以令自由进退。至于本身，目前须要整理。如何能办到一面收一面整理，以营、连为单位交互使用部队。对集中，则如不能取得所希望之各地，则一面到岩寺，一面即出发前进，不在岩寺集结停留。

---

* 本篇系项英和陈毅联名致中共中央的电报。根据中央档案馆馆藏件刊印。篇题为编者所加。原档案中注有 1938 年 14 日，无月份，现月份是编者判定的。

以上是否有意见，请即告。

项英、陈毅

十四日

注　释

① 陈，指陈毅。

② 张，指张鼎丞。

③ 叶、顾，指叶挺、顾祝同，时任国民党第三战区司令长官。

④ 二档，指第 2 梯队开到预备的集结地区。

关于部队改编等问题的报告*

（一九三八年二月十六日）

陈、周、博并转毛、洛①诸兄：

我到湘赣和赣南各地改编部队传达指示，到十二号才返南昌。此间整个情形分述如下：

一、江西自从去年取得和平后，各地工作取得一些发展，特别是部队的相当扩大，不可免的磨擦就不断发生。熊式辉②及其所属，遂集中视线到我们方面，土豪官僚更乘机进攻。另一方面大造谣言，借端生事，同时将以前"进剿"时由叛徒所集合的党政工作团扩大到各行政区（第一行政区设一分团），布置特务工作，专为侦察我们的行动和组织。近来，更有企图暗杀的计划。当着我们部队还未开拔以前，在赣东、湘赣等地，布置保安团进行威胁，借故挑衅。特别借蒋之密令（全部开赴前方，否则"进剿"），积极借端寻衅，以达到进攻之目的。

自从《扫荡报》、《武汉日报》社论发表以后，此间CC③更在各方扩大"只有一个信仰和主义，只有一个党和政府，只有

＊ 本篇系项英写给中共中央长江局并转中央和军委领导人的报告。根据中央档案馆馆藏件刊印。篇题为编者所加。

一个领袖"等宣传，最大木牌标语到处树立。毛的谈话④发表以后，此间反映还未正式表现，将来等熊和范⑤争取一批人从汉口回来后，就必然明了的。

二、自熊式辉回南昌以后，他们积极扩大保安团，现已成立二十五个团，还在继续扩充。全省每一行政区设立一个游击支队司令部，搜刮民间枪支，强编民间武装，并到处□□会青帮等，以作他们之助。

南昌曾办了一个青年服务团训练班，学生千人，我们的影响在其中很大。熊指为是共产党的，□□将其分散各乡，并用位置和金钱示惠，结果学生不愿去，只得分成几个队到各县做宣传工作。因此，熊等感觉到处有我们的人，并通知各地严密注意我及黄道之活动。目前，熊为培养自己的力量，另办一个地方政治学校，以便分发到各县、区机关服务。

目前的形势，他们集中视线对付我们，并感觉处处有我们的活动，十分恐惧。一方面严加戒备，同时从下属进行破坏，因此更使土豪乘机活跃。在各个斗争较深区域，在部队开走之后，大小的事故不可免的要发生。

三、江西整个政局当然是十年内战所构成的死闷恶劣的现象，因此比武汉、长沙还要差。政府成分多系熊之同学、同乡、亲朋所把持，完全是做官发财，虽有少数较开明的人，为了吃饭的原故，也只能讲一些风凉话。

CC 是范争取所领导，范是极端反对我们的。但各县的 CC 有一些是无所谓，混饭吃而已。

最近蒋经国当了保安副处长以后，与熊式辉之旧熊滨为争取权柄发生暗斗甚烈。但蒋对我们无什坏的表示。

　　四、各部队除高、张⑥两部外，新的成份占多数。目前，整编傅秋涛为第一团队，湘赣及赣南合编为第二团队（属陈毅支队）；张鼎丞及闽南、汀瑞⑦合编为第三团、第四团，但人数仅足四个营；黄道部编为第五团，叶飞编为第六团；高部⑧编为第七团，周骏鸣编为第八团（人数仅两个营）；赣东北部队编入第一支队（人数仅百余人），刘英部（人数约四百余），将来准备编入第二支队（张鼎丞）。各个部队新兵现占多数，老的指战员几乎都变成干部，因此干部能力就显示十分弱，特别是军事干部，大多数不能胜任。这在领导部队特别是作战时，要感觉很大的困难。目前又无干部代替，本想抽出训练，但部队就无人领导了。

　　过去，各部队系住各地，缺乏充分的抗战动员，所以在动员开赴前线和开拔中，发生不断的逃亡现象。有些部队扩大多带招兵性质，因此成份上表示复杂，巩固部队和淘汰坏分子的工作也就十分重要了。

　　武器缺乏得很，除高团有千枪，叶飞团有六百余，二团有五百余外，三、四团不到千枪，傅团仅二百，黄道团仅二百余，周团有四百余。因此徒手太多，加以枪支中有很多土造单响、五响，这样去作战，显然太弱。叶⑨弄来五百枪，须在月底才能到来。

　　各部的服装还未补充够，有些还穿着长衫，真不像样，没有办法，已拿一批钱去做了。

　　各部指挥机关不健全，仅有几个光杆负责人。因此，在领导部队、改造部队，曾有心有余而力不足之慨。

　　现在第一支队的两团已开拔，第二支队等接收安庆来枪支后再开动，第三支队正在补充衣服，准备开动。

五、各地方工作多有依靠部队为活动靠山，决定部队开动以后，纷纷要求给部队的符号、名义作掩护，不了解利用合法方式作公开活动，游击战争的一套老方法自然运用不灵。因此影响我们工作的开展（如动辄跑到联保保长那里，命令他召集会，或者要他答应活动，完全不了解群众工作的方法和方式），同时，也是下面增加磨擦的一个原因。

党的组织发展非常不够，很多地方是恢复与建立党的组织（如湘南、汀瑞、湘赣、闽赣、闽浙赣等），党员数量除闽西、湘鄂赣有相当数量，其他不多。因此，特委除湘鄂赣、湘赣、闽赣、闽东北、赣粤、闽西、闽东外，湘南暂不设立，归赣粤边指挥，汀瑞归闽西指挥。关于城市工作，仅南昌、吉安开始建立。

原来被失的地区，仅兴国有发展，和谈后，其他各地仅有一些关系和少数组织。但一个最中心的问题，就是过去党员十分之九以上都是自新过，现在又来积极找我们，兴国就占大多数。这一问题，必须有一妥善办法解决。目前，熊式辉及一般土劣官僚正从各方找自新自首分子（党政工作团），来团结他们，向我们进攻。目前我们的态度暂不宣布，仅要他们参加群众工作、填表，否则叛徒就可借此号召团结他们，那就对于我们不十分有利。

六、游击区无论党、军干部都十分的弱（除闽西、湘鄂赣），对于党的政策了解十分差，加以过去游击中个人集权领导，结果没有把一般干部的创造性、积极性发扬起来。因此表现十分的散漫和不紧张的精神，学习的情绪不高，使地方工作不能迅速开展。

陕北来的干部大部分是好的，但劳苦功高，享乐倾向，缺乏艰苦工作的精神，思想回家，特别是闹钱等等，表现得或多或少有。因此在地方中也发生逃出消极现象，在陕北来的也逃跑了两个。

为了建立四军和开展地方工作，都必须加强得力干部到各部队和各特委中才好，使领导机关健全，一方面教育，一方面在工作中有正确领导，推进工作迅速开展。

七、分局⑩到现在还未正式的把组织弄好，有计划的去指导各地工作。曾山同志找到湘赣、赣南一次，日内即可返南昌，黄道不久可来。方方不能调来，因为张、谭、邓⑪都随队。方方再走，闽西就失了重心。振农⑫同志工作精神不紧张，也缺工作计划。自到南昌后，闹老婆的问题，直到今天还未闹清楚（影响不好）。他的工作能力也弱，这个同志单独负一个特委确实不够，我准备黄道来后调到赣东北去。这样一来，分局确成问题，仅曾山与黄道两人（黄还要兼南昌特委），当着我们部队出动以后，地方纠纷更多，工作第一步的指示是关系整个工作的开展，分局现有的力量仅仅是勉强应付日常工作，不能把江西（北）的工作局面打开，这是值得考虑的一个问题。

八、党、军经费均成问题，军队的增补两万元还未完全批准。党费每个特委最低要一千七八百元，多到三千元（闽西），但长江局所批五千元还不够闽西和另一二个特委经费。目前四军自身难顾，何能帮助分局，必须先设法增加一万元的经费才行。

目前，我们的工作，我的意见如下：

一、努力集中部队开赴前线，避免正面冲突。努力在各方面开展统一战线，特别是利用各县区保联与我们接近的关系，巩固统一战线，开展下层的群众工作。

二、党的工作，应该是公开工作与秘密工作的分开和正确联系，以保证在任何意外事变而不致遭受打击。

三、争取一切抗日分子与我们站在一边，竭力避免继续过去国共的对立现象和冲突，转为大多数抗日力量，反对少数坏分子和不抗日者，特别争取一切前方和地方的武装，建立统一战线和我们的工作。

四、以毛的谈话作为目前宣传纲要，向各方面进行宣传解释，联系我们部队的出动，证实我党的态度，揭破一切谣言和阴谋。

五、加紧对于干部的教育，使明确了解党的政策，转变我们一切工作方式，正确运用党的策略。

六、分化叛徒，争取普通自新自首分子的善意中立，以削弱反对者的进攻力量。

七、巩固部队，建立部队正规生活，保持我们的传统精神，提高战斗力，争取在抗战中的大小胜利，仍然是我们当前的中心工作。因此，我认为目前我们要以全力到部队中去工作，准备随部队行动一个相当的时期（约三个月到半年）。

八、中央应派一个最得力的领导人来负分局领导责任，否则分局的力量不够应付当前的局势。因为这个时候是我们将来工作开展的一个关节，部队与地方都如此。

九、部队中要调一批较强的军政干部来，使力量加强，争取部队在短期内坚强起来，同时加强一部较强的地方干部，去加强各特委更为必要。

十、你们切实设法帮助一批钱给我们添购武器，这是将来生利的本钱，本钱不强所生的利息也不多。这一点，不单是为四军前途，而且是为当前抗战的发展都有意义的。

这是我个人的意见（因为分局同志不在家），你们有何指示？望告。并请长江局和中央经常给我们的工作指示才好，一切情报和消息也望常能供给。

致布礼

项　英

二月十六日夜

注　释

① 陈、周、博、毛、洛，即陈绍禹、周恩来、博古（秦邦宪）、毛泽东、洛甫（张闻天）。陈绍禹，即王明，时任中共中央书记处书记；周恩来，时任中共中央政治局委员、中央军委副主席；博古，时任中共中央政治局委员。此时，陈、周、博均为中共中央长江局领导成员。

② 熊式辉，时任国民党江西省政府主席。

③ CC，指以陈立夫、陈果夫为首的国民党特务组织，"中国国民党中央党部调查统计局"的英文缩写。

④ 毛的谈话，即毛泽东 1937 年 10 月 25 日《和英国记者贝特兰的谈话》。

⑤ 熊，指熊瑾玎，当时任《新华日报》总经理；范，指范长江，当时任《大公报》记者。

⑥ 高，指高敬亭，时任新四军第 4 支队司令员；张，指张鼎丞，时任新四军第 2 支队司令员。

⑦　汀瑞，即福建之长汀、江西之瑞金的简称，这里指闽赣边游击区红军
　　游击队。

⑧　高部，指高敬亭领导的原鄂豫皖边游击区红 28 军。

⑨　叶，指叶挺，时任新四军军长。

⑩　分局，指中共中央东南分局。

⑪　张、谭、邓，指张鼎丞、谭震林、邓子恢。

⑫　振农，即涂振农。

抗日民族统一战线政治问答 *

（一九三八年二月二十四日）

问：什么叫做抗日民族统一战线？

答：民族统一战线是一切不愿当亡国奴的，一切愿意抗日救国的中国人民，不分党派团体，不分阶级阶层，不分职业与信仰，为要达到抗日救国的共同目的，在共同的斗争纲领基础上，大家结合起来成为一条战线，因为这一战线是抗日的民族统一战线，所以一切汉奸亲日派和日寇走狗托洛斯基匪徒，都应为统一战线所坚决反对的敌人，同时因为这一统一战线是抗日的，所以不是同时反对其他一切帝国主义的。

问：为什么要建立抗日民族统一战线？

答：要战胜全副武装的日寇，要战胜有国际最侵略的德、意法西斯蒂帮助的日本帝国主义强盗，决不是一个阶级一个政党所能担当起来的，单靠国民党大佬固然不能战胜日寇，就是单靠共产党和工农，也不能保证抗日的最后胜利。只有各阶级、各党派、各军队、各职业的一致联合的民族统一战线，团结和争取最

＊ 这是赣粤边特委在游击队下山改编时编写的政治教材，1938 年 2 月 24 日是指刻印的时间。

大多数人民一致抗日，才能孤立日寇，战胜日寇，反过来说，如果中国内部还继续纷争，继续内战，那么，"兄弟相打"亡国灭种是必然的。

问：民族统一战线既是战胜日寇的主要前提，那么，为什么不在六年前去建立呢？

答：这是因为：第一，日本帝国主义惯用他"以华制华"的阴谋毒计，利用资产阶级害怕群众力量，来破坏中国的内部的团结与统一。第二，共产党自九一八以来，特别是一九三五年"八一"宣言所提议的对日民族统一战线的行动方针，没有得到国民党的谅解与采纳，而日本帝国主义及一切汉奸亲日派托洛斯基匪徒又从而破坏之，所以抗日民族统一战线之不能早日实现，不得不归罪于日本帝国主义及其走狗汉奸亲日派托匪。

问：那么两个对立的政党为什么今天又重新合作呢？

答：这是因为：第一，日本强盗无止境的进攻，特别是"七七"卢沟桥事变的爆发，使全国人民都处在亡国灭种的严重威胁之下，国内阶级关系起了变化，资产阶级甚至部分地主豪绅也转向到对付日本帝国主义要比对付国内阶级矛盾更为重要，使中日矛盾成为主要矛盾，国内阶级间矛盾降到次要地位。第二，是全国人民对团结御辱的热切要求，和共产党自"九一八"以来，特别是一九三五年"八一"宣言以来对建立抗日民族统一战线的坚持与苦心奋斗的结果，而西安事变的和平解决，得到了全国极大多数人民的拥护和国民党部分人士的谅解，从而奠定了抗日民族统一战线形成的基础。

问：一个政党，一个派别，也能叫做统一战线吗？

答：不能。民族统一战线至少要有两个或两个以上的不同政治团体，在共同目的共同斗争的基础上结合起来的。如果一个党一个派，一个政治团体，那只是一家人，就无所谓统一战线了。所以一个国民党固然不能成为统一战线，一个共产党也同样谈不到统一战线。正因为各党各派所代表的社会基础不同，主张不同，所以为要调整抗日的步骤，统一抗战的意志，强大抗日的力量，才需要把不同的政治团体在一个共同目标的斗争底下统一起来。所以我们说不同的政治团体的存在，乃是统一战线的前提，没有不同的党派、不同的主张，也就用不着去统一战线了。

问：不同的政治团体既然统一战线了，那么是否一切都统一都没有分别了呢？

答：没有。民族统一战线，是建立在抗日救国的共同纲领上面，各党各派各阶级只是在抗日问题上的统一，而不是一切都统一了，毫无差别的统一了。如果参加统一战线的各个不同的政党派别在参加前就要放弃或牺牲自己独立的组织和主张，那就不是统一，而是简单的"合并"、"溶和"或者是投降了。所以统一战线好像中和堂药铺一样，虽然都是中和堂药铺，但它各有"鸿记"、"祥记"等不同的独立的招牌。

问：统一战线中既然容许有独立的组织主张，那么摩擦依然不能避免吗？

答：统一战线既包括有不同的党派，而这些党派又各有自己不同的社会基础，独立的组织与批评的自由，所以虽然今天在抗日救国的基本方针上是完全一致的，但对某些问题意见的分歧与摩擦是不可避免的，必然有的。有人说既然统一了就不应该有摩擦，统一战线内决不容许有摩擦，因之要"取消摩擦"、"不准摩擦"，这是不可能的。因为阶级存在，社会问题没有解决，所以摩擦也就不可避免的。要消灭这摩擦，除非到了消灭了阶级的共产主义社会。

问：摩擦既不可免，有什么办法去保持统一呢？

答：统一战线内部虽不能避免摩擦，但这不是说有了摩擦就不能有统一战线，摩擦不足惧，问题是在如何去减少摩擦，不使这摩擦发展成为尖锐的对立，破坏抗日的统一，因此就要：第一，坚决执行抗日民族统一战线的新政策，改变双方过去十年来的对立所造成的成见与仇恨，采取合法的调释的让步办法，以免除相互间一些不必要的怀疑与摩擦。第二，一切要以抗日为前提，抗日的利益高于一切，部分利益应服从总的民族的利益，并在抗日利益下来解决冲突，减少摩擦，使摩擦不致超过抗日的利益，而变成破坏抗日的罪行。

问：统一战线内部既包括不同的政治派别各种不同的主张，那么究竟听从谁的主张呢？

答：统一战线内各种力量不同，主张不同，这只有民主的办法。以全国人民的公义来决定，而不是由一党一派自己的意愿来决定。少数人的主张，应服从多数人的主张，反对阴谋诡计的办法，反对谁投降谁的说法，而且现在国共两党既然共同抗日，当然国共两党均将为全国人民所拥护。

问：人家不是说共产党投降了国民党吗？

答：这完全是不懂统一战线的原则，或者是有意的污蔑：

第一，我们上面说过，统一战线只是在抗日的总目标下，各党各派自愿的联合，参加统一战线的各党各派还保持着各自独立的组织与批评自由，根本谈不上谁投降谁、谁服从谁的说法。

第二，或许会有人怀疑共产党信仰三民主义，是假意的信仰，否则就是共产党投降了国民党。我们的答复是：不，绝不。共产党虽然坚决相信共产主义是人类社会最后解放的明灯，并为此理想之实现，流血奋斗了十七年，但是他并不是企图随时随地去实现共产主义，或者超过历史阶段去实现共产主义。共产党在革命发展的现阶段中，愿意为彻底实行革命的三民主义而奋斗，这是因为革命的三民主义，不仅与我党当前的方针没有抵触，而且使我们走向社会主义革命前进了一步，所以我们信仰共产主义，同时并愿意为实现革命的三民主义而奋斗，中间没有丝毫的矛盾与奇怪的地方。

问：在统一战线中，对同盟者的态度应该怎样？

答：第一，对待同盟者，对待统一战线中的战友，我们应该互相尊重、互相信任、互相帮助、互相发展，而不是互相猜忌、互相排斥、互相抵消、互相削弱，因为今天我们既是一条战线上的战友，我们就应该放弃过去一切成见、一切杂念、一切顾虑，专心一致的来致力抗日。我们对同盟者只问他所做的事是否于抗战有利，而不问他是否完全与自己同调。对于参战的力量，不问他是什么人、什么派别都要帮助他发展，不是妒忌别人的发展，或怕别人的发展会削弱自己的势力，甚至用不可告人的阴谋手段去削弱破坏或兼并对方的力量。在今天帮助同盟者也就是帮助自己。同盟者力量的发展，就是抗日力量的发展，也就是自己力量的发展，反之同盟者力量的削弱，即是合作的共同力量的削弱，也就要减弱了反对共同敌人的力量。

第二，对待同盟者的错误与缺点，应采取善意的批评的态度。一方面，要用渐进感化的办法去推动他，用各种方法去引导他前进，甚至拉他和我们一起走，而不是"责难"、"谩骂"、

"诽谤"、"讥嘲",甚至扩大他的错误,以幸灾乐祸的态度示之,这是不能帮助同盟者去改正自己错误的;另一方面,我们也不能把同盟者当做布尔什维克,当做自己的党员,而有过分的要求,严厉的督责、无情的批评就会引起他们的反感。要了解同盟者是同盟者,不是共产党员,我们只问他所做的事是否对抗日有利,不应有过分的要求,或要求他完全和自己同调。

问:民族统一战线的基础建筑在哪里呢?

答:民族统一战线的基础建筑在国共两党的合作上,因为国共两党是中国最大的政党,而且也是最有力量的政党。国民党没有共产党的合作,固然不能建立坚强有力的抗日统一战线,共产党不联合国民党也不能建立广泛强固的联盟,只有以国共两党合作为基础的抗日民族统一战线,才对抗日胜利有着决定的意义,但这不是说有了国共合作,其他各党各派就可以不要联合了,因为抗日的朋友要愈多愈好,敌人要愈少愈好,多联合一个抗日的朋友,就减少一个敌人的力量,所以我们不仅要使国共更加亲密合作,来巩固这一基础,同时要联合抗日的各党各派,扩大民族统一战线去战胜日寇。

问:那么国共两党究竟合作多久呢?

答:现在有些从国家整个利益出发的人,担忧国共两党合作不能长久,或者会像第一次合作一样中途分裂,而使抗战中途失败。有些坏的分子故意散布"国共两党合作不会长久的"、"两党分裂了老百姓以后会遭殃的"等,来恐吓群众,使他不敢起来工作。我们应该告诉他们:共产党人不仅愿意在抗日问题上与国民党共同合作去驱逐日寇出中国,而且决心在抗日胜利后还要和国民党和衷共济的去共同建国,达到民族独立、民权自由、民生幸福、民主共和的新中国。要完成这一任务，自非国共两党长期合作不可能。所以两党合作决不是一天两天、一年两年的，而是要长期的合作。

问：我们怎样去真正建立上层统一战线呢？

答：这就要：第一，一切动员与工作，都要为着抗日民族统一战线。我们要拥护抗战到底的国民党及他在统一的国民政府与统一的军队中的领导权力。把抗日的国民政府，看成为全国人民自己的中央政府，也就是我们共产党人的中央政府，从各方面来提高国民党和国民政府在全国人民中的威信与权力。

第二，我们要帮助中央政府，爱护人民自己的中央政府，使他更向前进步、向前发展，更加健全充实成为领导抗战的坚强的中央政府。因此，我们要与政府建立共同工作、共同意见、共同负责、共同奋斗的亲密关系。我们应该和当地的保甲长、区长建立密切关系，提出我们的具体意见。特别应以先进群众的地位，提出对某一问题（如征兵）的具体建议，去征求保甲长、区长的意见，并尽量采纳他们对这一问题的意见与办法，去共同工作、共同奋斗。

第三，共产党员应自己以身作则去实行政府对抗战的一切政令与决定。如首先到政府应征，首先领导群众去积谷，首先组织春耕队去帮助抗日军人家属等，来实际帮助政府推行政令，使政府乐意我们去帮助他，甚至要求我们去帮助他。

问：怎样去进行下层统一战线呢？

答：第一，在群众已有组织的地方，应利用原有组织形式。即使是封建的也应领导群众加入进去，充实其工作内容与生活，使他成为真正的抗日群众组织。

第二，在没有群众组织的地方，要用群众所习惯了的组织形式去组织群众，邀请当地党政军各界的指导与立法，求得更密切合作，取得组织的合法地位，不一定要机械的用"抗敌后援会"等形式，什么名义都可，只要抗日的内容就是。

第三，要通过统一战线的方式去公开联合。根据各地群众组织的特殊性，订立共同工作共同奋斗的纲领，大家负责，大家帮助，以求抗日救国群众运动的统一，反对群众运动的对立与分裂。

第四，一切群众工作，要以动员群众去巩固。加强与扩大抗日民族统一战线为中心，而不是同政府为难。要站在拥护政府坚持抗战的基本立场上去进行工作，在统一抗日基础下去求得民主自由、民生改善的获得。抗日高于一切，一切服从抗日。

问：共产党员在抗日民族统一战线中的责任怎样？

答：共产党员是抗日民族统一战线的坚决拥护者与执行者，他应该是最有远见的最有牺牲精神最能以民族利益为前提的分子，他要能预料到抗战中可能遇到的一切困难，并为克服这一困难而坚持奋斗。

共产党员应该用一切力量去争取与团结民众到抗日民族统一战线方面来，即使对那些误入歧途、受日寇汉奸托匪欺骗的人们，我们还是要解释他、规劝他，使他回头革命，就是对那些在民族事业中犯过天大错误，并固执错误的顽固分子，我们也不放松对他们的善意批评与教育，来争取他回到抗日统一战线中来。因之，共产党员应该是具有最高度政治警觉性与忍耐性，能够权衡民族利益与部分利益的轻重，能够不以眼前利益与报复旧仇为快，而给敌人以可乘之机！不放松一个可能争取的同胞，不轻易加人以汉奸的罪名，集中一切力量去反对真正的敌人——日本帝国主义及其走狗汉奸亲日派与托匪。

共产党员应该是最能以身作则去帮助政府，实行抗战的一切政令与动员，用自己的模范，造成全国人民武装上前线的狂潮。在前线，在后方，在一切抗战动员中，共产党员应该是坚决的领导者与模范者。

最后，共产党员要能最有自我批评精神，最能以赤诚相见虚心为怀，来接受人们对我们善意的批评和意见而勇敢的去纠正。

一切自高自大，看不起人家的态度，或者到处逞能的出风头的现象，这只有使同盟者离开我们，帮助敌人去达到破坏两党团结的阴谋。

中共赣粤边特委

巩固部队提高战斗力
准备胜利的战斗[*]

（一九三八年三月十六日）

一、我们部队正在分途开赴前线接受任务，加入抗战。但这一抗战是最残酷的民族战争，是与具有近代装备的日寇作持久的殊死战，要求我们新四军具有最坚强的战斗力，灵活的运用战术，求得在战斗中不断的胜利，如同八路军一样能在南方起抗战中模范作用，动员千百万民众参加抗战，巩固抗日民族统一战线，以争取抗战最后胜利和新中国的建立。

因此，我们要完成这一伟大的历史任务，首先要求新四军全体党员以布尔什维克的精神，团结一致的在党中央领导之下，为完成这一伟大任务而奋斗。

二、我们必须了解新四军是从南方各游击队合编而成。固然有着长期艰苦斗争的历史和基础，有着顽强不屈的牺牲奋斗精神，有着最丰富的游击战经验以及革命军队的优良传统，可是我们应当承认还有很多的弱点存在，这些弱点正是我们赶不上八路军的地方，是妨碍执行抗战任务的障碍。这些弱点是：

---

[*] 本篇系项英的署名文章。根据中央档案馆馆藏件刊印。

第一，由于长期的游击战，使我们指战员惯于小部队的动作，而不熟练正规军的大部队行动。

第二，养成许多不规则的生活习惯和作风，缺乏正规军的生活习惯。

第三，由于在各个独立的斗争条件下，使小团体观念和本位主义的发展，缺乏大团体的精神和协同一致的动作。

第四，因处在经常战斗的环境中，不能进行教育和训练，使军事技能和战术素养都较落后。

第五，更因政治工作的不健全，在部队中政治水平和文化水平都较低落。

第六，使部队老的基础在长期斗争中受了削弱，新的成份增加，以致影响部队的战斗力和优良传统的发扬。因此，目前在我们部队中表现以下的现象：

（一）军政干部能力弱，不能有把握的掌握和指挥部队。

（二）各种战斗动作的不熟练。

（三）政治工作的系统不健全，整个政治工作未全部建立起来。

（四）游击主义的习气重（如散漫松懈、自由行动、小团体观念等等）。

（五）指战员学习精神不高。

（六）逃亡现象的存在。

（七）各种不正确的倾向不断发生。

三、为了完成我们在抗战中的伟大任务，必须以最大努力和斗争，迅速的克服我们的弱点。

这首先是巩固部队的工作。百倍加强党内和部队中的政治教育和马列斯①主义的教育，提高全军指战员更高的政治觉悟，了解自身的责任，保持和发扬优良传统，不受任何影响而减弱自己的精神。更需最大努力，争取一切新的分子，从政治上、生活中教育他们成为老战士一样。这是巩固部队提高战斗力的最基本工作。

同时，因为部队中新成份加多，加之只求数量忽视质量，使成份复杂，托匪②、汉奸有乘机混入的可能。最近六团发生大队长拖队逃跑以及某些团发生有组织的逃跑事件，这是足以警惕的。全党和一切军政干部，要求提起最高的警觉心，随时注意对坏分子的检举、破获和揭露托匪及一切汉奸的阴谋。这是当前巩固部队的迫切工作之一。

但是，对于许多热心抗战的青年以及热心抗战而愿与我们共同抗日的各党派分子（托匪不在内），绝不能因此而对于他们故意的怀疑或随便借口洗刷他们。只要他们真诚抗战而赞成统一战线，我们应当以同志的态度对他，从政治上争取他们与我们一致的共同工作。可是他们应当公开自己的面目和坦白的态度，对于企图暗藏和捣鬼则不能容忍的。

消灭逃亡现象也是当前巩固部队的迫切工作。主要是从政治上提高他们的民族意识，打破家庭观念，发扬艰苦斗争的精神，克服当前在物质上所感觉的许多困难。在部队中开展反逃亡的斗争，使这种斗争成为群众的斗争，这样从积极方面来消灭逃亡现象而巩固我们的部队，纠正专持消极方面的一切防止逃亡的办法。

四、保持和发扬我们的优良传统和作风，这是坚强部队提高战斗力的基础。谁不坚持这点，无疑会降低我们的战斗力。我们的优良传统和作风主要是：

（一）始终与民众打成一片，为民族解放和民众利益而奋斗。

（二）是具有最高度政治觉悟的军队，官兵平等，团结一致。

（三）党与政治工作是军队的生命。

（四）自觉的遵守纪律，共同维持纪律，巩固纪律。

（五）有最高的求进步的学习精神。

（六）有不畏一切困难的艰苦斗争精神。

（七）我们的战斗作风是猛勇果敢，英勇牺牲，敏捷迅速，坚决猛攻而富于机动性。

（八）我们的生活是团结、紧张、整肃、活泼。

五、为了坚强部队的战斗力，要迅速建立部队的政治工作，加强政治教育，将全体指战员的政治觉悟提到最高度。普遍发展识字运动，提高文化水平，这是便利政治教育与提高政治水平的基础。

为了提高战斗力，就要提高军事技能，使每个战斗员会使用各种武器，熟练各种战斗动作，提高各级干部战术素养，研究抗战经验与日寇战术。

一般政治工作人员，必须努力学习军事，成为我们今后的指挥员。以前参加长期游击战的战斗员，要训练和培养他们成为部队的基本干部。

只有部队的质量提高，才是提高战斗力最基本的办法。我们要号召全军指战员努力学习，为提高部队的战斗力而奋斗，提高战斗力就是准备胜利的战斗。

干部决定一切。提高干部的质量，就是坚强部队提高战斗力的基本条件。因此，以团队为单位建立高级政治军事研究组，以大队为单位设立低级政治军事研究组。

军事组研究各种军事学理和战术、抗战经验与日寇战术，以及管理教育问题。政治组研究政治工作的原则和一切实施方法。每星期各开会两次到三次，每次讨论要有详细记录和结论，每半月缴呈支队司令与政治部主任审查和指导。

为提高一般的政治水平和理论研究，以团为单位设立政治讨论会，每星期讨论一次关于目前政治问题和有系统的理论研究。

无论对于政治、军事的学习和研究，主要是紧密联系实际，不要好高骛远，而是实事求是，才能收到好的成效。

六、我们固然有很多优良的传统要保持与发扬，可是在过去游击战中发现许多不适合正规部队的生活习惯。只有正规军才能执行抗战中最重大的任务。号召全体指战员学习正规军队的生活，建立正规军队的生活，迅速使部队正规化，反对游击队的各种不好的习气，打破小团体观念和本位主义。

七、最后，为了巩固部队提高战斗力，必须使全军思想一致，行动一致。要求得全军一致，必须在党内开展思想斗争，反对一切不正确思想和意识，反对忘记了自己把统一战线曲解为自己与人家一样，反对一切腐化堕落行为，反对自高自大认为劳苦功高，反对个人自由主义，加强马列斯主义学习，来巩固自己的思想，武装自己的头脑。全体党员团结得像一个人一样，为巩固部队提高战斗力，准备胜利的战斗，来完成抗日救国和建立新中国的伟大任务而奋斗。

注　释

① 马列斯，即马克思、列宁、斯大林。

② 托匪，时称托洛茨基为托匪。

关于蒋介石令我部开经南陵
去茅山是否可行的请示*

（一九三八年三月十八日）

毛、陈、周①：

一、顷接叶②电，已见薛③，据云：集中青阳系蒋令，准备要我出南陵，依大茅山脉向芜、宣④，师微行动⑤。叶意，无甚理由拒绝，薛允第一步集中岩寺整理，等语。我意，不能接受，显系借刀杀人，如去茅山，应由广德、宣城或广德与安吉之间插出，不应出南陵，目前暂在岩寺对山河边集结。

二、我意，由叶办不能具体解决，蒋压迫叶不能反抗，应由党负责直接交涉。四军因党不出面，以间接方式解决，使问题愈弄愈辣手，我又不能出面谈判。

以上你们意见如何，请急复。

项

十八日

---

* 本篇系项英给毛泽东、陈绍禹、周恩来的电报。根据中央档案馆馆藏件刊印。篇题为编者所加。原档案中注有 1938 年 18 日，无月份，现月份是编者判定的。

注　释

① 陈、周，指陈绍禹、周恩来，时为中共中央长江局负责人。

② 叶，指叶挺。

③ 薛，指薛岳，时任国民党军第19集团军总司令。

④ 芜、宣，指安徽省芜湖、宣城。

⑤ 师微行动，指部队5日行动。

中共中央东南分局关于两个月来
工作情况和目前工作意见的报告

（一九三八年三月二十五日）

长江局并转中央：

一、东南分局成立已有两个多月了。这个时期江西的环境，经过各方交涉，各部队集中在表面上减少了磨擦，但各方的敌视态度继续存在，对于一切民众运动加倍控制和防止我们活动，特别是特务机关到处都来监视我们，公开说：防共是第一。就是比较进步的分子起来做救亡工作，亦是要受限制的。当部队未出动时造出种种谣言，如又在组织苏维埃，反对征兵，反对政府等等，好借端进攻，以致来挑起恶感，甚至在某地实行武装进攻（瑞金事件、最近闽东事件①）。最近江西宜春县假借捉汉奸，杀了我们一个中心县青年部长。当时，分局完全明了对方的企图，要挑起冲突，破坏抗战联合。我们决定尽可能避免正面冲突，迅速集中部队开向前方，以打破他们阴图。这在江西方面，发生几次暗杀事件。但福建环境较坏，复兴社之保安处到处借端进攻。浙江情形较好。

二、中央及长江局给东南分局的任务，主要是传达中央新政策，广泛的开展统一战线，首先迅速集中部队开往前线抗战。

（一）传达党中央给东南分局任务及集中部队情形：

东南分局执行这种首要任务，即决定陈毅同志到皖浙赣动员部队并传达分局给他们的指示；项英同志与曾山同志到湘赣、粤赣等地，传达分局指示和集中部队开往前线；派张云逸同志到闽赣、闽东及闽西南集中部队，并委托闽西南派来的温仰春同志及闽赣黄道同志、闽东叶飞同志回去传达中央及长江局与东南分局给他们指示；二月二十八日又派曾山往刘英处，动员部队与传达东南分局给他们指示。东南分局在执行这个任务，在今天来说是获得了成绩，特别是集中部队开赴前线是完全做到，只有张鼎丞部及刘英部在中途运动中。

现将各地集中到前线的部队开列如下：

1. 秋涛同志率领一团队，开动时有一千三百三十二人，因中途逃亡，现还有一千二百二十人，枪支二百多支。

2. 皖浙赣二团队，开始出动时人数一千，逃亡后现有八百八十多人，枪支四百四十七支，其中逃走有团参谋一个、连长（均是兴北来的）及指导员各一人。

3. 闽赣（黄道等）五团队，开动时有九百多人，现在只剩下有八百七十多人，枪支三百多支。

4. 闽东（叶飞处）六团队，出动时有一千三百人，因逃亡之后现不到一千人，枪支六百多支（其中一大队长开小差，带了十多支枪走了，这大队长过去是土匪出身的）。

5. 皖浙赣已编入第二团，二百六十人，枪一百五十余支，是已集中□□附近。

6. 闽西南（张鼎丞）二支队（汀、瑞、流②在内），因路途远还在中途，还没有达到前线目的地。出动人数一千五百多人，并现补充枪支，共有一千多支。

7. 湖南（李林）有枪一百一十条，分两处，人约二百多，现项③意见是暂留原地不集中。

闽浙边（刘英处）部队，本月十八日出动了，在二十七八号可到开化集中。人数共五百，枪支一百五十条左右。

除此，闽东尚有一百余人，枪几十支；闽北有一百五十余人，枪二十余支；湘鄂赣新兵有一百四五十人。以上，正在集中向前方补充。

各特委均留有相当枪支，张鼎丞方面则留有一连人，湘赣、闽北、浙江、闽东均有两班人以上，其他特委都留自卫枪支，但未留部队。

以上各个游击区的部队能顺利的出动，主要是这些游击区的领导同志及全党对党中央有极大的信仰，他们对党的命令忠实的执行。虽然，某些个别区的领导同志（如秋涛）有些不正确的地方，但对部队出动还是坚决的执行。

以上各部队都出动了，因为这些部队是散在各处单独行动，游击习气是浓厚的，现在一下子转变为大规模的正规军队，是要用大力去加紧训练整理，特别是新兵占十分之六七。虽然有这些弱点，但是一般的纪律与群众关系密切，还是南方的模范队伍。此次部队出动，沿途大得群众欢迎，称为第一军队。

东南分局管辖党的情形：

因为分局成立时间短促，关系还没建立好，所以各地党的情形只能把我们知道的写在下面。

（二）各地党组织：

1. 在分局直领下，有粤赣边特委，湘南特委，湘赣特委，赣北特委，湘鄂赣特委，皖浙赣特委，闽赣特委，闽东特委，浙江省委，吉安中心县委。

2. 各地党员数量，我们只知道一部分，如下：湘鄂赣已有十三个县委，十九个中心区委，三十个分区委，一百七十个支部，小组总共有九十二个，共党员二千二百七十七个。闽赣特委，据组织部长方面报告，他们有县委十一个，工委六个，区委二十八个，分区委十七个，支部一百三十六个，共党员一千七百三十五人。粤赣边特委，有五个中心县委，五个中心区委，二十七个区委，分区委五个，支部五十九个，党员五百五十人（赣县与兴国县的组织未统计，但党的数目不十分多）。吉安中心县委共支部二十四个，党员一百三十多人，都是新发展与恢复的。其他没有统计。

3. 党的组织一般的状况：因为南方各游击区在卢沟桥事变前，还是处在非常困难环境，所以当时无论任何游击区的党都是困难保持经常状态。党的组织经常被摧残，所以党的组织是比较散漫的，只有比较小的基本地区的党是比较好。但党员并不十分多，而党员是能起作用。当时党的领导是建筑在个人书记身上，这种领导方式是一下子难以改正，现在仍然许多地区还是一样，不过我们正在设法改正。

4. 统一战线的建立，各地区党现正在由山内大大的向外发展，在这两个月当中新发展是有大的进展，特别是各地四军通讯处成立，找关系人非常多，情形亦复杂。如自首的找关系，大革命时的党员，甚至各地叛徒都来找。我们正是根据长江局三个原则来处置这样的复杂的问题，就是对这些坏分子采取分化，外表上还是要他去做群众统一战线工作，使他们不致团结一致来反对我们。

5. 各地党组织非常散漫，有许多只有同志没有成立支部，有些地方只有很多支部、小组，没有区委。支部生活还是比较弱，没有上级派人去，就少开会甚至不开会。因此，下层统一战线工作还未开展，关门主义相当浓厚。

6. 党的干部，虽然东南分局成立后，都分头到下层去传达，但是深刻了解党的策略还是少数，特别是下层干部更是了解不清，尤其是运用策略建立统一战线工作的方法方式更是强硬办法。比较好的区就是跑到保长那里要他召集群众会，如遇到区保长不理时，就无办法。秘密工作更是差。并且许多干部要求军队名义，甚至在外工作时，故意自己自说出党员，各处通讯处更是以为党的唯一活动的机关，所以引起各地当局注意我们活动，甚至到处派特务人员来监视我们机关和人员。

7. 东南分局为了加强秘密工作，所以给各地党部坚决保持支部与区委绝对秘密，就是公开了的干部，在可能范围内调换地区，使人不知，便利掩蔽目标。如通讯处与各地办事处人员减少，党内机关尽可能逐渐转到秘密，与公开机关分开。

8. 东南分局为了加强各地党的领导，经常调各地重要负责人来讨论工作。湘鄂赣、浙赣省都相继的讨论了他们的工作，其他各地亦正在调来分局讨论和检查他们的工作。

分局为了加强下级指导，决定从各地调一部分比较强的同志来分局当巡视员。因为各地工作未有大的开展，所以调干部来分局工作亦感觉困难。

（三）目前工作中心：

1. 整理各地党的组织，建立党的工作、生活，大力发展党的组织，由山地扩大到城市和平原大埠。

2. 利用一切方法加紧干部教育，大量提拔新干部，成为开展工作的基本条件。

3. 利用一切可能去开展统一战线，打破目前江西、福建的沉闷局面，这需要彻底转变一切工作方式。

4. 利用一切公开合法的名义深入群众，求得大大开展抗日的民众运动与武装群众等。

5. 在目前主客观条件不可能出版刊物，尽量设法推销《新华》、《群众》、《解放》来扩大党的宣传和影响。

6. 特别注意铁路、汽车、船夫等工作运动，大量吸收工人中积极分子入党，同时要吸收救亡运动中青年先进分子到党内来，以便开展统一战线和城市工作。

关于东南分局的经费，由一月到三月因各特委还有存款，尚可维持④。但至四月以后，因为组织的发展，每月五千块钱是不够用的。我们的预算是：

闽西南特委	粤赣特委	湘赣特委	湘鄂赣特委	闽赣特委	浙江临时省委	闽东特委	吉安中心县委	湘南特委	赣北特委	分局	皖浙	总计
一千五百元	一千七百元	一千一百元	一千五百元	一千七百元	一千八百元	一千元	三百元	五百元	三百元	二千元	一千五百元	一万三千四百元

请长江局转呈中央，能酌量情形增加我们的经费，使工作能

够顺利的开展下去。

　　敬致

布礼!

东南分局

三月二十五号

注　释

①　瑞金事件，即 1938 年 1 月 15 日夜，国民党王才悌部队突然袭击新四
　　军驻瑞金办事处，枪杀工作人员肖忠全，抢走电台、军饷，抓走新四
　　军第 2 支队副司令员谭震林等 40 多名干部。后经新四军军部再三交
　　涉及社会各界舆论谴责，国民党被迫释放谭震林等干部，归还电台和
　　枪支弹药。闽东事件，即宁德事件。1938 年 3 月 16 日凌晨，驻宁德
　　县保安 2 旅一部袭击新四军第 3 支队第 6 团驻宁德留守处，杀死排长
　　和战士各一名、杀伤战士两名，关押干部和战士工作人员 52 名，后
　　经新四军驻福州办事处负责人王助、范式人同国民党福建省政府主席
　　陈仪交涉，被关人员全数获释，武器亦退还。

②　汀、瑞、流，指福建省长汀县、江西省瑞金县、福建省清流县。

③　项，指项英。

④　此处略去 1 至 3 月份经费收支对照表。

新四军的战术原则及先遣队的行动[*]

（一九三八年四月二十九日）

毛并告陈、周、曾、薛①：

总部②给予我们的任务详前电和屡次以命令强迫执行，显然是将我们送出到敌区，听其自生灭，含着借刀杀人的用意，加以×不能为我军据理力争，使我们在极困难条件下进行最困难的任务。目前事已如此，只有以最坚强的意志和耐心，采用最妥善的战术和机巧的运用，时时提高我们警觉性，利用各种方法，争取时间与形势的变化，以便我军发展的有利前途。因此决定我们的方针是在保持有生力量的原则下，团结群众，采用小部队的动作，开展胜利的作战，以求达有利条件，逐渐壮大自己，提高部队的战斗力，而进到大的运动战，消灭较大的敌人。因此在战术上，目前主要原则是：

一、以小部队的动作，开展最广泛的游击战，主要是破坏交通，截击运输。

二、在最优良的条件下，集中力量消灭劣势敌人后，即迅速

---

* 本篇系项英致毛泽东等人的电报。根据中央档案馆藏件刊印。篇题为编者所加。原档案中注有 1938 年 29 日，无月份，现月份是编者判定的。

分散。

三、以最小的代价取得大的胜利，避免硬打强攻和相等的敌人决战。

四、创造很多基点，构成游击网，进行突击的动作。

五、取得更广大群众的拥护和参加配合行动。

六、求得在最短时间内解决战斗，避免持久决战。

七、时时处在主动地位和在敌人侧翼活动，避免正面冲突。

这是我们战术上的原则。

目前先遣队已出发，各支队不日陆续跟进，军部准备移南陵。我们的计划：利用短距离行军，每日的三十里路行程，其余时间进行教育，同时延拖时间，侦察地形。达到泾县与南陵之间，靠山地集中。由各支队各派遣一部队出动（等先遣队回后），大部求得整训，争取时间。

以上，望请指示。

项　英

二十九日

注　释

① 陈、周、曾、薛，指陈绍禹、周恩来、曾山、薛尚实。曾山，时任中共中央东南分局副书记兼组织部长；薛尚实，时任中共中央东南分局宣传部部长。

② 总部，指国民党第三战区前敌总司令部。

关于防区问题与顾祝同谈判的结果[*]

（一九三八年六月四日）

毛主席并告陈、周、曾、黄[①]：

我一支队全部已入敌区，正向溧水、天王寺方向前进。二日，我与云逸会见顾祝同，谈话结果尚好。对于我活动地区已较前划大，□□湖至当涂、芜湖一带和溧水、天王寺之东钰岱[②]、武进、江阴一带，均划归本军；并将荡汾附近至东北渡之交通线及其以西地区，经交涉后亦划给我们。同时，允许我军在宣城以东选择一条交通路线。对于我军任务顾指定主要破坏京沪、京芜铁路和钳制敌人，吸引其兵力于各据点，团结民众为主要，不必打击据点。现顾已将原孔荷宠[③]所组织之游击队，明令原十一师长肖文为司令（许多叛徒已去职），指挥高淳、乌溪、溧阳与宜兴一带之游击队。最后表示其大意是非常激愤，致不足战胜日寇。希望此间能如中央双方首脑一样共同努力，许多问题不必到中央解决，他可协商讨论并要我们与他

---

* 本篇系项英给毛泽东等人的电报。根据中央档案馆馆藏件刊印。篇题为编者所加。原档案中注有 1938 年 5 月 4 日，现月份是编者考订的。

建立关系或通讯。

项

四日

注　释

① 陈、周、曾、黄，即陈绍禹、周恩来、曾山、黄道。

② 钰岱，为金坛之误。

③ 孔荷宠，曾任红军第 16 军军长，后叛变投靠国民党。时任国民党第 19 集团军游击指挥部总指挥。

关于第一、二、三支队部署与任务*

（一九三八年六月十五日）

毛主席并告陈、周、曾、陈①：

一、陈支队与粟先遣队②已在溧水之剧新桥会合。为执行顾③令，粟已带四个连北进到镇江至龙潭间破坏铁道并建立基点。陈及刘炎④已各带两个连到达茅山山脉一带活动并侦察情形，以便建立根据地。

二、我们总的布置如下：

（一）以南京经秣陵关至溧水县之东北地区属于第一支队，西南地区属于第二支队。

（二）一支队以一个营依托龙潭、镇江与句容之间山地为基点；以一个营位置于丹阳之东的山地为□□□□，破坏铁路，争取群众；另一个营进至武进与江阴之间的地区，破坏交通，主要争取群众，逐渐向无锡、常州一带活动；主力布置于茅山山脉及溧水、天王寺以南的山地建立根据地；派遣三个小游击队向句容、溧水、南京之线游击，破坏、侦察与争取群众。

---

* 本篇系项英给毛泽东等人的电报。根据中央档案馆馆藏件刊印。篇题为编者所加。原档案中注有1938年5月15日，现月份是编者考订的。

（三）二支队先以主力（约四个营，实际不到三个营）向当涂之东小丹阳两侧山地为根据地，向南京至当涂铁路进行破坏和争取群众；另以一部到芜湖、当涂以东至丹阳之间的河网地区活动，争取群众（此地区人口有二十万以上，产米最先）；二支队另两个营暂留南陵，整理待机。

（四）三支队以一个营到湾沚至宣城公路两侧活动，争取群众，保持前后方的交通联络。

（五）军部及三支队（以一营）位置于南陵至泾县间山地整训队伍，以大力争取这一带群众，准备以太平（不含）与泾县、青阳、南陵之间山地为根据地，后方已移至这一区域内。如敌前进，即可依据这一地区在敌人翼侧活动，并在某种情况下，即可派一部队伍到天目山脉和仙霞山脉发展游击战争。

（六）如战况一时无大变化，准备组织野战司令部，到茫如⑤一带指挥一、二支队，由我去任指挥。

三、考虑蔡派一个师（七团）分向镇江、丹阳、宜兴一带挺进，以溧阳南之戴埠、张渚为基点；又韩德勤派三十三师由泰兴、六圩渡江，准备以茅山为基点，向镇江挺进（尚未到）。据此情形，各系部队混处一地，又未统一指挥，我们除从政治上取得共同行动，在军事上力求与他们配合，并用建议的方式力争他们在我们影响之下开展游击战争和运动战，以给江南敌人大的打击，来配合各战线而保卫武汉。

四、为了开展群众工作，是此基本的条件，已责成各部按以上进行。

五、目前江南一带"游击队"各自为政，扰民、宰民、互相火并，各经调令，一部调回，一部加以整训，但伊等未能遵行。我们这方面报告顾，请求指示和解决办法，主要是从政治上争取下层及较进步的领袖，在我们领导之下驱逐上层坏分子，以便进行改造。这一工作如能做好，即可争取大量的部队在我们领导之下，否则，要增加我们活动和发展的困难。

六、目前，我们主要是对民众武装扶植和发展，由政治上的争取进到派干部去领导，特别是争取天王寺地区之广大数量的大刀会（约一两万人转变为抗日的民众武装），而不求急扩大本身作战的任务，以积极做群众工作和发展党，由各级政治部、处负责。

以上，请军委指示并提出意见。

项　英

十五日

注　释

① 陈、周、曾、陈，指陈绍禹、周恩来、曾山、陈毅。

② 陈支队，指以陈毅任司令员的新四军第1支队；粟先遣队，指粟裕率领的由第1、2、3支队侦察连和部分团以下干部组成的新四军先遣队。

③ 顾，指顾祝同，时任国民党军第三战区司令长官。

④ 刘炎，时任新四军第1支队政治部主任。

⑤ 茫如，为茅麓之误。

新四军的昨天和今天[*]

（一九三八年六月十五日）

一、散布在七个省区的红军和游击队

（一）朱毛主力离开江西以后

要说明新四军的诞生和成长，必须追说到一九三四年冬天，江西主力红军朱毛的突围、西进和北上到陕北苏区。那时已经到一九三五年的冬天，整整一个年头，而在江西则留下一个独立师、几个独立团，组织成中央军区，由项英同志负责。在这个区域中，坚持了三整年的游击战争，保存了革命的力量。但因为进攻力量的强大，不得不把师团的组织分散开来，变成几个独立的指挥单位。一部分在闽西之龙、汀[①]一带，由张鼎丞、邓子恢、谭震林、方方各同志来领导。一部分留在赣南的大庚、南雄、三南一带，由项英、陈毅自领之。一部分到闽赣边之崇安一带，由黄道、曾镜冰两同志负责。这三个部分形成这个区域的中心力量。围绕这个中心，尚有其他小游击队的存在和活动（如汀州、

＊ 本篇系项英的署名文章。根据军事科学院图书馆藏件刊印。

瑞金游击队，上犹、崇义、桂东之游击队）。

　　这是江西苏区在朱毛主力出动后的游击武装情况。

　　（二）两个军团的后代

　　我们记得在一九三四年春天，江西红军曾派一个军团（第七军团）组成抗日先遣队，由江西经福建（曾袭击福州一次）转到浙江（江山、常山一带），又到皖南（徽州、太平、泾县一带）。虽然后来在浙赣边失败，但是由于他的英勇的行动和抗日的号召，浙赣边、浙皖边以及浙江东部（平阳、温州）各地，建立起游击队来，继续斗争，散播了抗日的影响，确立了革命堡垒。还有在福州事变②时，在福建东部沿海各县农民暴动成立的一个游击区。

　　红军不是还有第六军团的肖克吗？自从他的主力与贺龙（第二方面军）同志会合后，在湖南的平江、浏阳，在江西永新、莲花，两个地方也都留下了游击队的种子，不断的活动。而在湖南耒阳、郴州两处，另自还有两支小游击队。

　　（三）红四方面军的留守部队

　　红四方面军是在一九三二年离开鄂豫皖苏区的，到了陕川边，建立了苏区，后来与朱毛红军在川康边会合北上到陕北去了。其留在鄂豫皖苏区的，有一部分由徐海东同志率领，转战于豫陕间，亦先到陕北苏区与刘志丹同志部分会合了。就只在湖北黄安、河南信阳两处保留下两个游击队，由高敬亭、周骏鸣两同志领导之。

　　从上面的概略说明，你去翻开地图来就会看见，这些红军游击队散播的区域是很广大的。1. 湖南是平江、浏阳，耒阳，郴州、桂东、桂阳三点。2. 河南是信阳、确山一带。3. 湖北是黄安（以七里坪为中心）一带。4. 江西是永新、莲花，上犹、大庾、崇义、定南、虔南③、龙南（即所谓"三南"），景德镇、瑞金、铅山、上饶、都昌、铜鼓、万载七个地区。5. 安徽是祁门、婺源④及皖北之六安、立煌一带。6. 福建是崇安、浦城，长汀、龙岩，连城、汀州，福鼎、福安，屏南、古田五个地区。7. 浙江是平阳、温州、庆元一带。

活动的区域虽然小，游击队的力量也不大，但是散布的面积是极其广泛的，有七个省区⑤。

二、进攻，进攻，谈判与和平

继续五次"围剿"的进攻，一切力量从中央军队到地方保安队、民团，对散播在这七个省区的游击队并没有放松过。这个时期，从朱毛主力红军离开江西（一九三四冬）算起来到西安事变（一九三六）为止。自然，陕北红军主力已更大努力的进行了抗日民族统一战线，但是中央军的"围剿"并未停止，而特殊的在东北军中开始发生了统一战线的运动。南方七省的游击队，在这两年（一九三四——一九三六）当中同样遭受"围剿"的困苦，然而是以更新更灵活的游击战争的方式，坚持了南方革命的堡垒，不管这些游击战争的活动是如何微小，不能影响整个国内战争的局面，然而这些据点成为我们今天的朋友的心腹之患，以拔之而后快，但并未拔除得了。

　　由于抗日民族统一战线的开展，由于东北军的对内战的动摇，由于日本帝国主义疯狂的进攻，由于全国抗日运动的发展，在一九三六年十二月十二日爆发震动和改变整个中国政治生活的西安事变，和平的结果使陕北红军主力也与中央军取消了敌对行动而进入于休战状态。但从这时候一直到卢沟桥事变（一九三七年七·七）为止的半年时期，成为南方游击队更困难的时期，即是说虽然国民党军事当局和陕北红军进入和平谈判的状态，而对于和陕北红军在政治上一致的南方红军却采取更加猛烈的"围剿"，企图在短时期内完全加以消灭。这样可以：1. 孤立陕北的主力红军。2. 消除在南方的革命武装。3. 消除在南京当局所认为"心腹之害"。虽然七个省区的谈判和和平运动，我们可以说第二个时期，一直到新四军的正式成立为止。当其在进行和平谈判的最初的时候，是个别的游击武装与个别的省、县地方政府谈判。因此，在条件内容上不能一致，而主要的能表现在省、县地方政府是没有什么诚意，而是改变一个形式，即是从战争的形式改用表面和平而以突然的进攻手段，中心还是来消灭这些力量。譬如，在福建的何鸣部队、刘突军部队被缴械，河南周骏鸣部队、江西钟德胜部队被袭击，这些都是在部队已经编整后出以阴谋的处置。这种现象一直延至新四军成立后仍然继续发生。如闽中游击队的缴械⑥等。

　　个别的谈判，结果仍然分住在七个省区，为南京军事当局所不愿的，必须把这些"钉子"拔出去。同时，中国共产党亦有把这些队伍集合来参加抗日战斗的愿望，于是新四军的成立就在南京提出来，这时已到一九三七年的十一月。

三、编组、集中与其困难

新四军的成立问题被提出来后，中国共产党的主要条件是以新四军参加东南战线，不北调。至于队伍则在军之下成立两个师（每师两个旅），虽然折冲结果行动地区是在江南（原来国民党军事当局是要调他到山西受八路军节制），而编制问题未得到解决，直到首都南京被占，军事当局才答应编为八个单独的支队（一个支队等于一个团）。最后改为四个支队，每个支队辖两个团（支队等于旅了）。结果在实际上是师一级的指挥机关没有能够成立。

第一支队，包括江西的永新、莲花、大庾、南雄、三南，湖南的平江、浏阳，安徽的祁门、婺源的几个部分的游击队，以陈毅为支队司令，傅秋涛为支队副司令。

第二支队，包括福建龙岩、长汀、连城、震〔云〕霄（即何鸣部）、汀州和江西瑞金及浙江平阳、温州的几个部分游击队，以张鼎丞为支队司令，粟裕为支队副司令。

第三支队，包括江西上饶、铅山，福建崇安、寿宁、福鼎、福安、南屏、古田的几个部分的游击队，以张云逸为支队司令，以谭震林为副司令。

上面三个支队在江南行动。

第四支队，包括河南信阳、确山、南阳，湖北黄安、麻城的几个部分游击队，以高敬亭为支队司令，戴季英为副司令。

上面一个支队在江北行动。

军部当各地谈判大体解决，南京军事委员会即委任叶挺将军为新四军军长，后因改编各种问题未得相当解决，直到一九三七年底，即先在汉口成立，到一九三八年一月移到南昌。

军部到南昌后，即计划各部分队伍改编，人事调整，装备补充，以及集中的时间、地点和路线。

这时期仅仅军部移到南昌，而四个支队即就本身来说，亦尚未集中。有些部分因为分散，完全不可能以支队为单位来集中，都只能由各部就原地出发，到前方来集中，已得到第三战区的命令，集中于徽州岩寺，因此军部以命令下达各部分，除第四支队外，都就原地出发向岩寺集中。然而那时候还是冬天，部队的冬衣补充没解决，各部分游击队在本区域住久了，一旦要离开，必须有些善后事情要处理，经费很少，各部分的老弱残废的安置，将士家属的安置，出发的开拔费等，都不能够解决。同时地方当局对于这部分队伍的歧视，士绅阶级之造谣破坏，双方磨擦也未减少，并且大部分是福建队伍，与安徽相距甚远，又不能取得铁道和公路的运输便利。因为这些原因，使得部队的集中不能如期完成，一直到三月初，各部分才开始分头向岩寺集中。

（一）首先是赣皖边的景德镇的一部分（一支队）到达岩寺。

（二）江西上饶、铅山及福建崇安的部分（三支队），因邻近安徽，出动较速，仅次于赣边之部分。

（三）湖南平江、浏阳部分（一支队），步行至萍乡（江西），乘湘赣车转浙赣路至江山下车，步行到岩寺。

（四）江西永新、莲花部分及大庾出发到吉安（江西），乘船至樟树，转乘湘赣车转浙赣路至江山下车，随上述湖南部队跟进至岩寺。

（五）闽东、闽中各部（三支队），分由宁德、古田出发，经屏南、政和、浦城入浙江之江山、常山向岩寺集中。

（六）浙江平阳之部（二支队），由温州、丽水至金华乘车至江山转常山、开化，向岩寺前进。

（七）闽西、闽南之部及江西瑞金之部，均由龙岩出发，至汀州入江西，经瑞金、会昌、雩都至赣州，乘船到樟树，乘湘赣车转浙赣路至江山下车，经常山、华埠至岩寺。

江南三个支队于此时（约在四月初）已大部集中完毕。仅福建尚有两个连，湖南平江、浏阳一个连及湖南耒阳、郴州两部，于最近始到前方编为军部直属之特务营。

在江北的第四支队，亦于四月初会合，向合肥、巢县前进，现已在合肥以东、津浦路以西，与日寇进行游击战争了。

军部亦于四月初移至岩寺指挥。

四、出动与我们的任务

部队既已完全集中在岩寺，除第四支队归第五战区李司令长官宗仁指挥之外，这三个支队就要去执行它的任务。

首先，第三战区派员来点验部队。另一方面，我们为准备着出动，一面加强本身的战斗教育，一面向第三战区要求装备弹药的补充。

为了这些工作，就在岩寺将近住了一个月。

这时队伍点验过了，弹药、装备也补充了一些，已得到一个短时期的休养和教育机会，而任务规定的命令也来了，是在南京以南的不大地区中进行破坏铁路、公路，扰击敌人。

我们过去一般的都有山地游击战的经验，但南京附近的地形和今天的敌人，已和过去的经验不相融合。为了首先明白敌情和地理条件，我们决定派出一个先遣队出去。

先遣队是各支队派人混合组成的，配备相当充实的武器弹药，由四月底乘汽车运输至南陵，通过宣城、芜湖之线左进，经当涂右侧转进，进至南京以南地区。现在它的足迹、传单、标语、影响、活动，已于江苏省的高淳、溧水、溧阳、金坛、江宁、南京、句容、宜兴、武进、镇江这一广大地区了。它虽尚未与日敌对面作战，但它已破坏了若干处公路、电线交通，宣示了中共决心抗敌的意旨，发动了这区域人民抗战的组织，打击了若干汉奸投降分子的叛国行为。

有了这个先遣队的出动，对于当面敌人的情况已渐次明了，同时地形上虽非全属山地，但也可进行游击战争。本于上项任务，其他支队现正陆续前进，挺入敌区。

同时，以前划给本军的活动区域比较狭小，几无回旋余地，而现在则比较大了，京沪铁路、京杭国道、江南铁路（即京宣线），皆由我们出入，我们当然可以担负起这个任务来。

这个任务是什么？让我重说一遍，即是破坏铁路、公路及电线的交通，截击敌人的辎重，钳制更多的敌人于几个据点，打击敌人的少数队伍，发动人民坚持抗战，组织人民自卫的武装，实行坚壁清野，困扼敌人的给养和妨害敌人，使它不能再掠夺中国资源，坚决打击为日寇作走狗的汉奸政治组织及军队。

我们已在执行这个任务，我们继续执行这个任务，并且准备在战斗中锻炼自己，壮大自己，以便打击更大的敌人，不仅能作游击战，还够作运动战和阵地战，一直到反攻，而且是反攻和克复我们的首都——南京！

注　释

①　龙、汀，指福建省的龙岩县、长汀县。

②　福州事变，是指 1932 年"一二八"事变后，在上海抗击日军的国民党第 19 路军被蒋介石调到福建进行反共内战，在中国共产党抗日主张的影响和广大官兵推动下，第 19 路军将领蔡廷锴、蒋光鼐等人认识到同红军作战没有出路，于 1933 年 10 月同红军签订《反日反蒋的初步协定》；11 月，蔡廷锴、蒋光鼐与国民党内李济深、陈铭枢等一部分反蒋势力，发动福建事变，在福州成立"中华共和国人民革命政府"，公开宣布反蒋。1934 年 1 月，在蒋介石的优势兵力攻击下失败。

③　虔南，即江西省虔南县，1958 年改称全南县。

④　婺源县，今属江西省。

⑤　当年红军和游击队活动的地区，除湖南、湖北、河南、江西、安徽、福建、浙江等 7 省外，还有广东省，包括南雄、仁化等地，故应为"八个省区"。

⑥　闽中红军游击队的缴械，是指 1938 年 3 月 10 日，国民党军第 80 师第 239 旅旅长钱东亮密令蒲田驻军将中共闽中工委书记、红军游击队负责人刘突军等 4 人逮捕并秘密杀害。11 日，钱东亮又派该旅参谋长率数百武装袭击泉州承天寺，把已集中的 160 多名闽中红军游击队包围缴械。后经中国共产党多方交涉，国民党方面被迫释放了被捕人员，归还了所缴枪支。

关于第一、二支队
进入敌后的行动原则[*]

（一九三八年六月二十三日）

陈毅同志：

二十一日董参谋回到军部，交来十三日信收到，并了解前方各种情况。

先遣队的确起了先锋作用，奠定了我们在江南发展和胜利的基础，我们正在全军表扬，号召全军学习。

一支队顺利的达到指定地区，目前中心任务是：开展胜利的游击战，来配合各方执行保卫武汉的总任务，同时使本军在全国政治地位提高。建立根据地是在执行这个任务中同时并进，因为胜利是争取群众、创造根据地的必要条件；反过来说，建立根据地是争取胜利的必要基础。

开展胜利的游击战，在目前主要是切断交通，阻碍敌人的运输和兵力转移，扰乱敌人，牵制敌人保守据点，特别是南京、镇江（这是敌人战略据点和在后方兵力转移枢纽），以伏击的动作

---

* 本篇系项英写给陈毅的信。根据中央档案馆馆藏件刊印。篇题为编者所加。

来打击和消灭远出和行进中分散的敌人，截夺其辎重，争取不断的小战斗胜利，进一步的力求与龚旅配合，消灭较大的进攻之敌，以达到逼迫敌人退守城市，造成江南进攻的形势。

因此，应组织很多的小游击队，分布在南京至镇江，镇江到丹阳、武进间，破坏铁路和侦察敌情。在各段中配置基干队来配合他们打击脱离据点和行进中之敌，不宜以大部队担任破坏、侦察工作，以免使部队疲劳，不能充分利用时机争取小战斗的胜利。各基干部队应在活动地区选择适宜地点建立基点，取得群众帮助和配合，以达到突然动作。

应当以小游击队到南京、镇江附近，用突然的动作实施扰乱，以威胁敌人，这在政治上更有大的意义。

侦察敌情是第一等的工作，不仅为适应上级要求，而且在保卫武汉的任务有大意义，特别是供给正确敌情。此次除徐州失守一个重要教训，加以友军少数分子谎报军情的现象，这一工作更属重要。因此，要在部队中加紧督促和教育。

京沪路多桥梁，破坏时应力求破坏这种东西，作用才大，破坏铁轨作用较小。但破坏时须经各段进行，不断破坏，否则敌人易于修复，因敌人修复力量甚强。公路，以发动群众施行破坏路基和要道口（转弯的地方），小小的破坏无作用。要用各种方法争取铁路工人参加和学习破坏，特别是滑轨方法。

你们目前应以茅山、瓦屋山为根据地（包括新桥之西北山地），并在镇、句之间山地及丹阳西北山地建立基点，依靠这些基点向四周游击，特别是便于施行不断的破坏扰乱。每一基点可以布置一个营。另组织几个挺进队，一向南京，一向武进、常熟、无锡间，一向武进、金坛间游击挺进。主力主要集结于茅山、瓦屋山、新桥一带，策应各方，以及配合各地争取战斗胜利。其布置已详前电，请你们依情决定。

二支队主力于次日向目的地前进，他们的任务是担任南京与芜湖之间活动。傅纵队①等他到达时（看余情形是否解决为定），可转移至新桥及瓦屋山一带，或由你们依情决定他的任务和地区。

你们中心，前电曾提议为瓦屋山，是鉴于二支队未出动前以此地做中心为宜，才能便于各方联络，尤其是对傅纵队。现二支队出动，当以茅山以北为宜。

对于战术原则，前军部所发的指示，依据目前所得情况和此次韦岗战斗胜利，证明是适用的。目前应依据情形和实战经验来充实、来发展。在教育干部上，要以实际事实不断的用来解释原则，使干部了解原则、运用原则，尤其是养成有战术的头脑。因此，加强战术教育是提高干部质量和战斗力一个基本工作，必须抓住这一环，努力于这方面教育。

以前我在服务团所讲的民众动员中，关于群众、政权、武装等之基本原则（有原本）②是适用的。目前，依据这些基本原则更具体的提出许多问题的解答。对于地方武装的方针，是帮助和扶植一切民众武装，使它发展扩大。中心是争取同我们一块抗日，达到统一指挥，建立纪律，洗刷坏分子，学习和开展游击战。我们除此以外，主要加强政治教育和领导，不仅在名义上归我们指挥（如情形复杂，开始并不强要归我们指挥，仍以地方名义，而能随我们行动，在行动中听指挥），而最重要的争取在我们政治领导之下，进一步派人到里面去作领导工作，在行动上受我队指挥和共同行动，创造成为我们新的部队基础，并逐渐吸引一部编入我军，本身继续扩大。最基本的是在他们中间发展党、建立党，以树立党的领导。

对于大刀会，要从政治上争取他们成为抗日民众武装组织，把封建迷信成分逐渐去掉（开始不要反对迷信和师父），培养和扶植政治上进步分子，取得领导地位，逐渐去掉以迷信和坏的上层分子，以达在实质上、名义上成为我们领导之下的抗日的民众武装。

对于余宗陈、朱永祥③等部，在政治上除以利用顾长官、唐副长官④的命令调离现地外（但无大效力），主要是争取其下层，最中心的还是地方武装而被强编的部分，使接受我们的领导而脱离余、朱（甚至公开请求，顾已有令，凡属地方武装归还地方）。另一方面争取基干中进步分子脱离他们。这样去瓦解他们，到相当程度时，余、朱再不服从上令，可将其违令情形报上峰，同时相机将其拘押，报告上级解决。此事须争取三战区服务员和地方人士共同出名和负责。纪振纲部⑤也可根据此原则运用。目前可从积极上要他抗日，特别是争取部下和周围民众，以揭破其两面派的态度，才能达到成功。这是与朱、余所不同的。主要的目的能争取一切两面派能坚决站在抗日方面。

对镇江、丹阳一带武装应积极努力争取，并对于国民党员所领导部队采取最友善扶植的态度和实际关系，在政治上影响他们，坚决的与我们共同一致坚持抗战。对于自首分子，如若他积极参加抗日，我们应从政治上鼓动而给予一般的指导，但组织上不能恢复，可以用情形不清、须待上级解决作答复，而极力争取下层，建立我们的基础。

恢复政权，在政治上是有很大的意义与作用。凡是我军所到之处及基点根据地，均应恢复保甲组织，但我们应采用民选并成为群众组织之另一方式。如已有的可逐渐改造，但均须经过上级政权批准或委任。至于县政权，如已有的可促其改进，否则选择贤明之士组织临时县府，呈报顾⑥加委或选派，最好由地方人士保举（顾已当面同我讲过）。如若政权在同情我们分子之下，甚至有党员更好，这对于我们有极大利益。

在政治宣传上，拥护国民政府与蒋领导抗战。在江南着重宣传全国团结一致与坚持抗战以及抗战后的进步，这对于提高民众坚持抗战的勇气有极大作用（因敌占区失败情绪重，敌人的造谣和离间等与后方完全不同）。对于抗战建国纲领，应站在我们的观点上来解释、来运用，使他真正实现，这在全国是有很大意义。

对于我党应从抗战和坚持抗战上，宣传民族统一战线是胜利的基础，解释国共两党合作的意义以及党的主张（但在宣传上不必过于强调这一方面宣传，同时要纠正不敢运用宣传）。

在力量可能，应出一种报纸，在宣传上有很大作用。

在民生上应首先废除朱、余所加给民众的苛捐，然后逐渐减除苛税，以达到一般民众担负减至最低限度与担负合理化。这对争取民众、动员民众参加游击战有决定的作用，也是有力的使民众不致在日寇残酷摧残下震慑而不敢动。

除了上面以外，揭破日寇一切欺骗及其与民众眼前和将来的利害关系，利用日寇一切残暴行为，提高仇敌心。我们应尽可能领导群众进行救济运动，最中心是组织武装以自卫，自卫力量加强也是增强民众反抗的心理。在军事上如若敌人焚烧时，我们可以在其附近扰乱，以免敌人为所欲为，这也是巩固民众与我们共同坚决抗敌的方法。

对于伪政权，应把它摧毁，建立我国政权。只有特殊情形的地方，即我力量不能达到或民众尚未发动而不能斗争的地方，才可容许两面派或暗中派人去取得消息，但这绝不能成为方针，更不能如过去以前我们游击区情形，否则，在政治上与领导民众坚持抗敌有极大损害。至于维持会的人，不应一概加以汉奸名义，采用分化，反对主要分子。

对于国民党已有党部的地方，我们的策略是以友党的态度和争取协同一致，在某些方面给予帮助（如武装保护、经济接济等），以求得互相帮助和发展；没有党部的地方，争取国民党好党员做国民党的工作，我们也可以赞助他。总之，我们绝不能替他建立组织，越俎代庖则不要，反而使他们怀疑我们夺取其党权。至于青年团更不应替他组织发展，因我中央未有决定。

部队扩大问题，在目前第一步主要不是积极扩大本身，而是争取地方武装和动员民众，求得不断的小胜利，以造成部队扩大的巩固基础。个别的争取可以，大批的大量的吸收可暂缓，这在政治上或争取民众上有很大的作用。我们绝不能图眼前小利而妨碍大的发展，尤其在解决朱、余问题时更重要。请你注意各部队那种不从政治上及前途上看待农民近视眼的纠正和教育。

以后扩大部队，不仅注意成份、政治条件，而且要注意体格的检查。一切新兵须集中到支队，经医生检查再收，这是提高部队质量和战斗力的一个基本条件。禁止乱收是最重要的。为了提高军事技能和战斗力，所收新兵最好编新兵连或补充连，经过相当训练，再补充各团。否则在目前条件下，部队训练困难，新兵一多，可能影响战斗力。

部队的训练应抓紧，利用一切休息时间进行教育，支队应随时最少有一个营在附近，一面待机，同时训练，过一相当时期再调换其他部队，这样轮着训练是必要的。

目前，部队可以分三个纵队，以作将来扩大成为三个团的基础。可由两个连扩大成为一个营，这样扩充可使部队战斗力保持相当的平衡。

在可能条件下，首先办一个地方武装训练班是必要的，经过训练班去建立我们在各地方武装中的基础，但时间不要长（一个月），课目不要多，以在政治上增强抗战信心和决心、争取胜利条件和游击队政治工作为主。至于统一战线及我党主张，可在正课外和晚会上进行。在军事上是游击战术、游击队的组织和纪律。这样办过几批后，使所有的武装中都有我们的学生，通过他们发展党，以建立我们领导的基础。

对于地方党的工作是最基本的工作。这是上次军委扩大会的决定，目前应不放松的建立这一工作。在组织上，须采取秘密方式，培养地方干部，不应与部队混在一块。可在民运科中，指定一人负专责。

二支队主力达到指定地点后，归粟指挥。各支队仍直归军部。因为有电台，而且你们路途又相当远，但可互相通报，在配合行动或等一临时配合行动时机，可由你直接指挥二支队配合行动，对于军部只报告。

我们计划在皖南要建立一个根据地，这在战略上非常重要。将来在战争形势变化时，我们即可依靠这一支点，向皖南各县发展，以及利用机会争取天目山脉和仙霞山脉，故部队不宜全部出动。目前除你的及二支队主力出动，其余暂留此地帮助建立根据地,以备将来成为发展的基本力量。如若情况变化快,二支队所留部队恐留此间,否则,稍缓一时继续出动。我的行动也是以战况变化作决定。

干部一时派不出,以后设法增派。教导营还须一月毕业,现在派出作用少,等毕业时可派一大批来。服务团除派各支队外,所剩的小孩、女子及身弱、工作差者的,仅能在此地做工作。二支队服务团随队行动。我们准备扩大服务团,以后当继续派来。

二支队出动带电台两部,一部给你们,先遣队的仍归他们。

子弹不多,可送一点,但发地方武装,我们目前力量不够,可要他具名向战区请求或派人来。

汉口(八路军)拨给我们的轻机枪,可以补充你们几挺,可惜近日因雨受交通阻塞尚未来,来时再通知你们来领。短枪亦未到。经费交二支队带来。

书报及政治情形很少,已有的已电告,特别近日交通断了,来得少。

关于用中央军的名义,我无此电。据查,系粟⑦之电报。此外,叶⑧曾说暂不要说自己是红军(我不在军部)。此后,关于政治问题,以我本人电为准。

叶军长至今因交通尚停留在屯溪未回。

关于十七周年纪念和抗战周年以及保卫武汉,已详前电。

最近召开了一个政治、参谋工作会议,讨论政治工作和建设参谋工作,另行再告。

项 英

六月十三日⑨

注　释

① 傅纵队，指以傅秋涛任支队副司令员兼团长的新四军第 1 支队第 1 团。

② 指项英于 1938 年 3 月在战地服务团所作的关于《战区民众动员工作》的讲话。

③ 余宗陈，时任国民党当涂游击司令；朱永祥，时任国民党第 19 集团军游击指挥部第 1 挺进支队司令。

④ 顾长官、唐副长官，指分别任国民党第三战区正、副司令长官的顾祝同、唐式遵。

⑤ 纪振纲部，指茅山茅麓茶叶公司经理纪振纲所掌握的自卫武装。

⑥ 顾，指顾祝同。

⑦ 粟，指粟裕，时任新四军第 2 支队副司令员。

⑧ 叶，指叶挺。

⑨ 13 日，应为 23 日。

关于新四军成立
一周年纪念致叶挺等电[*]

（一九三八年九月二十七日）

叶、张、袁①并告陈②：

陕北秋雨不断，武汉交通不保，回时须绕道，如能乘飞机当可在下月半抵军部。十月二日为本军成立纪念③，特致电庆祝，请袁代为转达本军成立周年纪念，幸赖全体指战员一贯为国为民之牺牲精神，不畏艰难，勇敢杀敌，在短期内获得初步胜利，配合了保卫武汉战斗，但不能以此自足，更须努力，须知抗战是长期艰苦的斗争，不仅要有我无敌之决心，而且要发扬艰苦奋斗之传统，勇敢坚决之作风强大自己，提高军事学术，坚强政治工作，善于团结组织民众，继八路军之后彻底实践共产党之坚持抗日统一战线、坚持抗战争取最后胜利的总方针。团结一切民众力量，同友军协同一致，克服任何困难，坚持抗战到底。目前武汉紧急甚或遭陷落，只要巩固团结，巩固统一，坚持抗战最后胜

＊ 本篇系项英在延安参加中国共产党六届六中全会期间给叶挺等人的电报。根据中央档案馆馆藏件刊印。篇题为编者所加。

利，我坚信富有革命传统的全军指战员，能够完成这一光荣任务，愿我全体同志共同努力。

项

二十七日

注　释

① 叶、张、袁，指叶挺，时任新四军军长；张云逸，时任新四军参谋长；袁国平，时任新四军政治部主任。

② 陈，指陈毅。

③ 新四军成立时间，开始曾称为 1937 年 10 月 2 日，不久改为 10 月 12 日是新四军建军纪念日。

关于南方红军和游击队
谈判改编之经过[*]

（一九三八年九月二十九日）

一、新四军组成的经过

（一）南方八省游击队

1934年主力红军[①]长征留下担任掩护、策应的部队，至1937年，经过长期游击战争，散布在南方八个省区。这些游击区包括：赣粤边、闽赣边、闽西（又称闽西南）、闽粤边（又称闽南）、皖浙赣边（又称赣东北）、浙南（又称浙闽边）、闽北（又称闽浙赣边）、闽东、闽中、湘鄂赣边、湘赣边、湘南、鄂豫皖边、鄂豫边，共十四个游击区的红军和游击队。在三年游击战争过程中，各单位间相互关系完全失掉，彼此各自为战，与中央联系亦断绝。

---

[*] 此文节选自项英在中国共产党六届六中全会报告的记录摘要。标题为编者所加。

（二）抗战后取得和平

1936年西安事变和平解决后，陕北已取得和平。但是，在南方不仅未取得和平，并且敌人实行更大的"围剿"，只在抗战后，才取得和平。

在主观方面，三年失掉了与中央的联系，由于中央新政策文件得到很迟。如闽粤边比较先知道新政策，在1936年曾得"八一"宣言。然而，大多数的区域只在抗战后，才得到中央的指示。

张鼎丞比较早进行和平谈判。但是，在谈判后订协定后，一方面，由于当地党对新政策认识之不够，警惕性之不够，张鼎丞部队曾被缴械②。何鸣曾预先与广东军订密约。粤军曾跟着我们走，当我们在花园中，被粤军包围。何鸣曾是政治委员，当他被捕时，他自首了③。至新四军成立后，枪虽交回，只将一部分旧枪交回。这一事件，不能不使以后和平谈判困难。

（三）和平谈判的经过

"七七"事变后，鄂豫皖区等等与国民党之局部解决，如湘鄂赣区曾承认：他们到我们队伍来，承认叛徒当副司令。但是，有一点：即一切问题最后由中央解决之。

自"八一三"后，曾经开始南方各区总的谈判。去年九月，曾要求□□□部队为整个队伍。各地方政府曾企图分化我们，融化在部队内。10月2日军委④曾下令将南方各地游击队编为新四军，令叶挺为军长。起先，军委主张开华北，曾要求编两师，亦否认。此外，关于人事问题，都曾有争论。

二、新四军自成立到现在三个阶段

（一）南方游击队的集中

1937 年 12 月开始集中部队时，人事、经费、补充等等都未解决。去年 12 月政治局会议决定，迅速集中部队，开赴前线抗战，并整理南方游击队，以巩固抗日民族统一战线。和平谈判后，磨擦不断发生。

游击区域工作方式不□，□借□。

第一，他们虚造假的事实，如说：继续□□□□□，破坏征兵等等。

第二，在游击区周围继续驻扎许多部队与修堡垒，利用一切机会，向我们挑战。

第三，最高军事当局，威胁着开赴前线。

第四，地方工作人员遭受逮捕与屠杀。他们曾宣传，这是非朱毛军队，并要求：所有共产党员也随新四军完全走。限定在几月内开走，否则"围剿"。

我们的方针：

第一，在这种情形之下，我们避免武装冲突之方针。

第二，我们运用事实，来打破他们的欺骗宣传。

1937 年 12 月新四军军部正式成立，曾编八个团。

（以下略）

注　释

① 原文如此，应为红军主力出征时留下掩护、策应的部队，1935 年 2 月后分数队在南方 8 省坚持游击战争的红军游击队。

② 因 1938 年 1 月闽粤边特委改属于中共闽粤赣省委（书记张鼎丞），所以这里把闽粤边游击队（红 3 团）被缴械说成是张鼎丞的部队被缴械，实际当时该游击队主要领导人是何鸣。

③ 关于何鸣与广东军订密约和被捕时自首了这一说法，未能在其他史料中得到印证。据当年与何鸣在一起战斗的老同志回忆，说何与粤军订密约和自首了一说，是没有根据的。

④ 军委，这里是指国民党政府军事委员会。

中共六届六中全会的总结和精神[*]

（一九三八年十月三十一日）

一、六中扩大会的意义

（一）党从五中全会至六中全会，前后已有四年半以上的时间了（1934年1月间），目前抗战将转入新的阶段、新的局面和新的发展，所以六中全会是适应这一新的形势而具体解决关于今后抗战胜利的诸问题。因此，1938年9月举行的六届六中全会，在中国的革命史上、党的历史上、特别是抗战胜利上，都是有极大意义与关系的。这是六中扩大会的意义之一。

（二）抗战已经过15个月（从六中全会开会时的9月来说）了，总结这15个月的抗战经验，根据这些经验依照目前新的阶段来决定新的政策和方针，六中扩大会是适应新的形势和新的环境，正确的决定我党的政策上、工作方针上许多新的决定。这是六中扩大会的意义之二。

---

[*] 本文为一九三八年十月三十一日项英同志在新四军党员积极分子会议上的报告，原文保存在安徽省博物馆。——编者注

（三）这个新的发展阶段，实在是抗战过程中最困难的阶段，同时也是决定抗战胜利与否的重要关键。换句话说，我们在这阶段如果能够克服困难，将争取抗战最后胜利的各种必要条件和力量加以解决，那么最后胜利必定是我们的了。这样说来，为着要克服这阶段中的困难准备力量，就要求我党有正确的政策和工作方针。六中扩大会是执行这一任务而且完成了这一任务。这是六中扩大会的意义之三。

（四）党中央过去确定新政策的时候，就指出抗战最后胜利的基本条件和基础是巩固和扩大抗日民族统一战线，抗战 15 个月来我们在这方面虽获得许多成绩，但在抗战将要转入新阶段的时候，统一战线自应有新的发展，并且为着要增加力量，争取抗战的最后胜利，这种向前的新发展实在是必要的。因此，统一战线要更进一步的巩固和扩大，就要求我党更进一步的正确政策。六中扩大会确定了这种正确政策。这是六中扩大会的意义之四。

（五）从上面的四点看来，可见客观的条件和环境都需要我党在政策上及各种问题上都有重新考虑的必要。也就是说，我党在这个时候应对各种问题进一步的有新的解决政策，新的运用，工作方针新的确定。我们为什么不先不后恰好在这时期来召集和举行六中全会呢？我们可以说，主要是为适应抗战的客观上的要求与保证抗战最后胜利，所以说六中扩大会对于争取抗战胜利是有决定的意义。

（六）这次会议虽说只是六次中央扩大会议，但是在他的内容与实际上实在等于全国代表大会。我们知道去年 12 月中间，党曾决定要召集七次全国代表大会，但因在抗战中抗战形势的紧张和交通的不便，事实上使这个大会迟迟没有举行。不过七次全国代表大会的主要任务，是在解决争取抗战最后胜利的基本问题，这样来看这次的六中全会恰好是解决了这些问题。这样看来这次的六中全会，同普通的中央全体会议并不一样，这次会议在解决了七次全国代表大会所应解决的问题，对中国抗战与党的历史上确实是有伟大的意义。

（七）这次会议恰遇着共产国际对于中国党有指示，这种指示更增大了六中全会不少的意义。

因此，在抗战新的发展阶段，尤其这个阶段，关系于抗战最后胜利，这样重要时期与关键中这种指示和帮助是有很大的意义与保证的，保证六中全会获得完满的成功。总而言之，这次会议在各方面说，特别是在保证抗战最后胜利上，的确是具有决定的意义与作用，这是我们应该认识的。

二、六中扩大会议的重要内容

会议讨论和决定了一些什么，我可以分几方面来说：

（一）接受共产国际对于中国的指示。指示的主要内容是：

1. 对中国共产党中央路线的估计：认为中央的路线是完全正确的，中央由过去全国苏维埃化的政策转到统一战线的政策，由苏维埃政权和内战的局面转到两党合作，团结了全国的力量，反对日本帝国主义对中国的侵略。这些是在极复杂和极困难的环境中来进行的，然而终究获得了巨大的成就，获得了在中国革命历史上，甚至在世界革命历史上有巨大意义的成绩，事实上证明了党中央路线的正确。因此，共产国际批准了党中央的路线和在这时期内的一切政策。这种批准，实在有很大的意义：（1）我党在成立以来的十七年历史中，在路线上从来没有获得共产国际像现在这样百分之百肯定的批准的。我还记得中央党曾开过六次大会，国际的指示向来总是说在基本上对中共的路线是同意的。这是什么意思呢？这就是说在基本上虽是同意，但在基本以外，还有些地方是有错误。然而这次肯定的说完全同意。这不但使中共中央，同时也使全党同志对党正确的路线的信心增加，因此工作的积极性也会大大地发扬起来。我们常常回忆过去大革命时代因党的政策错误而使革命失败的教训，便时时关心到现在的政策会不会再犯错误。然而经过国际的这样指示之后，使党便于依照一贯路线执行，使全党党员在中央正确路线下勇往直前的迈进。（2）抗战是长期的，是一种最艰苦和最困难的革命斗争。现在全国人民都注视着共产党，认为中国能不能胜利与共产党的政策是不是正确有极大的关系与作用。现在国际既已明确的说，中国共产党的路线是完全正确的。这样，可以影响全国人民的信心更加坚强，争取抗战最后胜利的勇气更加提高。也就是说国际的这个指示，对于保证中国抗战的胜利上，的确具有更大的意义。

2. 国际批准了开除张国焘的党籍，认为他已脱离和叛变了无产阶级。这对于党，对于中国的抗战也是有重大的意义的。张国焘自从叛变以后，还用种种的恶劣手段来诬蔑党，这儿尤其可恨的是他胡说中共中央的领导同志对他不好，所以开除他，把他对政治上和阶级的叛变隐藏起来，甚至说共产国际是不会赞成开除他的。企图用此作为政治上的资本来破坏统一战线，动摇党里面的一部分落后的分子。但是国际的指示恰好揭露了张国焘的阴谋，使其面目在全中国人的面前完全显露出来，而其政治资本也就因此完全丧失了。这对于中国抗战和统一战线的扩大与巩固实有极大的帮助。同时，国际的这一指示，已教训了我们全党的同志，凡是把个人利益超过党的利益，凡是不拿党的利益为前提，而拿个人利益为前提的，那么这个决不会为党所容许。这个人就非走到脱离党和叛变党的道路上去不可，我们全党都应该遵守这个原则，这就是"党的利益高于一切"。我们时时刻刻要知道，谁要是不遵守这个原则，那么不但党的纪律决不允许，就是从个人前途打算也是不利的，因为这样他非成为革命的罪人不可了。

3. 共产国际对于中国目前怎样来争取抗战的最后胜利，也给了不少的指示。六中全会是完全同意和接受这些指示。

（二）总结抗战 15 个月的经验，从这经验一方面证明党对抗战的主张和方针是正确的，同时从这些经验了解如何争取最后胜利，从事实上答解中国最后能战胜日寇。

（三）对于目前抗战形势及将来的发展作了一个具体的正确估计，确定如何达到最后胜利的各种条件和问题。

（四）青年问题的讨论与决定。

（五）对于七次代表大会的讨论。

三、十六个月来抗战的总结

（一）一年多来整个中日战争的总结

1. 日寇方面：日本帝国主义一年多来在事实上是暂时占领了中国广大的土地，土地差不多有全国之半，人口也差不多有一半，现在武汉、广州已经失陷，大城市和交通中心也几乎完全被占据。可是一年多以来，日本帝国主义虽表面上占了许多土地，军事上是处在胜利的地位，不过同时付出了相当大的代价的。在日本帝国主义力量的削弱上，我们从抗战中一期比较一期来看确是在渐渐的厉害起来，换句话说，日本的力量是在向下的。除了军事上以外，日本在国际地位上、经济上都一样是在向下的，内部矛盾是在逐渐上升。然而日本力量向下以及国内矛盾向上，至今为止还未达到停止和崩溃的程度。这就是说，日本的力量虽在削弱，但尚能继续作战和进攻；日本的财政经济虽渐趋枯竭，但尚能勉强支持；日本内部矛盾虽在发展，但还不能发生革命；日本在国际上的地位虽孤立，但尚未能使各国真正实行封锁。日本的各方面都是在向下这是事实，日本的向下在数量上是在发展，但在质量上还不能起变化。这只有持久抗战中，才能使其变化由数量而进至质量，只有愈持久，日本才会愈向下，直至最后的崩溃程度。

2. 中国本身方面：中国虽失了很多的土地，丧失了许多城市和交通线，物质损失不少，但中国在抗战的过程中却产生了新的力量，从开始到最近逐渐的在向前生长中，我们今天说这种力量还不曾达到决战的程度，像有些人因为台儿庄打了胜仗就冲昏脑袋，认为一战再战便可取胜，这是不对的，但这力量确是在生长中。换句话说，也只有在持久抗战中，才能使这种力量增强和加大起来，直至最后进行反攻而取得胜利。

3. 我们有了上述二节敌我力量的对比和估计，证明了敌我力量正在有利于我的变化中。抗战是有持久性的，只有持久战中国的力量才愈战愈强大。这也证明那些说："打不得"的人是错误的，亡国论是没有根据的，但反过来说我们如不通过持久战，逐步消耗日本的力量，增长中国的力量，那么中日强弱的形势就不能起根本的变化，最后胜利也将没有保证了。这些，证明我党主张持久战的战略方针完全正确。

（二）战争改变了一切，推动了一切；同时也就形成了各方面进步的不平衡。

1. 一年多来的抗战，使中国在政治上、军事上、民主问题上都有进步，凡是同战争接触的地方，政治、经济和民运方面进步就快，沦陷区和接近战区的地方进步快；而远距离的地方进步就慢，或者甚至没有进步，还保持着过去那样的老样子。比方说华北是最进步的，华南战区次之，湖南、贵州、云南、四川等更次之，那些离开战区最远的地方甚至发生部分的"逆流"。总而言之，战争的火焰摧毁了一切，促进了各方面的进步，战争愈持久那么进步就愈大。现在，广州和武汉也失陷了，战争的火焰弥漫了，进步也必然愈大了。

2. 因为战争能改变一切，推动一切；所以因战争影响波及到的程度不同，便形成了中国进步的不平衡现象，像上面所说的有的是在前进的，有的仍在停滞。因此，只有长期抗战才能使中国各方面都有进步，都有发展，并且使这些进步、这些发展更深入起来，更普遍起来。

（三）十五个月来党的工作总结：

1. 党在全国的政治影响和威信是空前的增大和提高了，并且这些影响和威信是普及于各阶层的。只要党有一个决议，不但党员要看，就是群众也要看；不但同情的人也要看，就是反对我们的以及有些顽固分子也要看。登载陈、博、周三人"论保卫武汉及第三期抗战意见"的文章的《新华日报》，一下就卖光了，后来卖一块钱一份，卖二块钱一份，还是买不到。路透社将每天的《新华日报》重要社论译出来发电各国，可见党的威信和影响。

2. 党员大大的发展了，我党当西安事变发生后党员最多也不过几万人，地区也只限于陕北和江南的几个区域，然而现在全国有××万人，全国各处都有我们党的组织了。

3. 八路军的发展从原来的数目增到几倍以上，这不但表示出我党力量的发展，也是抗战力量的增强。我们的新四军比八路军发展虽小得多，我们发展的迟缓原因由于参战较晚，先后还不上半年，八路军的基础比较强，环境比较好，而我们这里基础既然比较薄弱、环境又恰好是进步最慢的地方。但不管怎样，我们总是有发展的。

4. 党在华北创立许多抗日根据地，如冀鲁、冀察热，如冀察晋，如豫鲁晋，如豫鲁，如鲁东，甚至过去伪政权根据地的冀东都变成我们的根据地了。总而言之，华北除平、津、太原等大城市和几条铁路线外，差不多全部变成抗日根据地。

5. 八路军在抗战中显出了最英勇的战斗精神，起了模范的作用。这对坚持抗战，对推动军队的改进都有很大意义和作用的。

6. 靠着八路军的英勇作战，在广大的地区内动员了几千万民众涌入到抗战中来，这样使中国创造了新的力量，无比的伟大力量。

总而言之，党在十五个月来所获的成绩和发展实是争取抗战胜利的一个基本力量，可以保证抗战的最后胜利。同时，这也证明了党的路线完全正确，所以才能有这样大的发展。这些发展我们不说别的，只像上面拿党本身的成绩来说也就够了。

（四）十五个月来的工作中已取得了许多经验。这些经验告诉我们怎样才能使工作发展，使我们深深理解中国党是由怎样的环境转到怎么样的环境。在大的变动中，一切客观条件是完全不同了，那么组织方式和工作方式要怎样才能来适合这些崭新的政治任务呢？这我们可以说：

1. 一切工作的发展都要经过统一战线，反过来，工作就不能发展。

2. 中国政治、经济以及其他各方面发展的不平衡，也就反映到了统一战线发展的不平衡。因此，造成了全国各处的特殊条件。谁要是在特种情势之下，能采取适应这种情势的特种工作方式，那么工作就容易做得好；反过来说，如果墨守公式主义、平均主义，那么工作就不能发展。

3. 我党在总的方面说，已经取得了合法的和半合法的地位，所以我们除党的工作外，在统一战线中无论做什么群众工作，必须采取合法的手续、方式才能发展；否则如果像从前一样，工作就不能发展。总而言之，旧的工作方式不但不适用，而且还只会妨碍工作的发展。

（五）总结起来，党在工作上已有了大的发展，但尚未能发展至应有的程度。这一方面，是因为受了客观环境的限制，使我们不能随意的开展下去；但另一方面，是因为我们还有旧的工作方式残留着，使我们的工作不能发展至应有的程度。主观上的欠缺在这儿是很重要的，我们现在分四点来说：

1. 集中式的命令式。这是过去军事时代的工作方式，可是今天就不适用了。统一战线需要民主，我们要用民主的方式。我们如果不用民主再用集中和命令的方式，那么就无法去团结一切力量，无法使统一战线巩固和扩大起来。在我们的新四军中，命令主义的精神是很浓厚的，今后应该注意。

2. 一种高慢的态度的存在，因此不知说服人家，使人了解，而只是看不起人家就算了事，更坏的是强不知以为知，给人以高慢的印象，这是异常不对的，异常阻碍着我党工作的进行的。

3. 公式主义。这也是过去苏区的方式，过去在各方面工作几乎成为一般的公式，可是现在环境绝对不适用了。

4. 过去做公开工作的，现在便不会做秘密工作；过去做秘密工作的，现在常常的畏惧，也不能发展工作。

总而言之，我们的工作是发展的，然而我们不能有更大的发展，主要的原因就在这儿。我们去进行工作与巩固扩大统一战线，那么就要把上述的弱点立即加以改正。

四、抗战形势的估计

（一）首先我们来说第一个问题——战争形势的估计。抗日战争的战略是持久战。毛泽东同志对于持久战指出须要经过三个阶段。我们在战争历史上考察，大概不外三种形式。第一种形式就是一个强大的国家来对付弱小的国家，如意大利与亚比西尼亚，强国一下就取得胜利，弱国也就因此而灭亡；第二种形式如果两方力量是相等的或相差不远，一个进攻、一个反攻，最初一方面是退却，最后反攻把敌人消灭，欧战就是例子；第三种形式就是双方力量不平衡，有优劣形势的存在。但这里不是绝对优势与绝对劣势，而是相对的，因为在政治、经济及国际等等条件上，强的一方面与弱的一方面不能使他达到绝对强与绝对弱，而有变动的可能。这种变动必须经过一个过渡阶段，才会使双方的强弱发生变化，在进攻的国家正因为这种条件在开始是很强的，慢慢的由量到质的转变而达到与弱国相平衡，到了这样平衡时才能达到最后决战的时候。这时原来进攻的变为退守，原来退守的变为进攻，由这进攻达到胜利。中国正是这种形势。首先我们的敌人是帝国主义国家、是强国，中国是半殖民地国家、是弱国，因此一开始敌人进攻而我退却。但中国为什么不与亚比西尼亚相同呢？这因为国际国内的各种条件上是不相同的。中国是半殖民地的国家，但中国能在他本身内生长新的力量，这是与亚国不同之处。日本是帝国主义中最脆弱的一个，这就决定日本不能把中国一下消灭；同时，又由于日本是先天不足的资本主义国家，就决定它会慢慢弱下来。中国与亚比西尼亚绝对不同。中国经济基础比较强，土地广大，并且有十多年革命斗争经验，亚国没有共产党，而中国除了国民党外还有共产党，他是抗战中最坚强的力量，有了这些力量、生长这些力量，再加上各种国际条件的不同，如中国靠近苏联，得到苏联巨大的帮助，这些都是与亚国绝对不能相比的。就是说，我们在开始退却的，然而逐渐生长自己的力量，来达到反攻争取胜利。亡国论者以为敌强我弱，决不能抵抗，因为一抗就亡。速胜论者没有看到自己的弱点，只看到敌人的弱点，认为一战再战就胜。但十六个月抗战证明了我们一定要经过这三个阶段，最初敌进我退，以后慢慢生长新的力量，达到敌我对峙，最后这力量强大了，我们便根据这新的力量来反攻。这正说明中国抗战是持久性的由来。中国目前正是由第一个阶段过渡到第二个阶段的时候，虽然敌人的力量是相当削弱，但敌人还能继续进攻。就是说，现在敌人兵力、财政、经济上都还能支持。此外在敌人的国内矛盾上也还没有达到国内革命的时候，国际上虽然孤立，但还未能达到各帝国主义不供给它的原料的时候；中国虽然进步，但还慢得很。例如我们还不能适应抗战要求，如发动群众真正全面性的抗战与军力改进不够等等。以上的估计都证明中国抗战必然是持久性的。

（二）现在要说的是在抗战将要转入到第二个阶段的时候。中国抗战是不是能够坚持下去呢？会不会发生妥协呢？这里有说明的必要。自然有汉奸、亲日派的存在，抗战发展到某个时期必然有妥协与和平的空气发生的可能，因为这种妥协的因素还存在着。不过这种因素随着继续抗战下去而减少了，由于敌人的野蛮残酷，更增加了人民对日仇视，与一年多来的抗战的结果中国自信心坚强了，同时提高了军队抗战的决心，更由于我党对抗战坚决的主张都使妥协因素减少。因此，在现在的局势下面，无论谁都不敢公开的向日本帝国主义妥协求和。这和大革命时候是不同，因为那时还是内战性质的，而这次却是对外的全民族的。总之，这种妥协可能是减少了。当然我们还要更团结与巩固统一战线，加紧反对妥协，使这一因素消灭。

（三）中国抗战能不能胜利？我党中央已提出三个胜利的基本条件：第一是中国本身的进步与力量的增长；第二是日本困难增加与内部变化；第三是国际援助增长。从这三个条件来说：

第一，我们本身力量虽然增长，但是还不够；第二，日本是削弱了，但还未能达到应有的程度；第三，虽然苏联及其他国家的援助一天一天的增加，但是还没有达到应有的要求。以后这些条件是不是还能增加呢？我们说能够的。中国越抗战越进步，日本内部矛盾仍是在继续发展，苏联及其他国家以后还会给我们更多的援助。虽然英国这方面还表示消极，但张伯伦的现实外交会不会强使中国与日本妥协呢？这里我们要了解英国在远东的利益与捷克不同。它能牺牲捷克，但对中国就不能这样做了，因为这儿有它的利益。如果同日本妥协它不但要慷中国之慨，而且还要慷它自己之慨；同时中国不是亚比西尼亚，而坚持抗战。因此在这次中日战争中它不能站在日本方面来反对中国，虽然它对中国援助还是消极的。但英日妥协有没有这种可能呢？有的，日本进攻广州以及在华南方面对中国海口的封锁，这就是日本对英国硬压一下。固然英国在某种程度上与日本妥协的可能还有，但英国决不会像对捷克似的赞助日本灭亡中国。我们看见"九一八"以来，英国态度绝对不同了，对欧洲的事变虽然影响了国际对华的援助，然而苏联的援助仍然的继续增加，主要就是靠我们持久抗战来争取国际援助的增加，敌人即或再攻下南昌、长沙、西安，我们还有广大土地。何况它只有点与线的占领，很多的土地还在我们手中。我们并没有失掉这些条件，我们说我们是能坚持下去的，因此我们的党员应该来广泛的在群众中解释中国抗战的持久性与抗战能够胜利问题。

（四）目前形势是第一阶段转变到第二阶段的过渡中。这一阶段更艰苦更困难，一方面更进步；同时这一时期是相当的长，而将来的胜利决定于这一阶段的努力。有些什么困难？目前广州、武汉相继失守，在行政上、军事上将会把各地分割起来，会把我们分割为很多块地区。当然在政治、军事的统一与指挥上都感到困难，不易得到很好协同动作与一致作战。如主要铁路将会完全没有，公路、水路大半失掉，因为一切交通线掌握在日本手上，军事行动上增加了很多困难，财政经济上也失掉了很大的收入，将来战争发展下去，困难更加多。同时日本帝国主义进一步利用汉奸托派来分化中国，破坏国共合作，破坏统一战线，成立伪中央，否认我国民政府，以求在国际地位上、群众中间给我们打击。在这时许多悲观失望的论调就会产生，尤其是在武汉失陷后许多抗战分子发生悲观，汉奸亲日派就在这时利用这些问题来破坏抗战。当然这些将在财政上、军事上、统一战线上遭遇更多困难。但这能不能动摇我们继续抗战的决心呢？不能的。我们可以采用新的办法与政策来解决一切困难。国共两党亲密合作，统一战线的巩固与扩大，更由于我党政策的正确，这些困难是能够克服的。其次，中国会不会继续进步呢？我们的回答一定能继续进步。国民党进步，共产党发展更大，民众运动也将更向前发展，军队继续改进和强大等等，这些进步将随抗战更继续前进。（1）所以我们党的总方针是坚持统一战线，坚持统一，坚持抗战。根据这一总方针，争取最后胜利，争取独立自由的新中国。只有这样我们才能生长新的力量，才能巩固与扩大统一战线，过渡到新的阶段来争取胜利。（2）在这过渡阶段中的中心任务是克服困难，巩固全国力量，准备反攻。当武汉失守的今天，我们将尽一切最大力量来克服这些困难，来转入新的阶段，来强大我们的力量。这基本条件就是巩固团结，巩固统一，增长我们新的力量。这个时候决定我们第三个阶段上的反攻，造成一切政治、军事与国际的有利条件来与敌人达到平衡。所以我们现在要反对妥协，暴露日本帝国主义的阴谋，揭破汉奸托派的阴谋。（3）要提高全国人民的民族意识，坚持抗战的决心。（4）必须在敌人占领区域发展广泛游击战，建立抗日根据地，不断消耗、削弱敌人，变成将来反攻的支点。我们可以预料，敌人将会集中火力对付游击区，那时将会比现在更困难，这样来使敌人由进攻渐渐转为防御，达到力量平衡。（5）我们必须努力建设新军，提高军事技术，加强政治工作以及改善征兵制度。我们与敌人兵力的对比应该是三比一，但以中国人口之众反在兵力上不能达到，这就应该充实和改善现征兵制度，来超过敌人。我们每个共产党员都应该负起这个任务。（6）要开展广泛的民众动员，我们就要民主，只有民主，才能把广大的民众动员起来。改善民生才能提高民众积极性。自然这是站在抗战立场上来说，在抗战前提与可能下对民生给以相当的改善。（7）政治、军事、财政上都应该适合当前的环境与条件，来尽量改进与决定新政策。（8）发动国际宣传，向全世界人士作广泛宣传，引起他们的同情。只有这样，才能取得世界无产阶级及爱好和平的人士更大帮助。（9）我们要巩固中国统一，拥护国民政府及蒋委员长领导抗战，来反对一切分裂运动。

五、关于巩固和扩大抗日民族统一战线的问题

（一）中国抗日民族统一战线的特点以及在目前抗战新阶段中它的新的发展。

1. 中国民族统一战线的特点，和法国、西班牙以及其他国家的统一战线在性质上是不相同的。这些特点是：

（1）中国的条件和法国、西班牙不同。在法国和西班牙等

国家里的统一战线，主要的是以无产阶级各政党为基础的联合进行反对国内的法西斯蒂。在中国的统一战线却不是这样。中国是一个半殖民地的国家，因此，中国的统一战线是在反对日本帝国主义的基础上建立起来的。统一战线是民族的，它的基础较之西班牙和法国更为宽广，它包含了各党派、各阶层的联合来反抗日本帝国主义的侵略，尤其是当这个日本帝国主义已经深入的侵入到中国的内部的时候，这基础成了客观环境的要求，因为客观环境的促成，发展得更广大、更巩固。这就是说明了中国统一战线在这个基础上能够巩固和扩大，而且敌人愈是向我们进攻，这个基础也愈是坚固强大，我们的抗日民族统一战线也就愈能扩大、愈能巩固。

（2）中国的民族统一战线，既是民族的，包括着各党派、各阶层的，不像法国、西班牙以无产阶级各党派为中心基础。正因为它所包含的不仅是一个政党、一个阶级，所以在统一战线中存在着矛盾，也正为这缘故，矛盾势必影响着统一战线的巩固和发展。这个矛盾的存在，就和法国、西班牙的统一战线不同。国民党和共产党在共同合作抗日的过程中，常常发生着由这些矛盾而反映到统一战线中来的磨擦，这些矛盾在中国的统一战线中存在着，然而因为客观环境的要求，为了争取抗战胜利，使统一战线在战争推动下使矛盾与磨擦渐渐减少。

（3）中国的统一战线主要的基础是国民党和共产党。这两个政党，不仅在过去曾经有过一度的合作，而且曾经对立过、斗争过，在长期斗争中存下了深刻的成见，常常在两党合作中表现了欠缺的现象。比如，最近我们要在无锡打击敌人，却被友军借口防地反对，这是由于成见所造成。

（4）中国统一战线的成立，主要是自上而下，不是自下而上，也不是上下平进。自西安事变，以至抗战爆发，国共的合作主要是由上层的合作而形成的，所以上面合作很好，而下面却很差。这反映在统一战线中造成许多奇特的与下面磨擦的现象。

（5）统一战线的发展不平衡，这是因为中国的政治经济发展不平衡和抗战形势发展不平衡的原故。比如在华北和华南，在沦陷区和非沦陷区，在邻近战区和远离战区地带，都有着各种各样的不同。有的地区统一战线是很巩固的而且扩大着，有的地方却很不充实，甚至发生磨擦与逆流，完全表示不平衡的现象。

因为一部分人不了解这一现象，常因某些部分磨擦得较利害的时候，就会有人以为是统一战线破裂的现象，以为是统一战线破裂的征兆，这是不对的。我们应该从总的方面看到统一战线是日向巩固与扩大一方面发展，而且继续在发展。

2. 用各种方法来巩固和扩大民族统一战线。以上五个特点说明了中国的统一战线跟西班牙和法国不同的，我们应该根据这特点来巩固和扩大统一战线，依靠着抗战的形势与持久战，统一战线的发展就以此为基础。由于战争的持久性，统一战线也就是长期性的、持久性的。因此，我们应该用各种方法来巩固和扩大抗日民族统一战线，来适应抗战的持久性和长期性。有的人认为小的磨擦就是统一战线的破裂，那就是它不认识统一战线长期性的意义和统一战线与抗战持久性的关系的原故。

我们根据上面的分析，说明统一战线是随着抗战的发展而发展，当现在抗战进入到从第一阶段到第二阶段的过渡时期的时候，统一战线也一定由旧的阶段转为新的阶段。这就是说，为了第二阶段抗战时期的客观环境的要求，统一战线也应该转入到愈巩固愈扩大的阶段。

（二）对国共合作的估计。抗日民族统一战线以国共两党为主要基础。国共两党不能合作，统一战线就无从继续，抗日也就失去了基本的力量。我们要知道，抗战是不是能够持久，能不能得到最后的胜利，就要知道统一战线能不能巩固与持久；要知道统一战线能不能巩固与扩大，就先要估计到国共合作是否继续与巩固。假如两党合作是没有问题的，则统一战线一定能坚持巩固下去。

国民党有没有进步呢？我们说：有。因为国民党坚持抗战，即是进步。如由动摇政策转到坚持抗战，和共产党合作，在这方面说是它很大的改变、很大的进步。

它的进步在哪里？它有怎么样的进步？

1. 它的进步，首先是确立抗战的政策；其次，以前国民党主张一党专政，除了他们国民党外，不准别的党派合法存在与过问政事，现在已经有了参政会，虽然这回不是民选的，是由上面指选的，但是却包括各党派的优秀分子；虽然这会没有决定国事的权利，仅是咨询的机关，然而对国事都可以建议。

从过去国民党的政治机构来看，自抗战以来这个民意机关的设立，不能否认的，是一个大的进步，并且决定最近各省要设立临时省、县参政会议，如能真正实行，那进步就更大了。

2. 国民党本身的特点：国民党不是这一个阶级的政党，它包含了各种分子与许多小派别，因此它的中间还存在着一部分保守倾向顽固分子，在国民党对统一战线的态度是上层及大多数已赞成了，但下层还有少数反对联共、实行反共的事实。

3. 国民党坚持抗战下去，须找新的力量，但它要有新的力量参加到它的组织里去，就须有新的政策，旧的政策、过去的方式是不能吸收到新的成份的。这一点，也就是说明国民党须由新的进步路上走。

只有长期与坚持抗战，能使国民党继续向前进步，这就是说明国民党有进步，能继续进步，抗战下去还更进步。进步证明了合作的可能性，更证明了和促进它的进步。

（三）第三个问题是国共合作长期性还是短期性？去年十二月、今年三月，中共中央政治局会议已经指出，两党合作不是短期的而是长期的，不但在抗战期间要合作抗敌，而且在抗战胜利后还要共同合作建国。但有许多人员还认为长期合作没有保障，六中扩大会议具体讨论到这个问题。

首先有许多人以为国共合作在第一次失败了，说不定第二次会跟第一次一样，但第一次和第二次合作是不同的。其不同的条件如下：

1. 过去是在反帝反军阀的基础上合作，主要敌人当时还是军阀。那时战争性质是内战；而现在是对外，是对付外面的敌人，要打倒日本帝国主义。这个敌人，对于我们中国的各党各派各阶层都有着共同的利害。大革命时代在胜利的发展上容易破裂，那时破裂了大家还可以存在，现在破裂了大家就会立刻灭亡。

2. 国际形势不同。大革命时代，帝国主义者是一致反对革命，现在帝国主义阵营破裂了；那时候的斗争，同帝国主义是间接的，帝国主义在侧面破坏中国统一战线，用分化、收买、引诱、威胁的各种手段来促使中国的统一战线破裂失败，现在不但不能联合起来对付中国，而我们还能利用帝国主义间的冲突矛盾得到各种帮助。

3. 也是国际条件之一，苏联对中国的影响。所以帮助中国统一战线巩固，大革命时代苏联帮助了我们，现在也帮助了我们，在表面上看帮助是一样，但因为苏联在现在已完成了二个五年计划，力量强大了，社会主义的基础不但是巩固而且大大的发展了，苏联对全世界甚至对于各国的作用也大不相同了，还有苏联对我们的援助，统一战线在这一条件下更促其巩固。

4. 十年内战对两党的教训。分裂后，只有害没有益，现在在共同对抗日本帝国主义侵略的时候，再分裂就灭亡，所以不但共产党员，就是国民党员也希望合作能持久下去。

5. 全国人民的教训。自从国共第一次合作分裂后，日本帝国主义就一步步向中国侵入，人民认清了这点，国共两党的磨擦使他们担心。这证明不愿国共两党再分裂，只有国共两党合作才能抗战。这种人民的迫切要求，也有力地保证了两党合作能巩固下去。

6. 国共合作在"八一三"抗战正式宣布成立后，当时我党就宣言合作是长期性的，再加我党正确的政策和方针更使这合作进一步的巩固，这也保证合作的长期性。

国民党和共产党不但在抗战期间中可以合作，而且抗战胜利以后共同建国。有人以为抗战一结束，统一战线就失掉它的作用，内战就要起来，我们认为抗战胜利还能合作的。这主要的是由于以下的条件：

（1）抗战期中的合作，奠定了抗战胜利后的合作基础，因为战争是长期的，不是一年二年的，而两党在抗战中的合作，使抗战后合作基础决定了、巩固了。那时两党不但都能得到全国的信仰而且两党的力量仍保存，两党的关系也更亲密。抗战胜利是用力建国，是用全力来发展全国的社会政治经济等。我党根据这一点提出抗战后国家形式是民主共和国。

（2）民主共和国的经济基础。从这一点上来决定国共两党是不是能在抗战后共同建国，这个民主共和国的经济基础是什么呢？这是确定国家性质与前途的主要条件。在抗战胜利后日本帝国主义和汉奸在中国的工厂全部要没收归政府，国家就此来发展中国的经济，这是国家资本主义的性质，既不是社会主义的经济建设，也不像欧美资本主义国家的私人资本主义，这是中国经济的前途。这样基于这种经济上的阶级关系，必然能够合作而不会有分裂。

（3）中国以后的建设，须得国际的帮助，从世界说，现时世界资本主义制度已进入到死亡时期，是无产阶级革命的时候，是苏联社会主义建设巩固和发展的时候。苏联在中国抗战时期帮助中国，但战后一样是帮助中国的。这个苏联的大量的援助就会使中华民主共和国的经济的发展是国家资本主义，不是像西欧各国的私人资本主义。

这几个条件证明着国共不但抗战中能长期合作，而且在抗战胜利后还能共同合作建国。这不是空话，不是宣传的，而是适合于实际条件的可能性。

（四）第四个问题，怎样巩固国共两党的合作？首先说国共两党合作的形式。现在两党合作是党外合作，但是当抗战进入到新阶段时候，统一战线也必须有新的发展，必须有进一步合作的形势。今年上半年我党提出的三种合作方式：

1. 恢复十三年时的合作方式，保持共产党的独立性，使共产党员可以加入国民党。

2. 各党各派共同组织一个共同委员会，有一个纲领，实行这个共同的纲领。

3. 党外合作，就是现在所用的方式。根据目前抗战胜利的要求，这种合作的方式是不够的，因此我们现在要求有更进一步的合作，最好能恢复第一种合作的方式。现在的党外合作不能使我们在共同纲领达到行动一致，为了统一战线须有的发展，非有一个新的形式不可。国共两党合作得愈坚固，克服困难的力量愈大，争取抗战的胜利也愈有把握。如何能使国共两党更亲密更巩固，更保持各党派的独立性，才能巩固与扩大统一战线，三民主义的民权主义就是包含各党各派的独立性；谁要是企图其他党派失去独立性，那是对巩固和扩大统一战线有害的。

（1）统一战线是在三民主义与对日抗战的基础上建立起来的。党在提出统一战线的口号时，在和国民党谈判时即宣布愿意与国民党共同彻底实现三民主义。一九三七年，毛泽东同志在陕甘宁边区党代表会上报告时，在九月间党宣布国共合作的宣言上都曾明白表示了这种态度，但这决不是说我们实行三民主义而放弃共产主义，相信共产主义和实行三民主义是不相冲突的。

（2）我们的党为了巩固合作和争取胜利，公开宣布在国民党及其军队中不发展我们党的组织，不建立我们的支部。假使他们愿意，我们以公开的共产党员的资格到他们的军队中去帮助工作，我们也愿意去；假使他们不愿意，我们就不去。反之，国民党也不能在我们的军队中发展组织。

（3）为了巩固两党合作，我们的党主要向沦陷区战区去发展，是从敌人的手里争取广大的群众，是从千千万万的无组织的群众中去组织群众，而且为了抗战的胜利组织敌人统治下的群众是必要的。这样，能除去合作中许多隔膜和猜疑，使两党能亲密地合作。

（4）我们很早就宣布过，而且我们在现在还是切实地这样做着，拥护国民政府与蒋委员长对抗战的领导，这不但在宣言上而且在行动上证明着。我们在这样的形势下，用帮助的方法，友善的态度，适当的形式，坦白的诚恳的态度，说服的方法，使他们易于接受来推动他们进步；同时，以共产党的真诚与抗战的忠实及战斗上的模范行动去影响他们。

我们以后不应该在小的问题上争论，我们应该在某些地方不妨害党的基本方针、立场和抗战利益时有必要的让步，以免因小失大而影响到整个合作和抗战。但是虽在这样的形式下，我们决不放弃对亲日派的斗争，国共两党的合作只有坚决揭破他们的阴谋，才能巩固和扩大。

为争取抗战的胜利，我们这一次更有进一步的对统一战线的巩固，但统一战线应遵守两个基本原则：第一，统一战线，统一是基本的原则，在任何的条件下都要遵照这原则；第二，要巩固统一，必须要斗争，但是斗争不是与统一对立起来。统一是主要的原则，斗争是辅助的，是用来巩固坚强统一的，所以斗争是要抓紧同一切妨害统一战线的障碍作斗争。为了巩固扩大和发展统一战线，必须记着这两个原则，在任何时候任何条件下都不应违背这两个原则。

（五）第五个问题。三民主义是抗日民族统一战线的基础，实行三民主义与统一战线是不可分离的，三民主义的原则在中国现在争取抗战胜利与建立民主共和国是完全相符的。所以我们要巩固统一战线必须实行三民主义。但是，我们必须保持信仰共产主义，我们共产党员是信仰共产主义的，共产主义是彻底解放全世界全人类的。

六、党的工作和任务

（一）加强和扩大八路军及新四军

加强八路军、新四军的战斗力，使其成为抗战的部队中最先进的部队。

1. 新的军事技术的准备：八路军和新四军虽长于游击战和运动战，但许多新式武器还不会使用，还没有新式的现代化的武器和配备。我们为了最后驱逐日寇出中国，必须有坚强的现代化的国防军队，我们要在新的军事技术上作准备，并且要训练大批的这种干部，在部队中进行现代军事技术的教育，以便夺取敌人的武装来武装自己。我们的八路军和新四军，不但要在抗战过程中表现特殊的英勇和坚强，而且要在决战的阶段中成为强大的反攻的主力部队。

2. 巩固和加强八路军和新四军的政治工作和党的工作。要保证部队战斗力的提高和争取重大的胜利，只有加强政治工作，坚决执行党的路线，为实行党的新政策和一切决议而奋斗。提高党员的工作积极性，反对一切怠工、削弱自己力量的各种倾向。

3. 保持并发扬我们革命的优良传统。我们有党的正确领导，我们有艰苦奋斗的精神，有十年斗争的锻炼，有一贯坚强的政治工作，有许多优良的制度，有严格的纪律，这是我们军队独特和进步的地方，也就是我们的优良传统。我们要巩固这些制度，发扬这些传统，一切妨碍我们进步的坏习气、不良的传统，我们要彻底肃清。在新四军方面这点还做得不够，政治工作也还赶不上八路军，这须得本军全体党员一致努力，为完成这一任务而斗争！

目前敌占武汉，使我们地区有被分割的可能，而形成各个独立作战的区域，我们的斗争会更激烈、更残酷。我们就须保持过去独立自主作战能力和灵活机动顽强英勇的战斗精神，保持过去的优良传统，建立和巩固我们的制度，英勇抗战的精神，高度的纪律，优良的政治工作来影响并推动周围的友军，使他们内部团结，并能建立政治工作，加强人民与军队的关系，而提高其战斗能力。我们要以友善的态度帮助友军促其进步，在各种工作上与他们很亲密的合作，在战场上与他们协同作战。此次，中央特别指出：必须防止离间八路军、新四军与友军团结的阴谋，我们要与友军亲密团结，一致努力，共同战胜日寇。

（二）巩固华北，发展华中、华南。华北有几千万民众，几百万以上的人民武装，多数已经组织起来，我们要巩固它，反对敌人对这个威胁敌人后方的抗日根据地的进攻。我们要使华北将来成为反攻的据点，使它成为抗战力量的基础，我们要从政治上、军事上、经济上各方面来巩固它，造成华北抗战的铁的堡垒。

武汉失守后，华中、华南的沦陷区域更加扩大了，我们要在这些广大的沦陷区域里发展各种工作，发动人民武装群众，大大开展抗日游击战争，创造大江南北的抗日根据地。

（三）大大发展我们的党。我们党的发展和扩大对中国的抗战有决定的意义，这不仅是主观的要求，而且也是客观的需要。因为我党的发展与强大是以保证中国的抗战的最后胜利，因此应该大量的吸取许多有觉悟的先进分子入党。我们反对两种倾向：一种是关门主义，不让人家进来，有许多同志用一个党员的条件去衡量非党员，这是不对的。我们要从基本的政治条件上去考察人，世界上没有十全十美的人，只有在党的教育下才能成为一个好的党员。另一种是右倾机会主义的倾向，不管什么人、什么政治条件一齐拉来，以前我们讲要加强党的无产阶级成份，今天是实际去做的时机了，许多大城市和工业区的沦陷使得大批的产业工人散布到乡村里来，这正是我们发展党的机会，同时农民与小资产阶级的进步分子我们也要大量吸收进来，我们有许多同志看不起知识分子的态度应该纠正。

（四）党与军队的独立性：在统一战线的情况下，我们党要保持共产党和共产党对新四军领导的独立性。我党要保持独立性，不仅为的是中国无产阶级的利益，而且也是为中国人民的利益和民族解放的利益。每个党员应有坚强的马列主义的信仰，不能模糊自己的意识。大革命的失败，就是因为当时的党失去了独立性，变成了资产阶级的尾巴，而没批评友党或同盟者的自由。这一教训是我们今天值得记取的。我们的军队的独立性的保持，不是在名义上的争取，我们改编为国民革命军，但我们的政治领导、革命传统的精神、政治经济的制度和工作的作风，都是与人家是不同的。我们的军队的独立性是要保持的。新四军的环境和八路军的环境不同，所以在新四军方面保持独立性尤为必要，谁要削弱或取消我们的独立性，谁就是违背抗战的利益。

（五）在新的政治任务下，我们的组织形式和群众的组织形式有新的改变，过去的组织形式不能再适应于今天了。目前中国抗战形势已有新的转变，正在第一、二阶段的过渡期中，我们的组织方式应有各样的转变，在战区与非战区，在沦陷区与非沦陷区，在敌人来去经常的游击区与抗日根据地，在近后方与远后方，在八路军区域与新四军区域，都各有其不同的形式和工作方式。总之，要根据各种具体的不同的情况，来灵活机动的运用我们的组织方式和工作方式。

（六）学习新的工作方式，因为客观上有许多限制和阻碍，加以主观的工作方式不好，使得我们的工作不能很好开展。比如集中的、命令的、公式的、狭隘的各种不良的工作方式，今天都不适用，而且要完全纠正过来，过去新区的集中的命令的方式是为了适应当时战争的特殊环境，今天在统一战线的新的环境之下我们要用民主的方式团结广大的群众，实现我们的主张。尤其是对学生知识分子的教育，我们更应当用民主的方式，说服和争取他们民主的讨论、善意的批评，只有这样才能团结非党干部，而简单的训话、命令的方式都是不应当的。军队中自然是集中的，但某些意见的讨论和工作的磋商，都应是民主的。

在党的同志也应当进行民主的教育，发扬党内的民主集中制的真正精神，反对宗派主义的色彩和高慢的态度，不虚心学习、自高自大、强不知以为知，这只是阻碍自己进步。而已有许多同志动辄说："我参加过二万五千里长征，我参加过三年游击战争"，一切都是自己行，人家不行，拒绝别人的意见，脱离群众。中国有句古话："满招损，谦受益"，值得我们学习和反省的。大家都知道，马克思主义是吸收许多科学的成果和革命的经验、汇合许多知识和经验而成的，我们为何不到处学习、到处虚心、到处求进步呢？但有种同志摆出党员的面孔给人家看，并且用党员对党员的态度来批评人家，弄得人家不愉快，这样决不能团结非党干部，发挥他们的工作积极性来共同奋斗。我们永远不放松自己的政治方向，永远坚持自己的信仰，这是对的，但是拿一副冰冷的面孔对人是不应该的。

对非党干部的态度，均不可用专靠命令与严厉批评的态度，应当谦逊和蔼、协商说服是必要的。我们在政治上领导他们并信任他们，共同协商与民主的讨论的方式和诚恳亲善的态度去接近他们，教育他们，提高他们的工作积极情绪，以自己的模范行动来影响人家。在统一战线情况下，不用民主的方式去进行工作，是不能发展的，因此我们须要彻底扫除过去一切不好的工作方式的残余。

七、正确执行干部政策

培养和提拔干部应以政治条件为标准，要看干部对党的忠实，对政治路线执行的坚决与否来决定，所以政治条件为第一。第二，固然还要看他是否忠实和坚决执行党的政治路线，当不能以新老为绝对标准。第三，工作能力的强弱又是一个重要的标准，若不依照工作能力来提拔干部，来分配工作，那是要减低工作的效能的。第四，对干部要用教育与说服的精神去培养他，干部的错误要看他政治上是否有基本问题，不能因为犯了错误就认定他是坏分子，要耐心的教育他，在工作中锻炼他。第五，在从政治上、在各种工作的方式上来培养大批的干部，我们要教育老干部并大批提拔新的干部。第六，巩固党的铁的纪律，在说服和教育不能生效，在纪律受到破坏时，就应当实行纪律的制裁，只有这样才能巩固党的铁的纪律，才能完成我党历史使命。

八、提高阶级警觉性

在目前复杂的政治环境中，提高阶级警觉性比内战时期更为重要，敌人和他的走狗亲日派、汉奸，特别是托派向我党进攻，许多顽固分子也想破坏我党，所以高度的提高政治警觉性现在已不是口号的问题，而应是实际去做的问题了。我们要在行动中、工作中严密注意这一个问题，要巩固我们的党必须打击这些阴谋破坏的分子，严防破坏分子混入我们党内。今后，我们要加强保卫党的工作，我们要号召全新四军中的党员来注意这个问题。
……

十、党和军队的团结

现在党和军队的团结一致，比任何时期都要重要，这是争取最后胜利的必要条件。第一次大革命失败，不仅是陈独秀机会主义的错误，党内的不团结，也成为失败原因之一。因为不团结，使机会主义的政治路线不能及时改正，而让其发展下去，造成严重的恶果。我们要特别警惕不让敌人利用小的问题来挑拨离间，甚至于分裂我们的企图，尤其是在各个分散的游击区域更不容许有小的空隙为敌所乘，我们要保持思想上、政治上的一致，一切无原则的非政治的意见的争执，是党所不能容许的：每个党员要绝对服从党的纪律，党员服从党，少数服从多数，下级服从上级。有意见不能在党外去讲，破坏党的团结的行为党是绝对不容许的，张国焘就是一贯玩弄这一套。

保持同志间互相友爱、互相尊敬的精神，因说笑而闹意见而牵动感情引起同志间的纠纷，这是不应该的，新四军方面这一坏现象急待克服。同志间的友爱团结、诚恳坦白是非常必要的，有一种同志当面不说、背后说，公开不讲、秘密讲，因而造成纠纷，这是我们坚决反对的。

我们党有正确的政治路线，再加上党内一般的团结，我们一定能克服一切困难，保证抗战的最后的胜利。全党团结在党中央领导之下，一致为执行党的决议而斗争。

在伟大的历史任务面前，中央号召全体党员加紧学习马列主义，加强自己头脑的武装，努力完成党的任务，争取抗战的最后胜利！

关于新四军人数和武装情况[*]

（一九三八年十一月十四日）

毛并告周、朱、彭：

（一）四军人数南北共计一万五千以上，雪枫在外，江南有二万上下部队，可直接编入，但粮费无法解决。

（二）武装方面，江南轻机枪已增至百余挺，重机枪十挺，江北约四十余挺轻机枪，江南增步枪一千五百支以上，短枪约增五百支。

（三）近日国方竭力对我限制，严格划分作战地区，对我前向无锡、苏州及江阴挺进队，被其顽固之别动队阻止，发生武装冲突，顾^①又屡以强令制止，因目前形势暂时撤回，以后再待机前进。

（四）教导队已有十二队，学生一千三百上下，情形甚好，但缺教职员。顾转蒋电指示军政大学禁止停办，我已电复仅办教导队。

（五）战区派一军风纪视察团，全是特务人员，现已经到陵

＊ 本篇系项英致毛泽东、周恩来、朱德、彭德怀电报的节选。根据中央档案馆馆藏件刊印。篇题为编者所加。

方，完全是视察我军情形，教导队事即其所报告。

（下略）

项

十 四 日

注　释

① 顾，指顾祝同。

进入金坛等地区开展对敌斗争*

（一九三八年十一月二十七日）

周并报中央：

（一）三战区①划我仅丹镇、句容（南京）、当芜、南陵、繁昌（系川军地不能去）等并以县界为准，且形一条线，中间又被敌隔而不相连。

（二）以县界划分，犬牙相错，为溧水、溧阳、金坛、武进与丹阳、句容等县，这限制作战与机动，而便敌协同动作。

（三）以上地区虽归友军实无友军活动，从不作战，现在后面，便敌集中力量，攻我又阻我军回旋机动。

（四）邻近救国军及第二挺进队从不作战与敌形成互不侵犯，使敌集中于京沪运输兵力向我进攻，并极力消灭民众武装，尤对同情我武装等，帮助日寇。

（五）我向顾②以地形敌情与敌作回旋机动，请求以后进金坛（含滆湖、长荡湖）至南渡南漪湖，达清弋江线西北地区，便于作战联系和回旋，并非自由扩充地区。该地区虽属友军，实

---

* 本篇系项英致周恩来并报中共中央的电报。根据中央档案馆馆藏件刊印。篇题为编者所加。

无友军作战，数月来均为我活动。

（六）战区近来极力限制沦陷民众组织与武装，禁止我军活动，显系置敌不顾而专对我，对坚持抗战有危害。

（七）江北由舒桐庆线③，无友军，均为我活动范围。

（八）以上，请周设法向蒋④讲，而得解决，我军暂取退让。如何？盼复。

项　英

二十七日

注　释

① 三战区，指国民党军第三战区。

② 顾，即国民党军第三战区司令长官顾祝同。

③ 舒桐庆线，即舒城、桐城、安庆一线。

④ 蒋，指蒋介石。

关于保持和发扬优良传统的讲话*

（一九三八年十二月二十一日）

同志们：

今天这个会议是很有意义的，我们根据今天这个会议的精神，传达至全军，必能造成我们部队继续发展的一个最坚固基础，所以我说是最有意义的。

本来保持和发扬固有的优良传统不应当成为一个运动，因为这是政治工作人员的经常工作，指挥员的责任。尤其在抗日战争中，客观的环境更要求我们这样。但是在今天，为什么要把它提出变成运动呢？那是有它的重要性的。在本军成立时，我就写了我们的第一篇政治课教材《保持我们的优良传统》，在今天来看，我们应当站在自我批评的精神上，为了本军将来对抗战的贡献，为了在抗日战争中能担负更伟大的任务，那么就必须发动这个保持和发扬优良传统的运动，因为这对上述任务的完成，是有决定意义的。

在目前条件和环境中间，保持优良传统比之在过去的战争时

---

* 本篇系项英于 1938 年 12 月 21 日在新四军一次会议上的讲话。原载新四军政治部 1939 年 3 月出版的《我军优良传统的具体解说》一书。

期是困难得多，而发扬优良传统也较困难。我们的政治工作人员、指挥员，不仅要有经常性，而且要有坚持性。

本军成立差不多一年，最近各方面发生的现象，使我们不得不警惕起来。部队中发生的现象，严格地说，是慢慢在侵蚀我们的传统，形式上好像无问题，暗地里我们应承认，我们的优良传统是受了某些影响了。比如说在官兵团结友爱上，这是与官兵一致有密切关系，现在某些部队中，发现不好的现象。我们的军队是建立在共同政治斗争的目标上的，我们是在这基础上团结起来的。但在部队，指战员的友爱和团结精神的发扬是不够的。如抛弃了我们的优良传统，而继承了旧的不良传统和旧社会的不良传统，虽然我们是在纠正，是在斗争，但是不够。比如打人、骂人，我们是绝对禁止，有某些部队发生个别的打人、骂人现象，这是不容许的。在对民众关系上说，一般的我们已取得了民众的拥护、爱戴，但个别的部队对民众关系不密切，甚至有些指战员，对民众采取凶恶态度，民众是天平，好坏分明一丝也不差，谁好谁坏马上可以感觉出来。

我们在艰苦斗争的精神发扬上，目前是不够的。上次开会我曾经提出反对太平观念、享乐倾向的发展。如某些部队马很多，连长以上都有马，照编制不应有，胡调的倾向也发生。由于政治工作的薄弱，首长的调和态度，弄到破坏纪律。有些首长说："这是很难解决的，大家巧妙一点说好了。"对上隐瞒，对下掩盖，完全要不得。又如贪污现象，特别买私人的东西。这些现象，虽然还是部分的、个别的，但已开始在我们部队中发展，这对我们的传统是最猛烈的有力的攻击。有些领导同志，常常忽视这些，认为不要紧，客观上帮助这些现象的发展，这是我们队伍中的致命伤。当然，我们不能夸大这现象，我们也不能忽视，它是霍乱病，传染起来最快的，所以我们虽然看见这些部分的、个别的现象发生，我们都要警惕起来，这也就是表示了我们保持和发扬优良传统的重要性。这是第一。

第二，新的成份一天天的加多，我们没有政治工作，坚强其政治性，我们不用优良传统去同化他们，结果是会被他们同化的。因为新来的多是农民、小资产阶级的知识分子、青年学生，或其他部队中的。他们固然可以带些好的作风精神，但他们多不是在长期革命斗争中生长起来的，而是在现在抗日高潮中卷进来的，虽然他们是不自觉的，他们生活在各地的社会里，不可免的带来些不良传统，我们不能不以优良传统来教育他们。有些老干部常说经过长期斗争，有了锻炼，但在目前长期残酷斗争环境中，固然他们政治坚定，然而稍一把握不住，容易染受坏的习气，并且因为斗争环境不同，与领导关系常有一些小的坏习气。如果我们不能解释清楚什么是优良传统，那些坏的习气也被认为优良传统；如果我们没有把优良传统明确的弄清楚，那么就会在优良传统的名义下，掩盖一些坏的习气。我们的队伍是十几个单位汇合而成的，虽然基本上是好的，但也有些个别坏的现象，而这些坏的现象，不是我们所需要的。

第三，我们所说的优良传统到底以什么为标准呢？我们所说的是以过去由朱毛直接领导下的军队所创造的优良传统和作风。以前各方面军间、各苏区间，基本上是相同的，但也有某些区别。这一点不弄明白，将来永远是不清楚。总的方面要以这个为标准。因为游击战的分散，所以说有些传统是不一致的。我们要有标准，否则便会曲解。比如说活泼作风，但在某队里，却被小资产阶级的放任所代替。另一方面，在现在环境下，外界的影响很容易传染上来，正因为某些同志政治认识不够，意识上不坚定，于是有意无意地使他不能坚持自己优良传统。有些分子发生旧封建社会里的地方观念，虽然不普遍，但这是失却革命队伍的精神的，这是封建的残余，我们对外界接触常常无意会接受他们的传统。这样我们部队的优良传统精神，就容易被弄暗淡了。

第四，政治工作人员的少经验，这是我们目前最大的弱点。从前的老干部，有的做地方工作去了，有的牺牲了，工作机关不甚健全，许多缺乏部队工作经验的充当政治工作人员。这些客观条件，自然也是主观条件，使得我们保持和发扬优良传统的力量不够。

第五，我们现在是打游击战争，我们的部队常常分散行动。很久在独立作战的环境中间，对于上级领导不能直接接受，又再加缺乏自己的坚强领导，很容易受外界影响失去我们的传统，染受坏的习气。游击主义的坏习气，就是由此而来的。这样，使我们在这环境中要保持并发扬我们的优良传统尤其重要了。

综合起来，在这五方面影响下，使我们保持并发扬优良传统更重要了。如果不这样，将来我们部队壮大起来，我们虽能有数量上增加，却在实质上就差了，精神上就会削弱而消失。因此，为了我们将来的发展，为担负起伟大的抗日任务，使优良传统精神随部队的强大而强大，也就是使实质上的扩大，那就是更其重要。我说保持和发扬，在将来历史上的重要性也正是这一点。

我们再严格地检查一下，负破坏我们传统和修正我们传统责任的不是战斗员，而是干部。靠谁保持我们传统呀，靠干部；靠谁发扬呀，也就靠干部；部队有问题，首先就要检查各级首长；

保持优良传统，首先就靠军队军事政治干部，靠领导人以身作则，并且经常的教育，不断地以自己行动来做模范。所以说，首长对于部队有决定的意义，在保持发扬优良传统中，首长是有决定作用的。

运动的开始要由干部传到下面去才能深入，最怕是把优良传统变为宗教的教条，其实这是我们行动的标志。因此，要使得这运动不仅变成宣传教育运动，而使得在部队内成为传统。保持优良传统发扬的实际行动，不但要由上而下，并且要由下而上。我们要反对破坏优良传统，不应该使坏的腐化分子存在我们中间，我们要淘汰他，不仅使它仅仅成为运动，而要使它经常化，使它成为日常工作和斗争。对于这个运动，我们要以坚持性，为完成这一运动而奋斗。

我写十条优良传统，要使它有一个一致的解释，不致使人误解。在长期的残酷的抗日战争中间，不仅要保持而且要发扬。同时，我们将有新的传统、新的作风被创造出来，这样才能完成我们的任务，这是我们同志更需要了解的。

一个革命军队，为了政治的目标，为了革命的胜利，它能进步学习，它才能得到胜利。所以，我们不但要保持自己的优良传统，并且要发扬优良传统，创造新的优良传统，继承和接受一切优良传统。比如在军事上说，游击战是我们的特长，运动战与阵地战在过去也有。我们的优良传统和作风，我们都要把它发扬起来，使我们能进行大规模的运动战，更要学习抗战中近代战的优良传统和作风，使我们能够胜利的完成抗战任务。

那些是我们不要的坏传统[*]

（一九三八年十二月二十八日）

在保持和发扬优良传统运动中，应该使大家明确了解的一点，运动的主要意义：一方面，将我们已有的优良传统保持和发扬起来；另一方面，要继续创造新的优良传统，排斥许多坏传统的侵入，使本军继续向前进步，成为最前进的革命军队。

正因为我们是生存于社会中而不是孤立的，要与社会各方面相联系、相接触，易于使社会中所存在的所流行的坏传统、恶习气侵入到我们的生活中，逐渐动摇我们的优良传统而普遍化了。故保持和发扬优良传统，与排斥社会中的坏传统、恶习气，是互相关联而不可分离的，我们的运动，只有这样才能获得实际的效果和成功。

社会中的坏传统、恶习气是很多的，像蜘蛛网一样，密布在我们周围，时时有被黏住的可能。再加以我们都是生长于社会中，本身就或多或少的染带着某些习气与遗传，若不加以治疗和克服，就要蔓延的发展起来，如霍乱症一样，由一个人很快传染

---

* 本篇系项英于 1938 年 12 月 28 日写成的。原载新四军政治部 1939 年 3 月出版的《我军优良传统的具体解说》一书。

及全体。

现在我们审情察事，那些坏的传统、恶的习气，易于侵入我们的队伍，或者是潜伏着而在慢慢的发展，应当具体的指出，使大家认识来斗争，将它排斥掉。

第一是封建的关系。如地方观念（同乡等），亲戚的（妻舅兄弟等）、部属的（上司、部下、同事等）关系，感情的（朋友、把兄弟等）以及行会（同行同业）的结合等等，这是封建的落后思想和行为，丝毫没有一点政治意味的。过去军阀多是依靠这些为团结的基础，而造成各色各样的罪恶行为，这是我们绝对不要的。

第二是军阀习气。如打人骂人，强迫手段，压迫行为，扰害人民，蛮不讲理等等，使军队不团结，民众又反对，这更是我们所不要的，并且与我们的优良传统绝对相反。

第三是官僚行为。如迎上欺下，阳奉阴违，瞒上不瞒下，做事不负责，得过且过，敷衍塞责等等，这是我们不应有，而且不允许有的现象。

第四是流氓习气。如大吃大喝，嫖呀赌呀，抽大烟，敲诈勒索等等。过去军阀军队充满这种现象，使士兵变成兵痞，兵痞即流氓的变名。流氓的习气是不允许存在我们军队中的。

第五是商人道德。如虚伪，口是心非，两面派的态度，这不是革命军人的道德，而是官僚军阀的做官方法，更非我们所应有的。

第六是利己主义。如自私自利，损人利己，中饱私囊。这样的人，必然是见利思迁，见危思命，绝没有丝毫牺牲的精神，也不能作英勇斗争。与我们传统相反，而是我们坚决要排斥的。

第七是政客举动。如挑拨离间，颠倒黑白，卖弄诡计，更是我们所厌恶、所鄙弃的。

第八是骄傲自满。如看不起人，夸功表好，自高自大，老子天下第一等等。这样自然不能虚心学习，阻碍进步，因为骄必败、满必损。

这些坏传统、恶习气，是我们所不要的，是我们坚决要排斥的。要保持我们优良传统，首先要排斥这些坏的传统和习气，要同这些坏传统、恶习气作斗争。

斗争是事物成功之母。只有斗争，才能将坏的传统排出去，而把我们的优良传统保持和发扬起来；只有斗争，方能与坏传统斗争中，把新的优良传统创造出来。

本军抗战一年来的经验与教训[*]

（一九三九年一月一日）

同志们：

今天是 1939 年的第一天，是我们在斗争阶段中一个阶段的结束与开始，是我们目前抗战要进入到第二阶段的开展，也可说是我们整个中国抗战第一阶段结束而要转向第二阶段的第一天，是我们今后抗战的第一步。在这新旧交替、由第一阶段转入第二阶段时，我们应把第一阶段的抗战作一总结。

在本军来讲，我们过去一年来抗战的经过也应有个总结。根据这个总结，来决定在 1939 年如何执行我们的任务，以及如何开展今后的工作。所以在今天，我们总结本军一年来的抗战经验与教训是必要的。这是第一。

过去的一年，我们在极复杂的环境中间，做了很多工作。虽然在工作中间，我们曾经有过总结，那是局部的，在一年中没有总结，所以在元旦的今天，来作一年来抗战工作的总结。

我们说，不论在任何工作中间，有成绩也有缺点，去年工作

---

* 本篇系项英 1939 年 1 月 1 日在新四军军部庆祝元旦大会上所作的报告。原载新四军军部 1939 年 2 月 15 日出版的《抗敌》杂志创刊号，收入本文时略有删节。

的经验与教训也应该总结起来。这是第二。

总结工作经验与教训，不单是为了过去，因为社会是继续向前进步的，斗争是继续向前开展的，我们的抗战也是一天天继续向前发展的，总结过去的经验与教训，就是为了要把它应用到今后工作和斗争中去。过去的工作成绩，告诉我们原因；过去工作的教训，叫我们不要重复过去的错误。也可以说，依据我们的工作经验与教训，作继续争取抗战胜利的基础。这是第三。

根据这三个原因，所以在 1939 年元旦，把本军抗战的经验与教训作一个总结，作为今后坚持抗战与争取抗战胜利的基础。

我的报告共分成九大段，把本军一年来主要经过，以及经验与教训指明出来，以便今后运用到工作中去。

一、本军的抗战经过

新四军的成立时间很短，是在抗战中产生出来的，这是与其他军队不同的。本军的成立一直到今天，经过了四个阶段：

第一阶段，改编：我们军队的前身是散布在南方的江西、湖南、福建、广东、浙江、安徽、湖北等省份的红色游击队与红军改编而成的。自从"七七"、"八一三"事变以来，南方各省的红军及红色游击队，为了保全中国，为了争取中华民族的解放，在 1937 年 10 月 2 日①奉军事委员会命令改编为国民革命军陆军新编第四军。实际上，我们部队改编为新四军是在 1938 年 1 月开始的。也可以说，在 1938 年才正式进行、正式完成的。虽然我们部队散布在南方七八个省区，有很辽远的范围、很多的单位，但能在这一命令和中国共产党的决定下面，一致地把部队改编完成。从 1938 年 1 月到 2 月中旬是本军改编的时期。

第二阶段，集中：改编后一月，奉军事委员会命令，新四军分两地集中，江北向合肥以东集中，江南向岩寺集中。2 月 10 日以后，是第二阶段的开始，改编的部队依着指定地区集中。首先是第一支队 2 月 10 日由各驻地向前开动，接着第二支队、第三支队陆续开进；江北也陆续的向合肥以东地区集中。我们的军部是在 4 月 10 日自南昌向皖南移动②。虽然我们绝大多数的部队，相距有两千多里，而且最大部分是徒步行军，终于 4 月 10 日③集中完成。接着，三战区派员到岩寺点验部队。自 2 月 10 日至 4 月 10 日④是第二个阶段。

第三阶段，部队的开进与展开：当着我们部队集中完毕时，又奉三战区的命令，要我们迅速的开进，开到作战地区进行战斗，这是 4 月 15 日的命令。我记得在命令上给我们的任务是要我们到指定地区去构成游击网袭击敌人，破坏敌人的交通，并在指定的地区构筑游击根据地。

等着我们部队点验完毕，于 4 月 28 日开始向指定地区与作战地区前进，这是本军先遣队向前开进的日子。先遣队，是我们在江南的部队抽出一部分组织的，它的任务是要了解与侦察前进的路线与作战地区的情况，以便于部队的开进。先遣队出发以后，接着主力部队陆续跟进，随着先遣队开入江南作战地区。同时，我们军部于 5 月间移至南陵，指挥全军作战。由 4 月 20 日起一直至 5 月，一方面是我们部队开进，一方面是开入作战地区以后进行作战。这是本军抗战的第三阶段。

第四阶段，作战：我们的部队开到作战地区与正式展开以后，便正式作战。第一，敌人正向合肥进攻，江北第四部队第九团一部到达指定地区设伏。5 月 16 日⑤，日军一条船企图由巢湖东岸渡到西岸时，在蒋家河口上岸，开始了本军第一次的战斗。战斗结果，把在巢湖要登陆的船上日军全部消灭，缴获了 11 支枪、1 面日本旗子，这是本军在江北第一次作战的胜利。第二，江南 6 月 18 日⑥在镇江以南的卫〔韦〕岗，开始江南的第一次战斗，也可说是江南第一次的胜利。这次是截击由镇江南下的汽车，除了逃脱一辆以外，全部都被击毁；击毙了日本土井少佐 1 名和梅岗武郎大尉 1 名；缴获了长短枪 10 支以及其他军用品，还有 7000 多元日币，这是江南第一次战斗的胜利。自从江北"五·一六"、江南"六·一八"战斗后，江南、江北进行了最激烈的战斗，我们都胜利地完成了任务。而这种战斗任务，还是游击战的任务。一直到 9 月底，我们又接着三战区的命令，要我们部队接防青弋江的友军阵地。10 月 7 日，一个支队到青弋江沿江一带接受阵地。这样，本军还开始担负了局部的阵地战。在这一阶段上说，大部分是游击战，小部分是阵地战。按照军队的火力来讲，本军火力很弱，没有强有力的火力，是不能够担任阵地战任务的。但为抗战的需要，为了便利在同一战线上与友军配合作战，不得不勉力接受这个任务，并且完成了这个任务。有人说，八路军、新四军不打阵地战的，他们是拒绝阵地战的。讲这些话的人，他们或是不了解，或者误解。可以说我们的火力比任何军队都弱，火力弱的军队是不宜担任阵地战的，是无法完成阵地战任务的。但我们为了抗战，只要对抗战有利，虽然在牺牲更大的任务下面，我们还是要接受这个任务，并且努力去完成这个任务。

以上，就是本军参加抗战的简要经过。

二、本军作战经过概述与作战成绩

本军成立后第一年的作战经过，主要的情况是：

第一，我们作战可以分成两个阶段。以时间说，虽然 1938 年 12 个月，我们除改编、集中、开进与展开外，实际作战时间，江北的部队只有 7 个半月，江南的部队只有 6 个半月。

（一）我们的进攻是积极的进攻。在这积极进攻的阶段中间，又可分为两部分：第一部分，是江南地区，在我们军队未进入以前情形是很紊乱的；尤其是很多纪律很坏的游击队，在各地区不仅不执行抗战的任务，配合全国的作战，相反在这一地区阻碍抗战的发展，帮助日本帝国主义来维持交通，维持统治。所以本军的第一步工作，为了能够有力的、直接的打击日军，不得不先把这些进攻的障碍除掉，将阻碍民众抗战的游击队解散或整理。我们开始到这个地区以后，先把朱永祥、陈得功等游击司令，江南人称他们为小日本的，奉命解除其武装，有的调回后方加以改编，这些障碍的除掉，对江南抗战有很大的好处。当我们进入作战地区时，由于没有正规的中国军队在这地区坚持作战，有些坏的游击队造成了江南伪政权的发展。正因为伪维持会的发展，阻碍了江南民众抗战局面的展开与广大民众抗战情绪的提高，所以必须扫除这些维持会伪政权，这样才能使江南民众发动起来，积极参加抗战，开展江南的抗战局面，这是第一阶段的第一部分。

第二部分，是全面地向日寇进攻。当徐州失陷、敌人积极向武汉进攻时，我们尽最大的努力，进行激烈的战斗，在江南战场来策应武汉保卫战。这时的进攻，可以分为两方面：一方面向着京沪路的两侧，一方面向着京芜路，这是铁路方面；在公路上，向着京杭国道，以及京沪与京杭国道间的地区。在江南自6月18日起，进行了韦岗、竹子岗、新丰、下蜀、新塘市、东西射村的战斗，南京麒麟门的战斗，以及后来进攻当涂，进攻句容，进攻江宁车站，这些大小的战斗，都是我们在作战的第一阶段向敌人采取坚决进攻，开始配合保卫徐州，继而配合保卫武汉的战斗。自从6月18日起一直到9月初，是我们积极进攻的阶段、坚决进攻的阶段。

（二）第二阶段是由于我们的进攻，使敌人不得不采取攻势的防御，不得不对我们的进攻来一个反攻。从9月10日以后，敌人开始向着镇江与丹阳中间地区宝堰的五路进攻。以后敌人放弃了宣城、溧阳等地，集中兵力向京沪间迂回，敌人开始了向我们的进攻。为什么敌人要反攻呢？这有三个原因：

1. 由于本军到达江南地区以后，三个月间的积极进攻，使敌人在南京、镇江感受威胁。南京、镇江是敌人在江南作战的战略据点和枢纽，京沪线是交通的命脉。京沪线、京芜线在我们破坏袭击下面，敌人交通受到很大的阻碍，经常的又有我们的人到南京城附近去扰袭。这样便威胁了日寇，它为了除掉这些威胁，不得不向我们反扑。

2. 在江南战区中间，我们所担负的任务，只是游击区域四分之一，一方面由于我们进攻的积极，一方面由于四分之三的地区没有战斗或是没有积极的战斗。而我们作战的四分之一地区，又恰恰是敌人战略上、兵力转移上的重要地区，使日寇不得不把其他地区的兵力抽调回来，以主力来对付我们，以减轻它的威胁。所以那时宣城、苏州、无锡等地的日军，大批的向镇江、南京、芜湖开动。

3. 敌人进攻武汉，主要是靠着海军、空军、陆军的配合，不是完全依靠着陆军。而是靠着海军掩护陆军向武汉进攻。那么，长江这一线是它前进的交通线，所以日寇为了便于接济前方，输送兵力，这样不得不把长江交通线的威胁除去，不得不来一个反攻。这些原因，都说明由于我们的进攻，才使敌人不得不反攻。

但是敌人这个反攻，只是防御性的反攻，用反攻达到它防御的目的。想驱逐在京沪线上、京杭线上以及在南京周围的我们新四军，以保障他们的安全，所以进攻不是大规模的和战略上的进攻。比如在皖南的进攻，也是一种防御的攻势，主要目的在维持长江交通。因为长江的交通靠兵船，我们组织了很多的流动炮兵，用土炮袭击敌人在长江的运输船只，使它的运输不得顺畅，使它不得不驱使江南的军队来维护它的交通。从整个上说来，敌人的反攻还是防御性的，这一点我们要分清楚。

我们从哪里看出敌人的进攻呢？从整个江南战争的形势来看，敌人当时进攻有三个中心，在皖南以青阳为中心，在江南一个以茅山为中心，另一个以南京与丹阳间的小丹阳为中心，因为这三个中心，是我军作战的据点与友军作战的基点。

（1）在皖南敌人从9月到12月，先后占领贵池、铜陵、繁昌，以至最近进攻青阳。在江南，敌人9月10日，五路进攻宝堰；12日，分三路进攻蒋野桥；15日，又分两路进攻：一路进攻上兴埠，一路进攻上沛、溧水；10月7日，又分两路进攻：

一路进攻新王庄，一路进攻北镇，火烧茅山；10 月 24 日，五路进攻句容以北地区；11 月 10 日，敌又进攻蒋野桥；11 月 13 日，五路进攻延陵。从 9 月起，敌人一直不断进攻我们的基点。

（2）9 月底，进占黄池、乌溪、青小镇；10 月 22 日以后，敌人分四路进攻小丹阳；11 月 13 日，进攻霍里；12 月 21 日，进攻朱门。

（3）10 月 17 日，敌人分两路进攻红锡镇；11 月 30 日，分三路以猛力来犯青弋江阵地。

在皖南以青阳为中心、在江南以茅山及小丹阳为中心的敌人的进攻，主要的是想使我们不能在此地立足，逼迫我们离开这个地区，因为这三个地方都是我们战略的据点。敌人妄图将他们的威胁除掉，确保交通的安全。

总括起来说，在江南从 6 月 18 日起到 12 月 31 日止，这一个期间的作战，可分为两个阶段：第一个阶段是我们进攻的时期；第二阶段则因为我军的进攻，敌人不得不采取防御的攻势，促使了敌人反攻的形式。

第二，从江南作战开始，我们总共打了多少次仗呢？总结起来，我们在这六个半月到七个月的期间，江北、江南总共经过了 231 次战斗。在这些战斗中间，在江南的战斗就占了两百次。可以说，我们的战斗主要的是在江南打的。

第三，我们的战斗得到些什么战果呢？我想把它做个表册：共缴获了 1539 支步马枪，32 挺轻机关枪，4 挺重机关枪，48 支驳壳枪，20 支手枪；日本币大概有 22738 元；文件、大衣、旗子及其他军用品不胜枚举。

在这些战斗中，还击毁了敌人 195 辆汽车，破坏了 95 座桥梁。

在这6个半月至7个月的期间，敌我伤亡的比例是怎样呢？我军共伤亡了664人，敌人伤亡了3232人，敌我对比是一与四点七之比，也就是说，我们一个人抵他四个半人，这在抗战中是最合算的了。当时，其他军队在阵地战中，敌我伤亡比例是我伤亡三点五人、敌伤亡一人，第二期第三期才减为二点五与一之比。游击战就正相反，我们死伤一个人，敌人就要死伤四个半。积小胜为大胜。在这六个半月的作战中，可以充分看出游击战争在中国抗战是对我有利的。

三、江南战局变化及其发展趋势

第一，敌情的变动。从两方面来讲：一是军事上的变动，一是政治上的变动。

（一）军事上的变动，分为两个阶段：

1. 六月以前江南战区的情况：在六月以前，敌人军事是以南京为中心，以芜湖、镇江两个据点作为战略基点和前进阵地。敌人兵力集中在这三个据点上，但是每个据点的兵力并不大。在交通线上，京沪、京芜、京杭国道以及交通线两侧的县城或大的城镇，须驻有少数兵力，维持其交通运输。在六月以前，敌人的交通可以畅行无阻，没有遭受到任何激烈的打击和阻碍，敌人可以少数兵力控制一切、统治一切，甚至于可以三五成群地跑到交通线两侧附近农村中去强奸、打劫，很少受到打击。这就是说，在六月以前敌人后方的交通很安全，三个战略基点的兵力不过三个联队，从常州、镇江、南京、当涂一直到芜湖，只经常的驻有二个多联队，其他各据点不过是一个中队或一个小队。正因为后方交通很安全，敌人可以抽调大部兵力转入北战区，集中淮南、津浦一带进攻合肥与徐州，这是六月以前的情况。但自本军进入作战地区以后，由于我们积极的进攻不断的打击，使敌人的交通线遭受经常的停滞、阻碍，感到威胁，敌人为了保护军事据点、战略枢纽，不得不向我们反攻，在目前来讲，敌人在兵力上的布置与以前不同了。

2. 目前敌人在军事上的布置：目前敌人兵力分布集中在两个地区，一个以南京为中心，一个以芜湖为基点。敌人交通线，可以说凡是交通要道，比如在京沪线上每一座桥梁、车站、公路的转弯抹角处，都构筑据点，都驻有队伍。一个据点不消说，即使小的城市、小的据点，也都集中相当兵力在把守。每一个小地方都构筑工事，作为掩护，我们是在敌人据点中间穿来穿去。现在敌人的运动或者运输，都要以兵力来保护，不敢轻易下乡了。总计起来，在江南的敌人有二个半到三个师团：以芜湖为中心的有一个师团，南京为中心的有一个师团，镇江为中心的有一个旅团，另外还增加了从华北、满洲调来的5000多伪军，敌人的布置更严密了。敌人兵力布置上大的变动，是我们来到江南地区活动的结果。

（二）政治上动态：敌人政治上的动态也可分为三个时期：

1. 第一个时期是六月以前。一是，日本军队在江南地区烧杀奸淫是普遍现象，用威力镇压中国民众，妄图使民众屈服；二是，游击队纪律很坏，日本利用这现象，来煽动民众对游击队的反感，他们说扰乱和平治安的是游击队，皇军是打游击队的，用这些事实蛊惑中国民众，曾经收到相当效果；三是，利用两面派来建立它的统治。两面派是日军来了，放鞭炮欢迎，弄些妇女去慰劳皇军；中国军队来了，也放鞭炮欢迎，这些两面派与日寇互不侵犯，企图苟安妥协；四是，游击队与日寇相互默契，互相不打，这现象过去江南很普遍，现在京沪东段还存在着；五是，日军利用中国军队退出南京以后，没有军队坚留江南作战，所以宣传工作没有，日本可以在中国进行武断的宣传，又利用汉奸宣布日寇作战的消息，这使江南民众抗战情绪自然消沉。这是日军占领第一时期的政治行动。

2. 第二时期本军进入以后，日军大肆活动，一是到处用飞机散传单，说红军共产党还要打土豪，企图造成阶级纠纷，挑拨群众与我们的关系，破坏我们的团结。而我军进入江南区后，用我们的行动，用我们的战斗，证明我们军队纪律好，是维护人民利益的，使日寇的宣传失去效用。二是日军用威力镇压老百姓，使之不敢与我们接近，否则就用大炮乱轰、烧房子，使民众叫新四军不要去，免得烧房子。但是后来，我们没有到的地方，仍然是一样的烧，一样的杀，老百姓渐渐感觉到日寇的宣传是欺骗他们的。三是开展破坏宣传，敌人利用反共××为口实，对民众说，你们受战争灾，是因为共产党××××，你们要求得和平，只有反对共产党×××××。敌人的中心口号是反对中国抗战的主要力量。这就是说我们军队进入以后，他们以前的办法没有用了。四是采取怀柔政策，敌人把他们最野蛮的行动收束起来，施点小惠，使民众不与我们接近。

3. 第三时期最近动态：

（1）收买认识不足的、成份不好的、动摇的地方武装起来叛变。

（2）威胁两面派站在它那一边，做它统治的忠实工具。

（3）利用汉奸到处搞分化。

（4）勾结地方动摇分子与他们通消息，暗地与他们划分势力范围。

（5）对不积极进攻的军队互相默契，采取互不侵犯的态度。

（6）进行反共运动，如最近在芜湖开的反共运动大会。

（7）敌人最近利用中国资源，使各工厂进行生产，在南京、常州、无锡等地，日人出面开设工厂，准许那些民族意识薄弱的资本家开工厂、做生意，中日经济合作在这些地方正在开展。

（8）日货的倾销。这样一方面夺取中国资源，一方面利用中国资源来进行中日战争，敌人在政治上正向这方面进攻。

一年来敌人在军事上、政治上有了不同、有了变化。

第二，我们军事政治情况变化：

（一）6月以前，江南地区伪组织、维持会是普遍的存在，中国的政权是很少很少。

1. 两面派充满各地，占主要地位；

2. 江南民众情绪消沉；

3. 土匪遍地皆是，到处横行；

4. 大刀会盛行，由于日本的烧杀，游击队的横暴，乃造成"神"的领导；

5. 游击队纪律很坏，拼命的自己打自己，争夺地盘。正因为他们自己打自己，便没有力量打日本鬼子了。这是6月以前的情况。

（二）我们军队进入以后，几个月战斗的结果，工作的结果：

1. 除了敌人据点以内的伪政权是普遍的取消了，苏南抗日根据地的政权逐步普遍地建立起来了；

2. 两面派销声匿迹了；

3. 坏的武装有的解散了，有的改编了；

4. 争取大刀会配合作战；

5. 民众组织一般说建立起来了，发展起来了；

6. 民众抗战情绪已大大的提高了。这是本军进入江南地区以后的变化。

（三）将来的趋势。江南的斗争形势是一天天紧张，斗争是一天天尖锐，我们估计到江南今后的情势将有更深入的发展。在斗争更激烈、更艰苦的情况下，若没有广大群众组织的开展，少数动摇分子部分的分化是必然的。不但军民要合作，而且要军政一致，为了适应江南将来更艰苦的状况，这是必要的。不过，目前军政还在分离，这对抗日的发展不适合，应当尽快改正。

四、敌人军事上优点和弱点

根据半年来的作战，敌人的优点与弱点，可分下列几点：

第一，敌人战术：

（一）依靠到处构筑据点，修筑公路，缩小我们活动的范围；

（二）分进合击，采取袭击包围；

（三）轻装掩护，便于迅速动作，突然袭击；

（四）采用伏击，利用道路伏击我部队；

（五）采取隐蔽的运动，白天容易发觉，夜间行动，使我警戒疏忽，部队易受打击，又走小路，不走大路；

（六）依靠火力，用火力压制。

第二，敌人的优点：

（一）射击准确；

（二）善于利用地形地物，隐蔽前进；

（三）会游泳；

（四）伤病兵的救护迅速，军火的收拾机敏；

（五）顽强性：由于法西斯武士道精神的教育，军阀的欺骗宣传，养成了敌军战斗的顽强性，开始宁可打死、不愿缴枪，现在程度降低了，不如以前那般顽固；

（六）每种动作，合于战术，合于战斗的要求；

（七）军官很强，能掌握部队，遭遇战斗展开很快；

（八）士兵服从性强，说进就进，说退就退，打败了能集合；

（九）交通修复力很强；

（十）战术运用很灵活，随时的变动，今天失败，明天就改变。

第三，对付我们的对策：

（一）所有重要交通线以及公路转弯抹角处，都构筑工事、建据点；

（二）做铁丝网，用警犬，小河用活动桥梁；

（三）行军或运输，用小部兵力先占据险要地段，隐蔽前进，搜索前进；

（四）宿营地点，常常变动；

（五）住的房子附近挖枪眼；

（六）利用河道运输，防我袭击。

第四，敌人弱点：

（一）轻敌心仍然存在，警戒疏忽；

（二）缺乏攻击精神；

（三）动作呆笨迟钝；

（四）不能耐劳，不能长途行军、急行军、强行军；

（五）兵力少，利用汉奸的失败，伪军的无用、不可靠。

五、我军优点与弱点

第一，我军优点：

（一）会打游击战；

（二）政治上强，坚持斗争，不为困难所屈服，任何情况下可以坚决斗争；

（三）取得民众拥护，与民众打成一片；

（四）攻击精神旺，冲得猛，攻得凶；

（五）作战勇敢，不怕死；

（六）动作迅速，进攻退却都快；

（七）能吃苦耐劳，在任何情况下均能斗争；

（八）干部能独立作战，分散了能作战，散出去就生根，不因失却上级领导便不能作战。

第二，我之弱点（略）

六、民运工作的经验与教训

我们在这一年来，在前方，在后方，为了动员民众，加强抗战的力量；为了达到军民的合作，以及在民众的拥护与帮助之下，能够在江南困难的环境下面来坚持斗争，所以自从本军成立以来，随时随地的进行群众工作。虽然我们因为各种客观条件，使我们在某一个时期某一个阶段中间，不能依照我们自己的愿望进行群众工作，甚至不能做民运工作，比如本军成立开始，由改编到集中，特别是在集中这一阶段，我们为了遵守上级的命令，为了免除许多误会，在这个时间可以说是没有做民运工作。到我们部队展开以后进行作战时，在我们自己作战的区域、我们自己部队的周围，才开始进行民运工作。我们以前的宣传工作做得少，不仅要做好宣传工作，还要由宣传进到组织；当今还有一部分人不了解民众工作的重要，还不了解如何达到军民的合作，这样不仅不能开展表面的民运工作，达到救亡运动的开展，甚至于不愿有民运工作，和妒忌人家做民运工作。我们为什么要做民运工作呢？为了抗战，为了可以战胜敌人、消灭敌人，争取抗战的胜利，站在军队的本身来说，为了军队的生存，没有民众，军队不能展开，不能生长，要打败仗。尤其在中日战争条件对比之下，我们的武器比较敌人差得多，拿我们新四军来讲，比一般抗战军队武器还要差，我们拿这样劣势的武器对抗优势的敌人，主要依靠民众的力量和帮助。如果没有民众，那么我们不但不能够抵抗敌人，并且不能取得优劣悬殊情况下的胜利。这说明我们为什么要作民运工作，为什么我们把这个工作和我们的生存与胜利看得这样重要，因为它和要取得抗战的胜利是不可分离的。半年多以来我们的群众工作，可分为三个部分来讲：

第一，半年来的经验与教训：

（一）第一个经验，也可说是一个教训，军队本身的实际行动，它是得到民众信仰拥护的基本条件，它是开始民运工作的基础。

（二）作战的胜利是开展民运工作的重要条件。

（三）统一战线是进行民运工作的前提。

（四）深入民众，为动员民众和组织民众的有效方式。

（五）要注意民众生活，这是动员民众抗战的必要条件，也可以说是必要的因素。

（六）民众运动的开始发动，继续发展深入，民众组织的巩固，完全依靠在当地民众中间去提拔许多干部，培养干部来工作。

（七）关于戏剧与化装讲演，这是农村宣传最有效的方法。

（八）哪些地方有民运工作，民众的动员就容易，哪些地方就可以适应抗战的需要，减少动员工作的困难。

第二，民运工作的成绩：

（一）根据半年来的实际工作来看，我们的民运工作，在一般的地方是建立起来了。

（二）我们在多数的民众中间，建立了相当数量的民众组织。

（三）因为我们相当的注意了民众生活的改善，使得在这地区民众的抗战意识提高。

（四）我们特别在前方建立了一般民众的武装。

（五）由于我们民运工作的成绩，使本军与民众真正打成一片。

第三，我们的弱点：

我们的民运工作虽有上面的成绩，但根据抗战的要求做得还不够。就是站在民运工作时间上、空间上应达到的程度上讲，还没有达到这一个目的，原因在什么地方呢？

（一）我们对统一战线有些地方仅做了初步的努力，未能依靠统一战线，经过统一战线，进一步地开展民运工作，或者统一战线的方式不好，没有很好的建立和巩固。

（二）抗战中的民众动员还不够，不能使一切工作为了抗战，为了动员民众来参加抗战，引导他们走上抗战。

（三）在宣传上教育上还不够。比如说，在民众中间来进行对于持久战的宣传解释，和对于游击战的解释是很差的。

（四）对于民众生活问题的解决，有些方式上太简单、太单纯。

（五）对培养和提拔当地干部工作做得差。

（六）正因为这样，所以没有经常的组织生活，缺乏经常的教育。

七、本军的建设的成绩与弱点

第一，本军建设的困难：首先说，我们军队是在经过一年来的战斗中间，正式产生出来、成长起来的。1938 年，是我们新四军这个小娃娃生长的一年。正因为这样，所以我们在军队的建设上有许多困难，这种困难影响着我们军队的建设与进步的。比如：

（一）我们军队改编、开进、开展，作战中间，没有停过。由于一年来没有相当时期的整理，就使我们不能从容地来进行建设工作。

（二）我们这个小娃娃生下以后，什么全是新的，无论组织上及其他一切。

（三）我们在今天说，不仅是在作战环境内，而且在游击战争条件下，经常作战，经常分散，使我们进行部队建设增加许多困难。

第二，我们建设的成绩：

我觉得我们的口号是：一面建设，一面创造；事实上，也是这样；那么我们讲到我们的各种建设，以建设的成绩来讲，我们有没有成绩呢？是有成绩的。上面虽然讲有许多困难条件，但我们还是有成绩的：

（一）我们各种制度是已经初具规模了。

1. 在军事上：我们的编制、军队的组织、工作制度已建立起来了。

2. 政治工作制度：已经建立起来了。

3. 经济制度：一切费用，各种规定，以及我们各种组织、各种规则手续，也开展起来了。

4. 卫生组织和设备：医院和卫生上的技能，各部队各级卫生的组织，可以说是建立了。

5. 关于运输兵站的设立，使前后方能够密切的联系起来。

这是我们一年来大体上在军队建设上得到的成绩。没有这些成绩，我们就不能指挥作战，正因为有这些成绩，才能领导前方争取作战的胜利。这样，我们的各种制度已初具规模了。

（二）教导队的设立。

（三）优良传统基本上的保持，这是我们的精神建设。

第三，我们的缺点：上面讲了成绩，我们有没有缺点呢？有的：

（一）游击主义的习气还相当浓厚。

（二）我们的政治工作还没有达到很高的程度。

（三）经济制度还没有严格的建立与健全起来。

（四）前一个月虽进行了一个很大的节约运动，但要达到这个运动的成功，一定要严格地反对浪费和反对贪污。

（五）运输工作还不迅速。

（六）我们全军的指战员，对于敌军工作的认识还差得很远，甚至于忽视。

（七）卫生工作：特别在连队里还没有建立健全起来。

（八）工作上的弱点：

1. 许多工作制度没有严格建立。

2. 偏于形式主义的发展。

3. 迟钝，慢得很。

（九）我们教育工作上的弱点：

1. 对于全军教育，还不普遍、深入。

2. 在教育原则上，没有完全达到我们的教育原则——少而精、学与做的原则。

3. 理论与实践没有打成一片，没有与现实打成一片。

（十）正因为这样，我感觉在我们军队的工作效能还没有提到最高度，没有达到应有的程度：

1. 缺乏紧张性。

2. 马虎的现象。

3. 个人负责制还没有好好地发挥起来。

（十一）优良传统的保持还不够，发扬更差。

八、今后江南战局的趋势

我们说今天江南战局的趋势，可分两方面来讲，一方面是敌人动态，一方面是我们今后的方针。

第一，对敌人动态的分析：

（一）首先拿战争形势来说，现在敌人还是防御的反攻，以防御为目的的反攻。在江南、皖南都是这样，根据整个的战局变化发展来看，江南局势可能而且必定由防御的反攻进到对于江南地区游击区域大规模的进攻，整个战略转到积极地进攻游击区域。

（二）第二在军事上说，拿过去的经验来看，日本帝国主义对付我们的战术，可能大部分地采用中国内战时的办法，筑堡垒、修据点、修筑公路，一个桥梁、一个城市都作为据点。所以我们说敌人在战术上可能采用中国内战时对付游击战争的办法，当然不是完全的搬过去，而是增加他自己的战术。这说明，我们要注意日本战术的发展和变化，根据今天的形势来发展我们过去的经验。

（三）当今日军用各种方法，收买些不坚定的动摇的武装和游击队来瓦解和削弱我们抗战的力量。他还在组织许多伪军，增加进攻游击区的力量，达到以华制华的目的。

（四）进行政治的分化。敌人用各种方法来挑拨离间以分化中国的力量，分化中国抗战的团结，使部分人意志动摇。他用恩惠也用威力，恩威并济地威胁动摇分子，破坏中国内部的团结，分化抗战力量。

（五）进行经济的压迫。一方面对游击队进行封锁政策，一方面在其他地方大量销售日货，利用中国的材料，大量收买中国的材料，实行对中国资源武装掠夺，收买并豢养大批汉奸与两面派，建立他的政权，巩固对于占领区域的统治。

以上是对敌人可能动态的大体分析。

第二，我们今后的对策：

（一）我们以后要政治重于军事。光靠军事力量不够，一定要在政治经济军事的观点上发动游击战争；一定要依靠政治力量动员民众，组织民众，发动民众；依靠政治与军事相配合，以政治力量瓦解敌人，揭破敌人的欺骗，坚定动摇分子，巩固全民团结，一起抗日。

（二）民众重于军队。只有军队，没有群众团结在周围，是孤立的军队，在这样困难的情形下坚持抗战是不可能的。所以发动民众，组织民众，武装民众，是很重要的。

（三）宣传重于作战。敌人用分化、破坏手段来瓦解削弱我们的力量，我们要揭破敌人的欺骗，团结民众到抗战中来，同时以宣传来瓦解敌人，这样宣传工作比打仗还重要。

（四）精神胜于物质。我们的军队对抗战的认识还不够，所以要把我们军队的政治工作加强，把头脑武装起来，意志确定起来，这样才能百折不回地将斗争开展下去。

（五）为了开展这一个地区的抗战局面，一定要使游击战争成为群众的游击战争，而不是单独军队的游击战争；是群众的武装斗争，而不是单靠军队的行动的。只有这样，才能够时时刻刻给敌人以打击。

（六）运动战与游击战的配合。只有游击战是不行的，一定要同时运用运动战，不断歼灭敌人，给敌人更大的耗费，使敌人在全国这样大的地区，兵力不够分配，才能使他只能守着据点，而不能维持广大地区的统治。

（七）我们认为今后作战一定要军事政治指挥统一，使军事和政治合于我们的战争要求。为了便于战争，非政治与军事配合一致不可。

（八）在经济上封锁敌人，而自己要有办法，要能自给。我们认为在这样战争趋势上，在敌人动态上说，必须采取这些原则与方针，以争取今后战争的胜利及第二阶段抗战的开展与完成，以便达到很快地把我们的力量准备好，争取我们反攻阶段的迅速到来。

九、结　论

最后的结论：我的结论很简单，是三个结论合拢作一个总的结论。

第一，根据一年来的抗战经验，我们应该：

（一）发展我们在这一年中所得到的成绩与我们的优点。

（二）改正我们在这一年的抗战中间所存在的缺点。

第二，根据一年来的教训，我们还应该：

（一）坚强我们的政治工作，发挥我们政治工作的效能到最高度。

（二）不间断地提高我们的军事技术到必须程度，使适合于我们作战的要求。

（三）彻底肃清游击主义习气，使我们军队一切转入正规。

（四）根据这个教训巩固和健全各种制度，使我们的军队成为一个最灵活而有最大效用的一座机器。

第三，根据今后作战的趋势，我们应该：

（一）学习运动战，使游击战与运动战配合起来。

（二）我们要到处组织和发挥群众的游击战争。

（三）加强我们的宣传工作和民众运动。

（四）要把敌军工作在全军部队中开展起来，变成我们全军指战员共同的工作，同时变成广大民群众的抗战工作。

（五）保持和发扬优良传统，而且要创造新的优良传统作风。这才能适应1939年的抗日形势，完成第二阶段的抗日任务。也只有这样，才能使我们把弱点克服，使优点一天一天地发展壮大。

我们总结这一年来的经验与教训，不仅是为要找出我们的成绩，还要认清我们的成绩是从什么地方来的，同时找出我们的弱点，在抗战中有些什么妨碍、怎样克服？使我们成为最健全最有力的一支抗战军队，能在抗战第二阶段中作出更大的贡献，取得更大的胜利，完成国家和人民赋予我们的任务。

注　释

① 新四军成立时间，开始曾称为 1937 年 10 月 2 日，不久改为 10 月 12 日。

② 据《赖传珠日记》记载，新四军军部于 1938 年 4 月 4 日由南昌出发，5 日进至皖南歙县岩寺。

③ 第 2 支队由于路途远，直至 1938 年 4 月 18 日才全部到达岩寺地区。

④ 三战区派员点验新四军皖南部队是 1938 年 4 月 20 日，故第二阶段应为至 4 月 20 日止。

⑤ 蒋家河口战斗时间，应为 1938 年 5 月 12 日。

⑥ 江南第一次战斗的时间，应为 1938 年 6 月 17 日。

论目前国内外情势[*]

（一九三九年一月十二日）

同志们：

我应许多同志之邀，讲讲形势。今天的报告分为两个部分：第一部分，讲国际形势；第二部分，讲中国目前抗战形势。

一、国际形势的变化与发展

关于国际形势的变化与发展，分为三部分来讲：

第一，慕尼黑协定^①所造成的欧洲反动现象：当去年英、法、德、意在慕尼黑开会时，正是德国动员大量部队占领捷克苏台区的时候，也正是由于德、捷间的冲突，使当时世界战争的危机到达最紧张的时候。这时，英国的张伯伦^②、法国的达拉第^③用牺牲捷克的办法，与德国希特勒^④、意大利墨索里尼^⑤实行妥协。慕尼黑会议制订协定，英与法压迫捷克接受被瓜分的条件；

＊ 本篇系项英 1939 年 1 月 12 日在新四军直属队干部会议上的讲演记录。原载新四军军部 1939 年 2 月 15 日出版的《抗敌》创刊号，收入本文时略有删节。

并在这次会议中，包括关于西班牙问题的解决，关于德要求殖民地与原料问题的解决。换句话说，这次会议是张伯伦政策的成功，英国压迫法国来满足德、意法西斯的要求，在牺牲捷克及其他弱小民族的原则下，求得自身利益的保全；另一方面，使得整个和平战线的台柱苏联孤立。在这会议后，造成欧洲反动现象的发展：

（一）捷克被瓜分后，其次是波兰、匈牙利相继瓜分捷克重工业区，使捷克完全成为附属于德国的弱小国家，这是慕尼黑会议造成的结果，使得德国获得殖民地的原料后，更增加其侵略力量，更增加其侵略气焰。

（二）正因为慕尼黑会议的结果，所谓当时的四强会议，英国张伯伦、法国达拉第便到处宣传这协定有利于世界和平与战祸的避免。事实上，无异于使整个和平战线在这个协定下面发生动摇。在这以后，一方面法德友好宣言的签订，友好宣言名义上是非战的，承认现有疆界，不变更法德疆界，实际上使法国却默认，允许希特勒向东欧的进攻，使得法国不但不能进一步支持与巩固和平阵线，反而因为达拉第妥协政策的结果，影响了和平阵线。所以在此宣言后，当时的法、苏关系，虽然达拉第屡次表示愿意继续维持法、苏互助协定，但事实上苏、法关系渐渐疏远。尽管法捷互助协定未曾实施，却因达拉第的妥协政策出卖和牺牲了捷克，在这情形下就影响了法、苏互助协定。

（三）关于小协约国（如捷克、南斯拉夫、罗马尼亚），自捷克被瓜分后，小协约国的团结解体。小协约国中主要的国家是捷克，捷克当时不得不成为德国的附属国家。另一方面，德国希特勒继续在经济上威胁罗马尼亚，使它不得不在德国经济集团的支配下，使以前为和平阵线基础的小协约国，出现解体和动摇的现象。

（四）英国张伯伦、法国达拉第以为这协定可以安定欧洲，避免战祸，可以相当满足德、意的欲望；但是实际不然，只是使德、意欲望更加增加，侵略气焰更高。比如，德国在占领苏台区域以后，又继续提出殖民地要求，恢复在欧战后失去的非洲殖民地，以及在凡尔赛和约下失去的现由各国代管的委任统治地。其次，自德国占领苏台区域后，继续企图向东欧、中欧进攻，进一步地想占领苏联及波兰的乌克兰地区，及对立陶宛的米美尔（以前德国的殖民地）的收回；意大利的墨索里尼在这协定后也同样要求殖民地；在东亚，日本帝国主义者在此协定后，更鼓舞其向中国侵略的气焰，胆敢进攻华南，夺取广州，包围香港，直接威胁英国的利益。这些具体事实的表现，充分证明了慕尼黑协定的反动性。

（五）在这个协定后，不但未曾阻止法西斯的侵略，不但不能安定世界和平，相反使德、意法西斯在欧洲和远东更加凶猛的进攻。德国希特勒虽然占领了捷克的苏台，取得捷克的重工业区域，但希特勒的黩武主义积极扩充军备，积极增大了其军力与战争准备。民众在苏台问题上暂时被欺骗了，国内民众生活日苦，对希特勒的反抗也一天天激烈。希特勒为了转移国内人民的反抗情绪，更继续发展其最野蛮的行动，于是发生反犹太运动，没收犹太人的财产，限制犹太人经济事业的经营，并要犹太人将工厂以最低代价让与德国。这是世界上最残暴、最野蛮、最黑暗的行动。

（六）法国达拉第继续妥协政策之后，在内政、外交上提出违反人民阵线的政纲，在财政上、经济上一天天走向违反大多数人的利益，减少工人的工资，延长工人的工作时间等等。

从上面的现象看起来，在慕尼黑协定后，欧洲局势好像一天天向着坏的方面发展，一方面是和平战线日趋动摇，另一方面是侵略气焰的增长，也可说是欧洲反动局面的发展。

第二，这个协定后反动现象发展激起国际形势的变化。这种变化，正是在这反动现象中间激起来的。在国际问题上、在各国关系上、在各国内部问题上，都已经起了变化。

张伯伦领导下的四强会议，自瓜分捷克后，还继续依据这个会的基本精神，造成苏联的孤立；这会议后，企图牺牲弱小民族国家，维护英法自身利益，企图避免战争，利用欧洲人民对战争的恐惧心理，欧洲战争的巨大创痕，来欺骗英法人民维持其统治，但英、法、德、意的关系是不是有进展？是不是如达拉第、张伯伦所想像那样呢？我们说相反的：

（一）德、意与英、法关系的变化：我们很清楚地看到，德、意分工合作。德、意了解英、法的弱点，利用这弱点分散英、法的团结，使之孤立，以达到德、意法西斯企图的实现。当德、法友好宣言签字时，当德外长里宾特洛甫到巴黎签订法德友好宣言后，企图用这宣言精神，转移法国人民的视线；另一方面，加紧反英行动。当此宣言签订后，意大利也宣布十二月间英意协定发生效力，表示英意关系的好转；另一方面，正式向法国提出殖民地要求。在这情形下，正是在慕尼黑协定后，可说是德、意法西斯的胜利，张伯伦、达拉第妥协政策的失败，因此使英、德、法、意关系紧张尖锐，达到空前的程度。

（二）德波与苏联关系的变化：（1）德既得苏台，又复继续东进，威胁了波兰，对意大利自身利益也有妨碍。意大利怂恿匈牙利，使之与波兰要求割让捷克的克尔巴阡省，使匈波接壤，阻止德之东进，但经德之强烈反对，没有结果；同时，意大利为维护德意轴心，不得不使匈放弃其企图。（2）由于德国继续向东进攻，开始利用日耳曼民族主义来号召，后来更进一步的进行乌克兰独立运动，企图在东欧再造成一个大事变。这不但使德苏关系恶化，而且也使波兰在受到德国威胁下，一方面与德恶化，另一方面与苏亲善，波苏协定延长到一九四五年，商业协定也在继续具体的商谈，很快就可签字；波苏关系的改进，这对法西斯德国是一大打击。在东欧，以前德国依靠波兰为反苏联的前锋，现在在这矛盾下面，发生这种变化。

（三）正因为捷克被英法所牺牲，使德国在中东欧的侵略气焰更加高涨，继续用战争来威胁英法，来吞并弱小国家。例如对立陶宛之米美尔，对少数民族弱小国家的威胁，使波罗的海沿岸诸国如立陶宛、爱沙尼亚等国团结巩固，使巴尔干半岛诸国（保加利亚、希腊、罗马尼亚、南斯拉夫），在捷克被牺牲的惨状下，感觉到法西斯凶焰逼人，以及对于英、法牺牲弱小国家的妥协政策之失望。随此而来的英法威信的减低，使他们不得不互相协商，一致团结起来了。这种变化，对于阻止法西斯侵略起了很大的作用，也就是说，小的国家团结起来，可以加强对法西斯的抵抗力。

（四）因为德意继续侵略以及德意的孤立英法、分化英法的结果，使英国首相张伯伦与外相哈立法克斯，到巴黎与达拉第举行英法第三次会议：（1）对于英法军事同盟有一个具体的决定与成绩，例如关于空军、关于法国陆军实力的增加与德意兵力的比较等等；（2）英法的团结对德、意是一种威胁；但因张伯伦、达拉第的妥协，这会议只能给德意的一个警告，不能实际制裁法西斯，使德意还可以利用其他方式来进行侵略。当然英、法的会议也是有其作用的。

（五）达拉第妥协政策造成法国人民反达拉第运动的展开：（1）法国社会党、共产党团结得更巩固，一致反对达拉第的内政、外交政策。（2）引起法国工人阶级的反对，当达拉第财政经济政策发表后，在共产党、社会党领导下爆发了法国全国工人总罢工。虽然总罢工没有推倒达拉第内阁，但表示了无产阶级特别是两大政党的团结，使人民阵线有新的发展。其次，达拉第用强暴手段才把罢工镇压下去，但事实上，达拉第内阁是在表示动摇，在罢工中表示惴惴不安。虽然罢工被暴力镇压下去了，但社会党与共产党的团结使法国人民阵线进一步巩固与发展，不断使法内阁有了改变，直接影响到欧洲和平阵线的发展。社会党领袖勃鲁姆曾公开的反对达拉第外交让步政策，并继续表示巩固法苏协定。这说明法国内部变化，可能使欧洲和平阵线有新的发展。

（六）英国内部的变化：虽然英国反张伯伦内阁的政潮没有法国反达拉第那样的尖锐，但对张伯伦政策的不满是一天天在各方面增长，英国共产党、独立工党及广大的无产阶级对张伯伦表示反对，就是工党、自由党在国会也反对张伯伦的政策。另一方面在保守党内部，自少壮派的艾登去职后，极右派丘吉尔公开反对张伯伦，最近海相古柏、陆相倍立厦的辞职，这都表示英国反张伯伦妥协政策的运动是在发展中，可能使英国现内阁发生动摇。

（七）正因为德意法西斯的侵略魔手到处乱抓，最野蛮最黑暗的压迫犹太人，引起美国的不满与反对，以及日本军阀在中国东方式的野蛮行动，使美国对外政策有新的改变，使美国反法西斯的态度一天天却积极起来。

（八）英美关系的改进：不久以前，英美商约与美加商业协定的签订，这表示英美矛盾的和缓、英美关系的接近，在某些问题上的取得一致。这一致对法西斯是一个很大的威胁，使美国对远东问题上最近能采取更强硬的态度。

从这些事实来看，国际形势在反动势力下所激起的变化，一方面是德意波匈关系间发生变动，另一方面，使各国内部发生变化，使各小协约国间能够团结，使英法间发生变化，使英美与苏联的关系能够一天天改进，张伯伦想孤立苏联，但结果是苏联在欧洲问题上仍保持其举足轻重的地位，增强着和平阵线的力量。

第三，目前形势的发展，我想介绍几个，正在发展中的问题。

（一）法意冲突尖锐化：（1）由于意大利向法国要求非洲殖民地，要求法国将以前占领意大利属地退还意大利；意外相齐亚诺的宣言，说明意大利的民族自然愿望，认为1882年法国占领突尼斯⑥是意大利的耻辱，要求将法属地中海科西嘉岛给予意国。（2）法国对意大利的要求表示反对，意大利遂宣布1935年法意协定失效，接着法国各地爆发对意大利的示威运动。（3）最近的发展：墨索里尼到萨丁岛去巡视防务；法国达拉第与空军参谋长到突尼斯、科西嘉去视察，对防地增强实力；乃至最近双方在索谋里兰军力的布置，已由外交的方式进入到军事对峙的局面，这局面正在发展中。其次，在慕尼黑会议中，对于西班牙内战的解决问题。西班牙经过两年多的战争，政府军力量的加强，使叛军佛朗哥的失败推翻人民阵线政府的可能性减少。意大利正要求乘此机会取得对西班牙的控制权，在这基础上来巩固其在地中海的势力，这对法国有很大的威胁。意大利就利用要求殖民地问题来威胁法国对西班牙问题的让步，虽然达拉第对西班牙问题采取不积极态度，但也不愿西班牙成为意大利直接控制下的佛朗哥统治。意大利要求：（1）法国承认佛朗哥为交战团体，便利佛朗哥在意大利公开帮助下，把政府军压服下去。（2）承认意大利取得地中海管理权。这使法国不得不采取强硬态度，因为达拉第再让步下去，法国人民必定起来反对，达拉第内阁一定倒台。又其次，英国企图用英意协定来牺牲西班牙，但在这种情形下，使英国不能像牺牲捷克那样的来牺牲西班牙；今天张伯伦之去罗马，一方面维持英意协定，另一方面英对法国几次表示，保证直布罗陀海峡的安全，使其在某种条件下对意妥协；若法国接受此项让步，达拉第内阁一定不能维持，因为社会党、共产党的力量正在加强，定能促使人民阵线政纲的实施。这问题现在成为欧局的中心，正在发展中。现在我们估计，在德意侵略者无止境的侵略行动下，使法国现在的外交不得不有所改变，而英国在维护其自身的原则下，也将站在法国这一边。这是第一。

（二）中东欧事件正在酝酿发展：法西斯德意两国，互相为用，互相配合，如米美尔问题、乌克兰问题，一直到今天并未放弃；德正利用法意冲突机会，加紧其向中东欧的侵略行动；这一来，使巴尔干半岛各国与波罗的海沿岸诸国的团结坚固；尤其是波兰对苏联的接近，使苏联在和平阵线中成为主要的支柱，使和平阵线有新的发展和加强。

（三）美洲二十余国在秘鲁京城里玛⑦开的泛美大会，虽然仅限于美洲各国，但在讨论到侵略势力侵入美洲后，美洲各国间的联系这点上，这会议是有相当成功的。从国际意义上说，这会议的结果可使法西斯受到打击；虽然小的问题意见不同，但在里玛宣言上已给法西斯德、意、日侵入美洲以一个打击。若能在这基础上造成世界各国的团结，就有更大的意义。无论如何，这会议对于民主各国的团结、对于侵略势力的打击是有极大帮助的，对于中国目前抗战也是有利的。

（四）各国军备的扩张：英、美、法各国大规模发展海军的计划，还积极准备发展空军，这对法西斯也是一个威胁。英法企图以四强协定来挽救欧洲的所谓"和平"，避免战争，但事实上，战争的危险性更加增大；正因为德、意侵略气焰的高涨，反而促成它的尖锐化、危险性的增加。如若不使和平阵线的力量加强，不从积极方面对付侵略国家，那战争是不可避免的。

二、中国抗战形势的发展

从整个国际形势上说，四强协定以后，促成反动局面的发展，激起国际关系的变化，促成和平阵线向着新的方向发展。在欧洲问题上，各国关系间酝酿着新的变化，这对中国的抗战是渐渐转向有利方面。目前中国形势是怎样的呢？

第一，中国抗战开始进入第二阶段，我们为什么这样说呢？

（一）在军事上，中日战争的形势，无论在华北、华中、华南，都表示着暂时的停滞状态。比如在华南，日军从进攻转变到暂时的防御形势，粤汉北段、湘鄂边境与南浔路修河北岸，双方都在对峙状态中；鄂西北京山、随县这一带，也表现停滞着。在华北，从作战上说，没有大的战事，双方都在兵力部署、兵力转移中。在某些交通线上重要的据点，日本开始进行防御的攻势，如在江南皖南以及华北的河北、山东这一带。

（二）日本的高级指挥官在去年底以前都奉调回国去了，调来些新的指挥官。在这种状态下，战争形势是不是再没有变化了呢？不是的。（1）一方面自敌人攻占武汉、广州后，受了相当的损失，现在不得不重新整顿。（2）敌在对华的军事行动上，有了新的企图，即对西北的进攻。因此有了平汉、京沪、津浦、同蒲等线兵力的转移，企图切断西北的国际交通线与西北与西南的联络线。因自日寇占领广州后，不仅对英国的威胁，同时也把中国的海洋运输封锁起来，影响中国运输的困难，再加以政治的分化，企图这样来威逼中国屈服。但中国经缅甸的交通线已经修筑完竣，而西北与苏联的交通线还在继续。因此，日本企图切断我西北交通，企图打断苏联对我接济的阴谋无法实现。

（三）军事指挥官的变动以及近卫辞职、平沼组阁，平沼是少壮派法西斯领袖，现在代替近卫而组内阁。不用讲，日本对中国的军事行动当更积极，必然要来新的进攻。现正在布置中。

（四）我国军事上新的部署与军事上的进展：（1）武汉失守以后，根据新的战略原则，军事委员会对全国抗战形势在军事上的部署有新的变动；依着各战区状况，按照各作战单位来划分新的作战地区，现在已经开始完成。比如对于敌人向西北及西南的进攻，于是有西北行营及西南行营的设立，对于全国军事指挥的统一上，这有极大的意义。（2）兵力上的分配也有了新的布置：一部在敌人交通线的两侧，一部在正面，一部在后方整理补充，准备坚持长期的抗战，准备新的反攻力量。（3）在战略、战术上都有很大的改进。军事委员会特别指出，在目前抗战阶段，游击战比正规战更重要，说明不但要靠军队还要靠民众，甚至民众比军队还要重要，并说明军队政治训练的重要、军队精神训练的重要，同时还着重指出运动战与游击战的配合，这是战略方针上的大改进。在改进中，游击战比以前有更大范围的发展，对日寇向前进攻尽着更大的牵制作用，使我们在军事上有大的发展，使抗战形势很迅速地进入第二阶段。也可以说基本上第一阶段是结束了，虽然敌人仍然企图进攻，但已是疲弱性的进攻，依靠着我们的努力，是可渐渐地走到敌我对峙状态去的。

第二，日本政治上的阴谋：在十一月一日关于目前抗战形势的报告中，我曾经着重地指出，目前敌人的进攻，是在加强政治上的分化。在目前看来，日本帝国主义的动态，主要的是着重在政治上的阴谋：

（一）伪政权统一的活跃，建立联邦政府，强调建立"中日满协同体"。

（二）反共运动的号召。在整个统治区域内宣传反共，在南京、北平、芜湖、杭州等地到处开反共大会。不仅以反共自命，并且把中日战争的责任加在共产党身上。不仅企图分化中国的团结，并且企图分化中国国民党。汉奸的报纸、日本的报纸，到处充满着这种宣传。去年十二月的近卫宣言、日本外务省的几次声明，表示得特别露骨。

（三）利用亲日派，利用还隐藏在中国抗战队伍中的亲日派，来瓦解中国的抗战阵线，近卫宣言的中心就在这里。比如"中日满一体"、"中日民族亲善合作"等等。他们的主要目的，就在于以反共为旗帜，分化中国的团结；另一方面，利用亲日派，使之为应声虫，双管齐下，企图瓦解中国抗战。

（四）经济的掠夺、独占。实行中日满经济集团，限制英美在华经济势力的发展，掠夺中国资源，达到其对华经济的独占，以图最后灭亡中国。

第三，在中国坚持抗战中国际关系的变化：日与英美冲突尖锐化，使英美特别是美国，对日的态度渐趋强硬。日本虽然口头上还声明尊重美国门户开放原则，尊重各国在华权益，但实际上使英美等国在华贸易不能继续，如长江航路的封锁，排斥各国在华南、华北的商务。这样，使英美以前继续在华营业的幻想遭受打击。在损害其自身的利益上，不得不表示其态度的强硬。美国去年十二月以后，几次对日的抗议，英国国会内对于日本排斥在华各国商务的辩论，使对中日态度渐次变更。虽然这强硬是外交上的，不能有效地制裁日本，不能更进一步地帮助中国，但在中国国际关系上，及援华问题上，总有一个好的进展。

第四，国际援华运动的增强：十一月一日报告时，曾指出在广州、武汉相继不守后，国际援华运动会暂时减少，只要我们坚持抗战下去，国际援助定会一天天增强的，现在事实完全证明了这一论断的正确。

（一）由于日本对英美利益的排斥，英美在华商业备受危害，以及中国抗战的坚持，使中国向英美借款得到成功，这不仅是物质上的帮助，而政治意义也很大。借款用以稳定中国的外汇购买美国的汽油、英国的铁路器材。正因为借款的成功，日本大起恐慌，认为增加中国的抵抗力，增加对于日本的威胁。

（二）国际援华情况的开展：各国援华情况，虽然还偏重于救济难民，但这种情况正在英美比等国开展。如英国孟彻斯德市长、天主教主通电募捐，救济中国难民，伦敦圣诞节的义卖运动，比国妇女的中国之友会大量募捐救济难民等等，这是武汉失守后，坚持抗战的结果；使世界同情中国抗战人士的援华情况有增无减。这种援助虽然还不切合于目前的需要，但只要我们继续抗战下去，援华工作将有更大的开展。

所以说，中国抗战自武汉失守后，几个月来，有了大的进展。（1）中国坚持抗战的结果，国际对中日战争的态度有了新的转变，在国际援华方面上有了新的进展；（2）在军事上有了新的部署，战略战术有新的改进，军事行动也有新的进展；（3）抗战内部的团结，取得更大的成功，这表示愈能坚持抗战，无论军事、政治都将随着抗战的发展、坚持而继续进步；也完全证明持久战在中国抗战中的正确性。

根据国际形势与目前中国抗战形势，来作几个简单的结论：

（一）国际形势正在变化着、发展着，这对中国抗战的主要方面日趋有利。另一方面，由于中国坚持抗战，使国际援华运动日见增长。

（二）目前抗战正开始进入第二阶段。在这阶段中，各方面都有新的进步与开展，尤其对于日本帝国主义阴谋的揭穿，日本帝国主义政治阴谋的遭受失败，不仅在争取抗战胜利上有很大的意义，并能在这基础上，使军事、政治各方面愈加进步。

（三）（略）

（四）在抗战进入第二阶段的开始，不仅要使军事、政治进步，而且要使这些进步加速，所以要使团结巩固。巩固和扩大抗日民族统一战线，是开展第二阶段抗战及争取抗战胜利的一个重要基础。在这基础上，加速中国新的进步，迅速完成第二阶段的任务，达到最后驱逐日寇出中国的目的。

注　释

①　慕尼黑协定，即《捷克斯洛伐克割让苏台德领土给德国的协定》，1938 年 9 月 29—30 日，英、法、德、意四国首脑（张伯伦、达拉第、希特勒、墨索里尼）在德国慕尼黑会议上签订。

②　张伯伦，英国保守党领袖，1937—1940 年任英国首相，任内执行纵容德意法西斯侵略的绥靖政策，曾代表英国签署《慕尼黑协定》。

③　达拉第，法国激进社会党领袖，1933 年、1934 年、1938—1940 年三度出任法国总理。1938—1940 年总理任内，执行纵容德意法西斯侵略的绥靖政策，曾代表法国签署《慕尼黑协定》。

④　希特勒，纳粹德国元首，第二次世界大战的主要战犯。

⑤　墨索里尼，意大利独裁者、法西斯党领袖，第二次世界大战的主要战犯。

⑥　据《辞海》记载，1881 年，突尼斯沦为法国的隶属国。

⑦　应为利马，见《辞海·世界地理分册》第 511 页。

新阶段中我们在江南抗战的任务 [*]

（一九三九年二月七日）

第一部分 抗战的新阶段正在开始进展

一、新阶段的特点

首先，我来讲一讲新阶段的特点。什么是新阶段？我想顶好来引用毛泽东同志在中共扩大的六中全会①上关于论新阶段的报告。他在这个报告中指出中日战争的发展分为三阶段，同时说明三阶段之主要特点，"在于包含一个过渡的中间阶段"，就是敌我相持的第二阶段。为何中日战争必须经过一个中间阶段，由敌进攻、我防御，经过相持，再达到我之反攻、敌之退却失败？他指出："我之抗战必须用尽一切努力去停止敌之进攻，假如敌之进攻不能在一定时间与一定地区停止下来，就无所谓性质不同的三个阶段。"他同时更指出中间阶段的意义："必须经过一个准备时期，才能团结全国，克服困难，生长新的力量，同时配合着

---

* 本篇系项英在新四军于 1939 年 2 月 7 日召开的全军第二次政治工作会议上的报告。根据军事科学院军事图书馆馆藏件刊印。收入本集时略有删节。

敌人的困难，国际的援助，然后实行反攻，驱敌出国，否则是不可能的。""只有这个过渡阶段，才是全战争的枢纽。中国化为殖民地还是获得解放，不决定于第一个阶段中主要的大城市与交通线之丧失，而决定于第二阶段中全民族努力的程度。"他着重指出这一阶段的重要性，"决定反攻的东西是第二阶段中增加上来的力量，没有伟大的新生力量之增加，反攻只是空唤的。"从这点来说明新阶段的意义及其在中日战争中的地位。他更指出新阶段的特点："将是一方面更加困难，又一方面则更加进步。这是新阶段中的基本特点。"第二阶段的战争形势，"第二阶段中虽然敌我在战略上是相持的，但仍有广泛的战争，主要表现于主力军在正面防御，而广大游击战争则发展于敌人的后方。那时，游击战争在许多重要战略地区将变为非常艰苦的战争，现在就应该准备对付这种艰苦。"

这说明了战争的内容、特点与性质。所以我们来讨论新阶段的任务，对新阶段就应该有这样明确的认识。

二、目前抗战形势的发展性质与内容

（一）自武汉失守后，几月来，日本帝国主义的进攻已渐成为强弩之末，敌在总的进攻方面已形成暂时的停滞状态，敌正在休息整理他的部队，准备新的进攻布置。但不是说敌已完全停止进攻了，因为到今天为止，敌人还有继续进攻的力量，但其力量亦成为强弩之末，只不过表示日寇的余威而已。但是仅仅是开始，尚未达到完全停止敌之进攻时期，使敌在整个战略上变为防御。

（二）游击战争在全国继续广泛开展，迫使敌人渐渐由进攻转为防御。自武汉、广州失守后，游击战争不仅在华北、江南有大的开展，同时在河南、皖北、湖北、江西及广东的西江、北江等地都在大大开展着。可以说，全国游击战争，在几月来，在全国各地更广大的开展起来了，已经威胁着敌人的交通线、据点，使敌人不能不抽兵回到后方巩固他的交通线与占领地。但在今天说，游击队的效能还未能直接威胁敌人的进攻，使其完全变为防御形势。

（三）敌人已部分的、分区的开始向游击队进攻。对于华北的进攻，在武汉失守前后对晋察冀边区的进攻，最近在同蒲路两侧，河北的平汉路、北宁路两侧，山东津浦路的两侧，都已开始着进攻。同时在江南，自去年十月以来，也开始集中相当兵力，实行分区进攻，企图巩固他的占领区和交通线，减少他的后方威胁。但敌之进攻，还是攻势的防御，还不是敌的全部兵力转向进攻。现在广州周围游击战我正积极进攻，这迫使敌人也不得不开始分区地积极进攻，企图巩固他南方的军事据点和占领地。

（四）由第一阶段转入第二阶段的过渡中，毛泽东同志指出，将要发生许多新的困难，要渡过一个难关。在广州、武汉失守后，整个抗战形势已在新的转变的关节。此时，政治上、经济上、国际交通上所发生的困难，但几月来，我们已打破了一部分。如（1）亲日派——变相汉奸，以汪精卫为首的妥协投降运动被打击下去了。已使这种妥协运动在抗战中发生的影响打击下去，使抗日阵线在反汪的投降运动中更加巩固坚强了。也使那些对整个抗战前途悲观失望的分子，随着汪之被开除、被打击，而更加容易站在这边来坚持抗战。（2）日寇在占领广州、武汉之后，想把伪组织合流，组织伪政权的中央，来影响中国抗战和动摇广大的民众，可是在政府与全国民众坚持抗战下，此种影响已不能发生大的效用了。（3）由于广州、武汉失守，我国际交通线被截断，增加了一些新的困难，但这困难现已逐渐开始减少，我们不仅没有断绝援助，而新的交通线的建立也开始了。交通困难一点，我们已基本上克服了。在国际形势来讲，那时，正是国际上捷克被瓜分之时，正是敌之侵略气焰高涨之时。但由于几月来敌人的独占阴谋，使日英、日美的矛盾加深。在中国坚持抗战的条件下，日本可以威胁其他国家来威胁中国投降，但现在国际形势已大大改变了。比如中美、中英贷款的成功，英、美对日态度的强硬，国际形势对我渐趋有利。

这都说明了我们已克服了一部分困难，特别是在政治上的。但困难还存在，要我们继续克服在新阶段中所可能碰到的困难。

（五）在政治、军事上的继续进步。（1）蒋委员长②及国民政府表示坚决抗战，特别是蒋委员长对于十二月二十六日近卫宣言③的驳斥，表示了中国坚持抗战的态度。开除了近卫的应声虫汪精卫的党籍，使抗日战线更加坚强，全国的斗争意志也更加坚决了。（2）国民党五中全会④开幕，更继续驳斥近卫的谈话，愈加确定了中国坚持抗战的决心。明确指出，只有"决心抗战到底才有抗战胜利的基础"，"和平妥协只是生里求死"，"持久抗战才是死里求生"，并对国民党提出严密革命的纪律。这必然使中国政治上将继续的有更大的进步与进展。（3）在整个政治任务上决定了新的作战方针。在去年十二月南岳军事会议⑤后，委员长指出了五原则：政治重于军事，民众重于军队，宣传重于作战，精神重于物质，游击队重于正规军。这在整个抗战上有了很大的进步，针对着整个客观条件，给了我们以主要的方针和任务。（4）全国作战地区的划分，作战指挥的统一，新的作战部署的完成。（5）游击区的划分，游击队指挥的统一，对游击区的政治机关的开始建立。这都是政治、军事上的一大进步。游击战争的作用，一天天的提高了，广大的民众武装也发展起来了。根据以上五点，说明了目前抗战已经开始了新阶段的发展。在新阶段向前进展的前面，如何来达到新的任务的完成？毛泽东同志在论新阶段中说："只有停止敌之进攻，才有利于我之准备反攻。而要达此目的，还须给一个大的努力。故由目前过渡到敌人被迫停止其战略进攻，转入保守其占领地，出现整个敌我相持的阶段之时，还是一个斗争的过程，须克服许多困难才能达到。"

第二部分　新阶段中敌人之企图

我们为了要明确地彻底地了解新阶段的内容与实质，不但要了解新阶段的特点，而且要了解新阶段敌之动态企图，才能使我们明白新阶段实际的斗争内容与战斗的重要性。

一、敌在政治上的企图：（一）敌自占领武汉后，敌之总的战略方针已由军事的转入政治的了。新阶段敌之进攻企图，敌之进攻的中心，已不是第一阶段中主要以军力进攻、打击中国，占领我们大城市、交通线。他们知道以军力威逼中国屈服的不可能，所以不得不改变第一阶段中以军事为中心的方针，而转为以政治为中心，用军事来配合动作，达到他们屈服中国，胜利地结束战争，胜利地灭亡中国的目的。当武汉失陷以后，日本帝国主义外务省与近卫的发言，处处表示引诱与谈判，利用德、意大使用调解方式，使中国接受亡国条件，但这企图是失败了。又有去年十二月二十二日近卫的宣言，还企图在政治上瓦解中国抗战，分化中国团结，使中国接受亡国的条件。（二）从政治上分化中国团结。从武汉失守后，到处开反共大会，进行大规模的反共运动，企图在此名义下，分化中国抗战的营垒，使顽固分子、成见很深的人，组织新的反共阵线，减少对日之抵抗力，以至于消灭中国抗战，达到胜利地灭亡中国。宣言反对蒋所领导之政权，除蒋以外的人，可以进行和平谈判，使蒋委员长与中国抗战分开。又企图在国民党中来个分化运动，破坏中国国民党。利用汪伪傀儡，使中国抗战不能继续。（三）利用汉奸托匪，利用中国抗战新的困难，反对抗战，散布和平空气，响应日本帝国主义各种言论，瓦解中国抗战，模糊民众对抗战的认识。（四）提出日满支协同体、东亚新秩序与中日亲善、中日合作等口号。（五）在国际上宣传维持东亚和平，尊重各国地位，使国际人士对我抗战不同情与减少援助。（六）到处组织并利用傀儡政权，如正在南京所开的国民大会，企图打击中国在国际上的地位、在群众间的影响。（七）用各种方法收买人心。过去的奸淫掳掠引起广大民众对日的仇恨，遂改变以怀柔欺骗来宣传、约束军纪、提和平口号，安定人心，恢复交通，恢复工商业，恢复农村经济，又用清除土匪的办法，企图收买人心，减少中国抗战阻力，巩固其占领地区。这是敌在政治的企图，妄图将重心都转移到用政力来进攻，使中国屈服。

二、在经济上：（一）企图独占中国市场，排除英、美在华的商业势力，如对铁路、航运的统治，海关的攫取等。（二）掠夺中国资源，如在华北各种经营资源的组织，棉纱的统制。南方盐丝的掠夺，大量的倾销日货，扩大市场，维持本国行将崩溃的经济基础。（三）利用伪政权征收捐税，维持日本强盗继续在中国作战的经费。

三、在军事上：（一）固然日本强盗以政治进攻为中心，但为了达到政治的胜利，不得不配合军事的进攻，所以敌人除了政治进攻外，还有军事的进攻。敌自占领武汉后，还有向西北、西南进攻的可能性，政治上的阴谋失败后，乃不得不加强军事的进攻，实现在政治上的企图。（二）由于游击队的威胁，渐使军事进攻转向防御，军力开始移向游击区进攻。（三）大量组织伪军。在华北、华南正在组织绥靖队，并从东北调来伪军，欲达到以华制华之目的，减少日军的消耗。

四、在文化上：（一）到处鼓吹中国旧的封建的思想，在日寇所占领地方的汉奸报纸上可以看得出了。（二）在青年中进行顺民教育，宣传中日亲善谬说。（三）毒化中国的阴谋。在占领地以及周围，用赌博、白面、吗啡、鸦片等毒品，来消灭中国人民的斗争意志。

从上面所述各项中，可以看出日寇主要的目的、主要的进攻重心是放在政治上。都是为了在政治上达到灭亡中国，在经济上掠夺中国资源，维持日本社会经济基础的崩溃，利用中国财力来进攻中国，实行以华制华、维持对中国长期作战的目的。总之，日本帝国主义的重心是在政治进攻，而以军事为辅助，为了达到政治阴谋的实现，在某些方面某些情况下，还有军事进攻可能的。

一方面了解新阶段中的特点与困难，要在最艰苦的情况下作英勇的斗争，并且克服困难，继续进步，达到敌我相持、达到反攻之完成；一方面不但我方以政治为主、军事为辅，敌人也转变到以政治为主军事为辅。

第三部分　敌在江南企图与动作

一、江南抗战的形势

可以分做三个作战时期，每个时期的敌人动态与企图都是不相同，随作战形势而变动：

（一）南京失陷以后到去年二月以前。自南京失陷以后，中国的抗战军队，离开了这个地区，由于这地区的广大民众没有动员，没有大大的发动，没有正确的领导，使敌人能以少数兵力维持占领地、交通线，抽调大批兵力进攻津浦线。这时期敌人是以东方式的野蛮的残酷手段镇压中国抗日的民众。

（二）本军进入这地区作战以来到去年九月底止。由于我们到达这个地区以后，积极地向敌进攻，使敌遭受严重打击，交通线不断的被破坏，敌之战略据点——南京、芜湖、镇江感受重大的威胁。这样一来，更由于我们不但能以战争的胜利提高江南民众抗战热情，坚定抗战意志，而且实际地到处发动民众，组织民众，领导民众，使江南消沉情况转入抗战新局面的展开，这是第二时期。

（三）十月以后到现在。由于我军对敌人积极的进攻，不断的打击，牵制了敌人，更加威胁了敌人。由于广大民众的发动，配合我军的行动，大大破坏了敌人的交通线，使敌人时常在恐慌中。敌人为维持其交通线的安全，不得不对江南区域采用攻势的防御，用进攻来达到驱逐我们、巩固占领地、巩固战略据点的目的。这是军事上的三个时期，但在政治上也是不同的。第一时期，敌人以最野蛮最残酷的方法来威胁江南民众，镇压江南民众。自我们到达江南以后，敌人还用烧杀的办法，使民众不敢起来斗争，不敢与我们接近，可是敌人遭受了失败乃渐由野蛮的杀戮办法转变为怀柔政策，渐渐用欺骗的方法离间中国抗战团结，尽量提出反对我们的口号，反对新四军的宣传，离间我与民众的关系，以便孤立我们。在第三期更转变到以政治上各种阴谋的企图，来达成他破坏我国团结、巩固其占领地的目的，于是由军事的进攻转到以政治为重心、配合军事的进攻。

二、敌人最近在政治上的企图

（一）提出反共、反蒋，企图造成新的反共战线。敌人在芜湖、南京、镇江等处举行反共运动大会，强迫民众参加，用照片照出来，到处宣传，表示大会如何的热烈，参加群众如何多，企图遂其奸计，影响我国抗战。（二）用金钱收买汉奸，四处宣传日本胜利、中国失败的消息，想动摇我民众抗战意志，降低抗战热情。（三）造谣挑拨，说国共合作业已破裂，内部已起分化，使江南民众丧失抗战意志，影响抗战情绪。（四）提出和平的口号，以安居乐业为号召，说中国政府、中国军队，国民党军队与共产党军队破坏和平，掀起战争，民众要想安居乐业，就非反对蒋介石、反对共产党不可。（五）收买汉奸，恢复伪组织。（六）收买土匪，扰乱治安，危害人民，这是一面放纵土匪，一面清剿土匪，以博得民众欢心。（七）在南京以及占领地的周围组织防共青年团，强迫青年加入。（八）到处组织新民会、大刀会，用利诱方法强迫民众参加。（九）强迫两面派站在日寇方面，利用两面派的地位关系，阻碍人民团结，要两面派完全成为敌人的工具。（十）用武力威胁地方士绅，组织维持会，把士绅捉拿来，强迫承认条件，利用一些不坚强的人来造成伪组织的成功。（十一）利用并笼络大刀会的和青帮的头子，一方面利用他们欺骗群众，破坏群众抗战组织，一方面利用这些群众首领封建关系，迷信心理，使群众不敢反对，不敢参加抗战工作。利用青帮头子的联合组织，因为青帮在江南很发展，因为农民破产与帝国主义利用他，造成其发展。青帮的组织里面有流氓，也有工人，及大部农民，有土绅、日寇利用这些关系，利诱他们，牵制他们，不让他们向抗战方面发展。加入青帮的每人有一块牌子，以可以自由活动，避免日寇杀害，所以加入青帮，得到这牌子，比良民证还有效。所以日寇利用青帮破坏抗战组织，并企图打入非敌统治区活动。（十二）利用金钱收买江南不坚定分子所领导的地方武装，实行叛变，但不能达到完全成功，不能取得政治上的领导，却也发生了相当效用。在敌向太湖进攻以后，曾发生叛变，在×团⑥附近也有叛变现象。（十三）利用旧有保甲制度来威胁、强迫、束缚人民。找保甲要人民去为他修复被破坏了的道路、保护交通。一切要保甲长负责，所以常常在作战时，某些保甲不能不采取两面派的态度。若我们去破坏电线杆子，破坏道路，他就立刻去告诉日军，因为发生了什么问题，日寇要问保甲长。（十四）用振兴农村，恢复工商业，及棉业、蚕业口号来收买民心。（十五）继续用武力威胁的方法，使民众与军队不敢接近。日寇向民众说，如果游击队不动作，不住民村，我就不烧不杀。又用贴布告的方法说，新四军不在此，我就不烧不杀了。

（十六）不坚定的公务人员与武装，以暂时互不侵犯来减少顾虑。实行互通声气，表示默许，以便敌人集中力量进攻其他积极行动的部队。（十七）约束自己纪律，停止乱烧乱杀。敌人在未进入占领地前，先派汉奸敌探对民众宣传，说现在日本人不烧不杀了，叫大家不要跑，谁要先跑就先烧杀谁。第二天敌人来了，果然不烧不杀，用这种欺骗手段，收买人心。（十八）注重宣传，用各种传单布告，到处散发，印制得很精美漂亮，想收得他宣传上的成功。甚至我们喊口号时，敌人也利用汉奸来喊口号。在南陵战斗中，敌人不但宣传品很多，而且用汉奸喊口号"不打四川军，四川军回到四川去！"由此，可见敌人阴谋之一斑。（十九）采用各种小惠。敌军常带糖果在身边给中国小孩吃，以求欺骗小孩而取中国人的好感，来减少中国人民对日军的民族仇恨。（二十）到处与中国人拜把子，想利用这种封建关系，笼络中国民众。更用残酷的麻醉方法，鼓励中国同胞吃鸦片烟，乱嫖乱赌。南京城内的娼妓广告特别多，就是一例。日寇想用这种毒辣的方法去消磨中国的抗战意志。

由此可见敌人所用的主要力量是政治手段，收揽人心，巩固敌之统治地区，阴谋破坏中国抗战团结，分化中国抗战力量。以上所述，是敌人政治上的动态与企图。

三、敌人在经济上的企图

（一）到处恢复交通，便于日货畅销。由敌统治区大量推销，而推销到非敌统治区去，到处掠夺中国的手工业市场与排斥其他国的市场。（二）用恢复工业办法，掠夺中国资源，如棉业、蚕业、丝业等农产品的夺取。（三）假冒中国国货招牌。到处都见的是南京、无锡、芜湖的冒牌国货，其实都是日货。（四）收买中国法币，买外汇来破坏中国金融。并强迫使用各种不兑换的日本军用票，使民众无法可用，进而破坏中国法币。（五）大量收买中国农产品，如鸡鸭蛋等都送往南京、芜湖，作化学工业用的。同时江南的粮食也大批为日寇收买出口，这是很严重的问题。敌在江南的企图是要夺取这些地方的工业原料与农产品。（六）控制所有交通，独占市场。轮船、铁道由敌把持，市场上满目日货充斥。（七）进行征收田亩捐，强迫民众出钱，想利用中国的金钱，来维持他侵略战争的继续。敌企图利用中国财力来维持对中国作战的费用。这就是敌在经济上的企图。目的是掠夺资源，扩大市场，挽救其经济恐慌。

四、敌人在军事上的举动和企图

（一）敌采取分区进攻。在江南、皖南的三个作战中心，敌探进攻行动，想驱逐我抗战军队退出军事战略据点以外。（二）构筑据点分进合击。敌人一来，最少有三路，四路至八路，包围某一地区，想消灭我军于其合击点内。（三）修复公路，便利军队运动，便于敌人的进攻和封锁。（四）避免坚强的作战，用各种方法以强击弱，打击当地的游击队，或消灭抗日的地方武装。因为这是军队的手足，敌人第一步收买，做不到，就实行消灭这些武装，企图由此来孤立我军。（五）尽量收买散兵（南京失守后散下来的中国士兵），组织伪绥靖队。听说江南有五千人之多，敌人想以在江南的中国散兵来造成进攻游击区的部分力量。（六）用少数日军监督伪军来向我进攻。（七）在各地强迫抽收壮丁，实行军事训练，以达到伪军的大量建立。（八）利用中国军队的弱点，专门进攻这些弱点。他了解并研究中国军队的弱点，比如他知道游击队在袭击胜利后，警戒多疏忽。当游击队获胜后，正得意忘形的时候，敌人马上来了，有时敌人绕过警戒线前来袭击。敌人不断地在了解我军的这些弱点，企图胜利地向我进攻。

目前敌人的目的，是企图驱逐我军，扑灭地方武装，减少敌人威胁，巩固其占领地区，但直接的企图是避免持久战与减少力量耗费。

五、敌人今后的企图

（一）在新阶段的发展中，游击战的发展威胁敌人，终必迫使敌人由进攻转为防御，而我给以敌人的威胁也更大，而敌人大的反攻也必更快的达到。（二）敌人一定要采取更大的长期进攻。现在是分区进攻，将来一定有更大规模的军事扫荡计划。（三）更着重政治进攻以消灭江南人民的反抗。破坏我抗战力量，动摇我坚持江南抗战的信心，甚至分离我军与民众的亲密关系。（四）要更加抓着江南富庶之区和工业区域，夺取这些地区的物力、财力、资源，作为对华作战的经费之助。（五）敌要更大规模地组织伪军，企图减少他兵力的消耗，收买汉奸及不坚定的动摇武装，实行其以华制华的毒计。这都是敌人在江南的政治、军事、经济、文化各方面的企图，根据以上所述作了一个大体的估计。

第四部分　江南战区的特点对于今后作战的关系

因为我们是在江南作战，而且我们要坚持江南战争，那么，江南这个地区的各种特点对于我们作战是有密切的关系。为了使我们能够在新阶段中执行我们的任务，为了我们能够在江南这个地区执行新阶段的任务，我们不得不对江南地区要有一个明确的了解和认识，只有这样，才能根据整个新阶段中间的各种特点以及敌人的企图和江南环境，来具体地规定我们的任务。

一、江南社会的特点

我在这里只能报告江南的特殊的现象，而且还要声明的，就是我所指的江南，并不是统指长江以南，仅以京芜线、京沪线西段的周围，至于京沪线以东的没有包括在内。这就是说，我所讲的是我们作战的区域。

（一）江南是中国最富庶的地方，经济比较发达，交通也比较便利，但因为中国是半殖民地，江南靠近海岸、长江，有近代新式的交通，如汽车、轮船、铁路极发达。这是说明帝国主义的势力最早就侵入江南，而买办阶级势力的发达，使整个农村破产达到极点。虽然在南京、镇江、无锡有我们的工业，却是以轻工业为多，重工业则很少，平时生产上所需要的物品，主要都是帝国主义国家运来的。不仅在城市，而且农村也带着半殖民地的特殊性，如农村生产品的商品化，是供给帝国主义及城市的需要，甚至稻谷也是买办式商品式地转卖出口。这充分表现了半殖民地的经济状况，在这商品经济占支配地位上，旧的经济大破坏，而新的却没有建立起来。

（二）江南的河流很多，灌溉比较发达，土地非常肥沃，一亩田所产谷子比内地一亩田要多好几倍，因此，少数土地可以收获多量产品。有人说江南是鱼米之乡，这是一点也不错。这次我到前线去，看见到处有鱼，而且便宜得很。虽然农村大大破产，但在这天然地理条件下面，使人民生活养成苟安的心理，在江南比其他各地方进步，大有资本主义的色彩，农民的服装很华丽，冬天穿着长袍，一到夏天都穿起绸衫，个个斯斯文文，这与内地完全不同。

（三）由于江南交通的发达，有很多公路，而近代文明的坏习气因之也传染到农村。一般人民最喜欢打麻雀[7]，坐茶馆，早晨与夜间都有吃茶的人，这种生活习惯，就养成了性格上比较软弱和比较滑头。

（四）一般人以为江南是中国富裕的地方，是文化最发达、最进步的地方，交通比较便利的地方，因此，以为这是中国最进步的社会。可是事实上却相反，这地方土匪特别多，正因为农村破产，农民生活不能维持，结果造成土匪的发展，在南京附近的各区域到处都有。这在抗战以前就存在，而在抗战以后更是普遍发展起来。

（五）青帮的组织亦很多，不仅是脱离生产的流氓，而且还有很多不脱离生产的农民，士绅阶级也有加入的，甚至做起青帮的首领，这样造成一个很奇特的社会。这种青帮是和土匪相联系的。在秋季冬季的时候，他们常把土匪当作副业。

（六）一般说来，这地区文化比较发达，迷信应该比较少，但在事实上，江南的迷信思想是很普遍的，这正是表现出半殖民地国家的情况。我们说上海是最繁华的地方，而迷信却很重。在南京附近的地方，大刀会很发达，他们的首领都有点头脑、有相当地位的人。

我说江南有七多，这就是打麻雀多、茶馆多、澡堂多、大刀会多、土匪多、青帮多、两面派多。这七多互相混合构成了这个奇特的江南社会。而敌人——日本帝国主义就针对着江南这些特点，利用这些特殊现象，努力和组织来争取群众，来巩固这个地区，来分化抗战的力量，来对付我们进攻。如利用青帮领袖常玉清组织青帮联合会，利用大刀会的关系，以及利用太平安乐的习气，来提出和平的口号等等。如果我们不认识这些特点，我们就不能打破敌人的阴谋，就不能动员广大群众，团结广大群众，也就不能便于作战，反而增加不少的困难。我们说，游击战是以政治为主脑。那么，在江南政治的力量更是重要，我们要根据江南这些特点，加强政治工作的教育，争取这些力量到抗战方面来坚持与敌人作战，要从政治上把存在这地区的力量争取过来，使日本帝国主义孤立。这就是说，我们在江南特殊情形之下，要以政治工作的重心来决定我们的作战方针。

二、抗战以来江南形势的变化和发展

我在上面所说的江南特点和现象，在抗战以来有没有变化呢？我们说是有的。正因为抗战的力量推动了一切，改变了一切，抗战的火焰在这地区燃烧的结果起了许多变化：

（一）南京失陷后，有许多散失的枪支，使地方游击队普遍地发展，但是这些游击队，以及大刀会、青帮有了枪支，却各自独霸一方，收捐收税，许多人借着游击队大发洋财；一直到我军进入江南地区后，到今天来说，在我们作战的区域是没有这种现象了，而这些游击队反成为江南抗战不可少的力量。

（二）南京失陷后，由于中国军队退出这些地区，于是地方游击队蜂起，但因没有政治上的领导，这些游击队却不去反对日本帝国主义，却常常扰害民众，加之日本帝国主义最残酷最野蛮的手段，更使民众抗战情绪低落。大刀会、自卫队等是自卫的武装，一方面是对付日本帝国主义，一方面又对付我们中国的游击队。但自从我们军队进入后，由于我们作战的胜利，以及对地方民众的鼓励和组织，使江南民众抗战情绪大大增长，并且积极地配合我们作战。

（三）南京失陷后，中国军队退出，各地有伪组织的成立。但是，从我们军队进入以后，开展胜利的游击战，摧毁了伪政权，帮助政府恢复了我们的政权，不过到今天来说，日本帝国主义又在企图恢复伪政权。

（四）南京失陷后，中国军队退出，这使两面派大为发展。他们大都是江南的富裕阶级，主要是维持自己的利益，向着两面讨好，只要不侵犯他们就好了。但自我军进入以后，他们渐渐转向我们，而敌人便采取威逼两面派，逼使两面派站在敌人方面，可是由于我们正确地运用了统一战线，由于我们坚决地作战，相当地争取了两面派不至于跑到日本帝国主义的怀里去，如果，我们更大地努力，我们可以使两面派的现象消灭的。正因为这种两面派的现像影响到江南民众抗战情绪，所以我们在政治上动员作战的胜利，同时还要如何争取两面派，使他们坚决地站在抗战一方面。

（五）大刀会开始是中立的。最近日本帝国主义收买大刀会的首领，间接地建立他们的统治，可是一部分已被我们争取积极参加抗战了，但大部分还是表现中立的。

（六）南京失陷后，青帮借着机会发展，有许多人靠青帮来保持他们的生命财产。但是，自从我们军队进入以后，在政治上争取他们站在抗战这一方面，坚决地来反对日本帝国主义。但是这工作仅仅是做到对有武装的青帮，而非武装的青帮的工作还不够，没有把他们动员到抗战团体里去，而不至于被敌人所利用。

（七）由于江南的特点，所以江南的派别也很多。日本帝国主义就利用他们相互间的攻讦、互斗，不来对付日本人。但自我军队进入以后，正确地执行统一战线，使他们转到抗战方面来，大体上说，已消灭这种现象。

（八）整个抗战形势的发展是不平衡的。在江南来说，我们是孤军作战，没有取得其他军队直接的协同配合的帮助，这样就便利了敌人集中力量进攻我们。如在大江以南，只有京沪线西端有群众与地方武装配合参加抗战，而东端地区即军事行动配合也是很少的。其次，便是军事超过政治。军事有大的发达，而政治上不仅不配合军事，甚至于分道扬镳，不能使军事与政治协同一致。

上述的江南特点，由于我们的抗战关系，抗战发展，抗战的坚持起了变化，但是这种变化发展，还不能适应新阶段的要求。所以我们在江南坚持战争，不仅在军事上向日本帝国主义作坚决的战斗，同时要在政治上进行政治斗争，要争取江南广大群众参加抗战。游击战争的特点，便是在政治上的进攻，只有如此，才能取得军事上的胜利。

三、我军在江南作战的成绩与今后的地位

（一）我军作战以来，到现在已有七八个月，作战二百七八十次，由于全军指战员的努力和英勇的战斗，到今天可以说，我们是完成了上级给我们的任务。我们不仅开展了游击战争，发动了群众，而且配合了保卫徐州、保卫大武汉的战斗，一直到今天还坚持与敌人作战，不仅破坏敌人的交通，而且牵制了敌人，与敌人在江南坚决的斗争。因此，我们可以说，已经完成上级给我们在江南作战的任务了。

（二）由于我们作战的成绩以及正确地执行统一战线，因而坚强了江南群众的抗战的意志，团结了广大群众坚持江南的游击战争。

（三）我们在江南坚持抗战，使日本帝国主义想驱逐我们军队出江南的企图失败了。我们是在任何困难条件之下，都还坚持在这些地区和敌人作最坚决的斗争，不仅使敌人军事上失败，并且使敌人在政治上的企图也同样遭受到失败，造成了我们在江南坚持作战的威信和力量。虽然在最近敌人不断地分区进攻，但是江南的群众大部分还是坚持反对日本帝国主义，坚持和我们协同作战。假如没有我们在这里坚持下去，不仅我们军事上的失败，日本军事上的胜利，同时使日本政治上也获得胜利，使江南民众的抗战情绪一定也要变化。所以，我们是在江南起了核心、团结、领导的作用。

（四）由于上述的关系，敌人集中力量在京沪线的西端企图赶出我们新四军，认为新四军是他们最大的敌人，如果不赶走新四军，那么，他们是没有办法巩固江南的地位的。于是他们到处宣传、出布告，要民众反对新四军。新四军是他们的死对头，敌人可以收买别的军队，却不能牵动我们，这使他们焦急万分了。

（五）正因为我们新四军在江南起了抗战的模范作用，可以影响周围抗战的军队，能对抗战的坚持，当然这模范作用还是不够的。因此，在新阶段的开展，使我们的任务有了新的改变。过去我们是配合各个战役作战，在新阶段中，我们新四军不是执行战役的配合力量，而是单独的作战任务，要起战略上独立单位的作用；不仅在第二阶段上完成战略的配合，而是要在第三阶段中成为反攻的重要部队；不仅是坚持这个地区，而是在整个大江以南的作战，一天一天地趋于重要了。

第五部分　在新阶段中我们的任务

根据我们在总阶段中的新任务，是在争取整个相持阶段的到来，准备反攻。但是争取相持阶段的实现与反攻的实现，必须经过最艰苦的斗争，使敌人进攻的力量大大减弱，不得不转为防御，使敌人在第二阶段中的力量大大消耗与削弱。同时，我们要更加动员一切力量，克服许多困难，使我们达到准备反攻的完成。现在我要说的，是新阶段中江南我军的任务：

第一，根据整个抗战新阶段的总任务，坚持江南抗战，积极配合全国进攻敌人，消耗敌人，停止敌之进攻，使整个相持阶段能够达到胜利地转入反攻，这是我们的总任务，这是我们的总方针。

第二，为了实现这个总的任务，实现这个总的方针，我们当前的中心任务是在政治上：

一、百倍加强在民众中间的政治宣传与教育，要提高江南民众的民族意识、民众觉悟和抗战信心，团结千百万的群众来坚持江南抗战。

二、用团结御侮、互相帮助、互相让步的精神，巩固与扩大抗日民族统一战线，团结一切力量，使日本帝国主义陷于孤立。

三、尽量的无间断的揭破日本帝国主义的一切政治阴谋，暴露日本帝国主义的一切欺骗、狡计，使之失败。

四、要把全国抗战胜利的形势意义，在江南群众中间作很广大的宣传与解释，坚强他们抗战的意志，以打破日本帝国主义各种挑拨和谣言。

五、加强对于大刀会、青帮以及土匪中的抗战宣传，争取他们坚决站在抗战方面，反对日本帝国主义，使日本帝国主义无所利用。

六、按照国民政府在元旦日所颁布的惩治汉奸条例，给予汉奸及甘心附逆的分子最严厉的打击与消灭。但是，我们应该争取那些仅仅为生活所压迫和一时错误的分子给以自新来参加抗战，削弱日本帝国主义的力量。

七、摧毁敌人的伪政权，拥护国民政府的全国统一，应尽量帮助战区政府，达到政府与民众一致、军队与政府一致来反对日本帝国主义。

八、协助政府团结民众，有计划地一面建立自给经济以解决长期抗战中间的民众生活，一面实行对于日本帝国主义的经济封锁，使日本货物无法推销，使我们的资源不为敌人所利用。

九、加强对于敌伪军的工作，敌人近来大批组织伪军，使我们的敌伪军工作并〔加〕重，要在政治上去瓦解敌伪军，削弱敌人的力量，便于在战斗中消灭敌人。

以上是在政治上来说，现在我们再从军事上来说：

一、坚强现有的地方武装，不仅在军事上提高他们战斗的能力，而且要在政治上巩固他们的部队能够独立在原有的地区坚持抗战。

二、建立广大的群众武装组织，开展群众的游击战争。

三、以最广泛的、最灵活的游击战配合运动战，更有效地消灭敌人，消耗敌人的力量。

四、最坚决地、最敏捷地消灭敌人的伪军绥靖队，使敌人力量削弱以至于孤立，便于我们直接打击敌人，消耗敌人。

五、积极争取与团结友军，随时收得协同动作，处处使敌人遭受打击，使敌人在我们协同动作下，喘息不定，丧失战斗意志，便于消灭敌人。

这是在军事上消耗敌人、削弱敌人、威逼敌人，使敌人不得不停止进攻，不得不由进攻转为防御，以达到敌我相持，准备我们反攻的力量。这就是我们为了实行新阶段中的总任务的中心工作，我们在江南所要实行的政治上、军事上的中心任务。

第六部分　我们如何来完成这一伟大的艰苦的任务

第一，更加百倍的努力从政治上把全军指战员的政治觉悟与抗战决心提高到最高限度，使每个指战员抱着有我无敌的决心与再接再厉的坚决勇敢的牺牲精神，在任何艰苦的环境中坚持斗争。

第二，发扬和光大我军的优良传统，生长更伟大的力量来完成新阶段的任务。

第三，要提高我军的军事技能到最高度，不仅要英勇有牺牲的精神，而且还有直接消灭敌人的手段，这不得不依靠我们军事技能的提高。只有军事技能的坚强与广大群众的拥护，才能消灭敌人，歼灭敌人。

第四，要提高军事干部战术的素养，提高指挥员的指挥艺术，善于争取主动，利用时机巧妙地歼灭敌人，击破敌人。假如没有这个条件，我们是不能从军事上的胜利完成我们政治上的任务。

第五，发挥我军千百战锻炼得来的游击战术，使得敌人只有招架之功，没有还手之力。同时要发扬我们过去运动战的传统，我们在过去不仅能打游击战，而且能打运动战，大批消灭敌人。我们现在亦须要学习运动战，发扬过去运动战的优良传统与作风来消灭敌人，使敌人遭受我们更大的打击。

第六，为了执行上面所讲的战斗任务，我们不仅要进行游击战，而且要进行运动战，再还要战术的改进，军事技能的改进。为了这样，我们还要进行整个军队的改造，要使我们军队正规化，便于大规模地进行战争，那必须使我们军队的各种机构、各种制度转变为革命的正规的制度，成为革命的正规化部队，才能完成最伟大的任务。

第七，巩固我们的政治纪律，严肃军事纪律，只有很好的政治纪律，才能争取广大群众的帮助和拥护，而使日本帝国主义孤立，所以我们要巩固政治纪律，不允许任何人来破坏。但是有了政治纪律取得民众帮助，假如没有严格的军事纪律，也是不能进行大规模的战争，取得伟大的胜利，所以我们必须严肃军事纪律。

第八，为了执行新阶段的任务，为了准备反攻，那必须坚强我们的力量。这种力量的坚强，不仅是在数量上的增大，而且要在质量上增强，才能造成最坚强的抗战的部队，才能完成抗战最伟大的任务。

第九，更大地坚持发扬艰苦斗争的光荣的优良传统，因为新阶段中有许多困难，只有最艰苦的坚持斗争的精神才能克服。我们的三团、六团，是在最艰难的条件下，不仅时时要受敌人的威胁，而且生活是流动的，经常转移。我们要争取整个相持阶段的实现，反对敌人的大举进攻，那比现在百倍的困难还要艰苦。所以我们不仅要保持过去的优良传统，而且要发扬它，要在艰苦斗争中壮大起来。我们要反对生活上腐化堕落的现象，特别是在江南，如果我们生活上一不检点，是容易堕落的。因此，我们还要进行节约运动，准备着长期斗争的精神，以便迎接非常艰苦的战斗，要熬过这个关头，才能转入反攻，才能达到最后的胜利。

第十，要加强组织民众、动员民众的效能，改进民运工作的技术，更快地团结千百万群众来共同坚持抗战。

第十一，要加强瓦解敌伪军的工作，不仅在标语上、口号上，而且要随时了解敌伪军的情形，有计划地进行瓦解敌伪军工作来配合我们的战斗，便于消灭敌人。

第十二，要提高民族警觉性，因为日本帝国主义的诡计多端，善于进行特务工作。我们必须号召全军同志要提高民族警觉性，要在事实上、政治上、军事上认识敌人。最近在四团发现敌探，以及其他游击队的叛徒，更使我们警惕。谁不提高民族警觉性，谁就是民族的敌人。

我们要在工作中完成新阶段的任务，而这些任务的完成，主要是要靠政治工作，如果没有最高度的政治工作的效能与作用，就不能保证本军迅速地完成我们在新阶段中的任务。我们的政治工作会议的主要任务，不仅是坚强政治工作，健全政治组织，提高工作技能，而且主要是保证本军在新阶段中任务的完成。我们在今天的政治工作会议中，要来讨论今后的政治工作，如何使我们的政治工作坚强和如何总结过去一年来政治工作的经验教训，如何改正我们的政治工作适应新阶段的要求，如何发扬政治工作在新阶段中来完成新阶段的任务，以执行伟大的作用。这就是政治工作会议的任务。

我坚信全军政治工作会议能够完成这个任务，能够依靠这一次会议的成功，百分之百地保证我们全军执行和实现中共六中全会给八路军新四军电中的指示：“……抗战形势紧急的关头，特别需要我八路军、新四军前进，将士之努力，以自己的模范作用，帮助友军及民众，一致渡过难关，在敌后方数倍于今天的艰苦局面尚在前面，希望你们再接再厉，与敌寇作殊死战，更加积极的去帮助和亲近友军，更加努力地去发动和组织民众，用互助互让、团结御侮的精神，去巩固、扩大统一战线，同时反对个别分子的乐观、动摇、堕落、腐化等现象，以保持和发扬过去的光荣传统，中共扩大的六中全会坚信你们定能始终站在自己前进战士的岗位，你们定能坚定不移地为抗日战争的最后胜利和三民主义共和国之实现而斗争。”

注　释

① 六中全会，即 1938 年 9 月 29 日至 11 月 6 日在延安召开的中国共产党扩大的六届六中全会。全会由张闻天主持，王稼祥传达了共产国际的

指示，毛泽东代表政治局作了题为《论新阶段》的政治报告和结论报告，《战争和战略问题》《统一战线中的独立自主问题》是报告中的两部分内容，要求全党同志认真地负起领导抗日战争的重大历史责任。

② 蒋委员长，指蒋介石。时任国民政府军事委员会委员长。

③ 近卫宣言，指 1938 年 12 月 22 日，日本内阁首相近卫文磨发表的第三次对华声明，提出了调整中日关系三原则，即承认"满洲国"、共同防共和中日经济提携。第一次发表的对华政策声明，是在 1938 年 1 月 16 日，声称今后不以国民政府为对手，期望建立能与日本合作的新政权。11 月 3 日又发表第二次对华声明，提出：日、"满"、华合作建设东亚新秩序。

④ 五中全会，指 1939 年 1 月 21 日至 30 日国民党在重庆召开的五届五中全会。蒋介石在会上作了讲演，申言要抗战到底，以期获得最后胜利与建国之成功。全会通过了"整理党务"的决议案，确定了"溶共、防共、限共、反共"的反动方针，设立了专门的"防共委员会"，并秘密通过了《防制异党活动办法》的议案，以限制中共及其领导下的人民抗日力量的发展。此次会议是国民党由比较积极抗日转向消极抗日、积极反共反人民的开始。

⑤ 南岳军事会议，指 1938 年 11 月 25 日至 28 日国民政府军事委员会在湖南衡山召开的第一次军事会议。蒋介石主持开幕并致词，提出"整理军队，建立军队"的任务，决定重新划分战区，设立战场党政委员会等，强调要统一指挥南北战场各战区之作战。

⑥ ×团，原件如此。

⑦ 打麻雀，"打麻雀"为当时地方的俗语，即打麻将。

一年来作战的经验与本军建军工作[*]

（一九三九年三月十五日）

第一部分　本军作战一年的经过概述

因为我们要根据过去作战的经验与教训，以及目前的战争任务和要求，来讨论我们如何来建军？要建怎样建军？所以不得不把我们作战的经过作一简略概述，来供我们对于建军工作讨论的基础。

一、自从本军集中到皖南后，经过点验完毕，四月十五日继续奉命，指定我军在××^①地区担任敌侧后的游击战争，另一部在江北，由鄂豫边境开到皖北××^②线一带，担任游击战。我们的任务是在这些地区构成游击网，来袭击敌人，破坏敌人交通，以牵制敌人。

二、四月二十八日，我们在江南所组织的先遣队出动，到五月十六日^③，江北的部队在巢湖蒋家河口，开始第一次胜利的战

---

* 本篇系项英在新四军第二次参谋工作会议上的报告。原载新四军军部1939年5月15日出版的《抗敌》杂志第1卷第3号。收入本文时略有删节。

斗；接着，江南于六月十五日④在镇江、句容间的卫〔韦〕岗，取得初次的胜利。从这时起——五月十六日⑤到今天为止，是进行了十个月的战斗。这是除集中开进时间外，作战时间足足为十个月。

三、这十个月的作战可分为三个时期：

（一）由第一次作战到去年九月为止，我们部队开进江南和江北展开以后，向敌人积极进攻的时期。这是我军作战的第一个时期。

（二）由于我们的全面的进攻威胁了敌人，从九月敌人五路进攻宝堰以来，开始了在江南作战的一个新时期，由十月到今年一月，这是我军作战的第二个时期。

（三）从今年一月，一方面本军开始向敌人实行反击的进攻，使敌人星罗棋布的梅花桩发生了动摇；另一方面，敌人的新政策与军事的大进攻已开始，在军事上形成艰苦的纠缠战，在政治上是民众的争夺战，这样形成另一个新的局面，也可以说是我军作战的第三时期开始。

四、各个时期的战斗特点：

（一）第一个时期，当本军展开以后向敌人各方面积极的进攻，作战的地区完全集中在铁路与公路线上。从我们的战斗统计与作战地点来看，将近百次的战斗中，有百分之九十五是在交通线上，如京芜铁路、京沪路西段、京杭公路、京句公路、句镇公路以及南京附近。这些进攻，主要的是打击和消灭各个交通线的敌人，其次是截击敌人的汽车，此时敌人处在被动地位，完全被攻击；我军处在主动，使敌人的交通被破坏、被阻扰，使敌人据点南京等受到极大的威胁。这是第一期作战的特点。

　　（二）第二个时期，由于敌人受到最大的威胁和困难，当时他虽集中兵力向武汉进攻，为了维护交通线，巩固战略枢纽的南京，不得不抽调一部兵力来驱逐我军。于是放弃江南几个突出的据点（如宣城、溧阳两城），抽出兵力，一面向以茅山为中心的地区进攻，另一面增加到芜湖与当涂之间，首先占领青山、黄池、乌溪，实行分区进攻。

　　在这个时期，我军×支队⑥奉命守备青弋江的阵地，这是第二时期的一个特点。主要在江南作游击战，同时兼任一部分阵地的守备战。这时敌人在江南为维护交通，采用封锁政策，沿途构筑据点，形成两个包围线和梅花桩形式，进行分区进攻，以驱逐我军。至青弋江的阵地，敌人经常采取防御的攻击。整个说来，无论江南的游击战争也好，江南的守备战也好，敌人均由消极的防御转为进攻，基本上说还是以防御为主，不过以进攻的手段达到防御的目的。因此，战局形成我军由外线作战转变为内线作战。比如我们以茅山为中心、以小丹阳为中心，敌人构筑据点，依靠这些据点向我军不断地采用分进合击，这与第一期不同。

　　皖南前一时期完全守备战，后半期解除守备任务，改任沿长江一带的游击战，取得部分的进攻地位。第二期主要特点，我军由外线作战转为内线作战，当然不是说我军完全限制小丹阳和茅山这一个圈圈之内，但主要的战斗中心还是在这个地区，自然形成内线作战。我们再根据战斗统计来看，这个时期在敌人交通线上作战和攻击较少了，战斗主要集中在茅山、小丹阳为中心的两个地区，虽然我军破坏了很多公路，但敌修复力量很强，随破随修。

　　敌人的进攻，从去年九月后到今年一月，对茅山地区的大进攻有十八到二十次；在小丹阳地区有十几次之多，都是三路、五路、六路、八路，不断地在我军地区包围我军、进攻我军。同时，我军也不断在这些地区反击敌人，袭击敌人的据点，形成与敌人作战坚持的纠缠的战斗。这是第二期的特点。

（三）从今年一月份开始，在×支队⑦开展了在这一方面对敌的积极进攻，比如博望战斗、横山战斗、水阳战斗、官陡门袭击之成功，随后×支队×团⑧对东湾据点的攻击，袭击延陵据点之胜利，使敌人对梅花桩的办法相当的动摇了。因为这两个据点的攻击，把百分之九十五固守敌人全部歼灭。尤其是在东湾战斗，敌人三次的增援，第一次给他最大的损伤，第二次又将他击溃，第三次增援，我们方撤退。这样，使敌人感到少数兵力固守据点的危险，所以在东湾战斗后，敌人把他的据点改到天王寺的附近，延陵据点的放弃，导致墅桥、西洋桥、茅山这些小据点继续放弃了，集中较大兵力到各个必要的据点去。

我军经过十个月和敌人的纠缠，敌人用梅花桩的方式缩小我军的范围，不断用分进合击扑击我军，可是绝大多数落了空。使敌人很困难找到我军的目标，时时刻刻难于计算我军对他的攻击和袭击，敌人采取这样的方式，又没有收到大的效果。我军在梅花桩中，仍然不断地穿插，仍给敌人以不断的打击，这样使敌人在战术上不得不来一个改变。于是，第一次当我军打官陡门袭击之后，马上敌人五路包围大官圩；第二次对云台山几路包围和堵击；第三次在白兔以北的上、下会，对我大的包围和堵击。

根据这三次敌人对我进攻所采取的战术，和过去完全不同。近来敌人在政治上采取积极的进攻，军事上也必然有新的战术、新的花样。敌人目前在军事上所用的战术，不仅是驱逐我军，而是要歼灭我军；在政治上集中一切力量，收买人心、争夺民众，妄图使我军孤立，这样来巩固他在江南地区的统治。

根据这三个时期各个的特点，不仅在我军自己，同时在敌人各个时期有不同的特点。正由于我军第一时期的进攻，敌人不得不用攻势来进行防御。第二时期，敌人各种企图不能达到成功，我军仍坚持在原地作战，继续打击敌人，这使敌人根据最近总的新政策和对我作战经验，调整他第二期对我作战的方针和战术，这样进到了第三时期作战的新阶段。在新的第三时期中，我们在战术上、战略上都需要有新的改变，尤其根据各个时期的经验与教训，在战略、战术上以及战斗动作上，要有新的改进。为了执行新的战略、战术，进行新时期的战斗，对我军的组织上、指挥上、教育上都必须有新的改变，这样才能适合新阶段的任务，适合第三期的作战，适合应对敌人对我所采用的新战术。这些，都使我军不得不把建军工作提到全军的面前，根据我军作战的优点、弱点，针对敌人的特点来改进我军的训练和建设，增强我军新的战斗力。这是用我军作战的三个时期的特点，来说明建军的意义。

第二部分　对日寇在江南作战的研究

根据各时期的战斗，从各方面来研究日寇的特点，特别是他在各个时期的作战方针和战术，更有具体研究的必要，这样会对我们建军有极大的帮助。

一、敌人在江南兵力的布置与变动

（一）我军刚到江南的前后，敌人的兵力主要在几个重要的城市和交通的据点——大的据点，以南京为中心的芜湖和镇江。但是这时南京除了必要的防御兵力以外，大部分兵力是经过南京，向南北转移。其他几个县城，像溧水、句容、金坛、溧阳、丹阳、武进、江宁、当涂等驻有部队外，交通据点也仅只天王寺、薛埠和南京周围的地方，铁路线上只有大车站有少数兵掩护。那些小县镇的兵力，除镇江、南京、芜湖外，多的不过一个中队一百几十个兵，或者加配一部炮兵，或者加配一部骑兵，小的十余人到二十人上下，最为普遍。从本军到江南开始进攻以来，敌人兵力的布置就变动了，在几条重要的交通线、重要的据点都增加了兵力，大批增筑据点，铁路的车站都增加了兵。到九月后，把宣城、溧阳的突出据点放弃，将兵力增加到我军的活动地区，凡有战术意义的地方进占筑起据点，如宝堰、小丹阳周围和满布在各个交通线上的据点，铁路线上只要有一个小站都驻了兵，在公路上，比如京杭国道，以及从南京到溧水和溧武路都增加了据点，每一个据点的距离最长不过十里路，一般的三四里路一个。换句话说，只要有房子的地方就要驻兵。大的桥梁做起工事和据点，形成对我一种封锁包围的形势，依据已有公路，又恢复了几条破坏的公路，构成对我一个大的包围圈，更在圈内构筑许多据点，形成梅花桩的形式。在茅山的地区以镇江为策源地，在镇江、句容、天王寺、金坛、丹阳中间形成一个大的封锁线和包围圈，在小丹阳由芜湖、秣陵关、溧水、当涂又形成一个封锁线和包围圈，南京是他的策源地。敌人每次的进攻，都是依靠周围的据点向我进行分进合击。如进攻小丹阳的部队，从当涂、秣陵关、溧水来；向茅山进攻，是从天王寺、句容、金坛、镇江几方面来。这时，敌人兵力除分布在交通线各据点，实行对我封锁外，另一部兵力据守梅花桩的据点，可是对于这些据点还不能详细统计，用一个简单的比例来说，我军开始到江南时全部只有二十多个据点，到现在除了皖南外，共有据点一百五六十个，皖南有三四十个。敌人的据点由二十多个增加到将近二百个，差不多增加七八倍。每个小据点最少兵力有一个小队，比较大的普遍是一个中队到一个大队，南京、镇江、芜湖更不计，敌人的兵力增加了二个半师团上下。

（二）第一时期许多交通线——京沪、京芜路的车站是利用伪军绥靖队担任警戒，遭受我军袭击和消灭后，敌人不得不改为由日军守备，把残余的绥靖队集中南京训练。

（三）在第三时期开始看到敌人有这样的趋势，开始部分地放弃小据点，增强大据点的兵力，在敌人兵力和部署的变动上，第一期至最近第三期兵力增加五六倍，完全是星罗棋布的散布在交通线与据点中。目前敌人部分放弃某些小据点，增强必要据点的兵力，是为便于施行大的扫荡，妄图消灭我军，绝不是基本上放弃封锁据点的政策，如若还能继续将敌某些据点扑灭，必然更使敌人将小据点更多的放弃，固守大据点，不敢将兵力分散而集结在几个地方，因为敌人的兵力不够，这是一个基本原因，使敌人不得不如此。

二、在各个时期日寇作战的方针

第一时期，因为我军初次进到江南，敌人在军事上用对付其他游击队的方针——以威胁、驱逐为主来对付我军。比如我军袭击以后，第二天大的兵力就来搜索包围一下，因为很多游击队这样威胁、驱逐的办法，就能把他赶走，不小心的游击队常常受到损失。我军在韦岗、新塘、新丰、东昌街等战斗后，敌人增援队就来了，或者第二天向我军活动地区进行包围和袭击，但攻击以后仍退回原地，这是敌人开始对付我军的办法和方式。

在政治上，敌人常用反对游击队，利用某些游击队的纪律不好和人民反对的心理来离间游击队与民众的关系。我军去了以后，开始用反对共产党的口号。他说：共产党来了要共产，以威吓民众，使民众不敢同我军接近。第二用烧杀镇压的手段来威胁镇压民众不敢接近我军，如发现我军在某地区活动，一来就大杀大烧，这样在开始民众要求我军不要在这一带作战，以后我军取得很多的胜利，加以纪律好，民众都由事实上认识了我军，使敌人"要共产"的威吓不但无效，而且反证明是敌人的造谣。

以后更由于我军在江南坚决的作战与不断胜利，把民众抗战情绪大大提高，加以我军抗战动员工作的开展，使敌人一切遭了失败，不得不在军事上、政治上来一个改变。

第二时期，敌人的方针是根据与我军作战经验，在政治上由造谣、威吓、镇压进到欺骗的怀柔政策，有时候一面欺骗一面镇压，如某一地发现我军行踪，敌人把这一带房屋烧了，声明你们不和新四军一起就不烧不杀，假使你们不跑，他不烧不杀，事实上确是如此做，使民众疏远我军，并渐渐约束寇军的纪律，企图改变民众对他的观感，这是和第一期不同的。另一方面，在江南各地进行反共运动，提出和平口号，"谁破坏和平？中国的军队，中国的共产党，所以要取得和平必须反对共产党、反对新四军、反对游击队"。对于江南的两面派采取强制手段，要他们完全站在他的一面，为他恢复伪政权，因为江南很多伪政权，完全被我军摧毁了。利用保甲的组织，强迫民众组织"护路团"、"护路队"，一段一段的负责，这一保甲负这一段的责任，那一保甲负那一段的责任，如果发现中国军队破坏时，要立即报告便于派员驱逐，假如不报告，发现公路破坏就遭责罚。并利用许多汉奸到处宣传，鼓动难民回家，以恢复交通和工商业、维持治安等口号，以收买江南的民心，这是敌人政治上的新办法。

在军事上，主要的用"封锁政策"到处构筑据点，除沿着交通线构筑连续不断的据点、维护交通外，又进占我军的活动基地，在战术上有重要意义的构筑梅花桩式的据点，形成在军事上重叠包围和封锁，以缩小我军的活动范围，并依靠这些据点向我进行不断的围攻，战术上采取分进合击来打击我军，逼迫我军离开这一地区。另外，他用游击方式对付我军的游击，直到今天皖南地区还存在着这种游击的方式。这是第二期敌人军事上所采取的方针。

第三时期，在最近根据目前新的阶段，我在第二次政工会议的报告，曾论及敌人在江南的企图，以及周副部长在欢迎会上所提的"在新阶段中敌人的新政策、新花样"，总括一句，敌人改变过去专靠军事力量，消灭中国军队，达到灭亡中国的方针。敌人占领武汉以后，了解这种方针不能达到目的，中国在抗战中不仅能坚持抗战，而且在各方面有了进步，使敌人不得不由"速战速决"的失败，转成企图"速结速和"，不得不使敌人改换新的政策。"新的政策"主要是解决对中国长期作战的困难，由军事转为以政治为中心，巩固其占领地区，以利用中国的人力、物力、财力，解决他的困难和继续战争，并依靠占领的城市和交通线来统制支配那些未占领的地区，在江南充分表明敌人这种企图，目前敌人在江南继续扩大"防共运动"外，还在各地进行建立"东亚新秩序"的运动，由恢复工商业、恢复交通的口号，进而到以振兴农村，恢复江南棉业、丝业为号召，进行一些灾民、难民的救济工作，组织"人民自卫团"、"防共青年团"，强迫民众参加，用金钱利诱、动摇土匪式的地方部队，实行叛变，集中在南京整训，近更抽壮丁扩大绥靖队，准备减少自己的兵力，利用民众一部分对于战争的疲劳和苟安心理，甚至宣传"他本是中国人，现在回祖国"以欺骗民众，施用各种好感，以收揽人心。这是敌人在政治上的阴谋，至于用恢复工业、恢复农村经济，表面上是收买人心，骨子里借此达到掠夺中国资源。敌人的政治和经济的目的，如若没有军事力量办法来对付我军，绝不能达到中国人力、物力、财力的利用，因此敌人在军事上必须更大规模地进攻游击区。不久前，敌人已分三个绥靖区，一个是蚌埠为中心，一个是太湖以西，一个是太湖以东，准备进行所谓绥靖工作。由此可见，第三时期与第二时期敌人的企图和政策完全不同。

三、各个时期日寇在战术上的演变

第一时期，因为敌人对我军不了解，用一般的"赶"，即"扫荡"战术，突然的来进攻一下，立即就回去，可是到处都"赶"不走，所以第二时期由"赶"的战术进到采取一种围困、封锁，构筑许多梅花桩式的据点，用游击的方式与分进合击这种"围"的办法、威逼的办法来逼迫我军走。随后这种办法又不能奏效，更进到施用合击来打击我军，这种合击又不能给我军什么损失，最近敌人在战术上更进一步的采取围、堵并施，以求歼灭我军，以大的封锁，梅花据点，使我军在围困中不能活动。他自己依靠据点，互相策应，发现目标即迅速用几路围堵，一面包围一面堵击，采用纵深配备，几层包围，冲击一层又一层，以达到歼灭的目的。比如敌人五路进攻大官圩、四路堵云台山，六七路围堵白兔、上下会。他预先选定一个地点，作包围圈，用大的兵力从正面压迫我军到他预定的、采取纵深配备的包围圈中，用猛烈火力的合击，以求消灭。

四、日寇对我之对策

根据以上日寇从去年到今年作战方针和战术的演变，可以看出日寇依照对于我军的了解程度和特点，随时改变对我之对策。总括起来说，敌人深知我军到处取得民众拥护，而形成最坚决最顽强的力量，因此敌人极力用一切方法来离间我军与民众的联系，使我军得不到民众的帮助而孤立。开始用简单的"共产"来吓民众，使民众不敢跟我军接近；继而用"威镇"的办法，又由"威镇"进到"恩威并济"，一面威胁，一面施恩；后来又由恩威并用转变到主要的"怀柔欺骗政策"，甚至对接近我军、拥护我军的民众提出这样的口号"既往不咎"，只要以后不与新四军通气，过去有关系的"概不追究"。进行反共运动中，强迫民众组织"防共青年团"，利用金钱感情，结好中国民众，最近更由和平运动进到建立"东亚新秩序"与"安定亚洲"的运动来收揽人心，与我军争夺民众，妄图使民众与我军脱离，而成为孤立。

在军事上，了解我军善于游击战而能坚苦战斗，如对我军之夜袭，则采取日间睡觉，夜间动作，以防止我军之夜袭。对我攻击据点，初则随时转换宿营地，继而在据点周围构筑工事，遭受我军袭击后，进一步在据点中加挖地洞以固守。对我伏击则沿公路及转弯抹角、易于袭击的地点，构筑据点掩护，同时对我破坏桥梁，小的随带活桥通过，大的构筑据点防守。部队活动经常转变道路，来路一条回去又走另一条，常走小路。对汽车则用装甲车掩护，汽车运动不是一串走而是分段跃进。有军事运输，在事前将武装警戒准备，沿途一下通过，使我军不能接近，进行袭击。当我军袭击成功后，日寇利用我军在袭击成功的松懈中，来进行反袭击，因为游击战紧张、疲劳，对于警戒和夜间易于疏忽，于是敌对我进攻，多采夜间行动，拂晓攻击或夜间袭击，绕过步哨突然攻入，使我不备。日寇一面用各种方法对付我军的进攻，一面寻找弱点，研究特点改变进攻方法。比如他知道我军有许多特点，过去用分进合击，由于我军善于穿插突围，于是由分进合击改用分进合堵，纵深配备，重重包围，使不易穿插突围。又如我们行动机警，行迹飘忽，日寇则利用内战时之堡垒经验构筑据点，重叠封锁，以缩小我军活动范围，利用金钱收买汉奸，报告我军行迹，实行突然包围。日寇能很快地改正自己的弱点，善于寻找人家的弱点，研究人家的特点，随时改变对策，这是日寇的长处，是我们应该清楚认识和注意的地方。

五、日寇的特点和优点

（一）一般的特点：

1. 首先说日寇侵略中国是准备很久，经过几十年的准备和计划，对中国的情形特别了解，而且有研究。因此，日寇同其他敌人不同，他善于利用中国社会和民众中间的许多弱点和心理。比如他对于中国社会的各种复杂现象、各种分子能够了解，并能进一步地去利用，深知中国人的心理，利用青帮和江南的两面派，利用江南民众一部分苟安的心理，以及拜兄弟、结好感、施小恩、发糖给小孩等等。

2. 他对于中国军队也有研究，而且继续不断的来研究，了解中国军队的特点和弱点，随时转变他的战术和进攻方针。他在江南开始不了解我军，后来知道我军与其他军队不同，就不用对一般游击队的办法来对付我军。拿全国的游击区来看，没有像我军地区这样严密封锁的据点与争夺民众的办法，这是日寇的长处。

3. 日寇在组织上比较严密，通讯联络好，命令和指挥统一。所以，一发生敌情，周围附近的军队互相呼应和增援，某一方面受了打击即刻通知其他所有的部队，同时改进，不再继续上当，无论行军、宿营、作战均如此。证明他的组织严密，命令指挥统一。

4. 他的中下级军官较强，运用战术较灵活，善于指挥和掌握部队，同中国的军队比较起来要强，日军的军官经过了严格的教育和训练。这是他的一般特点。

（二）敌人在战术上的特点，在这一方面我只能指出下列几点：

1. 日寇在战术上很灵活善变，不是死的，不是永远一样，变得快，应用得很灵活。他不仅会利用中国内战所得的经验，而且能够利用当地作战的经验，来改变他的战术。因此，我们对于日寇作战要有这样的认识。

2. 他在任何战斗动作上、行动上，都能按照战术的原则来实施，无论大的战斗、小的动作，都能确实依照战术原则来动作、来实施。

3. 战术上的特点，无论大规模的作战，对付游击战，在战术上，均采取迂回包围，不但是袭击中即在正面作战，很快以小部兵力扼制正面，主力即向两侧进行迂回包围。

4. 各个部队的配合与协同动作比较好，能够按照战术上的原则、战斗上的要求和一般的规定准确地进行。

（三）日寇在战斗中的特点：

1. 因为中下级干部很强，能掌握部队，无论进攻退却，均能掌握自己的部队，有条不乱。

2. 动作虽慢，但部队展开很快。

3. 火力同步兵配合好。

4. 能隐蔽，善于选择队形接敌，与战斗中各个跃进、爬进都能确切进行。

5. 射击有纪律、有指挥，班有班的指挥，排有排的指挥，完全依照指挥来动作。

6. 进攻时、被击退中，能够迅速集合起来，继续进攻。

（四）日寇士兵的特点：

1. 士兵经过严格的军事训练，对于各个战斗动作比较熟练。

2. 服从性强，特别听指挥，说不动就不动，说前进就前进，决不违背。

3. 横蛮顽强，这当然由于日军法西斯教育的结果，对中国的轻视心，并且没有遭受过沉痛的打击，被围时增援快，以及我们敌军工作做得不够，所以敌人到今天还表现横蛮。我军在许多战斗，特别在 X 支队与日寇作战，经常肉搏，非打死他，不易缴到枪。

4. 射击技术相当准确。

5. 体格强，日寇士兵气力大，我军两个打不过他一个。

6. 士兵都会泅水。

7. 能够各自作战，就是打死了很多，剩一个也还是跟你打，这是日寇士兵的特点。

（五）日寇的弱点：

1. 因为日寇侵略中国，虽然他最近严肃他的军纪，改施怀柔欺骗政策，但是正由于他过去的侵略残暴，不能取得广大民众对他的好感，只能收买，或者依靠少数的汉奸；就是两面派，今天他虽然欢迎和招待日寇，但是主要的，他还是站在中国这方面。这点是使日寇在作战中遇着极大的困难，这是他最大的弱点。

2. 日寇所利用的汉奸，多半是流氓、地痞、贪官污吏等分子。这一部分的汉奸，在民众中不能取得信仰，不能起应有的作用。

3. 他所组织和利用的伪军，虽然他收许多土匪，用金钱利用许多不坚定的地方武装，以及最近抽收许多壮丁，组织许多绥靖队，组织所谓自卫团，但是这些部队和武装是无能的，不得不使用自己的兵力作战，并不能减少他的损伤，减少他的疲劳，减少他军力的使用。

4. 日寇虽严肃他的纪律，约束他的士兵，固然现在一般的比较好了，但是一离开他的主要地方，就要找花姑娘，这种破坏纪律的事情，是没有办法制止的，这种行动证明了他的欺骗不能起大的作用。因为民众看事实，他的欺骗不能把中国人民对日寇的仇恨消除。

5. 日寇士兵缺乏攻击精神，正因为攻击精神差，所以他在战术上虽然采取迂回包围，但是很难达到歼灭目的。或者在我们撤退的时候，他不敢追击，他的歼灭战术、包围战术不能够成功，只有依靠火力的摧杀。

6. 日寇的军队到今天说，他对中国的军队还是很轻视的，轻敌心很重，常常对警戒疏忽，虽然某一些时候紧张，但某一些时候又松懈了，我们可以利用他这一点，给他突然的打击，虽然他改进很快，但他的紧张性是时伸时缩的，我们应善于找他的弱点，利用他的疏忽给他以打击。

7. 士兵的动作很笨，很迟缓，同时不能过于耐劳，天热时他经过长途行军就要热病，在下雪落雨时就冻死。许多次各路进攻中，我们虽没有打死他很多，可是冻死他一大批。

（六）日寇对于自己弱点补救的企图：

1. 争取广大民众，在他占领地区中建立维持会。利用旧有的汉奸是不可能，因此他采取威胁方法或用胁迫方式，强迫地方士绅与民众有信仰的人士组织维持会，建立他的统治。

2. 他采取许多欺骗的方法，比如说维持治安，打土匪，保护人民生活的安定，施救济，振兴农村，不烧杀，与中国人拜兄弟，认干娘，送钱送东西给小孩吃来联络好感，这样来收买人心。

3. 利用保甲制度来束缚民众，使民众不敢动。

4. 收买许多散兵和叛变的地方部队，抽壮丁在南京训练，成立绥靖队补救兵力不足，将来利用这些绥靖队加强他的力量，最少可以固守他的据点。现在已经使用自卫团、绥靖队、警察队等来配合守据点。

（七）目前对于日寇战斗力的估计：

1. 根据我军十个月的作战经验，对日寇的战斗力作个估计确有必要。一般说来，现在日寇战斗力比开始要削弱，但这种削弱还是有限的，并不十分大、十分快。首先说，目前在江南作战的日军中后备役渐渐增多，甚至有些只经过几个月的训练即补充到中国来作战，自然战斗力与作战经验要差些。比如射击技能就没有以前那样准确，这无论步兵、机关枪或炮兵的射击准确性都表现降低，很多子弹只能杀伤少数人。以我军十个月作战三百多次的作战经验，我军的死伤与敌人比较起来是我一敌四之比。但是敌人对射击指挥与纪律好，不到各种兵器有效射程内不乱开枪，这是他的优点，可是射击准确性上就差得多。

2. 因为对付游击战，使敌人重兵器与空军、坦克不能配合作战，常常使一般的轻兵器配合少数步炮，使他优越的火力不能大施展，主要靠步兵动作，这是使他战斗力削弱的一个原因，再加以我军多夜间动作，更使他的火力减少效用。

3. 因为游击战特别是夜间的关系，正面的战斗少，突然的短促的肉搏战居多，虽然日寇体格强力量大，但冲击和肉搏的精神差，易于击溃和杀死。

4. 我们数十次的袭击据点多用火攻和肉搏战，大多数将敌人全部烧死和歼灭，这对敌人精神上受震撼而发生惧怕心。假如我军发展歼灭战，多次将敌人全部歼灭与全部烧死，能丧失日寇的斗志，更加削弱他的战斗力。

5. 我军在敌军工作上，虽然进行了很多宣传，已发生少数很快缴枪的事，但效力还小。我们工作还没有积极的进行，甚至于在某些地方还没有造成广大群众的了解和拥护。几次发生这种现象：捉住日兵，老百姓见了把他打死。这都是使日寇利用这种事情来宣传、鼓动，士兵还能保持顽强性。我军对日寇作战曾经过十个月的作战经验，看到日寇的战斗力有了削弱，但是这种削弱还没有达到应有的程度。我们既不应过于轻视，也不要过分的夸大。敌人的战斗力削弱是削弱了，但是削弱得还不够。

第三部分　我们作战的经验与教训

一、根据十个月的作战经验，我军能在江南这样地形和敌人严密封锁的梅花桩的条件下坚持作战，能够利用敌人的空隙，攻击敌人，打击敌人，最基本的就是能取得民众的拥护。在这一个基本的条件下，所以能够存在，能够坚持，能够利用敌人的弱点，取得很多胜利。这说明游击战要依靠广大的民众就能胜利发展，假如仅仅使民众同情，还不能积极来帮助和参加作战，就影响到作战胜利和发展。

二、在敌人这样的条件下作战，要灵活、机动、敏捷、秘密的行动，这是作战的基本条件之一。安全第一，疲劳次之，否则常贪舒适、怕疲劳和不机警，疏忽大意，行动不秘密，结果往往遭受敌人袭击，往往遭受不应有的打击和损失。

三、要有严密的侦察工作。作战时要有周密的部署，考虑周详，秘密接敌，施行猛攻，这是攻击胜利的要诀。拿我军经验来说，如果侦察清楚，部署周密，进攻得迅速，同时秘密地接近敌人，实行突然的猛攻，这个据点就能够很快地打下来。因为侦察得不精密，部署得不周到，结果不能达到预期的目的。最近如东湾战斗，虽将据点之敌歼灭，因为缺乏周密的部署，没有估计到薛埠之敌迅速之增援，只估计到天王寺方面。假如我们能多方面考虑部署兵力，那一次可以将增援之敌全部歼灭。第一次增援之敌约八九十，打死七八十，第二次增援约有百余人，全部击溃，结果由薛埠第三次增援之敌约三百余人，从侧背进攻，使我军不得不撤退，而不能继续扩张战果。

四、警戒要周密，而且注意周围。因为在梅花桩内地区很狭小，周围有敌人，回旋困难，敌人是分进合击，使敌迫近不易脱敌，而且警戒线要离开宿营地有相当远的距离。

五、侦察要勤，而且侦察要精密，不能马马虎虎。因此不仅要周密警戒，每一个征兆都要注意细心的考虑、判断、警惕，不要疏忽大意；派出侦察员要继续的派出，不要中断，以免中间发生了变动不晓得。

六、根据十个月的经验，手榴弹是最有威力的火器，是日寇最怕而最有效的火器。在接近敌人肉搏冲锋时，无论在伏击也好，袭击也好，都表现很大的威力、很大的效用和功能，但是必须抛得准。我军要加紧练习投掷手榴弹，发挥手榴弹的威力。现在已经收到了手榴弹的效用，但在手榴弹爆炸以后，敌人被震倒，我不能迅速地进行猛烈冲锋，使敌人乘机起而抵抗，不能达到完全歼灭敌人的目的。

七、伏击敌人时，一定要有周密的部署，而且要有严格的纪律。必须等敌人到达伏击圈内，然后施用一种突然的猛烈的火力，给敌人大的杀伤；迅速地冲锋，使敌人的火力不能展开，不能利用原有的地形进行抵抗，以免形成正面战斗。

八、根据伏击汽车的经验，需要部署周密而有组织的火网，使机关枪、手榴弹有组织地、有秩序地绵延发射。开始我军不会打，乱丢手榴弹，以后有组织、有计划地打，就能够打中。我们不但打车头、打汽车夫，而且打车身。这方面我们有很多的经验。

九、根据进攻敌人的据点、伏击敌人的经验，应首先估计敌人的增援。在部署上，对于增援方面应有警戒，部署适当的警戒部队，配合许多小部队。

十、在战斗中，不要与敌人形成正面战斗。因为敌人火力比我们强，射击技能比我们高。假如形成正面战斗，就要遭到大的杀伤，因此力求避免；力求伏击敌人，使敌人火力不能展开。假如形成正面战斗，我军应该用自己的火力在正面扼制敌人，掩护主力转向翼侧攻击，或者主力纵深配备在侧面，防御敌人从翼侧包围。

十一、大部队在严密的封锁圈内行动，不应该很久的停留，应分合无定。不要显露目标，经常集中一个地方易于被敌人发觉，遭到敌人的袭击和包围。

十二、过去敌人分进合击的时候，我们常常往后撤退，根据这两次的经验往后突围不好，依据上面的原则，采取小队的分开，在敌人的两侧冲击出去。

十三、根据作战的经验，要牵制和分散敌人的力量，转移敌人进攻的目标，破坏与作战应该并重。

十四、我们要由被动中争取主动。这里我提出三个原则：

（一）我们由内线作战转变为外线作战。

（二）把敌人后方变成前方，把敌人的后方变成我们的前线。

（三）要争取主动，转移和支配敌人，必须作战与破坏并重并施。

这是在被动中争取主动的三个原则。

十五、发觉敌人分进合击时，力求迅速脱离他的合击点，也可叫包围圈，绕到敌人侧后打击敌人一路。

十六、无论以后攻击敌人、袭击敌人或伏击敌人，尽可能采取奸灭敌人的手段，以动摇他的意志，造成他的恐惧心。

十七、当袭击敌人时，一面注意敌人的袭击，同时袭击敌人以后，要防备敌人的反袭击。

十八、我们和敌人形成正面作战的时候，应该尽量发挥火力的威力，但须注意机关枪在发射后，应该继续转移阵地，否则就被敌火力抓住。

十九、我们无论在行军或宿营时应该秘密，应该经常的把大路、小路弄清楚。为了预防不测，在任何时候都应该规定意外处置的办法，不至于发生敌情时而仓皇失措。

二十、拿作战的许多经验，虽然取得广大民众的拥护，但是对于汉奸的注意和警觉如若不够，封锁消息不十分注意，游击战争要靠秘密，露了目标那非挨打不可！因此，对于消息的封锁和保守秘密，应十分注意。常常转移地区和宿营地，使我们能够保守秘密，这些都是我们作战的经验与教训。

第四部分　第二期抗战与建军的关系

一、敌人在第二期的政策和企图：

关于这一问题，我在上面敌人各时期作战方针中已作说明，现在具体扼要地指出几点：

（一）由军事战转为建设战。

（二）军事上进攻中心渐由前进的正面攻击，转向侧后方的游击区进攻。

（三）由军事为中心转为以政治为中心，掠夺经济为手段和目的。

（四）夺取中国的物力、财力、人力，以解决他的困难和继续战争。

二、第二期抗战的特点：

（一）游击区和游击战争成为新阶段中的转败为胜、转弱为强的焦点，也可说是转败为胜、转弱为强的关键。

（二）政治的经济的斗争成为战争的骨干。

（三）以游击战配合运动战成为新阶段中重要的作战手段。

（四）是经过长期纠缠的战斗，由相持的局面达到最后决战。

三、建军是争取抗战胜利的基本：

（一）建军乃抗战制胜之基本，所以建军与争取抗战胜利，是不可分离的。要争取最后的胜利，一定要建军，一定要建设新的国防军，假如不先建军，没有新式的国防军，那么我们就不能保证抗战的最后胜利，同时为执行新阶段的任务，就必须要求军队在持久抗战中具有这种"坚毅不拔，持久奋斗"的精神，只有具备这样战斗力的军队，才能进行长期的纠缠的战争。

（二）为要争取最后胜利，转弱为强、转败为胜，那么就需要我国军队的强大，军队的战斗力必须超过敌人，最低限度也要与敌人相等，才能达到转守为攻、转败为胜，因此必须建军。

（三）建军就要军队现代化，不仅要现代的装备，而且能掌握现代的技术，才能战胜现代化的日寇。

（四）在未达到相持局面以前，主要是更多地消耗敌人、削弱敌人而强大自己，以争取相持局面到来，所以要最广泛地发展游击战争，配合大规模的运动战，更大更多地打击敌人，消灭敌人的力量。我们为了准备将来的反攻，不仅要使现有的正规军走向现代化，并且要使很多的游击兵团和游击队进到正规军，加强反攻的决战力量。

所以说建军成为争取抗战最后胜利的基本，建军工作的加强，对抗战胜利有决定的作用，因而争取抗战的最后胜利，必须要努力建军。

第五部分　建军工作对本军的重要性

一、根据新阶段的任务，要求本军无论在战斗和战略战术的改进上应有一个新的进展，在新阶段和江南的条件下，是一种特别艰巨的苦斗，至于我军的任务，我不必重复地讲，可将我在政治工作会议中提出的来讲一下：

（一）根据整个抗战新阶段的总任务，坚持江南抗战，积极配合全国进攻敌人，消耗敌人，停止敌之进攻，使整个相持阶段能够达到胜利的转入反攻，这是我军的总任务，这是我军的总方针。

（二）为了实现这个总的任务，实现这个总的方针，我军当前的中心任务，在政治上：

1. 百倍加强地在民众中间的政治宣传与教育，要提高江南的民众的民族意识、民族觉悟和抗战信心，团结千百万的民众来坚持江南抗战。

2. 用团结御侮、互相帮助、互相让步的精神，巩固与扩大统一战线，团结一切力量，使日本帝国主义陷于孤立。

3. 尽量地无间断地揭发日本帝国主义的一切政治阴谋，暴露日本帝国主义的一切欺骗狡计，使之失败。

4. 要把全国抗战胜利的形势和意义在江南民众间作广泛的宣传与解释，坚强他们的抗战意志，以打破日本帝国主义各种挑拨和谣言。

5. 加强对于大刀会、青帮以及土匪中的抗战宣传，争取他们坚决地站在抗战方面，反对日本帝国主义，使日本帝国主义无所利用。

6. 按照国民政府在元旦颁布的惩治汉奸条例，给予汉奸及甘心附逆的分子最严厉的打击和消灭。但是，我们应该区分情节轻重，给那些仅仅为生活所压迫和一时错误的分子给以自新的机会，来参加抗战，削弱日本帝国主义的力量。

7. 摧毁敌人的伪政权，拥护国民政府的全国统一，尽量帮助战区政府，达到政府与民众一致、军队与政府一致，来反对日本帝国主义。

8. 协助政府团结民众，有计划地一面建立自给经济，以解决长期抗战中的民众生活，一面实行对日寇的经济封锁，使敌货无法推销，使我们的资源不为敌人利用。

9. 加强对敌军的工作，敌人近来大批组织伪军，我们要敌、伪军工作并重，要在政治上去瓦解敌、伪军，削弱敌人的力量，便于在战斗中消灭敌人。

在军事上来说：

1. 坚强现有的地方武装，不仅在军事上提高他们的战斗力，而且要在政治上巩固他们的部队，能够独立地在原地区坚持抗战。

2. 建立广大民众的武装组织，开展群众性的游击战争。

3. 应以最广泛的、最灵活的游击战配合运动战，更有效地消灭敌人，消耗敌人的力量。

4. 最坚决、最敏捷地消灭敌人的伪军绥靖队，使敌人的力量削弱，以至于孤立，便于我们直接打击日军，消耗敌人。

5. 积极取得与友军协同动作，处处使敌人遭受打击，使敌人在我们协同动作下，喘息不定，丧失战斗意志，便于消灭敌人。

这是在军事上消耗敌人、削弱敌人、威胁敌人，使敌不得不停止进攻，不得不由进攻转为防御，以达到敌我相持，准备我们反攻的力量。

　　根据任务的要求和作战的要求，我们要在战斗上能达到以上所说的要求，那么，我军必须建军，只有重视建军才能使我军的力量坚强，而能在新阶段中更好地完成任务。

　　二、不仅为完成新阶段的任务，并为了使本军将来反攻时，成为反攻的主力之一，换句话说，能够成为最坚强、最进步的国防军，那么建军工作更要迅速地进行。

　　三、根据十个月的作战经验，虽然我军获得很多胜利，给敌人很多很大的打击，在目前第三期作战，敌人集中更大的力量，在军事上大举的长期进攻，企图消灭我军，因此为击破敌人的新进攻，战胜日寇，以求达相持局面到来，那么，目前为适应新的作战要求，更要求我军进一步地进行建军工作。

　　四、为保证我军取得更大的继续不断的胜利，不仅要大力消耗敌人，而且能更大地消灭敌人，这都需要把我军的战斗力大大的提高，会打游击战，还要会打运动战，这就需要进行建军的工作。

　　五、我军一年来的建设工作，仅是建军的初步。我军是从七八个省、十几个地区的游击武装集合起来的。自从集中以后，我军开始虽重视建设，这种建设成绩奠定了建军的基础，但因战争环境不能以更大的力量进行建设，所得成绩与今后建军要求相差很远。假如为已有的建设而自满，那就不了解建军的意义和对于我军的重要性，对于今后的发展和胜利，有决定性的意义。这次参谋会议主要的任务，就是讨论研究如何进行建军的方案和具体实施的办法，二七政工会议是精神上的建设，建军首先是精神上的建设，用精神上的建军来保证我军组织上建设的成功。

第六部分　本军建军的基本要求

一、建军的基本要求是什么？要建什么样的军？

（一）要求既要适合于当前作战又要注意将来发展，假如离开现实只注意到将来，结果所建的军队不能执行目前的任务；如若只顾现实不注意到将来的发展，就不能造成反攻的主力之一、造成最强而有力的国防军。在这两方面决定我军应建立什么样的军。

（二）必须依照本军现有的物质条件和装备，并便于将来换装备。假如现在建军根据将来的要求，换句话说就是近代化的装备的军队，那岂不是空话吗？现在兵种只有步兵，要谈建立炮兵、骑兵那也是空话。只能照现有兵器和装备来使军队成为正规军，以及夺取敌人的武器来武装我们自己，但在学识上、指挥上，能够了解和接受现代的战术，学习现代的战术和使用现代的技术，便于将来能够现代化。

（三）在建军中能够发扬我军已有的游击战特长，善于进行大规模的运动战，这是初步的目的。我们提出的口号和目标，是由游击战发展到正规战，游击战与运动战的配合。现在要用游击战更大地消耗敌人，用运动战更多地歼灭敌人。我们对建军的要求，必须符合客观实际情况，否则建军就变成空想。

二、建军根据什么条件、什么原则、什么方针？

（一）（略）

（二）保持和发扬本军固有的优良传统与特长，比如十大优良传统，游击特长。

（三）根据十个月的作战的经验与教训、敌人的特长、敌人的战术、敌人的武器配备、敌人的弱点、我军的长处和弱点，两相研究对比下在部队的编制上、教育上、指挥上、战术上、战斗动作上，需要怎样改进，这样来规定建军的方案、建军的具体内容和办法。

三、用什么精神去建军？

我提出三个口号：

（一）一面作战，一面建军。我们绝不能而且不可能现在不打仗先来建军。也不应该说，我们现在只作战不能够建军，应该是：一面建军，一面打仗；一面打仗，一面建军。

（二）一面建设，一面创造。我们要建设一个进步的正规军。中国没有现成的模型，全世界也没有适合的模样可模仿，也不能空想一个模型。就是起草的方案，也需要以后不断充实和修改，所以不仅建设而且在建设中要创造。因此是：一面建设，一面创造。

（三）一切为了战争的胜利。我们建设的精神与目的一定为了打胜仗。为了战争的胜利，不仅编制上、教育上各方面如何能打胜仗，消灭敌人，根据这样的精神，我们去进行建军。

四、我们建军应达的目标。根据上面哪种要求，哪些基本的条件，用哪种精神是达到什么目的呢？

（一）需要精兵。使我军能够精，"一人要作二人用，一弹要作二弹用"，真是精而强大，第一要强，第二才（是）大。所谓精而强大，就是有最坚强的战斗力。

（二）这种军队分散了能打游击战，集合拢来能打运动战，集得拢、散得开。

（三）就是部队的一切建设上、工作精神上、作风上，要成为正规的军队。一切要采取正规的方式，比如在政治上，要有最进步的思想领导；组织上、工作方法上，要采取最科学的方法；一切工作作风上，把人家的长处集合起来。这样，使我军成为最进步的正规军队。

第七部分　正规化的几个基本条件

怎样的正规化，必须有条件，这几个条件，除政治外在军事上说：

一、本军的组织必须严密而有系统，这样有组织性的军队，组织很严密的军队才符合正规军的条件。

二、要能够合乎科学而有规律的很严密的生活和行动，应该有这样的生活、这样的行动，这才能成为一个正规军。

三、要依照科学的原则，来进行精密的分工，而能协同一体，这样才是一个正规军。

四、要有严密的军事纪律。

五、军队必须要经过严格的军事训练和教育，所谓严格的军事训练和教育，是正规的训练和教育。

六、要有必要的装备，所谓正规军要有正规的装备，如果拿梭标，那么就不成为正规军了。

七、要有很多干部，有科学的知识，能了解近代的技术，以至可能条件下，实行近代装备，假如没有科学知识就不能求得使用现代的武器。

八、要有受过必要的军事教育和有战术修养的指挥干部，没有很好的干部，就是其他的条件都具备，也不能执行正规军的任务。

我们要建设正规军，必须具备上面的几个条件。

第八部分　关于建军工作具体实施的原则

一、编制与装备的原则：

部队怎样编制？怎样装备？

（一）我军的编制装备必须要简单，便于机动，便于实用，这是建军的要求，也是在新的战斗任务上所要求的。

（二）（略）

（三）一切组织需要实际，不重名义，各机关部门要重新检查，切实考查各种人员的能力，使其尽责、名副其实。

（四）在编制上、装备上充实战斗单位，把我们的战斗单位充实起来，才能充实战斗力。

（五）参照敌人的编制装备，以及作战的要求与我军现有的实际力量和装备来决定编制装备。

我提出这五个原则，来确定我军的编制和武器的配备。

二、管理的原则：

（一）在管理上根据我们优良的管理原则。

1.主要是依靠教育，用教育的方法，使每一个指战员了解自己的职责，懂得各种规律。

2. 养成一种团体的生活、团体的行动、团体的习惯，形成团体的、有组织的、有秩序的生活和习惯，达到能自动地遵守一切管理原则。

3. 依靠士兵群众的保障、士兵群众的监督，达到管理的实现。

4. 用教育说服的方法，纠正不服从管理、不遵守规则的行为，根据这种原则、这种精神来制定军队的教育管理法，这次会议应该有管理法草案的规定。

（二）要达到管理顺利进行，必须保持和遵守部队的规律、部队的组织系统，换句话说，一层层地进行管理。

（三）养成一种有规则的有规律的行动和生活，也就是有组织的有秩序的行动和生活，这次会议研究的内务实施的细则，应规定起来，使部队根据这些规则去教育，能遵照这些条例实行，达到有规则有规律的生活和行动。

（四）生活要简单要朴素，要清洁要紧张，同时要活泼严肃，但是活泼是一种有组织有秩序的动作，一种活泼而严肃的生活，以发扬部队的创造性、机动性、积极性。所谓朴素，衣服不求好，只求清洁整齐，我军的物质条件虽差，但尽可能就现有的条件，力求整齐。

三、教育和训练的原则：

（一）要实施严格的军事训练，养成严格的军事生活，军事的行动，要求每一个士兵善于使用现有的武器，而且使用得纯熟精确，将全军军事技术的水平线提高起来。

（二）在军事常识上，一般的能了解现代的武器，哪样的东西怎样使用，至少能认识、懂得，不至于与敌作战时看见不知名的武器而发慌。

（三）每个士兵要熟练一切的战斗动作。

（四）每一个指挥员要养成战术的头脑，应有高深的军事学识。

1. 对于各种军事技术应有深刻的了解，懂得性能，在作战时正确指挥各种武器。

2. 要学习指挥法、巧妙的指挥艺术。

3. 应该很灵活地运用战术。好的军事干部最低的要求，应该了解新式武器，熟悉战术与战斗基本概则指挥法，才能算一个指挥员，不然不配称为指挥员，就是每个指挥员的军事学识，虽然谈不到如何高深，最低限度要研究几本普通军事书：第一步兵操，第二指挥纲要，第三阵中勤务条令。我们不仅要了解而且要深刻的研究，同时对于我军的游击战术，把过去的经验整理变成有系统的原则，不断地在作战中发挥创造。

（五）规定新兵的教育制度，新兵最低要经过一个时期的新兵教育，每一个战斗动作要会做，而且做得好。

（六）教育训练的原则上，规定战斗部队在作战中尽可能的不妨碍作战，在不违背当时的情况下，尽量利用空隙时间来补助教育，同时规定相当的时间使各个部队轮流转移到比较后方的地区，进行整训。

（七）重新教育我们的干部，大批培养新的干部：

1. 各个支队设立军事教导队，主要的培养班长、排长，轮流地来训练已有的班长和培养新的班长。

2. 军教导队主要是培养排长以上的干部，连长、营长高一级的干部。

3. 做到教育三级制，比如我们的班、排长，经过军事队训练服务后，再调到军部受训，毕业后到前方去作战，当几个月连长、营长，再调到高级班受训，这样来提高干部的质量。

4. 我军现任的军事干部，有计划地抽调到教导队学习，都要受一次训。

（八）关于教育的原则：

1. 发挥我军所有的长处，优良的传统和作风，以及在战斗中创造新的特长，在教育上着重发挥。

2. 以理论作基础，以实用为目的，这就是理论与实际结合起来，学习理论，造成他的基础，要从实际提高到原则，以实际战斗了解战术的原则，从战术的原则上来了解实际的战斗。

3. 学与做一致这一原则，使学与做结合起来，不至于使学了不会做、做了不懂得做的道理。

4. 要少而精，不仅是精，应该精益求精。

5. "专技重于博学"，我军的教育应该注意发扬各种工作的专门技能，一个军事干部主要要学习并熟悉一切军事学识和技能；一个政治干部主要的学习政治工作理论与方法。

6. 我们在教育原则上，处处养成一种团体的生活、团体的精神、团体的习惯、团体的动作。

（九）在精神上和生活上的教育要注重这几项：

1. 养成有政治的头脑、进步的思想、坚定的意识、果敢的精神以及我军十大优良传统。

2. 应该保持和发扬我军的优良传统，发扬一切好的，排斥一切坏的，排斥不好的习气、不好的纪律、不好的生活、不好的精神、不好的作风。在政治教育上、生活上处处以这样的精神进行教育，但发扬保持我军优良传统，仅是保持与发扬好的，不应把坏的习气也保持在一起，于是好的坏的分不清楚。这是关于教育与训练的原则。

四、要巩固政治纪律，严守军事纪律。

本军的政治纪律很好，这是我军的优良传统，正因为政治纪律好，取得了广大群众的拥护，现在要巩固起来，不准被人破坏；在军事纪律方面比较差，许多同志将政治纪律与军事纪律分不清楚，比如我军的三大纪律十项注意，主要属于政治的，八大要求是关于军事的，政治纪律使我军内则团结友爱、和衷共济，外则取得广大群众的拥护和帮助，军事纪律关系战斗的胜利。我们说政治纪律好，还要军事纪律严，军事纪律不好就不能打胜仗，要打胜仗，一定要有严格的军事纪律，这一次要规定军事纪律实施的规则。

五、关于指挥机关的健全及如何建立我军的指挥机关。

（一）原则上指挥机关的健全和建立应当灵活机巧，短小精干。

（二）各个部门依照科学的分工合作，特别适合作战的要求，来规定各个部门的组织和编制。

（三）规定各个部门的职权、工作范围、工作的规律，以及各个部门工作上的互相关系，达到科学的分工，协同一体，因此这次会议，我们应该规定关于军事工作的组织细则，以及规定军事工作中的规律。

六、参谋工作：

（一）参谋工作是指挥机关的主脑，负指挥的任务，换句话说，就是保证打胜仗的工作，首先说明参谋工作在今天作战中的重要性，我军在江南作战，对战略与战术上的指导要灵活施行，没有健全的参谋工作，不能经常收集和研究各种材料，供给首长研究，更不能时时注意到敌人战术与作战方针的转变，研究敌人的弱点和特点，只有等到敌人新的办法使用好久才能感到，这样自然不能使我军时时争取主动，以决定战略上的机动。战术的转变求得先发制人，取得先机之利，这些都说明参谋工作的重要。敌人是近代化的装备、近代化的组织、近代化的战术，所以组织严密、行动灵巧，战略战术的转变与主动争取都较强，目前不仅同他斗力，而且更要同他斗智。

目前，不但要各个部队能独立作战，而且在一个区域内，各部队能配合动作协同一致，这都非依靠各级参谋部门的工作与努力才能实施战斗的指挥、战役的指导，所以说没有健全的参谋工作不能保证作战的胜利。

我军要各个单位各个区域有很好的联系，取得配合行动，主要靠各种通讯器材，敌人有很好的通讯工具，能随时互相策应和适时协同动作。我军不仅通讯器材少，再加游击战的条件下易于形成各自为战，被敌人各个击破，只有通讯联络的顺畅，才能保证协同一致。参谋工作之一，就是利用已有的通讯器材、可能的方法，来组织顺畅而迅速的通讯工作，以适应今天对日作战的要求。

再如情报侦察工作，没有好的情报侦察工作，就不能及时了解敌人一举一动，正确地判断敌人企图。决定我军的行动，求得主动，攻其无备，目前仅有战斗侦察，没有战略战役的侦察，必然影响对战略战术的机动和转变，影响争取作战的胜利。在今天和日寇进行游击战争与过去的游击战争不同，没有坚强的参谋工作就不能适时地组织战斗指导战役，达到战略的集中指挥，与战术分开独立行动的原则，否则影响发挥游击战的威力打击日寇。

（二）我军的参谋工作不健全，大家都说没有人或人少，我认为不是主要的原因，主要是由于大家对参谋工作还缺乏认识和注意，虽然去年元月我提出反对忽视参谋工作的重要性，但是还没有被全军的指战员都认清这个意义，如若我们认识这个工作的重要，自然有决心有计划地去培养参谋人材，耐心的教育，定能培养出一批参谋人材，将参谋工作健全。参谋人材及其本领不是天生的，而是从学与做两方面锻炼出来的，由不懂学着做，由做进到做得好，今天和日寇作战没有健全的参谋工作，不能成为一个比较进步的军队，每个指挥员要是不懂得不重视参谋工作，也不能成为一个进步的指挥员，这样的指挥员是旧的指挥员、游击队的指挥员，不是近代的指挥员。因此，我们应该努力训练和培养参谋人材，适合今天对日作战的需要。另一方面，如没有健全的参谋工作，建军工作的进行，就没有多大的保证，比如编制训练、教育管理，这一切都是参谋工作的责任。所以，为保证建军工作的顺利进行与顺利的完成，首先要健全参谋工作，正因为如此，应该提高参谋人员的地位，过去还有些人不愿意做参谋，当一个团参谋长不如当一个连长，当一个支队参谋长不如当一个营长。掌兵总好些，总是一个首长，参谋工作是无意识的，所以大家不愿意当参谋。这同样没有认识在现在条件下参谋工作的重要性、参谋工作的地位。目前，我们从政治上应该提高参谋的地位，同时规定参谋的权限，不错，参谋长职责对作战的大的问题，只提意见供献首长，由首长决定，但关于执行命令，军队的制度、规律，司令部的日常工作，参谋长负责监督指导和直接指挥之权。谁把我军的制度规则破坏，谁故意违反命令，我们应该向首长报告，呈报上级。比如首长破坏了编制和规则，参谋长一次讲不听，二次讲又不听，那就要向上级报告，自己不能随声附和，所以参谋长并不是替首长做技术工作的。

应该规定参谋长和首长各个职权与关系，重要的最后决定在首长，但是经常工作和命令执行的监督，参谋长应该有一定的职权，不然参谋长变成一个传达员，是上传下达了，这些规定，对于建立参谋工作提高参谋的地位，是有连带关系的。

（三）做参谋工作的同志要努力学习，我们做参谋的同志喜欢看政治书籍，不错，政治是我们的基本，但不是我们工作的技能。主要应当看军事书学习参谋本领，基本上必须有战术的头脑，对战术有研究，有军事学识，长于参谋技能，成为一个名副其实的参谋。参谋工作的健全，首先要提高他的政治地位，同时更要求参谋同志努力提高参谋工作的本领，只有提高质量，参谋工作才能很快的健全起来。对于参谋工作应规定一个工作细则，使大家懂得学习什么本领，应该做些什么事。

（四）我们一切的后方勤务机关，如军需、兵站、军医等，这些部门不仅依照科学的分工，还要一切适合于战争的要求，假使不依据战争的要求，脱离了战争的需要，那就不能完成自己的工作，和对整个战争的任务，所以一切后方的勤务工作，应当配合前方作战，适合前方作战的要求，更为前方的胜利而努力，这是一切后方勤务工作的原则。我们过去对这一个原则执行还差，过去许多后方勤务部门，对于如何健全前线的后方勤务机关还少注意，应立即改正，关于这些问题在军事工作细则上应有明确的规定，如何使后方勤务各部门的工作与作战配合，参谋长应负指

挥与监督的责任，作战科也应把握作战，要求负责任之指导和
调剂。

七、工作作风的创造和发挥，成为建军的一个必要条件。

我们要适合对日作战的正规化，关于新的作风，我提出
六点：

（一）工作要有计划性、坚持性、彻底性。

（二）要有雷厉风行的紧张精神。

（三）要有少说空话、多做实事的苦干精神。

（四）要有脚踏实地的实干精神。

（五）个人负责制。

（六）敏捷迅速的工作效能。无论军事工作人员、政治工作
人员、其他专门工作人员，都应该有这样的工作作风。

八、发扬革命军人的精神。

我军无论军事、政治工作人员，革命者的条件够，但作为革
命军人的资格还差，表现斯斯文文样子，缺少武人气概，革命军
人应是雄赳赳、气昂昂。我想革命军人的精神应该是：

（一）要有政治头脑；

（二）奉公守法；

（三）要有政治操守；

（四）服从命令；

（五）忠实自己的事业；

（六）果敢的决心；

（七）勇敢牺牲的精神；

（八）要有坚持性、顽强性；

（九）讲礼节要严肃，不是马马虎虎随随便便；

（十）要有和蔼谦虚的态度；

（十一）诚恳坦白；

（十二）精神要振作，雄赳赳气昂昂，有军人气概；

（十三）要有强健的身体；

（十四）富有高深的军事常识，懂得军事，学习军事；

（十五）注重学习，着重研究；

（十六）做事要切实，说话要简单扼要。

这样，不仅在政治上是一个革命的军人，同时在军事上也是一个革命的军人。

第九部分　怎样来完成我们建军的任务

一、我们要完成建军的任务，首先从政治动员，要使得全军每一个指战员、工作人员了解我们建军的重要，认识如何去建军，积极地来拥护建军，用自己的实际行动来完成建军工作，那么我们要在政治上作大的动员，也可以说不仅是这一次的建军会议，对于全军的号召，而在政治部经常的政治工作和政治动员上成为基本的工作之一。

二、要达到我们建军的成效，必须去掉游击主义的习气，我们说某些不合乎正规化，为什么，就是存在着某些游击主义习气，由于长期在游击战争中，那种不规则的奇特的生活，以及战斗的环境，所形成所发展起来的。我们要发扬游击战争的特长、游击战争的那些动作、那些好的传统，因为这是争取游击战争胜利的条件。除此以外，存在许多坏的习气，比如作风上讲，我们在战斗中、在生活上、在工作上表现出某些游击主义的习气，主要表现在：

（一）散漫松懈，形成生活和行动没有一定规律性和组织性。

（二）军事纪律不严密，马马虎虎，对任务不十分坚决的坚持执行。比如分配一个任务给他，他要讲点价钱，决定他二点钟到，他可迟一点钟，决定他要在某一个作战中配合，他可不按规定执行。

（三）作战中好的是我们迅速机动，如战斗的局势不利，很机动的脱离敌人，可是在大的战斗中绝不能只顾自己，不顾别人，因为必须协同一致，如若不这样，局部的动作可影响整个的战斗，在作战指挥上、使用兵力上都表现小部队的使用法和指挥法，因此对大部队的指挥不好，有优势的兵力不能很好地集中使用。

（四）我们部队的攻击精神旺，但防御力差，就由于游击战主要是主动的进攻战，进攻不成就撤退，于是养成只会攻击不会防守。

（五）在我们生活上不能够很严肃有秩序，缺乏紧张性，不能够有秩序、有组织的动作。

（六）对公物武器不爱惜，随意破坏，这是十足的游击主义习气，不会爱惜武器，不会爱惜公物。

（七）遵守制度差，比如我们规定经济上的预算决算，按一定的手续，这是一种制度，可是游击主义的习气，他不惯于这种规律，遇事马马虎虎。

（八）小团体观念、本位主义，因为在独立长期作战条件下，形成小团体观念，遇事只顾自己，缺乏大团体的精神。

这些游击主义习气，是妨碍我军的建军、妨碍我军的正规化，因为不规则与规则是相反的，应该去掉，应该把我们游击战的优良特长发扬起来，但是要洗清许多不好的和不利于目前作战的习气，使我们有正规军的生活、正规军的规律，这样才能做到既擅长游击战，又能打正规战。我想将来在我们部队中间再来一个运动，必须清洗游击主义的习气，不然就不能使我们建军工作顺利的进行。

三、坚强而有力的政治工作来保证，假如没有坚强而有力的政治工作，建军的顺利完成就没有把握。我们应当在政治上如何提高这些人对于建军的认识，同时在政治上提高他的政治积极性来热烈的建军工作，保证各种制度、规则的巩固，这是我们建军工作的重要条件。

四、要达到建军工作的完成，就要提高文化水准。我们的干部不识字，用什么工具来看书、来研究军事学识，即或讲他听也困难，因为了解力和接受力差，更不易去领会。因此，我们要消灭文盲，使干部能识字，有工具来研究军事学识。

五、要有科学的常识，在部队中进行自然科学教育，因为军事是最科学的，是集合一切科学、运用科学、使用科学，没有科学的常识我们就不能了解军事技术的学理，自然不能很好地使用军事技术，更困难去使用现代化的武器，所以提高文化水平及科学常识，是建军的一个基本工作。

六、会宣传会教育。我们的报纸不仅宣传建军，同样发扬部队中一切好的鼓励这些好的，指斥不好的，反对坏的，要取得一种领导和指导作用。《抗敌报》同各支队的报纸，主要的负这个责任，多提倡使学习成风，成为一种风气，自然很迅速的在全军开展起来，如曾国藩说，"一人倡之，百人和之"。我们报纸应该负起这样的责任，起这样的作用，发扬起来，创造起来，保障我们的建军。

七、在任何困难环境下，要把握我们建军的方针，继续不断地努力向这个方向前进，这样不致使我们遇难而退，才能达到一面作战、一面建军口号的实现。

最后，我们要达到建军的成功，必须动员本军的一切指挥员、战斗员、工作人员，大家为了建军而奋斗。建军的成功，就是完成新阶段的任务，以致抗战胜利的基础。因为有了这个基础，有了这样的力量，一定能取得战争的胜利，战胜日寇任何花样和企图，只有建军的完成，我们才能够完成新阶段的任务，以至抗战最后胜利的任务。

注　释

① 原文如此。

② 原文如此。

③ 16 日，应为 12 日。

④ 15 日，应为 17 日。

⑤ 16 日，应为 12 日。

⑥ ×支队，指第 3 支队。

⑦ ×支队，指第 2 支队。

⑧ ×支队×团，指第 1 支队第 2 团。

开辟江北工作方针及干部配备*

（一九三九年四月）

中央及军委并转中原局：

一、林恺①到军部讨论江北工作如下：

1. 在军事上向北、向东发展，以津浦线为中心，积极行动控制该路，另一部控制淮南路。

2. 用不断胜利求得扩大政治影响，扩大民众运动。

3. 在政治上以巩固扩大统战为主，求得各方合作和配合，以便我军转战减少阻碍和限制。对行政采取多方赞助。

4. 对地方武装采取帮助扶植，争取由政治上达到组织上领导，勿用直接吞并办法，以免造成政府、地方与我对立。

5. 民运应随军事的发展以合法的合作方式为主，求得多方扩大发展，避免单独活动形式。

6. 目前以大马场（全椒西）为中心，第一步选择几个地区为后方，建立工作基础，然后由工作与军事发展而扩大成为巩固后方和基点，目前不宜提出创造皖东抗日根据地的口号作号召，

---

* 本篇系项英致中共中央、中央军委的电报，根据中央档案馆馆藏件刊印，收入本文时略有删节。篇题为编者所加。

否则使同盟者害怕而对我更防范和限制。

7. 八团与游击纵队改编为三个团（现有十营），成立第五支队，以罗炳辉为司令，周骏鸣为副司令。

8. 指挥部以云逸为主任，赖传珠为参谋长。

9. 组织江北前委，云逸为书记，炳辉、传珠、骏鸣、林恺、季英、述申为委员，直属军分委。

10. 我们提议留郭树勋②去皖东，为炳辉支队政委兼指挥党的工作。

11. 由朱克靖带服务一队及民运人员（约四十人）到江北开展民运。另调五团团长孙仲德及直属队政治处主任张树才到江北工作。

12. 准备二支队四团陆续抽调江北为基干。

（以下略）

项

注　释

① 林恺，时任新四军第 4 支队第 8 团政治委员，后任第 5 支队政治部副主任。

② 郭树勋，指郭述申。

保持和发扬新四军的优良传统[*]

（一九三九年五月一日）

抗日战争正在坚持战斗中，这一战争，关系民族的解放，决定民族的生存。当前的侵略者日本帝国主义，是具有近代装备的。要战胜这一凶暴的侵略者，必须动员一切力量，团结一切力量，尤须要超群卓绝，富有最坚强战斗力的军队，才能在持久战中争取最后胜利，使中华民族得到真正的解放。

日本是依于帝国主义的经济基础，在军事上造成对华的优势，企图以这优势来灭亡中国。但是日本是帝国主义中最脆弱的一个，无论在政治、经济等条件上，均不能支持长期战争，不能在长期中保持对我优势。这就决定了日本在持久战中必然失败的一个基本因素。

同时，历史上任何革命军队，开始时不能获得优良的装备，形成劣势对抗优势，逐渐由劣势转为优势，而将敌人最后歼灭。主要由于革命军队他依靠正确的领导与广大民众最高度的革命热忱，坚强的意志与忠勇的牺牲精神，以造成最坚强的战斗力。能

---

[*] 本篇系项英署名文章，原载 1939 年 5 月 1 日集纳出版社出版的《项英将军言论集》。收入本文时略有删节。

克服一切困难，逐渐增强自己，达到最后胜利。抗日战争既是革命的战争，我们又是革命军队，能够继承和发展一切革命军队的传统，不仅能进行持久战，而且能在持久战中争取最后胜利。这是我们最后能战胜日本的一个基本原因。

目前抗战正过渡到第二阶段，是我们从政治、军事、经济等等条件上来准备我们反攻的力量。首先政治重于军事，民众重于军队，精神重于物质，这种准备力的成绩如何，是决定最后胜利的基本条件。可是准备的最后的目的，是为要建立最紧张而能战斗的优良军队，直接来歼灭侵略者，驱逐他们出中国！因此坚强军队的战斗力，建立与扩大新的军队，成为准备反攻争取最后胜利的最中心点了。

我们新四军是产生和生长于长期民众革命斗争中，那不仅有了过去为民族解放的英勇斗争历史，而且创造了、继承了革命军队的许多优良传统。我们依靠这些优良传统，构成军队惊人的战斗力，来克服任何困难成为不能被敌人战胜的军队。现在当直接争取民族解放的抗战中，我们新四军应该贡献一切力量，发挥一切力量，坚决的为完成自己在抗战中应有的任务而战斗。

我们新四军，在装备上说，不但与日本相比优劣悬殊太甚，而且与一般抗战的友军相较也相差很远。可是参加江南抗战以来，能够对于抗战有所贡献，获得初步的胜利，主要是依靠于长期斗争中所创造与继承的革命优良传统，来构成我军的特殊战斗力，加以长期作战经验与灵活运用战术，故能以最劣势的武装对抗优势的日本而取得胜利。

我军的一切优良传统，是构成我军战斗力的因素。坚强战斗力的基础，使我军能够以最劣势武器对抗优势之敌，能够逐渐由劣势转为优势，这是革命军队的特点，也是革命军队能够最终战胜敌人的基本条件之一。

我军优良传统是什么？总括一句，是我军的各种新的制度与新的工作精神、新的战斗作风。有些是继承历史上革命军队的传统，大部是我们在艰苦战斗中所创立的，经过无数次的检验而把它定为新的制度，造成新的战斗作风，养成新的工作精神，这样把它保持和发扬起来。

现在我们具体的来解说优良传统的内容：

一、官兵平等友爱团结

凡是革命军队，无分官兵，政治上的目的是一致的，不是以官阶分贵贱，更不是以生活好坏作区别；不过因能力大小、责任不同实行分工，以进行部队的战斗。大家既是同志，就能万众一心的把部队团结得像一个人一样，造成战无不胜、攻无不克的力量。

我们新四军，不仅是革命军队，并且是从革命斗争中产生的、生长的，经过长期革命战争的锻炼而壮大起来的。在政治上说，我们新四军一贯为中华民族解放和社会解放而战斗。也可以说，是中国革命运动的产儿。

正由于这样，我们新四军继承了革命军队的精神，而且发扬了这种精神。"官兵平等、友爱团结"，就是这种精神的具体化、实际化。

为什么要"官兵平等"？因为革命军队是革命分子所组成。

参加军队的人，不是为了薪饷，也不是为了官位，而是为了民族解放和社会解放的事业而斗争！所以官兵应实行平等，但"平等"不能误解为"平均"，只有实行"官兵平等"，才能团结全军坚决战斗到底。

为什么要"友爱团结"？政治意志相同的人称同志，同志与同志应友爱！才能亲密互助，团结就是力量，团结愈坚固，力量也就愈强。战争是力量与力量对比。要战胜敌人，必须力量强过敌人。要力量强大，必须要团结。所以我们新四军的指战员、工作员，应实行友爱，应团结一致，这样才能使全军上下一心，同患难共甘苦，造成铁一般的战斗力。

我们怎样实行"官兵平等、友爱团结"？（一）部队中都是革命的同志，只有工作上分工不同，无贵贱之别。不准有谁侮辱谁的话、谁轻视谁的态度、谁压迫谁的举动，互相间无严格的界限区别。（二）生活与待遇，官兵是一样，如伙食费一样多，而且一样吃，不准有小厨房和特别吃好。服装是一样，官兵共甘苦，要好大家好，有苦大家吃，首长更要以身作则，为士兵作模范。（三）官兵没有饷发，只有零用费。有时因经费困难，仅有伙食钱，没有零用钱。官兵都是一样，官长不能单独有过分的特别享受。（四）官与兵，同志与同志，都要互相尊敬，态度要诚恳和蔼，说话要坦白和气。敬礼是互敬，不准上欺下、下凌上，更不准有侮辱和欺压的举动。（五）官兵同志，互相敬爱友善，有疾病互相扶持，有患难互相扶助，有困难互相帮助，有经验互相交流，有错误互相规劝，不准互相仇视对立。（六）上级对下级要爱护，先士兵后自己；下级对上级应尊重服从，老战士要帮助新战士。

二、政治工作制度

战争是政治的继续，是政治斗争最高的一种方式。因此，战争本身就是政治斗争。

军队是政治的武装斗争集团，进行和贯彻政治主张最有力的必要工具。新四军是中国共产党绝对领导的一支军队。全军队应有政治领导，因为政治工作就是贯彻党的路线、方针政策，保证革命军队的精神与彻底执行政治任务、完成政治任务的工作。它是从思想上、生活上、行动上去保证这支军队，好像人身的血液一样。没有血液与血的营养，人就会死亡。所以政治工作，是革命军队的生命线。没有它，新四军不仅不能生长壮大，而且不能生存。

三、与民众打成一片

军队是民众的武装，是从民众与民众斗争中产生的、生长的，与民众是一家人，与民众利害相共，痛痒相关。

一个军队，不仅要团结民众、爱护民众，而且要代表民众、保护民众。如鱼失掉了水就会死亡；军队没有群众的帮助，不单要打败仗，而且易被消灭。换句话说，军队有了民众拥护，就能生存，定能胜利；失了民众，就要失败，要被消灭。

我们新四军过去与现在，一贯来为民众利益而奋斗，事事以民众的利益为利益。到处帮助民众、团结民众，所以到处得到民众信仰和拥护，所以时时在民众帮助之下有力的战胜困难、打败敌人。

怎样与民众打成一片？（一）爱护老百姓，成为我军三大纪律之首。（二）十项注意中，九大项是我们对民众的纪律，人人要做到，项项要执行：1. 上门板、捆稻草；2. 房子要扫干净；3. 说话要和气；4. 买卖要公平；5. 借物要送还；6. 损失要赔钱；7. 大便找厕所；8. 洗澡避女人；9. 进出要宣传；10. 优待俘虏兵。

四、艰苦奋斗坚持到底

中国军队是为达到民族独立自由的目的而斗争，不达到目的，决不停止斗争。只有斗争，坚决斗争到底，才能达到最后的目的。即或遭受打击，剩下一个人还是要坚持斗争。妥协，就是对革命的动摇，对敌人屈服、投降，是革命的叛徒、可耻的罪人。

我们新四军不畏任何困难，只能战胜敌人，任何苦都要吃，任何劳都能耐。艰苦奋斗，是我们锻炼的传统精神，吃得苦、耐得劳，是我们的本领。

我们经过了无数的困难，遭受了无数的困苦，为忠实于民族和社会的解放事业而斗争，至死不屈。宁肯英勇牺牲，决不苟延残喘，这是我们的斗争精神。

五、自我牺牲英勇奋斗

革命要牺牲才能战斗，战争要牺牲才能胜利。牺牲自己，才能挽救民族、解放民众。不能牺牲的人，不配称为革命军人，英勇牺牲，是军人的本色，是军人的光荣事业。

我们新四军为抗战救国、为解放民众，在过去作了最英勇的牺牲，到现在仍在牺牲奋斗！

六、自觉地遵守纪律

军队没有纪律，就要瓦解、消灭。纪律是保证军队的行动一致，维持军队的生活规律，密切军民的关系，巩固与坚强部队战斗力的原素。谁的军队纪律好、谁的战斗力就强，谁就有把握战胜敌人。纪律的好坏，就是军队好坏的标准，所以军队要有严格的纪律，军人要严格的遵守纪律。

军队战胜敌人，主要的不决定于武器的优良，而决定于军队的英勇牺牲，勇敢善战，团结民众，上下齐心，尤须有铁的纪律。

什么叫做自觉遵守纪律？普通的军队多是以强制方法要人遵守维持着的纪律。如强制力量不强，纪律也随之松懈。因为遵守纪律的人，是自愿的自动的，而不是被强迫的。如有阳奉阴违、瞒上不瞒下的现象，那纪律就不能巩固，更不能维持长久。

所谓"自觉的遵守纪律",换句话说,要大家懂得纪律的重要,自动的遵守纪律。不要在强制方式下被迫而遵守纪律,也不是有了监视才遵守纪律,而是随时随地都是自动遵守,使守纪律成为一种自然的行动,把犯纪律认为自己罪过的行为。

七、绝对废除肉刑和打骂制度

肉刑是封建时代统治者对付被压迫者,主人对奴隶的残酷手段。稍为文明的社会和开明的军队,都不采用这种封建的刑法来管理社会和军队。只有封建的军阀军队,或者保存封建残余很重的军队,管理士兵用肉刑(如打军棍、打手掌等)。这种刑法,等于把士兵当奴隶对待。革命军队,绝对不准许有这种刑法的存在。

我们新四军自建立以来,就彻底废除肉刑,绝对禁止打人骂人。谁要施用肉刑,不但受纪律的严厉制裁,而且遭受全军指挥员、战斗员的反对与打击。谁要打人骂人,谁就要受处罚和斥责。不管首长对下级和士兵,或者士兵与士兵、军队对老百姓,如若违反了这种纪律,都要受制裁。

八、学习政治武装头脑,不断提高 军事技术加强战斗力

军事技术是随着社会经济的发展与战争剧烈的进步而发展。

革命军队是最进步的军队，一切求进步，一切要超过于人。革命军人应当不断学习军事，提高军事技术，以增加自己的战斗力；同时不但要会使用自己的武器，而且应努力学习使用敌人的武器，以便夺取敌人的武器来消灭敌人。

战争的基本原则是保存自己消灭敌人。如何使自己不被敌人消灭，又不致与敌人同归于尽，就要依靠自己，要有巧妙的战术与战斗方法，因此更要求革命军人不断学习军事，提高军事技术。

我们新四军每个官兵应当都了解政治，学习政治。政治生活是生活的主脑，一切从政治上去理解问题、解决问题，这是我们的特点。

我们军队从未经过军队的一定的训练和教育而能作战，我们的指挥员从未住过完备的军事学校，多是由文人提升，由文人变为武人，但是能够战斗，而且获得许多惊人的战绩。

得用一切可能的机会来学习，这样使我们不断前进，成为最进步的军队。

九、动作敏捷、行动机警、攻击勇猛、紧张活泼

我们的战斗作风是：（一）动作敏捷。由日常生活中养成敏捷动作，方能在战斗时达到动作的敏捷。学习敏捷动作，养成敏捷行动，发扬动作的敏捷。（二）行动机警。战斗不仅是斗力，而且是斗智。谁能巧妙的战斗，谁就能克敌制胜。谁能灵活根据战场情况的变化，谁就能取得有利的地位，可以减少损失，取得

更大的胜利。（三）攻击勇猛。我们新四军不但是攻击精神旺，而且攻击很猛。只有攻击勇猛，才能震撼敌人的精神，动摇敌人的斗志，接着用白刃解决敌人，取得最后胜利。我们的口号是：猛攻！猛冲！猛进！（四）紧张活泼。我们新四军的生活和工作都是在最紧张的气氛中进行。紧张是战斗的精神。一切散漫松懈的现象，都是妨碍工作的进展，影响战斗的进行，有碍胜利的进取。活泼才能发展人的自动性、创造性，这种精神发展到战斗中，则为机动性。但活泼不是放浪，而是表示生气勃勃，不是死板式的机械，更不是胡行乱闹，而是具有组织的、有次序的自然动态。

十、夺取敌人的武装来武装自己

我们军队的武器，都是从战斗中所夺取的，因为我们既没有现存的兵工厂制造武器，更不可能大批的购买。只有夺获敌人的武器来武装自己，这才是我们传统的本领。因此，为了夺取武器就要学习战斗，学习从战斗中去缴获敌人的枪炮，来充实我们的装备，加强自己的火力，以便更多地夺取敌人的新式武器，把自己造成近代化的军队。

我们的武器，都是血肉的代价所换来的。因此，要保护自己的武器，把武器看作自己的生命一样。

我们的口号是：（一）夺取敌人的武装来武装自己！（二）用战斗的手段缴获敌人的枪炮！（三）爱护武器如同自己的性命一样！（四）武器与生命共存亡！

我号召全军的指挥员和战斗员，保持这些优良传统，发展这些优良传统而斗争，使新四军能成为新的模范的铁军，为完成最后胜利的任务而抗战到底。

一切破坏优良传统的行为，应该遭受全军的打击。一切腐败的现象和行动，都不允许存在我们的军队中，一切腐败分子，要受自然的淘汰！

我重复的号召我军全体的指战员，为保持和发扬我军固有的优良传统而斗争，为继续的接受一切革命传统和进步的精神而努力。这样，才能使我军日益坚强起来，造成为抗战中一支最坚强的军队，团结最广大的民众，协同友军在大江南北坚持长期抗战，准备反攻，最后把日本帝国主义赶出中国去！

成立江北指挥部和第五支队[*]

（一九三九年五月九日）

毛、洛①：

一、江北部队编制：

1. 成立江北指挥部（蒋已批准），指挥江北部队、各地方武装。

2. 高敬亭②所率领之游击团、挺进团改编为第九团，与江北十四团与原七团合编为第四支队。

3. 拟以江北挺进团编为第十团，戴季英③所领导之游击纵队一大队约千余人已改编为十五团，此两团与第八团可改为第五支队。

4. 江南各支队准备扩充为三个团。

5. 戴之游击纵队第二大队仍称江北游击纵队，受指挥部管辖。

二、干部配备：

1. 江北指挥部由张云逸④主持，赖传珠⑤任参谋长，邓子恢

---

* 本篇系项英致毛泽东、张闻天的电报。根据中央档案馆馆藏件刊印。篇题为编者所加。

兼政治部主任。

2. 四支队以郭述申⑥为政委。

3. 五支队以罗炳辉⑦为司令，周骏鸣⑧为副司令，政委物色中。

4. 江北游击纵队以戴兼司令，孙仲德⑨为副司令，桂蓬洲为参谋长。

以上诸问题，是否同意？请示。

项

九日

注　释

① 毛、洛，即毛泽东、洛甫（张闻天）。

② 高敬亭，时任新四军第4支队司令员。

③ 戴季英，时任新四军第4支队副司令员兼政治部主任。

④ 张云逸，时任新四军参谋长，后兼任新四军江北指挥部指挥。

⑤ 赖传珠，时任新四军军部参谋处处长，后任新四军江北指挥部参谋长；军政治部副主任邓子恢兼江北指挥部政治部主任。

⑥ 郭述申，时任新四军第4支队政委。

⑦ 罗炳辉，时任新四军第1支队副司令员。

⑧ 周骏鸣，时任新四军第4支队第8团团长。

⑨ 孙仲德，时任新四军第3支队第5团团长，后任新四军江北游击纵队副司令员。

关于江北工作的提议[*]

（一九三九年五月十一日）

中央：

二十四日电才收到，已转东南^①及江北^②遵行。

一、兹有我署名之军分会致中央电：《关于江北工作意见》，未批示。叶亦已渡江。

二、不管错与不错我的意见应向中央提出。

（1）江北目前中心是：积极开展游击战争，开展统一民运，并扩大部队，建立根据地之必要基础。同时，为争取高部^③创造必要条件。

（2）敌人均在西路，要打敌人必须在西路活动，争取胜利，将政治地位提高，影响扩大。所谓控制就是破坏扰乱，使敌不能顺畅通车。这样一面积极向东、向北发展，以打破限制，同时便于两路间发展与扩大基础。

（3）以上便于大量争取地方武装，扩大统战，因此地方武装全部在各级政府手中，非利影响与积极统战工作，不易大部夺

＊ 本篇系项英致中共中央的电报。根据中央档案馆藏件刊印。篇题为编者所加。

取和打击顽固分子。

（4）目前部队质与量同时增加，不是单纯扩大，否则对五路军与地方统战不易建立扩大，因给养有关。

（5）高部人数最多五千多，问题不解决可影响发展。这对江北有大关系。

（6）今天江北不在张扬而在求实利与实效，以便发展与强大。

（7）以后江北军事仍归中原局或中央直接指挥。

此间仅传达命令。

项

十一日晨

注　释

①　东南，指中共中央东南局。

②　江北，指新四军江北指挥部。

③　高部，指高敬亭部。

关于第一、二支队由陈毅
统一指挥致中共中央、军委电[*]

（一九三九年八月二十日）

中央及军委：

二、四支与五支巩固工作十分重要，大量扩兵买马扩大，干部甚弱，此间无法再抽调，希中央设法解决三个政治干部及支队参谋长一名，以免拖延抓紧时机甚关重要。

三、政治上须派大员坐镇领导，少奇请速去，海东不宜公开去，更不宜马上出来，请考虑。

四、江南一、二支队统一指挥由陈毅负责，并已向顾呈报①，但支队名义对外，张鼎丞已当选"七大"代表。

五、江北经济困难万分，在地方筹给养影响坏。雪枫部亦同样，此次军长拨五千元给他，该部成份亦复杂，干部多新手，甚弱。

项

* 此电共5条，收入本书时略去了第1条。

注　释

① 向顾呈报，指叶挺8月14日给顾祝同的电报。据1939年8月17日国
民党第3战区司令长官部《阵中日记》记载："新四军叶军长寒（14
日）申电：本军第1、2两支队活动地区毗连，为便宜利作战及在战
斗战役中取配合行动以收协助之效，故将2支队暂归1支队陈司令指
挥，谨呈鉴核示遵。第3战区司令长官部筱（17日）酉电新四军叶
军长：寒申电悉，所请将第2支队暂归1支队陈司令指挥一节，应予
照准，特复。"

新四军的教育计划与内容*

（一九三九年八月二十五日）

毛、王、谭、马①：

一、根据中央指示，在部队中作目前时局的政治动员，并规定三个月政治教育计划内容：

1. 为培养一般战士有共产主义思想、坚强革命意志，以本军历史、本军军歌、国民党与共产党、三民主义与共产主义、八路军新四军不同之点，抗战中的两条路线、什么是阶级及其利害关系、优良传统，进一步的解释为中心。

2. 在战士党员中另加党员须知、中共简史。

3. 为加强党员干部的理论素养，以共产党宣言、共产国际纲领、季米特洛夫②反战反法西斯目前问题、列宁主义概论及中共党史为经常的研究读物。立刻开始进行的三民主义与共产主义，共产党宣言及列宁主义概论。

4. 在进行教育中，抓住部队中易于发生的问题，工农阶级的生活痛苦及部队内外所发生的不正确的言论、行为和思想之揭

---

* 本篇系项英和袁国平联名致毛泽东等人的电报。根据中央档案馆馆藏件刊印。篇题为编者所加。

发、批评和斗争，加深其理解。

5. 为保证这个计划之完成，各支队委员会设教育委员会，以支队政治主任为主责成负责干部，直接参加上干部课，团政治处及整训部要开教育准备会，支队每月检查一次，团队每周检查一次，将实施情形报告本部。

6. 江北以邓副主任③为主，遂派巡视团再去协助。

二、定九月十五在驻地开涂、罗④追悼会，《抗敌报》出版专刊发表惨案⑤经过、略传，已寄桂林。特电告，并盼指示。

项　袁⑥

二十五日

注　释

① 毛、王、谭、马，指毛泽东、王稼祥、谭政和马××。

② 季米特洛夫，国际共产主义运动的著名活动家，保加利亚共产党和人民的领袖。1935—1943 年任共产国际执行委员会总书记。

③ 邓副主任，指新四军政治部副主任邓子恢。

④ 涂、罗，指新四军参议涂正坤和八路军少校副官罗梓铭。

⑤ 惨案，即平江惨案。1939 年 6 月 12 日，国民党第 27 集团军杨森部包围湖南省平江县嘉义镇新四军平江留守处（通讯处），惨杀涂正坤、罗梓铭和秘书吴渊等 6 人。是为"平江惨案"。

⑥ 项、袁，指项英、袁国平。

关于廖磊制造鄂东惨案情况致中共中央等电[*]

（一九三九年十月九日）

中央并朱、彭①：

皖廖②各处在最近反共、反新四军，情形如下：

一、自九月一日集中十团左右兵力"围剿"我五大队，该队损失颇大，并以土匪罪名枪杀我同志百人以上。

二、黄梅八大队③现在在被攻中，该县共产党员及民众被枪杀者共百余，并焚毁民房，逼迫党员自首。

三、活埋六大队杨厚益④等九人。

四、罗山县长集中地方武装，向我二团队及六大队进攻，及五路军张部⑤已挺进礼山，继续向我进攻。

五、廖最近召开反共会议，说第一个敌人是日本，第二个敌人是共产党，并利用大批托派及顽固分子当县长、专员，进行反

---

* 1939年9月1日起，国民党军集中兵力"围剿"共产党领导的鄂东独立游击第5大队张体学部，惨杀新四军官兵及抗日民众，制造了鄂东惨案。9月13日，蒋介石电令取消张体学部番号，"并电令廖总司令派队协剿"。本篇系项英向中共中央和朱德总司令、彭德怀副总司令报告鄂东惨案情况。

共工作，有不与新四军磨擦的县长进行更换。

六、现又集中兵力五个团，密令各地人民进攻新四军，不准民众与新四军接近，不准捐钱给新四军，更不准民众参加新四军工作，并隐蔽叛徒（前七团正、副团长），专事破坏，我军的战士请假回家或则收买或则扣留。

七、《大别山日报》上公开刊登文章，攻击新四军。

八、公开与汪派有勾结，如赵陡恒进行各种破坏工作，廖亦不加制止。

项

九日

注　释

① 朱、彭，指朱德、彭德怀。

② 皖廖，指国民党安徽省政府主席、豫鄂皖边区游击总司令廖磊。

③ 八大队，指新四军江北游击第八大队。

④ 杨厚益，时任新四军第六游击大队第四中队中队长，1939年6月初被国民党第五战区游击司令员黄瑞华部逮捕，6月7日被杀害。

⑤ 张部，指以张淦为军长的国民党第7军。

纪念新四军成立两周年[*]

（一九三九年十月十一日）

在本军成立两周年的今天，希望全军指战员更加加强我们抗敌的信心与杀敌决心！坚持我们一贯的方针，决不受任何环境变化的影响，不屈不挠地斗争到底！坚持团结，反对一切破坏团结的行为；坚持抗战，反对妥协投降！团结大江南北一切不愿当亡国奴的人们，使日本帝国主义卖国汉奸以及一切妥协投降分子孤立起来。我们更要努力作战，发扬我们英勇牺牲的精神，争取更多更大的胜利！不仅集小胜为大胜，我们还应该集无数的大胜去争取由相持阶段达到反攻的胜利，最后驱逐日寇出中国！为争取抗战最后胜利和三民主义新中国而奋斗到底！

---

* 本篇系项英在新四军成立两周年时发表的献辞。原载于 1939 年 10 月 11 日《抗敌报》。收入本文时略有删节。

项英转陈毅关于江抗西移后对东路地区斗争的布置致中共中央等电[*]

（一九三九年十月二十六日）

中央请复转沪刘：

顷接陈毅电，惟知江抗已西移到扬中管区^①整训。固由于江抗本身许多问题与西移时后路被忠救^②与六十三师截断，可是江抗无信心及不了解坚持东路的意义所致。这是大的失策，增加今后困难。但事已如此，不能冲回东部。我们已派周和康、楷浪如^③等便衣东返，主持留东部队。何克希、赵伯华^④等不日东返。另要他们带一部干部以坚持东路部队、坚持斗争。应加多用各种灰色名义与灵活游击战术，力改过去此等军事行动与吸收大量群众发展游击战争，争取广大群众与建立地方统战。对国党的破坏进攻，应付政治进攻与军事进攻，依自己方针给予必要反击。不能斗争，不能给反复者以打击，就难存在，也不易发展。目前对东路部队，由省委负责直接指挥。此间与你们电台速叫

---

* 这是发给中共中央并转给刘晓的电报。刘晓，当时任中共江苏省委书记。江抗，即江南抗日义勇军，梅光迪任总指挥，叶飞、何克希任副总指挥。据中央档案馆所存档案电报。

通，以便通电。

项　英

二十六日午⑤

注　释

① 管区，指管文蔚于1939年2月将盘踞在扬中的伪军贾长富部歼灭后，所控制的扬中地区。

② 忠救，即忠义救国军，是戴笠组织的武装。

③ 周和康、楷浪如，似指周达明、杨浩庐。周达明，当时任江南抗日义勇军第四路第三支队支队长；杨浩庐，当时任江南抗日义勇军第三路政治主任。

④ 赵伯华，原名唐英，当时任常熟人民抗日自卫团司令员。

⑤ 午，即午时。

皖江国民党布置对我 包围及我之对策*

（一九三九年十一月二十五日）

军委、集总①：

竹沟此次事变②影响了整个计划之进一步的进攻，军部已电蒋抗议，请究办，并在报上公布。在部队中广泛的鼓动和教育，提高警惕性，加强自己准备。新的事变有继续发生的极大可能，前蒋令江北部队全部开江南，军部回电、军长在渝已呈各情抵制。但李宗仁③又电重庆，要求执行上项命令。皖省府近已电四支队种种，可为国民党进攻之借端。有修支队严格监视和侦察附近友军之行动，注意部队间之联络，预作事变之各种处置，互相通报。皖省府及河北正布置对我之包围。如江南一样，将我夹击在敌、国两军之间。我应采取包围以反包围。目前我军布置应以敌、国两方为对象，常以此类事件不断在部队进行公开教育，提高指战员之阶级觉悟。各地方机关应改变工作方式，免受突然打击，都能适应任何环境，着重群众工作，注意群众问题，以强固

---

* 本篇系项英致中央军委和第十八集团军总部的电报。根据中央档案馆馆藏件刊印。篇题为编者所加。

我之群众基础。纠正部党不分混合现象，帮助与指导地方建立独立工作的基础与能力。竹沟事变在平江事变④发生近五个月之后，证明我们警觉极差。此种现象早有，而还给敌伪混入城内。为此的教育应打破苟安麻木之现象，望加强教育，提高警觉。最后责成各队首长，应随时将本文贯彻情况电告军部，以备作整个之对策和必要之指示。

项　英

二十五日

注　释

① 军委、集总，指中共中央军委，第十八集团军总司令部。

② 竹沟事变，即"竹沟惨案"：1939 年 11 月 11 日，国民党军第 1 战区1 个团及确山、信阳、汝阳、泌阳县常备队共 1800 余人，围攻新四军竹沟留守处，惨杀医院伤病员、军属和当地群众 200 多人。

③ 李宗仁，时任国民党军第五战区司令长官。

④ 平江事变，指"平江惨案"，发生于 1939 年 6 月 12 日。是日，国民党第 27 集团军杨森部包围湖南省平江县嘉义镇新四军平江留守处（通讯处），惨杀新四军参议涂正坤、八路军少校副官罗梓铭、秘书吴渊等 6 人。

令叶飞、张道庸部过江向天长挺进*

（一九三九年十二月二日）

中央：

1. 已命令江抗主力一个团（老六团）及四团与管①部各一营由叶飞②、张道庸③率领由扬中过江，向天长挺进，与五支队会合，本日正在运动中。

2. 老六团东征后，战斗力很强，武器也好，每连有六挺机枪。必要时，还可由一、二支抽队北渡。目前主要打通联系，以后无问题。

3. 军附近仅有三个团，但友军在附近有六个师（前川军三师，现加俞济时三师），不便抽调和减弱。

4. 司令部及政治部仅我与周、袁④三大头，余为新的，能力不强，并只有一套资本，走一缺一。冯达飞⑤已到江北，下级干部可派一批，得力者甚少。

5. 胡服⑥同志应速到指挥部主持，徐海东⑦快到四支指挥，罗⑧仍留五支为好。江北缺乏领导中心，在政治上把握不准。

---

* 本篇系项英致中共中央电。根据中央档案馆馆藏件刊印。篇题为编者所加。

6. 子弹已陆续送去四十万发，如交通便利还可陆续送。

7. 江北政治人员少而弱，江南也是同样，中央与八路军请设法抽几个好的主任去。

项　英

二日酉

注　释

① 管，指管文蔚，时任新四军挺进纵队司令员。

② 叶飞，时任新四军挺进纵队副司令员。

③ 张道庸，指陶勇，时任新四军第 2 支队第 4 团团长。

④ 周、袁，指新四军副参谋长周子昆、新四军政治部主任袁国平。

⑤ 冯达飞，时任新四军教导总队教育长。

⑥ 胡服，指刘少奇。

⑦ 徐海东，时任新四军江北指挥部副指挥，兼第 4 支队司令员。

⑧ 罗，指罗炳辉，时任新四军第 5 支队司令员。

陈毅与李长江等会谈情况[*]

（一九三九年十二月十日）

中央：

最近陈毅到泰兴，与李长江、李明扬①等会晤，所谈甚好。李主张：

1. 陈支东进到启东、海门、如皋、东台一线，他可接济经济，挂他的番号，并拨一部武装由陈指挥，首先解决叛徒张翼部（CC力量）。

2. 新四军、八路军取得联络打成一片，并且在他的防区内帮助我军发展。

3. 由江抗三路占领圩塘，肃清张少华（忠救军）在江阴势力，遮断顾②（祝同）韩③（德勤）之联络。

4. 陈目前布置：

（1）以第四团张道庸④部北进，与罗支⑤（炳辉）、周团⑥（骏鸣）取联络。

（2）江抗三路准备袭占寺塘，肃清张少华在江南之势力，

---

* 本篇系项英致中共中央的电报。根据中央档案馆馆藏件刊印。篇题为编者所加。

并加紧破坏京沪路。

（3）江抗二路（叶部）与管部⑦第三团在大桥口、家桥一线待命，与两李部队配合，向启东、海门、如皋、东台挺进。

项　英

十日

注　释

① 李长江、李明扬，前者为国民党军鲁苏皖边区游击军副总指挥；后者为国民党鲁苏皖边区游击军总指挥。

② 顾，指国民党军第三战区司令长官顾祝同。

③ 韩，指国民党军鲁苏战区副总司令韩德勤。

④ 张道庸，即陶勇，时任新四军苏皖支队司令员。

⑤ 罗支，指新四军第5支队，罗炳辉任司令员。

⑥ 周团，指新四军第5支队第8团，周骏鸣兼任团长。

⑦ 管部，即以管文蔚为司令员、叶飞为副司令员的挺进纵队。

国民党向皖南增兵及我之作战方针[*]

（一九三九年十二月十五日）

一、据闻中央军增调数师至皖南，最近已发现进青阳、贵池两县境者有预备十师、六七师、七九师并有炮兵第二旅、十六师工兵团及一部战车部队配属，且闻有六七架飞机将到徽州，并拟在徽州开飞机场说。

二、太平至青阳公路确已修复通车，并传有向南陵续修意图。其徽州有屯溪、岩寺至太平线，尚有中央军部队，其兵力、番号正侦察中。

三、唐式遵①通报该总部已到太平指挥，据报顾密抵屯溪，判断有可能俞济时（六八军长）确抵青阳。

四、作战方针及战区方针：

1. 战区以攻击长江南岸之敌，切断长江航运为目的。

2. 五十军以掩护中央兵团右侧之安全及截断长江航运，首先攻占茶山乌龙塘敌阵地并坚守之，尔后全线不断袭扰和牵制敌人。正在编成有力部队，分向旧县、荻港间和息沧坝、埂头、顺

---

* 本篇系项英和周子昆联名发给中共中央的电报。根据中央档案馆馆藏件刊印。篇题为编者所加。

安间，突进江岸，袭击敌舰（该军辖一四四师、一四五师、新七师）。

3. 南陵东南自峨岭起，经崖林桥、马仁渡、许村一带以东地区，为一零八师之守备阵地。

4. 繁昌划给我军任务以主力确保繁昌，并向荻港方面之敌努力袭击、牵制，掩护二十集团军集结之安全；以一部牵制芜湖方面之敌。为掩护南陵、繁昌，同时应对芜湖准备阵地，限十四日起积极准备，开始行动。

五、军部给三支队一团指示如下：

1. 三支队主力东移南陵北黄墓渡及繁昌东北三元口、马家坝地区。

2. 一团主力集结于繁昌西南之中分徐、孙村、铁门闩地区待机，侧击敌人。以一营住方村，保持军部与该团之联络，并以游击队于顺安、朱村、张村间活动。

六、我军渡江北渡口已为敌占月余，无法向江北联络，判断在战术攻击中已不是短期可恢复。

项　周②

注　释

① 唐世遵，应为唐式遵，时任国民党军第三战区副司令长官兼第 23 集团军总司令。

② 周，指周子昆，时任新四军副参谋长。

对苏北工作的意见[*]

（一九三九年十二月二十二日）

胡^①并致中央：

对胡长电有以下之意见：

1. 对苏北发展为目前党总方针：是否马上与韩^②直接冲突或者为暂避免则应取缓和一点，由苏鲁边逐向东南发展，且由江南经过两李^③合作来，以免与两李正面冲突。

2. 对全国与友党关系，在军事上自卫外，是否采取直接攻势？此点关系我军转移和发展有极大的关系。否则，将来转移皖东北无法秘密。在党的方面，应有总的方针和动员，以免形成被动和枝节应付。

3. 因此希望中央和军委对四军应有全部计划，今天大江南北我军确有如此需要。

4. 目前国民党对我军胁迫日益增加，处处形成对我包围，似有乘机动之姿态。我军亦应有位置，准备对策和确定方针，仅自卫原则不够。因为在江南主力非限于小范围自卫方式所能应

---

* 本篇系项英致刘少奇并中共中央的电报。根据中央档案馆馆藏件刊印。篇题为编者所加。

付，因地区受包围转移困难。坚持原地又因不仅对江北之位置，而且整个我军之方针总于此确定为好。

5. 整个计划而非局部问题。据最近情报，蒋有将四军分编于友军之意，我们应有确定方针，以备万一，绝不能作左的布置。此处理因不了解中央对政治与军事上之具体意见，难以局部状况解决各方问题，希中央有所见示。

项

二十二日

注　释

① 胡，指胡服，即刘少奇。

② 韩，指韩德勤，国民党军鲁苏战区副总司令兼江苏省主席。

③ 两李，指国民党军鲁苏皖边区游击军总指挥李明扬、副总指挥李长江。

对江南工作的布置意见*

（一九三九年十二月二十三日）

中央及军委：

目前除政治进攻、团结中间力量外，在军事上扩大力量、坚强和充实力量十分重要了。以江南情形，受限制最大者为经济筹款极难，部队扩大只要经济有办法不十分成问题，许多地方武装均可收编，本身也可加倍充实，能达到三万以上。因江南：（1）无政权，政权完全是磨擦专家，保甲长，多系顽固国党。（2）受国党军队包围与敌情关系，向外扩张困难，就地筹款因政权均在他手，募捐很少，一时慰劳收入不多。如此问题能够解决，江南能达三万以上。在将来任何情况下是以独立开展南方局面，以与北方配合，这在政治上、战略上均应如此。江南如发生事变，江南地区不利，非转移他处不可。非战斗不能打开局面，冲破包围非有相当力量不可，否则分散游击，无论政治、军事上不能展开局面。此电请中央考虑加以指示。以

---

* 本篇系项英致中共中央和中央军委的电报。根据中央档案馆馆藏件刊印。篇题为编者所加。

上如何？盼复。

项　英

二十三日

建议新四军江北部队
统一由中原局指挥致中共中央电

（一九四〇年一月一日）

中央：

对胡服三十一日电，我个人有如下之意见：

中原局既到皖东，四军江北前委应取消，统一于中原局。在目前情形，军部对江北（除苏北外）无法指挥，因情况不明。以后除某些行政上为对外的关系外，一切均归中原局负责，军部不指挥江北部队，以便统一。

如何？请中央及军委最后决定。

项

关于江南战略方针的讨论与决定[*]

（一九四〇年一月十四日）

中央军委：

军分会与东南局联席会议，陈毅、震林、秋涛均到，对于江南方针曾作具体讨论与决定：

（一）认为在事变与全国发展中，南方各省在政治与群众基础上，均有利于我，在战略上北方必须有南方之配合，因此南方在事变时，应有一支军队坚持作核心，来团结与领导南方各省武装与群众的斗争。

（二）皖南环境北渡较困难，危险必然成为坚持南方之阻力，江南大力争取苏北来配合，江北与华北打成一片，在战略上力争华中优势。

（三）因此，皖南与江南组成两个独立作战单位，在不影响争取苏北条件下，由江南加强皖南力量。

（四）苏北两李①有联我对韩②之要求，其下层有我相当基础（有几个党员作团长）。从统战上争取两李对韩力求发展，并

　＊　本篇系项英致中央军委的电报。根据中央档案馆藏件刊印。篇题为编者所加。

努力加强巩固党在其下层之基础。两李不可能时，亦能夺取其部队。同时努力争取杂色部队，在各地树立梅花样式基础，以便在某种情况消灭韩及 CC 部队。但目前（非冲突与破裂时）不宜公开攻韩，以免他们联合对我。并以一个团位置在扬中与扬太之间作中心。

（五）努力扩大充实与壮大现有之部队，加强在苏锡一带工作与部队，求得人枪款之解决。

（六）皖南在三个月内力求扩大到一万人，如环境许可在半年内达成一万五千人；江北增至一万五千到二万；苏北问题易于解决时，可抽一部加强皖南，成为较强之主力，由军部率领。

（七）按战略之要求，努力发展与增强皖、浙、赣等地之工作与基础，并准备武装。

（八）完备建军，对干部之政治、军事教育特别加紧，以提高质量。

（九）努力对友军之工作，争取同情和中立。增强各方统战工作，在有利我准备与将来之行动。

（十）建议转南方局，加强江西及闽西南原游击区之武装组织，以便在事变发生时，发动游击战配合联系。以上如何？请电示。

项　英

一月十四日

注 释

① 两李，指李明扬、李长江，分别为国民党军鲁苏皖边区游击军总指挥和副总指挥。

② 韩，指韩德勤，时任国民党军鲁苏战区副总司令兼江苏省主席。

在江南敌工会议上的讲话[*]

（一九四〇年一月二十五日）

同志们：

敌军工作会议是继宣教会议以后来举行的，同时是我们政治工作进一步的深入各方面的工作讨论的一种方式。所以我们决定在今年不举行大的会议。自从去年"二七"政工会议以后，确定了总的方针，经过我们将近一年的工作，直到今天在原则上，没有什么变动。同时，证明在去年一年的工作中，在"二七"政工会议总的方针下，使我们的政治工作各方面都获得了很多的成绩。

目前的问题是，依据我们一年的工作经验和目前政治军事的新情况，根据"二七"政工会议所决定的各种工作方针，作更具体的讨论和补充。这就是说，今天的问题是如何依据"二七"会议的总方针，使它更具体的发挥运用到实际工作上去，适应今天工作要求。所以我们对于各种工作分别讨论，我们所得的结果，比较更有成效，更易适合工作的开展。我想这样的会议方

＊ 本篇系项英 1940 年 1 月 25 日在新四军江南敌工会议上的讲话。原载新四军《建军》杂志第三十一期。

式，是成为今年各种工作讨论的一个主要方式。

关于敌军工作，本来我没有很多话讲。因为在原则上，我认为在"二七"会议关于敌军工作的基本方针，在今天基本上还是适用的。虽然今天的情况有变化，但不是完全变了。所以我不想多讲话，今天仅提供几点意见，供大会参考。我讲三个问题：

一、关于目前敌军工作客观情况的估计

我们根据战争的情况来说，正由于继续坚持抗战，由于敌后游击战争的发展，由于中国军队力量的增强和战术上的进步，由于长期抗战中给敌人力量的耗费和敌人内部困难的增加，由于国际形势的变化（固然这种形势变化也影响到中国，但给日本帝国主义的困难更多）这些，使着今天抗战在军事上以至于在政治上，确实形成相持的局面。也就是说，目前的抗战，根据毛泽东同志的指示已是进入相持阶段。

（一）敌人在军事上的进攻

首先我们从军事上说，这一年多以来，敌人对于粤汉路长沙的进攻，继续对于广西南宁的进攻，最近对于粤北韶关的进攻，这些进攻不是战略性的进攻，而是战役配合政治的进攻，达到他政治阴谋的实现。在军事上说，湘北是失败了，对于南宁的进攻，虽然占领南宁以后，继续向柳州进攻，而在昆仑关遭受打击。粤北的进攻，敌人在军事上说，他是配合着当时南宁到宾阳附近的一次会战，可是这次进攻却遭到大的失败。我们根据去年

下半年以来，敌人在几个战役上的进攻，一般说敌人没有获得他应有的成就。在军事上说，却表现他力量的削弱，他的力量与二十七年相对比起来，无疑是在削弱的进程中。当然，对于实际情况我们知道的很少。但在几个战役中，敌人的损失很大。第一湘北，第二粤北，南宁会战虽然没有达到对敌人的歼灭，但给他的损伤很大。

（二）敌人对于敌后的"扫荡"

去年一年敌人对于敌后的进攻、"扫荡"以山西、河北为中心。对于中条山的"扫荡"，太行山的"扫荡"，对于河北、河南以及山东鲁东的"扫荡"，敌人的"扫荡"不仅是失败，而且是遭受很大的损伤。不仅威胁着、牵制着使敌人不能越过黄河向西北进攻，就是他维持和巩固山西、河北这些地区的统制，也感到最大的困难。

其次，在华中，中心是在武汉的周围。过去对于鄂北进攻的失败，以及企图根据汉宜路向宜昌的进攻，已被阻止在汉水两岸，不能够前进。

在江南来说，去年敌人几次"扫荡"，都没有收获。在江南的战场，以本军来说，在去年的作战给敌人的打击、损伤比前年大几倍。

根据军事战况，敌人的表现：——战斗力在减低。

1. "扫荡"中敌人遭受的损失

我们根据整个军事状况来讲：敌人战斗力已减弱，而且继续在减弱中，湘北会战就是一个最好的事。最近敌人对于粤北的进攻，在大的战役上说，不像前年在徐州的进攻、在武汉的会战。

这都说明敌人战斗力已经不同了，尤其在华北敌人"扫荡"的失败，遭受的损失比其他战役的损失更大。

2. 兵员成分上的变动

我们看出在敌人兵员成分上有大的变化。就是说，老的过去经过长期训练的成分，一天天的在减少，增加的多半是新的，因此影响到战斗力。即在军事的技术上说，也比从前差多了。

新成分的增加表现于两方面：

（1）在日本国内经过短期训练的，即刻调到中国来。

（2）尽可能的抽调中国的壮丁，补充他的部队。换句话说，是维持他数量上的要求。这种现象，不仅在江南，而且在其他各个战线上，其中以东北人与朝鲜人更加多。

我们从这几点看出敌人战斗力的削弱，敌人军队组成成分的变动。就是说，质量上不如过去，这就影响到日本士兵的情绪的变动。

3. 持久抗战的形势的发展

根据以上我们的估计，持久抗战形势的发展，在战争上说相持的形势。敌人在正面的进攻，遭受的打击；在敌后的"扫荡"，受到极大的失败和广大游击队在敌后的活动，这不仅在军事的战斗中，而且在敌人士兵中，他的精神上，从前那种很旺盛的信心发生影响，这更促进日本士兵对于胜利信心的动摇，直接影响敌人的战斗力，促成在士兵中战斗情绪的低落、顽强性在减低。这在去年各战线上、各个战役上，在江南我们都可以看出来。虽然敌人的顽强性到今天还没有完全打垮，但已大不如前了，这是一种新的情况。

（三）敌人在政治上的进攻

1. 中国方面：

敌人在一年多来，政治的阴谋、政治的进攻，虽然他得到汪精卫这一批的工具，虽然他影响着对于中国抗战营垒内部的团结，以及国共磨擦的增加，对于某些抗战意志不坚定分子正在加强动摇，投降危险还存在。但是直到今天，中国的抗战还是继续坚持。中国的团结虽然表现在两党磨擦的增长，反共顽固分子的嚣张、分裂危险还未消灭，但是在基本上说，两党的合作、全国的团结还是继续存在着。同样，在这种坚持抗战中，一年多来，更加促成一般进步分子更坚决的坚持抗战，一天天的积极起来。就是说，这里进步的力量正在增长中。

2. 日本方面：

（1）统治的不巩固

日本本身所发生的，首先说，表现在日本这一年来三次改换内阁。在战时，正是日本统治的不巩固，表现日本统治的动摇，所以内阁变换得快。

（2）经济上的困难

不仅在国际上陷于孤立（苏德互不侵犯协定订立以后，使日本孤立），同时日美关系在恶化。虽然日本帝国主义占领中国很多口岸、城市和交通要道，尽量扩展他在中国的市场，独占中国的市场，排斥其他帝国主义在华的势力，但是在战争的状态下面，日本帝国主义资本原料的缺乏；虽然日货大批的到中国来，但不能维持他在经济上的经常状态，支持这种状态。这样，影响到日本国内人民的生活、军队物质条件的恶化。如今年作战中，缴到的大衣很少，吃的食品很少，敌人的士兵见到东西就抢着吃。这表现日本国内经济的恶化，已经影响到人民的生活，影响到军队里面。本来一个国家在战时，在经济与物质方面，应从一切可能来维持军队。由此看见日本经济的恶化，人民生活的痛苦。这样更影响着日本国民，特别是士兵反战争情绪的增长。

（3）由于战争的坚持——反战运动的发展

日本总希望中国的战争很快的结束，主要是恐惧国内反战争、反军阀、反统治这种运动的发展。这种运动，不仅限于日本国内，而且影响到军队里。敌人士兵表现厌战，对于战争的无前途，遥遥无期，什么时候结束战争。再加上物质的条件坏，与国内生活痛苦反映到士兵中，假如我们能在军事上给他更大的打击，游击战争给他更大的耗费，这更影响敌军的精神与斗志。就是说，日本正在这个条件下面继续作战，对部队作战情绪必然是低落，胜利信心将更完全丧失，而至最后崩溃瓦解。这是必然的事实。就目前情形讲，不仅跟战争开始大不相同，即以战争的第二年（民国二十七年）与二十八年相比，也大大不同了。

由于敌人在军事上的遭受打击、国际上孤立，国内遭受不少的困难，敌人虽采取以战养战的新政策来挽救，也不能得到实际的解决。

日本以战养战新政策的实施，固然我们承认在某些地方，对于中国市场的夺取、原料的夺取，以及利用伪政权对于中国人民的剥夺，比如华兴银行、华北准备银行的伪纸币发行，敌人在财政上种种的办法；但是我们说，要完全减避他在财政上、经济上各方面的困难，直到今天说还没有达到。

关于运用中国的人力：一方面是组织伪军，另一方面是抽调中国的壮丁，开始在某些部队中进行补充。但是我们根据去年一年来华北八路军的统计，伪军反正的数量很大，总是几千几千的反正。这是给日寇重大的打击，使其阴谋遭受失败。

日寇在去年一年，努力在华中、华南、华东组织伪军。最近利用汪精卫到处组织"和平救国军"，在河南、广东、福建方面的活动，在鄂中、京沪许多杂色和游击部队的收买，利用这种方式组织伪军。但是，所得的成效并不大。比如在湖北利用石星川等组织"和平救国军"，比如在广东的黄大伟，福建利用过去民军与土匪。在江南忠义救国军的叛变，最近张少华的叛变，某些地方上游击队的叛变，在江南也有，鄂中也有。但是我们说，他对于瓦解游击队，利用汪精卫积极的各方面的进行，成效并不大。可是，我们在这方面看起来，伪军是比去年大大的增加，在华北表现大批反正的潮流在大大的高涨中。不仅经过我们八路军，就是在华北向其他部队反正的也很多。这就是说，在去年一年来，一种新的情况、新的变化，敌人着重组织伪军，收买中国的部队、游击队，特别是利用汪精卫组织新的、大量的伪军。另一方面，在老的伪军中，去年一年来这种反正的高涨，恰成为奇特的现象。

根据今天的形势看，日帝对于解决中国问题的两派意见：

（1）根本打倒中国政府，另行组织他御用的政府。汪精卫伪中央政权，从去年宣传了一年，酝酿了一年，目下正在积极活动。

（2）觉得汪精卫没有作用，利用汪精卫组织傀儡政府，只是在政治上收得某些影响，但不能很快结束战争。由于中国抗战持久的结果，日本内部的矛盾给他的威胁，使他不得不要求解决中国的战争。他认为要解决中国的战争，利用汪精卫不可能达到，这要以国民政府为交涉的对手，如何威胁中国的国民政府，使他向日寇投降，现在汪精卫积极的活动。同时，日本内阁的倒台，对于中国问题有很大的关系。根据今天的情势，有可能双管齐下：一方面以汪精卫组织伪中央政府；另一方面更积极的策动中国内部分裂投降运动，以威迫中国政府向他投降。他特别对于占领地区，对于人民的欺骗，动摇抗战意志，更促进妥协投降分子的动摇。所以，当今年元旦节汪精卫通电向蒋委员长作"最后忠告"："如果你改变政策，来共同反共，那我们这政权不成立；假如你不承认，我们成立政府打倒你，要你考虑。"所以，这不仅看出汪精卫的态度，同时看出日寇的态度。

根据这些情形来看，伪军的组织今年也有大的变化。经过汪精卫利用中国的人力来组织伪军，来补充他的部队的不足，减少他自己军队的损伤。假如汪精卫伪中央政权的成立，一定有一个大的发展。一方面怎样来收买中国的军队，另一方面怎样来组织汉奸的"和平救国军"。这样，使我们在敌军工作上，在这种新的情况下，我们工作的方针、工作的中心，应依据这新的情况来作更具体的讨论和决定。

总结起来：

1. 根据去年一年的情况，日本军队的战斗力是不断的减弱，士气一天天在降低，胜利信心一天天在减少，厌战情绪一天天地增高，敌军内部不巩固的状况在一天天地恶化。

2. 去年一年来伪军的发展：日本帝国主义利用汪精卫的活动，在华南、华中伪军有一个相当的增加。一方面一部分国民党军被收买、叛变，另一方面在华北的伪军去年大批反正，这是一种新的情况。

3. 根据今年战争的情况，如果汪精卫的伪政权组成了，伪军必然有大的发展。日本帝国主义经过汪精卫，利用中国的人力，减少他军队的损伤，所以伪军的组织和发展在今年可能大量的增加。

这些情况，是我们敌军工作客观的情形与工作的客观条件。这就是说，已经转入到新的情况、新的工作环境、许多新的条件下面。我们要依据这些条件情况，针对这些情况，根据我们的方针，具体的决定如何实现这个方针以及我们最中心的工作，这是第一个问题。

二、关于敌军工作的情形

我了解得很少，因为有许多材料我不很清楚。所以我对整个敌军工作的估计，是比较困难。仅仅根据我所感觉的几个问题来说一说。还需要同志们在这个会议中间具体的讨论。

（一）去年一年来，我们在敌伪中间的影响增强了。这种增强表现在两方面：一方面，由于我们的敌军工作——对敌军的宣传、对俘虏的政策；另一方面，由于我们在战斗中间，给予敌人精神上的打击和影响。敌人的军队在江南战场上，确实对于我们新四军有一种恐惧心理。这种恐惧心理在一天天的增长。过去觉得我们新四军鬼头鬼脑，想把我们赶走。一年的战斗中间，觉得新四军不仅鬼头鬼脑，而且很难对付，给他精神上、斗志上的影响很大。军队的作战靠士气，如果发生恐惧，那必定军心动摇，斗志不坚决。我们对于敌人的动摇和影响是两方面的：一方面是我们的工作，一方面是我们的战斗。去年在这方面，我们是有成绩的，给了敌人很大的影响。

（二）对伪军工作，我们在去年工作中间，获得了一些成绩。也可以说，是我们在江南战场上所仅有的成绩。我们领导过几次伪军的反正，开始在江南战场上瓦解伪军的工作。

（三）我感觉到瓦解伪军工作上的弱点

1. 我们的敌军工作，还偏于一般的宣传。开始进入江南时，宣传品非常多。去年也有，但是新花样的宣传品少，针对某个时候的敌军的情况、敌军内部的情形，这样的宣传鼓动材料少。在敌伪工作中的宣传鼓动上说，不仅要一般的宣传，而且要鼓动的工作。——火线上以及每一个时期的鼓动工作，不仅根据我们的宣传，而且根据敌人内部每一个时期发生的问题和变化进行鼓动。这样，才能够抓住敌人士兵的情绪，这种鼓动才有效力，可以增长他内部的动摇，士兵厌战情绪的增加。我们不仅使敌军知道新四军不杀他，新四军是反对军阀的，而且要领导他直接起来反对军阀战争，促进他内部的动摇，达到瓦解。尤其是要使我们对敌军的宣传鼓动，配合我们的战斗。所谓配合我们的战斗，不仅是在火线上喊几句口号，而且要根据我们对敌情的了解，敌人内部发生的变化，进行宣传鼓动。同时联系着我们战斗的影响和给予敌人内部所发生的各种现象，来促进这些现象的发展。

2. 根据我们过去战斗的成绩，对士兵的了解以及给予敌人的影响，在战斗中进行宣传鼓动，当然是一个最困难的问题。会说日本话的太少。但在比较大的战斗中，时间经过一天或几点钟以上的，也便于我们进行鼓动。如九里战斗、繁昌战斗中，使鼓动联系到我们实际情形，适合于当时战斗的情况。换句话说，能够在当时战斗中给予敌人影响，来配合我们作战。关于这些方法和内容，我们的研究比较差。这就是说，我们的敌军工作，不仅是一个宣传鼓动工作，而且包含组织工作。我们要依据敌人内部的情形，促进他内部情形的发展，抓紧每一个情形进行鼓动。鼓动中间，包含组织工作，这才能够达到瓦解。当然，我们今天所谓瓦解，还不是达到他内部大批的发生叛变，或者是拖枪跑到我们这里来，而是使它意志动摇，减少他战斗中间的顽强性，便于我们在战斗中间解决敌人。战斗中间的解决敌人，更会促进他意志的动摇。这是相互为用的。过去我们对于这些工作的创造、发展和研究比较弱。

3. 对伪军工作，我们是得到了一些成绩，但是，我们在伪军工作中能够根据伪军的状况，有计划的广泛的多方面的向他作宣传鼓动，同时配合我们的组织工作，这一点还比较差。比如在对伪军的宣传鼓动上，很少有新的材料。只是一般的宣传，一般的接头，对于根据各个伪军特殊的情形，内部的现象，抓住这些问题，有步骤地进行宣传鼓动，有计划地进行组织工作，达到瓦解，争取他们反正，是比较缺乏。

4. 因为我们部队新成分参加得多，一方面也由于我们对下面教育的不深入。我们不仅是需要一般的教育，优待俘虏，而且要说明对敌伪军的瓦解工作。要使每一个士兵了解：今天敌人内部的情形，我们这样做对敌人内部所发生的作用；使他懂得优待俘虏，不仅是我们的传统，而且是促进瓦解敌人，便于我们争取战斗的胜利；使他感觉到这个问题的重要性。

这是我所感觉到的在敌军工作中所存在的弱点。

三、我对今后敌伪军工作的意见

（一）根据目前新的情况的估计，我们目前敌军工作的中心

1. 要充分的抓住敌军内部动摇的情形，去加强对敌军的宣传和鼓动工作，更加促进敌军内部的动摇。

2. 加强我们对伪军的争取，应该有计划有步骤地进行对伪军的煽动和瓦解伪军的组织工作。

3. 由战场上的对敌宣传，深入到敌人驻地的宣传工作。

4. 除了一般的宣传以外，应该着重在敌人内部某一个问题，某一个现象的宣传鼓动，同我们一般的宣传联系起来。

5. 加强对部队争取敌伪军的教育工作，以加强我们在阵地上的对敌伪的宣传鼓动。

6. 我们的敌军工作不仅是宣传鼓动工作，还包括最主要的组织工作。假如，敌军工作仅限制于宣传鼓动，而不依据宣传鼓动的基础去进行组织工作，那我们不能够达到瓦解敌人的目的，尤其是对伪军的争取。因此敌军工作：

（1）对敌情要有经常的研究，了解敌人的状况。我们不仅是站在军事的观点上，在敌人战斗力上来估计敌人，尤其是从敌人内部的许多矛盾、敌人士兵的情绪和不满上，来决定我们在每一个时期对敌军的宣传工作、宣传鼓动的口号，使我们的宣传鼓动，才能够抓住敌军的心理和情绪，才更加促成敌人内部的动摇。

（2）我们应该跟民运工作、许多地方工作，很好的联系和

配合，尤其是在敌人的据点、敌人占领的城镇和敌军比较集中的地方，尤其是伪军多的地方。这样，才能够使得我们的组织工作开展起来。

（3）我们对宣传工作的联系。宣传工作联系的中心，就是对广大群众的教育和鼓动，使他参加对敌军的宣传鼓动，和对伪军的争取工作，发动成为一种广大群众瓦解敌伪军的工作。这就是说，我们的敌军工作同我们的宣传工作、民运工作是相联系、相配合的。因此，我提议前方在某一个时期，应该有这样的会议：即敌工部同民运工作、宣传工作开联席会议。一方面收集关于敌情各方面的研究，同时决定我们对于敌伪军瓦解工作的进行，和各方面工作的配合与联系，才不至于形成敌工部专做敌伪军工作，宣传部专做部队的宣教工作，民运工作专做群众工作。本来，敌伪军工作包含各方面的，战斗中对敌的宣传鼓动，直接对地方的宣传，居民工作，参谋工作中间的间谍工作，调查工作中间的反间谍工作……多方面的，使我们的敌伪军工作，在战区敌人后方，和敌人区域中间，大大地开展起来。利用一切可能，去进行这个工作。假如我们仅仅限制在一个部门里面，这种工作只在一个狭小的范围里，不能够在战斗中间开展，不能够使我们的工作适应战斗的需要和要求。换句话说，我们现在的一切工作，应该环绕着怎样达到争取战斗的胜利，削弱敌人，这里直接的手段是战斗，间接的手段是对敌人的瓦解。

7. 我提议，以后进行对士兵的教育，在江南战场上开始做放俘虏的工作。经过简单的宣传，给他一点传单，放回去。伤了的裹一点药让他回去。这样放回去后对敌军有很大的影响。这是一个全军的工作，需要我们进行大的教育。过去我们对敌伪工作的教育，只是说是我们的传统，或喊几句口号。我们应该说明，这是便于我们直接的消灭敌人，争取战斗的胜利，要使他认识这个任务，部队里面了解这个情形。假如一般的教育没有办法使我们的战士了解，甚至于使我们的干部还不了解，没有从政治上认识如何瓦解敌人、动摇敌人，这个间接的办法达到我们战斗上更大的胜利。我感觉到，对敌伪军工作的教育应该改变，除了一般的教育外，还要使他了解：今天敌伪军工作的意义，影响战斗的胜利。今后，凡是对新兵进行入伍教育时，应该把敌军工作的教育材料，作为整个政治教材的一部分，在战士中间来解释敌军工作，这样才能够真正深入，使我们每一个战斗员、指挥员，从政治上认识敌军工作，对战斗的胜利是直接有关的。当然，我们今天说，对于日本帝国主义国家的军队，还不能够十分乐观，以为敌人动摇就可以瓦解。我们的任务，是促进、增加敌人的动摇。因为这个问题，还包含战争的发展在里面。敌人今天没有战争的信心，我们要使他对于战争的信心完全失掉。这不仅是由于他内部的困难，同时还需要在战争中直接给他打击。所以今天在敌军工作中，促进敌人的动摇是更为重要。

（二）关于伪军工作

1. 伪军。根据华北、华中的经验，今后伪军工作是我们军队发展的一个方面。根据今年的条件，伪军必然增加。一方面，由于地方的杂色部队，日本人经过汪精卫用各种方法收买威胁，使它叛变。另一方面，由于日军必然要他更多组织伪军，甚至于以伪军辅助他数量上的不足。去年下半年，在湘北、南宁、粤北一带，表现敌人兵力的不敷分配。对冬季反攻只取守势，敌人没有办法，只是把攻击的军队击退。所谓冬季攻势最中心的是皖南，因为我们攻击得不好，所以受了很大的损伤。在这一次敌人对苏北的"扫荡"中，伪军几乎占一半，再加上汪精卫的活动，今年他必然着重组织伪军。这对我们的发展上有重要的意义。这就是说，我们要加强伪军工作，不仅是宣传，而且是有计划的有步骤的进行组织工作。同时配合着我们的军事行动。我们做伪军工作，不仅是一般的宣传鼓动工作，而且要拿领导群众斗争的这些方式、这些战术，运用到我们的敌伪军工作上去。不仅了解敌人的情形，不仅向敌人进行宣传鼓动，而且是有策略的、有步骤的、有战术的来促进他的动摇，促进他不满情绪的增长和胜利信心的削弱，才能够达到瓦解敌人。这也就是等于一种不流血的斗争，同战斗一样，要运用战术，很好的指挥。敌伪军工作，是代表群众斗争性的工作。他脱离不了战斗。我们应该利用战斗、联系战斗，配合战斗来开展这项工作。做这项工作，不仅仅限于敌工部，而是各个部门的，广大群众的多方面的。这样，才能够影响他在这种包围的活动中间，深入到里面去。

2. 伪军因为是在敌人的统治下面，如果我们单单依靠在战场上、阵地上的宣传鼓动是不行的。必须深入到他里面和他的周围去；必须动员一切的居民和我们接近的人进行这项工作，效能才能够大。

敌伪军工作的加强，对于我们今年（一九四〇年）战斗的胜利发展上，以及在整个相持阶段中间争取有利的局势，处在极重要的地位。也可以说，是我们在完成相持阶段，转到反攻阶段一个重要的因素。因此，我们必须从政治上认识这项工作的全面性。也就是认识这个问题，必须动员各方面，不仅成为我们政治工作主要的部门，而且是重要的工作。这项工作，是各个部门互相联系配合的，就是说我们整个政治工作中间不能分割的一项工作。

以上，仅仅是我提出的几点意见。因为确实我对于敌军工作的情形不很了解，这些意见还只是抽象的。供给各位同志参考。这一次讨论，主要的是根据我们的方针，如何在实现方针下面，确定具体的原则，根据这些具体的原则，来确定我们具体的任务。

最后，敌工工作同志要研究两项东西：

（1）要研究列宁、斯大林的战略策略。不懂得策略的人，就做不好敌工工作。

（2）要研究军事。军队是特殊的群众，军队的生活组织，形成了士兵的特殊习惯和心理，不能以一般的群众去对待。

如果不懂得这两项，争取大批伪军、敌军的瓦解是困难的。我们要研究军事，特别是根据这些原则去了解日本军队和伪军中间的特点。同时根据列宁、斯大林讲的原则，正确的运用到工作中去，才能得到成功。所以希望大家研究这两项工作。

利用游击战术力求
壮大发展自己的力量

（一九四〇年一月）

中央：

一、嘉兴一带忠救叛变投敌，袁亚诚部已调皖南整训，一支有投敌可能，忠救在东路部队不多，对我发展甚有利。

二、东路甚富庶，可筹大批款供给四军，伪军及散枪当地约一千支以上，又是国党力量薄弱地区，应乘机积极开展游击战争，力求发展为江南人、枪、款三项之来源，及与军队以最大积极与努力，求得在短期有大收获。这在严重的时局中更为重要。

三、为争取大发展与打破敌、伪、忠救之进攻，主要依靠灵活开展游击战争，争取战斗胜利。退避隐秘绝不能保存力量取得发展。动员群众应以嘉兴、阳澄湖为基点，建立基干部队以作核心，争取有利条件，选择其弱点特别是软化忠救军，以各个击破及歼灭来壮大自己。没有基干与主力依靠而用游击战争，在目前情况下绝不能去发展与打开局面。

四、已与陈毅商议，不日派吴仲超①来负责领导。设法抽何克希②东返，并派一批军事干部前来，以统一党、军指挥。尽可能设法派一部队转返作工会③。

五、东路部队不用统一名义，但指挥须统一。特委人弱，不能领导，等吴去后组织统一指挥机关。在战术所谓分兵是当大敌围攻，分散袭扰避免大损伤，但应争取一切有利时机，集中力量消灭弱敌，壮大自己，锻炼自己，以创造主力，以开展统战，争取一切抗日地方武装，并努力对忠救的分化瓦解工作，配合军事行动。应该使东路同志认识当前抗战局势严重性，力求发展壮大，搜集枪支，筹大批款，增强南方力量，这才能应付将来事变。但不积极采取进攻方针，即要拖延使任务完成。

项 英

军机一月二十日抄

注 释

① 吴仲超，1940 年 3 月，任江南抗日义勇军东路司令部（新"江抗"）政治委员。

② 何克希，1940 年 3 月，任江南抗日义勇军东路司令部（新"江抗"）司令员。

③ 原文如此。

提议将运河以东等地划归苏北特委[*]

（一九四〇年二月四日）

中央并致中原局：

　　苏北党的工作，各方均在进行，行动不统一。我提议在运河以东，淮阳至阜宁或宝应、盐城以南，划归江南之苏北特委；其余划归中原局管辖，使军、党指挥统一与行动配合一致。为何？请电复。

项

四日

＊ 本篇系项英致中共中央并中原局的电报。根据中央档案馆藏件刊印。篇题为编者所加。

集中兵力在路东解决韩部[*]

(一九四〇年三月二十五日)

胡服①告军委:

集中大部到路东解决韩②部。我意应考虑到万一又不能解决问题,形成静状或长期战斗中,使桂军便利控制津浦线,把我军陷于路东狭小地区,与湖河、长江以及敌封锁圈内是不利的。作战应分主要与次要,进攻与箝制兵力。应集中主要方面进攻,在次要作箝制或某些方面暂时让步缓和一下,或用游击战箝制,避免硬打强进。就是在主要方面也要估计能否胜利,来决定行动方针。无胜利把握,则求避免或采用游击战方式,以对付到处进攻。随时决战,无论在主观方面均不适宜,在政治的策略也应如此。

项

三月二十五日

---

* 本篇系项英致中共中央并中原局的电报。根据中央档案馆馆藏件刊印。篇题为编者所加。

注　释

① 胡服，指刘少奇，时任中共中央中原局书记。

② 韩，指韩德勤，时任国民党军鲁苏战区副总司令兼江苏省主席。

关于谭震林已去东路
致中共江苏省委电[*]

（一九四○年三月二十七日）

请转江苏省委：

我们已派谭震林到苏、无①来主持领导，已于日前离军部，经过一支（陈毅处）东来。是否带部队，现尚不能决定，即带则不会多。你们应调若干有力党干部前去加强党的领导和党的发展，并调若干做教育工作的同志去。

项

二十七日

注　释

① 谭震林，时任新四军第三支队副司令。苏、无，指苏州、无锡。

---

* 本篇系项英请中共中央转给江苏省委的电报。根据中央档案馆馆藏件刊印。篇题为编者所加。

关于蒋顾电令南调江北部队的意见[*]

（一九四〇年三月二十九日）

胡①并致中央：

关于蒋、顾②电令江北部队南调之事，只有置之不理反为好。过去曾屡次请求，反促其加令严责。南调绝无理由可讲，因其目的系以命令强迫我军南调，在其控制之下，国民党对我军进攻之一形势，故置之不理为好。等待形势渐迫时，能以武力揭破而造成事实。如向蒋申述与申请，反遭重责，绝无好的反映，目前主要是设法向社会宣传，以揭破国党压迫我军之无理，以造成我之有利地位。因南调问题非局部事件，系两党斗争中一重要问题之一，两党问题如何好转，南调问题则成为国民党进攻之借口。

项　英

三月二十九日

---

* 本篇系项英致刘少奇并中共中央的电报。根据中央档案馆馆藏件刊印。篇题为编者所加。

注 释

① 胡，指胡服，即刘少奇，时任中共中央中原局书记。

② 蒋、顾，指蒋介石、顾祝同。

努力发展自己力量打击韩部与 CC*

（一九四〇年三月三十日）

请转苏省委①：

（一）苏北反对我党我军最著为韩派②，现为 CC。但李明扬属于中间派，与韩有冲突，过去对我们好。

（二）近日韩正在积极布置消灭我江北部队，并由蒋令两李③北调与韩部换防，即为正式向我进攻。如进攻我当坚决消灭之，否则只有退回江南，或听其将我消灭。这是关于整个苏北与我军发展之关节，这刚刚符合党的方针与为争取时局好转。

（三）如能取得两李合作，东进通海，对我均有利，那应毫无顾虑的东进。可是目前因叶管④冒昧违反抗战规则，而不经过两李直接与部下私下协定，而引起两李对我之惧怕，使东进不能成功，不得不暂搁待机。因李部横位于东进之路，以免两李与韩部联合，使我势孤，而无完全胜利之把握。

（四）你们的意见在基本上与中央的战略方针不合。不了解

---

* 本篇系项英致中央转中共江苏省委的电报。根据中央档案馆馆藏件刊印。篇题为编者所加。

在争取好转，绝无法避免摩擦，利用矛盾必须使我发展，只有求得发展，才能有力的争取好转。同时，应当努力地团结中间力量，但不是对顽固派与反对我者争取缓和，以求一时之和平安居。

（五）目前在苏北中心是努力发展自己的力量，争取两李，来打击韩部与CC，才能争取大的发展，争取苏北。因为黄埔的顽固派，正在以全力企图消灭我军。

（六）你们应努力去发展各方面工作，特别是争取武装，以备有机会时与管配合消灭韩部，争取苏北。绝不是等国民党部队投降，或部分投降，或反战的机会。

（七）你们江北特委与此间苏北特委合并，以求统一指挥。在目前有必要请转告特委，派人到叶部⑤商决。

（八）如黄埔派同你们有协定，也只有不妨碍我之发展为前提，是否有此数事？望复。

寒项复

三月三十日

注　释

① 苏省委，指江苏省委。

② 韩派，指国民党军鲁苏战区副总司令韩德勤。

③ 两李，即李明扬、李长江。前者为国民党军鲁苏皖边区游击军总指挥，后者为国民党军鲁苏皖边区游击军副总指挥。

④　叶管，指叶飞、管文蔚。叶飞时任新四军挺进纵队军政委员会书记、纵队副司令员；管文蔚时任纵队司令员。

⑤　叶部，指新四军挺进纵队。

我们的女战士[*]
——为纪念"三八"节

（一九四〇年三月）

当着我们新四军开始组成的时候，有一大批进步青年，参加各支队的、团的服务团，其中女同志占极重要的成份。随后，各支队的、团的服务团，合并为一个全军的服务团，于是在服务团中，成立了独立的女生队。这是新四军有"女兵"的开始和"女兵"这个称号的起源。另外，一部分受过正规医院训练的女同志——特别是一批女护士（她们大部是中央护士学校毕业的），开始就参加本军的医院建设工作。所以女同志便成为我们新四军的组成者之一。

由于本军的发展，参加本军的女同志，在数量上也随着军队的发展而增加起来。前年冬季，军教导总队有第八队（女生大队）的设立。随后，为了使许多女同志担负军队中的其他实际工作，而有各种专门技能的学习（速记班，文化队，会计班，文书训练班，卫生训练班等）。虽然自去年以后，本军受环境的影响与经济的限制，不能继续吸收更多的女同志参加抗战工作，

---

[*] 本篇系项英的署名文章。原载于新四军 1940 年 3 月出版的《抗敌报》第 8 期上。

但就今天已参加本军的女同志，已达二百多人，这种数量，在一个军队中，恐怕是全国所没有的。

军部各个工作部门，都有女同志参加，甚至她们成为我们各个工作部门中不可少的工作者。在工作地域上说，由后方直到敌后本军游击活动地区，都分布了她们的足迹。这恐怕也是全国军队中所没有的事。

就工作性质上说，教育机关：有女政治教员、女文化教员、女教育干事；军医方面：有女军医、女护士、女卫生员；行政机关：有女科长、女秘书、女管理员、女速记员、女会计员、女文书、女机要员；在技术工作上：有女无线电报务员；在民运工作上：担任前后方的组织者与宣传者；在政治工作上：有女指导员，女副指导员及干事。总括说来，我们军队一切工作部门中，都有女同志参加；无论前后方，凡是适于女同志工作及可能胜任的工作和地方，都有了她们。的确，新四军的"女兵"已成为大江南北敌前敌后的最活跃的战士，成为抗日民众运动的组织者、宣传者，成为新四军战斗力之一部，战斗胜利不可少的力量之一。

我们的女同志，她们经常穿插敌人的封锁线，深入敌后区域，进行民众的抗战组织和动员工作，她们坚持在游击地区，领导和动员群众，与我们部队配合作战。有时遭受敌人的射击而受伤，但是她们毫不畏惧，坚决的、坚持的、在敌人梅花桩内继续斗争。我们这些民运工作的同志，因为能深入群众，刻苦工作，已取得广大群众的信任，与民众打成一片。这也是使得一般磨擦专家、情报专家所不快意，而大量伪造情报与制造磨擦的原因之一。

我们的女同志，在各部门工作上，一般的都依照自己的工作分量，来完成自己的责任；在工作效能上说，并不低于男同志，甚至某些正要超过男同志。如在教员中，有些女教员比男教员还能取得学生的信仰和拥护。而在努力工作与工作负责上说，也不比男同志差，至于破坏纪律，不守规则现象，在女同志中更是很少发现的。

我们的女同志，在生活上她们完全军队化了，同部队的战士一样，都受过了政治教育与军事锻炼。我们全部工作人员，都要下操，上军事课，学习野外战斗动作，女同志同样的参加，在这方面，女同志与男同志没有什么区别。多数女同志已能了解初步军事的基本知识与动作，会使用步枪；目前她们除工作外，正继续学习军事的一切必要技能与知识。

我们的女同志，大多数是中学生，少数受过大学教育的，还有一小部分女工和农妇。这些学生出身的女同志，过去的生活当然是较优裕的，其中尊贵的小姐出身的也不少。当开始参加本军时，还舍不得摩登时髦的装束服饰、小姐的派头、学生的气概，甚至个别过不惯这种突然的严肃艰苦的生活，而发生流泪痛哭。可是几个月后，一切都变了，不仅能够接受我们革命的优良传统，而且完全习惯了这种艰苦严肃的军队生活。一个个的士兵化了，灰布服装，赤脚草鞋，自己背被毯行军，随地住宿，简陋的菜饭成为她们日常生活与习惯。从前的小姐派头、学生气概，完全一扫而空。的确变了，她们的思想意识，她们的生活习惯，她们的工作精神，战斗的勇气，变了，完全变了。已经变成革命的女战士，军队的女战斗员。

我们的女同志，在学习中也努力。以前教导八队的女生，在政治的学习成绩上几乎驾凌全体学生。某一次实弹射击，曾在十多个队的总成绩中，得到第二。就是现在在工作时，仍继续参加各种的学习，在文化活动中，也培养出有相当写作能力的新的女作家。

我们的女同志，两年来已在抗战的实际斗争中，革命军队的生活中，锻炼成为革命的新女性。这种新女性，有前进的思想，艰苦的生活，严肃的精神，独立的工作，战斗的热情，站在自己的岗位上，负起自己的责任，贡献自己的力量，为民族、为社会、为妇女本身的解放而战斗。

我们的女同志，另一方面，在军队中获得实际的平等地位。这种平等，不是形式的而是实质的；不是名义的而是事实的。她们在军队中，不单在各种政治权利上，获得与男同志一样的平等，而且占有一定的岗位，按能力担任各种实际工作，并能够负起一定的职责，执行一定的任务，发挥应有的作用。当开始工作时，也会发生少数女同志，把平等误为一种形式，要求女同志与男同志做任何一样的工作，如要求上火线作战等等。这由于不了解男女间的体力不同，劳作不能一样，而且担任生理上不能胜任的工作，绝不能发挥妇女的能力与作用。这种斗争的勇气和决心是好的，但不了解妇女解放绝不是简单的英勇和牺牲而能成功的。将几千年来束缚妇女的锁链击碎，达到彻底解放，这是要在长期的艰苦的斗争中，才能求得。因为压迫妇女的是几千年的社会制度与压力，绝不是因为妇女不能学男子担任相等工作的这一件事，而是由于在政治上、经济上、文化上及一切权利上，均剥夺了妇女的地位与权利。妇女解放，主要是争取与男子同等的一切权利和自由，在工作应从可能与适宜来与男子实行分工合作。

我们的女同志，现在已了解这一真义，她们能脚踏实地地发挥自己的力量，从实际去争取自己的地位。

我们的女同志，在工作中绝没有因为女同志的关系，发生不同的待遇，只有工作上的努力与不努力的区别。男女同志在共同工作上，也没有歧视和欺侮的现象；也没有哪个男同志，因为女同志在工作上的负主责，而发生轻视玩忽的行为，一样的服从与尊重。一切轻视妇女的行为，在我们部队中都要遭受到必要的打击。

我们的女同志，虽然男女共同工作，可是男女关系，是在正确的常规中，一切小资产阶级的浪漫举动，在我们部队中绝不允许发生。不但我们男女同志都有前进的思想，而且对男女问题也有正确的认识，抗战第一，革命第一，个人的利益服从革命的利益，革命利益高于一切，这是我们男女同志共同的观念和信念。加以革命军队的严格纪律，引导男女问题在正确的常轨中前进。因此，在恋爱问题上只有在不妨碍工作与军队利益条件下，以合理方式与自由恋爱的原则，来求得解决，一切违反上面任何原则的行为，都必然遭受到强烈的反对与打击。即或夫妇同在部队中工作，都按照工作能力担任工作，绝不许因恋爱而妨碍工作，或降低工作效能。

我们的女同志，站在自己的岗位，负起所应负的责任，更不准有摆"太太"架子的现象，因为"太太"是我们女同志所最鄙视的，而且我们的部队也不允许谁企图将自己的爱人变成"太太"，或者谁摆"太太"的架子。因为恋爱仅是两个人的私事，工作是各人对革命的职责，公私应绝对分开，工作应各自独立。浪漫鬼在我们部队中更没有站脚的余地，对于女同志任何不尊重和下意识的行为，都认为是犯罪和仇敌。

我们的女同志，绝不能以此自满自骄。因为妇女解放是一个最艰巨的革命斗争，虽然在我们军队中获得了平等的地位与权利，但整个社会仍然包围着我们，只有获得社会的解放，才能达到妇女的彻底解放。我们的女同志，目前仅仅是获得一种斗争的便利，发挥自己力量的便利，在有利的战线上来为妇女彻底解放而斗争。因此要继续努力，继续进步，继续提高工作能力，继续锻炼斗争意志，从自己的岗位上来争取整个军队的发展和胜利，以便于在伟大的斗争中，达到整个妇女的彻底解放。

但我们的女同志，仍然存在着许多的弱点。

这些弱点的克服，主要是依靠于思想的锻炼与意志的坚强，因此，要努力学习政治，学习马列主义，来武装自己的头脑，获得有独立的进步思想，独立的革命的坚强意志。不仅是政治的，且是意识和习惯的各方面的。只有从旧的社会传统的无形锁链中完全解放出来，才能在革命最激荡的浪潮中和反革命的反对中，而能坚持不动的坚决斗争，不致被反革命的反对所淹没。妇女解放，首先要求妇女能在思想上的彻底解放，思想上的解放是妇女解放的前提。

妇女解放与社会解放是不可分离的，不能脱离社会解放来求地位。妇女解放不单是妇女的革命斗争，而是整个社会解放的伟大事业；不单是妇女本身独立的事，并且是一切为社会和人类解放的共同事业。妇女必须参加整个革命斗争，与一切革命力量团结起来，而为整个革命胜利而斗争，整个革命取得胜利才能达到妇女解放的胜利。因此，妇女要拥护团结，反对分裂。因为，分裂就是使革命失败，妇女解放就变成遥遥无期了。

妇女解放是最艰巨的长期斗争，但妇女应在不断的斗争中，逐渐求得部分的权利和自由，以减轻自己的束缚与锁链，而便于发挥自己的力量，来从事妇女的彻底解放而斗争。因此，任何权利与自由，绝不应放弃和轻视。目前，全国正是要求民主与宪法的运动开展的当中，妇女应该积极参加这一伟大运动，力争民主与宪法中妇女的权利和地位。这是中国妇女解放必要的第一步。

我们的女同志，不仅仅站在自己的岗位，努力的参加本军的建军运动，坚决的为抗战胜利而斗争，而且要领导广大妇女，为坚持抗战、反对妥协而斗争；为坚持进步、反对倒退而斗争；为巩固团结、反对分裂而斗争；为积极要求民主与宪政、争取应有的权利而斗争！

我们的女同志，应当站在妇女解放的最前线，与全中国和全世界的妇女共同一致地为妇女解放而战斗到底。

皖南部队应付突然事变的准备情况[*]

（一九四〇年四月九日）

毛：

江电^①九日收到，复如下：

一、对袭击已有相当准备，可能冲出。当时混乱，但工作人员众多，损失不可免。

二、当受袭击时，要争取与三支队（铜陵、繁昌）会合，才能反击突围，这是重要关节，某方已注意这一点。

三、向南，为黄山、天目山，纯石山，人少粮缺；靠江，则须经过敌友之间，极不利；渡江，绝对不可能，敌在长江封锁更严，江北桂军已密布江边。

四、向东，某方已有布置，须冲过两道封锁，经过几次战斗，才能与陈支^②会合。到苏南，地区不利，处在敌友夹击，地区狭小。只有在广德、宁国一带坚持，继续战斗。

五、党内准备，半年前已进行。但干部皆为苏区的及新的工作，大都随军发展，无秘密工作经验，准备程度差。

---

* 本篇系项英致毛泽东的电报。根据中央档案馆馆藏件刊印。原档案中注有 1941 年 4 月 9 日，现年份是编者考订的。

六、川军③素守中立以自保，但受迫还必进攻我，企图自保；东北军④一部，下层依赖上层，避免往来，川军亦如此；中央军向来拒绝与我接近，更没有掩护我及与我一致行动的可能。此间统战仅能消极工作，因他们均不愿往来，一贯如此。

七、某方一贯来，以政训人员在军队与民众中作反宣传，自我军到江南时起。但所属战士对我好，上、中级对我不好而有成见，中央军一般如此。

八、某方在东线无战绩，近来敌有进攻举动，甚张慌。对我一贯以限制破坏为主要，但须要我作战。顾祝同⑤认为，转移要加快，最近因敌情转移举动关系，或在借此威胁，使我屈服，因打起来，他也不能消灭了。因黄绍目前立场要抗战，但仍防我甚严，恐后又受攻击，态度不如前积极。

九、东南地方党工作既如上述，准备不久，方式转变差，不可免要受损失。但皖南、浙、闽原游击区群众，可以行动的保存力量□□□□□□□□□□□战区政治部主任（李某）与张超（三战区特工首要，与袁国平四期黄埔同学）本日又来电请袁去上饶。袁本日或可回来云岭。

项

四月九日午

注　释

① 江电，即 3 日毛泽东致项英电。

② 陈支，指以陈毅任司令员的新四军第 1 支队。

③ 川军，指国民党四川军。

④ 东北军，指原由张学良统率的东北边防军。

⑤ 顾祝同，时任国民党军第三战区司令长官。

新四军决心准备还击*

（一九四〇年四月十日）

中央：

我们会议结果：

（一）决心准备还击，但在可能情况下不放弃求得暂时缓和，以便充分准备，便于迎接将来冲突。八路军南下，冲突绝对不可免，除非大局基本解决。

（二）采取先动，在大局不可能时以自卫反击至向东，必经几次战斗不能有绝对胜利。我仅有三个团转向苏北不容易，俟在皖南反击后暂坚持一时，另要江北解决无为①顽军，求得北渡。

（三）袁②明去见顾③，一方表示我不愿内战求团结抗战，另说明江北部队不能南调。此是大问题，但江南基本部队可允不北移，在某种情况下对叶飞④部队可允设法南调（即候八路军部队到时以增强应付严重也有必要），另提出经费、地区等问题解

---

* 本篇系项英致中共中央的电报。根据中央档案馆馆藏件刊印。篇题为编者所加。

决，否则叶飞（即江抗）南调无法维持。以上盼急示。

项　英

四月十日

注　释

① 无为，即安徽无为。

② 袁，指袁国平，时任新四军政治部主任。

③ 顾，指顾祝同，时任国民党军第三战区司令长官。

④ 叶飞，时任新四军挺进纵队军政委员会书记、纵队副司令员。

建议江北部队南调以便与国方谈判[*]

（一九四〇年四月十四日）

中央：

近蒋来电：在江北路东停止冲突，静候处置。根据各方情形，某方显系全国布置和阴谋，如全国难以达到好转，则阴谋实施不免。这在我们全国布置上应立即进行。就江南现有力量（除渡江者外，皖南有三个足团□□更弱），在大变中不能支持局面，以影响某方，结果只能发展游击战争。对全国及将来估计，是否目前可允江北部队南调，则江南可达六万以上兵力，牵制影响某方甚大。固然在战略上使我军不能联成一起，但在某方说则有利益，并借此谈判。南调后的地区款饷补助、目前安定的处理否，与中央指示相合。这仅是我的个人意见，请中央在全局上作用考虑和参考，并盼复。

项 英

四月十四日

---

* 本篇系项英致中共中央的电报。根据中央档案馆馆藏件刊印。篇题为编者所加。

关于调江北叶张两团回江南的请示[*]

（一九四〇年四月十六日）

中央：

袁^①到上饶正求缓和。以我估计，江北部队不南调冲突仍不免，全国局势日益恶化。我主张将近调江北之叶、张两团^②全部急返江南，以应大事变，否则江南将来部队，在事变中只能作游击战，因某方集结之兵力超过十倍以上，加以地势不好，又无根据地。如何？请立即答复，并请电叶、张执行。中央来报太慢，有误时机，请设法改善。

项

十六日

注　释

① 袁，指袁国平，时任新四军政治部主任。

---

* 本篇系项英致中共中央的电报。根据中央档案馆馆藏件刊印。篇题为编者所加。

② 叶、张两团，即新四军挺进纵队副司令员叶飞领导的挺进纵队第6
团、新四军苏皖支队司令员张道庸（陶勇）领导的苏皖支队第4团。

新四军移动问题及与顽谈判[*]

（一九四〇年四月十七日）

中央并告叶博凯董及克农①：

袁②到战区谈判：

一、得赵面交袁小册一本，指出我妨害"兵役"行政财政封锁秩序及强迫购粮，六大项内又分六十余小项，事实全属虚伪。

二、注意战区岳参谋处长先谈军事问题：

（一）江北部队必须南调，如交通困难，可逐渐以小部不断南调，不限时日。

（二）今后战区作战重心在苏南与浙西，四军皖南兵力太多，宜向苏南增移，加强敌后作战布置。

（三）苏南地区可酌量扩大，在主力与叶、张移苏南条件下，可划郎溪为后方交通线。

（四）四军兵力太分散，作用小，以后宜改正并保证不分割建制与指挥。

---

* 本篇系项英致中共中央及叶剑英等人的电报。根据中央档案馆馆藏件刊印。篇题为编者所加。

三、我要袁根据战区所提条件答复：

（一）只允叶部[③]南调，但四、五支尚须说服，同时要给四、五支在未南调前请先指定在江北之一定任务。

（二）军部移苏南，要求地区扩大与增加经费（因江北部队增加）。

（三）扩大地区目前（仅就放弃皖南条件而言）力争郎溪、广德、溧阳、溧水与宜兴、武进线（路东不提）则可，当前不要放弃皖南。

（四）五支南调及军部移苏南，要求开拔费二十万元。

（五）我们调叶部，他们必须恢复常态。

（六）候叶军长返部后，军部开始南移。

（七）以上是我个人意见，已电告请示。

四、我们估计战区如此提案意图：

（一）使我失去要紧地区。

（二）要我离开皖南山地，到苏南河湖区。

（三）怕我皖南地方工作生根，因便于他战略包围。

（四）敌汪将来总会"扫荡"苏南，而不会注重皖南。

五、我们接受此提案亦有利益，即：

（一）不经任何战斗而与陈支队联合兵力，集结打成一片。

（二）可以避免各个击破。

（三）便利于转京沪路南及京杭国道南段之发展。

（四）将从前三面友军、一面敌人的优势转变为劣势，另方面友军同情，势易于对友。

（五）万不得已时，便于渡过江北。

六、我们吃亏或是放弃皖南，地方党及群众工作要受损失

时，如打起来转移了，也同样损失或许还要大。目前尚有时间和
转变工作。是否适当？盼即复。

项

十七日

注　释

① 叶博凯董及克农，指叶剑英、博古、凯丰、董必武、李克农。

② 袁，指袁国平，时任新四军政治部主任。

③ 叶部，指新四军挺进纵队第 6 团。

关于调叶部回江南的请示*

（一九四〇年四月二十日）

军委：

一、叶部①再坚请，调回江南。至苏北顽军甚弱，八路军南下即可完成任务。此次系韩②主力尚不堪一击，如若江北战术指导好，耿部消灭。

二、为便于争取苏北，在江南、皖南加强力量有大作用，以牵顾不能增援。即将未来到江北时，也要江南力量，使其无可奈何不得已而承认。

三、苏北虽属苏鲁区，但无顾及。目前不是简单交涉或谈会争论，而包含军事行动在内。无力量则无谈判，无力量则不足使对方顾忌而缓和。军部又非支队，可以推诿，况且江北非单纯八路军行动而有四、五支队为主体。

四、我的意见不是单江南发生冲突，而是更有利胁迫对方不敢轻易冲突，即或冲突仍有利于我争取苏北，在全国上说也有利。

---

* 本篇系项英致中央军委的电报。根据中央档案馆馆藏件刊印。篇题为编者所加。

五、对部队部署，事实上我只能负皖南与江南之责，因我之意见事实上也不为人所重视，不过等于空话而已。目前正要陈支③设法与中央通电，军部仅为一独立支队，不过对外是代表全军应付而已。十九日电二十日收。

项

二十日未④

注　释

① 叶部，指新四军挺进纵队第 6 团。

② 韩主力，指国民党军鲁苏战区副总司令兼江苏省主席韩德勤部主力。

③ 陈支，指陈毅指挥的新四军第 1 支队。

④ 未，15—16 时。

关于大江南北战略形势[*]

（一九四〇年四月二十二日）

中央：

二十一日电悉：

（一）一、二两党之估计[①]，我们也是这样估计。但为着仍使我江南部队不遭对方之打击，如以现在皖南三个团（加军直）、苏南三个团仅两个团，而欲求对此两战争地区斗争的胜利，则不可能。而只有变成分散打游击。

（二）江北局势因苏韩[②]败退，及皖李[③]现撤兵，已基本稳定。且八路南下，三、四、五支已人枪增加，再加以整训，无论对何方皆可必胜，并不须要叶、张两团[④]（人不过二千五百，枪不过千五百）。如谓叶、张两团南调，竟会使江北孤立困难，决无此理。

（三）叶、张南调，又竟谓于江南无帮助，但江南既无八路之换人枪也不比四五支队多，仅战斗力稍强。叶、张南调，一方即以缓和战区之压迫，一方即以增强反击力量，其有帮助即在此。

---

[*] 本篇系项英致中共中央的电报。根据中央档案馆馆藏件刊印。篇题为编者所加。

（四）与战区之谈判已陷僵局。因我既无权答应他，也无权驳复他（因名义上还是上下级关系，而不是党的对等关系）。现只有加紧战备，别无缓和可能，除非敌情骤变。因对方所提此是江北问题，而非别的问题，军部既无法缓和，更无法解决，相由中央亲自出马，在重庆提出延搁办法或解决办法。

（五）为使江南能够勉力坚持、取得反击胜利，再度坚决要求叶、张两团南调。至四、五支队南调问题，应当然不会负责答复他，可延搁则延搁之。无法延搁时便是作战，我亦决心应战。南调叶、张基本是为的这一点。

（六）我决间择，甚望顾及各方，江南之愁窥困难，恐较江北有过之无不及。盼复示。

项

二十二日

注　释

① 原文如此。

② 苏韩，指国民党军鲁苏战区副总司令兼江苏省主席韩德勤。

③ 皖李，指国民党军第 5 战区副司令长官兼第 21 集团军总司令、国民党安徽省政府主席李品仙。

④ 叶、张两团，指新四军挺进纵队副司令员叶飞领导的第 6 团、苏皖支队司令员张道庸（陶勇）领导的苏皖支队第 4 团。

皖南应速靠拢于苏南*

（一九四〇年四月二十三日）

中央毛、王、洛①：

陈毅、粟裕二十一日酉②电转上：

（一）目前我军困难，在人、枪、款不够，事变发生无把握消灭顽军。故应集中力量（南调东移），发展人、枪、款是主要问题，地区次之。苏南溧武路北直到海边，可使我方扩大力量。强大后从此摩擦中扩大地区，是极易之事。

（二）国民党发动开展分裂、全国反动仅是时间问题，只能暂时缓和。即叶军长回来，亦不能有很大作用。

（三）军部留皖南，争取几个月和平，亦无法解决人、枪、款的问题。应即向苏南靠拢。

（四）集结苏南以郎溪、溧阳为阵地，有山有水便于作战。皖南留一个团，可作战略协同。

（五）目前大政方针宜早决定为妥。皖南、苏南如不靠拢，形成各自为战，我就抽调苏南各团，立即分散京沪线至溧武路

---

* 本篇系项英致中共中央和毛泽东等人的电报。根据中央档案馆馆藏件刊印。篇题为编者所加。

南，留少数部队应付等语。

项　英

军机四月二十三日抄

注　释

①　毛、王、洛，指毛泽东、王稼祥、洛甫（张闻天）。

②　酉，19 至 20 时。

抗战以来的新四军

（一九四〇年四月）

一 我们在斗争中生长着

我们由南方八省的红军和游击队，集合改编成为新四军，已经两年多了。为了抗战，为了民族解放，新四军就在抗日战争中产生出来、生长起来、壮大起来，概括一句话："新四军是在战斗中生长起来的。"

从开始成立，经过两年多，没有一天不在战斗着。正因为我们处在战斗的环境，受着战斗的锻炼，才能使自身的力量一天一天的强大起来，坚强起来。的确，两年多的战斗，使我们的力量无论在数量上、质量上，都是一天天的向着强大的方面迈进。这种强大，由于在最艰苦、最顽强的战斗中，战胜日寇，战胜所遭遇的各种困难，也可以说是在我们战斗的胜利中和克服困难中所获得的成绩。当着我们军队于 1938 年 4 月奉命改编的时候，也就是处在一个最困难的环境与物质条件极艰苦的时候，我号召全军的同志"到前线去"，从与敌人斗争中来解决我们一切困难。事实上，两年多以来，证明我当时的这一号召是正确的，的确，我们克服了当时的困难并在克服困难中得到我们的胜利，强大我们的力量。固然，有少数不明事理的人，故意抹杀事实的人，对于我们造种种谣言，可是在实际上证明他们的许多认识以及许多谣言，是不能够蒙蔽真理的。的确，我们军队开始在江南作战的时候，仅有一些破旧的武器，现在武器增加了，质量比以前好了，使得少数不看事实反对真理的人发生眼红，由眼红发生妒忌，由妒忌而造谣中伤。我们进入江南作战以来，由于取得了广大民众对于我们的同情和爱护，真正做到军民一致、军民合作，这也使得只崇拜武器而不相信民众的人发生妒忌，以致故意颠倒黑白，借此来掩饰不相信民众以及不要民众的观点。这一切我们不愿多言。现在把两年多抗战经验，作一个必要的总结，也为了由总结中得出经验教训，来教育全军同志。

一、首先说我们的成绩：我军自开入大江南北作战以来，在两年多中间，进行了大小战斗××次。在这××次战斗中，获得了××武器，这些武器，武装了我们自己，使我们的武器，不仅在力量上而且在质量上大大的增强起来了。在本军的各种条件下，只有从战斗中来夺取武器，只有夺取敌人的武装来加强自己的武装。这就是说，假如我们不积极的抗战，不能在抗战中争取不断的胜利，不能从胜利中去缴获敌人的武器，那么破旧的武器还是破旧的武器。用我们全军指战员的血肉，与全军坚决顽强勇敢的战斗，以最灵活机巧的战术，发扬我们夺取敌人武装来武装自己的优良传统，这是使我们武器增强，亦即我们力量强大的一个最基本的原因。

二、我们为什么能够获得广大民众的同情和拥护？这是由于我们保持最严格的群众纪律，因此使广大群众，到处愿意和易于和我们亲近，便于我们团结群众达到军民合作。但是仅仅依靠我们军队的严格纪律，与民众的亲切关系；仅仅取得民众对我们的好感和同情，这还不能够获得广大民众对我军的热烈拥护，以及在抗战中的密切合作；另一必要的条件，就是要能够坚决的与日寇作战，争取不断的战争的胜利；而更重要的则还要能处处以民众的利益作为军队的利益，处处尊重民众的利益，保护民众的利益，这样才能够使民众以军队的利益为他的利益，才能够使军队与民众在利益的关系上形成一种一致。我们能够取得广大民众对于我们同情和拥护，真正实现军民合作，达到军民一体，这决不是偶然的，而是以自己的行动、自己的战斗以及处处尊重与爱护民众的利益的实践达到的。虽然日寇用尽一切方法，威胁利诱，挑拨离间，来破坏新四军同民众的关系，但均遭受失败了。许多汉奸敌探，用各种方法来破坏民众对于我们信仰，比如：经常的假冒本军，伪装本军的服装和符号实行抢劫屠杀，以引起民众对于我们的军队的误会和反感。但是民众很能够辨别真假，他不是从形式上，而是从实际行动上来辨别真伪，所以这些汉奸一下子就被民众揭破了。这证明只要不仅是口头上而是在实际行动上，军队有严格的纪律，能够亲近民众，爱护民众的利益，那一定能获得民众的同情和爱护。这绝不是依靠什么单纯的宣传或损人利己的行为所能达到的。

三、我们两年多战斗中牺牲×××将士，上级干部，支队与团的干部有胡发坚、肖国生、龙树林等等，都是最优秀的共产党员，因为共产党员最忠实于民族解放的事业，最坚决地为抗战胜利而奋斗而牺牲，每次战斗总站在最前面作战，所以共产党员的牺牲要占百分之七十以上，由此可知我们的胜利是付了大的代价的。

二　我们怎样与日寇斗争

在大江南北作战，由于地区和地形的条件、敌情的变化与作战的任务上，不能采用大规模的作战方式，仅仅是在游击战争的范围内，同日本帝国主义进行战斗。其中小的战斗居多数，可是小胜可积为大胜，如我军一年多战斗的结果，不仅缴获了敌人很多的武器，而且杀伤敌人已达×××人。如果从每个战斗上来看，敌人的伤亡比较少，那么集合起来，敌人的伤亡数量就很可观了。如果全中国以新四军一年作战的成绩来比例计算，那么给敌人的消耗，使敌人力量的削弱，比一个大的战役或几个战役，自然还要大些。

我们必须了解不应单以军事观点、战斗成绩来认识游击战争的作用，还要从政治上和其他方面来认识游击战在抗战中的作用与地位。新四军在大江南北敌后的游击战中，不仅同敌人在军事上进行了艰苦坚持的战斗，而且从政治上对于敌人的宣传战与民众争夺战，以及其他各种企图，作了种种的斗争，以达到军事上的胜利与成功。两年以来，日本帝国主义，特别在江南，进行无数次的"扫荡"。我们牵制了几万日寇军队，迫使它在一个很狭小的作战地区，来维持它的交通，来巩固它的据点。日寇在战术上由一般的"扫荡"遭受失败，继而采用封锁包围、梅花桩政策，仍未收效。敌人企图驱逐我军，打击我军，威逼我军，以至歼灭我军，这些企图，继续失败，都不能将我军驱逐，无法巩固它所占领区域。在政治上敌人始而以"共产"的谣言来中伤，用烧杀来威吓民众，使之不敢接近我军，事实上敌人这种造谣与威吓很快的失败；继而用"和平"的口号来迎合少数人苟且偷安的心理。可是一方面由于敌人侵略的残暴行动，同时因为我军坚决地在这些地区作战与胜利，这种"和平"宣传，也不能发生作用。近来敌人以"反共"为中心，以挑拨离间、造谣中伤为手段，但这也只能取得少数失掉民族意识及缺乏抗战信心的人对他同情，而大多数民众是不受其影响的。同时，敌人在乡、镇建立的许多伪政权，由于我们战斗的胜利，广大民众的反抗，而被摧毁，敌人又利用许多两面派份子作恢复伪政权的企图，来分裂我们民族团结，可是经过我们政治的争取、战斗的胜利，对民众关系的亲切，特别是对于民众利益的爱护，使得许多表示两面派态度的人，不但不为敌所用，而且站在抗战这一方面来与日寇斗争。

最近，日寇仅仅能够利用据点以及直接统治威力所能及的地区，仅仅能够利用和强迫一部份丧失民族意识的人，以及专以敲诈民众贪污腐化的土豪劣绅为它摇旗呐喊。日寇始终不能将其统治权超出据点以外。另一方面，日寇对于民众，始而用武力强迫民众组织护路团、爱村团以保护其交通线；继而运用保甲制度来控制民众——这仅仅是在敌人的封锁线附近及据点中。日寇更利用许多青帮、土匪、大刀会等等中国社会中旧的封建的流氓各种组织，企图分裂抗战中的民众力量。最近日寇更在据点内及其军事力量所能统治的地区，进行组织"防共"青年团，及各种各式的妇女、学生的"防共"的群众组织。但是由于沦陷区域民众的继续抗日斗争，由于全国抗战形势的开展，民族意识的提高，和我们对敌人政治阴谋的揭破，这些组织也没有收到什么成效，仅仅汉奸走狗，借此作进身之阶、发财之门罢了。至于敌人的怀柔政策，那么它不仅仅是进行对民众的欺骗宣传，不仅仅是派遣宣传班施行小惠，而且利用中国社会许多旧习惯风俗来收揽民心，用许多威胁利诱并施的方法，特别对于新四军在江南的活动，日寇用布告、用传单、用武力威吓民众不准与我军接近。敌人这种花样，不知道用了多少，但实际上无济于事。

当新四军未进入江南作战地区以前，敌人利用许多纪律坏的游击队扰害民众的事实，促成民众对游击队的反感。敌人一方面企图以此获得民众的好感，另一方面公开或秘密的同这些游击队勾结，形成互不侵犯的形势，以减少其对大江南北，特别是江南的守备兵力和对后方的顾虑。自从新四军进入作战地区以来，消除了过去那种毫无纪律、形同土匪的游击队行动，并协助许多地方来整理这些游击队，领导其积极作战。这样过去许多纪律不良的游击队，今天变成了抗战力量，而且到处发动和组织更多的民众武装，参加抗战。它们不仅仅成为这些区域民众的自卫武力，而且逐步成为同敌人坚持作战的重要力量。虽然敌人还继续的用金钱收买，企图分化和瓦解游击队，可是凡经过整训建立了纪律与政治工作的游击队，都没有受敌人丝毫的影响，直到今天，还成为我们抗战中必要的帮手。虽然敌人在邻近其他区域，在收买游击队方面获得某些成绩，但在我们的游击区域内，却毫无成功。这一事实，完全证明在敌后同敌人斗争，不仅仅要有坚强的正规部队，还要有许多地方的游击队与民众的武装来配合，证明许多游击队，由于过去缺乏领导，缺乏严格的纪律与政治工作，使它们必然要脱离民众，扰害民众，形成土匪的现象。但是只要对他们有坚强的领导，加强整理和教育，就能够消灭这种现象，成为抗战的力量。许多人不从积极方面去领导和整理游击武装，而从消极方面解散、消灭和吞并游击队，这不仅是因噎废食，而且是不了解游击队，不懂得地方武装配合作战的重要。

我们在大江南北，特别在江南两年多的作战中，军事上是坚决的进攻敌人，坚持在这些地区同敌人斗争、使用灵活的游击战术，采取最敏捷的、最突然的游击动作和行动，最秘密的、最迅速的突然袭击敌人的据点，伏击敌人的汽车和行动的部队，用飘忽的穿插行动，在敌人的封锁线和梅花桩内活动，我们取得群众的合作，在群众的掩护与帮助之下，使敌人梅花桩与封锁包围政策失败。我们击破了敌人无数次的"扫荡"，打击了敌人的封锁和梅花桩的包围控制，对抗了敌人的不断的分进合击，攻毁了敌人很多的据点，使敌人对我无从捉摸、无从戒备，而使我们取得了不断的胜利。

由于我们团结这些地方武装，帮助他们建立纪律，建立政治工作，引导他们学习作战，所以我们能在他们的配合下牵制了敌人，分散了敌人的力量，使得我们找着敌人的空隙去打击敌人、消灭敌人。我们对于敌人的政治进攻总方针，主要在于孤立敌人，团结一切抗日的力量，同敌人对抗。争取两面派分子，站在抗战方面，只要不甘心附敌做汉奸，只要他愿意改悔，我们都以最大的力量争取他们来参加抗战，这不仅打破了敌人孤立我们的企图，而且反使敌人陷于孤立。我们还用尽可能的力量，把广大的散漫无组织的群众逐渐的团结起来，用组织的力量来领导他们、动员他们，所以在江南进攻敌人交通线的时候，我们能够经过这些组织，动员广大的群众，成千成万的参加这种破坏工作。假如没有民众的帮助，游击战争一定不能收得更大的胜利和成果。假如不动员和组织广大的民众单靠军队力量，也不能开展胜利的游击战争，更不能在敌人的封锁线梅花桩内坚持斗争。所以，两年多以来在大江南北，特别是江南，我们能够坚持在这些地区内坚持抗战，无论敌人任何强大力量的压迫，任何进攻的方法，任何政治的阴谋企图，都不能动摇我们毫发。我们之所以能够在最艰苦困难条件下，开展胜利的游击战争，同敌人作纠缠的斗争，完全是依靠了这些基本的条件。假如没有这些条件，虽然有游击战争的丰富经验，有灵活的游击战术，也不能够取得这样大的成绩。这是两年多以来得到的最宝贵教训。

三　我们怎样与困难作斗争

新四军自成立之日起，无论在环境上、物质条件上等等，都处在困难的环境中，影响了与阻碍了战斗的进行和部队的发展。直到今天，我们仍然要与困难继续作斗争，克服了一个又一个。当然，我们深知整个中国的抗战，是遭遇着无比多的困难，也正要在克服困难战胜困难中，向前迈进。我们更了解我们的胜利，就是在克服困难中获得的。我们保持着发扬着一贯的艰苦斗争的传统，不屈不挠的精神，来与周围的困难进行最坚决顽强的斗争。新四军能够获得在大江南北抗战的许多胜利和成绩，正是我们不畏艰难、百折不回的冲破困难而达到的，更是在困难的漩涡中杀开一条大路而获得的。

当新四军成立的时候，它所遇着的环境上的困难，所遭受的物质上的奇窘，实使人难于想像，但由于我们对民族的无上忠诚，不畏险阻，勇往直前，使新四军能够迅速达到抗战目的，求得对抗战对民族有所贡献。当我们在江西、福建等省奉命改编时，给养服装，极端困难，而散布在七八省范围内要迅速集合起来，也确实不容易。部队集中的各个区域的周围，成见未除，不识大义者，更从而利用之，故意造出"打土豪"、"宣传赤化"之谣，图使全国人士被其颠倒黑白，图使激起政府误会，使部队发生恶劣影响。这个时候，我们一秉坚持团结、坚持抗战的方针，从民族与抗战的前提来教育部队，说服全军的指战员，鼓起他们抗战的热情，不顾一切造谣中伤，用自己的行动来答复挑拨者。果然的，部队胜利地迅速集中，开到前线。他不仅为了巩固全国团结，而且为要达到我们抗战的夙志和目的。这样，我们在参加大江南北敌后抗战的两年多中，得以对于民族和抗战有所贡献。

我军进入作战地区，虽然克服了第一个困难，可是还有继续来的第二个困难。狭小的作战地区，地形最坏，河网极多，蜘蛛网似的公路，广大的平原，这些都使善于山地游击战争的部队，突然进到这样的地区，感觉作战没有经验，加以在一定的狭小地区内，部队的转移、回旋、行动都受到限制，好似锁着两只脚来与敌人作战一样。可是我们以坚决顽强的精神，用灵活机动战术动作，忍受艰苦疲劳的生活，在这个狭小地区，同敌人坚持斗争。我们进行坚强的政治工作，巩固指战员抗战的热情，提高同敌人斗争的决心，虽然在困难条件下，我们还能够进行几百次的战斗，取得大小几百次的胜利。这正是我们为了坚持抗战、为了忠实民族国家，完成自己对民族的神圣任务。我们不仅坚持这个方针，而且坚决为这一方针而战斗。当然，我们现在还不能完全克服这些困难，因为这不仅是天然的条件，而且有人为的条件，它们使我们不能够更大的发挥力量，不能在抗战中有更大的贡献，这是我们始终认为遗憾的一件事。

我感觉自从作战以来，我们虽获得了很多的胜利和成绩，然而我们决不以这些胜利和成绩来自满自傲，因为这离抗战胜利和与民族解放的最后目的，还差得很远。我们只希望一切事实和行动的真相不被曲解、不被颠倒。直到今天还有人造谣中伤，说我们在某处进行"赤化"，在某处破坏政府，更有人同日本帝国主义及汪精卫遥相呼应的"反共"。日本帝国主义借着"反共"来灭亡中国，因为中国共产党成为日本帝国主义要灭亡中国的一个最不可克服的障碍，因为在敌占领区域内，共产党领导游击战争，同敌人作最坚决顽强的战斗，所以他痛恨共产党，痛恨八路军、新四军。所以日本帝国主义到处大声呼喊"反共"，在大江南北宣言"只打新四军"。日本帝国主义与卖国贼汪精卫等这样，我们并不奇怪，但使我们不解的，是在我们军队的周围日常有人散布"反共"风声，与日寇汪精卫作呼应，他们在民众中有意无意的破坏抗战的团结，屡见不鲜地威胁民众，不要民众与新四军接近，说新四军是"土匪"，说"抗战以后还要打共产党"，……这些恰好是日本帝国主义、汪精卫所欢迎所要求的。这不仅是破坏新四军，事实上是帮助日寇在破坏抗战。今天抗战进入第三年的时候，正是日本帝国主义一天天走上困难削弱的道路，正是我们要用更大力量打击敌人，加速相持阶段的过渡，以达到我们胜利反攻的完成。因此，这种行动，客观上危害了国家民族的利益，破坏和削弱抗战力量，这不单纯是我们的困难了。

我们很了解，在整个的抗战中，由于我们是弱国，经济上的困难，是我们整个的困难。不久以前，英日谈判，直接影响我们抗战的，就是经济斗争。在抗战中我们为了坚持抗战，那必须具最大的毅力，过最苦的生活，进行最困难的斗争。也就是说，我们要使我们不至受物质上困难而影响战斗意志。这个意义，我们不仅是很了解，而且能够本着艰苦斗争的传统精神，来与困难作斗争。在斗争中，更锻炼我们艰苦奋斗英勇牺牲的精神！

可是经济上和物质上的困难，两年多以来是时时刻刻的加在新四军的身上。这不能不使新四军整个军队的巩固、力量的坚强受到了极大的阻碍和困难。虽然我们本着官兵平等的生活，本着节约的精神，尽量使我们一个钱等于两个钱用，尽量的使着每一个钱不至于有丝毫的浪费（这不仅是为了解决我们的困难，同时也可以减少政府对于整个战争的负担，便于我们坚持抗战，克服整个战争中的困难），可是物质生活的基本条件是必需的，维持生存的最低限度的物质条件，也是必需的。直到今天，物质困难还没有完全克服下去。譬如衣被问题，到冬天愁着棉衣，到天热又忙于筹划夏衣，衣服不足，影响甚大，特别直接妨碍士兵的身体健康，使部队的病员不断增加，而不能把病魔消灭，虽然我们努力从政治上、精神上去战胜病魔，可是这样的病魔，不能完全靠精神所能战胜的。至于我们的给养，当然很差的。这一方面，我们还能以政治工作，用政治教育来提高部队的认识，我们指挥员以身作则，（与）士兵同患难、甘共苦，发扬了为民族牺牲与刻苦耐劳的精神。可惜这种困难与艰苦斗争，不但没有取得同情，反而发生一些"莫须有"的谣言，说经费移作"宣传"而影响士兵生活了！我们全军经费很少，这是大家知道的。我们每个指战员都了解这一点，所以我们能够在经费困难的条件下，共受甘苦，大家团结来奋发有为的努力抗战。可是在我们部队的周围，常常发现一些人，专来挑动士兵说："新四军很苦呀，你们到旁的军队去，还不一样抗日？钱又多，生活又好，为什么在这里自讨苦吃呢？"这样的事，两年来差不多不断的发现，当时我以为是日寇侦探，或汪精卫派奸细，而目前事实证明，不完全是这样。我们教育全军同志，团结和坚定自己，不忘记民族国家的利益和民族战士的责任，了解抗战并不等于升官发财，同时我们更要提高民族警觉性，注意扒手。

游击战争要政治重于军事，没有政治的条件，就不能使游击战争发展。而政治条件，主要的又是群众条件，没有群众和群众的帮助，群众的合作，游击战争是不能够广泛的开展的，是不能取得胜利的，是不能够坚持的。这是第二期抗战中在敌后抗战的基本方针。同时，为战胜敌人的政治进攻，更要依靠军民合作，军民一致；进一步组织广大的民众，使敌人孤立。在我们一年多抗战的经验中，证明这一真理和其重要性。为了发挥游击战的作用与威力，为了争取胜利，一定需要民众，一定要去组织和团结民众。尤其在江南不利的地形与狭小的地区，更要争取一切不愿当亡国奴的中国人，站在抗战方面。我们更不得不注意和进行对民众的宣传与民众的动员和组织工作。今天敌后游击战，不仅是军事的，而且应着重于破坏敌人的"以战养战"的政策。问题的中心就是如何来组织民众、动员民众。我们唯一的目的是不让敌人来欺骗民众、愚弄民众，削弱我们的抗战力量。目前大江南北战区的民众还没有最广泛的组织起来，来更大的开展游击战，即或仅富有游击战的经验，也不能发挥其威力。事实上，许多区域游击战的开展或失败，以及每个游击队和执行游击战争的军队，其是否能够完成游击战的任务，就看它能否动员组织和团结民众，能否真正与民众打成一片，能否真正做到军民一体来决定。今天我们深感团结民众工作做的不够。至于有人阻碍这种工作的进行，那不仅对于游击战争不利，而且简直是听任敌人利用各种方式来欺骗群众、争夺民众。在第二期抗战中，不论在军事的胜利上，在整个游击战的开展上，我们都必须打破敌人"以战养战"的政策。但我们却时常遇见在民众中破坏我们的反宣传，他们威胁民众，不要与我们接近，使民众发生疑惑而离开我们，离开抗战。这样，在客观上必然帮助了日寇，而直接的模糊和消磨了民众的民族意识和抗敌决心；这不仅是增加我们在江南敌后行动的困难，而且影响整个二期抗战争取反攻胜利的任务的完成。

目前敌人既以政治进攻为主，实行"以战养战"的政策，我们对于敌人的斗争，也应该是政治重于军事，我们不仅要在军事上更积极的进攻，大量的消耗敌人，而且要依托政治配合军事，去打破敌人"以战养战"的政策。我们在作战中最大的困难，是客观的条件形成单纯的军事行动，使我们的政治不能配合军事，甚至不能密切的协作，致使抗战力量不能很好的团结抗战，甚至有的不起作用，有的形成分道扬镳和各不相谋。这自然在作战上、控制整个游击区域上、动员和组织群众上、与敌人作经济斗争上、瓦解敌人军队上……都大感困难。

我们的军队是由散布在很广大地区的无数的小单位集合起来，而决然开赴前线杀敌的，这主要是为了中华民族的解放，与争取国家的独立。所以我们在任何困难条件下，丝毫不因经济物资的贫乏而影响到抗战决心，动摇战斗的意志和勇气。

江南地区参加我军的战士，是有高度的民族意识和抗战决心的，他们能够同老战士一样的过最艰苦的生活，他们决不因物资的困难减少战斗的勇气。不过，足以影响我军士兵战斗情绪的，就是各个地方对于优待抗日军人家属做得不够和不正确，在很多指战员接到家里来的信，总是诉说：因有子弟在新四军而遭受到意外的压迫，如"新四军军人家属不能够享受抗日军人家属优待条例的规定"、"当新四军是逃避兵役"等。虽然我们曾无数次请求地方政府保护抗日军人家属，但大多数不能达到我们的希望，遂致引起许多战士的不满和愤慨。不仅如此，在苏皖一带，还发生有人威吓和强迫我们士兵的家属，要他们的子弟脱离我们的军队。这种奇怪的无道理可讲的现象，是决不应有的，可是事实上不仅有而且很多发现。这一困难，使我们很难克服，我们只有加强我们抗敌战士为民族为国家而牺牲的精神去克服它。

总之，两年多以来，我们是在不断的与困难作斗争，克服一个困难又要克服另一个新的困难，我们依靠于新四军全军指战员的民族觉悟和抗敌决心，去战胜我们周围的一切困难，发扬艰苦奋斗的精神，以达到抗战的胜利。我们完全秉承军事第一、胜利第一和国家至上、民族至上，完全牺牲个人的部份利益，来为达到国家民族的解放而奋斗！我们更照顾大局，精诚团结，不受任何挑拨，不计较小节，以求集中力量战胜日本帝国主义！

四、新形势下新的斗争

我们新四军在这两年多的艰苦斗争中，锻炼了我们自己，使我们的意识愈加的坚强，团结愈加的巩固，力量愈加的强大，使我们对于抗战多少有些贡献，这正是我们依靠了这一个基础，发扬了这种精神！我们另一方面也应该承认，新四军还存在有许多弱点，还待全军同志努力去加以克服。帝国主义战争已在欧洲更大的爆发起来了，全世界转入到极残酷战争的大浪潮中抗日战争，在这种新的形势和条件底下，直接间接都受到影响。一方面，自然便于我们利用这个时机去加强我们的力量，增加敌人的困难，以争取由相持阶段达到反攻的胜利。同时，日本帝国主义也要利用这一新的条件，更积极的来达到灭亡中国的目的。日寇所表示的方针，很清楚的就是要坚持一贯的灭亡中国的方针，也就是说，要利用国际关系对我们中国加施压力，更要来策动中国内部的分裂运动，更加用"反共"的旗帜来唆使动摇妥协份子进行破坏团结的活动。卖国贼汪精卫现在正到处狂喊乱吠，在进一步的伪造"国民党"伪造"三民主义"的旗帜来"反共"，因此我们在新的形势下面，必须要认识到这一个危险性，认识日寇的阴谋、汪精卫的无耻行动，特别是妥协投降份子的阴谋活动。

我们希望全军指战员更加加强我们抗敌信心与杀敌的决心！坚持我们一贯的方针，决不受任何环境变化的影响！不屈不挠的斗争到底！坚持团结，反对一切破坏团结的行为！坚持抗战！反对妥协投降！团结大江南北一切不愿当亡国奴的人们，使日本帝国主义卖国贼汉奸以及一切妥协投降份子孤立起来；我们更要努力的作战，发挥我们英勇牺牲的精神，争取更多更大的胜利！不仅积小胜为大胜，我们还应该积无数大胜去争取由相持阶段达到反攻胜利，最后驱逐日寇出中国！我们坚决诚恳拥护蒋委员长，拥护国民政府为争取抗战最后胜利和三民主义新中国而奋斗到底！

关于东移军事行动的布置[*]

（一九四〇年五月二十八日）

中央并致渝周、叶、博（克农转）①并报陈毅同志：

（一）江北问题留给恩来在渝与对方谈判，但江南问题因敌情虽有变化（如前数日电），但是未起基本变化。我们的意见仍以东移至郎溪区域，与苏南打成一片为宜。

（二）决先组一先遣队赴郎溪、广德布置后方，开展工作，及移动辎重（印刷、修械及卫生材料）。

（三）皖南仍留一个团（第五团）在铜繁地区②；第一团（傅）、第三团（王）随同军部到郎溪工作。辎重运输工作完成后，即东移。

（四）皖南地方工作，除铜、繁地区由五团支持外，其他南（陵）泾（县）太（平）等不免会有些损失，现力求隐蔽，改善工作方式，保存自己。

（五）□□叶、张部③如认为江北有战斗之主力，可以不南调。但江北扩军非常困难，一定要从江北调三千新兵（由四、

＊ 本篇系项英和袁国平联名致中共中央的电报。根据中央档案馆馆藏件刊印。篇题为编者所加。

五支队合抽）常一部或用叶、张名义过江南充我，否则我部无法加强。

（六）管、梅部④控制江北大桥地区，管梅也可在江南，另加江抗二团，及其他地方武装，补充点验，则可得增加经费及给名义。以上如何？望急复，以便施行。

（七）请陈支队派参谋、副官到郎溪以南、广德以西，规定后方地点（有战术意义而便于防守的），派少数部队掩护，以便辎重先运，并可特出向郎溪县政府及广德县政府接洽。

项、袁

五月二十八日午后四时

注　释

① 周、叶、博（克农转），即周恩来、叶剑英、博古（秦邦宪）、李克农。

② 铜繁地区，指安徽铜陵、繁昌地区。

③ 叶、张部，指新四军挺进纵队副司令员叶飞和新四军苏皖支队司令员张道庸即陶勇部。

④ 管、梅部，指新四军挺进纵队司令员管文蔚和新四军苏皖支队副司令员梅嘉生部。

关于顾祝同要我做局部
让步的情况反映[*]

（一九四○年五月二十九日）

中央转叶、董、博①并致胡、张、邓、罗、戴、彭②：

皖南、江南敌人已开始大规模的进攻。高淳之敌占东坝湾、□□之敌向青弋江、大通之敌向青阳进攻，使顾无法对我强硬，恐怕我作怪，不得不暂时让步，使情况缓和。现将袁③最后谈判结果要点如下：

一、因我表示不能强做力不能胜的事，商谈无济于事。经袁舌战甚久，对四、五支问题不作决定，呈报蒋请示。一面希望我自动作局部让步，并陈□□□南调，给以任务和地区。

二、管部④南调决定五月起增加经费三万元。南调后，要求地区给名义、经费与任务。

三、皖南留一团于铜、繁地区，并留指挥机关一部。

四、军部先率两个团移苏南，直属队陆续移。顾⑤允发我经费二万元，但等蒋批准下发。

---

* 本篇系项英致中共中央的电报。根据中央档案馆馆藏件刊印。篇题为编者所加。

五、苏南及将镇丹一段改为镇江自丁庄铺至延陵，将丹阳划掉，事实阻我与江北连接。其允在郎溪以南由我择定适当地区，布置后方，是准执行。

六、全军经费增加，顾允等四、五支队南调后，再呈请解决。

七、袁与战区新联络参谋二十四日动身返新。

八、顾瞻敌人有南犯模样，要我军在敌前进之后侧积极行动，以求配合。

项

二十九日

注　释

① 叶、董、博，指叶剑英、董必武、博古（秦邦宪）。

② 胡、张、邓、罗、戴、彭，指胡服（刘少奇）、张云逸、邓子恢、罗炳辉、戴季英、彭雪枫。

③ 袁，指新四军政治部主任袁国平。

④ 管部，指新四军挺进纵队司令员管文蔚部。

⑤ 顾，指国民党军第三战区司令长官顾祝同。

关于军部东移停滞致中共中央电*

（一九四〇年六月十二日）

中央：

一、袁①于十日由桂飞抵渝。恩来是否已到重庆？如未到，何日到？

二、闻朱德同志到延有赴渝之传，是否确实？

三、如袁不须来延，则以速回军部为宜，此间情况甚急。

四、此间情形虽无大变化，但彼方正积极作军事准备，布置与增调军队，不外以军事力量来各个击破皖南与江南之企图。

五、军部移动已停滞。如自加移动，因由皖南至苏南中间地区在两河之间，彼方军队已布置，须两日半行程才能通过，加以这段地区地方工作最差，很可能为彼方借词进攻。这一带作战极不利，故目前只有作待机移动。

项

十二日

---

* 本篇系项英致中共中央的电报。根据中央档案馆馆藏件刊印。篇题为编者所加。原档案中未注明年份，现年份是编者判定的。

注 释

① 袁，指袁国平，时任新四军政治部主任。

陈毅、管文蔚北渡经过[*]

（一九四〇年七月二十三日）

中央（请桂转渝）：

甲、南京失陷后，镇江、大桥、高桥、扬中等地成立地方自卫武装，此部领导者管文蔚。本军陈支奉命挺进江南，即加以整编并坚持敌后作战。

乙、去年三月，方钧〔地〕部①在镇江第七区抽收捐税，收缴民枪，当奉战区及冷代总指挥②命令，于五月初派队将方部驻扬中、江都两地之武装解决，其残部为张少华③所收容。

丙、本年一月间，日寇进袭扬中，管部驻镇江之一部即渡江增援，十一日，扬中失陷，交通被日阻隔，该部即留北岸。

丁、二月间，泰兴敌总攻泰州，翌④日大桥失陷，管部即西进增援，协同友军作战，将敌击溃，战斗延至三月。省韩⑤集合李明扬⑥部及保安旅，兵力约十四团，向驻大桥、江都地区管部进攻，经八日七夜之苦战，始得突围自保。

戊、六月间，六十三师开高淳东汇，挺纵第五、六团开溧

---

* 本篇系项英致中共中央的电报。根据中央档案馆馆藏件刊印。篇题为编者所加。原档案中注有 1940 年 10 月 23 日，现月份是编者考订的。

水、上兴一带，新四师开溧阳、竹箦、南渡，对我江南指挥部取包围形势，围攻医院，截断兵站，陈毅不得已率部退移溧武路以北。

己、此时正值大桥管部被围攻告急，陈毅支队渡江欲谋调解，以期和平谈判，现以韩、李无诚意未获效果，不得已陈部始有一部北渡增援管部。

项

梗午⑦

注　释

① 方钧〔地〕部，指以方钧〔地〕为首企图叛变投敌的江南抗日义勇军挺进纵队第 2 支队。

② 冷代总指挥，指冷欣，时任国民党军第三战区游击区副总指挥兼 63 师师长。

③ 张少华，时任国民党军江苏省保安司令部第 9 旅旅长。

④ 皓日，即 20 日。

⑤ 韩，指韩德勤，时任国民党军鲁苏战区副总司令兼江苏省政府主席。

⑥ 李明扬，时任国民党鲁苏皖边区游击总指挥。

⑦ 梗午，即 23 日 13—14 时。

与顾祝同谈判所提的条件[*]

（一九四〇年八月十六日）

毛、洛、王[①]并告周、博、叶、袁[②]：

去上饶，分别访晤顾祝同[③]与张超，我们提出如下问题：

一、彻查苏南事件，并依法惩办祸首，抚恤新四军的伤亡官兵。

二、立即恢复苏南与皖南交通。

三、皖南主力移苏南并扩大苏南地区，已得战区同意，希望迅速实行。

四、枪弹器材照常发给，并保持新四军指挥建制之完整，拒绝不接受五二师之指挥。

顾答复：

（一）苏南事件衅由我起，予当即问张否认，但允五平调查彻办，并允许新四军派人参加调查。

（二）同时恢复苏皖交通，但希望双方负责维持，两部均照旧不动。以前与袁所谈已失效，故一概作废。

---

[*] 本篇系项英致毛泽东等人的电报。根据中央档案馆馆藏件刊印。篇题为编者所加。

（三）款项照常发给，并即发十万五，以不破坏指挥建制为原则，但特殊情形在外。顾并提出两个重要问题：

（1）路东抗日义勇军现又活跃，如非新四军所部，即当剿办。

（2）希望苏北管、梅二部④南调。

我答复：前者不负责任，后者拒绝不执行。顾亦未坚持。

项　英

（军机八月十六日）

注　释

① 毛、洛、王，指毛泽东、洛甫（张闻天）、王稼祥。

② 周、博、叶、袁，指周恩来、博古（秦邦宪）、叶挺、袁国平。

③ 顾祝同，国民党军第三战区司令长官。

④ 管、梅，指新四军挺进纵队司令员管文蔚和新四军苏皖支队副司令员梅嘉生部。

关于军部不能北移及
对江南工作的意见*

（一九四〇年八月十七日）

中央：

（一）据叶、袁①回称：

1. 据上饶谈判结果，暂不可能取得合法东移。目前的布置和计划，应依目前情况，皖南部队仍坚持原有根据地，准备独立斗争。力求军事指挥重心逐渐转移江北，设法使人员器材陆续北移。

2. 正积极从两方面着手：一面力求与三战区谈判中，首先恢复对苏南交通；一面另派队向江北桐、无②等地活动，建立交通基点，以便会合游击队，打通联系。

3. 已令云逸③，派队到无为与巢县间活动，现有一营兵力进达。三支队暂以一部队伍渡江。

（二）对苏北指示：如八路军与四、五支队不能立即配合，一切政治关系应派队积极向东发展，铲除许多障碍，控制长江沿

＊ 本篇系项英致中共中央的电报。根据中央档案馆馆藏件刊印。篇题为编者所加。

岸，再转向北，对韩④形成大的迂回包围局势。努力扩大充实主力，在军事上采取各个击破，从政治上分化、中立各杂色部队，来孤立韩，力求在冲突中一鼓将韩消灭。

（三）在苏南主要是深入与巩固现有阵地，配合谭震林⑤打通与苏、常⑥之联系，保证与巩固对苏北之交通。

（四）谭部现只千六百余人，常在江阴、无锡、常熟、昆山之间，由地方武装新组织成而不强。现电谭首先与二支配合，打通武进与无锡、江阴联成一片，控制这一带铁道线，以断绝国党，再逐渐阻其援兵东进。然后，集中主力向东及江南后发展，并意图控制长江南岸与江北联系，积极发展两方武装，创造广大游击根据地，并供给大批款项。

（五）三战区联络参谋又来此，再谈判江南与皖南问题。但顾对江北、苏北问题均不谈，等候中央解决。其谈判情形待后电告。

项　英

八月十七日

注　释

① 叶、袁，指叶挺、袁国平。

② 桐、无，即安徽省桐城县、无为县。

③ 云逸，即张云逸。

④ 韩，指国民党军鲁苏战区副总司令兼江苏省政府主席韩德勤。

⑤　谭振林，即谭震林，时任新四军抗日救国军东路指挥部司令员兼政治
　　委员。

⑥　苏、常，即江苏省苏州、常熟。

对顽发起进攻及我向
战区提出要求情况的报告[*]

（一九四〇年八月二十三日）

毛、周、王[①]：

（一）近日战区对我军在军事与外表上虽然缓和，但着重政治进攻与限制和打击地方工作与群众，并在我军周围布军队，配合行政实施控制战略要点，对我形成包围。

（二）顾[②]近来表示对皖北及苏北均不谈，等候双方中央解决，只调整苏南。皖北所谈韩[③]问题，企图恢复彼与北部交通外面联系，对我斥责与限制。

（三）我对策是仍在军事继续保持战备，同时，以政治配合地方与之对抗。军队作各种掩护地方与群众行动，打破以军事对群众威胁。

（四）向战区提出要求：1. 取缔对异军办法与反我军行为；2. 制止压迫群众与强迫接近我之群众目前举动；3. 取缔特工活动与对友军破坏举动；4. 保持军队建制，将皖三支直属军指挥；

＊ 本篇系项英致毛泽东、周恩来、王稼祥的电报。根据中央档案馆馆藏件刊印。篇题为编者所加。

5. 依作战要求重划区域，并规定友军一切关系，部队行动须互相通报，制止敌对举动；6. 群众团体如不违反抗战建国纲领，不应取缔；7. 恢复与保证苏皖交通；8. 立即补发所欠弹药资材等；9. 对一切纠纷由战区与本军各派两人调查，必须严办肇事之部队，并抚恤死伤者，保证以后不得有类似事发生；10. 估计谈判不能全尽解决，只有以我进攻之下，先取得有利于我之个别问题解决，并压倒彼之进攻；11. 我们除驳斥战区所提问题之造谣中伤外，并将彼方破坏我军与制造磨擦事件，向顾、蒋④提出抗议。这是最近大概情形。

项　英

二十三日

注　释

① 王，指王稼祥。

② 顾，指顾祝同，时任国民党军第三战区司令长官。

③ 韩，指韩德勤，时任国民党军鲁苏战区副总司令兼江苏省政府主席。

④ 顾、蒋，指顾祝同、蒋介石。

关于皖南情况及
军部北移困难的报告[*]

（一九四〇年十月十一日）

毛、朱、王并告胡服[①]：

齐亥[②]电悉。"扫荡"皖南敌军被我追击，已向青弋江下游退走。希夷[③]尚在泾县，明日回部，讨论后再作详报。现在我军已积极布置准备。最近三十二集团军指挥部移宁国，新增来八十八军（原在上饶）两个师，行动布置已至绩溪、宁国一带。附近友军（总共八个师）不久前曾有军官会议之举行。地方政府传说正在开会，显系战备，正从各方布置。依据各方形势与条件，军部困难北移，也不便移三支区域（地区太小，敌友进攻无法住），仍以军部所在地作基点较有利，以便与三支地区连成一片，作准备已相当完备。

项

真酉[④]

---

* 本篇系项英致毛泽东等人的电报。根据中央档案馆馆藏件刊印。篇题为编者所加。

注 释

① 指毛泽东、朱德、王稼祥、刘少奇。

② 齐亥，指 8 日 21—23 时。

③ 希夷，指叶挺。

④ 真酉，指 11 日 19—20 时。

关于叶挺要赴上官云相之约的请示*

（一九四〇年十月二十七日）

中央并周、叶①：

上官②相约我冬③日在泾县会见，我们拟均不去。希夷④认为他有去的必要，以免使彼借口而影响与上官的关系（目前我受上官指挥）。我们再三考虑免中彼计，现正侦察各方动态，如无大问题和征兆，希夷准备明后日去泾县。同时，加紧作战之布置。

项

二十七日

注　释

① 周、叶，指周恩来、叶剑英。

---

* 本篇系项英致中共中央的电报。根据中央档案馆馆藏件刊印。篇题为编者所加。

② 上官，指上官云相，时任国民党军第 32 集团军总司令。

③ 冬日，即 2 日。

④ 希夷，指叶挺。

关于新四军皖南部队北移的意见 *

（一九四〇年十月二十八日）

中央及军委：

皖南部队大部北移问题，经过讨论后提出如下意见，请即核电复。

一、北渡因只能去工作人员少数与少数部队，易于转移，而且要相当时间。因沿江敌人握有较密之封锁据点，易于暴露而遭敌、友打击。

二、仅少数或一部部队留皖南，依敌友情况与地形条件，很难坚持游击战，必然限于靠近狭小地区，除非好转，相安无事，否则易遭消灭，或突破后方方能生存，这又在政治上不便。

三、少数或一部部队留皖南，即或一时相安，但地方工作、广大群众组织均无法完全保持，绝大部必遭打击和摧残。

四、要坚持皖南阵地，必须有相当强的兵力才能保证，因此原有的力量不能减弱北移。

五、根据目前情形，当以加强江北为主要，以求控制华中一

---

* 本篇系项英致中共中央和中央军委的电报。根据中央档案馆馆藏件刊印。篇题为编者所加。原档案馆所存此电注有 1940 年 11 月 28 日，现月份是编者考订的。

带，要坚持皖南，确难二者得兼矣。为了便于将来我更大发展，坚持皖南阵地有极大作用。如现放弃，将来不易取得这一个强固的支点。

六、目前总的方针，应有明确的政策，以便于各方之准备（如干部、人员之分配）。如必要坚保皖南阵地，兵力不能减弱，而领导人要留一强者来统一指挥；如决定放弃皖南，则各方应积极准备，而不能形成顾此失彼等。应如何？请速示。

项

二十八日

新四军北移后对江南工作的意见*

（一九四〇年十一月五日）

中央：

中央征电悉，我有如下之提议：

一、闽、浙、赣三省地区，对目前状况交通来往甚困难，指挥已成大问题。将来军队移走，无法指导。我曾建议设分区或特区，现在意见仍然如此。因为环境不同，地区邻近。

二、东局①是否随军走？果如此，东局无作用。是否另成立，将来称苏南，或将东局负责人分到闽、浙、赣分局，直属中央。

三、皖南工作在军队走后，难建立统一领导，将来环境必黑暗。最好靠苏南、皖南地区，归苏南或浙西；靠浙、赣边地区，划归皖、浙、赣管理。目前驻军及沿江一带可划归江北指挥，因取道敌区反便利（这一区域必受大摧残）。

四、浙江在去年曾建立一电台，后因机件坏了停止。近因浙省基本地区经常受顽派进攻，无法派人去修理。目前正设法在改

---

* 本篇系项英致中共中央的电报。根据中央档案馆馆藏件刊印。篇题为编者所加。

建基本地区，另建电台，大概可以成功。以上我个人意见，如何
盼示。

项　复

五日

注　释

① 东局，指中共中央东南局。

叶挺与顾祝同谈判
新四军皖南部队北移方案[*]

（一九四〇年十一月十一日）

毛、朱、王并周、叶[①]：

叶[②]于本日去上饶，带去给顾[③]呈文，包括两点，具体提出如下：

一、关于北渡路线及行期事项：

（一）皖江南北岸敌仍封锁严密，正规武装无法偷渡。为北渡安全计，请准由江苏长江南岸北渡（镇江岸、靖江岸）。皖南部队尽先移驻苏南之溧阳、溧水、宜兴、金坛四县为暂驻区，由此逐步进入敌后北渡，务须在三四个月内全部移毕。

（二）在暂驻区内作战及警备任务，均由职军担任之。

（三）在我转移期间，本战区一切军事部署，请保持十月份原状，以保证职军移驻苏南期间之安全。

二、关于军需补给事项：

（一）请立即废除职军特殊待遇之制度及状况，以照国军一

---

[*] 中央档案馆所存此电无署名，根据内容判断，是项英致毛泽东、朱德、王稼祥、周恩来、叶剑英的电报。篇题为编者所加。

般待遇补给，照军政部规定人数薪饷照发。职军每月经常费请增至十七万元，米贴费增至五万元，并请批发加发医院经费二万元，修械所及兵站经费一万元，以上共二十五万元。

（二）请加发每月政治工作经费二万元（以前全未发过）。

（三）请发抗战三年来伤亡官兵抚恤款一次十万元。

（四）请发北渡特别费五十万元。

（五）因北渡后补给及输送均极困难，所有经费请照前两月发给，并在移动前请准预发经费三个月。

（六）请补给步枪五百支，轻机枪一百挺（以前从未补给过）。

（七）请补给枪弹各一百万发。

（八）请补给手榴弹二万个。

请延转渝。

项

十一月十一日

注　释

① 毛、朱、王并周、叶，指毛泽东、朱德、王稼祥、周恩来、叶剑英。

② 叶，即叶挺。

③ 顾，指顾祝同，时任国民党军第三战区司令长官。

江北须要增兵与统一指挥的建议[*]

（一九四〇年十一月十七日）

毛、朱并胡、陈[①]：

军部既急切不能过江，江北（连苏北在内）兵力分散于几个区域更受牵制，不能集结合力对付汤、桂之师[②]，而今天成为前线的皖北的指挥力量太弱，因此我建议：

（一）八路军应抽调足够兵力南下，增援彭支队[③]地区及张、罗支队[④]地区。

（二）中央应派一人统一江北（包括苏北陈支队[⑤]、黄纵队[⑥]、张罗彭支队）的军事指挥（如目前无人，陈毅是否可以担任？如陈可以，则陈之位置应移至与张、罗、彭在一块）。

（三）首先中央在江北似应有及时有效之全盘军事布置，立即通知胡服、陈、黄、张、罗、彭遵照执行，以便能彼此照顾，不致孤立无援，独立作战，并强其胜利的信心。

项

军机 1940.11.17

---

* 本篇系项英致毛泽东等人的电报。根据中央档案馆馆藏件刊印。篇题为编者所加。

注　释

① 胡、陈，指胡服（刘少奇）、陈毅。

② 汤桂之师，指国民党军第三十一集团军总司令汤恩伯、第五战区副司令长官兼第二十一集团军总司令李品仙等部。

③ 彭支队，指以彭雪枫为司令员的新四军第六支队。

④ 张、罗支队，指以张云逸兼司令员的第四支队和以罗炳辉为司令员的第五支队。

⑤ 陈支队，指陈毅指挥的新四军苏北指挥部。

⑥ 黄纵队，指黄克诚为司令员兼政治委员的八路军第五纵队。

⑦ 陈、黄、张、罗、彭，指陈毅、黄克诚、张云逸、罗炳辉、彭雪枫。

对目前政治军事斗争的意见[*]

（一九四〇年十一月二十一日）

毛、朱、胡、陈并告彭转周、叶并张：

今天国共斗争主要仍以政治为中心，以华中为争夺关节，中央对此有总的方针和必要措施，本毋庸个人多议。项阅泽东同志与胡、陈两电，个人感觉所得，有提出之必要，以供中央及各方之参考有裨益。

（一）正因斗争中心在政治，我完全同意毛所提出之政治攻势。但应注意斗争中的具体内容，既为争夺华中，并以政治进攻为主体外，还应在军事上作战略战役之必要布置，以补助政治攻势，使这种攻势既有力而又能适应任何情况之变化。否则，情况稍有变动，即不能制止彼军之前进。那时，使我在军事上布置不及，陷于仓促应付的不利状态。同时，我认为目前斗争的特点，政治不能脱离军事，是互相关键和相依相成。

（二）所谓战略之布置，绝不是单从军事着眼，主要以毛之意见为基础，而以军事上可能发生之情况，而作战略上各方面之

---

[*] 本篇系项英致毛泽东、朱德等人的电报。根据中央档案馆馆藏件刊印。篇题为编者所加。

布置，控制必要之军队形成隅角之势，便利策应，使彼方不敢轻动而增其迟豫犹疑，便于在政治上之谈判，而取得暂时之缓和。

（三）所谓战略之布置，应拟彼方进攻之兵力，与各方之可能布置，作一可能之到来（判断）确定我之作战主、次要方向，以各个区域之必要布置，使能在彼方进攻之时，依照总的作战方针进行战斗，而达到互相策应、协同一致之目的。否则，易陷于各自为战与分兵之分配，而有遭受各个击破之危险。

（四）敌、顽、我杂居是华中之特点，于我虽有害，但当国民党尚未与日寇最后妥协时，彼亦不利。不能集其大兵作内战时之全面进攻，特别是后方交通运输，使彼无法顺畅解决，而有被我各个击破危险。目前问题中心是，我应择战略之必要地区，拟而巩固之，取得利于我之策应配合，而不利彼方之联系呼应。但彼既占优势，对于将来作战，以至目前双方兵力展开中，使彼陷于劣势不利地位。这在目前求得政治解决，与军事和缓有极大帮助。

（五）自卫战是被动的，在军事上当然不十分有利。但主动与被动之形成与获得，主要是在战略布置上，造成对我有利之条件，以求在战事发动时，利用时机与敌之弱点，而争取主动，故应在被动中力求主动。所谓主动，并不纯为先发制人、先行进攻，而使敌就我，引敌袭我，窥其弱点，乘其空隙，而实行主动之反击。

（六）我们的弱点不是兵力弱小或是太分散，而是缺少在各地应有之坚强主力，而是许多新地区尚未巩固，党与群众工作太弱，最主要是尚未达到指挥统一（现在已解决），各自为战，缺少整个计划和战役之配合。如陈已将韩击败①，黄部②与陈部均集拥于阜、盐东一带，而不能依情迅速作新的布置，而将照水网地带被东北军乘机进占，不得不谓之失策。由于无统一指挥，无全盘计算与各部建制又常变动之所致。假如事先指挥已统一，绝不致如此。我们在黄桥战斗前曾经建议，惜未采纳。

（七）除照泽东电之政治攻势，以至谣言攻势，加紧在各方面之势力，恰当的进行，务须在各地区和部队内积极备战，以最有力之鼓动宣传，增强士气，提高军民之信心与决心，进行各种之动员，作充分之积极准备。十年内战与三年游击战之战斗精神，应大大发扬光大之，使得处于不可战胜之地位，这对于将来有决定之意义。

（八）目前布置不应准备放弃某地，或单从军事考虑某地不可保，而是依照战略战役之要求，有计划的来确定：坚持某地，巩固某地，争取某地，而作各种必要之布置，动员党政军之全力来进行，务求达成战略战役之目的。

（九）创造巩固新地区，主要依靠党与群众工作之极度开展，各种政策之正确实行，纠正和严防可能发生之错误，而达到广大群众和各阶层之争取，将顽方之残余基础，应力摧毁无余，我之根基巩固确实，以利我在政治上进行激烈斗争。

（十）依照今天现有之情报，某方大兵均来至西方，估计其作战方针，可能以主力来皖东北与路东逼我向北退。另有东北军与韩、李③等部会合，对陈、黄部堵击。首先打通与桂军之联系，然后由西向东，配合由北向南之东北军，而向东逼陈、黄于大海、长江之边进行歼灭。另一种在不进行讨伐下，只以大兵步步逼近，先将陈、黄两部及五、六支队联络切断，形成对我几个包围圈，而逼我退出华中。但在任何情况下，坚持路东保持彭部④地区，实为枢纽；保障苏北与爱萍⑤津浦路东之联系是为关节；巩固苏北作大后方，来分配兵力。八路军控制相当主力与鲁南和鲁西南适当地区，作战略上之策应，必要时夹击和侧击东进南下之敌。李先念⑥应准备在必要时，以主力向大别山作敌之侧后牵制。这样必要时，使陈或黄之一部，由东西援，首先消灭北面之敌；以一部控制苏北，配合统战工作，以威胁两李⑦及其他杂色部队，不敢有所动作，而八路军南下配合之。对战术上，在豫东与彭地区，应采取广泛的游击坚持战，而以运动战为辅助，并动员广大群众与地方武装，在敌人进攻地点进行坚壁清野与游击扰乱，破坏交通及其粮食辎重。在必要地点，作坚固之据点，以暂别和扼制敌人。施行战场上最广泛统战工作，来孤立和分化敌人之部队。将主力集结于适当地点，寻其弱点，乘其困疲，而在运动中进行各个击破。估计敌可能继续内战之稳作稳打，逐步筑堡前进，但在今天条件下，我们固有困难（缺乏炮兵），但因地区广大，无法筑成重垒之封锁线，加以敌、顽、我杂居，空隙甚多，而求得在外线作战中，对其部队施以歼灭之可能，即更大更便于我将其后方截断，使其困饥而不支持，我们应有这种信心。

以上，因对敌顽我三方情况俱不清楚，不能提出具体意见，虽带抽象，但供各方参考，或可补千虑之一。

项 英

十一月二十一日

注　释

① 陈已将韩击败，指 1940 年 10 月上旬，新四军苏北指挥部指挥陈毅率部发起黄桥战役，击败了国民党军鲁苏战区副总司令韩德勤部。

② 黄部，指以黄克诚为司令员兼政委的八路军第五纵队。

③ 李部，指国民党军第二十一集团军总司令李品仙部。

④ 彭部，指以彭雪枫为司令员的新四军第六支队。

⑤ 爱萍，指张爱萍，时任八路军第五纵队第三支队司令员。

⑥ 李先念，时任新四军豫鄂挺进纵队司令员。

⑦ 两李，指国民党军鲁苏皖边区游击军总指挥李明扬、副总指挥李长江。

同意中央对时局分析与总方针[*]

（一九四〇年十一月）

毛并恩来：

我们经过讨论（参加者叶、曾、饶、袁、周、傅^①等），对泽东之时局意见一致同意。

一、目前的确是三个阵线正进行严重斗争中，其胜负最后归谁，须看国内外的今后变化与各方力量发展决定，但我党的努力与坚定的正确方针有重要的决定作用。

二、的确应当积极作各种之准备与布置，同时不论怎样严重局面到来，我党能够冲破与应付。以今天的各方条件，已有这种信心，但是要求全党力求巩固与增强这种信心。

三、目前不仅是蒋^②最得意的时候，而且正利用这一时机向我党进一步的压迫，这无论蒋对外如何动机，坚决对内"剿共"那是必然的。

四、目前不仅由于三大阵线在中国的严重斗争，也是全国各阶级力量对比（两党力量）在近一年中起大的变化，正在继续

发展，国共间的一场严重斗争不可免的，我必须坚决作各种必要准备，来迎接这一严重斗争。

五、为了使我们有充分准备及保证这一严重斗争的完全胜利，如能迟延爆发时间是有必要的，但应该注意考虑暂时让步的原因与所得和缓的实际程度，因为蒋反共溶共计划绝不会放弃。固然在政治上使我更有利，更便于争取中间分子，假如太表示弱，也能使蒋得意忘形，步步进逼下更使中间分子动摇畏缩。

六、为了迎接不可避免的严重斗争，为了应付任何局势到来，更为我党我军的生存发展与革命有利进展，在今天局势下，巩固华中，争取华中，是重要的关节。这样，我们同意放弃皖南，使我们力量集中，指挥统一，以免陷于过去各苏区分散之教训。同时，这一严重斗争的主要战场，应该是皖北与鲁豫边，中央应在整个布置上加强这方力量，特别是鲁豫边。

七、同意毛有子③电之对策与总方针。

八、对于皖南北移，全体意见已详江日④电。

注　释

① 指叶挺、曾山、饶漱石、袁国平、周子昆、傅秋涛。

② 蒋，指蒋介石。

③ 有子，即 25 日 1—2 时。

④ 江日，即 3 日。

关于北移工作布置情况的报告[*]

（一九四〇年十二月四日）

中央、军委：

（甲）我们的兵站已于东日^①开始恢复至苏南交通，大批工作人员及资材一部，已于江日^②开始分批向苏南移动。

（乙）整个战斗部队正加紧各种动员与教育，等候情况与时机移动。目前顽还向基本区逼迫，布置极差。由于很多干部不懂秘密工作，遇事简单化，将来顽方压迫，基本地区必瓦解，目前正努力补救。

（丙）各省地方工作，一贯来用公开交通，并无确定交通路线与组织，屡次督促纠正无效，东局^③也未负此责。在过去均是无定期交通，只等各省来人，否则停阻不通。上要下办，下则靠上，结果建立不起。去年底以来，每次来人均带危险性，充分表现农民性的工作与游击方式。

（丁）小姚^④来后极力布置，既无基础，又因时间仓促，而未达成。首先是要各省来人，等了一二月之久才来，刚已商定去

　＊　本篇系项英致中共中央和中央军委的电报。根据中央档案馆馆藏件刊印。篇题为编者所加。原电落款处无时间，现时间是编者根据档案中注记判定的。

办，而变化即到，至今各方接不上头。特别党中央决定建立浙闽分局来电又迟，一切人员均已走了，尚未联络起来。

（戊）无线电已经统战关系护送一架去，是否达到成问题，当难料定。再送电台与材料，却无办法。因为无交通可靠路线与组织，正在巩固某一统战关系，以求得后来之材料补充。

（己）我的行止盼速电示。公开走则不妥，如到重庆反遭阻，并我不善作公开工作的人，加以又是问题直接当事人，最好化装随军车到渝，或先过江北，要各地直接派队护送北上，这倒困难走，加以变化甚快。如何？请即电复。

项

注　释

① 东日，即 1 日。

② 江日，即 3 日。

③ 东局，指中共中央东南局。

④ 小姚，指饶漱石，时任中共中央东南局副书记。

关于北移消息泄漏，
难求迅速北渡的请示报告[*]

（一九四〇年十二月十三日）

毛、朱、王并胡、陈①：

（一）军部之重要资材一千三百担，工作人员千余，自寝日②起分开苏南，约筱日到达路南③，陆续穿插封锁线北运。

（二）部队在皖南积极教育待命。

（三）因国党到处密布，我军北移已使敌注意，到处增加兵力，严密封锁。

（四）到皖北道路，敌与顽均在沿江增兵、筑工事，大部渡江困难，仅可偷渡一部，还要等待时机。

（五）苏南情况更紧张，如封锁线均增加日军，穿插甚不易。

（六）因行动已定，消息又已吐露，无法保守秘密与突然行动，则应再延一时，待敌戒备稍弛，目前当很难求得迅速北渡。

（七）战区仍以我军先行北渡，再发各种费用，对子弹置之

---

* 本篇系项英致毛泽东等人的电报。根据中央档案馆馆藏件刊印。篇题为编者所加。

不理，还在交涉中。我们的态度，不发饷、弹即不开动。我们行动应如何？请电复。

项

元④

注 释

① 毛、朱、王并胡、陈，指毛泽东、朱德、王稼祥、胡服（刘少奇）、陈毅。

② 寝日，即 26 日。

③ 筱日，即 17 日。路南，指江苏省溧水县至武进县的公路以南。

④ 元，即 13 日。

关于北移工作布置及
桂军堵截情况的请示报告[*]

（一九四〇年十二月二十三日）

中央并告胡、陈、周、朱①（请中原转延安，再由延转渝）：

一、对于北移，原定主力到江北，其他经苏南，同时布置除资材人员从五日起至十五日止，分批到达苏南。目前因敌增兵堵截，正设法北进。

二、在江北，在十月间曾派有两营人到江北恢复交通，建立工作，最近又加派两连以上兵力加强该方，阻止桂系进攻，保护交通。

三、前派张正坤率领一批人员去布置船只，不料不秘密，引起敌顽注意。有一部船只被顽夺去，并占领其渡口。敌倭在铜、繁②间加紧封锁。

四、前日又决定张正坤③再率一部兵力北渡，以统一指挥，对抗桂军进攻，便于我军转移。

五、我们原定计划将船只弄好，准备分两批从芜湖、铜繁北

---

* 本篇系项英致中共中央的电报。根据中央档案馆馆藏件刊印。篇题为编者所加。

渡后因敌顽注意，特别桂军增调大兵到庐、无④，向我江北部队进攻，大批渡江已不可能。现改为分小批北渡，但桂军堵击我大为属实，或进占无为东乡，恐又难能成功。

六、现桂军已有两个师到桐⑤、庐、无一带，在士兵中宣布任务，堵我军北渡。

七、昨用叶名义电蒋、何、白、顾⑥，并函要桂军让路，并延期一月。

八、福建电台已通，但因所约密码不清。□□□□曾山已到苏南，准备化装到中原局商洽东南工作。

九、小姚，我曾提议化装经芜湖到上海转苏南或苏北，□□□□较到苏南或江北为易，而较安全，正请以在考虑中。

项

梗午⑦

注　释

① 胡、陈、周、朱，指胡服（刘少奇）、陈毅、周恩来、朱德。

② 铜繁，指安徽铜陵、繁昌。

③ 张正坤，时任新四军第 3 支队司令员。

④ 庐、无，指安徽省庐江县、无为县。

⑤ 桐，指安徽省桐城县。

⑥ 蒋、何、白、顾，指蒋介石、何应钦、白崇禧、顾祝同。

⑦ 梗午，即 23 日 13—14 时。

关于北移困难请示行动方针的报告[*]

（一九四〇年十二月）

中央并毛、朱、周[①]：

一、福建电台已通报，最近战区派三个团、江西一个团向赣北进攻。

二、小姚[②]决定化装经沪去苏北，正在准备进行中。

三、近顾[③]忽令我军改道，而桂李[④]在江北之军事布置，皖南顽军之暗中调动对我包围，阻我交通（见另电），并故意对弹药遣散费之推诿，如此情形，是否彼等有意阻难我们，而便于进攻江北，然后可再借口对付皖南。

四、皖南地方党已动员千余到军队，但党与群众组织者无形解体，顽派活动甚积极，已发生动摇和消沉。

五、部队早已整装待发，两方交通因敌顽两方，而不能顺利北渡。

六、对顾令改道而桂李大军阻截，已电蒋、何、顾、上官[⑤]质问，揭破其阴谋。但请重庆方面提出抗议和公布，以相配合。

---

[*] 本篇系项英致中共中央和毛泽东等人的电报。根据中央档案馆馆藏件刊印。篇题为编者所加。此电落款无时间，注有 1940 年 12 月，无日期，经考证，应是 1940 年 12 月 23 日或 24 日。

原电已直拍周、叶⑥。

七、铜、繁⑦由我驻地到江边，须穿插封锁线，约经五十里之河网敌区，始抵江边。如遇两军（敌人）发觉后即不能渡，大军不能穿插，只能分批偷渡。如被敌发觉，极危险，特别在江中遇敌艇，毫无办法，只要一般军舰停泊江中，便无法偷渡。如无友军在对岸堵截和友军在后夹击，假如相当时间，若断若续的分批偷渡当可。否则，有被截断或遭腰击之危险。

八、情形如此，我们的行动应如何？请考虑后即电示，以免陷于进退两难之境地。

项　英

注　释

① 指毛泽东、朱德、周恩来。

② 小姚，指饶漱石，时任中共中央东南局副书记。

③ 顾，指顾祝同。

④ 桂李，指国民党桂系李品仙，时任国民党军第21集团军总司令。

⑤ 蒋、何、顾、上官，指蒋介石、何应钦、顾祝同、上官云相。

⑥ 周、叶，指周恩来、叶剑英。

⑦ 铜、繁，指安徽铜陵、繁昌。

关于顽方对新四军攻防布置的报告[*]

（一九四一年一月一日）

毛、朱、王[①]：

据息：国方对我军布置和计划是攻防两方面。

一、防我分散向天目山与黄山进攻，以东、南、西三面围攻，用堡垒封锁，逐步推进。估计左路刘雨卿[②]为指挥官，以一四四师、新七师第二旅、七九师、四十师在太平、旌德与我左侧一带，右路上官直辖；以五十二师、一八师在徽屯；以一四八师一个旅并宪兵一个营、六十三师，大约在广、郎[③]一带待机；在天目山也恐有布置，计山炮一连、战斗炮两连。

二、目前四十师与七九师正在运动中，以十号布置完毕。

项

元旦

---

[*] 本篇系项英致毛泽东等人的电报。根据中央档案馆馆藏件刊印。篇题为编者所加。

注 释

① 毛、朱、王，指毛泽东、朱德、王稼祥。

② 刘雨卿，时任国民党军第三战区第23集团军副总司令。

③ 广、郎，指安徽省广德县和郎溪县。

请速向蒋介石、顾祝同
交涉要其撤围的请示*

（一九四一年一月十日）

我全军被围于泾县茂林以南，准备固守，可支持一星期。请以党中央及恩来名义，速向蒋、顾①交涉，以不惜全面破裂威胁，要顾撤围，或可挽救。上下一致，决打到最后一人一枪，我等不足惜。一周后如无转机，则将全部覆没。盼立示。

请胡、陈立转毛、朱②。

叶、项

灰③十四时

注　释

① 蒋、顾，指蒋介石、顾祝同。顾祝同时任国民党军第三战区司令
长官。

---

* 本篇系项英和叶挺联名致中共中央的电报。根据中央档案馆馆藏件刊
印。篇题为编者所加。

② 胡、陈、毛、朱，指胡服（刘少奇）、陈毅、毛泽东、朱德。

③ 灰，即 10 日。

中共中央书记处关于中央苏区及其邻近苏区坚持游击战争给项英及中央分局的指示

（一九三五年二月五日）

（万万火急）项转中央分局：

政治局及军委讨论了中区问题，认为：

（甲）分局应在中央苏区及其邻近苏区坚持游击战争，目前的困难是能够克服的，斗争的前途是有利的。对这一基本原则不许可任何动摇。

（乙）要立即改变你们的组织方式与斗争方式，使与游击战争的环境相适合，而目前许多庞大的后方机关部队组织及许多老的斗争方式是不适合的。

（丙）成立革命军事委员会中区分会，以项英、陈毅、贺昌及其他二人组织之，项为主席。一切重要的军事问题可经过军委讨论，分局则讨论战略战术的基本方针。先此电达。决议详情续告。

中央书记处

二月五日

中共中央给中央分局的指示

（一九三五年二月十三日）

中央分局各同志：（万万火急）

（甲）放在你们及中区全党面前的任务是坚持游击战争，是动员广大群众用游击战争坚韧地、顽强地反对敌人的堡垒主义与"清剿"政策。应该承认中区目前环境的严重性，但应认识中区的斗争对于全国依然有极大的意义。应该坚信，如果我们能够坚持群众的游击战争，其效果将使国民党无法顺利统治曾经得到解放的数百万群众，将使蒋介石许多部队受牵制。最后各地红军胜利，全国群众斗争与中区的斗争配合起来，将必然恢复苏区，粉碎敌人的堡垒主义与"围剿"。目前形势是国民党的统治进一步动摇与破产，蒋介石在五次战争中①是削弱了，军阀间的冲突正在发展。全国革命斗争是继续增长，不是低落。部分的苏区与红军虽受到暂时的损失，但红军主力存在，新的胜利在我们面前。中区党内存在着对时局与当前环境的悲观认识是不对的，震骇于一时的困难是不应该的，对游击战争的坚持性不足是最大危险。因此，必须首先把这一斗争胜利前途的坚信放在你们及全体同志心目中，并向广大群众解释明白。

（乙）立即改变你们的组织方式与斗争方式，使与游击战争的环境相适合。

（一）一连人左右的游击队，应是基干队的普通方式，这种基干队在中区及其附近，应有数十百支。较大地区设置精干的独立营，仅在几个更好的地区设置更精干的独立团。依此部署之后，把那些多余的独立团、营，都以小游击队的形式有计划地分散行动。环境有利则集合起来，不利又分散下去，短小精干是目前的原则。同时，普遍发展群众的游击组，把多余枪弹分配给群众，最好的干部到游击队去。

（二）游击队应紧密的联系群众，为群众切身利益斗争。给养依靠群众及部队自己解决。

（三）在边境及敌后有计划的部署游击战争。上犹、崇义、南山、北山、油山、兴、龙、饶、和、浦②等处要加派精干部队及好的领导人去。在这些地方开展游击战争，将给中区的斗争以极大的帮助。湘南游击区也应由你们去加强它，但不应以庞大部队远出，而应以相当部队依傍着中区配合发展。依野战军及红十军的经验，如你们以大部队远出，是没有胜利保障的。

（四）彻底改变斗争方式，一般都应由苏区方式转变为游击区的方式。要加强秘密工作，使与游击战争联系起来，占领山地，灵活机动，伏击袭击，出奇制胜是游击战争的基本原则。蛮打硬干，过分损伤自己是错误的，分兵抵御是没有结果的。突击运动及勉强使用纸币目前都不适宜了。

（五）极大的给以地方党及游击部队以独立领导权，并培养他们这种能力，即使长期隔断，也要能独立存在。庞大的机关立即缩小或取消，负责人随游击队行动，得力干部分配到地方去。分局手里应有一独立团，利用蒋粤接合部，在赣南、闽西一带转动，最忌胶着一地，地方领导机关亦然。

（六）确切的进行瓦解白军工作，把这一工作放在支部及游击队工作的头等地位。

（七）选派许多适宜的干部到白区去，汕头、厦门、香港、上海及其他地方的工作，你们都应该设法去建立。

同志们！目前正是困难与胜利的分水界，我们相信你们一定能够坚持到底，争取党的路线的胜利。望你们讨论这一指示。

中　央

二月十三日

注　释

① 五次战争，指国民党军对中央苏区发动的第五次"围剿"。

② 兴、龙、饶、和、浦，即广东兴宁、龙川、饶平及福建之平和、漳浦。

中共中央给项英及中央分局的指示

（一九三五年二月二十三日）

项英同志并转中央分局：

在执行中央指示中应注意下列问题：（一）行动前，必须将行动的任务及目前的形势在干部中、在指战员中进行充分的解释与动员。在时间上许可时，应尽可能的给部队以相当休息训练与补充的时间。（二）所有出发游击的部队，必须绝对轻装，任何笨重的东西、行李都不应拿，以便利于迅速的运动。一切供给均应取之于活动地区。（三）每一部队不要拥挤很多的干部，即分局的一个团，也不应把分局的人都集中在一起。除项英、潭秋、贺昌三人外，其他同志可在其他的部队内负责工作。陈毅可独立领导一个独立团。分局带的工作人员全部不应超过十人。（四）苏区干部除分散到游击队去的外，应有一部分派回到被占领区域去，可能时最好是自己的家乡，隐藏在群众中，进行与建立秘密工作。（五）白区干部应尽量分散到白区，特别是邻近白区去。游击队携带的多余的干部，应留给地方党加强他们的领导。（六）对所有干部应解释清楚，万一被敌人冲散或隔断时，应有决心独立进行工作，顽强奋斗。（七）必须周密地建立秘密的交通网。（八）在游击活动中，必须特别反对关门主义，反对机械的使用老苏区的一切办法的倾向，广泛的进行发动群众的工作。知道利用一切开始时参加革命的小资产阶级分子。

书记处

二十三日

中共中央为公布国共合作宣言*

（一九三七年七月十五日）

亲爱的同胞们：

中国共产党中央委员会谨以极大的热忱向我全国父老兄弟诸姑姊妹宣言，当此国难极端严重民族生命存亡绝续之时，我们为着挽救祖国的危亡，在和平统一团结御侮的基础上，已经与中国国民党获得了谅解，而共赴国难了。这对于我们伟大的中华民族前途有着怎样重大的意义啊！因为大家都知道，在民族生命危急万状的现在，只有我们民族内部的团结，才能战胜日本帝国主义的侵略。现在民族团结的基础已经定下了，我们民族独立自由解放的前提也已创设了，中共中央特为我们民族的光明灿烂的前途庆贺。

不过我们知道，要把这个民族的光辉前途变为现实的独立自由幸福的新中国，仍需要全国同胞，每一个热血的黄帝子孙，坚韧不拔地努力奋斗。中国共产党愿当此时机，向全国同胞提出我们奋斗之总的目标，这就是：

---

* 这是周恩来为中共中央起草的宣言。原载《周恩来选集》上卷，人民出版社 1980 年版，第 76—78 页。此宣言起草于 1937 年 7 月 4 日，7 月 15 日由中共中央交付国民党方面，至 9 月 22 日国民党中央社才发表。

（一）争取中华民族之独立自由与解放。首先须切实地迅速地准备与发动民族革命抗战，以收复失地和恢复领土主权之完整。

（二）实现民权政治，召开国民大会，以制定宪法与规定救国方针。

（三）实现中国人民之幸福与愉快的生活。首先须切实救济灾荒，安定民生，发展国防经济，解除人民痛苦与改善人民生活。

凡此诸项，均为中国的急需，以此悬为奋斗之鹄的，我们相信必能获得全国同胞之热烈的赞助。中共愿在这个总纲领的目标下，与全国同胞手携手地一致努力。

中共深切知道，在实现这个崇高目标的前进路上，须要克服许多的障碍和困难，首先将遇到日本帝国主义的阻碍和破坏。为着取消敌人的阴谋之借口，为着解除一切善意的怀疑者之误会，中国共产党中央委员会有披沥自己对于民族解放事业的赤忱之必要。因此，中共中央再郑重向全国宣言：

一、孙中山先生的三民主义为中国今日之必需，本党愿为其彻底的实现而奋斗。

二、取消一切推翻国民党政权的暴动政策及赤化运动，停止以暴力没收地主土地的政策。

三、取消现在的苏维埃政府，实行民权政治，以期全国政权之统一。

四、取消红军名义及番号，改编为国民革命军，受国民政府军事委员会之统辖，并待命出动，担任抗日前线之职责。

亲爱的同胞们！本党这种光明磊落大公无私与委曲求全的态

度，早已向全国同胞在言论行动上明白表示出来，并且已获得同胞们的赞许。现在为求得与国民党的精诚团结，巩固全国的和平统一，实行抗日的民族革命战争，我们准备把这些诺言中在形式上尚未实行的部分，如苏区取消、红军改编等，立即实行，以便用统一团结的全国力量，抵抗外敌的侵略。

寇深矣！祸亟矣！同胞们，起来，一致地团结啊！我们伟大的悠久的中华民族是不可屈服的。起来，为巩固民族的团结而奋斗！为推翻日本帝国主义的压迫而奋斗！胜利是属于中华民族的！

抗日战争胜利万岁！

独立自由幸福的新中国万岁！

中国共产党中央委员会

秦邦宪、叶剑英关于项英离南京去延安致张闻天、毛泽东电

（一九三七年十月二十六日）*

洛、毛：

一、项英定于今日离此，经西安来延安，陆回总部。

二、因情况不明，项、陈①在谈判中有些不妥处，但总的方向是对的。

三、项到后，似以留中央为妥，但几个游击区均急需党、军、政干部问题，拟请调邵式平②赴闽、浙，张子意③赴湖，罗梓铭④赴赣，请考虑决定。

博、叶

二十六日

注　释

① 项、陈，指项英、陈毅。

---

* 档案中注有 1937 年 11 月 26 日，现月份是编者考订的。

② 邵式平，当时任陕北公学教育长。

③ 张子意，原任红军第 6 军团政治部主任，1937 年 9 月调离部队到延安。

④ 罗梓铭，当时任中共湘鄂赣省委常委兼组织部部长。

中共中央政治局对于
南方游击区工作的决议*

（一九三七年十二月十三日通过）

政治局听了项英同志关于南方游击区的报告之后，认为项英同志及南方各游击区的同志在主力红军离开南方后，在极艰苦的条件下，长期坚持了英勇的游击战争，基本上正确的执行了党的路线，完成了党所给予他们的任务，以致能够保存各游击区在今天成为中国人民反日抗战的主要支点，使各游击队成为今天最好的抗日军队之一部。这是中国人民一个极可宝贵的胜利。

项英同志及南方各游击区主要的领导同志，以及在游击区长期艰苦奋斗之各同志，他们的长期艰苦斗争精神与坚决为解放中国人民的意志，是全党的模范。政治局号召全党同志来学习这些同志的模范。

现在放在中国共产党前面的任务，是在扩大与巩固以国共两

* 按：此件，根据中共中央书记处编《六大以来》（上），人民出版社1981年版，第896页。

党的合作为基础的抗日民族统一战线，以战胜日寇。政治局相信南方过去各游击区的同志同样能够在中央及中央东南分局的领导之下，完成争取中华民族的独立解放的神圣的任务。

张闻天、康生、陈云、毛泽东 关于长江南北作战部署致陈绍禹等电

（一九三七年十二月三十日）

陈、周、项、博、叶①同志：

关于长江南北作战部署意见：

甲、为使敌攻武汉处于我之战略包围，我军必须建立下列两个主要军区及六个辅助军区：

（一）苏浙皖赣边军区，以皖南为重心。攻击并准备攻击南京、芜湖、杭州、浙赣路与湖口之敌。

（二）鄂豫皖军区，以舒、桐、黄、广、高、田②为中心。攻击并准备攻击占领三条铁道及沿江之敌。

以上两区是主要的。国民党须派大员指挥并各部署三万至五万兵力于其中。我们则以陈毅支队置于皖南，以高敬亭支队并准备增加一部置于皖北。

（三）浙南军区。攻击占领杭甬路③及浙赣路之敌。

（四）鄂赣军区。准备攻击占领沿江及南浔路④之敌。

（五）汉水军区。准备攻击占领平汉南段⑤之敌。

（六）豫西军区。准备攻击平汉中段之敌。

乙、为在敌之远后方起战略钳制作用，须建立苏鲁军区，以

苏鲁交界为中心并指挥鲁东游击战争。此区国民党须派可靠大员，我们派人辅助之。此区与皖南、皖北两区须立即部署。

以上意见，请考虑后向蒋⑥提议。

洛、康、陈、毛

十二月三十日

注　释

① 指周恩来、项英、博古（秦邦宪）、叶剑英。

② 舒、桐，指安徽省舒城县、桐城县；黄、广，指湖北省黄梅县、广济县；高，应是"商"，指河南省商城县；田，应是"固"，指河南省固始县。

③ 杭甬路，即杭州至宁波铁路。

④ 南浔路，即南昌至九江铁路。

⑤ 平汉南段，即北平（北京）至汉口的铁路南段。

⑥ 蒋，指蒋介石。

曾山关于党的组织问题给陈绍禹、秦邦宪的报告*

（一九三八年一月十五日）

王明、博古二同志：

我们到南昌将一礼拜之久了，开了东南分局的会议，讨论了中央及长江局对我们的指示，继续讨论了皖浙赣边特委工作和改组了该特委组织（前书记是叛徒），并决定陈毅同志亲身去该地传达中央及长江局的指示及东南分局对该特委工作和调集该地游击队改编为新四军一部分迅速开到皖赣边界去建立抗战支点。并加派了陈时夫参加特委、李化阶同志帮助工作。

赣北特委尚未正式成立，只指定涂振农同志兼书记，大嫂（陈少芳）及曾经声同志（此同志是湘鄂赣派去找赣北游击队的同志）三人暂时成立赣北工委，并搜集新四军有些同志及东南分局一部分同志共同组织南昌市工委，去帮助进行市内工作。这里只有外地来的战地服务团内有几位同志外，一无所有。

黄道与叶飞二同志均到了南昌，我们正在讨论该地工作。他

---

* 此件为中共东南分局副书记兼组织部长曾山给王明（陈绍禹）博古（秦邦宪）的报告。

们过去的工作中心是保持和扩大了游击队（黄道处一千人左右，叶飞处一千四百多人，枪支大约半数）。这是他们几年来的艰苦斗争光荣的事业，党的组织，黄道处好些，叶飞与皖浙赣边都是很少有党的下层组织，有的是新派去的工作团，从新恢复了一些成绩。

黄道与叶飞及刘英等内部斗争很利害，甚至有些地方是离开党的原则闹成分离的非常坏的现象，现项英同志正在向他们耐心的说服，使他们了解党的原则和尊重党的利益。我们估计黄与叶是基本无问题，刘英没有来南昌，纠究如何还不能说（刘复电来暂不来南昌），现准备派人去争取他们。我们相信用尽一切力量去说服他们，是可以争取他们的。

公开工作与秘密工作联系问题，确实是成大问题。我感觉是我们目前党的工作最大的困难的问题，原因如下：

1. 老干部秘密工作缺乏，一到大城市满街乱跑，与外人接触谈话时往往把党的秘密泄露出。

2. 有时老干部穿的衣和行动都表现不同，使外人一看就知道。

3. 敌人侦探严密侦查我们行动，但我们对敌人内部没有了解，真是难以了解敌人对我们的动作如何。老涂到南昌早，侦探跟到住屋边来，更不要说敌人派假装接头谈话来侦查我们。

特字前来请求你们是否能够多多指教我们一点公开工作与秘密工作联系的工作方法来灵活的应用，求得脱离敌人的掌握来建立党的组织工作。当然，未得到你们的指示之前，我们还是尽可能想出方法来进行工作。

徐□根我常听过是叛徒坚决分子，有一晚打电话要项同志夜晚去一个旅馆接头，当时，项主席找我谈，是否要去秘密与他见面，当时我向项主席提出意见，与他见面目的只能侦查一些消息和分散他们对我们的攻击外，无其他作用。同时我说了听过康生与王明同志说过，右派是与托派联系着，因此，我向项主席说，要去是应考虑是否派别人去与他见面，徐□根提出不能与别人见面，只能与项亲身见面，我确不知徐□根用意如何。

南昌这类的人是非常多，我们是对他们□是经验不够，请你们是否能找出一位专门做过这方面工作的同志给我们应用。

赣北有一个小游击队还没有找到，前次湘鄂赣特委派去三位同志去找他们，结果是找着了，因派去的同志说话不策略，该游击队认为是投降了国民党派去的叛徒，马上捆起枪决了二位好同志，一位同志逃走出来了。但又派了三位同志去找这个游击队。我们根据过去的经验教训，告诉了派去的同志如何接近他们，找到后，如何向他们传达党中央对他们的指示，一步一步的达到使他们接受党的指示和队伍改编。

陈毅同志到湘赣谭余保处，亦受了不少的困难，结果是达到了胜利，接受了党的使命，队伍可以改编了。

以上，不过是一些零碎事情告诉你们。请你们以后的文件、自己的报纸、杂志应多多寄我们转发各地，你们翻印了一些书籍亦代寄我们散发各地。

芦韦良同志是我们派来与你处建立交通问题的，请你们接洽和商讨如何建立及工作方法而指教他，另外你们对于我们个别重要工作问题，亦可同他谈来告诉我们执行。

完了。

你处汇来五十元的汇票收到，明天准备去汇书来用。

曾山

一月十五日

毛泽东同意新四军的
行动原则致项英、陈毅电

（一九三八年二月十五日）*

项、陈：

迭电均悉。

甲、同意十四日电的行动原则，力争苏浙皖边发展游击战。但在目前最有利于发展地区还在江苏境内的茅山山脉，即以溧阳、溧水地区为中心，向着南京、镇江、丹阳、金坛、宜兴、长兴、广德线上之敌作战，必能建立根据地，扩大四军基地。如有两个支队，则至少以一个在茅山山脉，另一个则位于吴兴、广德、宣城之线以西策应。

乙、干部候抗大三期毕业派一批给四军，目前实在调不出，并望你们多少送点人来学习。

毛泽东

十五日

---

* 档案中注有 1938 年 10 月 15 日，现月份是编者考订的。

毛泽东同意先派支队去
溧水一带侦察致项英电[*]

（一九三八年四月二十四日）

项：

主力开泾县、南陵一带，先派支队去溧水一带侦察甚妥，惟须派电台及一有军事知识之人随去。

毛泽东

二十四日

本篇在编入《新四军·文献》（一）（见解放军出版社 1994 年版，第
215 页）在设置标题时，将毛泽东同意"先派支队"错写为"先遣支
队"，就给先遣支队套上了合法的光环。经考证，当年叶挺、项英所发
文电和陈毅发表的文章、《赖传珠日记》均称"先遣队"，不是"先遣
支队"，故在编《项英文集》时恢复原错为"先派支队"。

毛泽东关于新四军应
进行敌后游击战争致项英电

（一九三八年五月四日）

项英同志：

在敌后进行游击战争虽有困难，但比在敌前同友军一道并受其指挥反会要好些，方便些，放手些。敌情方面虽较严重，但只要有广大群众，活动地区充分，注意指挥的机动灵活，也会能够克服这种困难，这是河北及山东方面的游击战争已经证明了的。在侦探部队出去若干天之后，主力就可准备跟行，在广德、苏州、镇江、南京、芜湖五区之间广大地区创造根据地，发动民众的抗日斗争，组织民众武装，发展新的游击队，是完全有希望的。在茅山根据地大体建立起来之后，还应准备分兵一部进入苏州、镇江、吴淞三角地区去，再分一部渡江进入江北地区。在一定条件下，平原也是能发展游击战争的。条件与内战时候很大不同。当然，无论何时，应有谨慎的态度，具体的作战行动，应在具体情况许可之下，这是不能忽视的。薛岳①等的不怀好意，值得严重注意。但现时方针不在与他争若干的时间与若干里的防地，而在服从他的命令，开到他指定的地方去，到达那里以后，就有自己的自由了。尔后，不要对他事事请示与事事报告，只要报告大体上的行动经过及打捷报给他。此外，请始终保持与叶②同志的良好关系。

以上请加以考虑。

毛泽东

五月四日

注　释

① 薛岳，当时是国民党第3战区前敌总司令。

② 叶，指叶挺。

中共中央书记处关于
新四军行动方针的指示

（一九三八年五月十四日）

长江局、东南分局及项英：

甲、迭次来电均收到。根据华北经验，在目前形势下，在敌人的广大后方，即使是平原地区，亦便利于我们的游击活动与游击根据地的创立。我们在那里更能自由的发展与扩大自己的力量与影响。只要自己不犯严重错误与慎重从事，是没有什么危险的。

乙、因此，新四军正应利用目前的有利时机，主动的积极的深入到敌人的后方去，以自己灵活坚决的行动、模范的纪律与群众工作，大大的去发动与组织群众，建立地方党，组织与团集无数的游击队在自己的周围，扩大自己，坚强自己，解决自己的武装与给养。在大江以南，创立一些模范的游击根据地，以建立新四军的威信，扩大新四军的影响。

丙、必须向党的干部解释目前斗争形式与过去的根本区别，因此，目前的工作方法与方式应与过去的根本的不同。要他们在大胆的向外发展与积极的抗战行动中，来扩大与巩固统一战线，争取更多同情者在自己的周围，同时扩大与巩固自己的力量。也只有这样，才能有力的打击造谣中伤与打破防范限制。

中央书记处

五月十四日

毛泽东关于新四军应放手向敌后发展致项英电

（一九三八年六月二日）

项英同志：

支电①悉。

一、顾祝同较开明，望与好好联络。

二、地区扩大已不患无回旋余地，望根据战争的实际经验，凡敌后一切无友军地区，我军均可派队活动。不但太湖以北、吴淞江以西广大地区，即长江以北到将来力能顾及时，亦应准备派出一小支队。

三、敌之总目标在进攻武汉，你们可放手在敌后活动。

四、枪支可由地方与敌人大批取得，不必多花钱远处购买。

五、加紧教导队训练，扩充名额，以备扩大部队之用。

六、赖传珠②可任副旅长或旅政委或暂令训练教导队，望考虑。

七、电台员正令三局设法。

八、汉口来件已到。

毛

二日

注　释

①　支电，指项英5月4日关于1支队正向溧水、大王寺前进及与顾祝同谈判结果致毛泽东并陈绍禹、周恩来、曾山、黄道电。

②　赖传珠，当时任新四军军部参谋处处长。

中共中央关于
新四军成立一周年的贺电

（一九三八年十月一日）

叶军长、项副军长暨全体将士：

在新四军成立的一周年纪念日，中央特向你们致贺！

现在正当国际风云紧张、武汉形势危急的时候，中国人民抗日的神圣战争正处在新阶段的前面，我们全国需要精诚团结，克服困难，坚持抗战，准备反攻，以求在持久战中战胜日本强盗。为要达到这个目的，必须巩固团结统一，坚持国共合作，反对日寇的挑拨离间，拥护蒋委员长和国民政府。

新四军在与日寇血战的一年中，取得了很大的胜利，打击了日寇，壮大了自己，创设了游击区域。我们相信，新四军以原有的艰苦卓绝的奋斗精神，丰富的游击战争的经验，定能克服当前的一切困难，提高部队的政治觉悟与战斗力，成为大江南岸的一支模范军队。同时，我们相信，新四军本着共产党的正确路线，依靠着共产党的骨干，一定能够与一切抗日军队亲密团结，共同进行反对日寇的持久战争，争取持久战的胜利。

祝新四军的成功与胜利！

中国共产党中央委员会

十月一日

新四军成立一周年
纪念给中共中央的致敬电

（一九三八年十月二日）

中国共产党中央委员会诸同志钧鉴：

本军奉命改编已届周年。一年来战胜各种困难，自集中改编到参加抗战，在和日寇大小数十次的战斗中均获胜利，勉尽绵力，此固由于全军将士之用命者，主要则为中共中央领导正确之所致。现在强寇尚未驱除，抗战正待坚持，我们当继续过去革命传统精神，学习一年经验，坚决在中央领导之下，坚持长期抗战，坚持统一战线，为争取抗战最后胜利而奋斗，为独立、自由、幸福的新中国而奋斗！

特电致敬，并请指示。

新四军全体指战员

同叩

二日

毛泽东、王稼祥、刘少奇关于
张云逸可率部过江活动致项英等电

（一九三八年十一月十日）[*]

项并转周、叶① ：

一、白崇禧已允新四军张云逸同志率一个营到长江以北安徽境内活动，已否派去？

二、现在安徽中部最便利我军活动，新四军可否派两个至三个营交张云逸同志率领过江。

三、四支队及八团队的经费以后归何处发给？如何转交？他们归何处指挥？与中原局关系如何？

以上均望电复。

毛、王、胡

十日

　＊　档案中注有 1940 年 8 月 10 日，现月份是编者考订的。

注　释

① 指周恩来，叶剑英。

中央给新四军党代表大会的贺电

（一九三九年八月一日）

项英同志转新四军党代表大会全体同志公鉴：

中央首先庆贺你们大会的开幕，庆祝同志们的健康。新四军的领导同志在坚持三年游击战争的阵地上，锻炼出坚持党的路线至死不屈的党的坚强干部，保存着各个游击区域艰苦卓绝的武装骨干，发扬着布尔什维克英勇奋斗的光荣传统，为党和抗日民族统一战线造出一支抗战前线上铁的新四军。在抗战两年中，新四军坚持大江南北的抗战阵地，开展了敌后游击战争，给了敌人无数次的损伤，破坏了敌人无数的扫荡，并且正打击着敌人以战养战的新政策，为大江南北沦陷区域的群众指出一个光明的奋斗目标，与新四军一起发展敌后游击战争，建立大江南北的游击根据地，以争取长期抗战的胜利。这是你们的成功，这是新四军党的领导的正确。现在汪逆精卫在日寇指使下正在上海企图建立伪府，国际妥协派特别是张伯伦政府，正在出卖中国沦陷区域，国内投降派正在阴谋响应反共分子，正在到处活跃，大江南北正在不断发生惨案，而平江惨案更是最严重的一个。中央一方面正号召全国为这些惨案抗议，为死难的同志致哀，另一方面更指出目前投降与反共的重大危险正在我们面前，尤其是在新四军作战的大江南北更加严重。中央相信，新四军党的代表大会必能坚持党的持久抗战路线，发展游击战争路线，发展大江南北的游击战争，巩固与扩大铁的新四军，训练和创造大批的布尔什维克的军政干部，建立和扩大大江南北的游击根据地，组织沦陷区域千千万万的群众，在党的周围，新四军的周围，反对投降妥协，反对反共阴谋，反对出卖中国的沦陷区域，为巩固国共合作，坚持长期抗战而奋斗到底，党的布尔什维克路线万岁！新四军党代表大会成功万岁！

中共中央委员会

八一于延安

根据中央档案原抄件刊印

新四军第一次全军党代表大会对三年游击战争基本总结的决议

（一九三九年八月三十一日）

大会听了陈毅、谭震林二同志对三年游击战争总结的报告，全体代表一致同意并成立决议如下：

（一）1937年冬中央政治局对三年游击战争的决议其中指出："南方三年游击战争在项英同志领导之下，保持了南方游击战争的基本阵地和基本部队，保护了南方党的基本组织与群众利益，这是各级党长期坚持党的基本方针，以英勇牺牲艰苦奋斗所获得的结果，这种布尔什维克的精神是全党的模范，号召全党学习"。大会认为中央上列的决定是完全正确的。

（二）大会认为三年游击战争能够坚持能够胜利的基本原因在于有坚强的党的领导和全党一致的团结，在于依靠群众斗争的基础，在于以武装斗争为骨干，同时并充分利用各省边区的地形条件发展和创造了灵活的新游击战术，这是中国党内最伟大的成就之一，新四军今天能够在大江南北战胜日本强盗，就是在于继承了这些经验与教训，这不仅是共产党的光荣，也是全民族的光荣，在今天抗日战争中各个游击区域都值得学习和研究这些经验与教训。

（三）大会认为党在领导过去三年游击战争中间，不仅坚持了党的方针，尤善于抓住当时形势与当地斗争条件进行很艺术的配合，这指明了我党在胜利时，不但善于进攻，而且在挫折和不利时更善于组织退守，也证明了党在三年游击战争中灵活的运用自己的武器——马克思列宁主义，所以能克服困难争取胜利迎接新时代的到来，这种领导艺术的成就，对于今天抗日战争尤当有实际教育意义。

（四）大会认为三年游击战争是在双方力量对比的绝对悬殊之下进行的，是在主力红军放弃南方阵地以后进行的，是在进攻者不断的进攻和包围中间进行的，是在南方十数省边区经常隔绝和包围状态中进行的，因此，一方面，使新四军具备了任何困难时候都有坚持独立作战的特长，同时另一方面也使新四军在抗战中虽为了江南各种不利条件仍然发挥其传统精神，取得不断的胜利，这些铁的事实，是粉碎唯武器论、亡国论和游击战争取消论最有力的武器，也是新四军对中国抗战最伟大的贡献，这种政治上的成就我们应该清楚认识的。

（五）大会同时指斥有一种偏向，就是只看到三年游击战争中伟大的优良的一方面，而忽视它的弱点一方面，大会指出在三年游击战争中因主客观条件的不同，也产生了许多不良的倾向，如散漫无组织性的游击主义，如不顾主客观形势的拼命盲动倾向，以及小单位的地方本位主义和组织上的个人英雄思想等等。这些倾向无疑的在某些组织中存在着，给三年游击战争以损害，这些损害也就相当削减了三年游击战争的成果。大会号召全军全党对这方面进行深刻的自我批评。大会更深刻指出，这些倾向在新四军党还存在着或多或少的残余，如何彻底肃清这些残余是摆在新四军党面前的迫切任务。

（六）大会指出，三年游击战争之坚持，事实上说明政治领导是游击运动存在和发展的唯一保障，南方党强有力的政治领导是三年游击战争能够坚持的基本条件，同时在某些地区或部队中因某一时期政治领导薄弱和放松就立即遭受损失甚至根本失败，因为如游击队及游击区在独立作战环境中，在敌人经常包围中，容易接受外界感染，容易忽视大局，容易产生各种不正确倾向，此时党的政策上的领导恰如斗争坚持的防腐剂，他不仅能够防止并纠正各种倾向，而且能更有远见的指示方针和前途，更加勇敢顽强的精神突破困难。在三年游击战争结束之际，产生了杨文翰①、刘维泗②等土匪主义，既于长期脱离党的领导，其政治意识逐渐削弱，以至最终失掉本来面目，在根本上起了质的变化，而走上土匪主义的没落道路，这种最苦的教训应适用于当前抗日游击战争，如分散于敌后的游击部队必须加强政治领导及上下级联系，始有走向正确发展壮大的光明前途。

（七）大会承认三年游击战争之伟大政治意义仅在于他能突破对方的包围"清剿"，保持自己的基干力量，战胜所遭遇的各种政治经济军事的困难，但是三年游击战争绝不能推翻敌对方，这就是由于当时的主客观的形势所限制，也说明游击战争的作用是不能担负革命战争的决战任务，因此游击运动由开始到最终均应积极向扩大主力方面前进，绝不可能长年岁月停顿在游击战争的阶段上，这对于当前的抗日游击战争更富于实际的政治教训！

（八）最后大会向牺牲于坚持三年游击战争的先烈同志们致哀悼和崇敬，向南方各游击区的革命群众及先烈家属致慰问，大会认为应继承和发扬三年游击战的精神，为坚持大江南北抗战，争取抗战最后胜利而奋斗到底！

注　释

① 杨文翰，皖浙赣边一支红军游击队负责人，拒绝下山改编。1943 年因叛徒告密，被国民党当局杀害。

② 刘维泗，皖浙赣边九江地区一支红军游击队的负责人。

学习三年游击战争的经验[*]

（一九三九年八月×日）

（一）大会已于过去二十日对于三年游击战争的经验与教训作了基本的总结，认为三年游击战的坚持主要依靠以党为中心、群众为基础、武装为骨干，有这些条件与灵活战术的辅助，故能战胜任何困难坚持斗争到底。大会号召全军党员学习与接受三年游击战争的最宝贵经验与教训，保持和开展三年游击战争的为党的斗争与艰苦奋斗的精神来完成党□为取抗战最后胜利而坚决斗争。同时，总结三年党的工作，认为党在四〔三〕年一切工作与发展党起了绝对作用，每次战斗的牺牲党员占百分之七十以上，证明党内不断的反对一切不正确的倾向使党日益的巩固和强大起来，目前党内中心工作是加强马列主义教育，严密党的组织和纪律，发扬党内自我批评与思想斗争，反对自由主义与小资产阶级宗派主义的残余。

---

[*] 节选自《新四军全军第一次党代表大会详情报告》，标题为编者所加。

中共中央书记处关于
江北新四军应猛烈向东发展的指示

（一九三九年十一月十九日）[*]

胡服、德怀、项英、北方局：

甲、胡服同志十一日电①悉，完全同意。

乙、整个江北的新四军应从安庆、合肥、怀远、永城、夏邑之线起，广泛猛烈的向东发展，一直发展到海边上去，不到海边决不应停止。一切有敌人而无国民党军队的区域，均应坚决的尽量的但是有计划有步骤的去发展。在此广大区域，应发展抗日武装（正规的与地方的）五万至十万人枪，惟须指导下级避免与韩德勤②的基本区域发生冲突，注意争取一切国民党与地方绅士之同情者与之建立合作关系，正确掌握统一战线原则，注意地方党的建立，注意新发展部队的巩固。

丙、为此目的，新四军军部应指导张云逸、徐海东、罗炳辉（罗如可留，以留他不走为宜）、周骏鸣③诸同志，使他们明确了解上述任务。张、徐、罗、周各该指挥机关应广泛招收地方上忠实的青年知识分子与半知识分子，扩大教导队。同时，军部应输

送大批已训练好的青年及尽可能抽一批有经验的中下级干部去加强江北。

丁、为此目的，中原局应动员豫西、鄂北的大批忠实青年去彭雪枫部开办千人左右之学校。雪枫在当地应注意招收半知识分子。

戊、为此目的，北方局应立刻准备从抗大本校及一、二两分校拨出学生七百人，妥慎的送往彭雪枫处。

己、为此目的，延安亦准备供给一部分干部。

中央书记处

十一月十九日

注　释

① 指 1939 年 11 月 11 日，刘少奇（胡服）关于豫皖苏地区情况和对该区工作布置致中共中央电。

② 韩德勤，当时是国民党鲁苏战区副总司令兼江苏省主席。

③ 张云逸，当时任新四军参谋长兼江北指挥部指挥；徐海东，当时任新四军江北指挥部副指挥兼第 4 支队司令员；罗炳辉，当时任新四军第 5 支队司令员；周骏鸣，当时任新四军第 5 支队副司令员。

中共中央书记处对
新四军发展方针的指示

（一九四〇年一月十九日）

项英同志并转东南局各同志：

一、新四军向北发展的方针，六中全会早已共同确定，后来周恩来到新四军时又商得"向南巩固，向东作战，向北发展"的一致意见。华中是我们目前在全国最好发展的区域，在华中可以发展（彭雪枫部①由三连人发展到十二个团，李先念部由几百人发展到九千人），而大江以南新四军受到友军十余师的威胁和限制的时候，我们曾主张从江南再调一个到两个团来江北，以便大大的发展华中力量。

二、今后全国形势的发展，即使全国发生大事变后，新四军能否向南发展，向皖浙赣大活动，抑或应过江向北，要看今后的形势来决定。假如全国剿共，则我们可以向南；假若是前途是国共划界而治，则我们不宜大举向南，而宜向北，以求与蒋②隔江而治。所以新四军的退路有二：一为皖北、苏北；一为皖、浙、赣、闽交界地区。现在两条退路都要准备，但最后采取那一条路要到那时才能决定。

三、在全国未公开投降以前，即现在的抗日反共局面继续下去的形势下面，新四军大江南北部队应在现地区力求发展。发展当然会引起磨擦，但只有发展力量，给磨擦者以反打击，给武装进攻者以反攻，才能巩固自己，坚持阵地和克服投降危险。反磨擦就是反对反共派、投降派的斗争。这种斗争并不促进分裂而是延迟分裂、阻止分裂、延迟投降、克服投降的有效办法。如不斗争，不足以巩固统一团结和坚持抗战。

四、皖南既不能再调部队过江到皖北，我们同意不再调。新四军在皖南、江南力求扩大的计划，我们完全同意。由江南抽兵到皖南，请考虑。因为我们觉得似乎皖南发展较难，江南发展较易。江南陈毅同志处应努力向苏北发展。

五、同意四、五支队归中原局指挥，但在苏北扬州一带的部队，则仍归项英、陈毅同志指挥。

中央书记处

一九四〇年一月十九日

注　释

① 彭雪枫部，指以彭雪枫任司令员兼政治委员的新四军第六支队。

② 蒋，指蒋介石。

中共中央书记处关于新四军军部移苏南及第一、二、三支队发展方向的指示

（一九四〇年五月四日）

项英、陈毅两同志：

甲、同意军部后方机关及皖南主力移至苏南，惟请注意皖南力量不要太弱，并须设置轻便指挥机关，以便坚持皖南阵地并发展之。

乙、新四军一、二、三支队主力的主要发展方向，也不是溧阳、溧水、郎溪、广德等靠近中央军之地区，而是在苏南、苏北广大敌人后方直至海边之数十个县，尤其是长江以北地区。请按这个方针布置兵力，分配指挥人员及指挥机关。在郎、广、两溧，只应配置一部分兵力及一部分人员机关，并须在适当时机取得该地政权。

丙、在吴淞口、镇江之间，镇江、南京之间，及芜湖以西之沿江南北两岸，控制多数渡口，发动民众，建立政权，创立地方游击部队，务不使敌人切断渡江交通。应责成四、五支队恢复无为县。

丁、速令叶飞在北岸扩大部队，建立政权，不要顾虑顾祝同、韩德勤、李明扬之反对。

中央书记处

四日

附　录

新四军产生的最近历史

——南方三年游击战争[*]

（一九四〇年十月十一日）

陈 毅

　　我继续讲第二个三年游击战争，就是在一九三四年苏维埃运动和土地革命受着损失以后，红军主力部队万里长征，留在以江西为中心的各个游击区域单独奋斗。一九三四年到抗战爆发，二年零八个月，算三年。这就是新四军产生的最近历史。第一个阶段的历史，不仅新四军如此，也包括了八路军，是整个共产党领导的工农红军。第二阶段完全是直接产生新四军的嫡亲历史，是直接的血统。当时政治，很简单的说，全世界的帝国主义正在准备第二次的世界大战，意大利准备进军阿比西尼亚[①]，希特勒登台摧毁凡尔赛和约[②]进军莱茵河[③]左岸，英、美尽量鼓励进攻苏联，造成帝国主义最优良的形势。日本帝国主义在远东成为唯一的最强大的力量，日本帝国主义从九一八事变以后，要更进一步

---

[*] 本文节选自陈毅 1940 年 10 月 11 日晚在苏北指挥部纪念新四军成立三周年干部晚会上的报告《本军的历史和发展》，标题为编者所加。

吞并全中国，爆发中日战争，使空前的国难临到了全中国的头上。中国民众开始要求国民政府抗战，要求结束内战，一致对外。这是一。

第二，就是社会主义国家——苏联，第一次五年经济计划的全部完成，第二次五年计划，正付诸实现，苏联在国际上的地位提高。国民政府在全中国民众的压力之下，不得不对苏恢复邦交，造成中苏两大民族的联合，这是中华民族二次跟苏联携手。爆发一九二五年——一九二七年的大革命以后，由于资产阶级的叛变，违反了中国民众的意志，使中苏破裂，十年以后又回转来重新合作，这个转变更强有力的激起了中国的抗战运动。

第三，当时中国资产阶级主张攘外必先安内，就是必先"剿共"，先对内而不对外，一面不抵抗到一面交涉、一面抵抗，由一面交涉、一面抵抗到长期抵抗，结果不抵抗，在这样的投降政策之下，激起了全中国的愤怒；同时五次的"围剿"，使两方面造成了重大的损失，"围剿"的军队将近一百三十万，差不多损失三分之二，反"围剿"的军队工农红军，在江西也受着严重的损失。日本帝国主义趁这机会加紧进攻，民族危机空前的严重，国际上各个友邦像英国、法国、美国、苏联都愿意帮助中国抗战，民众更迫切的要求抗战，可是两个大政党"围剿"与反"围剿"进行得正当猛烈，造成两方面重大的损失。在这样整个政治形势下，造成当时中国共产党对自己的政策，开始重新考虑，认为土地革命今天应该结束，应该有组织有计划的发动和准备抗日运动，不应该再停在江西进行内战，应该北上跟日本帝国主义打起来，才可以使他抗日必先剿共的政治资本完全失掉。在政治上为什么到西北？因为到西北唯一的可能实现的路线是抗战，可能实现的政策是抗日民族统一战线，这是当时的政治形势和中国共产党政策的转变的开始，就是要迎接伟大的抗日运动，要把红军变成抗日运动中间的主力，把所有游击根据地变成抗日的根据地，两个政党能够共同携手合作。我们可以拿毛泽东同志常讲的口语就是"民族矛盾提高，阶级矛盾降低了"，也就是"中华民族跟日本帝国主义的矛盾提高了，跟英、美帝国主义的矛盾降低了"，共产党在这基础上决定了他的策略路线，所以有朱、毛惊天动地的万里长征，能够在绥远、在察哈尔与日本打起来，这时候中国局面将有大的变化，我们应该不惜任何牺牲争取这个前途（这是我亲自听到的）以大无畏的精神争取客观形势的成熟，我们站在这政策上去努力。至于这个问题与新四军有什么关系呢？我现在要讲了，在这个问题决定以后，所以主力部队九万八千多人开始前进，留下的有主力师——二十四师三个团，每一个连有一架机关枪，每一个团有重机关枪、迫击炮，一起剩下在福建、江西、广东交界的地方，武装游击队有三千多支枪，以江西为中心进行坚持。在北上部队胜利以后，造成南北呼应，以将来抗战的战略上有着伟大的意义。当时中央政治局特别指示留在江西的部队有特殊的困难，可是"事在人为"，靠我们党的努力，能够保留一支枪、一个干部，将来等于千支枪、千个干部，当时在江西组织了中央分局来主持。当时他们□□□□最主要的政策是要肃清中央苏区，无论如何不能使死灰复燃，无论如何要斩草除根，当时□□打给□□□的电报就是这样说的。长征军从十一月十号他们离开了我们，我们到第二年的二月间，对方以大兵"围剿"，二十四师主力被包围，游击队被缴械，这个地区就完全血洗沦陷。我们退出苏区转到南岭山脉，重新组织游击战争，大家都分开了，方志敏负责赣东北的游击区，黄道负责闽北区域，粟裕司令负责浙江区域，在闽东由叶飞负责，在闽西游击区由谭震林、邓子恢、张鼎丞负责，在湘赣由谭余保负责，在湘鄂赣由傅秋涛、钟期光、张藩④负责，那时候我管的地区可怜得很，只有八个屋子，在山的右边一间、左边一间，山的那边一间、山的这边一间，一共八间，睡于此，跑于此，吃于此。这地方的狗都有了很好的训练，看到敌军来了它就叫。那时项英同志管千里长坑，有二千多人民，算比较好的了，那一个局面是非常严重。

在这里面要注意几个问题：就是中央苏区在红军大部队在内的时候，从中央政府到县政府，区公所，区乡苏维埃全部的政治系统、党的系统、群众团体系统，都是健全的。主力部队在前方作战，后方进行动员，前后方配合，争取战争的胜利。红军走后这个系统就破坏了，每一个乡，每一个县，只能单独起来与敌人对抗。当时整个苏区几百万民众，对这形势就转不过来，动员工作突击工作，后方办公厅工作做惯了，一下转到游击战争环境，政治上的策略路线，军事上战略战术，组织生活要立即转变过来，非常困难。因此最有名的领袖方志敏被捕了，抗日先遣队失败了。由于转变工作解释的不明，布置不好，造成中央苏区严重的损失，其他苏区能够保持游击队，比如方志敏的游击区，黄道游击区，粟裕司令、叶飞、谭震林等游击区都保存了，因为他们很早就变成游击区，敌人不注意，而中央苏区过去还是一个模范苏区，是项英同志直接领导的，在主力撤退以后，就全部沦陷，基本原因就在这里。他们集中全力来剿，加上我们转变不够，所以失败。领导革命的艺术也正是在这关键上。当时有同志认为只要主力取得胜利，我们就有办法，其实不然，他包围根据地是重要的，他让主力走，包围主力成为次要的。我们要中央也考虑到这个问题，而下层干部就不了解，那时候我很抱歉受了伤，除了他们到我房间里开会，我参加一点意见外，就不作事，责任完全由项英同志负责。在这里值得我们注意的，一个政治策略的转变，如果下面干部不了解是很危险的，这是最大的经验教训。新四军为什么能够保全？也正是许多地方部队党都坚持执行中央的路线。所以我们虽然丢掉了中央苏区，但是到南岭山脉又抓到了那地方的游击队，恢复了中央苏区的工作而坚持下去。

第二，从红军大部队出动，留在这一块坚持的容易产生悲观失望的心理，认为十几万红军在这里都不能坚持，留下我们地方武装怎样能坚持？所以那时候我们反对散伙主义，因为今天中国革命的□生，第一是由于帝国主义压迫，而帝国主义没有消灭，革命也不会结束，今天我们遭遇的是挫折，不是革命的最后的失败。中国革命产生的第二原因是广大的群众要改善自己的政治生活，今天工人、农民、青年学生的政治生活没有改善，那革命迟早始终是要来的。我们要有坚持的勇气，像法国革命八十年，中国资产阶级革命才四十年，我们拿法国来比还有四十年，所以中央苏区认为能保存一个人一支枪下来，将来是有伟大的前途的，无论如何要坚持，党号召革命高潮的时候，作一个前进积极分子是容易的，可是在革命失败遭受挫折，仍然还是有革命家的风度，那就要锻炼。今天正在考验我们过去经验，打漳州、打赣南、打长沙，击破一、二、三、四次的"围剿"，我们勇敢对革命不动摇，能吃苦耐劳是好的，要奖励，可是今天反革命占上风，甚至占领我们后方，这时我们在山上露营，没有枪支，没有子弹，没有补充，甚至一点消息不知道，要有更大的勇气坚持。在进攻时的好汉，在失败时也要成为英雄。坚决反对当时党内一部分同志、军队里头一部分同志可耻的动摇。

第三，对于当前的政治形势，我们党作了结论：今天□□□占领了中央苏区，以及红军的撤退，给我们造成非常困难的形势，同时我们懂得今天反革命的困难比我们更大，因为日本帝国主义立即要大举的进攻，想吞并中国是眼前的事，全中国的民众要求抗战，不管□□□□如何，抗日潮流一定是不能阻挡的，所以我们坚持这个前途。当时我们在中央苏区材料不充分，还不知道有统一战线的前途，革命政党不能歪曲事实，为自己辩护是不对的，我们知道统一战线政策，是在两广事变以后，才明显看出有结束内战、开展抗战的新倾向。但当时的对革命运动的再来的估计是正确的，这三个条件下，南方各个游击区域能够坚决依靠党的路线，广大的民众与反革命作斗争，能够奠定政治基础，度过危险的三年，这是一方面。另一方面，在这三年的困难环境中，我们党的损失，军队的损失，有十分之七，保留的只有十分之三。群众损失更是严重，整个南方各省的土地，都被豪绅地主收回，成千成万的民众被绑入牢监，重刑拷打，妇女像猪仔一样，卖到广东、南洋；乡村被血洗火烧，采用移民政策，把农民从这地方移到那地方，从福建移到湖南这样的移，许多山被烧像剃光了头一样。树木岩石一点不留。那时候讲话，不能大声一点，非常亲密，总像讲情话一样（笑）。不能咳嗽，煮饭白天冒烟，不能煮，要晚上煮。走路不能有脚印，有了要弄掉，草都非常爱惜，不能踏平。走路有大路不走，要走小路。有时候从山顶一直滚到山脚下，有时候跌在坑里找也找不到。粮食完全没有，春天吃春笋，冬天吃冬笋，秋天吃香菇，夏天吃杨梅。最好的是水，完全是泉水，夏天好在很不热，要盖毯子，一个蚊子也没有。反革命分子采用这样残酷的"移民空山"的办法，把这地方包围起来。派兵清查，不留一个人，一进山听到打枪，知道有游击队，不准老百姓与红军共产党通消息。在这地方搜查以后，找不到红军共产党，不知道在那里，他就采用这样的办法：用米放在大路口，数好数目，有多少？一个星期以后再去数，没有少就知道这里没有红军，如果敌人发觉拿去了，就是这地方还有红军，再要搜。如果被野猪野猫吃了，那我们倒霉（笑），把共产党当野猪，他们的士兵就是都说到山上打野人，共产党是长胡子不穿衣服，广东军队还训练了猎狗来寻路线，我们同志常被它咬死。老百姓在附近村子上买东西，多有限定买多少，多买了就"通共"要杀头。买了鞋子马上就要穿起来，不能拿在手上，怕是给共产党买的。买纸烟一包，马上抽两根，他知道老百姓会帮助红军、共产党，所以故意要作难打击打击，他心里才痛快。有时候，在半夜里派便衣队到村子里，把枪放在衣服里面到老百姓家去叫门，说我是共产党，找不到队伍借住一夜，老百姓出来开门了，他就说你通共产党杀头。老百姓以后知道了就不答应，甚至有时候在夜晚上用土炮一打，打死几个。反动派说："我们以为又是共产党来敲门了，所以才打"（笑）。这样反动派还说："打得对！这老百姓靠得住"（笑）。各种办法，无微不至，有些办法在军事上很有趣味，在战术上，值得研究的。比如要包围一个村子，一夜出发到早上埋伏好，老百姓也不知道，如果有我们工作同志走过，就被抓住，要他带路，把我们的机关捣毁。有时候，很突然的把房子关好，所有的老百姓都关在里面，不准说话，他就穿着便衣，装着是这家的老百姓，站在门口，我们去探消息，他就抓起来。有时大批的人来了，一下都走，留下几个人躲在楼上，老百姓也不知道，我们同志以为走了，大摇大摆出去被它抓住了。打仗也是这样，我们在能够抵抗的时候就抵抗，不能够抵抗就躲在草里，他也有办法吹集合号说："土匪调皮找不到，我们走吧！"于是一连人走了，一排人两排人打埋伏，我们听到他们吹集合号走了就出来。糟糕！这许多办法很妙，但是我们对付的办法也更好，所以在三年游击战争中很好的经验告诉我们，只要有共产党的政治领导，坚持斗争和灵活的战略战术及广大群众拥护，无论是反磨擦、反"扫荡"都是可以百战百胜的。我们在南京、镇江地区能坚持抗日游击战争，获得很大的成绩，就是继承了过去三年游击战争的作风，所以三年游击战争是有它伟大意义的，不仅在它的本身是这样，在三年抗日战争上讲也有它伟大的作用。

在卢沟桥事变爆发以后，造成西北方面的合作，这个合作扩大到南方。可是这里我还要简单的提几个问题：

第一，西安事变以后，国共两党重新合作，可是那时候的顽固派（现在的好朋友）认为这个合作，只能和西北朱、毛的部队有组织有纪律的真正的红军合作，南方各省项英、陈毅之流，他们只有几支烂枪，和朱、毛的部队不同，谈不到合作，所以当中国共产党中央委员会提出愿意南方合作的时候，□□□不肯，说朱、毛先生！不要和他们讲啊，他们是土匪，杀人放火的，三年来他们完全变了，他们不像你们，你们不晓得！完全拒绝和南方合作。所以当全国形势改变了之后，有一部分同志以为："现在我们可以下山了。"事实上，这完全是一种幻想，国民党对我们的进攻，只是更厉害了。从一九三七年春天三月—五月这三个月中间是"清剿"最繁的时候，因为国民党仍旧以阶级利益为重，民族利益为轻，和八路军合作是因为没有办法，对南方小游击队还是非剿不可，而我们最后的坚持把他们打垮。卢沟桥事变爆发，不得不改变面目，前倨后恭的来谈合作，这一点是最值得我们注意的。

第二，开始谈判的时候，他希望能各个击破，我们坚持要他们和中央分局谈，不要跟各个游击区谈，他们就不承认项英、陈毅代表全体，跟你们只谈你们赣南的问题，他和我们讲，其他的地方，都谈好了，就是你们这里了，你们两位先生对抗日运动太不关心了。但是我们坚持一定的方针，我们说："你们去谈好了！谈好了再来找我们。"而当时南方各省都非常好，说实现和平是可以，你们不"清剿"我们，我们也不分土地，不打土豪，不煽动革命，但是最后的条件要由延安中央来决定，你们去和延安谈，或者去和中央分局谈，使他们各个击破的计划失败。这证明了那种以为小红军是土匪，没有组织、没有训练的话是错误的，证明共产党是一致的，而且是最顽强的，是有路线、有政策、有训练的，虽然脱离上级领导三年，还能保持布尔什维克的一致，证明共产党的领导组织是最可靠的，不能压迫，不能腐化，不能欺骗的。关于这个问题是不是每个顽固派都知道了呢？我想还没有！他们今天为什么打黄桥而不打八路军，因为他们认为打八路军打不赢，打新四军有把握，所以才有李守维的到黄桥洗澡不回（大笑），就是他们把这个教训弄错了，他们和共产党斗争十年，还没有看到共产党的组织一致、政治一致，斗争精神也是一致的，不管八路军、新四军，那一个团、一个连，都是一样，这是我们革命胜利的最大的保证。

第三，部队的前途，当时有些有名望的人说：最好用火车把他们开到八路军一起去，不能放在南边捣乱；有的主张改编成为他们的队伍，派参谋长、副司令，派工作人员，把过去共产党的一套完全去掉；有的主张继续剿，根本不允许合作。当时我们一方面坚决反对开到华北去，主张开到江南担任抗战任务，同时我们坚决主张成为党领导的部队，不容许任何人来干涉。可是这中间有一个特点，在开始还为我们一部分同志不了解，到今天都懂得了，就是八路军和新四军，固然都是党领导的武装，但是中间是有不同的，八路军是一色的，新四军在开始的时候，无论如何含有统一战线的性质，这个统一战线最后达到绝对保持党的领导。因此，当时有许多新的分子加入新四军，而且一来就负责工作，这一点为当时许多干部，许多三年游击战争的英雄们所不了解，当时我们领导机关作了艰苦的解释工作，今天证明他们错了，这个办法并没有一丝一毫削弱党的领导，削弱党的优良传统，而且正是扩大保证他能胜利的执行。

第四，这个合作并不是完全没有困难的，我们遇到了一部分党内的固执专家，他们有着狭隘的农民意识，他们不相信国共合作，只想停止在土地革命苏维埃运动上面，甚至以为谈判合作是叛变、是投降。于是发生了九江游击区刘维泗屠杀我们派去的同志，杨文翰杀掉我们派去的最优秀的代表，但是今天他们变成了□□。有些地方干部最初也不了解，认为这是叛变，以"叛变"对待谈合作的同志，以后也被说服了，这说明在长期游击战争中间，脱离了党的领导不能了解全国大事，容易使自己落在整个政治形势后面，造成三年游击战争中间许多弱点，如游击主义习气，局部的腐化堕落，局部的互相怀疑猜忌，无条件的采取盲动政策，除了工农而外，都要杀头，甚至除了共产党员而外都怀疑，因此使三年游击战争受到了损失。三年中间有些地方完全被打平了，有些地区缩小了，但有些地方却有了新发展。为什么会有这些区别呢？主要的就是对党的策略路线了解的程度问题，凡是能够有发展的，能够坚持的，都是对党的策略路线执行得比较好的，失败的垮台的正是因为在这个问题上有了错误。

这是第二次三年游击战争，也是直接产生新四军的一部分，因此叶挺、项英成为最适宜领导新四军的人物。叶挺同志是过去北伐时代老四军的领导人物，项英同志确实是土地革命时期南方苏区最高的领导者，没有叶军长出来调停奔走，要增加成立新四军的困难。叶军长为本军的保持发展尽了最大的力量！这是叶军长的功绩。项副军长在中央苏区时代就领导这个地区，三年游击战争，在赣南，以后谈判的时候变成了谈判的中心。以其历史地位在全党的威信，使南方七八省游击队造成铁的力量。以后跟叶军长合作，使改编成功，这就是本军成立的关键。中央政治局认为主力红军向西转移以后，留在南方各省的地方党部及部队，在项英同志领导之下基本上完成了任务。

注　释

① 阿比西尼亚，过去对埃塞俄比亚的一种称呼。

② 凡尔赛和约，全称《协约和参战各国对德和约》。第一次世界大战结束时，以英、法、美、日、意等战胜国为一方和以战败的德国为另一

方，于 1919 年 6 月 28 日在巴黎西南凡尔赛宫签订。主要内容是要德国交还被占领的地区，支付赔款等。

③ 莱茵河，欧洲大河之一，源出瑞士境内阿尔卑斯山，流经奥地利、法国、德国、荷兰等国。

④ 钟期光，曾任湘鄂赣红十六师政治部主任。张藩，曾任湘鄂赣抗日游击支队参谋处长。

纪念新四军成立的三周年[*]

（一九四〇年十月十二日）

叶　挺

　　三年前，刚在南京快要失守的时候，那时国内团结有很大的进步，西北的人民抗日红军已改编为国民革命军之一部的第八路军，继此之后，在东南各省的红军游击队，也受命集合，改编为新四军。虽然，中间还不无许多折冲，周旋，别扭，但是依赖共产党中央的诚恳的决定的意见与提示，和八个省区的分散的游击部队之忠实于中共与中共的统一战线的政策，特别项英同志，起着领导的决定的作用。所以，我明知道有很多困难，而为了促进团结，想对于国内团结与抗战，尽我自己的力量，我接受了我现在的职务。

　　汉口成立军部，军部移到南昌，再移岩寺，江南各省部队在岩寺的集中，在岩寺的点验和训练，江北部队由鄂豫边出发，江南部队之进入苏南与皖南的敌后地区，以及江北部队之进入淮河敌后地区，从事于敌后的游击战，一直到现在，我们已整整打了两年多，大小一千二百六十五战，基本上完成了变敌人后方为前

---

　　* 此文原载 1940 年《抗敌》杂志第 2 卷第 5 期。

线的光荣任务。整个的三年时间，是匆匆的过去了，时间是很快的，但我们并没有白白的过去。

大家知道这三年当中，别扭，误会，磨擦，是不断的在政治上军事上来烦扰我们；饷款不济，军食不足，军装不备，弹药不充，枪械不补，是在军需上克制我们。我们却不把这些放在心头，大家只有一个志愿：打日本，救中国，即是"抗战"和"建国"，任劳任怨，埋头苦干。这在军事上取得了胜利，在军队建设上，打下了相当的根基，都不能不说是我们大家光明磊落的民族意识的表现。因为，大家都了解到国难严重的今日，我们不是争地位、争待遇的时候，不管怎样困难，我们也要抗战到胜利，这是每个中国人民的责任，更加是每个共产党员的责任。谁也不曾存过这样的念头，说是我们是被谁雇佣在这里抗战的，雇佣来抗战的，或拿多少钱抗多少战。没有这回事，我们根本没有这个念头，我们是拿得顶少，但我们愿抗得顶多，问心无愧，我们对得起民族，对得起国家，对得起千百代的祖宗，也对得起自己。

当然，我们还是要说，我们离胜利的时候还有相当距离，且我们的抗战已走过了一段艰难困苦的路程，摆在前面的，还要更艰难困苦，但是我们不怕它，我们还得坚决的勇敢的踏上去。即拿我们部队本身来说，也是这个同样的情形，要求大家把更大的勇气来冲破、来克服这些艰苦，米贵，就吃杂粮；没有新服装，就穿得破一点；没有子弹，就节省，做到一颗子弹打一个敌人，发扬白刃战斗。问题不在这里，我深知道我们三年来的胜利不是由于给养好，军需足，械弹多，而主要是由于我们执行了统一战线的政策，实行了"抗战建国纲领"，做到了军民合作，做到了官兵一致。同时，我也深知道我们三年来的胜利不是可以幸致的，就是在给养贫乏，军需穷困，械弹劣少的条件底下，依靠我们大家的艰苦奋斗的精神，忍受这些艰苦，克服这些困难，才能得到的。

因此，我以为过去的三年，值得我们前后方的指挥员、战斗员及一切工作人员，深自省察。今后，我们要继续发扬我们之所以取得胜利的原因，就是正确执行统一战线，坚决实行抗战建国纲领，完全做到军民合作，完全做到官兵一致。我们做了三年了，不，我们做了十几年了，我们还要一贯的做下去，做得更好。只有这样，就能够克服任何困难，就能够补偿任何我们的客观的穷乏。

在纪念本军成立三周年的今天，我愿意这样提示出来，作为我们今后大家共同努力的目标。

回忆建党初期
武汉劳动运动与项英烈士

包惠僧

说明：这一篇回忆录是就我个人在当时工作的经历与同项英、陈潭秋、施洋、许白昊诸烈士共事的情况写的。"二七"工潮的经过在一九二三年"二七"工潮后，我在北京《宪报》馆任总编辑时写过一次，主要的材料是就项英的来信和我参加京汉铁路工运的印象写的。在一九二六年，我在广州任教导师党代表时，政治部印发了纪念"二七"工潮的小册子也是我写的，此文在一九二七年总政治部编印革命论文选编进去了，署名是一个"僧"字，记载是比较详细。现在事隔三十多年，有一些人和事忘记了，事实虽然大体不错，恐怕难免有些出入，好在《二七工讯》的这本小册子，中宣部还保存着，可以根据核正。还有一些有关的史料在一九五三年我写的《共产党第一次全国代表会议前后的回忆》（一）（二）两文中写过的，就不在这里重复，可以互相对照。

一九二一年十月中，我奉党中央之命赴武汉主持党务，并设中国劳动组合书记部长江支部于武汉，谋展开武汉劳动组合工作。惟当时党的发展在武汉仅及于学生、教职员中（其他各地亦不例外），与广大的劳苦群众尚无甚接触，党团员约十余人，完全为学生、教职员，只有一个工人出身的郑凯卿，他失业很久，后在文华书院（是美国教会学校，后改为华中大学）当校工，他对武汉各方面的工人也没有任何联系。我负了这个重大的使命回武汉，同志们也认为我有办法，经过了一个多月的东投西摸，仍然是两眼漆黑，还没有找着接近工人、组织工人的门路，真叫我发急到好几夜睡不着觉。黄负生在汉口私立致中中学教书，该校有一个学生孙瑞贤是粤汉铁路徐家棚总段机务工厂的厂长的儿子，我因黄负生的介绍交结了孙瑞贤（后被介绍入党），由孙瑞贤认识了他的父亲孙敬芳，但是孙敬芳是厂长，不是我们的工作对象，不久又认识了孙瑞贤的叔叔孙叠芳。他是翻砂匠，是一个正规的产业工人，不过他因为是厂长的弟弟，又是工匠，也算是工人贵族，还不是受严重压迫的工人，他对于我们的宣传和组织活动，所接受的不多，不过因为这些关系我们在徐家棚设了一所工人补习学校和工人子弟学校，李书渠（即李伯刚，现任中南政法学院院长）经常住在徐家棚，我是每日或间日去一次。陈荫林（陈潭秋的八弟，在革命军南征时病死瑞金）担任补习夜校的英文教员。这就是我们组织粤汉铁路工人俱乐部的开始。

约在同年的十二月间，汉口租界黄包车夫因为反对车行老板加租而爆发了同盟罢工，共约二千多辆黄包车约有五千多名车夫，工人反对车行老板的加租，完全是经济斗争，租界当局尚没有对工人实行压迫。我同郑凯卿参加了这次罢工运动，罢工支持了十余日，由施洋以律师身份出面调停，资方接受了劳方的要求，罢工胜利结束，并由资方赔偿罢工时期的损失，人力车夫在赔偿损失费项下提了一部分钱在大智门附近建筑了人力车夫工会。在这一次的同盟罢工中，出现人力车夫中的领袖人物樊一狗、袁诰成，他两人始终领导租界人力车夫工会，并聘施洋为该工会的法律顾问。

这一次罢工运动刚结束，我接到中央的信说，陇海铁路发生罢工，要我同罗章龙到开封会同指导这一罢工运动，我到开封同罗章龙会面，知道陇海铁路的工潮结束了，我们同几个负责的工人（姓名忘记了）会谈了好几次，策划发起组织工人俱乐部。铁路工人很大方，请我们吃了两次饭，吃了几条黄河鲤鱼，吃了不少的酒。我们是以中国劳动组合书记部负责人的身份出现，他们对我们称哥道弟，讲朋友，讲义气，有很浓厚的江湖好汉的气派。我们在开封盘桓了一天半，由他们写了一封信介绍我们到郑州找机务厂的一个工匠凌楚藩。我们有一个同志赵子健在郑州扶轮学校当教员。我们到了郑州，罗章龙回北京，我在郑州住在赵子健的家里，从容地找到凌楚藩等作了几次长谈。他们对于劳动组合书记部很感兴趣，很同意把工人组织起来，并决定先组织工人俱乐部，再筹备组织工会，全路各站、各厂分头进行。京汉铁路有三个总段，即长辛店、郑州、江岸（汉口附近的刘家庙），规模很大，工人很多，我当时与赵子健商量了一下，写信给罗章龙把长辛店的组织活动划归劳动组合书记部北京支部负责进行，郑州和江岸的组织活动归长江支部负责，我即拿着凌楚藩的介绍信到江岸去会见杨德甫（湖北人）、姜绍基（福建人）、黄桂荣（安徽人）。凌楚藩送我上车，并介绍一个加油工人姓田的请他带我去见江岸的几个工人。到了江岸正是黄昏时候，工厂已下工了，我们先到杨德甫家里，由杨德甫找到姜绍基、黄桂荣。他们看了凌楚藩的信，我说明来意，他们都认为很新奇，感兴趣，认为这是一个大事，要好好商量一下，并约定三天以后（星期日），约几个负责的人到我的家里详谈。我理解到他们要了解我是个什么人和劳动组合书记部是什么样的团体，我同意了他们的意见，届时我约了李汉俊（他刚从上海来汉口，任汉口市政督办公署的总工程师，市政督办是汤芗铭）、陈潭秋参加。他们一共来了七个人，除杨德甫、姜绍基、黄桂荣而外，还有林祥谦、张连光、黄子坚、周天元、曾玉良等。我首先介绍了李汉俊、陈潭秋的身份，其次讲了一些中国劳动组合书记部宗旨，最后说明劳动组合的理论和方法，李汉俊也讲了一些世界各国工人运动的情况。他们了解我们都是文教和报界（我当时是新闻记者的身份）有地位的人，也同意我们组织起来的意见。他们说：一切没有困难，只是他们每日要照时上工，没有人负责联络和各处有关组织工作，要我们介绍一个适当的人办理文书和联络工作。事实上这个工作就是组织工作，我答应介绍一个人，但是当时并没有适当的人。

有一天，我接着一封信，署名项德隆，他自称是模范大工厂的纺织工人，是《劳动周刊》的读者（上海《劳动周刊》在武汉有发行处，地点是武昌察院坡时中书店）。他要同我见面谈谈，我马上复了信，请他于星期日下午一点钟到黄土坡我们的寓所会谈。他那一天身穿一件皂色的长棉袍，头戴一顶棉布的黑色西瓜皮帽，因为天阴，脚上穿一双油透了的钉鞋，手拿一把雨伞，完全是乡下人的打扮，看来不过二十岁左右，这是我到武汉第一次接触到的青年工人。我们坐下来，我首先就问模范大工厂的情况。他说："我想同包先生谈一两个钟头，你忙吗?"我答应可以。他就开始从他的家世、读书及到模范大工厂当学徒以至在模范大工厂做工的情况说了一遍，他说："我是湖北武昌人，我的父亲死了很久。我和我的妹妹是靠母亲纺织刺绣抚养成人，十五岁时在武昌私立日新学校毕业，因为没有钱不能升学，所以考入模范大工厂当学徒，三年学徒生活中，受了不少的折磨，出师以后仍在该厂做工，每月工资八至九元，是以成品计工资，我今年已二十岁了，工资不能养母育妹，母亲仍靠纺织刺绣以自活，妹妹以前捡了几年破烂，现在也在上小学。我每天工作时间在十个钟头左右，规定星期日休假，但有时还要加班，休假之日就没有工资，所以一般工人也不争取休假。工厂的黑暗，工人的痛苦是太多了，我自从读了《劳动周刊》，知道中国工人也要组织起来，我愿意从这方面来努力，希望你指导我如何造就自己，如何参加工作。"我从他的来信和他的谈话与表情，我觉得这个人不平凡，看起来像个乡下人，但他的思想、他的说话，表现出充沛的热情与抱负! 我接着安慰了他一番，鼓励了一番，我送了他几本书和小册子，是新青年社出版的，如《两个工人谈话》之类，并请他写一点关于模范大工厂的工人情况，约定下星期日下午一时再谈。

第一次的会谈竟达两个半钟点，他走了我很高兴，我想如果各工厂的工人都和项德隆一样，我们的工作就好做了。我到徐家棚同李书渠谈起，李书渠说："项德隆我认识，是我小时的同学，很聪明也很调皮，他很穷。他的胞叔项仰之（武昌慈善会的会长）有钱有势，他从不和他叔叔往来，常骂他叔叔是个吃人的光棍，他叔叔知道了也把他无可如何。我曾经同他谈到你和劳动组合书记部，他说要找你谈谈。"因此我对项德隆更感兴趣了，即约李书渠于本星期日参加我们的会谈。

到了星期日还不到正午一点钟，我刚吃完午饭，项德隆来了，一见面他就笑嘻嘻地说：你给我的书都看了，我每天夜晚看两个钟点的书，近两年来没有间断，他并和李书渠谈了一些模范大工厂的情形。这一次见面他就不像上次的拘谨，我们坐下来先由他谈了一点模范大工厂工人的一般情形，我就提出纱、布、丝、麻四局各厂和第一纺织厂的工人情形，他很直率地说："我一直是被关在模范大工厂内，外面的情形知道得不多，不过因为自己是个工人，知道一些工人的心理和要求，《劳动周刊》号召我们'组织起来'，'增加工资，减少工作时间'，'提高工人的政治地位'，这都是工人迫切的要求。如何实现这个要求呢？我愿意跟着你们共同努力，如何做法，我还提不出具体意见。"我本来从第一次和他会谈以后，我就想把他吸收到劳动组合书记部工作，派到"江岸"担任京汉铁路工人俱乐部筹备工作，因为了解他不多，所以一时没有决定，经过李书渠的了解和我们两次会谈，我相信他是一个纯洁天真有作为的青年工人，就把我的意见提出来请他考虑，并由劳动组合书记部负担他的生活费，他毫不犹疑地答应了，我并请他和他的母亲商量一下，因为他是经过三年学徒的熟练工人，抛弃这个职业，在一个平常人就不是一件小事。他说："选择职业我完全有自由，我也没有把纺织工人作为终身事业来打算。"说话之间，豪迈之气溢于言表，我对他这样的见解很惊异！

过了几天，我同江岸各厂的几个负责的工人谈好了，暂时把项德隆作为工人俱乐部筹备处的文书。俱乐部的筹备干事是杨德甫、黄桂荣、林祥谦，张连光管财务，周天元管庶务，因为铁路工人各处都有帮口，如福建帮、广东帮、安徽帮、山东帮、湖北帮等，在京汉路的江岸各厂即是福建帮、湖北帮、安徽帮势均力敌的，帮口虽然是我们劳动组合工作中的很大障碍，但在开始组织的时候，还不能不照顾帮口关系，否则就组织不起来，所以这五个筹备人的产生经过了我同他们商量了好几次才决定的。林祥谦、张连光是福建帮，杨德甫、周天元是湖北帮，黄桂荣、曾玉良是江南帮。当时的情况，调和各帮与用阶级教育来消灭帮口的成见，是工作中的一个重要环节。我把这些情况和项德隆谈透了，要他注意这个问题（帮口），我们才一路到刘家庙江岸车站与杨德甫、林祥谦、黄桂荣等见了面，当确定由俱乐部筹备处每月给项德隆十五元的生活费，俱乐部的一切筹备工作几乎是完全交给他了。过了不到一星期的时间，我再到江岸，他们已租定江岸龙王庙为俱乐部筹备处的办公地址。俱乐部的招牌已挂出来了，写着"京汉铁路江岸工人俱乐部"，为京汉铁路工人组织公开活动的开始。据林祥谦他们说：他们把组织俱乐部的事报告了机务厂的厂长。这个厂长是个法国人，他说：工人组织俱乐部在他们的国家里是极平常的极普遍的事，因此就把俱乐部的活动作为是一个合法的活动，俱乐部的招牌就是这样的挂出来了。项德隆与几个负责的工人处得很好，因为他是一个熟练的纺织工人，又能说又能写，年纪又轻，又能吃苦耐劳，所以对各方面的人事关系搞得很好。俱乐部的活动有象棋、围棋、唱戏、讲演各组，并组织了一个工余夜校，项德隆自任教员。在夜校读书的以小工居多数，产业工人中，工匠（如翻砂匠、打磨匠之类）是很有地位的，一般人都称为师傅，工资也比较高些；小工是最苦的，工资少，都是做出力的工作，此外还要被工头、工匠呼唤差使，服规定以外的私人劳役，稍微不慎，就要挨打或被开除。所以小工最苦也最没有保障，自从俱乐部组织起来，小工与工匠、工务员和工程师都坐在一起开会或下棋唱戏，无形中把小工的地位提高了一步，我们也经常以阶级的友爱对工匠们作宣传教育，他们对小工的团结也重视起来，而小工对俱乐部的信仰很高，更因为工余夜校的关系，项德隆在小工中起了很大的作用。

一九二二年三月初，在一个星期日（日期记不清），京汉铁路江岸工人俱乐部举行成立大会。那一天天阴，细雨蒙蒙，刘家庙差不多是距汉口十五华里的乡下，街道甚窄，泥泞甚深，路上非常难走，可是到会的人很多，全体工人除了出勤的以外差不多都到了，他们并把各厂的厂长都请到了。会场布置得很堂皇富丽，有茶烟、点心招待，并有很名贵的雪茄和名贵的点心，各处来参加俱乐部成立大会的有京汉铁路郑州、信阳、驻马店、各站厂的工人代表，还有粤汉铁路徐家棚总站工人俱乐部代表，汉口租界人力车夫工会的代表，李汉俊也被邀参加，他是以汉口市政督办公署总工程师的身份出现。我是代表劳动组合书记部参加。约在上午十时宣布开会，由杨德甫主席，报告俱乐部筹备的经过及组织俱乐部的意义，主要的内容是提高工人的地位，崇尚正当娱乐、学习文化等。报告完了以后，主席就请他们的洋厂长讲演，这个洋厂长个子不高，年纪在四十岁左右，他是用不熟练的中国话讲演，他对于欧洲各国的工人组合，作了简单的介绍，最后祝贺俱乐部的成立。他的讲演虽然没有什么新鲜的内容，但他把欧洲各国工人组织俱乐部和工会的历史作了一个简单的介绍，对于我们发展工人运动有良好的影响。接着工务厂的厂长吴国梁也讲了话，李汉俊讲了"日本劳动组合的情况与中国工人组合的步骤"。我是以《劳动周刊》的代表被主席邀请讲话（因为劳动组合书记部的名词不很通俗），我讲的题目是"新文化运动与工人运动"，并介绍了全国各地的工人组合活动。因为这是在劳动运动的启蒙时期，照我们的劳动运动的计划是在"组织起来"的阶段。所以还没有提出"阶级斗争"与"全世界工人联合起来啊！"的口号，成立会是在厂长、工程师、工匠、小工和谐的状态下举行的，放了很多鞭炮，据项德隆说：在成立会的前一天，全体工人尤其是小工都非常踊跃来缴会费办理登记的手续。

俱乐部算是很顺利地成立了。次一步的工作就是发动组织工会，当时组织工会有两个很重大的问题。第一个问题，是反动政府没有给工人的集会、结社自由。法律上也没有工会法，工人的组织无论是俱乐部也好，工会也好，军警可以随时予以武力的干涉或解散。所以这一"工人集会的自由"是当前一个重大的政治斗争。第二个问题，是当时工人的阶级觉悟还很差，封建式的帮口作用，严重地影响了工人的团结，江岸的工人是如此，全京汉铁路工人的情形也是如此，其他如津浦、京奉、京绥、正太、陇海各路的工人也是如此，这一问题如得不着适当的解决，组织工会是有困难的。当时我们决定把第一个问题作为一个政治问题来解决，从实际斗争中来解决。我们公开活动的依据是抓住一九二一年吴佩孚通电："保护劳工，劳动立法"的小辫子，秘密的进行工会的组织工作。第二个问题我们决定联系各帮的领袖人物，调和各帮的冲突。再以"工人无祖国"的阶级教育来团结工人，瓦解帮口。

项德隆同志在这一工作中，在京汉铁路郑州以南各站各厂费了很大的努力，起了很大的作用，我同各站厂负责的工人和积极分子都发生了密切的联系，发挥了他的发动群众与组织群众的天才。他除了工作以外，就是读书，他的求知欲望很高。我们每星期内要汇报一次工作情况，我要到江岸同一些负责的工人谈话一次，我们每逢见面除汇报工作以外，他就讲他读了几页或者是几本什么书，有些什么心得，他一到我们的机关部来首先就是翻书报，如有新出版的书报他必争取先睹为快。所以他的进步很快，我们在一起工作了近四个多月的光景，我就介绍他入党，他第一次参加党的会议是在一九二二年三四月间，当时因为党员的人数还不多，没有分组，一起不过十几个人，我们开会的地点是在武昌胭脂山下南陵街李汉俊的寓内，他对党报告和每一个同志的发言都入神地听并详细地记录。会后他同我说："我过了二十多年的孤独生活，对人世间的冷酷是憎恶极了，现在入了党，在今天的会议上接触了这些同志，觉得大家都充满了革命的热情，都有丰富的思想，都是精诚无间的团结，共产党人真是一种特别的人，我接触到人生光明的一面，我要做一个好共产党员。"我们互相勉励了一番，他也没有回家去看他的母亲，一直过江回江岸去了。

德隆的母亲姓夏，也是武昌人，在旧社会中是一个很能干的老太太。他们一向是母子三人相依为命，德隆在到江岸工作以前是从没有出过门的，他到江岸以后就很少回家，夏老太太很不放心。有一天，她老人家来看我，这是第一次同她老人家见面，她是中等身材，靠近五十岁的样子，穿一身青布褂裤，小脚窄鞋，身体很健康，我请她坐下后，她说："项德隆的父亲死得早，因为穷也没有教他多读书，他的世故浅，性情也有些古怪，他不同亲戚家门来往，他不肯求人，所以也没有人帮助他，听他说包先生介绍他到江岸工人俱乐部教书，他教得了吗？我很不放心，这几个月以来他很少回家，我也不放心……"我知道他们是寡母孤儿相依为命，现在的德隆成了出笼的鸟了。他在追求他自己的进步和发展革命事业，不可能把他拖回来专做孝顺母亲的事情，我于是乎安慰了她老人家一番，并说德隆聪明能干，书教得很好，她老人家听了很高兴。谈了一会儿她老人家要走，留她吃饭，她不肯，我送她出门分别时，她还嘱咐我叫项德隆时常回家。过了一两天，我到江岸把上面的情形告诉项德隆，并劝他时常回去看看母亲，以安老人之心。德隆说："我在家时是我的母亲照顾我，我没有照顾她老人家，她很健康，她能生产自给，还不需要我养她，我出来了，她老人家得省事。我也忙，所以很少回家。"这就是项德隆的个性，他对人处世就是干脆。他对他的母亲是如此，对同志、对同事、对群众也都是如此，他不回家就是不回家，他决不因他的母亲要他回家或是我劝他回家看看他就回家。在我们讨论问题时，他总是争先发表他的意见，在处理工作时，他总是很勇敢地担当任务。他每日工作都很忙，若有一点余暇，他就是一只手拿一本书，一只手拿一支纸烟，他对纸烟简直有瘾。每天要抽三四包小哈德门，两只手四个指头都成了烟黄色。他的两道眉毛中间是连起来的，眉毛很浓厚，如果在他考虑问题或者是不高兴的时候，双眉一皱就成了一字浓眉，他的头发经常是蓬松零乱，衣服的扣子总不很完全，也很难得去剃头去洗澡。他在生活方面是非常简单，始终是一个工人的本色。他自在京汉铁路工作后，常用化名"夏英"对外通讯或在报上写小品文章，后将化名与本名联合起来为项英。一直到他成仁。

一九二二年的六七月间，我党在上海举行第二次全国代表大会，项德隆代表武汉区出席。他在这一次的会议中对党有进一步的认识，他对张国焘小组织活动也很憎恶。他对党内的工人同志太少认为是个缺点，他常说："共产党是工人阶级的政党，工人成份在党中应该占一定的比重，吸收大量的进步的工人入党，是我们的一个重要任务。"约在同年的七八月间，我们在郑州召开京汉铁路总工会的筹备会议，出席这一次会议的工人代表有杨德甫、张连光（江岸）、凌楚藩、刘文松（郑州）、王俊、史文彬（长辛店）、张德惠（新乡），其他几个大站厂也有代表参加，我党方面有项德隆、吴汝明（他在长辛店工人俱乐部工作）、张国焘和我，还有林育南、许白昊两同志是以《劳动周刊》的记者列席。会议一共开了三天，决定了总工会筹备会各段、各厂的负责人，起草了总工会的会章草案，决定以项德隆为京汉铁路总工会筹备会的总干事，杨德甫、刘文松、张德惠、史文彬等为筹备会的正、副主任委员，主要的工作都是项德隆负担，张国焘也没有搞出什么花样。项德隆的工作信誉已经由江岸发展到各段、各站、各厂了。可是从这次会议以后，中央就把我调到北京交通部工作，我离开了武汉，也不要我过问京汉铁路的工作。我同项英、李书渠、陈潭秋还是保持联系。

经过了半年以上的筹备，全京汉路各段、各站、各厂的工人差不多都组织起来了，决定一九二三年二月一日举行京汉铁路总工会的成立大会，总工会的地点在郑州。各总段设分会，各站厂都设有分会及工会委员或小组，组织很普遍很严密，并建立了工会纠察制度。会场是布置在郑州市中心区的一个戏院里（普乐园），在举行成立会的前一日，各处的代表都到达了郑州，都以无比的欢欣来迎接这个总工会的成立大会。可是到了二月一日的黎明，郑州宣布戒严，会场被军警稽查处封闭了。经过了几次派员向军警负责人黄某交涉，没有结果，至正午十一时，工人非常愤慨，各厂各单位的工人都把工作丢着不做跑到工会来问消息。于是由项英同一部分工人纠察队奋勇地冲进了会场。有一部分代表随之进入了会场，军警方面马上就开来了两连部队包围会场，荷枪实弹，如临大敌，相持了半个钟点的时间，工人在这样的强力压迫之下，只好退出会场。工会马上召开紧急会议，决定全京汉路的总罢工，二月二日正午一时（按：应为2月4日中午12时）全京汉铁路的总同盟罢工开始，各段、各站、各厂、各处都是协同一致。工人纠察队普遍地组织起来，分途出动，执行罢工的纪律。总工会办事处由郑州迁江岸，因为江岸的工人多，工会组织健全，以项英为中心的工会核心比较巩固。在罢工的过程中，秩序良好，在江岸方面：武汉各大中学校的学生，声援罢工，每日有学生结队从数十人至数百人到江岸慰问罢工工人，并酝酿罢课示威，形成了声势浩大的有政治意义的罢工运动。当时的中央政府在北京，大总统是黎元洪，他完全是吴佩孚的傀儡。内阁总理是张绍曾，他是军人中的政客，周旋于曹锟、吴佩孚、冯玉祥之间，同奉张也有些联系。政治实权掌握在曹、吴手里，而曹锟只是吴佩孚的老长官，除了直隶省长是他的弟弟曹锐而外没有什么实权。曹锟驻保定，吴佩孚驻洛阳。曹锟的部下如曹锐、吴毓麟师等常发出不平之鸣，即所谓"保洛争权"的政潮时常发生，冯玉祥是陆军检阅使，驻在南苑，他有一万多军队，在政治上不起什么作用。交通总长原是高恩洪，是吴佩孚的同乡同学，这个人倒还不算是很坏的官吏，在京汉铁路工潮爆发时，更换了吴毓麟。参众两院也是当时政府的组成部分，参议院的议长是高凌霨，副议长是张伯烈。众议院的议长是吴景濂，副议长是褚辅成，参众两院虽然常发生倒阁的风潮，不过是军阀的应声虫而已，点缀门面，没有什么作用。

京汉铁路是吴佩孚的经济力量，也算是他的重要政治本钱，他对京汉铁路的重视和他的直属三万亲信军队一样。所以他对京汉铁路的掌握是费了不少的心机。京汉铁路的总罢工，对他是一个政治威胁，也是一个经济损失，他当时的对策最好是把京汉铁路员工一起收买起来作为他的忠实奴才，马上复工，他可以给予员工一些小恩小惠。如果收买不了，他就把京汉铁路全体员工认为是他的敌人，尽量地屠杀。所以在二月三、四、五、六日当中，京汉铁路总局的局长赵继贤（一九五一年在苏州镇压反革命运动中执行枪决），南段局长冯澐派了很多的爪牙向各段的工人威迫利诱，谈判复工的条件，希望得到妥协，迅速复工。罢工支持到第六日，即是二月七日，京汉铁路全线宣布戒严，湖北督军萧耀南派了一些兵包围江岸车站和工会，各厂各处都有武装兵士把守，禁止员工出进，萧耀南的参谋长张厚庵亲自到江岸扶轮学校仍以谈判复工条件，约集工会的负责人会谈，杨德甫、林祥谦、黄桂荣、项英、曾玉良等工会负责人到扶轮学校与张厚庵见面，首先提出先撤退军队再谈复工，张厚庵坚持谈好了复工即撤退军队，张厚庵用带威胁的语气说："你们要放明白些，不马上复工我们对吴大帅是交代不了的！"林祥谦马上就抢着说："复工是全京汉铁路工人的事，在这样的情形之下，就是我们答应复工，也是不解决问题的！"张问："你叫什么名字？"林答："林祥谦。"张说："你的责任很重，我还给你一个机会，迅速召集全体工人叫他们马上复工。"林祥谦说："不是那样简单容易。"张厚庵的脸色很难看，厉声说："我下命令恢复交通，你下令复工，还有什么别的话好说？"项英看到了事态严重，不能不有一个脱身之计，就很和缓地说，"我们马上召集大家开一个会，商量一下再来回报如何？"张答应了，大家退出来，向工会方面走。项英对林祥谦说："你去通知各厂处的代表，我去通知纠察队到工会集合。"他示意林祥谦不要回工会，因为林祥谦是罢工委员会江岸分会的委员长，这个任务对外是秘密的，张厚庵在谈话中流露出来他知道林祥谦是罢工运动中的一个重要人物，从他同林祥谦说话中的冷笑，暗藏着无限的恶意，因此他想把林祥谦调到一个比较安全的地方继续执行罢工任务，林祥谦方在迟疑还没有说话，跟在他们后面的有一个军官说："你们几位去通知大家开会，我们陪'林会长'（军官这样称呼）到工会去等他们。"林祥谦知道他们的来意，就很愤慨地说："光天化日之下，正正当当的集会结社罢工自由，我只有执行总工会的命令，服从群众的意见，其他一切我都不管。"林祥谦就径直回工会，其余的人都散了。一会儿车站上发出号音（紧急集合），大家还以为军队是撤退了，岂料不到一刻钟的时光，军队散开了，以作战的姿态，冲进了工会和各厂处，实行逮捕工人，尤其是工会负责人，将林祥谦等十三人及几个火车司机绑到江岸车站，把林祥谦等绑在电杆上，有一个军官带着几个背着大刀的兵士来问林祥谦说："你还不下命令复工吗？"林祥谦很从容地说："我向谁下命令？"那个军官指着火车司机说："向他们和纠察队下命令。"林祥谦很激愤地高声说："你们太不讲理，暗无天日，要杀就杀，没有话讲！"那个军官指挥大刀队在林祥谦的左肩上砍了一刀，林祥谦紧闭双眼操着福建口音，高声厉骂，正在相持之际，工人纠察队约有百人冲进了车站，项英也在纠察队中间（纠察队的团长罗海澄、副团长曾玉良勇敢不识字，实际上纠察团是项英指挥）。正在混乱当中，纠察队快扑到林祥谦身边，军队竟对徒手工人发出冲锋的号音，一时枪声四起，弹如雨下，整个的刘家庙枪声、人声、喊杀声、喊打声、妇孺哭泣声，混作一团。绑在电杆上的十三个工人除林祥谦是被乱刀砍死而外，其余的十二个人及一部分纠察队和工会中的几个值班的人，都被乱枪打死，接着武装部队协同路警逐户搜索工人，工人绑进工厂，火车司机绑上车头，一部分工头也出来为军警服务。这是二月七日下午三时至五时之间发生的事态。在江岸屠杀工人事件的同时，全京汉铁路各厂小站，都发生军队用武力镇压工人罢工。信阳、郑州、新乡、保定、长辛店，都逮捕了很多工人。在工人纠察队执行罢工纪律和拒捕中都有死伤，但不似江岸之惨烈。这说明这一次的罢工运动的重心在江岸，我党负责这一次罢工运动的指挥调度的是项英。参加这一次罢工的在江岸方面除项英外，还有施洋、李之龙、许白昊、陈潭秋、廖乾五等，在长辛店方面的是吴汝明。

在江岸屠杀工人事件的同时，施洋在汉口被捕，约在下午四五点钟之间，军警稽查处的便探先到施洋的律师事务处（在汉口后花楼大同旅社浴室旁边的一个弄堂内）说是接洽官司。施洋的夫人告诉他往地方法院出庭去了，便探就到地方法院去，走到后城马路的中间距新市场不远遇着施洋从地方法院回家，便探就拦住他，把他带到稽查处，当即押解过江，在军法审判处略加讯问，即执行枪决，到了第二天京汉铁路复工通车了才准收尸，是由汉口人力车夫工会的负责人樊一狗、袁诰成负责收尸，棺材安葬在宾阳门外洪山的北麓，并为建亭立碑，到现在还存在。

施洋是湖北竹山县人，寒士出身，辛亥革命时他不过二十多岁，一九一三年他开始进湖北省立法政专门学校肄业，一九一六年毕业，毕业后困在武昌半年之久，才办理律师登记，取得了律师的身份以后，就在武汉挂牌当律师。他的律师事务所最初在武昌抚院街，据他自己说：在当律师的第一年简直没有生意，到了第二年虽然有点生意仍不能维持生活。在五四运动中，他参加了学生联合会，曾代表武汉学联到过北京、上海参加全国的学生运动。这就是他开始露头角的时候，他很有点辩才，胆子也很大，我第一次遇见他是在湖北省教育会的筹备会上，他能目空一切毫无顾忌地与人争论。有理无理，他总是不认输。他很有点派头，他经常是红顶瓜皮帽，缎子马褂黑漆皮鞋，金丝眼镜，手拿一根流行的所谓文明手杖，早留了两撇胡须，见人好说大话，拉关系。当时我们是书呆子气重，见了他的那一套，真是有点恶心。在五四运动中，我们的接触较多，我们才开始认识他胆子大，有才气，勇于任事，不怕艰难。在汉口人力车夫罢工运动中，他不仅出力，而且出钱。他对人力车夫的疾苦，体会得很深刻，替人力车夫出主意，以法律顾问的身份替人力车夫到租界工部局讲条件。他在人力车夫的罢工运动中，建立了他的威信，全汉口的人力车夫都爱戴他，都称他"施先生"。

在一九二二年五一劳动节，我们在武昌抚院街青年会举行纪念会，并于会后举行游艺会。他自动地来参加，并出席演说，他的演说内容很丰富，他说明了中国工人阶级发展的方向和他对马列主义的信仰，他的词令对群众的启发性和煽动性很大。因此，我们的同志对他的观感也改变了。约在一九二二年六月中，由许白昊、项英两同志提出介绍施洋入党。第一次在区委会没有通过，陈潭秋还说他政客的气息很重，有风头主义的毛病。决定要我同他多谈两次话再讨论。我对施洋是有些了解，但以他的社会关系比较复杂，我虽同他谈过几次，仍不敢遽作决断。因他与刘伯垂同行，我就问刘伯垂的意见。刘伯垂说："只要他革命，政客气息与风头主义有何害？我们既不是清教徒、又不是学究，怕那些干什么呢？我同意他加入我们的党。"我也同意刘伯垂的意见，在第二次提出区委会讨论，才通过他入党。他加入党以后，更加进步，很守纪律，对人处世都沉着笃实多了。因为他对劳动运动感兴趣，所以把他分配在劳动运动方面工作。他家里用的一个女工黄陂县的一个孤女，同许白昊恋爱，后来也加入了党，即是秦怡君。许白昊死了，她同李求实恋爱，李求实死了，她在上海福民医院当护士，中日战争爆发上海沦陷后，就不知她的踪迹了。

京汉铁路工潮发生，施洋到江岸去过几次，讲演过一次，他因律师业务很忙，所以没有在这次罢工中担任什么重要的工作。吴佩孚、萧耀南因为要镇压工潮，打击共产党，所以把屠杀工人与枪杀共产党人，认为是解决一个问题的两面，施洋在当时是一个公开的所谓危险人物，他自己也是满头脑的法律观念，对敌人没有警惕性，所以他就不免于死了。血案铸成了，他们自以为得计，而不知道因此震动了全世界，启发了中国工人阶级的政治斗争，树立了我党在工人群众中的威信，施洋为工人阶级、为中国共产党光荣牺牲了，他的身后萧条，只剩下他的夫人和一个不满三岁的女孩子。

"二七"工潮是在血腥的武力镇压下复工了。于二月八日开始通车，工人俱乐部都被查封，我党在交通部任职的张昆弟、何孟雄、陈为人、安体诚及我五个同志以鼓动工潮的嫌疑免职（我们五人分任京汉、京奉、津浦、京绥、正太五路的工人组合工作，高恩洪交给我们的任务是调查首领是叶恭绰的旧交通系人物和组织，最初的名义是"密查"，后以我们都是大学生，改为育才科的视学，陇海铁路的工人组合工作是李震瀛负责，他不在交通部任职）。在我们离开交通部时，各路的工人组织已初步完善，每一路都有我们的同志负责领导。如京奉路有邓培，津浦路有王荷波，陇海路有李震瀛，京汉路有项英、吴汝明等。项英在"二七"江岸大屠杀中，他在工人纠察队中被乱枪击散，潜伏在江边，到黄昏时候，才搭上一只小划子到汉口法租界长清里熊晋槐的寓内，廖乾五也住在那里，就在此处建立联络处。他开始调查工人死亡的情形，拟定善后的办法，建立工人工会的秘密联系，在江岸的被捕工人在工潮解决以后都释放了，被开除失业者达数十人，其余如保定、郑州、长辛店各站被捕的工人和共产党人都关了监，因此善后救济成了我党在当时的一个重要任务。

在京汉路罢工的过程中，北京比较武汉是沉重多了。罢工被镇压下去以后，我们才在北京展开政治宣传与办理善后工作，我们组织在参众两院请愿，联合众议院的议员胡鄂公、彭养光、范叔衡（范鸿劼的堂兄）、白玉逾、吴昆等对吴佩孚、萧耀南、赵继贤等提出弹劾案，因为这几个议员都是湖北人，同我们有些私交，党就把这项工作交给我和刘子通、范鸿劼负责进行，并发动提出劳动立法案，争取工人的集会结社罢工自由。胡鄂公是北京"今日杂志"派的首领，他的干部有邝摩汉、熊得山、汪剑农、彭泽湘等，他曾派彭泽湘等赴莫斯科请求加入第三国际遭到拒绝，他回转头来争取加入我们的党，所以他对此弹劾案与劳动立法案的运动很卖力，完全服从我党的领导。项英也来到北京，他和王俊代表京汉铁路死难工人到参众两院请愿，并在众议院一个委员会作过"二七"工潮的报告，当时发行的《二七工讯》小册子也是项英起草的初稿。弹劾案虽然照我们的原意由胡鄂公提出来，在征求连署人的时候，把吴佩孚勾掉了，因为当时北京政府吴佩孚是一个实际支持者，议员老爷们哪里敢在太岁头上动土、老虎头上拔毛呢？所以弹劾的对象仅是萧耀南、赵继贤。劳动立法案倒是很顺利地提出，连署的议员很多，虽然没有经过大会通过、完成立法程序，但在政治宣传上起了相当的作用。工人集会结社罢工自由运动，经过了"二七"工潮和这一次的"弹劾案"和"立法运动"有了不少的进步，也算是我们的合法斗争得到一个小小的胜利。其次就是善后与救济工作，善后工作是对死亡的要安葬，死亡的家属和数百个被开除而失业的工人要生活，被关监的工人要营救，一个幼年的党，遇着这样的问题，不能说不是个大事，所以我们一面进行募捐，一面组织救济机构，选择办理救济的人员，颇费周章。募捐方面国内的办法很少，因为此时全国各地劳动组织尚在萌芽时期，工人的阶级觉悟还不高，工会的经济力量还不够，非工人阶级团体或个人如慈善会、救济会、青年会及一般富商大贾不仅隔岸观火，并把工人罢工认为是过激行为，还指"罢工运动"为"白老鼠过街，人人叫打"。我们的同志多半是教员、学生、新闻记者、工人，大家节食省衣捐凑一点为数有限。主要的捐款是在第三国际号召之下由各国共产党和各国的赤色工会募集来的，为数倒不在少。此项经费主要的是救济死难工人的家属与维持失业工人的生活，时间还相当长，保管与发放是一个很不容易做的工作，我们的党当时没有慎重考虑，适当处理这个问题，仅就京汉铁路失业工人当中组织了一个济难委员会，北段是张德惠负责，南段是张连光负责，我们党把收到的捐款如数地交给济难委员会由他们处理，我们也没有派人监督用途，稽查账目，捐款是陆续地来，我们也是陆续地交给济难委员会，因此他们对救济费的发放不公平、不恰当，浪费、贪污，到了最后，张连光卷了五六千元现款逃回他的故乡福建，匿迹销声。有人说他回家置了产业过他一个人的安乐生活。张德惠也拐了三千多元久不见面，过了几个月把钱用到差不多完了，才跑到北京同范鸿劫、何孟雄、王俊见面交来了一篇假账，报销了二千多元，还差八百多元他说是他用了。如张连光卷款潜逃，倒还是一刀两断，没有出什么麻烦，张德惠犯了错误，我们就不理他，他跑到天津、上海、汉口、广州，到处招摇撞骗，造谣生事，并与我们的阶级敌人帝国主义豢养的走卒国际工会分子，广州的马超俊，湖南的王光辉，汉口的郭骋伯、郭案生、张纛等沆瀣一气，对我党作恶意的中伤，如："共产党骗俄国人的钱"，"共产党被俄国人收买"，"共产党陷害工人，煽动罢工"之类的诽语，工人群众头脑是比较简单，听了这些谣言，都信以为真。如杨德甫、罗海澄等跑到上海找陈独秀要算账，王光辉、郭案生、郭骋伯等到处宣传说共产党侵吞救济工人的捐款，登报要我们公布账目。我们的党在此时还是秘密的，我们救济工人的捐款是从第三国际和各国友党募集来的，我们既不能在报上公布账目，也不能和这些工贼打官司，陈独秀在《向导》上写了一篇《我们对于造谣中伤者之答辩》文章辟谣，也没有解决什么问题。我同杨德甫以前处得不错，我找他解释过，越解释他们的误会越多，他们总以为还有多少钱掌握在共产党手里不给他们用，他们的欲壑是填不满的。因此影响党与工人间的关系不少。在武汉方面因张连光卷款潜逃，林育南认为是项英用人不善，对项英提出过分的责难，李之龙说："张连光是京汉铁路工人推选出来的，就是用错了他，也不是项英一人的责任，我们都有责任。"他们争论起来，打了一架。同志间的团结，也发生问题，武汉的工作有很多矛盾，这是一九二三年夏秋之间发生的事。

补记：在一九二三年夏天，我党在广州东山陈独秀的寓内举行第三次全国代表大会，出席这次会议的人有毛泽东、陈独秀、瞿秋白、蔡和森、何孟雄、项英、王荷波、邓培、张国焘、阮啸仙等，刘仁静、王俊新从莫斯科出席少年国际第三次代表会议回国，也被邀参加这次的会议作报告。这次会议中陈独秀作了《出席共产国际第五次代表大会的报告》。鲍罗廷作了《国际形势与共产国际任务》的报告，刘仁静、王俊作了《出席少年国际第三次代表大会的报告》。瞿秋白（负责编《前锋》是党的理论刊物）、蔡和森（负责编《向导》）作了党的宣传工作报告，张国焘作了党的组织工作报告，各地的代表也分别作了各地的工作报告，毛泽东作了关于农民运动的报告。

（以上的这一段材料是最近会见刘仁静据他的口述和我的记忆补记的，一九五四年一月二十二日　惠僧）

项英是在第三次全国代表大会当选为中央委员，仍派在武汉工作，他的主要工作是京汉铁路工运，并参加武汉党委会的工作，他把武汉的这些情况报告中央，请求解决，经过中央的研究讨论，决定仍调包惠僧到武汉负责整理党务，调林育南至上海工作。我接到中央调我回武汉工作通知的同时也接到项英的信，我知道问题的发生与中央这样决定的经过，我很犹豫，但也不能不服从中央的调度，我只好照中央的指示：先到上海接洽工作的方针，在上海住四天，即回汉口。这是我第三次到武汉担任党的工作。

武汉区的党务工作和劳动运动工作，从一九二一年冬天汉口租界人力车夫同盟罢工起至一九二三年"二七"工潮止，是一个发展高潮的时期，各学校都有"学生读书会"、"妇女读书会"、"马克思学说研究会"的组织，各产业组合中各工厂中都有"工会"或"工会筹备会"、"工会俱乐部"的组织。汉阳兵工厂是属于军事范围，一向是严禁工人集会，也组织了工会性质的"工人小组"。运输工人也组织起"码头工会"，党员已经发展到四十余人。自"二七"工潮以后，反动政府明白禁止工人集会，我们的工运不能不转入地下工作，几个负工运责任的同志行动也受到限制，项英、许白昊、李之龙等都成了军警注意的人物，所以我们的机关部就不能不迁入租界。一九二三年秋末我到达汉口，我们的机关部设在日本租界一栋楼房里，项英同京汉铁路失业工人周天元夫妇和黄子坚等住在这里，在英美烟草公司做工的一个女同志陈云卿的丈夫是洋厨子，不是我们的同志，也常到这儿睡觉，我初到汉口同他们住在一起，我想一个秘密的党的机关部住了这样复杂的人在一起，如何进行工作呢？我同项英商量要改变环境开始工作，项英也同意我的意见，他说："在租界上租房子要有家眷，我租房子时没有办法就把陈云卿同志抓了来。后来周天元、黄子坚知道我住在这里，楼下又有空房，他们要求搬来，我不好意思不答应，就这样将就住在一起，他们也知道我们的工作性质，将来可以请他们搬走。"可是为了这一个问题费了很多事，还出了一个乱子。

我们的工作开始就是改组区委会，在区委会创组的过程中同张国焘小组织发生了不少的磨擦，结果是我当选区党〔常〕委兼委员长，许白昊当选区党〔常〕委兼秘书，许白昊是有小组织的色彩的，这样的配合，是项英居中调和的结果。我同许白昊一起工作，一起生活，还算处得不错。粤汉铁路徐家棚的工运工作，在一九二二年秋天我离开武汉后就由刘易华来代替李书渠，这一次我回来又把李书渠代替刘易华，在人事调动中也发生不少的争论，京汉铁路的工作仍由项英负责，人力车夫工会的工作自施洋死了以后就由项英、许白昊共同负责，指导仍是樊一狗、袁告成负责。青年团的工作重点在武昌，刘昌群任书记，陈潭秋以区党委负责指导团的工作。林育南调到上海工作，李之龙调到广州工作，武汉的工作从"二七"工潮以后是沉寂了大半年，经过了这一次人事调动重加整顿以后，各方面的工作又渐有生气。接着，国民党第一次全国代表大会在广州举行，中央指派刘伯垂、廖乾五、李隆郅（立三）为武汉的代表，武汉此时尚未办理国民党登记党员工作，我们的中央在名义上是指定李隆郅负责武汉国民党改组的工作，实际李隆郅在湖北的人事不熟悉，又加以国民党右派分子如张桓九、雷大同等从中作祟，李隆郅对这一工作是一筹莫展，他们到广州的三个代表恐怕只能代表他们三个党员，因为新党员还没有办登记，旧党员同他们还没有任何联系，北京办理国民党党员登记是比较早，我还是一九二三年在北京由李守常负责办理登记填了表但未发党证，武汉及两湖是一九二四年初夏，林祖涵到汉口才开始办理登记，并设立武汉市党部于日本租界。这些情况也可以说明国民党在一九二三年前后进行改组时期各地的改组工作和在广州举行的第一次全国代表大会是完全在马林、鲍罗廷和共产党领导之下进行的。

我们的机关部因为住的人复杂，完全失去了作用，我们的重要会议多半是到清芬二马路刘伯垂的律师事务所去举行，写一个重要的文件必须等到夜十二时后一般人睡静了才开始工作，工作上太不方便。我们决定搬家，由项英同周黄两人开诚布公地说明我们要搬家，为得免除军警方面对我们的注意，我们一定要分开住，项英以为这是不会有问题的，但是周天元是一个狡猾多疑的黄陂人，他经常也和杨德甫一样的看法，以为京汉铁路的救济捐款总还有若干在共产党的掌握中，没有尽其所有给他们，他们虽然知道我和项英不经手钱，总以为我和项英可以向共产党要钱给他们，现在我们要搬家，要他们搬出去，认为我们是把他们当外人，不管他们了。他们由狐疑而怀恨，我也提醒项英注意这个问题，他说不要紧。过了几天，我们搬到日租界对面中国地界的华景街华景里一栋民房里，这个地方周天元、黄子坚也知道。又过了半个月，我迁到日租界对面的三元里，项英就住到清芬二马路廖乾五寓内，我的住所是秘密的。在农历过年前，我们还当了几件衣服由项英给了他们一点钱，他们仍然不满意。有一天晚上，项英来我的寓内商量一件工作，刚刚坐下，周天元同罗海澄（失业工人）闯进了我的寓内，要我到茶馆同他们说话，我们知道这是找麻烦的，我还没有说话，项英就说你们的事我负责，他不管。罗海澄是个横人，即破口大骂说京汉铁路的乱子是包惠僧搞起来的，无论如何他不能不负责任，要不然我们就拼，便动手要和我打架，我也只好尽量忍耐同他们敷衍，结果是我们尽其所有凑了五块钱给他们才下台。我知道这是乱子的开始，我要项英注意解决这个问题。项英说："不要紧，慢慢拖，如果要解决这个问题，要两个条件，第一他们无非是要钱，我们如果有钱给他就没有问题。第二我们如果能够给他们介绍工作也没有问题。如果没有这两个条件，就只有'敷衍'和'拖'。"我说："如果'敷衍'不下去、'拖'不了怎么办？"他说："大不了得我们一路进监牢。"我说："我们到了进监牢就是我们的工作失败。"他说："不要紧，罗海澄、周天元的胆子也很小，他们也不敢真和我们干，京汉铁路有几百失业工人，将来这样的事还要多，哪里能够对每一个失业工人和对每一件事都能处理周到，叫他们没有话说呢？我们只能一面说服他们，一面尽可能来帮助他们，在张连光卷款潜逃以后，他们也常拿无赖的行为来威胁我，我还不是用'敷衍'与'拖'来处理吗？"我认为他这样的看和这样的做是很危险的，果然过了三四天，有几个警察来调查户口，我不在家，接连又有一个陌生的人挨户调查姓包的，我即到日本租界一个朋友地方住了几天，我们才开会讨论这个问题。我提出两个办法：第一我们建议中央先把杨德甫、周天元介绍在国民党汉口市党部工作，把处理京汉铁路失业工人的事交给杨德甫负责。第二我们建立一个秘密的机关部，项英暂时不要和周天元等见面，我们的行动尽量地对他们保持秘密。这个意见，项英同意并经过区委会通过了，我们即找定英租界对面华界德润里二十三号，全楼共五间，我们几个负责的同志如项英、许白昊、廖乾五、我和我的爱人夏松云、许白昊的爱人秦怡君，还有我的大女儿爱生（才半岁），都住在一起，廖乾五虽然只有四十多岁，他早留有胡须，完全是一个老头子的模样，我们有老有少有男有女有大人有小孩，完全像一个家庭的组织。房东住在楼下，他是一个商人，他们也没有想到我们是一个秘密机关。我们差不多是昼伏夜出地工作，林祖涵在国民党第一次全国代表大会后到汉口任特派员，曾到过这个地方，同我们交换过工作的意见。正在布置汉口市党部的工作当中，杨德甫也由上海回到汉口，我们还没有同他见面。有一天周天元突然来到了我们的机关部，我们见面当然有点惊异，就在廖乾五的房内坐下，周天元很得意地说："在汉口无论你们搬到哪里我都找得到，汉口每一条马路、每一个弄堂都有我们的弟兄。"他自己说他是洪门的老幺，我们同他谈了一下，送他走了，我就提议马上找房子搬家，先把重要的文件送走，项英、白昊都说我太胆小了，不会有那样严重，廖乾五倒同意我的意见。过了几天，中央来信召集扩大会议，要我到上海去开会，我在行前还提出搬家的问题，他们都同意了，但要等我到上海请中央汇钱来才搬，他们总以为我是过虑。我到上海开完了会，乘船回汉口的途中航泊在南京码头，王荷波从上海坐火车赶来报告汉口机关部被查抄的情形，并带来上海的报纸。我到南京码头已从报纸上知道汉口机关部被查抄，刘伯垂、许白昊被捕。王荷波说中央要我暂不西上，我想我是坐的怡和公司的船，码头在英租界，上岸没有危险，还是先到武汉看看，并与各同志商量一下善后的办法，王荷波也同意我的意见，我到汉口即住在英租界福昌旅馆，设法找着了我的爱人夏松云，才知道查抄德润里二十三号的那一天是在下午二时，夏之栩也在那里，廖乾五、项英都不在家，当时就把许白昊绑去了，对于女人，军警只监视行动，没有逮捕。廖乾五到下午五时回来，走到弄堂口在香烟摊子上买香烟，香烟摊子的老板说二十三号查封了，不知道是什么事？廖乾五就很机警地向英租界逃跑，一个便探跟着后面追，差不多追上了。廖乾五就闪在路边，对着便探向前跑的姿势横踢一脚，使便探跌了跤，廖乾五继续向租界逃跑，凑巧通租界的一个铁闸门经常是关着的，此时因为京汉、粤汉联运的火车快到了，所以铁闸子门开了，廖乾五三步并两步地跑进了租界，便探就无可奈何了。廖乾五逃到南陵路孙武的家里，才知道刘伯垂的律师事务所被查抄，刘伯垂被捕。到了半夜，德润里弄堂口的哨兵撤退了，在房子内监视的几个警察也睡熟了，夏松云从我住的房间向外的窗户把夏之栩用绳子吊下去，夏之栩出去才到各同志处送信，否则在那监视他们的三天中，还不知道有好多同志因为接洽工作而进入罗网了。

我在福昌旅馆住了一天，找着陈潭秋谈了一些有关善后问题，我和项英、廖乾五都在明令通缉之列，政治环境不改变，我们在武汉是不能立足的。汉口的风声还是很紧，陈潭秋也催我快点离开武汉，我即于次日坐日清公司的船回上海。不久项英、廖乾五也到了上海，项英即在中央负全国工运的责任，我同廖乾五先后到广州参加军事工作，在北伐时廖乾五任第四军张发奎部政治部主任，工作做得很好，一直到"八一"南昌起义，他仍任第四军叶挺部政治部主任，革命军南征抵潮梅战败，廖乾五即不知所终。

项英、陈毅在赣粤边游击区

刘建华

主力红军长征前夕，中共中央决定成立了以项英为书记的中共中央分局和以陈毅为主任的中华苏维埃共和国中央政府办事处，还成立了中央军区，项英任司令员兼政治委员，领导留在南方各根据地的红军游击队坚持斗争。

1935年3月上旬，项英、陈毅从雩都南部地区突围后，由原代英县委书记曾纪才带路，3月下旬到达赣粤边游击区的油山，在这远离党中央的偏僻山区，在严重白色恐怖的日子里，党的负责同志来到油山，直接领导我们的斗争，给了我们很大的鼓舞和力量，我们感到无比的欣慰。他们的到来，也是赣粤边三年游击战争一个重要的转折点。

（一）

项英、陈毅到达油山后，于4月上旬，在南雄境内的大岭下村，召开了特委、军分区和部队中的领导干部会议。会议先由特委书记李乐天同志汇报了部队突围经过和当时的敌我情况，杨尚奎同志汇报了当地党组织的情况、群众情绪和我们的打算。接着，项英、陈毅同志讲话，他们在讲话中，一方面表扬我们安全来到了油山，保存了力量。另一方面也语重心长地批评了我们的缺点，指出不能过于集中，搞大部队行动；机关要缩小，部队要分散；作风要迅速改变，尽快适应新的斗争环境。针对敌人将要对我全面进攻的形势，领导机关要立即转移到北山。这是一次很重要的会议，使我们从思想上弄通了转移、分散的必要性，认识到适应新的环境的重要性。

在中央革命根据地的时候，我只听过项英、陈毅的名字，从未见过面。到达油山后，项英同志化名老周，陈毅同志化名老刘。会上听了他们的讲话，感到他们站得高，看得远，水平高，分析事物准确果断。陈毅同志给我最深刻的印象是性格豪爽，有魄力。会后，陈毅同志看到我个子不高，年纪又小，亲切地走过来，摸摸我的头，拍拍我的肩，和蔼地问："你叫什么名字？"杨尚奎同志接过话头说："他叫刘新潮，是少共特委书记。"陈毅同志接着问："哪里人？打过仗吗？"等等，我都一一作了回答。陈毅同志接着鼓励我："好好干吧，没有打过仗可以边打边学，边学边打，一切都可以学会的。"短短几句话，指出了我努力的方向，给了我力量。

大岭下村会议后，紧接着，赣南军区司令员蔡会文、少共赣南省委书记陈丕显等同志率领部队，突破敌人的重重包围，也来到了油山，并立即转移到北山。接着，项英、陈毅同志和特委机关、军分区司令部都转移到北山。

鉴于当时的严重形势，特委在大庾县河洞乡的长岭村召开干部会议，特委负责同志、蔡会文同志、陈丕显同志和连以上的干部参加了会议。会议由项英、陈毅同志主持，并作了报告。他们对形势作了精辟的分析。项英同志指出："中央革命根据地虽然被失掉，但红军主力的存在和游击战争的进行，必然推动新的形势的到来。中国革命正在新的条件下向前发展，那种认为中国革命失败了的悲观情绪是错误的。"他还指出："游击战争应以发动和领导群众斗争为主体，反对单纯打土豪。打土豪要严格执行阶级路线和政策。"陈毅同志着重讲了光明的前途。他说："中国革命虽然遭到挫折，但革命的前途是光明的。我们要对这种形势有足够的认识，既要反对盲目乐观思想，又要反对悲观失望情绪。要提高信心，坚定信念，加强团结，要迅速转变斗争方式和工作作风。不能和敌人死打硬拼，要依靠群众，发展游击战争，积蓄和保存革命力量。"会议根据项英、陈毅同志讲话的精神，确定了"依靠群众，坚持斗争，积蓄力量，创造条件，迎接新的革命高潮"的方针。

在军事上，会议确定分兵行动，以南岭为依托，以油山、北山为中心，把赣粤边游击根据地分成五块游击区，即油山区（信、雄、庾边境山区）；北山区（大庾、南雄间）；信康赣区；信南区（即信丰和龙南、全南、定南）；上（犹）、崇（义）区。部队按上述区域，分成几个大队和许多小分队，分散进行游击战争。

长岭会议是一个很重要的会议，是由正规战转为游击战、由苏区工作作风转为游击区工作作风的转折点。会议精神的贯彻，对胜利坚持三年游击战争有着重大意义。

（二）

项英同志在信康赣县委时，我向他请示、汇报工作较多，他的学习精神、工作作风和生活作风，给我留下了极为深刻的印象。他身边只有《列宁主义概论》和《共产主义运动中"左派"幼稚病》两本书。看了又看，都翻烂了，后来托一个小学老师买了《唯物史观》之类的书，还想尽一切办法买了许多香港报纸和省的报纸来看。他喜欢静，除在棚子周围散散步之外，不是看书报就是思考问题，谁来了就和谁谈话，问情况、谈工作。他非常重视做好群众工作，并要我们在斗争中学习，不断提高斗争艺术。他说："我们进行的游击战争，是群众性的游击战争。我们要坚持，要生存，要发展，主要靠群众力量，敌人妄图消灭我们，也想尽一切办法隔断我们与群众的联系。"他还教导我们怎样做好群众工作，并把游击队中做群众工作的好经验以及不注意做群众工作的一些不良现象，归纳起来，理论联系实际，编写了一本《群众工作必读》的小册子，发给游击队员和工作人员。有一次，他征求我们的意见，说：要研究一下基本地区的群众和非基本地区的群众用什么组织形式去把群众组织起来，在基本地区，能不能用工农同盟的组织方式把游击区的群众组织起来。我说：游击区没有工人，怎么叫工农同盟呢？项英同志说："游击队就是工，因为游击队是中国共产党领导的，而且有很多党员，共产党员是工人阶级队伍中的先进分子，可以叫工，农就是农民群众，组织工农同盟的意思，就是把游击队和农民很好联合起来，共同对付国民党的'清剿'。"后来我们根据项英同志的意见，在有些基本地区用工农同盟的方式组织起来了。可是没有坚持下去，组织起来也流于形式，没有起到很好的作用。

项英同志每次向我们布置任务时，不但交代工作方法，而且很重视我们的安全。他给我们讲过一个很生动的事例。他说：山里有野猪、有麋子，野猪这种东西，它会损坏庄稼。但它有个特点，就是活动没有规律性，出去觅食，来去不走同一条路，不容易被人捕杀。麋子就不一样，它的活动有规律，出去、回来都是走老路，容易被人逮住。游击队的同志要学野猪的活动方式，不要学麋子走老路，专走老路是很危险的，讲得大家都笑了起来。

项英、陈毅同志非常重视干部战士的教育工作。1935年冬，正遇到罕见的大雪封山，许多大树被大雪压倒，树枝被压断了，野草也被雪结成冰棒似的。我们信康赣县委被大雪困在离上乐不远的大山中，这时山区群众被敌人赶到平原去居住了，我们就要断粮了，可是上乐群众却为我们想得很周到，把大量的粮食、油、盐以至干菜早已隐蔽在山上，做上记号，告诉我们可以随时去取用，吃饭问题也就在群众的支援下解决了。这时，正好项英、陈毅同志都在一起，他俩给我和县委书记刘符节等同志谈当前形势。项英同志说，敌人的"清剿"是不会放松的，今后必将限期"清剿"转向长期"清剿"，我们还要准备迎接更大的困难，准备持久的斗争。从我们内部来说，经过一年的考验，比较稳定了，我们的战略战术转变，游击队的分散活动，干部工作作风的转变，更适应游击战争的环境了。现在主要问题是我们的干部和战士大多数来自工农出身，文化水平低，很多还是文盲，政治素质差，今后要下功夫加强教育，提高政治、思想和文化水平，提高战斗力，提高工作能力，才能战胜敌人，保存和发展自己的力量，取得最后胜利。陈毅同志说，加强政治思想教育十分必要，我们要使部队指战员、地方工作人员，看到革命的前途，树立战胜敌人的信心，部队指战员要做到有勇有谋，才能以少胜众，以弱胜强，壮大自己。地方工作要有胆略、有办法，利用群众关系，敢于跳出狭小山区，深入平原地带，扩大回旋地区，才能打破敌人的长期"清剿"。这次虽然没有会议名称，没有会议记录，但项英、陈毅同志谈的都是有关全局性的问题，实际上可以说是一次"谈形势、论教育"的小会，在极艰苦的游击战争环境下，这种会议是常有的。从此以后，项英、陈毅同志用了很大的精力抓政治思想教育工作，经常给我们分析形势，讲解政策，指明前途，鼓励我们坚持斗争。项英同志写了不少文章、教材和宣传材料，如《红色指挥员必读》、《红色战士必读》、《群众工作必读》、《反对五大坏现象》，还有时事教材等等。为了解决文盲问题，还写了几册识字课本。材料写好后，他都念给身边的干部、战士听，听不懂又改，一直改到听懂、看懂为止。我记得识字课本的大意是：第一册，是写"人"，男人、女人、大人、小人、工人、农民、贫农、中农、富农、地主、资本家等等。第二册，是写"地理常识"，国内省、市名称、主要的高山、河流，世界上有多少海洋、多少大陆等等。第三册，是写"阶级斗争"，什么人是剥削阶级，什么人是被剥削阶级，为什么会产生阶级斗争，为什么要革命，等等。这样写既能识字又能增加知识。我看过项英同志手把手地耐心教长安区委书记朱赞珍同志识字、写字，经常学习文化，后来他可以看书看报，写简单的信了。陈毅同志爱"动"，到一个地方他喜欢爬爬山，常备一支铅笔、一个本子，走到山头上四周一望，诗兴就来了，写了许多诗词。当时的游击生活是艰苦的，但我们感到精神上很愉快，干部、战士学习情绪都很高。通过学习，部队指战员和工作人员的素质都大有提高，为坚持长期斗争打下了扎实的思想基础。项英、陈毅同志对我来说，他们不仅是我尊敬的好领导，而且是我很好的老师，我受到深刻的教育。我那时水平很低，只知道打土豪、分田地，要革命，要艰苦奋斗，要打倒剥削压迫阶级。社会主义、共产主义只知道一个名称。所以项英、陈毅同志写的教材，使我学到了不少东西，增加了很多知识。

（三）

1936年6月，进攻我赣粤边游击队的广东军队突然从赣粤边游击区撤走了，停止了对游击区的进攻。这是怎么一回事呢？起初我们都搞不清楚，后来才知道发生了"两广事变"。项英、陈毅同志和特委立即在信康赣县委驻地召开了县委负责同志、游击队长、交通站长和就近区委负责人会议，统一思想认识，部署新的战斗。项英同志提出了"反对军阀战争，实行抗日战争，变军阀战争为抗日战争"的革命口号，发表了《为两广事变告民众书》。项英、陈毅同志还提出应抓住这个时机，把游击队适当地集中起来，狠狠打击国民党地方保安团队和地主武装，扩大我游击根据地。

根据项英、陈毅同志的指示，信康赣县委把两个游击队合并，经过整训后，积极寻找战机，打击国民党地方反动团队。

首战大庾新城保安队。据新城地下党员吕振球的调查汇报说：新城圩从广东军队调走后，只剩下一个保安队在那里固守，人数不到30人，而且现在去歼灭他还有一个很好的机会。初九是新城圩日，作恶多端的一个姓曹的大土豪家娶媳妇，准备大摆喜筵，可以一举二胜。于是部队派了一名灵活、机警、坚强的同志由吕振球同志引路，打扮成赶圩的样子，进一步侦察敌情和察看地形，回来汇报情况确实，地形也搞清楚了，决定当晚行动。还找了几个游击小组同志配合。分兵两路，潜入圩内，一路袭击保安队驻地新城区署，一路直奔曹家。结果两路告捷，我队无一伤亡，敌人除外出几个人外全部被俘，缴枪20余支，镇压了姓曹的大土豪，没收了他家的财产，除金银现款作部队经费外，其他物资分发给当地群众和参加战斗的游击小组同志。这一仗出敌不意，天降神兵似的，冲入敌营，打得干净利落，而且新城是大庾一个较大的集镇，对大庾震动很大，扩大了政治影响。群众纷纷传颂，红军游击队大部队出动啦！

赣县大龙地区游击队，还渡过桃江，挺进到柯东的长演坝一带开展宣传活动，建立了新的工作基点。各区委、支部的工作也搞得很活跃，利用党、团员和一些社会关系，到新地区开展工作，争取更广泛的群众同情和支援。这一时期，是三年来最好的发展时期。

但是，这种好的形势为时不长。到了1936年9月间，情况又很紧张。原来广东军阀陈济棠的部属余汉谋投靠了蒋介石，"两广事变"宣告结束。蒋介石为了消灭我游击队，派出他的嫡系部队第46师，接替广东军阀的防务，向我游击区发起了新的"清剿"。针对这一新的情况，项英、陈毅同志就在油山作出了

"九月决议"，分析形势，研究对策。决议提出了摆在游击队面前的中心任务是：动员和领导群众配合游击队，粉碎46师对我们发动的新的"清剿"。指出：群众工作是我们粉碎敌人新的进攻的基础，只有依靠群众，我们才能求得生存和发展，才能创造出许多新的游击斗争的基点。这个决议，成为我们粉碎敌46师新的"清剿"的指导方针，又是迎接抗日高潮到来的指导思想。

46师在发动对我游击区的"清剿"中，除了沿用广东军对我进行封坑、搜山、"抄剿"等手段外，还采取了新的毒辣手段。政治上强化保甲制度，把游击区许多原来的保甲长撤掉，换上新的保甲长。军事上，特别强调筑碉堡，强迫群众在交通要道、在山头、在圩镇构筑工事，把游击队封锁在山区，然后逐山、逐山的"抄剿"，妄图把游击队消灭。但是，敌人的阴谋再一次破产。我们根据项英、陈毅同志的指示，紧紧依靠群众，粉碎了敌人筑碉堡的阴谋。当时信丰长安一带，我们动员群众，起初是拖延时间，延误筑堡垒的日期，进而又发动群众在深夜把已筑堡垒破坏掉。我们信康游击队又分为多支的小分队，采取"你进山，我出山"的战术，深夜出击，挺进到信康赣敌后，贴标语，散传单，声东击西，扰乱敌人，使敌人顾此失彼，手忙脚乱，最后只好固守在各据点。

1936年12月，西安事变发生，当我们得知蒋介石在西安被东北军将领张学良、西北军将领杨虎城抓起来了以后，高兴的不得了。可是，过不久又得到消息：蒋介石被释放了。大家不知道是怎么回事，议论纷纷，有的人怀疑张、杨在搞什么鬼把戏。在这个历史的转折关头，特委召开了会议。项英同志为我们解答了难题，写了一篇《西安事变》的文章。指出西安事变的爆发，使抗日民族统一战线已经成功而正式开展起来。这一形势的继续发展，就要使抗日的革命高潮马上到来。陈毅同志也指出："从中国革命发展形势来看，已经到了一个新的阶段。抗日高潮马上就要到来。"项英同志还告诫我们，在新的形势下，国民党反动派对我游击区的进攻、对人民的镇压，还不可能停止，我们思想上不能有任何松懈，要求我们做好粉碎敌人新的进攻的准备，去迎接抗日高潮的到来。特委根据项英、陈毅同志的指示，把游击队加以整顿，加强教育，从思想上、行动上做好准备，粉碎敌人新的进攻，以迎接南方联合抗日的新的局面。

果然不出所料，在西安事变发生后，敌46师对我游击区的进攻只停止了一段很短的时间，不久又重新开始了新的"清剿"，妄图在和平局面实现之前，消灭游击队。

敌46师对我游击区发动了三次大规模进攻，都被我游击队粉碎了。在这个时期里，我们虽然还非常困难，但相对来说，比1935年和1936年上半年要好得多。1937年2月，46师在保安团第11团的配合下，强迫群众，从信丰、南康、大庾三个方向向我信康赣游击区的大山脑、莲花窝、竹篙岭、山焦坑、李家山、邓坑、东坑等地寻找我游击队，实行大砍山、大抄山、大烧山。但我们依靠群众，粉碎了敌人的大抄山。首先，我们加强政治攻势，到处张贴标语，揭露反动派的阴谋。敌人进山抄山，游击队则转移到外山袭击敌人的后方。机关工作人员，分散到山外去择地隐蔽；向保甲长提出警告，不得胡作非为；动员组织群众与敌人周旋。当时，项英和信康赣县委书记刘符节带着几个警卫人员，跳出敌人的包围圈，深入到新城平原，在地下党员和群众的掩护下，安全渡过了这次大抄山。人民群众总是和我们心连心，在这次大抄山中，想了许多办法，在敌人未进山时，向我们报告消息，进山时，就唱山歌，"打哟哎"，示意敌人来了。砍树时，当敌人在身边时砍几下，敌人一离开就用刀背砍，声音不停，其实砍不倒树。烧山时，故意把火柴弄湿，或是隔断火路。敌人毫无办法，抄了三天，就撤回了据点。我游击队胜利地粉碎了敌人这次大抄山。

这一年春天，我们还组织了信康赣部分地区的群众广泛开展闹春荒斗争。在大庾、信丰游击区周围的群众，要求国民党的乡、保长发还被征收的粮食，要地主无息借米谷给群众渡春荒，结果，这一斗争取得了胜利。

46师一接防余汉谋在赣南的"防务"，就以大军压境之势，来势汹汹，连续三次大规模的进攻，企图一口吃掉游击队，但都被我们游击队和广大支援我们的人民粉碎了。敌人用他的强大优势和压力，吓不倒我们，施行高压手段也压不服广大人民，最后还是以失败告终。

（四）

1937年7月，卢沟桥事变爆发后，关于我党同国民党实行联合抗日的消息有所传闻，但是不知道详情。有一次，项英、陈毅同志偶然在一个小学教师那里得到一本小册子，其中有毛泽东同志在瓦窑堡会议上的讲话。经过分析，知道当前正处于国共两党联合抗日的新形势，为了配合党中央促进南方抗日形势的发展。在项英、陈毅同志领导下，赣粤边特委立即采取了积极的步骤和措施。

为了让赣粤边各级党组织和游击队都知道新发生的情况，以适应新形势的需要，项英同志写了《卢沟桥事变与抗日斗争高潮》和《中国新的革命阶段与党的路线》等文章，分析了中国革命的形势。指出"中国革命已发展到抗日民族统一战线与国共两党重新合作的阶段。现阶段的主要敌人是日本帝国主义，现阶段的中心任务是打倒日本帝国主义"。项英同志还指出，在没有得到党中央指示以前，一方面和国民党地方当局进行谈判，推动合作抗日的新局面，另一方面又要提高警惕，防止国民党新的阴谋。我们信康县委根据领导同志的指示，在党内和群众中广泛地开展宣传教育。当时思想非常活跃，大家议论纷纷，有的说："国民党和我们打了十年内战，还能跟他们合作抗日!?""同国民党合作，可不能上他们的当。"也有的说："这下可好了，不用打仗了。"这些议论说明，在历史的转折关头，提高思想觉悟，统一认识是多么必要。我们在特委领导下，经过学习和讨论，逐步弄通了思想，提高了对国民党地方当局进行谈判、停止敌对行动和联合抗日的信心。

8月8日，中共赣粤边特委和赣粤边游击队发表了停止内战、联合抗日的宣言，提出了"反对内战""反对国民党'进剿'游击区!""国共两党重新合作，打倒日本帝国主义!"等口号。我们特委油印处，刻蜡纸的，搞油印的，写标语口号的，忙得不可开交，把特委的宣言和标语口号尽快地搞出来，分送到各地散发、张贴，并寄给国民党江西省政府、赣州专员公署和大庾、南雄、信丰、南康、赣县等县政府，还寄给国民党第46师和保安团队，广泛深入的进行宣传，使我党联合抗日的主张深入人心，广大人民群众无不热烈拥护；在国民党内部，出于形势所迫，也开始有了反响。首先，驻南雄里东的广东军唐营长会见了我方派去的代表，表示愿意同我们谈判，接着大庾县长彭育英于8月27日向我们发出"感秘代电"，邀我领导机关派出代表下山商谈合作抗日事宜。项英、陈毅等领导同志根据大庾县当局的态度，经过研究，以陈毅同志的名义复函大庾县长彭育英，表示愿按约定日期进行谈判，并于9月9日以陈毅同志为我方的全权代表先到大庾、后到池江同彭育英的代表鲁炯雯谈判合作抗日事宜，初步达成了一些协议，但在某些重大问题上，鲁不敢表态，陈毅同志为了早日实现联合抗日，又于9月11日，在大庾县长彭育英陪同下前往赣州，同国民党江西省政府代表熊滨（省保安处参谋长）、赣州专员公署专员马葆珩、46师师长戴嗣夏等进行谈判。经过陈毅同志在谈判桌上有理、有利、有节地进行斗争，基本上达成了协议。

赣州谈判后，陈毅同志立即返回赣粤边游击根据地，向我们传达了赣州谈判的情况和初步达成的协议，并着手部署各地游击队集中整训事宜。

9月24日，项英同志应国民党江西省政府的邀请，前往南昌洽谈有关南方其他地区游击队下山改编问题。到达南昌后，项英同志尽快地与延安党中央取得了联系，得到了《中共中央为公布国共合作宣言》和《告全党同志书》等文件。事毕后，于9月29日启程返回赣粤边游击区。

10月23日，项英同志为接洽将南方红军和游击队集中编组为新四军事宜，由党中央在南京谈判的代表博古派来联络的顾建业陪同下，来到南京，见到博古、叶剑英同志。接着，由南京转赴延安，向党中央汇报了我们坚持三年游击战争的情况。与此同时，陈毅同志也转赴湘赣边等游击区，负责召集游击队下山改编。赣粤边地区（包括湘南）游击队的集中整训工作，则由杨尚奎、陈丕显同志负责。

赣粤边特委根据项英同志"要派人到各地去联系游击队下山整编"的指示，决定由陈丕显同志去瑞金联系闽赣游击区的游击队。由我到寻邬去联系游击队。寻邬南部地区在1932年被敌占领后就一直有寻南工委和游击队在活动，加上红军长征突围时，由罗屏汉率领一支部队到寻邬、兴宁一带活动，坚持游击战争。当时由于失去联系，不知道他们的情况，我是寻邬人，对罗屏汉（兴宁县人）和寻南工委的领导人我都熟悉，所以杨尚奎同志叫我去。我接受任务后，带着一些有关国共合作抗日的文件和项英给游击队的信以及国民党大庾县长彭育英的介绍信，从部队中抽出一个班长作为我的随员，从池江坐汽车到安远，由安远徒步经高云山、三标到达寻邬县城，找到一家旅店住下后，第二天，持彭育英的介绍信见了国民党寻邬县长吕日东，吕日东是兴国人，比较开明，对我们的态度还好。我说明来意后，他表示欢迎，并说："我来寻邬的时间不长，还没有听说什么地方有游击队，我一定帮忙、设法打听，有消息就告诉你们。"三天后，吕县长回话说没有打听到哪里有游击队，我自己通过其他途径去了解，也一直没有了解到还有游击队活动，只听到有的同志被打死，有的被捕"自新"了。于是在寻邬待了五六天时间就走另一条路返回安远，再从安远乘车回到池江，向杨尚奎同志作了汇报。

我赣粤边游击队根据党中央的指示精神和南昌谈判达成的协

议，进行集中整训，待命开赴抗日前线。在集中部队时，为了防止国民党军的突然袭击，根据形势的发展，由山区逐步向平原集中。由信丰的潭塘坑到大庾的杨柳坑，再到章江两岸的长江、板棚下和弓里一带。三年来分散坚持对敌斗争的各地红军游击队，如北山游击队和三南游击队都陆续开到池江集中整训，并编为江西抗日义勇军。

部队下山整训期间，在弓里设立了江西抗日义勇军第一支队司令部，由杨尚奎、陈丕显同志负责整训工作。这时，在弓里、板棚下驻地都开辟了练兵场。游击队战士情绪饱满，斗志昂扬，苦练杀敌本领，准备待命开赴前线，打击日本侵略者。在池江圩花园里还设立了办事处，由贺敏学同志任主任。办事处除负责各地联络工作外，还广泛开展抗日宣传活动，建立了抗日救亡社和抗日宣传队，每逢圩日，杨尚奎等负责干部还亲自上街向群众演讲，宣传队还到县城和附近圩镇进行宣传演出活动。1938 年春节，在司令部驻地——弓里，还开展了"军民同乐会"，军民除在一起聚餐外，还在屋背矮岭上搭了戏台，演出了宣传抗日救亡的节目，这对广大群众教育很大。

在这期间，赣粤边革命根据地人民，听说红军游击队下山改编为抗日部队，络绎不绝地来到池江探望。其中有刚从监狱释放出来的共产党员和苏区干部；有逃亡在外，无家可归，一直在寻找组织的党员和红军战士；有饱尝辛酸痛苦的烈士家属，有隐蔽下来的党的骨干；等等。他们远道来到我们的驻地，像儿女回到母亲怀抱一样，说不尽的话语，感到无限的温暖。游击区的群众也像走亲戚一样，三三两两，成群结队，来探望亲人。地方党组织还动员广大群众送慰问品，写慰问信，做鞋子、送年糕、果子等给自己的子弟兵。信丰的长安、潭塘坑、上下坪、上乐一带的革命群众，由李桂花率领，一次就送慰问品数百担。远在三南和南雄一带游击区的群众，也派人挑了许多慰问品来。游击区周围的青年，踊跃报名参加抗日义勇军，在集中整训到改编为新四军开赴抗日前线的三个多月中，游击队由原来的300多人扩大到500多人。

1938年1月下旬，项英同志从延安回到赣粤边，我们见到项英同志从党中央回来，高兴得不得了。项英同志对我们说，他到延安回到了党的怀抱，像久别的孩子找到了母亲一样高兴和激动，百感交集。我们失掉了中央领导，长期坚持在赣粤边进行独立自主的游击战争从此结束。在党中央的领导下，做好一切准备，去迎接新的战斗任务。项英同志在板棚下河坝里召开的军人大会上，传达了中共中央关于抗日民族统一战线等文件，并宣布南方八省红军和游击队集中改编为国民革命军新编陆军第四军。赣粤边红军游击队改编为新四军第1支队第2团第2营。

艰苦卓绝的赣粤边三年游击战争，在远离党中央的敌后，我们在项英、陈毅同志和赣粤边特委的领导下，紧紧地依靠群众，克服了一切艰难困苦，粉碎了装备优良、人数超过我几十倍的敌人一次又一次的"清剿"，取得了一次一次的宝贵胜利，这个胜利是来之不易的。

（写于1986年12月，1990年1月修改）

在赣粤边游击根据地的片断回忆

李德和

赣粤边游击根据地有很长的斗争历史，早在大革命时期，这里就建立了共产党的组织，开展过轰轰烈烈的反帝反封建斗争。大革命失败后，这里的人民在共产党领导下，拿起武器，举行过武装暴动。1929年1月，毛泽东同志率领红4军从井冈山来到赣南，走遍了赣粤边广大地区，领导人民打土豪、分田地，建立红色革命政权。1932年7月南雄水口战役后，中央红军离开赣粤边，这里就成了游击区，开始了游击战争。我是南康县龙回乡人，这时参加了游击队，在以油山为中心的广大山区活动。当时信丰、南康还有广东南雄县的地方武装，都在山上坚持斗争，打击国民党军和地主武装，有力地配合了中央苏区的革命斗争，赣粤边游击区成为中央苏区的西南屏障。

1934年夏，上级将信丰、南康和南雄县的游击队进行整编，实行统一领导，由李乐天同志负责。我被编入北山游击大队。1934年9月间，大队长曾彪对我们说：领导交给我们大队一项重要任务，要我们到北山地区活动。北山地区在大庾、南雄间，帽子峰是中心。那里山高林密、地势险要，和湘南游击区相连，通过上犹、崇义可以和湘赣苏区贯通，那里的人民深受豪绅地主的盘剥，特别是受地头蛇周文山匪帮的欺压，生活苦不堪言，革命意志很坚决。我们到了那里，要依靠群众，把周文山的反动气焰打下去，在那里站稳脚跟，扩大游击区。大队从油山出发，穿过梅关，顺利到达崇义县的文英、聂都一带。在文英、聂都地区，游击队发动群众，开展打土豪，取得很大战果，这时我们游击队来了几个穿便衣的人，其中有位年纪30开外，身材不高，嘴上留有小胡子的人最引人注目。他就是张云逸同志，初次见面就给我留下了深刻的印象，他身体虽然消瘦，但两只眼睛却炯炯有神，说起话来声音宏亮，语气却格外温和，使人感到和蔼可亲。有一天，我在驻地门前的空地上擦枪，他走到我的身边，笑嘻嘻地用手摸了摸我的头，和睦地问："小同志，叫什么名字？哪里人？多大年纪？"我一一作了回答。他说："你是南康龙回人，龙回这个地方我去过，建立过苏维埃政权，人民的觉悟很高，对工农红军的支援很大。"接着又问我：当红军苦不苦？打仗怕不怕？我回答说：当红军是自觉自愿的，苦算得了什么，为了使穷人翻身解放，牺牲个人也心甘情愿。他对我的回答很满意，连连点头，他继续说：目前敌人是强大的，形势是严峻的。革命者要经得起考验，只有千千万万的革命者抛头颅、洒热血，才能换来全中国穷人的翻身解放。个把钟头的谈话，可以看出他是一位水平很高的领导同志。

形势确实严峻。1934 年 10 月下旬，红军主力离开中央苏区，一批又一批的经过赣粤边向湖南方向疾进，走了几天几夜。当时我们不知道红军主力经过这里的意图，还以为是来消灭广东军阀，拿下大庾、南雄、上犹、崇义等县城，在这里开辟新的革命根据地。张云逸同志却对我说：红军主力离开中央苏区，不是要在赣粤边站住脚，而是要走很远的路。他还告诉我们，他要随红军主力一道出征，而且马上就要出发。张云逸真的走了。我们真舍不得离开他。

红军主力离开后，我们这支游击队立即奉命回到油山根据地。在返回途中，我们沿途还收容安置了100多名红军伤病员。由于当时国民党广东军队去追赶红军主力，油山根据地周围敌人力量空虚，我游击队乘机打击当地的豪绅地主，打掉了信丰的长安、禾锹、九渡、大阿的国民党区、乡公所，在九渡活捉了国民党的乡长。接着又远出信丰的牛颈、南康的龙回等地，收缴了一批枪支弹药，筹得到一大批经费。在袭击南康龙回时，这里的国民党乡长逃到南康县城，根据群众的揭发，他把乡公所的20多支长枪藏起来了，我们到处寻找都没有查到，于是把这个乡长的女儿抓来，要他交出枪支和2000块光洋，这个乡长得到消息后，按规定的时间，如数向游击队送来了枪支和光洋。游击队说话算数，放回了乡长的女儿。

1934年12月下旬，李乐天带着大队人马从中央苏区返回油山。因红军主力长征，上级为了加强对赣粤边游击区的领导，在雩都组建了赣粤边特委和军分区，由李乐天任特委书记兼军分区司令员和政委，并抽调一个营兵力到赣粤边来增强赣粤边游击区的力量。这就更加坚定了我们坚持斗争的信心和决心。

1935年4月以后，国民党军余汉谋部大批大批地云集到赣粤边游击区周围，加紧了对我游击区的包围，形势更加严重。为了粉碎国民党军的"清剿"，长期坚持游击战争，赣粤边特委要我们分散行动，部队作了相应的调整。5月间我被调到特委侦察班任侦察员，在北山一带行动。5月中旬的一天，侦察班和其他两个大队，有300多人，由军分区参谋长向湘林带领，从北山出发，向信丰南雄边界以及三南方向发展，准备在那里开辟新的游击根据地。队伍在通过雄信公路封锁线时，因队伍拉得很长，又是黑夜急行军，走在后面的那个大队没有跟上队伍，向湘林要我们侦察班去接应。队伍是接到了，但却暴露了目标，广东军跟踪而来，游击队受了些损失。部队汇合后，向湘林召集队伍讲话。他暴跳如雷，说掉在后面的那个大队，耽误了时间，遭到敌人的追击。说完，就擅自把那个大队长杀掉了。战士们看到这种情况，私下议论，感到这种不分青红皂白、随便杀人的做法不妥当。部队到达南山地区后，本来应该执行特委关于分散活动的指示，采取灵活的战略战术，和敌人周旋，以保存有生力量，但向湘林还是把300多人的队伍集中在一块，在山中转来转去。由于目标大，经常遭到广东军队的袭击，部队伤亡很大，不到个把月时间，队伍只剩下100多人。我也在一次战斗中负伤。战士们看到这种被动挨打的状况，意见很大，甚至对他骑的那匹马也议论开了，说这匹马简直做了敌人的向导，马蹄印子到哪里，敌人就跟踪到哪里。特别是在一次战斗中，向湘林骑在马上，用手枪打死一名战士，战士意见更大。向湘林不执行上级指示，严重的军阀主义作风，受到特委的严肃批评。后来，这个家伙竟叛变革命，成了可耻的叛徒。

1935年8月间，我在特委的医院养伤。特委介绍我和其他4个伤愈的同志到信康赣县委报到。当时，信康赣县委驻在信丰的潭塘坑，我们到达后，县委书记刘符节接待我们，决定分配我和李发同志到县委警卫班工作。警卫班长胡大炳向我俩介绍了这里的情况，从此以后我一直在这里工作和战斗。

1935年11月的一个夜晚，特委交通员来到县委驻地，向刘符节同志汇报，要刘符节同志亲自前往信丰上乐。刘符节同志带着警卫班长胡大炳连夜出发。当时我们都在猜想，一定有重要情况，发生了重大问题，才需要县委书记亲自出马，但谁也不便发问。疑团终于解答了。第二天，天刚亮，刘符节同志回来了，同来的还有七八位同志。我们几个警卫员，还有炊事员等一齐拥上去，问寒问暖，感到特别亲切。刘符节叫大家围坐在县委的一个棚子里，向大家逐个介绍情况，指着那位长得高大的同志说：他叫老周，那位长胡子的叫老刘，那位长得矮小年轻的叫刘新潮……刘书记的介绍，有的没有讲名字，也没有讲职务。但大家一看就知道，那位老周和老刘是大干部，是负有重大责任的领导同志。但在当时那种艰难的岁月里，为了首长的安全，我们也不便多问，大家心里有数就是了。这天下午，一个重要会议就在县委驻地棚子里开始了，一直开到第二天。事后我们得知，由于发生了"北山事件"，领导同志由北山转移到了油山，然后齐集在信康赣县委部署今后坚持游击战争的方针和斗争策略。这次会议精神的贯彻，对坚持赣粤边的斗争起着极为重要的作用，给我印象最深的事是会议期间，老周和老刘对我们的一次谈话。会议结束后的当天下午，老周和老刘同我们担任警卫工作的同志席地而坐，先是老周对我们说：现在我们处在最困难的时期，广东军队和地主武装，几万人马把我们围困在狭小的山区内；我们和上级的联系也中断了，和各个根据地也联系不上，我们留在这里坚持斗争的同志，随时有被打死、饿死的可能，我们要有为革命而牺牲的准备，但是只要剩下一个人，也要顽强的坚持下去，共产党的红旗不能倒，游击队的旗帜不能倒，革命的火种是消灭不了的，黑暗总会过去，光明必然会到来。当然，在这样艰难的时刻，总会有少数人经不起考验，叛变的，开小差的，都有可能发生。这也没有什么了不起，除掉了沙子，金子会更加闪闪发光。讲到这里，老刘接着说：总之，现实是困难的，前途是光明的。在困难的日子里，我们要讲求灵活机动的战略战术，要把红旗高高地插在赣粤边的山顶上，将来要插遍全中国。首长的讲话，对我们这些普通战士是多么巨大的鼓舞！出于崇敬的心情，我们终于从老周的警卫员丁上淮、曾忠山的口中得到准确的答案，原来老周就是项英同志，老刘就是陈毅同志。难怪他们的讲话水平那么高，看问题那么深刻，分析问题那么精辟。有这样高水平的领导同志领导我们坚持游击战争，肯定能够度过艰难的岁月，迎来光明的前途。

潭塘坑会议后，领导同志很快又分散到赣粤边各地，项英同志则留在信康赣地区，和我们一起坚持斗争。1935 年冬和 1936 年春，是赣粤边游击战争最困难的时期。广东军队和江西保安团，在军事上加紧了对我们的"清剿"，到处驻扎军队，设据点，安堡垒，日夜不停的抄山搜山，寻找游击队的踪迹；政治上，强化保甲制度，强迫游击区内的群众，移民并村，赶到平原地区，还利用叛徒进行破坏；经济上，实行严密的封锁，隔断游击队与群众的联系。这年冬天，还遇上了少有的严寒，大雪封山，给我们造成很大困难，由于我游击队领导的强有力的思想政治工作，紧紧依靠人民群众，采取机动灵活的战略战术，终于挫败了国民党军的疯狂"清剿"，渡过了最困难的日子。

在这些日子里，我一直在项英同志身边，他的一言一行，给我留下了深刻的印象。有一次，广东军队对我潭塘坑一带进行搜山。我们得到情报后，从潭塘坑向上乐转移。两地距离只不过二三十华里，走山间小道，很快就可以到达。但项英同志带着我们翻山越岭，钻茅草，爬水沟，从早走到晚才到达上乐。上乐交通站的郭洪传在山头上等了我们老半天。见到项英同志就说：广东军队和保安团，在所有的交通要道上都设了埋伏，我还以为出了事呢！项英同志对我们说：多走一点路，多吃一点苦，避免受损失，还是划得来的。我们真佩服他办事想得周到。项英同志对学习抓得很紧，身边带着的几本书，不知看了多少遍。他对国民党的报纸看得很仔细，每搞到一张报纸，总是一字不漏的看。有时弄不到报纸，就对刘符节同志说，要想法子搞到，就是花点钱也要买来。他亲自动手，写了很多东西，有政治教材、军事教材和文化识字课本。他写出的东西，总要先念给身边的工作人员听，听得懂，就拿去刻印，听不懂就修改，直到听懂为止。项英同志和大家一样，风餐露宿，忍饥挨饿，披星戴月，终年奔波，生活非常艰苦，打土豪搞来一点东西，有时警卫员给他送去，他从来不要，要分给大家享用。粮食接济不上，他总是少吃，要让身边的警卫人员吃饱。他身上穿的一件毛衣，破破烂烂，根本就无法再穿，也舍不得丢掉，叫曾忠山缝缝补补，一直到胜利下山，我发现他还在穿。他关心每一个战士。一次，我生了病，是打摆子（即疟疾），时冷时热，吃不下，睡不好，他亲自给我烧开水，叫炊事员给我做稀饭，还通过地下党组织买来药品。在他的关怀下，我的病很快就好了。

　　1936年两广事变发生后，国民党广东军队从我游击区撤走了。项英、陈毅同志很快得到了消息。他们商量以后，通知分散在各地的游击队，作适当的集中，打击地主武装，扩大游击区。

我和李发等 3 人根据刘符节、刘新潮同志的指示，迅速赶到龙回，找到了区委书记兼游击队长李承丰同志，传达了县委指示，我们 3 人便和当地游击队一道行动。一个夜晚，在李承丰同志带领下，游击队包围了禾稿圩，歼灭了驻扎在贤女埠区的反动民团，毙伤团丁 27 人，缴枪 23 支。游击队在龙回、黄泥巷一带捉了土豪，筹集了一大批经费，取得了很大战果。经过二三个月的时间，我们 3 人又返回到县委驻地潭塘坑。

西安事变发生后，12 月下旬，特委在潭塘坑的李村对面山上，召开了各县委、区委书记和游击队长以上干部会议。参加会议的除项、陈首长外，还有特委领导同志杨尚奎、陈丕显、刘新潮等，项、陈首长在会上讲了话，分析了西安事变发生的原因及其意义，还针对当时游击队员的思想，提出了要提高警惕，克服麻痹思想，做好充分的思想准备，迎接新的斗争任务。果然不出所料，会后不久，蒋介石就背信弃义，破坏国共合作，下达密令，发动了对南方各地共产党领导的游击队的进攻。赣粤边游击根据地的形势再度紧张起来，赣粤边游击区军民，在项英、陈毅和特委的正确领导下，一次又一次挫败了国民党军队 46 师新的"清剿"，终于迎来了国共合作抗日的新局面。

（1986 年 1 月）

特委油印处

郭洪传

1935 年冬，项英同志从北山来到油山，与信康赣县委书记刘符节同志住在潭塘坑一带，有时也到上乐来。

有一天，项英、刘符节、刘新潮在一起商量工作，讨论如何粉碎敌人的"清剿"，项英同志说："广东军阀正对我游击区进行封锁，将山区的群众赶出山外，断绝游击队与群众的联系，妄图把游击区分割开来，然后一块一块地吃掉。这就给我们造成很大困难。可是有些同志并不认识形势的严重，只是采取消极的隐蔽和敌人周旋，这样下去是很危险的。我们要周密进行布置，军事上要主动出击，敌人进山，我们出山，吸引敌人到游击区外，避免群众受损失；经济上要依靠群众，克服供给上的困难；政治上要加强教育，提高部队的素质，坚定胜利的信心和决心；要建立交通站，保障游击队之间的联系。"我在旁边听了他的讲话，感到他很有水平。他还对我说："游击队的同志大多数都没有文化，没有文化不行啊？将来革命胜利了，大家都是革命的骨干，没有文化是做不好工作的。"我听了后说："是啊！我就是个大老粗，能够学到文化当然好，就是没有课本，没有老师教。"项英听了笑着说："没有课本，我们自己编写嘛！没有老师就互教互学。"接着,项英同志询问了刘新潮同志关于建立特委油印处的准备工作情况。刘新潮同志作了详细汇报,项英同志听了表示很满意。

特委油印处在领导同志的关怀下,很快就建立起来了,设在上乐宝塔后面的水口庙,从宝塔去小庙要跨过一条小河沟,小庙紧靠高山密林,遇有紧急情况,便于转移。庙内有个神台,台上的菩萨都被以前的乡苏维埃儿童团搬走了,油印处就在神台背后的地面上,摊一块门板,摆上油印机和纸张,搞起油印来。

油印处直接受刘新潮同志领导,工作人员有3个:谭延年、老黄和我。我原来在信康赣县委搞保卫工作,因我是上乐人,情况熟悉,调来上乐交通站担任接头员,任何人要找信康赣县委,一定要先找到我去联系。刘新潮同志叫我除担任联络、送信外,也参加油印处工作。谭延年是个大学生,20多岁,瘦长的身材,戴一副深度近视眼镜,显得很文弱,是一个多才多艺的广西僮族青年,写得一手好字。刻的蜡纸,横直成行,笔画清楚,又会画画,有空时替老表画像。众人都夸赞他画的像比照的还好。逢年过节,他锯个竹筒,刮掉竹青,在竹筒上雕刻一些花草鸟兽图案,刻上"福、禄、寿、喜"或者"鸟语花香"之类的字,当作礼品,送给上乐的老表,所以他同群众的关系很好,大家都很尊敬他。老黄,吉安人,参加革命时间很长,对人特别和气,50多岁,是游击队年龄最大的同志,大家叫他黄老伯。他做篾器的手艺很好,群众常来求他做篾器,他总是有求必应,又不要大家的钱,深受群众爱戴。我们3个人,组成一个"小家庭",担负起油印处的重担。

油印处的设备很简陋,只有一块钢板,一支铁笔,一架油印机。上级交来油印任务，谭延年把钢板往自己的膝盖上一放，弓着身子刻写蜡纸，蜡纸写好后，交给我和老黄油印。我们打开油印机，开起纱盖，把蜡纸反贴在纱盖上，然后，把纱盖压在纸上，用滚筒把调匀的油墨沾在纱盖上，再把滚筒往前一推，一张印刷品就成了。老黄蹲在一旁，就把印好的那张翻过来，再印第2张，第3张……印好之后，由我按照刘新潮同志的布置分送出去。谭延年和老黄两人就坐下来，一个做篾，一个画画。你一言，我一语地闲谈或讲故事。时间到了，他们做好饭，等到刘新潮同志和我回来一起吃，附近群众对我们这个和睦友爱革命家庭的每个成员，都视如亲人，新出的菜先送给我们吃，久雨缺柴、争着挑柴送给我们烧，外界有什么消息，争先告诉我们。

油印处开始遇到的难题，是油墨、蜡纸和纸张的来源。起初，刘新潮同志托附近的老表到新城买了一些来。但是国民党对这些东西控制很严，不但商人不敢多买，而且买多了也会引起敌人注意。老表搞来的有限，不够我们用，随着斗争形势的发展，我们的刻印任务日益繁重，耗用的油墨、蜡纸和纸张日增，好几次用光了，束手无策。

有一天，刘新潮同志得知朱赞珍同志在新城开店的老表——董老板来了上乐，亲自去买了一只小狗，布置老黄把小狗杀了，烧得喷香。打来好酒，热情地请董老板来吃，边吃边向董老板宣传党的政策。董老板深受感动，对刘新潮同志说："你们有什么难处，告诉我，请放心，只要我力所能及，我一定尽力效劳。"刘新潮同志请他帮助采购油墨、蜡纸，他满口答应。此后，就由董老板多次把东西买好放在新城他的店里，我们托上乐的老表，乘赶圩的时候分散带回来，从而解决了蜡纸、油墨供应的问题。

　　1936 年春节期间，国民党军对信康赣游击区进行突然袭击，来势凶猛。我们油印处几个同志立即转移到信丰与南康交界的深山密林里。当我们打算继续工作的时候，发现刻蜡纸的铁笔不见了，找来找去总找不到。没有铁笔，油印处就不能工作，我们几个人急得团团转。谭延年急得都几乎要哭了。刘新潮同志看到这个情景，对我们说："不要急，慢慢小心找，万一找不到，也别着急，大家动动脑筋，困难总可以解决嘛!"后来谭延年真的想出了办法，他找来一把布伞钢骨，截取一段，磨成铁笔一样尖，把它插入一支约 5 寸长的小竹竿内，成了一支自制铁笔。谭延年用这支自制铁笔刻蜡纸，如同买的铁笔刻字一样。后来，他还细心地在笔杆上刻上花纹，使这支笔显得更好看。这支铁笔跟随他"战斗"了半年多，虽然后来托人买到了新铁笔，谭延年还是舍不得丢掉他的自制品。

　　油印处尽管任务繁重，工作人员又少，但总是按时完成任务，多次得到刘新潮同志的表扬。项英同志也经常来我们油印处，有一次，他看到条件这么简陋，刻印的东西却这样好，又是表扬，又是慰问，讲得我们心里乐滋滋的。

　　刘新潮同志经常提醒我们要注意安全和保密。为此，我们把刻写、油印这两道工序分别在两个地方进行。谭延年刻写蜡纸在山上的棚子里，我同老黄油印就在山下的庙里。每次油印结束，都要把门板放回原处，把地面清理干净，把油印后的蜡纸、废纸全部烧掉，不留任何痕迹，然后，把油印机和油印好的印刷品藏到宝塔顶层。敌人无论如何也不会想到我们会把东西藏在塔顶上。直到全国解放后，中央派来的南方慰问团来慰问老区群众时，我还从塔顶搜出一个滚筒、一块钢板和一批油印材料，交给慰问团的同志带走了。

　　油印处自开办至 1937 年冬，历时两年，油印的东西不少。项英同志写的东西最多，有文件、传单和标语，还有政治教材和识字课本。我们的文化程度低，政治教材的内容比较深奥，记不起了；识字课本的内容通俗易懂，记得有：人、男人、女人、工人、农人、工人做工、农民种田等等。政治教材和识字课本，谭延年在刻写时编写了页码，我们把印好的材料交给他，由他按序装订成册，整整齐齐，像书一样，由我分送出去，发给游击队员学习。印好的标语传单，分送各游击区去散发，有时也交给群众散发。一天晚上，戏班子在新城圩上唱戏，我把传单交给上乐看戏的老表带去新城圩，乘人不注意的时候，散在剧场和国民党军的驻地，在敌军和群众中造成了很大的影响。

（1986 年 12 月）

游击战争的好领导项英同志

丁上淮

在赣粤边三年游击战争极其艰难困苦的岁月里，我担任项英同志的警卫员，一直在他身边工作。三年中，他风餐露宿，昼伏夜行，在不停地同国民党军的残酷"清剿"斗争中，像"野人"般生活，渡过常人难以想象的困苦，经历过数不尽的艰险。我跟随他三年的时间，在历史的长河中不过是一瞬间，但有些往事却使我终生难以忘怀。

（一）

项英同志爱学习，爱思考问题，爱写些东西。尤其是在三年游击战争那么极其艰难的环境中能坚持做到，确实是一件不容易的事。

我们跟随项英、陈毅到达油山后，学习材料少得可怜，只能看看从苏区带来的几张《红色中华》报、一本《共产主义运动中的"左"派幼稚病》和一本《共产国际纲领》。这点书报，他和陈毅两人不知翻看过多少遍，那几张《红色中华》报被翻破了，还舍不得丢掉。记得有一天下雨，柴被淋湿了，没法煮饭，我和炊事员就把它拿来引火。项英知道了，就对我们说："在这山上什么都没有看的，这点书报就是很宝贵的精神食粮呀！那两本书以后你们可要好好的保管了，可不要随便丢掉啊！"后来，我们对那两本书也就当成宝贝一样的保管了。看到书翻烂了，我们就把它设法补好、裱好。在这期间里，有时能得到一张、半张包东西来的国民党的旧报纸，也是如获至宝。就在这些旧报纸中也确实能看到些有趣的"消息"。记得1935年秋我们在北山活动时，项英同志捡到一小片报纸，那是事务长外出买东西包回来的国民党的旧报纸。他看着看着，便大笑着叫我们去看，他说："你们来看，我真的长着三头六臂呐！"我们走拢一看，那破旧报纸上登着一条"消息"："匪首"项英在江西××山上被抓获，现已关押在监狱里……我们看了，对国民党的造谣感到十分气愤。项英却大笑不止，还摸摸脑袋，幽默地说："莫非山上这个项英是假的？"

1935年冬发生了北山事件（即由于叛徒的出卖，领导机关遭到袭击，项英、陈毅等机智脱险）。我们转移到油山地区后，项英、陈毅就利用这一地区群众基础好的条件，交代去赶圩的群众，设法找些报纸包着购买的东西带回来，哪怕是很旧的报纸也好。还利用地下党员、小学教员到附近县邮局去订报纸送来给项英、陈毅看，这样消息就不再那么闭塞了。从1936年春、夏起，还通过做"兵运"工作的陈海（后叛变）从广州、香港搞来一些书刊。如《西游记》、《唐诗三百首》和不成套的《红楼梦》、《水浒传》等书籍；同时也搞到少量的理论书籍和刊物、杂志等。这些书刊、杂志成了游击战争中的宝贵精神食粮。项英、陈毅不仅看了又看，还教我们看，我就是在这个时候读了一些书。

中央分局从中央苏区突围到赣粤边后，与党中央失去了联系，党中央的正式指示、文件和真实消息都无法得到。主要领导项英、陈毅同志独挡一面地掌握斗争方向，如何才能实施正确领导，指挥部队呢？好在他们有丰富的经验，并从实际出发不断总结经验，以指导复杂的斗争；他们从国民党的报刊里寻找线索，从中得到一些启示。国民党的报刊上登载的消息虽然很不真实，但确能起到一点参考作用。如：1936年春，有一天国民党的报纸上透露出瑞金县附近山上有游击队活动，于是项英与陈毅同志商量好后，就派黄明镜（杨尚奎的警卫员，瑞金县人）去联系。因国民党控制太严没有联系上。

国内每次发生较大的事件，项英、陈毅都能在国民党的报纸上找到一些线索，以作出相应的对策。如：1935年11月的华北事变发生后，项、陈就提出了"抗日救华北"、"实行全国联合一致抗日"等口号，并写了将游击队改为赣粤边抗日义勇军的布告，油印了传单在群众中进行抗日宣传。1936年6月两广事变发生后，项英写了《为两广事变告群众书》，提出了"反对军阀混战，实行抗日战争，变军阀混战为抗日的革命战争"等口号。1936年12月西安事变发生后，项、陈立即召开了干部会议，讨论分析西安事变的背景和发展趋势。在这次会上有争议的一个问题是："蒋介石是杀还是放"的问题，所有到会的人除项英外，都说是"杀"，"该杀！"绝不会"放"。只有项英一个人说："还是有'放'的可能"。有人说，除非是叫你项英处理才有可能放，别人处理就不会有可能。项英说："要叫我处理，我就放，因为是对整个国家民族有利的问题……"听了项英的意见，会后有的人甚至发牢骚似的说："这是右倾机会主义的论调"。不久，蒋介石真的放了，有意见的同志才佩服，说："还是项英的水平高，看得准。"项英还写了《关于西安事变》的文章，阐明西安事变发生的原因及其意义。1937 年 7 月中旬，在卢沟桥事变爆发后，项英就写了《卢沟桥事变与抗日斗争高潮》的文章，指出卢沟桥事变的实质，号召广大民众联合抗战，反对和平妥协，为保卫祖国而奋斗。接着，又写了《中国新的革命阶段与党的路线》的文章，指出中国革命已经发展到抗日民族统一战线与国共两党重新合作的阶段。我们知道卢沟桥事变的消息，大概是在 7 月 10 日后一份国民党的报纸上看到的。我记得标题好像是用的"日军炮轰宛平城"几个字。项英、陈毅两人看到后就说："我们要准备下山了！准备到大城市去了！"接着两人就聚精会神地研究起来。过了几天他们就写出了号召……他们两人每逢看到了较重要消息都要仔细地进行分析研究，作出自己的决策。

项英、陈毅还写了不少的内部教材：在政治教材中写了《红色指挥员必读》、《群众工作必读》、《反对十大坏现象》等等；在军事教材中还写了《步哨守则》、《战士必读》等等；在出现了叛徒、变节分子的时候，他们就写了《反叛徒斗争讨论大纲》；他们还编写了文化、识字课本。

他写的教材有两个特点，就是同一个内容的教材都有深、有浅。有的适合干部和文化较高的同志阅读，有的适合战士和文化较低的同志阅读。还有个特点是：他每写好一份教材的初稿都要叫与教材水平相当的同志先看，并讲解给他们听，如果他们听不懂，就再作修改，直到听得懂，才定稿印发给游击队学习。他们写的文化识字课本也是很有趣的。从"人、男人、女人、穷人、富人、阶级、无产阶级、资产阶级"开始，一直写到"什么叫革命，为什么要革命，革谁的命……"等等。

项英对我们这些警卫员的学习是很关心的，也抓得很紧。我们中有个别不识字、不会写字的，他就手把手地教。他经常给我们布置学习任务，有时还抽查和考试我们的学习情况。

（二）

项英同志性情温和，平易近人，和蔼可亲，但有时少言寡语，很不表露自己的忧患。当遇有烦恼事的时候，也总是自己一人到僻静的地方静静地坐上一会儿就冷静下来了，从不发脾气，他与陈毅同志的感情是很深厚的，特别是在分开行动或遇到有事无处找人商量的时候更为突出。从1936年起他俩人就分开行动，项英负责以油山为中心的信（丰）、（南）康、赣（县）地区的领导工作；陈毅负责以北山为中心的（南）雄、（大）庾地区的领导工作。时间稍一隔久不见面时，就常听到项英同志念叨："大老刘（陈毅同志的代号）现在不知怎样了，又好久没有见面，心里真想得慌呢！"实际上他们不见面的时间并不是很久，有时最多也不会超过3个月，但他们之间总是相互惦念着。我还记得1937年初项英接到陈毅从北山写来的一封信，知道了陈毅工作很忙，也很想念他。于是就决定到北山走一趟，并建议陈毅同志召集一个干部会谈谈工作，交流交流情况，顺便看看陈毅同志。3月下旬由交通站的同志带路，一行4人就到北山去了。到了北山刚同陈毅见了面，就传来了国民党进山的消息。当时不知发生了什么事，一打听才知道，是国民党驻南雄里东的部队里有3个人（一个班长两个士兵）带了1挺轻机枪、1支步枪、一些子弹，准备偷偷地卖给游击队，国民党军队发现丢枪后，即派部队到处查找，因此引起了一场我们和国民党互找机枪的闹剧。于是原先定的干部会就转移到梅山地区去开了。接着，就发生了梅山事件。在梅山事件中，两人分别还不到12小时，双方脱险后一见面就像阔别多年的亲兄弟一样亲热，互相拥抱了起来。领导同志的这些生死情谊，给我们警卫员印象很深，也使我们受到一次既深刻又生动的教育。

项英同志对我们这些警卫员、侦察员和一般的勤杂人员，也是兄弟、叔侄般的相待，从不摆首长架子。就拿他对自己身边的警卫员来说吧，曾忠山、张春富是红军主力长征开始前就跟随他的。张春富在突围中牺牲了，此后就是曾忠山和我两人跟随他。一直到1937年9月项英同志离开赣粤边去延安时，我才离开他。在那样艰苦的战争年代的游击环境中，两个警卫员共同照顾一位首长，两年半不换一个人是不大容易的，当然还要靠警卫员本身相互间的感情融洽，相互关照、帮助、配合，相互谅解，才能做到不闹别扭。我和曾忠山正是做到了这几点，才和睦共事了那么长的时间，完成了党交给我们的光荣任务。但是，仅此单方面的努力是不行的，还要有首长对警卫员的宽宏大量，不计较小事，平等待人、关心、教育和帮助下级等条件，我们才能做到和睦共事，完成任务。这一点，项英同志是做得比较好的。首先是他能了解我们，信任我们，大胆的使用我们，再就是能体贴、关心我们，教育、帮助我们，在艰难的游击战争时期，他与我们真正做到了同甘苦、共患难，同吃同住、同床睡，虽是上下级，但思想感情非常融洽、亲切。

那时，我们经常缺粮，吃不饱饭。在这种情况下，我们总是想方设法弄点"副食品"给项英同志吃。如石鸡（石蛙、田鸡）以及好吃一点的野菜、野果等。但弄来了，他总是不肯一个人吃。不仅如此，他还常常是饭没有吃饱就不吃了，有意留给我们多吃一些。他还说："我少吃一点没关系，你们不吃饱不行，因为你们经常要走路、爬山。"记得在梅岭事件时，我们一天一夜没有吃东西了，天亮时到了一个茅竹山窝里休息。这时我们聚集在一块的7个人除曾忠山之外，个个都是又困又饿，曾忠山是因为被打散后向老百姓买到一斤米煮来吃了一餐，还剩余几两米。我们住下后就安排轮流值班、放哨。项英、陈毅同志都争着值班放哨。我们不让他们参加，可他们坚持要值班，无奈，只好安排他们值头一班，其余的人睡觉。每个轮到值班的人就从曾忠山剩余的那点米中抓一把，放在一个茶缸里煮点稀饭吃。由于谁都怕后面值班的同志吃不着，都不愿多煮一点米，最后7个人都轮了一遍，仅有的几两米还剩一些，又用它煮了一茶缸稀饭，可谁也不肯吃。最后只得到水沟边采了一点野菜放进去和着煮，煮熟后，大家一起用树枝当筷子，你一口我一口地才把这缸稀饭吃完。

由于国民党对我们的严密封锁（包括食品、布匹、药品、书报等的封锁），我们衣服紧缺，冬天只穿着仅有的两件单衣和一件夹衣过冬。这样，项英、曾忠山和我3人只好轮换着洗衣服。棉衣、棉裤就根本不敢想了。盖的是一人一条夹被。夏天还勉强可以。冬天，我们只好3个人挤在一起，把被子横着重叠起来盖。直到1936年才通过做"兵运"工作的人弄到两条丝棉被，项英和陈毅每人使用一条。那年冬天我们警卫员不肯与他们挤在一起睡了，生怕他们睡不好。但他们不愿意，非要我们同他们一起睡不可，并说："挤在一起更暖和"。后来，我们只好同他们挤在一起睡了。

项英同志有着吃苦耐劳精神，从不愿意拖累大家。生病也总是忍着，不表露出来，几次拉肚子都是我们发现的。叫他吃药，但他总是不肯吃，说是留着急用。因当时药品紧缺，所谓的药也只有几盒"万金油"，几瓶"剂众水"和几包"八卦丹"。拉肚子也就吃"剂众水"。

项英同志是在城市里长大的，不会走山路、夜路、泥泞的路。因此每当行军时，我和曾忠山总是一前一后地跟着他，看到打滑要跌跤时我们就赶紧扶住他，当遇到敌情时，我们就挽着他走，或是背着他走。他有脚气病，还很严重，不能泡洗生水，因此遇到有水的地方，我们就背着他过水。起初他不让我们背，硬是要自己过水，过了几次，脚气病更加严重了。无奈他只好让我们背着他过水了。但他总是很歉意地说："你们背着那么多东西，走路就很辛苦了，还要背我，真感谢你们。"

（三）

项英同志在领导和指挥赣粤边的游击斗争中，结合当地的实际，紧紧依靠人民群众，采取灵活机动的战略战术，战胜了国民党军队的一次又一次"清剿"，始终立于不败之地。

　　1937 年春节期间，项英同志与信康赣县委机关的同志在上乐村附近山中活动。这里群众有一个习惯，就是元宵节前不做买卖，也不出门做工。因此，这段时间不容易买到东西，消息也不灵通。就在这个时候，国民党军第 46 师在保安团的配合下，强迫群众，从信丰、南康、大庾三面向我信康赣游击区的莲花窝、山焦坑、李家山、邓坑等地进行大规模搜山烧山，企图采用突然袭击来搞掉我们，国民党军的行动计划虽然十分诡秘，但交通站很快搞到了敌人的计划。项英决定采用"有把握就打，无把握就走"的原则，同敌人周旋。同时，针对敌人集中力量进坑抄山，山外特别是平原地区空虚的情况，风趣地对我们说："好呀，敌人进山，我们出山，同他们换个防好了。"并周密布置了反抄山措施。在敌人进山搜山的同时，游击队转到山外去袭击敌人的后方，发动与组织群众中的秘密游击小组在外边骚扰敌人，机关人员也分散到山外去择地隐蔽。农历正月十二三，项英同志由信康赣县委书记刘符节同志陪同，带领警卫班长胡太炳、警卫员曾忠山和我一行 5 人，到大庾县新城平原、章水两岸的一个名叫鹅湾里的村子里。村子隔河对岸就是大庾有名的大集镇——新城。新城周围都是开阔地，素有山区平原之称。这里是国民党驻有重兵的地方，也是国民党的区公署所在地，我们就在敌人的眼皮底下住了三天三夜。第一天，我们在天黑以后进村，来到一个老表家里。在此之前，刘符节同志曾派人向这个老表交代了要保守秘密，不要让任何人知道。可是，我们刚刚住下来，就有人来看望我们。紧跟着，来看我们的人越来越多，向我们问寒问暖，问这问那；有的人送红薯干、有的送花生、黄元米果，来的人都像亲人一样关心我们。有的说："反动派说你们在深山密林住久了，骨瘦如柴，满身长满了毛，像野人一样。现在看到你们，我们放心了。反动派是会造谣。"群众对我们的热情和关心，使我们感到温暖和鼓舞，但是我们几个警卫人员看到人这么多，又七嘴八舌，觉得这样很危险，就悄悄向项英同志建议让刘符节同志带我们转移到别处去。刘符节同志也有同感，但他同房东商量时，房东说："不要紧，你们放心，这里没有坏人。"项英同志也认为在这种情况下转移不妥。于是我们只好怀着忐忑不安的心情住下来了。

当天晚上平安无事的过去了。第二天上午 10 点钟左右，听到村南狗叫的厉害。不一会儿，有个老表跑来说，南面村口有几个白狗子来了。我们听了不觉紧张起来，因为我们的力量实在太薄弱，5 个人带的都是手枪，离敌人据点又近。项英同志却很镇静，他要我去找房东。房东听了一点也不慌，沉着地对我们说："不要怕，白狗子来了不要紧，有地方躲藏。"边说边叫我们跟他上楼去。到了楼上，只见他走到角落里揭开一块楼板。用手指了指说："你们先到下边躲一躲，我到外面去看看就来。"我们往下一看，下面黑乎乎的，一股霉气冲鼻而来。我们不觉犹豫起来，下去还是不下去呢？下去了，如果有坏人告密，我们就像笼里的鸡一样，要想同敌人拼，也是英雄无用武之地呀！但看看眼前的房东，一副沉着、诚恳的眼神，我们的疑虑消除了，按照他的意图沿着楼梯走了下去，房东随即把楼板盖上，并在上面堆上了东西。我们用手摸了摸周围才知道是一道很窄的隔墙，是房东准备防匪藏东西用的。5 个人站在里面要想转个身都很困难，霉气熏得人直恶心。大约过了二三十分钟，房东回来了。他把上面堆的东西搬开，揭开楼板，叫我们上去，对我们说："刚才是几个白狗子路过这里，抢了几只鸡就走了，没事。"

这次惊吓虽然过去了，但是我们觉得这样很危险。因而又向项英同志建议立即转移到别的地方去。项英同志与刘符节同志商量，刘符节说离这里北面四五里路有个名叫周屋的村子，有我们的地下党员，先去联系一下，要他们帮助找个隐蔽的地方。说后，刘符节同志就化装成农民出去了。晚饭后，他回来告诉项英同志：联系好了，周屋有个开明绅士，以往帮助过我们，我找到他，说明了来意，起初他有些害怕，说他这里离国民党军驻地太近，太危险，劝我们到别的村子去住。我对他说：正是因为这里离他们近，才不至于注意，所以我们才考虑到你这里来住。后来他答应了，约我们当晚就去。项英同志听了刘符节同志的汇报，同意了。这天深夜，我们向房东道谢后，悄悄离开这个村子，来到村外的约定地点，同周屋来的一个地下党员接上了头。在地下党员的带领下，转弯抹角走了好久，来到了一个绅士家里。绅士把我们安置在他家的过道间的楼上住，这间楼上堆放着很多甘蔗渣。我们把一个角的甘蔗渣扒平一些，就在上面睡。楼的下面是过路间，白天过往的人很多，门口是个晒场，当时刚过春节，正是农民一年忙到头，唯一休息的时间。很多人在晒场上晒太阳，有的在缝补衣服，有的在拉家常，有的则说笑、打闹。而我们5个人在楼上除了能坐能躺之外，连话也不敢说，咳嗽也不敢，大小便也无处解。偏偏项英同志这几天拉肚子，怎么办呢？我们急中生智，把屋面上的瓦轻轻取下一片给他接大便，我们几个人小便也憋的难受，到中午绅士来送饭时，我们要绅士提了一只尿桶到楼上来，谁知他不注意，竟提了只有漏的尿桶，拉的小便漏在楼板上，又透过楼板漏了下去，滴在一个过路人的头上，这人大叫起来："上面什么人屙尿，漏到我头上来了？"这时，幸好绅士在隔壁房里休息，他听了回答："噢！不是人屙尿，是前几天房子漏雨，我提了只尿桶接漏，忘了把尿桶提下来"。那人说："不是水，是尿，有尿臊气哩！"绅士连忙说："当时桶里是还有些尿没有倒掉就提上去了。我现在就去把尿桶提下来。"我们听了下面的对话，真是又惊又好笑，后来绅士上楼来把有漏的尿桶换了，这场虚惊才算过去了。

我们住在这个绅士家里是很安全的，吃的也不错，他叫家里人做饭时，不说我们是什么人，只说是本地某某财主的少爷邀了几个人躲在楼上打麻将，不能让人知道，所以家里的人把饭菜做好后，就用篮子装好盖上，由绅士亲自送给我们。送饭时，他先看看附近有没有人，看了没有人就把饭菜提到楼下，咳嗽两声，我们就到楼口把饭菜接上来。送茶水也是先打招呼，我们将事先准备好安有勾子的绳子放下去，他来到跟前把茶壶一拴，就吊上来了。

我们在这个绅士的谨慎细心而又热情的照顾下度过了两天两夜，没有出门一步，但是项英同志依然在指挥战斗。他布置刘符节同志出去联系与指挥当地的地下党员，组织群众中的游击小组到河对岸砍断敌人的电线、散传单、贴标语，还把标语贴到新城区公署门口。第三天，我们得到消息，进山的敌人已撤回据点。我们从容地离开周屋回到了游击区。

为什么敌人这次封山搜山这样快就结束了呢？原来是因为敌人部署这次搜山的期限是5天，但因搜山是强迫群众走在前面，国民党部队在后面，群众不甘愿拖延了两天的时间。国民党的部队进到山里没有发现什么，群众又埋怨"新年乱走不吉利"，吵着要回去。加上传说山外出现了游击队，因而进山的第三天就撤兵回营了。

　　回忆起项英同志在赣粤边三年游击战争期间的件件往事，就好像他还生活在我们中间，我真想再为他洗洗衣服，再为他煮一茶缸野菜稀饭，让他美美地饱餐一顿，再陪他回到三年游击战争期间我们出生入死战斗、生活过的地方去看看……但是这一切愿望都是不可能实现了，只有珍贵的记忆伴随我这年迈体衰的老年人，给我以生活的力量。

（1987 年 11 月）

在项英同志身边工作

肖平权　曹秀英

三年游击战争期间，我们曾在项英同志身边工作，担任炊事员和交通员。在经常接触中，我们觉察到项英同志是一位远见卓识、水平很高的游击战争领导者。

1935 年 10 月北山事件后，国民党政府军发现了项英、陈毅和赣粤边特委领导同志在北山地区的行踪，加紧了对北山地区的"清剿"，形势非常严重。项英、陈毅同志果断决定，领导机关立即转移，于 11 月间到达信康赣县委驻地潭塘坑，在这里召开了重要会议，确定了巩固老区、发展新区和领导同志分散活动的重大决策。

会议以后，项英同志留信康赣县委，陈毅同志到南雄县委活动的地区，李乐天同志到信丰县的崇仙游击区。从此以后，我们跟随项英同志，一直到国共合作、胜利下山。

项英同志在极艰苦的环境中坚持学习的精神十分可贵。我们什么时候见到他，不是在看书就是在看报。当时的书籍不多，带在身边的只有《共产党宣言》、《列宁主义概论》等几本书，他经常翻看，有时在书上圈圈点点，有时还做些笔记，有的书翻得连封面都没有了，有的补了又补。我们文化水平低，看不懂他读的什么书，就问他，他说，是革命导师马克思、列宁写的书，是告诉穷人闹革命求解放的道理。一个革命者只有懂得革命的道理，才能懂得怎样去革命。不论环境好坏，项英同志总是想尽一切办法取得报纸，有通过国民党政府的乡长和保长弄来的，有通过商人买来的，有打土豪时没收的，有基本群众搞来的。报纸到手以后，他就聚精会神、埋头细看，有时我们叫他吃饭，他说看完这张报纸再吃，有时一边看报，一边抽烟，香烟烧痛了手指头才把烟头丢掉。我们问他，国民党政府办的报纸，经常诬蔑红军游击队，为什么还去看它，他说国民党的报纸造谣诬蔑我们党和红军游击队，但从中也可以了解情况，分析动向。国民党报纸吹嘘他们在什么地方消灭了我们多少游击队，就从反面告诉我们那个地方有游击队在活动，等于给我们通风报信。不看报，就不晓得全国的形势，不了解形势就不能针锋相对地同国民党斗争。他看过的报纸舍不得丢掉，一张一张叠好，整整齐齐放在他的床边，转移地方时，他总是告诉身边工作人员不能把报纸丢掉。

项英同志十分关心干部和战士的学习，他经常对我们说：我们的干部和战士，文化水平都很低，没有一定的文化水平，不能很好学习马克思列宁主义，不能很好地领会党的方针政策，也很难挑革命的重担。他和我们开玩笑，说将来革命胜利了，组织上委任你当一个大官，没有文化你就当不了，他还亲自动手，编写了许多教材和识字课本，他每编一篇东西，都先念给身边的工作人员听，问懂不懂，不懂就修改，一直到听懂为止。他耐心地教身边的同志学文化，一个字一个字教。有一次，肖平权到项英住的棚子里去玩，项英一见就问：平权，有什么事？我来教你认字写字。肖说：我没有读过书，一字不识。项英同志说：一字不识，从头学起，从一、二、三学起，说完握着肖平权的手，一笔一笔地写，一个字一个字教。许多同志就是在项英同志耐心帮助下，学到了文化，由一字不识到能够写信，能够看懂文件。

项英同志善于分析形势。三年游击战争的大部分时间，是在同党中央失去联系的情况下度过的。每当重大历史转折关头，项英同志能够根据全国的政治形势，结合游击战争的实际，正确地确定每个时期的行动方针。1936 年 6 月初，当得到两广事变发生的消息后，项英同志把陈毅同志和特委领导同志找来，共同分析这个新情况，研究在新的形势下游击队怎样开展活动。项英同志指出：两广事变是两广军阀利用抗日的名义实行反对蒋介石的战争，它说明全国抗日高潮就要到来。我们的态度是反对军阀战争，实行抗日战争，变军阀的战争为抗日的战争。要抓住这个时机，向广大群众进行抗日反蒋宣传，打击国民党保安团继续对游击区的进攻，推动抗日高潮的到来。赣粤边特委根据项英同志的上述指示，重新部署力量，积极开展活动，出现了三年游击战争时期少有的好形势。

1936 年 12 月，得知西安事变发生的消息后，项英同志和我们一样，非常高兴，对我们说：在我党中央的领导和推动下，抗日的革命高潮马上就要到来了，我们在南方坚持游击战争的同志，要在党中央的领导下，配合西北地区的斗争，广泛开展抗日民族统一战线，推动南方联合抗日的新局面。当时领导同志都聚集在一起，开会讨论蒋介石被扣后的新形势，作出了重大决策。会后大家对蒋介石会不会释放的问题争论得很热烈，多数同志认为，抓住蒋介石、杀掉蒋介石是全国人民的心愿，放掉他等于放虎归山，怎么能放呢？项英同志则认为可能放掉蒋介石。为此，个别同志还在背后说项英同志是右倾。可是过了不久，蒋介石真的被释放了。这时，一些前一段思想不通的同志才说："还是项英同志看得准。"项英同志从报纸上看到卢沟桥事变的消息后，立即写信，让交通员迅速送给陈毅同志，陈毅同志接到信，立即赶到项英同志驻地，两人商量之后，召开了特委会议，确定了同国民党地方当局进行谈判、联合抗日的方针。项英、陈毅等领导同志非常繁忙，特别是项英同志更忙，写宣言，起草谈判条件，给国民党地方当局和驻军写信，找人谈话。

一天傍晚，项英、陈毅同志找警卫班长胡大炳谈话，要胡大炳送信给信丰县大小窝区国民党的区长，胡大炳以为领导同志在和他开玩笑，陈毅同志严肃地说：这不是开玩笑，是真的，是一件光荣的政治任务，必须明天一早出发，中午送到，晚上赶回。胡大炳按时完成任务后，高兴的向项英、陈毅同志汇报了国民党区长如何热情款待他的经过。项英同志笑着说："大势所趋嘛！区长怎敢怠慢你。"陈毅同志也说："国民党敲锣打鼓欢迎我们下山抗日的时刻就要到来了。"

项英同志很注意党的政策。他经常告诫大家，我们进行的游击战争，是群众性的游击战争，没有人民群众的拥护和支持，游击队就不能战胜困难，不能打败国民党军的"清剿"。游击队要十分注意防止单纯的军事行动，要处处考虑到群众的利益，凡是对群众有益的事，我们要努力做好，凡是侵害群众利益的事，我们就坚决反对。他注意总结经验教训，从实际出发，制定了许多具体的政策。他要求游击队员严格执行党的阶级路线，打土豪必须调查清楚确实是豪绅地主才能打，向富农捐款也应该禁止，更不能损害中农的利益，商人的合法利益也应当保护。

有的时候由于国民党对游击区封锁严密，游击队的经济和粮食发生困难。项英同志对我们说，越是困难的时候，越要注意执行政策，情愿自己多受苦，也不能加重群众的负担。他还告诉我们，向群众借钱借粮，一定要打欠条，有借有还。有一次，我们向群众借米时，群众知道游击队困难，就送了一些蔬菜给我们。项英同志问：都记账了吗？我们回答：粮食记了，菜没有记账，是群众送的。项英同志严肃地指出：菜也应当记账，待我们有了钱时，如数归还。两广事变发生后，游击队活动范围更大了，到游击区外打土豪的机会也多了。有一天没收了土豪一头牛，项英同志知道后，对我们说：你们了解一下，看附近群众耕田缺不缺耕牛，如果缺，就送给群众。我们到驻地附近了解以后向项英同志建议，眼下群众不缺牛，就把这头牛杀了，改善一下大家的生活吧！项英同志表示，牛可以杀，但有福大家享，游击队一半，群众一半，每家每户都能吃上一点牛肉。

项英同志处处以身作则，用自己的模范行动来影响大家，三年时间里，项英等领导同志的生活是非常艰苦的，衣食住行和普通战士完全一样。当时按规定干部战士发一样的伙食津贴，月底结账，可以分点伙食尾子，分到项英同志名下的伙食尾子，他总是放在警卫员或炊事员手里，过了几个月，就拿出来买点菜加加餐，大家吃上一顿。项英同志喜欢吃霉豆腐（豆腐乳）。他说：这种菜味道好，香得很，很好下饭，地下党员李绍仁知道后，经常送一些来，次数多了，项英同志问：绍仁，这些都是哪里弄来的？花多少钱？绍仁回答他：这个东西，山区群众家家户户都有，过年的时候做的，便于保存，可以一年吃到头。给你的这一点点，都是群众真心实意送的，不必花钱。项英同志说：不给钱，我就不吃了。

1936年的端午节，家家户户都做粽子吃。李绍仁知道项英不喜欢吃带咸味的粽子，就特意做了几个白水粽子送去。项英同志见粽子和大家吃的不一样，问绍仁是怎么一回事，绍仁告诉他，是自己亲手做的，没有咸味，你喜欢吃。项英同志非常高兴，边吃边说：感谢你们，感谢人民。有一次，项英同志在转移时，把穿的鞋子丢掉了，打赤脚走路。肖平权发现了，就把自己的一双布鞋送给项英同志。项英同志说：这个使不得，女鞋怎能男穿，何况我穿了，你可怎么办？肖平权回答说：你这个领导还有封建思想，分什么男的女的，我有两双，一人一双，有福共享嘛！经过劝说，项英同志收下了，穿上正合适！

项英同志抽烟很厉害，环境好时能抽上香烟，环境恶劣时，抽黄烟。他抽过的香烟头，有规律的丢在一堆。起初，警卫员总是把它扫掉。有一次，他到处找香烟头，我们感到奇怪，事后才发现，香烟供应不上他就把剩下的烟头剥开，卷成喇叭烟又抽起来。一次，肖平权做饭时，火放大了，锅底有些饭烧焦了，想把它丢掉。这事被项英发现，对肖平权说：你做饭技术好，遇上一两次烧焦了一点，也是常事，那不要紧，把它晒干，用来煮着吃，味道还更香。项英同志就是这样，艰苦奋斗，勤俭朴素，以身作则，带领大家渡过一个又一个难关，粉碎国民党一次又一次"清剿"，迎来了抗日革命高潮。

（1986年12月）

项英将军待上海代表亲如家人

——"孤岛"时期"上海民众慰劳团"皖南之行

陈绍康

  项英,抗日战争时期任新四军副军长。他是湖北人,我党早期党员。项英的革命活动,同上海地区密切相连。他曾作为湖北党组织的代表,出席 1922 年在上海召开的党的二大;1924 年他又来到上海领导工人运动,筹办"沪西工友俱乐部",亲自给工人讲课、演讲,组织工人进行斗争;1925 年 1 月,他在上海出席党的四大,继续被选为中央委员(党的三大时项英已被选为中央委员),接着他又参加了著名的二月罢工和五卅运动,是工人总罢工的领导人之一。上海是项英早期革命活动的重要地区,他对上海人民怀有特别亲密的感情。这里着重叙述项英将军在皖南会见上海代表的故事。

  1937 年"八一三",日军进攻上海,国民党军队在抵抗一番之后被迫撤退,11 月中旬上海开始沦为"孤岛"。中国共产党继续领导上海各界救亡协会,以各种形式坚持斗争。这年 10 月,新四军皖南军部印刷厂厂长兼交通员陈昌吉,受副军长项英、秘书长李一氓委派来上海工作,带来了大批新四军的照片和文章,党通过《译报》和《译报周刊》第一次向"孤岛"人民介绍新四军,上海人民犹如在黑暗中看到燃烧着的火把。

新四军想着上海人民,上海人民也想着新四军。为了表达上海人民对新四军的慰问和声援,中共江苏省委决定组织"上海各界民众慰劳团",去皖南慰问新四军。慰劳团团长由文化界救亡协会理事顾执中担任,副团长由职业界救亡协会党团成员王纪华担任,团员有妇女界代表姜平、小教界代表朱立波、海关代表陈琼瓒和农民代表姚惠滋等人。新四军军部印刷厂厂长兼交通员陈昌吉随行。美国进步记者杰克·贝尔登同行。12月中旬,上海人民的使者拿着地方协会介绍信,副团长王纪华还带了一封给项英、李一氓的机要信件,通过第三战区司令部顾祝同的防地,历经艰险,到达皖南云岭章家渡新四军军部,受到叶挺、项英等新四军领导人的热烈欢迎。

上海慰劳团一到皖南,新四军隆重举行欢迎大会,大会由项英、邓子恢主持。上海代表献上一面一米宽、三米高的大锦旗,上面写着"变敌人后方为前线"。项英将军与上海慰劳团成员在锦旗前合影留念。这张珍贵的历史照片,由代表团成员朱立波献给上海革命历史纪念馆筹备处收藏。项英同志当时给上海代表作了几小时的报告。

"孤岛"时期上海的抗日刊物《上海妇女》,在二卷六期上发表《项英将军印象记》一文,作者是代表团成员姜平(即孙兰同志,"文革"中被迫害致死)。文章传达了新四军领导人对上海人民的慰问与期望。当年在皖南,项英对上海代表说:"上海现在环境这样特殊,能有人来是不容易的",项英毫无军首长的架子,平易近人。他穿着朴素,一套灰军服,束一根皮带,脚下一双皮鞋，鞋头已破了，好像普通战士，不失艰苦朴素作风的本色。那时，项英一月只拿四元津贴费，吃的饭和菜跟士兵毫无差别。上海客人一去，他如同见到自己家人，几次抽出时间亲自接待。一天夜晚，项英同上海代表交谈到深夜两点钟。

上海代表在皖南同新四军将士打成一片，亲密无间，告别的前夜，项英与上海代表围着小桌的火盆边，促膝谈心。这晚，屋外北风怒吼，屋内点着两支蜡烛，项英把军帽搁在桌上，无拘无束地同大家叙谈。他提出了新四军指战员对上海的三点希望：一、上海应该加强统一战线的力量，使日方不能利用上海的经济优势，不能利用上海的人力；二、希望上海热血青年，能为了国家民族的生存到农村、到后方去发动民众，为民族尽力；三、现在上海已推行的工作，希望再接再厉。上海代表向项英将军询问：新四军需要上海人民作些什么帮助？项英答道："在我们这里，一方面我们自己需要医疗，一方面我们还要给民众看病，所以医药是特别需要的。精神食粮最缺少的是报纸。"项英最后深情地说道："希望诸位告诉江南父老放心，我们现在已经决定不管情势转变到如何，我们决不离开这一块江南土地。"

代表们回到上海，大力宣传新四军的抗战功绩。在一些救亡团体的会议和活动中，代表们向上海人民传达了新四军领导人对上海人民的亲切问候。接着，开展了节约救难和支援新四军的工作。慰劳团成员朱立波现在还记得，当时她接受分配的任务，是到妇女界中进行劝募活动。大家对英勇抗战的新四军非常钦佩，好多人都争相捐助。募集所得款项即去购买大批药品，送到在上海的"新四军驻沪办事处"刘少文同志那里。

那时上海虽是"孤岛"，但人民抗日爱国热情很高，把八路军、新四军看成胜利的保证。在中共上海地下组织的领导与推动下，各界救亡协会和爱国群众团体胜利地完成为新四军征募数万套寒衣的任务。当时上海妇女界难民救济会是上海市妇女团体的联合组织，该会的代表姜平、朱立波去皖南慰问，听到项英将军的希望与建议后，回到上海参加劝募新四军寒衣和物品的活动，现在上海市档案馆还保存一封新四军军长叶挺与副军长项英致上海妇女界的感谢信，信中写道："远承贵会特派代表姜朱二女士，间关绕道，辱临慰劳，并赐奖誉，感愧实深。上海失陷后，我妇女界同胞，不怕挫折，再接再厉，是征贵会领导贤劳，钦慰无已。嗣后定当追随上海二百万妇女同胞之后，坚持江南抗战，变敌人后方为前方。"

在抗日战争爆发五十周年的日子里，回想起项英将军与上海民众慰劳团在一起的情景，更激起我们对项英将军的怀念。

原载 1987 年第 12 期《上海支部生活》

李一氓谈皖南事变与项英

李一氓

编者按：李一氓在皖南时期任新四军秘书长，也是中央军委新四军分会的秘书长，是皖南事变的见证人之一。南北、董之曦二位同志于 1982 年至 1990 年期间多次访问李一氓，根据他的几次谈话内容，以及他的两次书面答复，整理成这篇文章。现将此文发表，供党史工作者参考。

一

皖南事变是国民党顽固派蓄意反对共产党的事件。反对的手段是针对中共领导下的军队采取军事措施，形式上是以军队的上下级关系来强制执行，而不是以国共两党的平等协商来解决。1940 年 10 月 19 日，国民党以正副参谋总长何应钦、白崇禧的名义发出的"皓电"，命令八路军、新四军于一个月内全部开往黄河以北的作战区域。11 月 9 日，中共方面以第十八集团军和新四军领导人朱德、叶挺等人的名义，发出了"佳电"作为答复。由于双方在形式上是上下级关系，所以这个答复是采取当时通行的旧公文格式："兹奉电示，限期北移。德等再三考虑，认为执行命令与俯顺舆情，仍请中央兼筹并顾。对于江南正规部队，德等正拟苦心说服，劝其顾全大局，遵令北移。仍恳中央宽以限期，以求解释深入，不致激生他故，重增德等无穷之罪。"这就是我们承担把新四军调到长江以北的允诺。从电文中可以看出我们的对策：既不是完全对抗不动，也不是屈从于国民党的全部北移黄河以北的要求。这显然是一种妥协。到 11 月底，国民党第三战区才提出一个新四军皖南部队经苏南北移的方案。12 月 8 日，国民党方面又发出个"齐电"，向中共方面进行政治上的反扑。从以后的情况发展来看，当时我们若是再有一个反驳电就好了，既然国民党强词夺理地"驳斥"我们，我们就应该说话。如果这种争论继续下去，可以使更多的人明了真相，也可以设法争取北移的较为有利时机。既然我们答应撤出江南，就应该有个具体实施计划，这就需要和国民党当局交涉，以保证安全北移，而不能是国民党方面限定的一个月。

新四军的皖南部队有限，要大力发展江北就顾不上皖南。如果国民党方面不发出"皓电"，延安方面是否要主动让出？即使要军部撤出，是否也要留下一部分武装坚持？当中共中央最后决定放弃皖南时，项英并未表示拒绝，不能说中央下了命令他不执行。如果他不想北移，为什么还要派宋裕和等人带领大批人员北移呢？所以那种讲项英反对北移是没有根据的。

北移不是"搬家"，要通过敌顽控制的地区，采取正常行军办法是不可能的。北移的准备工作非半个月不可，光是运输各种资材和文书的担子就有 1300 副，要准备多长的时间？一千多名非战斗人员，12 月初就分批走了。到了苏南，一千多副担子，绝大部散失了；绝大多数人员是搞到"良民证"，通过敌占城市走的。他们的领导人之一的薛暮桥，在苏南被迫隐蔽了一些日子，后来还是通过敌占的镇江，上了火车到上海，再由那里的秘密交通站送到苏北去的。当时在敌伪加紧"扫荡"、配合国民党进攻新四军的形势下，要使大的武装部队安全通过是不可能的。渡江北上当然是捷径，但没有高度保密是不行的。其实，部队渡江去皖北已经决定了，并作了充分准备，中央也同意了采取明走苏南、暗渡皖北的方案，但这时发生了两件事：一是苏北曹甸战斗后，国民党方面取消了皖南新四军经苏南北移的路线，重庆和南京都广播了我们北移的消息，国民党方面无非是叫日本人来打新四军；二是八路军重庆办事处来电说，广西军队在皖北沿江布防，准备拦击，当心啊！项英的决心便动摇了，于是又改道苏南北移。行动前，八路军重庆办事处又来电报说：你们先不要走，我们送 8 个人来①。关于重庆疏散干部到皖南的情况，可问一下当时在重庆的同志就知道。

新四军皖南部队的北移具体路线，中央从未遥作决定，所谓中央曾定下新四军应走哪条路线，皆系揣测之词。后来走的这条路线，是曾派作战科长李志高出去侦察过的。其实，北移不是哪条路线问题，到了那时，走哪条路线都免不了要战斗，损失是不可避免的。发生这种情况也不奇怪，哪里有大批的部队通过敌、顽严密封锁地区，行动既已公开，而又不受损失之例？当然，事件的本身项英是有错误的，但也要从皖南新四军部队当时所处情况来通盘考虑，它毕竟是按照中央的指示北移的。

在北移路线问题上，我看项英在军事上的责任要比政治上的责任大得多。我当时负责情报工作，川军送来情报，说是国民党军又从浙江调来一个师，我送给项英看，可是他却不相信，认为那个师在抗日前线，不大可能放弃阵地撤下来，我又告诉胡立教去查，待查清后已经很晚了。其实，决心大，早走两三天，也许就能冲过去了，国民党军队也只比我们早到一两天，有些工事看来才挖不久。包围圈合拢了，又是山岭地，冲不出去，项英就无主张了。历史上有些事具有偶然性，我们出发那天恰巧下大雨，青弋江上搭好的浮桥也断了，耽误了时间，你说这是什么错误?!不过，现在回想起来，当时我们即使能够突破重围到达苏南，前途依然是困难重重。一支近万人的大部队，如何越过铁路、公路、水网地带的重重封锁线；如何挫败敌伪的"扫荡"和国民党军队的阻挠，如何渡过宽阔的长江，都不是容易的事情。

蒋介石部署了7个师的兵力，包围了新四军皖南部队，本来就众寡悬殊，我们只考虑以仅有的6个团兵力对付其1个师（国民党第四十师），而置其他6个师于不顾，这是不可能的。因为突围如不能速战速决，对方增援部队就会迅速赶到，更增加了突围的困难。我们自己兵力不集中，地形不熟悉，通讯联络差，也就谈不上协同配合。就是兵力集中，由于山高路险，悬崖峭壁，部队也难以迅速展开。我并不是说遭受这样大的损失是不可避免的，而掩盖指挥上的错误。只是说客观上明显地存在着一个实际困难，没有一个料敌如神、当机立断的高级指挥员，是难以完成这个任务的。

皖南事变，在军事上我们失败了，国民党方面兴高采烈，他们编造了一个新四军想"南进"到国民党后方去的莫须有罪名，撤销了新四军的番号，扬言要将军长叶挺送交"军法审判"。他们过低地估计了中国共产党反击的决心和力量，以为新四军从此不会再存在了。但是，历史的发展不是以他们的意志为转移的，蒋介石没有料到，这样一来，却给我们以独行其是的自由，一个由共产党方面任命的新军部马上成立了。这个新成立的新四军完全脱离了国民党当局的羁绊，不属于国民党的哪个战区的序列，更不需要国民党来发饷弹，而且一下子就由国民党承认的4个支队扩大为7个师的番号，在敌后广阔天地可以自由驰骋，并建立了从苏北到皖北的抗日民主根据地，这是蒋介石始料未及的。

二

我离开延安来新四军之前，李富春曾经找过我，要我作叶挺、项英之间的缓冲人，当时我没有多想，也无法预料他们之间会有什么问题。叶挺军长在皖南军部前后停留一年多时间里，一直到皖南事变前，说他与项英之间一定有什么尖锐的矛盾和冲突，也很难说出来，可以说是来无影去无踪。他们二人都没有向我表示过什么，我也就没能完全清楚认识这个问题的重要程度，而且也无权将他们拉在一起仲裁。但是，有时隐隐约约地感觉到叶挺想以一些理由离开新四军，回到重庆或到华南去；也隐隐约约地感觉项英有个时期也想使叶挺自己离开新四军。1938年秋，叶挺送夫人回澳门时，在广东与余汉谋商量在东江成立游击队。同年年底游击队正式成立，他任指挥。他在走之前，曾和项英商量过，项大为赞成，送了几百支步枪到广东，还答应调一些广东籍的军政干部到他的部队中去。可是，没多久就被蒋介石发现，取消了叶挺的任命。1939年春，叶挺由周恩来陪同，从重庆回到皖南。本来叶挺在走之前，曾经下决心离开新四军，不再回来。他在临行时留给我一封亲笔信，说是"居士不适于当一个大庙的方丈"，意思是讲不是共产党员的人，不适于充当共产党军队的军长。看来，这种苦恼也不像是完全针对某一个人的。

周恩来在皖南期间，曾和项英单独谈过两次话，估计是谈叶、项之间的关系问题。当时，周与项的关系看来很好。周恩来作报告时，项安排速记员记下，周看了很满意，临走时还要走了两名女速记员。周走后，叶、项之间保持着一种和谐状态，这也许是双方克制的表现，一个来月后，叶挺军长去皖北，主持成立江北指挥部，到8月份才回到皖南。他回来后，立即向周恩来提出要去重庆，向蒋介石要求增加经费和编制，接着就离开军部。这一次离开时间最长，到1940年8月17日才回到皖南军部。

叶挺军长在皖南停留的一年零几个月期间，一般说来，项英还是比较注意处理与叶军长的关系，军部的正式会议，由军长主持；前方部队的报告、请示，项英都请叶首先批注意见，叶军长介绍到军部工作的非党干部，人数不少，项英都表示欢迎接纳。项英考虑到叶军长的经历与身份，在生活上尽可能给予照顾，专门设立了小灶，项英自己却吃大灶，只是在开会时偶尔一起吃，倒是我们少数几个人，有时去叶军长那里吃一顿。我当时负责处理电报，凡属东南局的都先送给项英，凡属军队的，一般都先送给周子昆副参谋长，由他决定送给谁。据当年在机要科掌管电报登记的同志讲，在叶军长每次离开皖南前，中央给新四军的来电提到叶军长的次数也较少。

　　皖南事变前，大约1940年秋末，我听到叶、项二人议论过，要把皖南部队分作两部分，一部分包括军部和大部分部队，先秘密直接渡江去皖北；另一小部分留在江南，等待时机再转移到皖北或苏北。用意是军部名义上仍留在皖南，实际上大部暗渡江北，使桂系李品仙不致惊恐，可是，由谁率领军部过江呢？两人互相谦让，都认为留下的是更危险的任务，项英认为叶以军长的名义，指挥军部机关和大部队过江较为适合，项自己率少量人员，活动方便，项说中央要叶先过江北，他自己先走不合适。两人互相让来让去，结果谁也未走成，如果当时不管是谁先走后走，实施这个方案都是有利的。

　　是否叶挺不习惯政委制？我不这样认为。叶在北伐军中和南昌起义时，部队中都有党代表。问题是他过去担任师长或军长时，部队是他带的，党代表是后来派来的，而到新四军时，部队基本上是政委带来的，他是外面派来的，而且又是非党员身份，自然会带来些不便，双方可能都会感到有些不习惯。我从来未听到项英议论过叶挺，甚至叶个人难以处理的事情，项也为之作了妥善处理，维护了叶的威信。

三

　　说项英受王明影响很大是不公平的，他是和李立三、张国焘同时期搞工运的，与王明毫无关系。1930年冬，六届三中全会后，中央派项英去中央苏区，那时王明还未上台，四中全会王明一伙上台后，弄了一些莫斯科回来的工人掌握大权。后来证明行不通，当时苏区中对此有很多议论，但并未议论过项英，长征时，项英临危受命，留在中央苏区坚持斗争，对此，中央在1937年底已有肯定结论。

1937年末，王明由苏联回到延安，打着共产国际的旗号，散布了"一切服从统一战线"等错误言论，一度迷惑了不少人。以后，他又在武汉主持中共中央长江局和中共中央代表团的工作，管辖范围中包括东南分局和新四军。当时长江局曾经有过一些错误的主张和做法，但项英对保持党和军队的独立性的态度是坚决的。

项英既是新四军实际上的政委，又是中共中央东南局的书记。作为新四军政委，他的作战区域是大江南北；作为东南局书记，管辖范围则是长江以南的东南数省，而长江以北则属于中原局的管辖范围。1938年秋，六届六中全会上曾估计日寇将继续大举深入，粤汉路以东将成为敌后。项英很可能考虑到如日本人将浙赣路切断时，新四军就可以大发展，向南扩大根据地。1939年春，周恩来到皖南时，共同商定了"向南巩固，向北发展，向东作战"的方针。"向南巩固"就是要保持住皖南现有的阵地，这需要有足够的兵力；而"向北发展"，则需要投入更多的力量。皖南的战斗部队只有3个团的兵力，其中1个团还担负着第三战区指定的繁昌前线的战斗任务。作为新四军主要负责人的项英，他既要执行所商定的战略方针；作为东南局的负责人，他又要将党的工作重点放在长江以南的皖、浙、闽、赣诸省，这本身就是件较为错综复杂的事情。他很可能认为，八路军既已南下，新四军的半数以上兵力已位于江北，即可解决江北问题。中共中央在1940年春曾有一电，要项英直接负责指挥皖南斗争，巩固现有阵地。

讲项英怕去敌后的说法是没有根据的。他在南方三年游击战的那种环境中都过来了，还怕去敌后？但从皖南事变中的失利来看，他指挥大兵团作战之经验与能力是差些。尤其不应该的，是他在重围中，自己带了几个人想单独突围，又要来三年游击战中在油山那一套，打不赢就走。当时他叫我跟着走，我表示不同他们走，我对他们说：打游击也应多带几支枪，多搭救出一些干部。后来，我找到几个军队和地方党的干部共30多人，离开大部队想走铜、繁一带过江。过了一晚，下山吃饭时见到五团撤退回来，我们于是又回到军部。虽然前后时间很短，但总感到这是一生中一件遗憾之事。

关于项英问题，这是皖南事变遗留下来的一个历史问题。我认为，研究项英要根据事实，不是想说他好就好，想说他坏就坏，要实事求是。有些事情需要搞清楚，不要人不在了，就把问题都推到他的头上。譬如，错杀高敬亭的事，这件事没有经过第三战区，是通过第五战区搞的，江北方面决定执行的。项英和我在云岭都不知道，当时我们听了觉得出乎意料。那时，江北部队是属于地方党领导的。所以，错杀高敬亭的事责怪项英是不应该的。

皖南事变是个有结论又没有结论的问题。1941年1月15日，中共中央曾作出过《关于项袁错误的决定》，这距1月14日大规模战斗结束仅隔一天，许多情况还来不及搞清楚。而且这个《决定》最后一条说："将项袁错误提交党的七大讨论议处"，就是说还需要经过讨论才能最后定下来，但"七大"和以后的各次代表大会都未涉及这个问题。因此，项英的问题没有最后解决。现在争议很多，只好让党史学家去议论了，但我相信将来终会有个实事求是的结论。

（南北　董之曦②整理）

（责任编辑　王新生）

注　释

① 现已查明，这8个人为：萧正纲、苏辛涛、黄迪菲、张忠诚、张云、何永雄、伍国财、蒋策平。他们连同驻桂林办事处疏散人员共30余人，于1940年12月27日抵达云岭新四军军部。

② 南北，为原中央党史资料征集委员会办公室主任李志光的化名；董之曦，为中国社会科学院近代史研究所研究员周祖羲的化名。

父亲为人民军队的胜利呕心沥血

项苏云

1948 年 7 月 29 日，中共中央给全国第六次劳动大会的贺词中，称赞项英是工人阶级的"英雄人物"之一①。

我父亲的原名叫项德隆，入党后将本名与笔名"夏英"合起来叫项英。从那时起，他直到牺牲一直叫项英这个名字。

为红军的建设出大力

1930 年 10 月，中央政治局为加强苏维埃地区党的领导，确定建立苏区中央局，由周恩来任书记，同时为加强苏区红军的领导和指挥，确定成立中央革命军事委员会，由我父亲任主席。因周一时难以离开中央，让父亲先去，就由父亲任军委主席并代理苏区中央局书记。11 月，父亲由上海坐船到广东汕头，再坐船或步行，经闽西，于 12 月底到赣南宁都与毛泽东、朱德会合。

此时，母亲张亮是上海地下党员，因有孕在身，直到生下我两岁后才去父亲那里，由著名教育家陶行知将我送进英租界办的孤儿院——上海劳工幼儿院抚养。国民党特务机关发现该孤儿院收共产党人的孩子，强令把它关闭，陶行知将我送到苏北淮安新安小学。1938年春，日本帝国主义军队侵占淮安前，知道我身世的新安小学校长汪达之，派教师郭青带着我辗转到西安，经八路军办事处核对，把我送到延安，中央组织部长陈云、副部长李富春让我进鲁迅小学读书。

父亲到达中央苏区的时间，从他写的自传中查到线索，讲道：他到达赣南红一方面军总部，"正是红军取得冲破第一次'围剿'，获得大胜利，将十八师师长张辉瓒活捉。"②那一天，换算出来就是1930年12月30日，比1931年1月7日六届四中全会召开、王明上台早8天。这就戳穿了有些人总把父亲说是王明派到中央苏区夺毛泽东的权的谎言。

父亲到中央苏区后，立即展开紧张的工作。当时，国民党军正部署第二次"围剿"，父亲以主要精力参与领导反"围剿"准备。他和朱德、毛泽东一起，分析形势，研究对策，确定继续采取毛泽东提出的诱敌深入的方针。他主持研究把苏区分为若干游击区，由地方红军领导赤卫队、少先队，运用游击战术，执行扰敌、阻敌等任务，配合红军主力作战。他主持制发紧急通告，动员群众坚壁清野，为取得这次反"围剿"的胜利起着积极作用。

1931年2月17日，父亲作为苏区军委主席，与副主席朱德、毛泽东联名，发布军委第6号通令，确定加强红军政治工作，建立红军总政治部，规定了总政治部职责和红军各级政治部与政治委员之间的关系。通令决定，在中央革命军事委员会设总政治部，并暂兼红一方面军总政治部，以毛泽东为总政治部主任③。这个通令对人民军队政治工作建设起奠基的作用。80多年来，人民解放军的政治工作建设始终贯彻这些原则，激励指战员克服无数的艰难险阻，战胜国内外敌人，不断取得新的胜利。

1933年6月6日，父亲参加苏区中央局会议，在会上就扩大红军作了报告。他认为，要发展苏维埃事业，巩固和扩大苏区，必须不断地发展和壮大红军。苏区中央局根据父亲的报告，作出《关于扩大红军的决议》④。会后，父亲在组织扩大红军时，重视推广兴国县的经验。该县在当年9月20日至30日的十天中，就有1600人参加红军，质量很高，其中有353名共产党员，有447名共青团员，兴国被誉为"扩大红军的模范县"。父亲号召中央苏区各地向兴国学习。在那三四个月时间内，就新组建起红七、红九军团和4个师的部队，使红军力量得到了发展壮大。

同年6月30日，父亲以中革军委代主席（主席朱德赴前方指挥作战）名义发布命令，写道："1927年8月1日，发生了无产阶级政党——共产党领导的南昌暴动。这一暴动是反帝的土地革命的开始，是英勇的工农红军的来源。中国工农红军在历年的艰苦战争中，打破了帝国主义和国民党的历次进攻，根本动摇了帝国主义国民党在中国的统治，已成了革命高涨的基本杠杆之一，成了中国劳苦群众革命斗争的组织者，是彻底进行民族革命战争的主力。本委员会为纪念南昌暴动与红军成立，特决定自1933年起每年8月1日为中国工农红军成立纪念日。"⑤中华苏维埃临时中央政府批准了将"八一"作为红军成立纪念日的决定。这是父亲重视人民军队建设的重要体现。从那以后，"八一"就成为红军和后来的八路军、新四军，以至当今人民解放军的建军节，成为人民军队进行光荣传统教育、地方进行国防教育的一个重要日子。

在这一年，为纪念"八一"建军节，父亲发布了颁发红星奖章的命令，给周恩来、朱德、彭德怀等授予一等红星奖章，给陈毅、张云逸、罗炳辉等34人授予二等红星奖章，给王震等53人授予三等红星奖章。这是人民军队授勋制度的良好开端。他还主持制发了《中国工农红军誓词》，供部队在"八一"和执行重要任务时宣誓使用，成为人民军队进行思想教育与政治鼓动的重要内容和方式。当年8月1日清晨，父亲在瑞金组织了红军首次阅兵典礼，临时中央领导人博古、临时中央政府主席毛泽东和张闻天、陈云等同父亲一起，检阅了中央警卫师和红军学校的学员队伍。这些都是红军历史的辉煌篇章。

领导开展南方三年游击战争受中央表彰

1934年10月，中共中央、中革军委率红军主力长征，父亲受命任中央分局书记和中央军区司令员兼政委，与中华苏维埃中央政府办事处主任陈毅等一起，领导留下的红军和游击队先掩护红军主力出动，后开展游击战争。那时中央领导人都随军行动，父亲被留下，他二话没说，以革命大局为重，以对党忠诚的高度责任感，勇敢地担当起领导中央苏区军民坚持斗争的重任。

1935年2月5日，遵义会议后的党中央给父亲发来"万万火急"的电报，要求他带领留下的红军立即改变"组织方式和斗争方式"，"在中央苏区及邻近苏区坚持游击战争"，还要求由父亲和陈毅、贺昌组成中革军委中区分会，由父亲任主席[⑥]。

此时，父亲接到党中央来电后，如同久旱逢甘霖，立即开会作出部署，随即向闽北、赣南等尚能保持联系的单位传达，将留下的部队分九路分散突围，至3月初，已有八路突围出去。其中由陈潭秋、谭震林等率领的一路去闽西，与3个月前先去的张鼎丞等会合，在闽西开展游击战争；赣南军区的部队向赣粤边转移。我母亲、中华苏维埃机关干部张亮，怀我弟弟已四五个月，与分局女部长周月林一起，随瞿秋白、邓子恢等去福建，母亲拟去上海生产，途中遭敌袭击，她与周月林被抓进龙岩监狱，她在那里生下我弟弟项学成。

父亲和陈毅、贺昌率红二十四师第七十团是最后一路突围，3月9日从于都上坪出动异常艰难。向中央报告突围的电报发出后，敌人已经迫近，情况危急，只好将电台埋掉，烧掉密码，从此同党中央失掉联系。贺昌率两个营向福建长汀突围，与敌遭遇，部队被打散，贺昌牺牲。父亲和陈毅相商，鉴于敌情严重，去闽西已不可能，在改为分散向赣粤边突围途中，巧遇与陈毅熟悉的原代英县委书记曾纪财，他对那一带很熟悉，就由他带路，绕过敌人封锁线，在中共地下组织协助下，几经辗转，于3月下旬到达赣粤边，同那3个月前建立的赣粤边特委和军分区的部队会合。为了保密，父亲化名叫"老周"，陈毅化名叫"老刘"，开始了在赣粤边坚持游击战争的征程。

4月上旬，父亲和陈毅先在广东南雄的大岭下村、后在江西大余的长岭村开会，传达中央指示精神，分析形势，使大家认清革命现实是困难的，但前途是光明的。会议确定在赣粤边的大余、信丰、南雄毗邻的油山一带，包括周围11个县的部分地区，作为他们生存、发展、回旋辗转的基地。在组织上，将在那里的1000多人分成4个大队（其中两个大队由蔡会文率领向湘南发展），下面分成若干小队，开展小规模的分散的游击战。在军事上，以保存有生力量的主体，反对死打硬拼，以挺进游击和袭击来打击弱小之敌。

从4月下旬起，父亲和陈毅领导的赣粤边红军游击队，紧紧依靠人民群众，同比他们大数十倍的敌人展开持续两年多的反"清剿"斗争。他们告别房子，在山林里用树枝、茅草搭棚子住，用雨布做成盖布挡风雨。他们着便装，把打游击同做群众工作相结合，建立游击小组和党组织，逐步建成活动基点。他们向土豪劣绅要经费、要物资，来解决吃饭问题。

面对敌人的疯狂"清剿"，父亲和陈毅指挥游击队积极应对。当敌人进山"清剿"时，就将机关转移到山外分散隐蔽；派游击队跳到敌人后方袭击，吸引敌人出山；对搜山的敌人，打埋伏、截尾子、打掉队的；发动山外的游击小组割电线、打冷枪，迷惑敌人。1935年，奔袭南雄乌迳圩消灭靖卫团、夜袭大余游山圩据点和伏击由南雄至大余公路上3辆军车等胜利，增强了游击队的胜利信心，鼓舞了群众的斗争热情。

在反"清剿"斗争中，父亲和陈毅重视开展统战工作，调整政策、策略。对边沿地区的保甲长尽量争取，广交朋友，还派身份未暴露的党员当保甲长，一些保甲长"白皮红心"，成为"两面政权"。大余县池江区长黄承祥，在争取教育下，为游击队办了不少好事。

在那期间，父亲和陈毅加强对游击队内部教育，规定了纪律、守则和注意事项，让大家自觉遵守，保证了游击队在艰苦环境下成为坚强的战斗集体。当时，父亲处处以身作则，和大家同甘共苦，因而大家信任他、尊重他。

在那残酷的斗争中，父亲有两次最危险。第一次，原中央苏区参谋长龚楚率红七十一团一部突围到湖南后叛变，被封为"剿共游击司令"，给他配备了卫队，让他抓捕我父亲和陈毅。1935年10月20日，龚楚一伙来北山途中，遇到侦察员吴少华，要吴带路，吴识破敌人，当接近指挥机关哨兵时，指着身后的敌人大喊"他们是反革命"，边鸣枪向指挥机关报警，他边向指挥机关驻地相反的方向跑，以引开敌人。父亲和陈毅等听到报警枪声，立即转移到后山隐蔽。龚楚惧怕游击队打击，只好逃遁。第二次，1937年5月2日，原作兵运工作的陈宏叛变，谎称党中央派来联络的人已到大余城，妄图诱捕我父亲和陈毅。他们商量由陈毅去会面，可陈到城里发现情况异常，立即绕道回返。叛徒见我父亲他们迟迟未来，就带敌兵向游击队驻地梅岭斋坑扑来。哨兵发现敌人时，报警已来不及，就边喊"反动派来了！"边举枪射击。父亲听到枪声，立即持枪冲出棚子，到树木不多而茅草茂盛的小山包上隐蔽。300多敌人在几百平方米的小山坡上搜查两小时，有的离父亲只有几米远，他的手枪子弹已上膛，准备扣扳机，可敌人却未发现他。敌军官下令士兵放火烧山，火随风势燃起来。正在这时，突然狂风大作，下起雨来将火淋灭。敌人见天色已晚，便无奈地离去。父亲他们得以脱险。

抗日战争全面爆发后，父亲作为中央分局书记，就南方八省红军游击队集中编为抗日武装问题，去南昌与江西省当局谈判，同党中央不谋而合。10月，国共两党达成协议，将坚持三年游击战争的红军和游击队改编为新四军。11月7日，父亲到延安向党中央汇报。12月13日，中央政治局会议作出《对于南方游击区工作的决议》，充分肯定了坚持南方三年游击战争的历史功绩，称赞"项英同志及南方各游击区主要的领导同志……是全党的模范。政治局号召全党同志来学习这些同志的模范"⑦。

为新四军的发展奠定了基础

1937年12月14日，父亲参加中央政治局会议研究了新四军的编组原则，受命任东南分局（后东南局）书记和中央军委新四军分会书记、新四军副军长（实为政治委员）后，带着中央和军委派到新四军的50多名干部，于23日来到武汉，与叶挺军长、张云逸参谋长会合，研究成立军部和编组部队事宜，东南分局副书记曾山和军副参谋长周子昆各带一批干部随后赶来。25日，父亲与叶军长召开在军部工作的干部开会，他们分别讲了抗战形势，布置了工作。这实际上是军部成立的会议。27日，父亲代表中共方面与国民党当局谈判，确定新四军编为4个支队。父亲谈判返回后，立即发电报向毛泽东、洛甫报告，毛主席于次日复电，同意新四军编为4个支队和干部配备方案。编制最后定下来，部队集结和各项保障才能得到解决，也才能名正言顺地开赴前线抗日。

在武汉，父亲会见了鄂豫皖、湘鄂赣边游击区负责人高敬亭、傅秋涛和鄂豫边负责人周骏鸣，听取他们的汇报，向他们传达了党中央对南方红军游击队的关怀和将红军游击队集中改编为新四军的指示，研究了他们各部的改编方案。

1938年1月4日，按分工，叶军长将去香港购买武器，父亲和张云逸、周子昆、曾山率军部人员移往南昌，部署部队动员和编组事宜。6日到达南昌后，父亲立即与在那里的军委新四军分会副书记陈毅会面，交流了情况。

在南昌，父亲主持了东南分局成立，研究了东南各省、区党组织的恢复和开展抗日斗争事宜；研究了部队动员和编组，确定由领导同志分头去各游击区传达动员。父亲会见了黄道、叶飞等游击区负责人，听取了他们的汇报，向他们传达了党中央有关指示精神，研究了他们所部改编事宜。1月15日，父亲与曾山先后去湘赣边和赣粤边传达动员，然后返回南昌，着手集结部队。

在南昌期间，我妈妈张亮因国共合作抗日被从监狱里释放出来，听说父亲在南昌，就抱着弟弟找到军部。父亲同母亲见面，询问了情况，由于父亲知道母亲被俘，按照当时有关被俘人员没有查清前不准留在部队，特别是不准留在高级干部身边的要求，父亲在与母亲交谈后，没有把她留下，而是给她一些钱，让她带着弟弟离开了。真实的情况是，坚强的母亲带着我弟弟辗转去了延安，将弟弟交给中央组织部，送到保育院抚养，母亲便悄悄离开，后去向不明。

同年4月上旬，父亲与叶军长率军部由南昌进至皖南歙县岩寺，将位于长江以南12个游击区的红军游击队在岩寺集结，编为第一、二、三支队，由陈毅和傅秋涛、张鼎丞和粟裕、张云逸（兼）和谭震林分任第一、二、三支队司令员和副司令员；将位于江北两个游击区的红色武装编为第四支队，高敬亭任司令员。4月下旬起，部队陆续向敌后挺进。父亲在皖南进行的主要工作是：

一、抓紧部队政治建设。父亲要求部队加强马列主义学习，来武装自己的头脑。他指出："我们改编为国民革命军，但我们的政治领导、革命传统的精神、政治经济的制度和工作的作风，都与人家是不同的。我们的军队的独立性是要保持的。"⑧他抓紧建立和健全政治机关,配齐政治干部,巩固和壮大部队党的组织;干部配备不允许国民党方面插手,增进内部团结,加强干部培养。从而保证了党对新四军的绝对领导和战斗力的提高,保证了作战的胜利。

二、指挥部队开展抗日游击战争。部队刚改编完,父亲接到毛泽东主席 4 月 24 日复电:"先派支队去溧水一带侦察甚妥"⑨。他立即与叶挺、陈毅、张云逸、周子昆和新任军政治部主任袁国平、副主任邓子恢一起,抽调 3 个侦察连与部分干部组成先遣队,由粟裕率领于 28 日去苏南敌后侦察。接着,第一、二支队相继进入苏南,取得韦岗、新丰、小丹阳、句容、贺甲村等战斗的胜利;第三支队进入皖南沿江地区抗敌,取得马家园和繁昌保卫战等胜利;第四支队进入皖中,取得蒋家河口、范家岗、棋盘岭等战斗的胜利。1940 年 4 月,父亲和袁国平、周子昆一起(叶军长不在皖南,张云逸已去江北),指挥皖南部队粉碎万余日伪军的春季大"扫荡",歼敌 900 余名,保卫了皖南抗战阵地。至 1940 年底,新四军歼敌 9 万余名。

三、积极发展部队。至 1940 年底,由开始编组的 4 个支队10329 人,陆续增编江北、江南、苏北指挥部和第五、第六支队与鄂豫挺进纵队,人数增加到 88744 人,比编组时增加了七倍半。

四、在大江南北建立抗日根据地。至 1940 年底,建立起苏南、苏中、皖中、皖东、豫皖苏、鄂豫边等抗日根据地。

五、重视地下党的建设。在当时白色恐怖情况下,父亲和曾山领导东南各省、区党组织,依托新四军在各地建立的办事处、通讯处、留守处等作掩护，恢复和发展党的组织，开展抗日救亡活动，动员知识青年和革命志士参加新四军。到1940年底，东南局所辖范围有党员达5万余名。

父亲1938年9月去延安参加六届六中全会期间，在八路军大礼堂看演出时，同我见了面。那时我已7岁半，是第一次见到爸爸，他让我坐在他腿上，叫我喊爸爸，可"爸爸"二字对我太生疏，当晚就是喊不出来。我怕同学牵挂，父亲让警卫员把我送回学校。第二天下午放学时，父亲去学校接我到中组部招待所住。我在同学面前，看到来自前线的爸爸，很自豪，"爸爸"自然喊出来了。这样连续多日，父亲白天开会，傍晚亲自或让警卫员接我。在这期间，我和父亲一起去保育院，接刚过3岁的弟弟学成来招待所，连同我，他同儿女就算团聚了，国际友人马海德为我们拍下了珍贵的照片。弟弟由于年龄小，夜间会哭闹，父亲无法休息，只好把弟弟送回保育院。父亲后又带我去看弟弟两次。这次我同父亲相聚12天的晚间，他一再勉励我听老师的话，听阿姨的话，好好学习，锻炼身体，长大了跟着共产党干革命。父亲在同我唯一的一次相聚中，把他一生对女儿的爱，都在那12天里给了我。

由于华中抗战前线紧张，叶军长电催，经批准，父亲没有参加完党的六届六中全会，提前于10月初离开延安返回皖南。那时我年幼，对离别的含义搞不清，万万没想到这次离别就是永别。我和弟弟在党组织的培养下，都很争气。新中国成立后，学成在海军北海舰队工作得不错，遗憾的是在"文化大革命"中受父亲在皖南事变后遭到不公正对待的株连，被赶到农村长期劳动过度劳累患肝癌，于1974年离开人间；我也被整的够呛。

对父亲在新四军的工作，党中央于 1939 年 8 月 1 日，给父亲转新四军第一次党代表大会的贺电指出："在抗战两年中，新四军坚持大江南北的抗战阵地，开展了敌后游击战争，……这是你们的成功，这是新四军党的领导的正确。"⑩这自然与我父亲的努力是分不开的。

至于 70 年前皖南事变的情况，应作客观的分析。皖南新四军北移是当时国共两党斗争的焦点，皖南部队何时走不是我父亲能定的；党中央历来强调要坚持皖南战略支点，并非我父亲留恋皖南；批我父亲向南发展的"错误"，正是党中央强调的、革命所需要的。1998 年 5 月 13 日，党中央批准纪念父亲诞辰百年，迟浩田代表中央和军委讲话时，称赞父亲是"杰出的无产阶级革命家，工人运动的著名活动家，党和红军早期的领导人之一，新四军的创建人和主要领导人之一"⑪，更证明我父亲的革命实践是正确的。

（附议　整理）

注　释

① 《中国历次劳动大会文献》，工人出版社 1957 年版，第 258 页；《项英传》（修订本），中共党史出版社 2008 年版，第 84 页。

② 《项英自传》，1938 年，存中央组织部，笔者有复印件；《项英传》第 90 页。

③ 《项英军事文选》，中央党校出版社 2003 年版，第 1—2 页；《项英

传》第 137 页。

④　《六大以来》（下），人民出版社 1980 年版，第 254—256 页；《项英传》第 139 页。

⑤　1933 年 7 月 11 日《红色中华》报复印件；《项英传》第 141 页。

⑥　《南方三年游击战争·赣粤边游击区》，解放军出版社 1991 年版，第 251 页；《项英传》第 177—178 页。

⑦　《六大以来》（上），第 896 页；《项英传》第 267 页。

⑧　《新四军抗日战争战史资料选编》（二），第 28—29 页；《项英传》第 318 页。

⑨　《新四军·文献》（一），解放军出版社 1988 年版，第 215 页；《项英传》第 295 页。

⑩　《中共中央文件选集》，中央党校出版社 1991 年版，第 152—153 页；《项英传》第 353 页。

⑪　《人民日报》1998 年 5 月 14 日要闻版；《项英传》第 493、495 页。

项 英 传 略

王辅一

项英是久经考验的忠诚的共产主义战士，杰出的无产阶级革命家，工人运动的著名活动家，党和红军早期的领导人之一，新四军的创建人和主要领导人之一。他在建党初期、大革命时期、土地革命战争时期、抗日战争前期的长期斗争中，英勇奋斗，历尽艰辛，于1941年3月14日不幸被叛徒杀害。他的一生是革命的一生，是忠诚地为中国人民解放事业、为共产主义事业奋斗的一生。

一、青少年时期

项英原名项德隆，又叫德龙，曾化名江钧、张成、韩应、江俊，笔名夏英，湖北省武昌县（今武汉市江夏区）舒安乡项家村人。1898年5月出生于一个职员家庭。父亲项天卫，是县管理钱粮簿册的职员，为人忠厚老实。母亲夏氏，善良勤劳。兄妹四人，他排行老三，上有两个哥哥，下有一个妹妹。

7岁那年，项德隆进入武昌育才小学读书，学习刻苦，时常帮助父亲誊抄钱粮簿册，既减轻了父亲的劳动负担，又练就了一手漂亮的行书字，还养成了办事认真细致的习惯。小学毕业那年，项德隆 12 岁时，父亲不幸去世，家境迅速恶化，被迫辍学，3 年找不到工作，靠他母亲纺织、刺绣所得的微薄收入养活他和他的妹妹，生活十分艰难。他的叔父项仰之当时担任武昌县慈善会会长，为富不仁，不屑和他往来。

项德隆 13 岁那年，爆发了辛亥革命。1911 年 10 月 10 日，湖北革命团体发动起义，各省纷纷响应，推翻了清政府，结束了中国两千多年的封建君主专制。1912 年元旦，孙中山作为临时大总统，宣布中华民国成立。这场革命，给项德隆的家庭生活并未带来任何变化，个人只不过剪掉了一条辫子，但"革命"二字的观念对他却是有一定影响的。

项德隆 15 岁那年，几经周折，考入武昌模范大工厂（纺织厂）当学徒。3 年满师后留厂当工人。工资很少，难以养家，妹妹还得时常去捡破烂。严酷的现实，激发了他对旧社会的憎恨。

1917 年冬，项德隆从进步报刊上得知列宁领导俄国十月革命胜利的消息，受到很大鼓舞。1919 年的五四运动，对他的影响更大。当年，项德隆参加了董必武、陈潭秋等开办的工人夜校学习，受到了马克思主义的教育，阶级觉悟有很大的提高，明白了工人要提高政治地位和改善生活待遇就要靠自己团结起来去争取。从那时起，他便在工厂中自发地从事工人运动。

1920 年 4 月，即中国共产党成立的前一年，项德隆利用本厂工人对工头虐待的不满情绪，运用棉布畅销的市场规律，成功地发动了一次罢工。资本家怕工人拖延时日，事态扩大，影响生意，就很快答应了工人的要求，给工人增加了工资，答应改善工人的劳动条件，开除了为工人所痛恨的工头。这是武汉纺织工人的第一次罢工斗争。工人们从中看到了组织起来的巨大力量，纷纷参加工会，全厂性的工会迅速组成。

二、投身工人运动

1921 年 7 月中国共产党正式成立。当年 10 月，出席中国共产党第一次代表大会的代表包惠僧返回武汉，组织全国劳动组合书记部长江分部（不久改为武汉分部），决定建立江岸铁路工人俱乐部。项德隆从《劳动周刊》上得到消息后，就主动去找包惠僧，要求参加工会工作。包惠僧经过多方考察，认为项德隆是最合适的人选，于当年 12 月派他到江岸筹备铁路工人俱乐部。项德隆放弃自己纺织工人的职业，立即前往江岸，开始了俱乐部的筹备工作。从此，项德隆开始了职业革命家的生涯。

江岸位于汉口北部，是京汉铁路南段的一个大的铁路地区，居住着 3000 多名工人。项德隆在江岸铁路工人中，广泛地进行联系，深入地宣传全国劳动组合书记部发布的《劳动法原则》等主张，深得工人的信任和拥护。他针对江岸铁路工人中帮口较多的情况，宣传工人阶级只有团结起来才有力量的道理，逐步消除了帮口与帮口的矛盾。他以杨德甫、林祥谦、曾玉良等各个帮口的工人领袖做骨干，进行宣传和串联，使工人逐步了解到俱乐部是工人阶级自己的组织，要求参加俱乐部的也就越来越多。

1922 年 1 月 22 日，京汉铁路江岸工人俱乐部在老君殿举行成立大会。项德隆当选为干事。不久，项德隆在江岸铁路工人俱乐部里，办起业余学校，自己担任教员，帮助工人学习文化，提高政治觉悟。他把全部身心投入工作中去，虽离家不远，但却很少回家探望，每天和工人们学习、生活在一起，亲密无间，深得工人的信赖。

项德隆举办工人俱乐部和夜校取得显著成绩。1922年4月，经包惠僧介绍，项德隆加入了中国共产党。他在党的会议上表示：要做一个名副其实的共产党员，为共产主义事业奋斗终身，为工人阶级的解放事业干一辈子。这时，武汉地区共产党组织的人数，总共不过10多人。

同年6月1日下午，江岸机车厂工人黄宝成遭到总查票程炎和铁路护车巡长姜道生无理殴打和扣押。程、姜还扬言："打了，押了，看俱乐部能把我怎么样！"程、姜二人平日欺压工人，敲诈勒索，这次又蓄意挑起事端，激起工人们无比愤怒。项德隆代表工人起草了《京汉铁路南段工人俱乐部宣言》，在武汉三镇广为散发，揭露程炎、姜道生的罪行，提出查办凶手、鸣放鞭炮、赔礼道歉等条件，表示不达目的决不罢休。与此同时，工人俱乐部积极进行罢工的准备。京汉铁路南段段长冯沄被迫答应工人提出的条件，工人斗争取得了胜利。不久，江岸铁路工人俱乐部正式改为工会。

当时，项德隆经常用化名"夏英"在报刊上发表文章，宣传工人运动。入党后，便将本名与化名合起来为"项英"，此后直到牺牲，他都叫项英这个名字。

根据党组织的决定，项英在江岸一带从事工人运动。江岸工人运动的迅猛发展，使资本家非常恐惧，便勾结湖北督军萧耀南派兵镇压，武力封闭了汉阳钢铁厂工会。项英针锋相对，领导工人举行罢工进行反击,直到第五天,资本家担心冶炼的钢水、铁水冷却后凝固堵塞熔炉,被迫答应工人提出的条件,承认工会的合法地位。武汉地区工会进一步得到了发展,成为当时中国工人运动最活跃的地区之一。

1922 年 7 月 16 日至 23 日,项英作为湖北党组织的代表,和其他地区的陈独秀、张国焘、李达、蔡和森、谭平山、李振瀛、杨明斋、王尽美、施存统、许白昊、罗章龙共 12 位代表,代表全党 195 名党员,参加了党的二大。他以极大的政治热情,听取了关于列宁的殖民地民族问题理论的传达,参与制定党的最高纲领和最低纲领,讨论通过了党的章程,选出党的中央执行委员会。项英返回武汉后,迅速将二大精神向武汉党的组织的负责人作传达,并在自己的工作实践中加以贯彻。

在中国工人运动的发展过程中,铁路工会发展很快。1922年 8 月 10 日,京汉铁路总工会筹备会议在郑州举行。中共中央对这次会议很重视,派项英、包惠僧、张国焘等出席了这次会议。会议决定成立筹委会,项英任总干事,并确定 1923 年 2 月 1日在郑州召开京汉铁路总工会成立大会。

在这次筹备会议之后,项英深入到京汉铁路南段的广水、信阳、驻马店等车站,在工人中进行宣传,帮助他们组织基层工会,并将其中的积极分子发展成为共产党员。著名工人领袖施洋,就是项英和许白昊介绍入党的。经过各地工会积极分子的共同努力,到当年年底,京汉铁路全线已组织起 16 个工会,会员达 2 万余人。从而为京汉铁路总工会的建立创造了良好的条件。

1922 年 10 月 10 日,湖北省工团联合会在武汉成立,项英当选为工团联合会组织主任。他和林育南(秘书主任)、李求实

（教育副主任）、施洋（法律顾问）等一起，在工人中培养骨干，积极发展工会，推动了武汉地区的工人运动不断向前发展。

1923年1月底，项英和武汉地区党组织、工会负责人陈潭秋、林育南、李求实、林祥谦、施洋，中国劳动组合书记部武汉分部主任包惠僧，以及武汉地区30多个团体的代表，乘专车赴郑州，参加京汉铁路总工会成立大会，沿途受到各站工人的热烈欢迎。

军阀、官僚对工人运动的迅猛发展异常恐惧，阴谋破坏京汉铁路总工会成立大会。筹委会获悉这一消息后，立即派代表赴洛阳与时任北洋政府直鲁豫三省巡阅史的吴佩孚交涉，毫无结果。

在各地代表商议对策的会上，议论纷纷。有的主张将总工会成立的方式加以改变，有的主张改期开会，项英力主按原定日期开会，慷慨陈词，听者为之动容。会议遂决定按预定计划如期举行。

2月1日上午，参加京汉铁路总工会成立大会的代表和来宾，手持红旗，携带着匾额，整队向设在郑州市中心钱塘里（现为钱塘路）中段的会址普乐园戏院进发。项英作为京汉铁路总工会筹委会的总干事，在队伍前面指挥着，边呼口号边前进。但当代表和来宾快到普乐园戏院时，被军警举枪拦阻，会场大门已被贴上封条。在队伍前面的项英在与军警理论仍不允许后，便和林祥谦、施洋等一起，率工人代表和来宾冒着生命危险，突然冲破军警的拦阻线，冲向会场。项英等人撕去门上的封条，砸开会场大门，同代表和来宾一齐涌进会场。这时，军警在外面层层包围会场，鸣枪威胁，而会场内，在"劳工万岁！""京汉铁路总工会万岁！""劳动阶级革命万岁！"等口号声中，会议紧急宣布开幕，宣布京汉铁路总工会正式成立。京汉铁路总工会胜利诞生了。在这次会上，项英当选为总干事。

当天下午，会议代表的住所被军警占领，在饭馆所订的饭菜不准食用，向大会所赠的匾额、礼品全被砸毁，郑州铁路工会会所被封闭。反动军警的恶劣行径，使工人们无比愤怒。

2月1日晚上，京汉铁路总工会召开紧急会议，决定举行全路总罢工，以反对吴佩孚的武力压迫，并将总工会原筹备委员会改为罢工委员会，杨德甫任罢工委员会委员长，凌楚藩、史文彬任副委员长，项英任总干事，强烈要求当局惩处警方与铁路有关人员，赔偿工会损失，实行八小时工作制，限2月4日上午10时答复。由于武汉工会会员多，组织健全，群众基础好，江岸工人集中，便于指挥，会议便决定将罢工指挥机关移到汉口江岸，进行罢工前的准备工作。

2月3日，京汉铁路总工会办事处在江岸正式办公，江岸成为罢工的指挥中心。项英作为罢工委员会总干事，紧张而迅速地进行各项准备工作，再次展现出他的组织才能。

2月4日，工人提出的要求遭到当局的拒绝，京汉铁路开始了全线罢工。当日12时，在长达2000余里的京汉线上，客车、货车一律停驶，工人一律停工。由项英参与起草和印制的《京汉铁路总工会全体工人罢工宣言》《敬告旅客》和《敬告本路司员》等文告，迅速在京汉铁路沿线各地张贴和散发。

罢工得到了北京、上海、湖南、安徽等各地各界人士的声援。

2月5日中午，湖北省督军萧耀南派其参谋长张木阶率兵来到江岸，抓去两名司机，强令其开车，被罢工工人抢回后，下午又抓去 3 名工友。项英等 4 名工人代表前往军政府衙门谈判，要求释放被捕的工友，可他们走进后又被军警关押起来。张木阶知道项英等人是罢工的重要人物，就以枪毙、斩首来威胁，企图让项英下令复工。项英坚强不屈，毫不畏惧地说："头可断，上工命令不能下。"他的坚强有力的回答，使军警威吓得阴谋归于失败。项英等谈判代表被军警关押的消息传开后，数千罢工工人义愤填膺，前往军政府营救，呼喊口号，要求立即释放谈判代表。张木阶见工人人多势众，被迫将项英等谈判代表于 6 日晨释放。

2 月 6 日上午，中共武汉党组织负责人陈潭秋、林育南等率领武汉各界代表，前往江岸慰问罢工工人，先举行大会，后游行示威，项英、施洋、林祥谦等罢工领导人与他们一起，走在数千游行队伍的前列，鼓舞了广大罢工工人和沿途群众。

罢工形势的发展，使帝国主义、军阀十分恐慌。吴佩孚看到威胁、利诱等阴谋均告失败，便命令军警在江岸、郑州、长辛店等地同时行动，血腥镇压罢工工人。

2 月 7 日下午，大批军警开到江岸，逼迫共产党员林祥谦下令复工，林祥谦英勇不屈，慷慨就义。项英率工人纠察团同敌人展开了生死搏斗，但寡不敌众，大批工人被捕，死伤者数百人。项英幸免于难。在江岸发生惨案的同时，郑州、长辛店等地也相继发生惨案。

二七惨案后，萧耀南宣布武汉全市戒严，通缉项英、林育南等中共党组织和工会领导人。可项英在脱险后，不顾有随时被军警逮捕的危险，仍留在武汉处理善后工作，秘密指导工人运动。

二七大罢工虽然失败了，但它在中国工人动动史上写下了光辉的一页。它有力地推动了中国工人运动的发展。在这场严峻的斗争中，项英始终站在斗争的第一线，经受了锻炼和考验，增长了才干，赢得了广大工人的信赖。

1923年6月12日至20日，中国共产党在广州召开第三次全国代表大会。项英出席了这次大会，并就二七大罢工的问题作了发言，高度赞扬了京汉铁路工人不畏强暴、不怕牺牲的英勇斗争精神。多数代表赞同项英的看法。共产国际驻中国的代表马林高度评价二七大罢工的政治意义，肯定了这次罢工的政治价值。在这次代表大会上，年仅25岁的项英，第一次当选为中央执行委员会委员。这是对项英在京汉铁路工人运动中，特别是在二七大罢工中的表现所作的充分肯定和崇高评价。

在党的三大讨论共产党员可以个人身份加入国民党时，对从事工人运动的共产党员是否加入国民党的问题，发生了激烈的争论。有的极力主张参加。项英等认为，从事工人运动的共产党员如都参加国民党，无形中在工人群众中会抬高国民党的地位，不利于共产党在工人运动中开展工作。他的这个主张，得到大多数代表的赞同。会议最后决定，凡领导工人运动的中央委员和重要工运干部，均不加入国民党。

1924年春，党中央调项英到上海担任中央职工运动委员会书记，领导上海的工人运动。项英到上海后，根据党的指示，以沪西小沙渡作为他的工作重点地区，在工人中间开展工作。

同年8月，沪西工友俱乐部成立，项英被选为俱乐部委员会主任。在俱乐部里，项英除教大家学文化外，还举办讲演会，宣讲爱国故事和工人斗争史实，很受工人们的欢迎。参加俱乐部的人越来越多。到当年年底，沪西地区就有19个纱厂建立起俱乐部，部员近2000人。项英将俱乐部活动中涌现出来的先进分子发展为共青团员或共产党员，以加强党在工人中的领导力量。顾正红、陶静轩等，后来都成为上海工人运动的中坚力量。

1925年1月，项英和其他19位代表一起代表994名党员，出席在上海召开的中国共产党第四次全国代表大会，再次当选为中央执行委员会委员。

同年2月2日，日商内外棉八厂日籍领班任意殴打女工，日本资本家还无理开除一批工人。项英立即与俱乐部委员会商量对付办法，会议根据市场规律，决定发动工人罢工，来打击日本资本家，借以提高工人的觉悟。党中央对次行动很重视，决定成立罢工委员会，由李立三、邓中夏、项英、刘华等负责领导这次罢工，并动员全体党员站在斗争第一线。由于这次罢工是以沪西工友俱乐部名义组织的，因而项英当时格外繁忙，他把全部身心都用于罢工的准备工作上。

同年2月9日，在党的领导下，在沪西工友俱乐部的组织下，沪西各厂工人按预定计划开始罢工。到2月18日，参加罢工的有22家日本纱厂，3.5万多名工人。这是上海日商纱厂工人有史以来的第一次大罢工。由于工人们团结一致，不屈不挠地进行斗争，日商被迫于3月1日答应工人提出的主要条件。

上海日商纱厂工人二月罢工的胜利，是中国共产党领导的一次大规模的反帝爱国运动，在中华民族解放历史上写下光辉的一页。它是中国工人运动从1923年二七惨案后的低潮走向复兴期的重要标志，使上海工人受到很大的鼓舞，中国共产党在上海工人中的威信大大提高，工人们纷纷参加工会。在罢工取得胜利的第3天，项英被推选负责筹建上海纱厂总工会。

同年4月，湖北政局由于吴佩孚的失败而发生变化，项英奉党中央的指示返回武汉，从事恢复工人运动和党的活动。不久，上海发生五卅惨案，他又奉命调回上海，参加罢工领导，随后转入秘密活动。

1926年秋，在北伐军攻占武昌前夕，项英遵照党中央的指示又返回武汉，秘密从事党和工会的工作。他通过内线关系，瓦解守城的北洋军阀军队，组织兵工厂工人进行反对吴佩孚的罢工，使吴佩孚部队的军火无法补充；发动工人密切配合，对北伐军于10月10日攻占武昌城发挥了重要作用。

1926年冬，中共湖北区委和湖北省总工会在武汉组织武装工人纠察队，由时任湖北区委组织部主任和湖北省总工会副委员长、党团书记的项英任总队长。他指挥的武装工人纠察队有4000余人、1000多支枪，配合北伐军维持武汉的社会秩序。

1927年1月初，项英参与领导了收回汉口英租界的斗争，还参加了反对夏斗寅叛变的斗争。这时，武汉工会的会员有28万之多，力量是很大的。对于武汉工人配合北伐军作战中所发挥的作用，刘少奇1927年6月在第四次全国劳动大会上所作的总工会常务工作报告和周士弟在《叶挺独立团始末》一文中，都给予了高度的评价。

1927年4月27日至5月9日，中国共产党在武汉召开第五次全国代表大会。项英参加了这次大会，继续当选为中央委员会委员。

同年6月上旬，时任中华全国总工会副委员长的项英，代表全国总工会在湖北总工会第一次代表大会上作了中华职工运动情况的报告。

同年秋，项英在一场大病后，由于武汉白色恐怖，被党中央派往上海从事党的秘密工作。

1928年2月，项英担任中共江苏省委书记。他根据党中央2月13日的决定，开始参加中央常委会的领导活动，特别是参加了党的六大的准备工作。

同年5月，项英由上海起程赴哈尔滨，经满洲里出境，赴苏联参加6月18日至7月11日在莫斯科召开的中国共产党第六次全国代表大会。在大会举行前，他出席了斯大林召集部分代表和五届中委的谈话会，听取了斯大林对中国革命性质和形势的分析；还出席了共产国际代表布哈林召集的"政治谈话会"，对当时的革命形势，过去工作的经验教训及今后的方针、任务，进行座谈讨论。大会开始时，项英作为主席团成员，和布哈林、斯大林、苏兆征、王凤飞一起被分在第一组，项英主持了6月19日上午的大会。在讨论政治报告、组织报告和职工运动报告时，他多次在大会发言；由他领衔和其他28人一起签名，于7月1日向大会提出提案："提议用大会名义致电中央政治局指示正确的政治路线"。其内容包括：在全国范围内，变立即暴动的口号为宣传口号，切实制止盲动倾向，但对群众自发的暴动或乡村式的暴动，仍应积极领导；目前工作重心是挽救党与群众脱离的现状，在反帝运动、城市与乡村的日常斗争中，艰苦地动员群众和组织群众。这个提案，强调制止盲动主义的倾向，不要脱离群众，表明项英在参加六大，冷静分析革命形势、总结经验后，政治水平的提高，是正确的，得到多数代表的赞同，其基本精神，后被吸收到《对国内工作指示》的电文中。在7月10日的大会上，项英当选为中央委员会委员。7月19日，在六届一中全会上，项英又当选为中央政治局委员、常务委员。

随后，项英化名张成，于 7 月 17 日至 9 月 1 日，在莫斯科参加了共产国际第六次代表大会，并当选为共产国际监察委员会委员。

在莫斯科期间，项英还根据党中央的分工，以极大的热情，撰写了《许白昊同志传略》和《郑覆他同志传略》，对和他一起从事工人运动的战友、被反动派杀害的上海市总工会两位领导人，给予高度的评价，成为后人进行革命史研究的宝贵史料。

项英回国后，在党中央除参与中央常委的集体领导活动外，主要负责领导工会和妇委等工作，曾任中央组织部代主任、中央军委委员。

1929 年 1 月 3 日，在中共中央政治局会议上，中央总书记向忠发认为江苏省委的工作未很好建立起来，主张由中央兼江苏省委，将江苏省委的干部派去加强上海各区委的工作。多数政治局委员赞同向忠发的主张，唯独项英不赞成。他认为，中央本身的工作尚不能很好应付，如果中央只注意江苏的工作，便不能注意其他各省的工作，会顾此失彼。建议中央对此应慎重考虑。1月 10 日政治局会议上，项英再次提出中央兼江苏省委的办法不妥，认为省委工作实际，与各方接触面广量大，会影响到中央机关的安全；同时，中央以很大力量具体指导江苏工作，会影响对全党工作的指导。此时，政治局常委周恩来从天津返回上海，得知中央要兼江苏省委的消息，也不赞成，在 13 日的政治局会议上，说明了中央不宜兼江苏省委的理由。会议最后决定，解决江苏省委的问题采取改组的办法进行。项英参与解决江苏省委问题的过程，提高了对全局分析能力和解决内部矛盾的能力。

同年 2 月，项英作为中华全国总工会党团书记在总工会第二次扩大会上，作了《过去一年来职工运动发展的形势和目前的总任务》的报告。11 月，在全国第五次劳动大会上，项英作了《中华全国总工会工作报告》，当选为全国总工会委员长，并兼中共党团书记。在此期间，项英还参与党中央将江苏省南通、海安和如皋、泰兴地区的红军游击队编组为红十四军等重大问题的研究决策，协同周恩来等举办政治干部训练班、军事干部训练班，时常去作报告或回答学员提出的问题。

1930 年 8 月，项英任中共中央长江局书记。当时，李立三推行"左"倾冒险主义路线，主持中央政治局通过了《新的革命高潮与一省或数省的首先胜利》的决议案，要求南京、武汉等地举行暴动。项英到武汉后，在军警密布、叛徒和密探四出活动的险恶情况下，一面积极贯彻中央关于加强组织武装暴动的计划，同时多次用江钧之名，如实反映当时所存在的严重问题，指出："武汉三镇迭经破坏，目前党员数量不过百余人，团员 80 余人……赤色工会组织更加严重，总共会员百余人（还有一大半是党员），支部生活极不健全，不能完全在群众中起核心作用"，领导机关"不了解下面的实际情况"等等，说明武汉暴动的力量离客观的需要"相差很远"。

9 月下旬，项英出席了党的六届三中全会，听取了瞿秋白、周恩来传达的共产国际当年七八月间对中国问题的决议案，批评李立三为代表的左倾错误，停止了组织全国总起义和集中全国红军进攻中心城市的计划。项英联系武汉的实际情况，认为共产国际的批评是正确的，表示完全拥护。

项英在长期从事工人运动和党的工作过程中，坚决执行党的指示，深入实际，联系群众，舍生忘死，艰苦奋斗，特别是在参与领导 1923 年二七大罢工和 1925 年沪西日商纱厂工人二月罢工的斗争中，作出了巨大的贡献。1948 年 7 月 29 日，中共中央在致全国第六次劳动大会的祝词中，称赞项英是工人阶级的"英雄人物"之一。

三、在中央苏区

1930 年 2 月 4 日，党中央根据革命根据地和工农红军的不断扩大等情况，最早提出筹建全国苏维埃的任务，项英参与了这个问题的研究和决策。5 月 20 日至 23 日，中共中央和中华全国总工会在上海召开全国苏维埃区域代表大会，项英作为政治局常委和中华全国总工会委员长参与主持了这次大会。会议确定由 9 个单位组成苏维埃代表大会准备委员会。9 月 12 日，选出中央准备委员会委员 25 人，项英、毛泽东等 9 人为该会常务委员会委员。同年 9 月，党的六届三中全会决定，"立即在苏维埃区域建立中央局"，"以统一各苏区之党的领导"。同年 11 月，党中央政治局在《关于苏维埃区域目前工作计划》中指出："我们现在确定湘鄂赣联接到赣西南为一大区域，要巩固和发展它成为苏区的中央根据地；在中央苏区立即设立中央局，目的在指导整个苏维埃区域之党的组织，同时，并在苏区成立中央军事委员会以统一各苏区的军事指挥。"为了贯彻党中央的决定，组建苏区中央局和筹备召开中华苏维埃第一次全国代表大会，项英于当年 11 月下旬从上海动身，12 月 30 日红一方面军取得第一次反"围剿"大胜利、抓到国民党军第十八师师长张辉瓒的那一天到达赣南，与朱德、毛泽东会合。

1931年1月15日，根据六届三中全会中央政治局的决定，苏区中央局在宁都县宣布正式成立，由周恩来、项英、毛泽东、朱德等组成，周恩来为书记，周恩来因工作一时离不开中央，由项英代理书记。在苏区中央局成立的同时，成立了中央革命军事委员会，项英任主席，朱德任副主席兼红一方面军总司令，毛泽东任副主席兼红一方面军总政治委员。中央局成立当天，项英就主持制发了《苏维埃区域中央局的成立及其任务》的第1号公告。

项英进入中央苏区之初，在主持中央局和军委工作期间，为党做了许多有益的工作。特别是他对当时江西地方和红军中"肃反"扩大化的问题，提出过以教育为主的正确处理党内矛盾的办法。1月16日，即中央局成立的第二天所发布的中央局的第2号公告中，严肃批评富田事变的错误做法和"肃反"扩大化，并强调要"纠正过去反取消派AB团斗争中的缺点和错误"。

同年2月17日，项英作为中央革命军事委员会主席，与副主席朱德、毛泽东一起，就《总政治部的任务及红军中政治部与政治委员的关系》，发布军委第6号通令，强调加强红军政治工作，确定建立总政治部，由毛泽东任主任，规定了总政治部的任务及其地位，明确了总政治部与下级政治委员、政治部以及政治委员与政治部的相互关系，它对人民军队政治工作建设起着奠基的作用，产生了深远影响。

同年2月19日，项英通过调查研究，在查清富田事变情况的基础上，发出中央局第11号公告，明确指出："根据过去赣西南的斗争历史和党的组织基础以及富田事变的客观行动事实，不能得出一个唯心的结论，肯定说富田事变即是 AB 团取消派的暴动，更不能有事实去证明领导富田事变的全部人纯粹是 AB 团取消派，或者说他们是自觉的与 AB 团取消派即公开联合战线来反党反革命。"这个通告，既肯定富田事变不是 AB 团领导的反革命暴动，又批评了红一方面军总前委反富田事变的过火斗争。项英以中央局的名义，通知富田事变的领导人到中央局开会，分清是非，解决纠纷。富田事变的领导人接受项英的批评，在会上作了检查。由于项英对江西地方和红军中"肃反"扩大化错误的批评和处理，使赣西南地区地方和红军中"肃 AB 团"的活动一度停顿了下来。这是项英长期被埋没的一个历史功绩。

然而风云突变。以王明为首的党中央和派出的中央代表团却认定富田事变是 AB 团领导的反革命暴动，是敌我矛盾，指责项英提出按党内矛盾的处理办法是"完全错误的"，是"搞调和路线"，并重新处理。对党中央和中央代表团的错误处理，项英思想不通，他表示：在组织上，我服从，但保留我的意见；把赣西南党的领导人之一、对赣西南红军和根据地创建有重要贡献的李文林说成是 AB 团的要犯，把他抓起来，是无法理解的；我们苏区中央局对富田事变的处理是慎重的，是通过深入调查研究作出的。遗憾的是，项英的正确意见，中央代表团根本听不进去，致使抓 AB 团的错误继续蔓延。不久，苏区中央局和中央军委改组，项英改任中央局委员和军委副主席。实际上，项英是受王明为代表的左倾错误路线打击的领导人之一。

在那 60 年后的 1991 年 7 月，中共中央党史研究室编著的《中国共产党历史（上卷）》对处理富田事变及打 AB 团的问题，作了专门叙述，写道："以项英代理书记的苏区中央局，一方面指出发动富田事变是严重错误，另一方面采取解决党内矛盾的方法，将红二十军动员回到赣江以东。但是1931年4月中央代表团到达中央根据地后，根据同年3月《中央政治局关于富田事变的决议》，错误地认定富田事变是AB团所进行的反革命行动，逮捕并杀害了红二十军大部分排以上的干部，使本来正在纠正的左倾错误又发展起来，项英的苏区中央局代理书记职务也被撤销。"上述叙述，讲清了历史真相，澄清了是非，证明项英当时的看法和做法是符合实际情况的。

1931年6月后，项英根据中央代表团和苏区中央局的要求，着重抓"一苏大"会务的准备：在瑞金的叶坪村选定了会址；对到会的600多名代表进行详细登记；为代表安排好食宿；拟订会议的安排。对项英领导的会务准备，中央代表团和苏区中央局领导成员均表满意。对项英提议给发展苏维埃事业作出重要贡献的红军部队及其领导人，授予特制的旗帜和徽章，均得到热烈赞同。

同年11月7日至20日，中华苏维埃第一次全国代表大会在江西瑞金举行，各苏区和红军各部队的621名代表出席了会议。大会推选主席团和常务主席领导大会的进行，项英是主席团和常务主席之一。在开幕式上，他代表主席团致开幕词。会议期间，他向大会作了劳动法草案的报告。19日，大会选出毛泽东、项英、周恩来、朱德、刘少奇等63人为中央执行委员会委员，宣告了中华苏维埃共和国临时中央政府成立。27日，在中央执行委员会第一次会议上，毛泽东当选为主席，项英当选为中华苏维埃共和国临时中央政府执行委员会副主席和人民委员会副主席（兼政府党团书记），并兼劳动人民委员及代理财政委员。在此期间，中华苏维埃共和国中央革命军事委员会宣告成立，朱德为中央革命军事委员会主席，王稼祥、彭德怀为副主席。

中华苏维埃共和国临时中央政府的成立，为中华苏维埃革命事业的发展开创了一个新时期，给全国劳动人民带来了翻身求解放的希望，鼓舞了全国人民斗争的决心和胜利的信心。

1932 年，项英致力于苏维埃政权的建设。当时毛泽东主席忙于在前方指挥作战，临时中央政府的日常工作主要由项英负责。他领导、督促各级苏维埃政权机关认真贯彻临时中央政府的各项政策；动员和组织群众搞好生产，筹措给养，保证前线的供应；提倡树立努力为人民服务的思想，养成艰苦奋斗的优良作风，反对不良倾向。

1933 年 1 月，博古等临时中央领导成员先后到达瑞金，与苏区中央局合并在一起。同年 5 月 8 日，中华苏维埃临时中央政府人民委员会第四十一次常委会决定：将中革军委从前方移至瑞金；在前方，另组成中国工农红军总司令部兼红一方面军司令部，任命朱德为中国工农红军总司令兼第一方面军司令员，周恩来为中国工农红军总政治委员兼红一方面军政治委员。同时决定，增加博古、项英为中革军委委员；在中革军委主席朱德到前方指挥作战时，由项英代理主席。在这以后的 8 个月的时间里，中革军委发布的许多命令、指示、训令，都是由项英以代主席的名义签发的。

同年 6 月 30 日，由项英发布命令，决定将 8 月 1 日作为中国工农红军成立纪念日，指出："1927 年 8 月 1 日，发生了无产阶级政党——共产党领导的南昌暴动。这一暴动是反帝的土地革命的开始，是英勇的工农红军的来源……本委会为纪念南昌暴动与红军成立，特决定自 1933 年起每年 8 月 1 日为中国工农红军成立纪念日。"从那以后，八一就成为红军和后来的八路军、新四军，以至当今中国人民解放军的建军节。

同年 7 月 9 日，项英发布了颁发红星奖章的命令，奖励对革命战争的有功人员。据此，在当年的八一建军节时，中革军委对领导南昌起义和创建红军、指挥作战有特殊功勋的周恩来、朱德等，授予一等红星奖章；对领导红军卓有功勋的陈毅、张云逸等 34 人，授予二等红星奖章；对作战勇敢、战功卓著的王震等 53 人，授予三等红星奖章，以鼓舞广大红军指战员的革命热情，激励革命英雄主义精神。

同年 7 月 28 日，项英以训令的形式，颁发了《中国工农红军誓词》，要求各级指挥员详细讲解，使每一个红军战士都能了解自己的神圣职责。

同年 8 月 1 日，项英在赤色首都瑞金主持盛大的阅兵典礼，纪念中国工农红军成立 6 周年。为防备国民党军飞机的袭击，阅兵典礼在黎明前举行。受阅部队为中央警卫师（又称工人师）和红军学校的学员。博古、毛泽东、张闻天、陈云等领导人参加了阅兵。项英骑马检阅了部队，带领受阅部队指战员朗读了红军誓词，向受阅部队授予了军旗，还向指战员们讲了话。这是红军第一次庆祝建军节。

同年 12 月 20 日，中共临时中央决定，中国工农红军总部由前方回到瑞金，和中革军委机关合并，仍由朱德任中革军委主席。项英不再代理中革军委主席职务，仍回到临时中央政府工作。

在这一年中，项英为巩固革命根据地、争取革命战争的胜利，进行了大量工作。他积极支持毛泽东领导的中央苏区查田运动，积极主张扩大红军。苏区中央局根据他的报告，通过关于扩大红军的决议。在他的努力组织实施下，不仅使红军兵员及时得到补充，还建立了不少新的师团。在新成立的红军中，有第三师、第十四师、少共国际师、工人师等，相继开赴前线，红七、红九军团就是在他任职期间组建的。

1934年1月，项英参加了中共临时中央在瑞金召开的六届五中全会，当选为中央政治局委员和中央书记处书记。接着，他于1月22日至2月1日，参加了中华苏维埃第二次全国代表大会。这次大会宣布中华苏维埃共和国中央政府正式成立，毛泽东为主席，项英为副主席，并兼工农检查委员会主席。

这次大会后，项英动员各级干部和苏区的工农群众，集中一切财力人力支援前线，以打破国民党军的第五次"围剿"。当年3月，项英代表中央党务委员会和中央工农检查委员会，到于都县进行10天的调查，发现于都党政机关不少工作人员违反党和政府的政策、法令，专门写出《于都检举的情形和经过》的调查报告，于4月2日以中央工农检查委员会主席的名义，发出《继续开展检举运动》的训令，要求各级苏维埃政权，把检举违法行为当作一项重要的任务来抓。与此同时，他会同粮食部长陈潭秋，迅速筹集24万担粮食，保证了前方的需要。

同年5月，项英出席中共中央书记处会议。分析战局，认为反"围剿"的形势已无法扭转，红军在前线作战十分困难，决定将红军主力撤离中央苏区，进行战略转移准备。中央规定由博古、李德、周恩来"三人团"负责，项英不便过问。

同年夏，中共中央调项英任赣南军政委员会主席和赣南军区司令员。他和赣南其他领导人一起，领导于都、赣县、登贤、杨殷、会昌等县军民，认真贯彻中共中央、中华苏维埃中央政府各项指示，着重抓了"扩红"工作，完成了"扩红"计划；组织武装保卫秋收，掩护群众收割稻谷，确保军粮的供应；指挥地方红军到敌人后方活动，使那里的游击战争出现新气象。从而为党中央、中革军委率红军主力经赣南向湖南方向突围创造了条件。

同年9月7日，中革军委决定项英代替患病的王稼祥军委副主席职务。这样，就在红军被迫长征的前1个月，他又参与军委的领导工作。

项英在中央苏区期间，对根据地的建设、巩固和发展，对红军的发展和胜利，都作出了重要贡献。他实际主持中华苏维埃中央政府的领导工作，总是强调关心群众、联系群众，发展生产，对铺张浪费、贪污腐化、官僚主义深恶痛绝，这是中国共产党学会治国安民的重要实践，是人民管理国家的最早尝试，成为中国革命史上的重要篇章。

四、领导坚持南方三年游击战争

1934年10月，中共中央和中革军委率中央红军主力开始长征。与此同时，中共中央决定成立中共中央苏区分局、中央军区，由项英任中央分局书记、中央军区司令兼政治委员，负责领导和"指挥江西、福建、闽赣、赣南及闽浙赣5个军区（闽北分区在内）及直属的地方独立部队与二十四师和十军"，还成立了苏维埃中央政府办事处，由陈毅任主任。当时留在中央苏区的红二十四师和地方武装共 1.6 万余人，连同政府机关人员、伤病员，约 3 万人。由于中央政治局当时对红军主力战略转移问题没有讨论过，因而项英并不清楚战略行动的真正意图。当时赋予他们的任务是：牵制国民党军，掩护红军主力转移，保卫中央苏区和土地革命的胜利果实，在苏区及其周围开展游击战争，使进占苏区的敌人不能顺利统治下去，准备在适当条件下配合野战军反攻，恢复被敌人占领的城镇和地区。中革军委还划定瑞金、会昌、于都、宁都 4 个县城之间的"三角地区"，为中央分局和中央军区最基本的地区和必须最后坚守的阵地。中央还规定，必须等红军主力和中央机关突围到湖南以后，才能向部队和地方干部、群众公开宣布主力红军转移的消息，在这以前必须严格保守秘密。

项英临危受命。他迅速指挥红二十四师和独立团、营接替红军主力的防务，同时为红军各军团输送了兵员，以增强主力红军的战斗力量。

同年 10 月 12 日，项英在瑞金附近的梅坑同党中央、红军总部分别后，迅速与瞿秋白、陈毅等研究，确定从各方面采取措施，来掩护、策应红军主力的战略转移。主要包括：

第一，阻击、骚扰敌人，迟滞敌人进攻。10 月中旬，当红军主力在赣南集结时，他指挥留下的红军和游击队开展活动，封锁消息，断敌交通，阻滞敌人前进。10 月下旬，当红军主力全线出击后，趁粤敌后撤，派地方红军前伸，肃清国民党军的残余力量。

第二，对外暂不改变党政机关的办公形式，隐蔽红军主力出征的战略意图。项英要求党政机关在红军主力离开苏区之初，仍坚持办公，对内以安定人心，对外迷惑敌人。苏维埃中央政府机关报——《红色中华》报，仍继续照常出版，内容仍是扩红、征粮情况、动员群众反"围剿"，揭露敌人烧杀抢掠等。为了引人注目，还在报头上标明为"中国共产党中央委员会、中华苏维埃共和国中央政府机关报"。由于项英的佯动措施组织得好，使蒋介石迟迟搞不清中共中央走了没有？红军主力走了多少？从而有效地迷惑了敌人。

第三，开展游击战争，为长期坚持斗争作准备。10 月 18 日，项英发表了《开展广泛的群众游击战争保卫中央苏区》的文章，指出："发展游击战争，是我们中央苏区整个党与苏维埃目前最中心的任务！"红军撤离瑞金后，地方游击武装迅速建立，并开展活动。它给当地人民群众以鼓舞，给敌人增加了压力，给红军主力的战略转移以有力策应。

第四，抗击进犯的敌人，减轻党中央和红军主力战略转移的压力。在敌人大举进攻面前，项英指挥各地红军积极阻滞敌人前进，由于谢坊战斗取得歼敌半个旅、击溃敌半个旅的胜利，迫敌由疾进为缓进，拖住一大批敌人。国民党军发现苏区仍有正规红军，仅在宁都以北地区就集中了 4 个师，寻找与留下的红军主力决战，从而减轻了红军主力战略转移中的压力。到 1934 年底，中央军区所属红军及地方游击队，先后吸引、牵制敌人 2 个纵队、15 个师又 2 个旅。这是项英胜利执行牵制任务的重要体现。从而减轻了红军主力战略转移中的压力，策应了红军主力的战略转移。谭震林曾经指出："南方的游击战，在红军长征之初，牵制了蒋介石的兵力，使我军主力部队得以大踏步的前进。"

第五，接收伤病员和组织运输，保证红军主力的战略转移。

在赣南，收容的伤病员就达 1 万多名。其中，重伤员随后被分散到群众家里，轻伤员医好后参加当地的游击战争。

除此，项英还通过各级党组织进行思想动员，使中央苏区的各级党政干部和广大红军指战员对严峻的形势有较清醒的认识，对迎接尖锐复杂的斗争作了一定的思想准备。

不可否认，项英对整个斗争形势的严重性估计不足，以为红军主力在湘西建立新的苏区，会改变中央苏区周围的环境，还准备在适当的时候配合重返中央苏区的红军主力夺取敌占城镇。因而斗争方式转变不够及时，游击战争在开始没有很好地加以组织，将一些地方游击队充实到独立团，同敌人打硬仗，部队损失很大。

同年 11 月下旬，中央苏区形势迅速恶化，县城全部陷于敌手。项英从严峻的斗争中，消除了依赖主力取得胜利的思想，确立了"独立作战"和"坚持斗争"的思想，他在向党中央汇报请示的同时，积极吸取教训，和陈毅等研究后，围绕着开展游击战，采取了许多措施：

（1）派一批得力干部去各地领导开展游击战争。其中，派张鼎丞带一批干部回闽西，调赖昌祚任瑞（金）西特委书记，调钟循仁任闽赣省委书记，调阮啸仙任赣南省委书记。还新建立了中共信（丰）（南）康赣（县）特委（后改为赣粤边特委）和军分区，调红军 1 个营去赣粤边开展游击战争。

（2）在"三角地区"内进行游击战争的动员教育。项英提出："一切工作为着开展游击战争"，"每个党员要领导游击战争"。还举办游击训练班，培养骨干。

（3）抓紧整训部队。从教育入手，增强对敌斗争的信心和勇气；减少层次，充实基层；将在斗争中表现勇敢的骨干充实到领导岗位；学习游击战术；加强组织纪律性。

（4）开展反逃跑现象和失败主义的斗争。特别是对中共闽浙赣省委书记曾宏毅的悲观失望，违反中央命令的退却逃跑行为，进行严肃处理，撤销其职务，将其错误通报各地区。

（5）继续组织精简和疏散。对老弱病残的干部分散安置，将江西省苏维埃政府副主席陈正人等送到白区治病。陈毅拄着拐棍，亲自去动员、组织重伤员疏散安置，对此，项英甚为满意。

1935 年 2 月初，项英召集中央分局会议，根据愈来愈严重的敌情，着重研究分局机关和部队如何突出重围的问题。会上意见不一致。项英认为事关重大，涉及到变动中央赋予的任务，应当报告中央批准才行。于是，他立即起草电报，向中央报告敌情，提出建议，请示行动方针。与此同时，他进一步整顿内部思想，批评悲观失望情绪，坚定大家的胜利信心，还根据当时的斗争形势，对精简机关和部队工作作了安排。

就在这时，遵义会议以后的中共中央书记处，于 2 月 5 日给项英转中央分局发来"万万火急"的电报：

政治局及军委讨论了中区的问题，认为：

（甲）分局应在中央苏区及其邻近苏区坚持游击战争，目前的困难是能够克服的，斗争的前途是有利的。这一基本原则不许有任何动摇。

（乙）要立即改变你们的组织方式与斗争方式，使与游击战争的环境相适合，目前许多庞大的后方机关部队组织及许多老的斗争方式是不适合的。

（丙）成立革命军事委员会中区分会，以项英、陈毅、贺昌及其他二人组织之，项为主席。一切重要的军事问题可经过军分会讨论，分局则讨论战略战术的基本方针。先此电达，决议详情续告。

项英接到中央的电示后，如同久旱逢甘霖，立即召集中央分局会议传达，研究了进一步精简机关部队、改变斗争方式的部署，确定分局只保持项英、陈毅、贺昌三人的集体领导，其他领导干部立即分散转移去各地领导斗争。其中，陈潭秋、邓子恢、谭震林到闽西与张鼎丞会合，毛泽覃到福建军区，李才莲到闽赣军区，王善孚到安寻。项英将怀有身孕的妻子张亮，同身患重病的瞿秋白、年老的何叔衡、分局女部长周月林和邓子恢等一起，由武装护送，向福建转移。

项英部署后，和陈毅、贺昌一起，率领机关、部队跳出敌人的封锁线，转移至于都南部地区，一面整理部队，一面等候中央进一步的指示。

几天以后，项英和中央分局收到了2月13日《中共中央关于坚持游击战争致中央分局电》，指出："放在你们及中区全党面前的任务是坚持游击战争，是动员广大群众用游击战争坚韧地、顽强地反对敌人的堡垒主义与'清剿'政策。应该承认中区目前环境的严重性，但应认识中区的斗争对于全国仍然有极大的意义。应该坚信，如果我们能够坚持群众的游击战争，其效果将使国民党无法顺利统治曾经得到解放的数百万群众，将使蒋介石许多部队受牵制。"还指出："对游击战争的坚持性认识不足是最大的危险。因此必须首先把这一斗争胜利前途的坚信放在你们及全体同志心目中，并向广大群众解释明白。"电报要求立即改变组织形式与斗争方式，使与游击战争的环境相适应，并提出了7条要求。党中央的指示,为项英和中央分局领导开展游击战争指明了方向。

项英接到这个电报后,立即召集中央分局会议,进行传达讨论,大家表示完全拥护,并对部队突围、加强各地领导、白区工作等作了认真研究,他于2月21日向中央作了报告。

同年2月下旬到3月初,按照项英和中央分局的部署,中央军区所属部队分九路先后突围,项英、陈毅、贺昌率司令部及红二十四师第七十团,于3月9日突围。行前,项英坚持将向党中央报告突围的电报发出后再走。但由于当时中央和红军主力天天行军作战,电台联络非常困难,直到当天下午5时,电台才叫通。此时,敌人愈来愈近,电报发出后,他命令埋掉电台,烧掉密码。从此,项英同党中央及各游击区失掉联系。

3月9日突围那天是异常艰难的。下午3时,贺昌带两个营先行突围,中敌埋伏,部队被打散,贺昌牺牲。项英和陈毅带1个营行动时已是晚间,又和敌人遭遇打了一仗。他们在那一带转来转去出不去,巧遇原代英县委书记曾纪才,由曾带着走敌人不曾发现的崎岖小路,几经周折,才突出重围,于3月下旬到达大余东南的油山。接着,蔡会文率领赣南军区突围的部队也到那里,加上原在那里坚持斗争的游击队,共1000余人。于是,项英和陈毅便在油山建立游击根据地。

艰苦的游击战争进入了新阶段。蒋介石在侵占中央苏区城镇后,调集正规军和保安团三四万人,对油山根据地进行大规模的"清剿",实行"山砍光,屋烧光,人杀光"的三光政策。狂言:"要在三个月内消灭游击队"。他们在政治上推行反动保甲制度,张贴反动标语,破坏游击队与群众的关系,悬赏通缉项英、陈毅等领导人；在经济上，严密封锁游击区，妄图把游击队困死饿死。项英和陈毅研究后，为避强敌"清剿"，保存有生力量，迅即率领游击队大部西移到大余、南雄之间的北山。

同年4月上旬，项英和陈毅在大余县长岭村召开干部会议，分析形势，研究部署。项英在报告中针对指战员中存在的失败主义情绪，指出："中央革命根据地虽然失掉，但红军主力的存在和游击战争的进行，必将推动新的形势的到来，中国革命正在新的条件下向前发展"。他还针对指战员中存在的游击主义倾向，强调指出："游击战争应以发动和领导群众斗争为主体，反对单纯地打土豪。打土豪要严格执行政策。"陈毅在讲话中，着重讲了光明的前途，不能和敌人死打硬拼，要转变斗争方式和工作作风。他们的讲话，使大家增强了坚持游击战争的勇气和信心。这次会议在正确分析形势的基础上，确定了斗争方针："依靠群众，坚持斗争，积蓄力量，创造条件，迎接新的革命高潮"；在军事上，确定"以南岭山脉为依托，以北山、油山为主要根据地，坚持长期的游击战争"；在组织上，确定在中共赣粤边特委领导下，设信丰、南康、大余、南雄、三南（龙南、全南、定南）等县委，部队编成4个大队，下面再分为若干分队，每个分队10多人至20多人，便于进行小规模的、分散的游击战；在战术上，以保存有生力量为主体，反对硬打强敌或与优势之敌决战，以兜圈子、挺进游击和袭击动作，打击弱小之敌，来粉碎国民党军的"清剿"。会议还作出向北、向南、向西分兵的部署，到粤赣边、湘赣边等地发展游击战争。项英先是坐镇北山，同陈毅一起指挥各地，后又转到信丰活动，建立秘密交通线，以便传送情况，指导工作。长岭会议及其精神的贯彻，对胜利坚持三年游击战争有重要意义。

长岭会议后，到 1936 年上半年，是游击战争最艰苦的岁月。按照项英自己的说法，就是告别了房子，住在棚子里，在山林里过着流浪生活。面对着敌人"清剿"的严重情况，项英和陈毅以游击队为骨干，与不脱产的游击小组、革命群众相结合，进行小规模的、分散的、群众性的游击战，袭扰打击敌人。他们主要是夜间袭击，抓敌人的哨兵和反动区长、保长，或伏击敌人队伍的后尾，打掉队之敌；有时跳到敌人封锁线外，奇袭敌人的据点，先后取得乌迳、游山墟、西华山钨矿等战斗的胜利，截获了从韶关开往大余满载军火的 3 辆汽车。这些胜利，坚定了红军游击队的胜利信心，鼓舞了群众的斗争热情。

项英根据红军行之有效的政治工作制度，结合当时斗争的实际情况，规定了游击队的五大纪律、十项注意，编写了《红色指挥员必读》《红色战士必读》等材料，供干部、战士学习和遵行。项英还及时总结经验，提出搭棚、保密和行军的注意事项，制定守则，以保证红军游击队在艰苦环境中成为坚强的战斗集体。

项英为了便于指战员记忆游击战术的原则，还将战术原则编成歌诀：

团结群众，配合行动；支配敌人，自己主动。

硬打强攻，战术最忌；优势敌人，决战要避。

敌人正面，力量集中；攻打费力，又难成功。

敌人侧翼，力量虚空；集中兵力，坚决猛攻。

驻止之敌，施行袭击；行进之敌，采用伏击。

动作突然，敌难防范；不行火战，白刃来干。

行迹飘忽，敌难追踪；死板不动，挨打最痛。

胜利要快，进攻进攻；保守主义，革命送终。

这首歌诀，是项英对赣粤边游击战争实践经验的高度概括，成为红军游击战争理论的组成部分，受到红军游击队指战员的欢迎，并为后人研究坚持南方三年游击战争提供了宝贵史料。

项英针对敌人的经济封锁，领导游击队采取自力更生、靠山吃山的办法，紧紧地依靠人民群众，和群众一起来渡过难关。他们处处关心群众利益，和游击区的群众一起打土豪，领导赤白交界的群众抗租、抗债、抗丁，营救被抓的群众，慰问遭受灾难的群众。群众有机会就将粮食、盐巴、日用品送进山里，帮助游击队。游击队的生活是很艰苦的。他们春天吃竹笋，夏天摘杨梅，秋天吃野菜，冬天找山果，实在找不到时就啃树皮、吃野草。有一次，项英就整整饿了三天，没有吃任何东西。

1936 年，在项英和陈毅领导下，游击区的许多村庄建立起贫农团，同地主豪绅进行斗争。这年春天，敌人再次抄山"搜剿"。项英和陈毅领导军民拆除棚子，消除目标；将机关转移到山外边，暂时分散隐蔽；派游击队到敌后方袭击，吸引敌人出山；发动山外的游击小组割电线，打冷枪，以迷惑敌人。4 月 12 日上午，项英指挥游击队，化装成农民在南雄水口伏击敌人的靖卫团，击毙靖卫团长邱光华，全歼这股敌人。又有一次，项英率领游击队夜袭敌池江区公所，消灭了反动武装，抓到恶霸区长，第二天召开群众大会，宣布这个恶霸区长的罪恶后，将他就地枪决，极大地鼓舞了群众的斗争热情。

项英和陈毅率领红军游击队运用正确的政策和战术，克服重重困难，粉碎敌人一次又一次的"清剿"，使敌人阴谋一次又一次的破产。

6月，发生了"两广事变"，在大余、信丰、南雄等地"清剿"游击队的粤军突然撤走。项英和陈毅趁广东军阀部队撤离游击区的机会，集中分散的游击队，打击反动的保安团和地主武装，来扩大游击区，壮大游击队。在"两广事变"后不到两个月的时间里，赣粤边红军游击队比原来增加了一倍。

9月，蒋介石派嫡系部队接替"两广事变"前的粤军，向赣粤边游击区发动新的"清剿"。项英和陈毅召集干部研究，作出了"九月决议"。制定了灵活的斗争策略，允许赤白交错地区存在"两面政权""黄色村庄"。这对建立新的革命基点，保留更多的革命骨干，起了很好的作用。

12月，项英由信丰到广东南雄检查工作时，突然听到发生"西安事变"的消息，他以革命家的政治敏锐性，马上写了一篇文章，阐述"西安事变"爆发的原因及意义，指出："西安事变的爆发，使中国抗日民族统一战线特别是军事上已经成功而正式开展起来，这一形势继续开展，就要使抗日的革命高潮马上到来。"同时要求游击队提高警惕。

1937年上半年，南方各游击区面临的形势再度紧张起来。此时，蒋介石表面上接受国共两党联合抗日的主张，暗地里却下达密令："务必乘中央与中共谈判之机，消灭共方之武装及地方组织。"在赣粤边区，敌人接连发动进攻，搞分区"清剿"、重点"清剿"。项英和陈毅指挥红军游击队，采取避实击虚、避强击弱的战术，把大部分兵力转移到游击区外打击敌人。同时，利用当年春荒，发动白区群众，开展破仓救荒斗争。由于游击区军民密切配合，使敌人的进攻又一次以失败而告终。从而度过了南方三年游击战争中斗争最艰苦的岁月!

　　1937年七七事变后,抗日战争全面爆发。项英从报纸上得知这一真相后,立即写了一篇题为《卢沟桥事变与抗日斗争高潮》的文章,谴责日本帝国主义的侵略,表示愿意联合抗战,为保卫祖国而奋斗!为适应斗争形势的需要,他们将红军游击队改称为抗日义勇军。不久,项英从进步书刊中看到毛泽东当年5月初在延安召开的中国共产党全国代表会议上的报告摘要,其中讲到民族矛盾和国内矛盾有了新的变化,为便于建立抗日民族统一战线,确定调整当时的国内政策,等等。项英在这时写的一篇《中国新的革命阶段与党的路线》中指出:现阶段的中心任务是打倒日本帝国主义,红军游击队必须遵照党中央的路线和要求,与国民党当局谈判,争取合作抗日,促进抗日民族统一战线的实现。他和陈毅迅速召开赣粤边游击区干部大会,统一由"反蒋"转变为"联蒋"、由内战转变为共同抗日的思想。接着,在赣粤边游击区内外,用各种形式开展合作抗日的宣传,并派人到其他游击区进行联络、传达。

　　同年9月上旬,项英和陈毅就赣粤边停止冲突、实行合作抗日问题,前往赣州同国民党当局谈判达成协议。9月24日,项英以中共中央苏区分局书记身份,为解决南方其他游击区的红军和游击队改编为抗日武装的问题,应邀赴南昌同国民党江西省政府谈判。在南昌期间,他看到了中央社在9月22日发表的7月15日《中共中央为公布国共合作宣言》,得知党中央根据抗日战争全面爆发后制定的新政策,同国民党江西省代表谈判达成协议,红军游击队决定改番号为抗日义勇军。项英在29日离开南昌前,在给闽浙边游击区主要负责人刘英写信的同时,还给南方各区红军游击队发出指示信，告诉形势发生重大变化和党中央制定的新政策。其中在发表的《告南方游击队的公开信》中说："余遵照最近党中央的宣言，已正式宣布停止游击战争，放弃过去一切活动，把全部游击队改编为抗日救国的武装，统一于国民政府之下，效命杀敌。各地接信后，立即集中听候点编，以便追随全国友军和第八路军之后，为挽救国家危亡和民族解放而作英勇的战斗。"项英这封指示信，对南方红军游击队认清形势，转变思想观念，紧跟革命步伐，是有积极意义的。

项英在南昌期间，得知党中央代表博古和八路军参谋长叶剑英在南京正同国民党政府谈判，立即给他们发去电报，请他们转毛泽东等中央领导同志，简要报告他们的情况，要求派人去联络。

当时正在南京谈判的党中央代表博古看到电报后，在向党中央转报的同时，立即派刚从国民党监狱中"保释"出来、认识项英的顾玉良（原名顾建业），以八路军驻南京办事处副官的身份，前往赣南联络。项英见到党派去联络的人员，看到博古的信和文件，十分激动，将工作委托陈毅负责后，于10月23日到达南京八路军办事处，同博古、叶剑英见面，向他们详细介绍了坚持三年游击战争和在赣州、南昌同国民党当局谈判的情况，然后于26日动身去延安。

当日，博古、叶剑英在致洛甫、毛泽东的电中，报告项英已起程赴延安，还讲道："因情况不明，项（英）陈（毅）在谈判中有些不妥处，但总的方向是对的。"博古、叶剑英这番话，实际上是对洛甫、毛泽东10月1日、2日两次对项英谈判的批评所作公正、有力的说明。

　　项英于 11 月 7 日到达延安，第二天晚上，党中央专门为他举行欢迎会。毛泽东主席在致辞中，对坚持南方三年游击战争的红军和游击队，对项英本人的贡献，都作了充分的肯定。

　　项英到达延安后，怀着对抗战的极大热情，写出了《南方三年游击战争经验对于当前抗战的教训》一文，发表在当年 12 月 11 日出版的延安《解放》周刊第 27 期上。文章指出：劣势装备的军队，在正确方针的指引下，依靠人民群众的支持，是能够取得最后胜利的。该文又在 1938 年 2 月 2 日武汉出版的《新华日报》上全文刊出，产生了广泛的影响。

　　同年 12 月 7 日，项英向中央政治局作了关于《三年来坚持的游击战争》的报告，汇报了南方游击战争的斗争过程，他指出："党的领导决定斗争的前途"，"没有党的正确领导，就不能巩固自己的营垒，就不能与敌人坚持斗争到底。"他对自己当时对形势的严重性认识不足、对斗争艰巨性准备不够、斗争方式转变不及时等，进行了自我批评。

　　同年 12 月 13 日，中共中央政治局作出了《对于南方游击区工作的决议》，指出："政治局听了项英同志关于南方各游击区的报告之后，认为项英同志及南方各游击区的同志在主力红军离开南方后，在极艰苦的条件下，长期坚持了英勇的游击战争，基本上正确的执行了党的路线，完成了党所给予他们的任务，以致能够保存各游击区在今天成为中国人民反日抗战的主要支点，使各游击队成为今天最好的抗日军队之一部。这是中国人民一个极可宝贵的胜利。""项英同志及南方各游击区主要的领导同志，以及在游击区长期艰苦奋斗之各同志，他们的长期艰苦斗争精神与坚决为解放中国人民的意志，是全党的模范。政治局号召全党同志来学习这些同志的模范。"

在党的历史文献中，对一个地区的工作作出专门决议，并在只有300多字的决议中，3处提到坚持南方三年游击战争的主要领导人项英的名字，确是少见的。这是党中央对项英在坚持南方三年游击战争期间工作给予的最高奖赏。这个决议的精神传出后，使在南方进行艰苦卓绝斗争的红军和游击队员受到了巨大鼓舞。

同年12月9日至14日的中央政治局会议上，重新明确：中央常委由张闻天、毛泽东、陈云、周恩来、项英等9人组成。（见《陈云年谱》（上），第214页）

在这期间，项英接到斯大林从苏联托人捎来送给他的手枪1支、望远镜1架、毛毯1条。

五、战斗在新四军

1937年10月，中国共产党和国民党当局谈判达成协议，将江西、广东、湖南、湖北、河南、安徽、浙江、福建8省14个地区（包括赣粤边、闽粤边、闽西、闽北、闽中、闽东、闽赣边、浙南、湘南、皖浙赣边、湘赣边、湘鄂赣边、鄂豫边游击区，不含广东琼崖）的红军游击队和在鄂豫皖边游击区坚持斗争的红军第二十八军，改编为国民革命军陆军新编第四军。叶挺任军长，项英任副军长（实为政治委员）。

同年12月14日下午，中共中央政治局会议讨论南方红军和游击队改编等问题，项英在会上作了报告，介绍了南方红军和游击队的分布情况，并提出了改编原则。毛泽东称赞"项英同志的报告很好"。会议确定成立党的东南分局，以项英、曾山、陈毅、方方、涂振农为委员，项英为书记，曾山为副书记；成立中央军委新四军分会，以项英、陈毅、张鼎丞、曾山、黄道为委员，项英为主席（后称书记），陈毅为副主席（后称副书记）。

同日，毛泽东、项英联名复电叶挺，除提及新四军的改编磋商和部署集中事宜外，特别提醒他和国民党政府军政部长何应钦谈判时，"其他条件如前所商，尤不要军何派人。"就是说，新四军的干部配备，均由共产党方面负责，不允许国民党方面插手。这为尔后在新四军部队中坚持共产党的绝对领导，建立共产党的组织和政治机关，贯彻中国共产党的路线、方针、政策，提供了组织保证。

会后，项英带着党中央对新四军编组的意见，迅速离开延安，率党中央和军委派往新四军的第一批50多名干部，于12月23日中午到达武汉。项英与中共代表团和长江局的成员王明、周恩来、博古、叶剑英、董必武、林伯渠研究了南方红军和游击队编组为新四军及集中等有关问题，还同叶挺、张云逸一起，就部队编组集中、干部配备等问题多次进行研究。

同年12月25日下午，项英与叶挺一起，召集党中央派赴新四军工作已到达武汉的干部及叶挺军长招聘的技术人员开会，分别就抗日形势和上海、南京失陷经过、原因等作了报告，布置了工作任务。这是新四军军部机关的第一次会议，实际上是新四军军部机关成立的会议。

同年12月27日，项英根据中共中央关于新四军编组的意图和中共代表团的意见，作为中共代表团成员，同国民党当局谈判，在坚持国民党不得插手、坚持共产党绝对领导的前提下，同意军以下编为4个支队，每个支队编为两个团。隶属关系，确定由国民党第三战区管辖（位于江北的第四支队归第五战区指挥）。从而使南方红军和游击队改编问题得到最后解决。谈判返回后，项英在向叶军长介绍谈判达成协议情况、就领导骨干配备进一步研究后，迅速致电毛泽东、洛甫，就新四军的编组和主要干部配备提出了意见。第二天，毛泽东复电项英，批准了新四军编为4个支队及支队以上干部配备方案。对新四军编组方案的最后确定下来，项英甚感欣慰。就新四军当时情况而言，正如中央书记处在当年8月18日为红军主力改编为八路军所指出的那样：当时"最重要的问题，是使党与红军取得合法地位"。新四军编组的最终明确，才算真正取得合法地位，部队集结、服装发放、经费来源等实际问题才能得到解决，也才能名正言顺地开赴抗日前线。随后，由中共中央提名，国民政府军事委员会核准，陆续任命了新四军的领导人和各支队主要领导干部。他们是：军参谋长张云逸，副参谋长周子昆，军政治部主任袁国平、副主任邓子恢；第一支队司令员陈毅，副司令傅秋涛；第二支队司令员张鼎丞，副司令员粟裕；第三支队司令员张云逸兼，副司令员谭震林；第四支队司令员高敬亭。

同年12月30日，项英接到洛甫、毛泽东等来电，明确了新四军在长江南北的部署，强调"以皖南为重心，攻击并准备攻击南京、芜湖、杭州、浙赣路、湖口及沿江之敌"，"将陈毅支队置于皖南，高敬亭支队置于皖北"，要求"考虑后向蒋提议"。项英很快将此指示精神转告叶挺军长。

在这前后，项英还同湘鄂赣边游击区负责人余再励、傅秋涛见面，同鄂豫皖边游击区负责人高敬亭见面，向他们传达党中央的指示精神，听取他们的情况汇报，同他们研究了部队改编、集中等事宜。

1938年1月3日晚，周子昆率30多名干部从延安赶到武汉，其中一部分干部随即充实到军部机关各部局。

1月4日，项英率新四军军部人员从武汉动身前，同叶挺、张云逸、曾山、周子昆一起，在武汉八路军办事处门口拍下了珍贵的合影。这是项英任新四军领导工作留下的第一张照片。随后，他们乘"江裕"号轮船去九江。次日转乘火车，于6日清晨到达南昌，迅速展开了部队编组、集中等一系列的紧张工作。叶挺在武汉筹集经费、准备购置武器和进行上层联络工作。

同年1月中旬，项英和曾山一起，由南昌赴湘赣边游击区，对湘赣边红军游击队进行艰苦卓绝的斗争表示慰问，向他们传达了党中央关于国共合作、共同抗日以及部队整编的指示，动员部队迅速集中下山，同谭余保、刘培善、段焕竞等研究哪些开赴前线抗日，哪些留下坚持斗争。项英和曾山随后又到赣粤边游击区进行传达、动员和集中。在这期间，陈毅、张云逸等到其他游击区进行传达、动员和集中，留周子昆在南昌军部处理日常工作事宜。4月，在由南昌转赴皖南岩寺集结的同时，各地区还按照党中央关于保持革命战略支点的精神，留一部分骨干在原地坚持斗争。

同年2月6日，军部接到三战区转蒋介石的命令，要求新四军于2月20日在皖南歙县岩寺一带集结。军部随即通知各部迅速集结。由于部队在8省13个地区高度分散，路途遥远，至4月中旬，才将分布在8省13个地区的红军游击健儿集中起来编成 4 个支队，共 1.03 万余人。

项英作为副军长（实为政治委员），在新四军组建之初，根据当时的条件和环境，十分重视从政治上建设部队。同年 1 月 10 日，项英召集军部机关工作人员，就发扬艰苦奋斗优良传统问题，专门作了一次讲话，提出要求和注意事项。随后，以"保持发扬优良传统" 8 个字，作为 8 个主力团的代号，例如第 1 团为"保团"，第 6 团为"良团"。他不仅讲艰苦奋斗，更注重带头实践，文电亲自起草，吃苦的事走在前面，作风平易近人。他发表的《保持和发扬新四军的优良传统》一文，是他在这方面论述的代表作，强调指出："我军的一切优良传统，是构成我军战斗力的因素，坚强战斗力的基础，使我军能够以最劣势武器对抗优势之敌，能够逐渐由劣势转为优势，这是革命军队的特点，也是革命军队能够最终战胜敌人的基本条件之一。"

项英重视运用毛泽东的指示来指导工作实践。1938 年 2 月 16 日，他在关于新四军编组情况和目前工作意见的报告中，强调"以毛泽东的谈话作为目前宣传纲要"。平时，他很注意学习毛泽东著作。

2 月 14 日，项英和陈毅一起向党中央建议：新四军组建后，应尽量前伸，向苏浙皖边区配置。第二天，毛泽东复电同意行动原则，强调力争在苏浙皖边发展游击战争；同时指出，当时最有利于发展的地区是在苏南茅山山脉。

同年 4 月，项英随军部机关到达皖南歙县岩寺后，决定派先遣队赴苏南敌后进行战略侦察。在毛泽东主席于 24 日复电同意后，迅即组成由粟裕任司令员的先遣队。先遣队于 28 日出发。

根据党中央的部署，新四军开赴敌后广大地区，创建抗日根据地，发动民众进行抗日战争。6月，陈毅率领的第一支队与粟裕率领的先遣队会合，着手在苏南茅山地区建立根据地；其他支队建立根据地的问题，项英和东南分局、军分会也作了部署。经各支队共同努力，新四军在大江南北建立起抗日根据地。叶挺于6月7日提出，要求"组织新四军委员会，以便共同商议处理一切军政问题"，经中共中央于9日批准成立新四军委员会，以项英为主任，叶挺为副主任。

同年7月28日，项英从土塘军部动身，赴延安参加党的六届六中全会。他于9月14日至25日，出席了中央政治局会议，听取王稼祥传达共产国际的决定和季米特洛夫关于一年来的政治路线是正确的、中共中央领导机关要以毛泽东为首解决统一领导问题、中央领导机关要有亲密团结的气氛的意见。他紧密联系新四军和东南地区开展抗日斗争的实践，参与了抗日战争形势分析、加强部队建设、加强党的自身建设、巩固抗日民族统一战线等问题的研究。

9月30日上午，项英在六中全会全体会议上，就新四军的组建经过、展开情况等作了报告。当日下午，周恩来在会上作开展统一战线工作报告前，先讲了上午听取项英报告时的感受，说："新四军的成立，是很大的成功！"这是对项英和新四军工作的肯定。

项英在延安开会的晚间，看到了失散多年从未见过面的女儿项苏云和儿子项学成。项苏云1931年3月生于上海时，项英已去中央苏区，随后项英的妻子张亮也去了中央苏区，项苏云就留在上海，由陶行知送到劳工幼儿院抚养，后转送到苏北淮安新安小学读书，抗日战争全面爆发后被辗转送到延安。项学成是张亮

1935 年春转移去福建途中遇袭被俘关进国民党龙岩监狱里生下的，1937 年国共合作抗日时张亮被释放，将学成送到延安。项英这次同失散多年的孩子见面，是他一生中和自己子女在一起的唯一的时光，前后共 12 天的晚间。他看到两个孩子在组织上和老同志的关怀、养育下，茁壮成长，活泼可爱，十分高兴。国际友人马海德为项英和两个孩子在中央组织部招待所门前拍下了珍贵的照片，还为他和陈云、李富春等合影留念。

由于华中前线抗日斗争紧张，叶挺电催，项英请假先行返回，于 10 月 22 日回到云岭军部，并于 10 月 31 日向党员积极分子传达了六中全会精神。根据六中全会的决定，东南分局改为东南局，项英仍为书记。

同年 11 月 10 日，毛泽东等致电项英并告周恩来、叶剑英："白崇禧已允新四军张云逸同志率一个营到江北安徽境内活动"；"现在安徽中部最便利我军活动，新四军可否派二至三个营交张云逸同志率领过江。"17 日，项英和军分会根据党的六届六中全会确定的向北发展的方针和毛泽东主席的指示，派张云逸参谋长率干部数十人和军部特务营渡江去皖中，加强江北抗日斗争的领导。他对赴江北的指战员亲自作了动员，鼓励他们开创江北地区抗日斗争的新局面。

1939 年 1 月中旬至 2 月初，项英到苏南敌后进行巡视。他主要为了四件事：一是向一支队的干部传达党的六届六中全会精神，传达党中央、中央军委对新四军全体指战员的关怀、慰问之意，转达毛泽东、周恩来、朱德等领导人对陈毅的问候之意；二是了解一支队挺进苏南敌后的情况，看望部队，特别是看望由湘赣边、赣粤边等地红军游击队组成的第二团；三是对苏南社会情况进行调查，研究它对抗战进入新阶段以后产生的影响，为在即将召开的新四军第二次政治工作会议上讲话作准备；四是就新四军建设的一些问题，包括组建第五支队并调罗炳辉去领导等，同陈毅进行商谈和研究。

同年2月下旬至3月中旬，中央军委副主席周恩来到云岭，传达党中央的指示精神，与新四军领导人一起商定新四军的发展方针是："向南巩固（指皖南与苏南），向东作战，向北发展"。同年三四月份，项英或单独或与叶挺军长联名，向党中央、中央军委多次提出开展江北工作的建议：组建江北指挥部，由参谋长张云逸兼任指挥；以第八团为基础，扩建成第五支队，调罗炳辉任司令员，负责开辟皖东抗日根据地；等等。

同年8月，项英向中央和军委建议，鉴于张鼎丞作为"七大"代表并已赴延安，第一、第二支队统一由陈毅指挥。随后于11月7日，由第一、第二支队领导机关合并组成江南指挥部，陈毅任指挥，粟裕任副指挥，统一领导苏南地区的抗日斗争。

1940年1月1日，项英考虑到中原局书记刘少奇已到皖东，位于皖中、皖东的新四军第四、第五支队归中原局指挥比较方便，于是向党中央建议："中原局既到皖东，新四军江北前委应取消，统一于中原局。在目前情况下，军部对江北（除苏北外）无法指挥，因情况不明，以后除某些行政上为对外的关系外，一切均归中原局负责，军部不指挥江北部队，以便统一。如何？请中央及军委最后决定。"中央1月4日复电："前敌委员会改成皖东军政委员会，以统一党、军领导，属中原局指挥。"

项英重视发展苏南东部地区。1939年10月26日，他对"江抗"西返扬中地区，指出是他们无信心和不了解坚持东路的意义，是大的失策，立即派何克希、赵伯华东返主持。1940 年 1月 20 日，项英向党中央报告：苏南东路大有发展前途，"东路甚富庶，可筹大批款供给新四军。伪军及散枪当地约 1000 支以上，又是国民党力弱地区，应乘机积极开展游击战争，力争发展为江南人、枪、款三项之来源。""应该使东路同志认识当前抗战局势的严重性，力求发展壮大，搜集枪支，筹大批款，增强南方力量，这才能应付将来事变"。他还提出，应以阳澄湖为基点，灵活开展游击战争，建议派得力干部去加强领导。随后，他派第三支队副司令员谭震林为"江抗"东路指挥部司令员兼政委。

除此，项英还先后抽调大批干部，包括军参谋长张云逸、军政治部副主任邓子恢、参谋处长赖传珠、东南局青年部长陈丕显等，到江北地区工作。

项英在抓部队作战和开辟根据地的过程中，十分重视部队建设，特别是党的建设。1939 年 7 月，他亲自主持召开了新四军第一次党代表大会，分析了部队党的建设的情况，研究今后加强党的建设的任务。会议确定将坚持南方三年游击战争的经验运用于开展抗日斗争中去，不断提高党的质量，发挥党员在部队中的先锋模范作用，保证前线不断取得战斗的胜利，完成在大江南北抗战的任务。8 月 1 日，中共中央给项英转新四军党代表大会发来贺电，称赞"新四军的领导同志在坚持三年游击战争的阵地上，锻炼出坚持党的路线至死不屈的坚强干部，保存着各个游击区域艰苦卓绝的武装骨干，发扬着布尔塞维克英勇奋斗的光荣传统，为党和抗日民族统一战线造出一支抗战前线上铁的新四军"。在抗战两年中，打击敌人、创建抗日根据地，取得一系列的胜利。"这是你们的成功，这是新四军党的领导的正确。"这些，都与时任东南局书记、中央军委新四军分会书记、新四军政治委员项英的领导是密不可分的。

项英十分重视开展政治工作。两次指导召开全军政治工作会议，以及组织、宣教、敌工、青年等业务会议，对推动部队政治工作建设起了很好的作用。他根据新四军所处环境的特殊情况，注意提高部队指战员的政治觉悟，指出："必须在党内开展思想斗争，反对一切不正确思想和意识，反对忘记了自己把统一战线曲解为自己与人家一样，反对一切腐化堕落行为，反对自高自大，认为劳苦功高，反对个人自由主义。"

项英重视加强指挥机关的建设。他两次指导召开参谋工作会议，分别作了《指挥机关与参谋工作》《一年来作战的经验与本军建军工作》的报告。他主持创办了《抗敌报》《抗敌》半月刊，经常亲自撰写重要文章，宣传党的路线、政策和建军宗旨。1939年2月，项英还委托陈毅写新四军军歌的歌词，亲自和袁国平、周子昆、李一氓等集体研究修改，将原稿《十年》的三段改为两段，突出了"东进，东进"和向敌后发展的思想，最后形成了由陈毅原词、集体改词和何士德作曲的《新四军军歌》，具有很强的号召力和艺术感染力，受到新四军指战员们的热爱，后成为中国人民解放军的优秀历史歌曲之一。

项英在壮大部队、创建抗日根据地的过程中，十分重视干部培养。1938年秋，根据项英的意见，新四军将军部教导营扩建为教导总队，并指派军副参谋长周子昆兼教导总队总队长，军政治部主任袁国平兼教导总队政治委员，负责轮训干部，培养革命青年。他自己还经常亲自去作报告，使教导总队成为培养干部的熔炉，被誉为"南方抗大"。当时，上海、南京、杭州、宁波等沦陷区的大批抗日爱国青年奔赴皖南，经过教导总队的培养，分配到前线工作，为新四军的干部队伍输送了 4000—5000 名的新鲜血液。不少学员后来成为革命和建设的重要人才。

项英对国民党顽固派的挑衅进攻，是主张针锋相对的。1939年 10 月 26 日，他在给党中央的报告中，讲道：对顽固派的破坏进攻，要"依自己方针，给予必要反击，不能斗争，不给反复者以打击，就难生存，也不易发展"。1940 年 3 月 30 日，他在致江苏省委的指示中，指出："苏北反对我党我军最者为韩派（指韩德勤）"；韩部"如进攻，我当坚决消灭之，否则只能退回江南，或听其将我消灭，这是关系整个苏北与我军发展之关节"；在反磨擦中，"必须使我发展。只有争得发展，才能有力地争取好转"；"目前在苏北，中心是努力发展自己的力量，争取两李（指李明扬、李长江），来打击韩部与 CC，才能取得大的发展"。这些，都说明了项英对顽固派的基本态度。

项英作为东南分局、东南局书记，对东南地区党的工作恢复和发展是作出了贡献的。抗战初期，他指导各地以新四军在许多地区建立的办事处、留守处、通讯处为掩护，联络失掉联系的共产党员，发展新的党员，恢复和建立党组织，使许多地区党组织迅速建立起来。到 1938 年底，福建全省 579 个党支部和 6000 多名共产党员中，多数是在新四军驻福州办事处成立后恢复和发展的。皖南地区到 1940 年，党员达 1.2 万余名。对东南地区党组织领导人之间的矛盾，项英总是耐心说服，帮助他们了解党的原则和尊重党的利益的前提下解决。1941 年 4 月 30 日，中共华中局在讨论东南地区党的工作时，刘少奇曾经指出："东南地区党的工作，抗战以来，一般说是有很大成绩的。"

　　项英的组织观念很强。他遇有重要情况，都及时向组织上反映，称得上是无话不可对党言。1939 年冬，他从来自上海地下党的扬帆处得知，蓝苹（即江青）在上海政治上、生活作风上有不良表现，立即打电报向党中央反映，其中还讲到"此人不宜与主席结婚"，这是对毛泽东的关心和爱护，在当时是很不容易做到的。然而电报落到与江青关系甚密的康生手里，又为江青所知，后果可想而知。扬帆于 1955 年以"反革命"罪被捕关押，长达 25 年之久，王征明等同志被株连；项英在"文化大革命"中被极力丑化、贬低，被扣上"大叛徒"的帽子，儿、女被株连。

　　当时皖南是抗敌前线。项英和叶挺在皖南积极指挥新四军部队在沿江地区抗敌，多次粉碎日伪军的进攻和"扫荡"。1940 年日伪军有 4 月和 10 月两次万人大"扫荡"。其中，4 月份那一次，由于叶挺去重庆要求增加军饷、增加部队编制，还未回到皖南军部，指挥责任自然落到项英身上。他和周子昆、袁国平一起，指挥第一、第三团和第三支队第五团，利用南陵、繁昌一带起伏的地形，运用以游击战为主的战法，独立地迎战进犯之敌，在何家湾等地予敌重创。接着，又取得狮子山、汪家桥、铁门闩等战斗的胜利，特别在父子岭的夜袭中，击中敌指挥机关，迫使"扫荡"之敌迅速撤离，共歼敌 900 余名，使敌想夺占南陵、泾县和直下青阳、太平的企图化为泡影。同年 10 月，日伪军以泾县云岭为目标，妄图消灭新四军指挥机关，已进犯到离云岭 15 里的徐家桥及汀潭附近，情况十分严重。项英协助叶挺，指挥第一、第三团等部队浴血奋战，连军部机关和直属队的一部分人员也上了前线，终于打退了敌人的进犯。连同第三支队在铜陵、繁昌等地的作战，共歼敌 2900 余名，保卫了军部机关和后方的安全。

项英的工作勤奋艰苦。他作报告，都是自己查资料、写提纲；写文章，也是自己动手；对晚上时间利用率高，经常加班加点。他时常在晚间到军部参谋处通信科长胡立教组建的技术侦察机构，阅看破译的情报资料。由于这个办公室是参谋处第三科，设在山上的，被称为"三山办公室"，后来竟被有人误解为项英搞"三山计划"，对他进行批判。

项英对团结使用知识分子十分重视。他不仅政治上关心，还在生活上尽可能予以照顾。当时，新四军人员的津贴费，团以上干部每人每月只有 4 元，营连干部 3 元，而聘请的专家学者每月则 10 余元至数十元，军医处长沈其震每月达 150 元。在使用上，尽量创造条件，以发挥他们的所长。

在这期间，项英还经常接待来自上海、南京等地的进步人士，接见外国的来访记者，宣传中国共产党的方针、政策，使皖南新四军军部成为中国共产党对外的一个窗口。

1939 年七八月间，党中央政治局召开扩大会议，总结了关于南方局的工作和关于新四军、东南分局及东南局的工作。中央军委新四军分会委员张鼎丞于 8 月 21 日至 22 日在会上作了《关于新四军与东南党的工作》的报告，认为一年多来，东南局完成了党中央给予的任务。

这次政治局扩大会议，肯定了周恩来领导的南方局的工作，也肯定了项英领导的东南局的工作。会议指出：东南局的工作与南方局的工作，同样取得了下述成绩：（一）发展了统一战线；（二）扩大了党的组织；（三）推进了战争的动员；（四）进行了青年和妇女工作；（五）开展了工农运动；（六）建设了部队和武装力量。

1940年6月，项英和东南局、军分会派袁国平赴重庆接叶挺军长。袁国平向南方局汇报了周恩来视察皖南一年来新四军贯彻发展方针的情况。周恩来听取汇报后指出："一年来东南局的工作，在项英领导下是正确的。"

从1938年到1940年的3年间，新四军在党中央、中央军委的领导下，在华中抗日民主根据地人民的大力支援下，共作战4000余次，歼敌9万余人（内歼日伪军5.5万余人，歼顽军3.49万余人），部队本身发展到88700余人，比开始编组时增加了七倍半，在大江南北建立起抗日民主根据地。这一切，是新四军广大指战员共同努力的结果，也与项英的努力是分不开的。中共中央1940年5月23日给东南局、军分会及项英的电报指出："在项英同志领导下的东南局与军分会，在三年抗日战争中是有成绩的，是执行了抗日民族统一战线路线的"，对项英在新四军的工作给予了明确的肯定。

六、在皖南事变中

1940年10月19日，国民党政府用参谋总长何应钦、副参谋总长白崇禧的名义，致电八路军朱德总司令、彭德怀副总司令和新四军叶挺军长（即"皓电"），强令在华中及长江以南的八路军、新四军在一个月间，撤到黄河以北地区。与此同时，蒋介石秘密调集部队，准备进攻在华中或江南的八路军、新四军部队。

中共中央针对上述情况，以朱德、彭德怀、叶挺、项英的名义，于当年11月9日复电何应钦、白崇禧（即"佳电"），用八路军、新四军在敌后坚持抗战的事实，驳斥国民党顽固派的造谣污蔑，拒绝撤出华中，但为了顾全大局，坚持团结抗战，中共中央作出让步，同意将皖南新四军部队移至长江以北。

对新四军军部和皖南部队北移，项英根据党中央的指示，同东南局和新四军领导人反复研究后，进行了认真准备。

首先，对部队认真进行了动员教育。项英召集干部会议，研究动员的步骤方法，确定印发《进军敌后宣传鼓动大纲》。他强调指出：党中央决定北移，是克服当前抗日民族统一战线危机的方法之一；北移是对国民党的让步，为了革命利益，这是必要的；以这种让步换得国共两党的合作，是对抗战建国的贡献，为革命进一步发展提供了有利条件。

其次，组建挺进团为北移开辟道路。当时从皖南北渡长江的路线，是从铜陵、繁昌之间北渡至无为地区。然而这条道路并不安全，张云逸参谋长的夫人及运至江北的军饷就曾被顽固派桂系部队扣留过。为巩固江北桥头阵地，项英为首的军分会决定以派往江北的第五团第三营和另外两个连，组建挺进团，由第三支队参谋长林维先率领，于当年7月进到皖中在三官山地区开展抗日斗争，为皖南部队北移在江北建立前进基地。

除此，项英还派原总兵站站长张元寿于11月下旬率精干班子，携带电台，带着侦察分队，去侦察、安排渡江，并已征集到100多条船。

第三，对皖南地区的中共党组织进行了应变部署。有丰富白区工作经验的项英，鉴于以李步新为书记的皖南特委和皖南各地的共产党员及抗日积极分子身份暴露，决定全部撤出，重新组织以黄耀南为书记的新的皖南特委，留在皖南坚持斗争。后来皖南山地和沿江地区的游击战，就是由皖南秘密党组织与江北派来的骨干一起，聚集皖南事变中的失散人员而组成游击队开展起来的。

第四，组织非战斗人员和重要物资先行转移。1940 年 11 月下旬至 12 月上旬，项英和叶挺一起，派宋裕和、汤光恢、薛暮桥负责率领军部的干部一部、战地服务团全部、医务技术人员、修理技术人员，包括一些领导干部的家属，以非战斗人员名义，共 1700 多人，以及 1300 多担物资，经苏南分批转运江北。但由于日伪军的封锁和"扫荡"，这些物资大部分在途中散失，运到江北的为数甚少。

然而，情况的变化，又直接影响到项英和军部组织皖南部队北移。

首要的是敌情起了变化。国民党发局故意广播皖南新四军北移的消息，日军在长江江面严密封锁。当时在军部作战科工作的干部在《回忆皖南事变的经过》一文中，写道："到了 12 月下旬以后，情况就有了变化，日寇在江面的巡逻汽艇增加了，有的还停在江中过夜，这在过去是没有的。"至于苏南，敌情也起了变化，日伪军"扫荡"茅山抗日根据地，在中心区延陵、九里等地设据点 20 多处。这就是说，大部队北渡长江很困难，途经苏南也很难办。自然加重了新四军军部和延安、南方局对皖南部队转移时安全的顾虑。

由于皖南部队北移是当时国共两党斗争的焦点，因而北移受诸多因素的影响。11 月 15 日，毛泽东提出北移要以阻止汤恩伯、李品仙反共大军东开为"交换条件"，因而党中央考虑皖南部队的北移时间和要求也有变化。当年 11 月 21 日，中共中央给叶挺、项英的指示中指出："你们可以拖一个月至两个月（要开拔费、要停止江北进攻）。"据此，如按 1 个月，可拖至 12 月 21日；如按两个月，可拖至次年 1 月 21 日。同年 12 月 14 日，中共中央致电叶挺、项英，指出："移动时间，蒋限 12 月底移完，我们正交涉展限 1 个月。"意思可以展限到次年 1 月底。直到同年 12 月 25 日，毛泽东仍认为："只要蒋不投降，大举进军是不可能的，始终不过是大吹小打而已"，表示"以拖为宜，拖到 1月底再说"。这都说明，皖南部队走不走、何时走并不是项英能定的。这些变化，对新四军军部研究北移也是有影响的。

这时，叶挺军长正同国民党第三战区司令长官顾祝同进行谈判，要弹药，要开拔费，并协商皖南部队的转移路线。时任新一支队司令员的傅秋涛，后来在《新一支队皖南突围》一文中写道："1940 年 11 月底到 12 月初，我皖南新四军积极准备戎装，根据党中央指示转移。叶挺军长亲自奔走，向国民党第三战区司令长官顾祝同提出北移路线，并要求沿途国民党军队不得阻拦。顾祝同同意我军经泾县、茂林、宁国、宣城、郎溪至苏南敌后北渡，并允于沿途保护。"

同年 12 月 25 日，叶挺、项英向毛泽东等报告蒋介石密令顾祝同对皖南新四军准备采取"一网打尽"的毒计，请示行动方针。此时周恩来报告 25 日会见蒋介石的情况，说蒋态度顽固。这表明"拖"的办法行不通了。党中央、毛泽东对新四军皖南部队北移态度变得严厉起来，于 26 日致电项英、袁国平、周子昆，对皖南部队未迅速北移进行了严厉批评。项英原拟渡江北移，后接重庆方面发出警报后，于 28 日同军领导人研究确定皖南部队绕道茂林、三溪、旌德，沿天目山麓宁国、郎溪到达溧阳，待机北渡。会后，向党中央作了报告。

1941 年 1 月 3 日，毛泽东、朱德复电叶挺、项英："你们全部坚决开苏南，并立即开动，是完全正确的。"

同年 1 月 4 日晚，叶挺、项英率新四军军部及皖南部队 9000 余人，开始奉命北移，6 日夜行至泾县茂林以东地区时，蒋介石事先秘密调集的 8 万多军队突然进行围攻，制造了震惊中外的皖南事变。新四军指战员经 7 昼夜浴血奋战，终因寡不敌众，弹尽粮绝，至 14 日，阵地均为国民党军占领。除前后有 2000 余人突围出去外，其余 6000 余人大部分壮烈牺牲，一部分失散或被俘。在中国革命史上留下了悲惨的一页。

皖南事变，主要是蒋介石的阴谋造成的。正如中共中央发言人 1 月 18 日的谈话所说："此次惨变，并非偶然，实属亲日派阴谋家及反共顽固派有计划之作品。"中共中央迅速展开猛烈反击，在 1 月 18 日发出的指示指出：皖南事变"是抗战以来国共两党间，也是抗日民族统一战线内部空前的严重事变"，"在全国人民及全世界公正人士面前，暴露着国民党破坏抗战破坏团结的真面目"。全国广大人民、各民主党派、爱国人士、海外侨胞及国内进步舆论，纷纷谴责国民党顽固派的罪恶行径。在中国共产党的坚决斗争和国内强大舆论压力下，国民党顽固派被迫暂时收敛其反共活动。

项英在皖南事变中突出重围，袁国平在突围时牺牲。他与周子昆躲过国民党顽军大规模的搜捕，几经辗转，隐蔽在泾县赤坑山蜜蜂洞，在聚集失散人员，准备同秘密的皖南特委研究在皖南建立游击武装开展斗争、待机北渡时，不幸于 1941 年 3 月 14 日晨被叛徒、原军部副官处的副官刘厚总杀害，终年 43 岁。

全国解放后，中国人民解放军华东军区（后南京军区）报总政治部批准，派专人到皖南赤坑山找到项英、周子昆与袁国平的遗骸，于 1955 年 6 月 19 日移葬于南京雨花台功德园。

在皖南事变中，新四军遭受重大损失，项英作为新四军的主要领导人之一，自然负有责任。他在突围中对此已有省悟。但当时情况复杂，把责任都推给他却是不公正的。

1941 年 1 月 15 日，在皖南事变大规模战斗结束的第二天，中共中央对皖南事变未及调查，连项英等死活都不清楚，就发出了《关于项袁错误的决定》，完全否定了项英、袁国平在新四军三年多工作的成绩，将新四军在皖南事变中损失的责任完全归于项英、袁国平，并将项英、袁国平和叛徒张国焘并列起来，使项英为中国人民解放事业做出的业绩被长期埋没。但《决定》有些话并未说死，说要"将项、袁错误提交党的七次代表大会讨论议处"。由于 1945 年的中共七大至 2017 年的十九大的历次全国代表大会均未讨论有关项、袁错误的问题，因而《决定》就被搁置，至今已过 78 年。

七、殉难以后

在皖南事变后的几十年中，特别是 1978 年 12 月中共十一届三中全会确定恢复实事求是的思想路线以后，要求公正评价项英功过的呼声愈来愈高。熟悉历史情况的老同志，陆续表示了自己的看法。1982 年，时任中共中央纪律检查委员会副书记、原新四军军部秘书长李一氓，先到南京项英墓凭吊，接着到泾县云岭新四军军部旧址纪念馆参观，当即写下一首诗抒发情感：

　　　　　　秣陵秋染浅丹霜，

　　　　　　犹有荒坟卧望江。

　　　　　　麦饭篮空惭展奠，

　　　　　　桐弦调走笑雌黄。

　　　　　　临危受命原无忝，

　　　　　　到死方休亦可伤。

　　　　　　四十年间云岭怨，

　　　　　　皖南山色自苍苍。

　　李一氓这首诗，表达了他当时对项英没有作公正评价的感慨之情，也反映了许多新四军老同志的心声。

　　1984 年，时任中共中央书记处书记、原东南局青年部长陈丕显在中共江苏省委党史工作座谈会上，讲道："有些历史问题，中央还未作最后结论，其中包括对皖南事变及对项英同志的看法。""项英同志总还是一个革命家吧，总还是一个无产阶级革命战士吧，是个烈士。他牺牲在敌人（叛徒）屠刀之下的，否则怎么会埋葬在雨花台呢？"

　　1988 年，笔者同中央党史研究室办公室主任李志光，两次走访时任中共中央顾问委员会常委的李一氓，在谈及项英及《决定》时，讲道："关于项英问题，这是皖南事变遗留下来的一个历史问题。我认为，研究项英要根据事实，不是想说他好就好，想说他坏就坏，要实事求是，有些事情要搞清楚，不要人不在了，就把问题都推到他的头上。""现在争议很多，只好让党史学家去议论了，但我相信将来终会有一个实事求是的结论。"

随着党的实事求是的思想路线的贯彻执行，党史资料的征集和档案材料的开放，学术界对项英功过的评价逐步向客观公正方面转化。1981 年，笔者开始研究项英，为《中国大百科全书》军事卷所写项英条目，用大量事实讲话，充分肯定项英的革命业绩，同时也指出了他的失误和不足。这个条目，在 1984 年 12 月得到中共中央总书记胡耀邦、中央军委领导人杨尚昆、余秋里等及中共中央党史研究室的认可。1986 年 1 月，在纪念皖南事变45 周年时，项英条目在《党史资料征集工作通讯》《军史资料》《革命史资料》3 个刊物上同时发表出来后，很快得到各方面的关注，使原来按《决定》评价项英功过的习惯做法开始悄悄改变。在这以后出版的《中国大百科全书》军事卷、《中国人民解放军六十年大事记》、《中国人民解放军战史》、《辞海》、《中国共产党历史》（上卷）、《中国共产党的七十年》、《军事大辞典》、《中国军事百科全书》等重要书籍和工具书，对《决定》均采取回避态度，没有再提那件事了。

当然项英并非完人，不是足赤之金。他在革命征程中也是有缺点、错误的。由于历史条件的局限等原因，他执行过"左"的错误，提出过脱离实际的口号，指挥过力不胜任的战斗，工作中也是有这样或那样的失误。但这不能否认、抹杀他为中国人民解放事业所作出的贡献。1979 年，邓小平在《坚持四项基本原则》一文中指出：对于一个历史人物，"在分析他的缺点和错误的时候，我们当然要承认个人的责任，但是更重要的是要分析历史的复杂的背景。只有这样，我们才是公正地、科学地、也就是马克思主义地对待历史，对待历史人物。"

1990 年 4 月，在项英逝世 50 周年的前夕，他的家乡湖北省武昌县人民要求为项英立铜像作纪念。中共武昌县委、县人民政府迅速上报，武汉市、湖北省党政机关转报，很快得到中共中央领导同志和有关部门的批准。时任中共中央政治局委员、中共中央党史领导小组组长、国家主席杨尚昆，为铜像写下了"项英同志浩气长存"的题词。这是对项英为中国人民解放事业奋斗一生的高度评价。对湖北方面起草的《项英同志生平》，项英的战友、时任中共中央顾问委员会常务委员的陈丕显、李一氓着湖北来人到军事科学院百科部找笔者修改。这是革命元老和湖北党政机关对我的信任。我说明此类文稿应力求准确、精练，约他们次日上午会稿。第二天上午，我们就修改的文稿逐段逐句斟酌，压缩三四百字，他们甚为满意。于是立即复印，由他们带交陈丕显、李一氓过目后，由他们带回湖北请省委领导审阅，按组织程序上报，经中共中央办公厅、中央宣传部、中央党史研究室审定。这个生平的全文是：

项英同志是无产阶级革命家。原名项德隆，1898 年 5 月生于湖北省武昌县舒安乡项家村。1913 年进布厂当工人。1920 年 4 月成功地组织了武汉纺织工人罢工。1921 年 12 月受党的派遣到江岸建立铁路工人俱乐部。1922 年 4 月加入中国共产党后，开始了职业革命家的生涯，先后在湖北、上海等地从事工人运动。曾任中共湖北省总工会党团书记、中央职工运动委员会书记、中华全国总工会委员长。

1923 年 2 月，项英参与领导了（北）京汉（口）铁路工人大罢工。1926 年，发动武汉工人配合北伐军攻克武昌，被誉为工人阶级的英雄人物。他是中共第二次全国代表大会代表，在中共第三至第六届全国代表大会上均当选为中央委员，在六届一中全会上当选为中央政治局委员、常务委员。1928 年秋，在莫斯科参加共产国际第六次代表大会，当选为共产国际监察委员会委员。1930 年，任中共中央长江局书记等职。

1930 年 12 月，项英奉调赴中央苏区，任中共苏区中央局代理书记，中央革命军事委员会主席、副主席，中华苏维埃共和国临时中央政府副主席等职，为苏维埃运动的发展、红军的壮大作出了贡献。

1931 年 10 月，红军第一方面军主力长征后，项英临危受命，留下坚持斗争，任中共中央苏区分局书记、中央军区司令员兼政治委员，与陈毅等一起，在同党中央失掉联系、国民党军重兵持续"清剿"的情况下，转战赣粤边，领导艰苦卓绝的三年游击战争，保存了革命武装力量，保持了南方战略支点。1937 年 12 月，《中央政治局对于南方游击区工作的决议》中指出："项英同志及南方各游击区主要的领导同志，以及在游击区长期艰苦斗争之各同志，他们的长期艰苦斗争精神与坚决为解放中国人民的意志，是全党的模范。政治局号召全党同志来学习这些同志的模范。"

在抗日战争中，项英先后任中共中央东南分局、东南局书记，中共中央军委新四军分会书记、新四军副军长等职。他和叶挺、陈毅等一起，贯彻党中央、中央军委指示，组织部队向苏南、苏中、皖东敌后挺进，发动群众，扩建部队，开展游击战争，创建抗日民主根据地。他重视部队的教育训练和干部队伍建设，为提高部队素质作出了贡献。

1941 年 1 月，在国民党顽固派制造的皖南事变中，项英在率少数人转移、隐蔽于泾县茂林蜜蜂洞时，被叛徒于 3 月 14 日杀害。

项英同志的一生是革命的一生，是忠诚地为共产主义事业奋斗的一生。

这个生平简介，由中共湖北省委、湖北省人民政府署名，刻写在武汉市江夏区青龙山国家森林公园项英铜像背后的照壁上。它恢复了项英本来的历史面貌，是按照党的实事求是的思想路线对项英一生所作的客观评价。

从 1985 年起，笔者应出版社约稿，以经中共中央领导人胡耀邦、中央军委领导人杨尚昆、余秋里等和中央党史研究室 1984 年 12 月审定和赞许的〔项英〕条目为基础，开始搭设框架，拟制纲目，走访知情人，寻查史料，参与学术争鸣，为项英写传作准备。1990 年 6 月离休后全力写作，前后用 10 年时间，终于写出反映项英革命一生的《项英传》，经中共中央党史研究室专家审定，由中共党史出版社于 1995 年 10 月正式出版，为客观评价项英提供了史料。2008 年项英诞辰 110 周年时，根据党史专家建议，笔者对《项英传》增补了项英出席二大、三大、四大、五大、六大和党中央对他的重新评价等史料，形成了《项英传》修订本。

对公正评价项英的问题，广大的新四军老同志更为关注。1997 年，上海新四军老同志致信中共中央总书记江泽民同志，建议在项英诞辰 100 周年时举行纪念活动，受到中央的重视，批准由人民解放军总政治部和中共中央党史研究室举办纪念项英诞辰 100 周年座谈会，并由湖北补办项英铜像揭幕仪式。

1998 年 5 月 13 日，总政治部和中央党史研究室在北京人民大会堂举行纪念项英诞辰 100 周年座谈会，高度评价了项英为中国人民解放事业所建立的历史功绩。中央政治局委员、国务院副总理吴邦国，中央政治局委员、中央军委副主席、国务委员兼国防部长迟浩田，中央政治局候补委员、中央书记处书记曾庆红，中央军委原副主席张震等出席了会议。迟浩田代表中央和军委的讲话中，称赞"项英同志是杰出的无产阶级革命家，工人运动的著名活动家，党和红军早期的领导人之一，新四军的创建人和主要领导人之一""抗日战争的名将之一"（见 1998 年 5 月 14日，《人民日报》要闻版）。这使对项英评价的问题得到了实事求是的解决，对项英功过的长期争议画上了圆满的句号。笔者作为京外唯一被邀请参加项英百年诞辰活动的代表，参加了这一活动。

至此、项英为中国人民解放事业所作出的贡献已永载革命的史册；他的名字，和无数革命先烈一样，已镌刻在中国革命的丰碑上。

项英如能有知，当会含笑于九泉！

（本文原载中共党史出版社 2009 年出版的《近看项英》一书，2019 年收入本书时，作者又作了修订和补充）

2019 年 2 月

项英生平大事年表

（1898—1941）

1898 年　诞生

5 月，出生于湖北省武昌县（今武汉市江夏区）粮道街 273 号一个职员的家庭里。其祖籍是武昌县舒安乡响水桥项家村。原名项德隆，又作德龙，后曾用化名江钧、张成、韩应、江俊，笔名夏英。

1905 年　7 岁

入武昌育才小学读书。学习刻苦，作业认真，注意练小楷毛笔字。几年后，开始帮助父亲誊抄钱粮簿册，既减轻父亲劳动负担，又练了字，还养成了认真细致的作风。

1910 年　12 岁

小学毕业。父亲不幸早亡，靠母亲帮人劳动的微薄收入糊口，因家穷未能升学。

1911 年　13 岁

爆发辛亥革命，推翻清王朝，项德隆剪掉辫子，"革命"二字对他产生一定影响。

1913 年　15 岁

考入武昌城模范大工厂（纺织厂）当学徒。3 年满师后，留厂当工人。

1917 年　19 岁

从《汉口新闻报》上得知列宁领导俄国十月革命胜利的消息，他受到鼓舞。

1919 年　21 岁

5 月 4 日，北京爆发了反帝爱国运动，受到很大鼓舞。入董必武、陈潭秋等在武汉办的工人夜校学习，初懂反帝反封建的道理，开始自发地从事工人运动。

1920 年　22 岁

4 月，在模范大工厂发动工人罢工，获得成功。资本家向工人赔礼道歉，将工人痛恨的工头开除出厂，给工人增加了工资，答应改善工人劳动条件。这是在中国共产党成立的前一年，他在武汉发动纺织工人进行第一次罢工斗争。该厂很快建立起全厂性的工会。

1921 年　23 岁

7 月，中国共产党第一次全国代表大会在上海举行，通过决议，强调要把开展工人运动、发展工会组织作为党成立后的中心任务。8 月，中共中央成立劳动组合书记部，作为公开领导工人运动的总部机关，出版了指导工人运动的《劳动周刊》。

10 月，出席中共"一大"代表、中共武汉地委书记包惠僧返回武汉，奉命组建劳动组合书记部武汉分部，并兼分部主任，还在时中书店建立《劳动周刊》发行处。项英作为该刊的热情读者，时常去阅读进步书刊，增长了知识。

11 月，江岸铁路工人受陇海铁路工人罢工胜利的鼓舞，要求组织起来，盼望劳动组合书记部武汉分部派人去领导他们。包惠僧正着急无人手可派时，项英去信希望参加工会工作。包惠僧经多方考察，认为他是理想的对象，决定吸收他参加工会工作。

12 月，受党组织派遣，去江岸筹建工人俱乐部。开始了职业工人运动的生涯。

1922 年　24 岁

1 月，深入到工人中发动，宣传革命道理，疏通帮口关系，促进团结，同时举办工余夜校，鼓励工人组织起来开展斗争。22日，江岸铁路工人俱乐部在老君殿举行成立大会，当选为干事。

4 月，由包惠僧介绍加入了中国共产党。入党后，将在报刊发表文章所用笔名"夏英"，与本名合起来叫"项英"。从此，一直叫项英这个名字。

6 月 1 日，得知江岸车辆厂工人黄宝成遭总查票程炎和巡长姜道生毒打，连夜起草宣言散发，在《汉口新闻报》上披露，揭露程、姜的罪行，同时进行罢工准备。车辆厂法国厂长和路局怕事态扩大，便答应俱乐部提出的查办凶手、赔偿损失、鸣放鞭炮、赔礼道歉等条件。

6 月，调到汉阳钢铁厂帮助筹建工会。军阀派兵封闭工会。参与领导该厂 7000 名工人罢工，熔炉停火。连续僵持到第 5 天，资本家担心钢水、铁水冷却会使熔炉报废，被迫答应工人提出的允许工会存在、增加工资等条件。汉阳钢铁厂工会随即正式建立起来。

夏，中共武汉地委改为武汉区执行委员会，项英为委员。

7 月 16 日至 23 日，作为武汉区党组织的代表，参加了在上海召开的中共"二大"①，参与了党的最高纲领与最低纲领的制定和通过。

7 月底，中共武汉区委决定将武汉 20 多个工会、3 万名会员，组成武汉工团联合会，任组织主任。

8 月 10 日，奉命和包惠僧、张国焘等去郑州参加京汉铁路总工会第二次筹备会议。被选为筹委会总干事，负责筹备工作，随即到京汉铁路南段进行发动，帮助组织基层工会，至当年底，南段 16 个站均成立了工会组织，会员达 2 万多人。

10 月，武汉工团联合会改为湖北省工团联合会，杨德甫任主席，项英任组织主任。到年底，湖北省工团联合会有 27 个工会，会员达 4.8 万名。此时，湖北及武汉地区是中国工人运动最活跃的地区之一。

1923 年　25 岁

1 月 5 日，京汉铁路总工会筹委会第三次会议确定，2 月 1 日在郑州开总工会成立大会。项英参与了《京汉铁路总工会宣言》《京汉铁路总工会章程草案》和组织大纲、办事细则等文件的起草。

1 月底，军阀吴佩孚下令不准京汉铁路总工会开成立大会，工会代表去交涉无效。31 日，在讨论对策的紧急会上，主张如期举行的意见，得到大多数代表的赞同。会议确定按计划举行。

2 月 1 日上午，在郑州率代表和来宾前往普乐园戏院会址进发，遭军警阻拦。和林祥谦、施洋等冲破军警阻拦线，撕去会场门上的封条，砸开大门，代表和来宾一齐涌进会场。会议在紧急情况下，宣告京汉铁路总工会正式成立，项英被选为总干事。

2 月 1 日晚，参加京汉铁路总工会紧急会议，鉴于当日下午军警占领代表、来宾住所和砸毁向大会所送匾额、礼品等行径，决定 2 月 4 日举行京汉铁路总罢工，将原总工会筹备委员会改为罢工委员会，任总干事，并将罢工指挥机关移至武汉江岸，当夜从郑州乘车返回武汉。

2 月 3 日，京汉铁路总工会办事处在江岸成立，成为中国共产党领导京汉铁路全路工人罢工的指挥中心。连夜进行罢工准备。

2 月 4 日，京汉铁路工人于当日中午 12 时起举行全路罢工，客车、货车一律停驶。参与起草和印制的《京汉铁路总工会全体工人罢工宣言》等文告，在铁路沿线张贴和流传。

2 月 5 日下午，军警又抓去 3 名工友，项英等 4 人作为代表前往军阀政府谈判，要求释放被抓工友。他们刚进去就被军警关押，以枪毙、斩首威胁项英下令复工。他毫不畏惧地说："头可断，上工命令不能下。"项英等谈判代表被关押的消息传出，数千罢工工人为营救他们的代表包围了军阀政府，军警见工人人多势众，被迫于 6 日晨将项英等 4 名谈判代表释放。

2 月 6 日上午，中共武汉党组织和工会领导人陈潭秋、林育南等各界代表慰问罢工工人。和施洋、林祥谦等罢工领导人同陈潭秋、林育南等一起，率数千名游行队伍举行示威。

2 月 7 日下午，军阀派大批军警开到江岸，制造惨案。林祥谦、曾玉良等 30 余人壮烈牺牲，数百人受伤。项英率纠察团员同军警展开生死搏斗，死里逃生。惨案发生后，军警在全市戒严，通缉项英等党组织和工会领导人。他不顾个人生命危险，仍留在武汉处理善后，救济遇难工友及家属。

6 月 12 日至 20 日，去广州参加中共"三大"。会议在讨论二七大罢工的问题时，他阐述了二七大罢工的重大意义，赞扬京汉铁路工人不畏强暴、不怕牺牲的英勇斗争精神，得到多数代表的赞同。在会上，当选为中央委员。

11 月 24 日至 25 日，出席在上海举行的中共三届一中全会。汇报了湖北地区工会和党组织在二七惨案后恢复整顿的情况，正符合会议要求的精神。

1924 年　26 岁

3 月，调到上海任中共中央职工运动委员会书记，和上海地委职工运动委员会书记李立三一起，共同领导发展上海的工人运动。以沪西小沙渡（今西康路）地区作为工作重点，先在日商同兴纱厂工人中开展工作，举办工人补习学校。

5 月 10 日至 15 日，出席中共中央执委会第一次扩大会议。汇报武汉和上海工人运动的情况。

8 月，和邓中夏、刘华、孙惠良等在工人补习学校基础上，建立起沪西工友俱乐部，项英为主任，孙惠良为副主任。这是中国共产党以公开合法形式，在上海纺织工人中建立的第一个工人团体。重视培养教育工人骨干，顾正红、陶静轩等被发展为共产党员，他们均成为上海工人运动的中坚分子。至年底，沪西有19 家中外纱厂秘密建立起俱乐部组织。

1925 年　27 岁

1 月 11 日至 22 日，出席在上海举行的中共"四大"。会议讨论了工人运动与民族革命的关系，强调党应加强对民族革命运动的领导。继续当选为中央执行委员。

2 月 2 日，沪西日商内外棉八厂日籍领班殴打女工，日本资本家无理开除一批工人。立即与俱乐部委员会决定发动沪西日商纱厂工人罢工。党中央批准用罢工办法来反击，并决定成立罢工委员会来领导。由于罢工由沪西工友俱乐部出面组织，项英格外忙碌。

2月9日下午，日商内外棉五、七、八、十二厂工人同时举行罢工，在潭子湾举行大会，"反对洋人打人"的醒目标语展现出民族解放的斗争精神，深深打动工人的心。和刘华等相继讲话。决定成立内外棉纱厂工会，刘华任委员长。至18日，参加总同盟罢工的有22家日商纱厂，工人达3.5万名。这是上海日商纱厂工人第一次反帝大罢工。

3月1日，日商资本家被迫答应不许无故打人、不许无故开除工人等主要条件，上海日商纱厂工人二月罢工取得了完全胜利。这是一次大规模的反帝爱国运动，在中华民族解放史上写下了光辉的一页。它是中国工人运动从1923年二七惨案后的低潮走向复兴期的重要标志，导致了规模更大的五卅反帝爱国运动的发生。

3月4日，和李立三、刘华等与工会干部开会，确定成立上海纱厂总工会，由项英负责筹建。

4月，湖北政局发生重大变化。奉调回武汉参加领导恢复工人运动和党的工作。

5月1日至9日，赴广州参加第二次全国劳动大会，会议确定工人运动要和民族解放结合起来。会议选举产生中华全国总工会，以代替劳动组合书记部。当选为中华全国总工会执行委员。

4月至5月，在武汉恢复工运工作，在多处工厂发动罢工，其中英美烟厂4000名工人罢工并取得胜利。它成为全国反帝爱国斗争的组成部分。

6月，上海五卅惨案后，反帝爱国斗争更加高涨。奉命速返上海，任上海市总工会中共党团书记，与李立三、刘少奇等领导100 多个工会、20 多万会员的罢工斗争。至 8 月，工人提出的要求基本得到满足，各业工人陆续复工。

9 月，李立三遭军阀通缉，上海市总工会由公开转入秘密活动，与汪寿华（即何松林）担当起上海市总工会领导之责。建立工人纠察队，为举行武装起义做准备。

1926 年　28 岁

2 月 21 日至 24 日，在北京参加中共中央召开的特别会议，讨论和确定农民运动，巩固工农联盟，推动国民政府出师北伐。

5 月，赴广州参加第三次全国劳动大会，当选为中华全国总工会执行委员和副委员长。

6 月，上海市总工会设常务委员会作为领导核心，任常委兼组织部主任。

7 月 12 日至 18 日，在上海参加了中共四届三中全委扩大会，讨论了共产党与国民党的关系、职工运动、农民运动等问题，提出联合国民党的左派、中间派，反对其新、老右派。

9 月上旬，北伐军进到武汉前夕，中共中央调他返回武汉，指导湖北的工人运动。14 日，和许白昊等工会代表与北伐军总部代表举行恳谈会，达成协议并迅即实施：惩办工贼，催促各工厂开工，恢复工会组织和建立湖北省总工会。

9 月，与武汉党组织、工会负责人把配合北伐军攻打武昌作为首要任务：向守敌开展宣传，瓦解其斗志；组织兵工厂工人罢工，使敌缺枪少弹；组织铁路工人罢工，使敌军需运输瘫痪；组织工人挖坑道，帮助开辟进攻道路。这对北伐军于 10 月 10 日攻克武昌城起到重要作用。

10 月 10 日，湖北省总工会正式成立。向忠发任委员长，项英与李立三、刘少奇任副委员长，项英还兼任中共党团书记。此时，湖北省总工会会员达 50 万人，仅武汉地区就有 28 万，成为强大的革命政治力量。

10 月，湖北省总工会举办讲习所，培养工运骨干，任兼职教师。

10 月，北伐军攻克武昌后，中华全国总工会在汉口设办事处，由项英负责，指导湘、鄂、赣、皖、川 5 省的工人运动。

冬，中共湖北区委和湖北省总工会为配合北伐军维持武汉社会秩序，决定组建武装工人纠察队，有 4000 余人、1000 多支枪，项英任总队长。

12 月，任中共湖北区委组织部主任，负责领导湖北全省党组织的恢复和发展，同时仍参与全省总工会的领导工作。

12 月，对北伐军的胜利和武汉革命力量的增长，以英国为首的帝国主义势力不断进行干涉破坏。和李立三、刘少奇、许白昊、林育南等工会领导人决定对帝国主义势力进行反击，由湖北省总工会发起于 26 日在武汉举行 30 万人参加的反英大会，强烈要求革命政府收回汉口英租界。

1927 年　29 岁

1 月 1 日，湖北省总工会在汉口召开第一次代表大会，作为中华全国总工会副委员长在会上作了关于中华职工运动情况的报告。大会选出湖北省总工会新的领导人，项英仍任副委员长兼党团书记。

1 月 1 日至 3 日，武汉各界群众接连举行游行，庆祝北伐的胜利和国民政府由广州迁至武汉。3 日下午，汉口英租界水兵在江汉关打死打伤游行群众 30 多人，制造了"一·三"惨案。5日下午，武汉 30 万工人、学生、市民，在项英和李立三、刘少奇、许白昊的指挥下，举行反英大示威，强烈要求国民政府立即收回英租界。英国被迫将霸占 66 年的汉口英租界于 3 月交还中国。这是中国反帝斗争史上的空前壮举。项英领导的武装工人纠察队，在这场斗争中发挥了重要作用。

4 月 27 日至 5 月 9 日，参加了在武汉举行的中共五大。会议讨论了蒋介石在上海发动"四·一二"反革命政变后的形势和任务。继续当选为中央委员。

5 月，率武汉武装工人纠察队配合叶挺指挥的部队，参加反夏斗寅叛乱的斗争，挽救了武汉危局。

6 月至 8 月，因长期劳累过度，突患重病。虽对汪精卫集团的"七·一五"背叛革命的行径非常仇恨，对党的领导人决定解散武装工人纠察队表示愤慨，但因病重无法直接参与斗争。

秋，身体逐渐恢复健康。中央鉴于武汉白色恐怖情况严重，确定调项英到上海，负责恢复被反动当局镇压的工会组织。

11 月 13 日，化名韩应，任中共江苏省委常委。

1928 年　30 岁

2 月初，中共中央调整江苏省委领导班子，由项英任书记。

2 月 13 日，中共中央决定，项英参加中央常委会，同时任中共中华全国总工会党团书记。

2 月 16 日，由于叛徒告密，江苏省委和上海市工会组织遭到很大破坏，项英机智脱险。

2 月 29 日，在江苏省委组织工作会议上讲话，强调各级组织要严格保持秘密状态，严格遵守秘密工作纪律，整顿地方组织，在产业系统建立和加强党的组织。

4月2日，出席中央常委会，就共产国际执委会同意中共"六大"在苏联境内召开的决定进行认真讨论。确定发出公告，规定各地区代表名额，指定重要省份的出席人。项英是江苏的代表之一。

4月28日，出席中央政治局会议，就共产国际《关于中国问题的议决案》进行讨论，赞同共产国际的提法，即：中国革命现时是资产阶级民主革命阶段，要反对盲动主义，反对玩弄暴动。据此，中共中央于4月30日发出通告，要求全党认真学习贯彻。

5月初，按照中央规定，由上海乘船去大连，转乘火车去哈尔滨。"六大"期间，中央决定由李富春代理江苏省委书记。

5月，乘坐由共产国际交通站安排的马车，经满洲里越过边境，秘密进入苏联境内，转赴莫斯科郊外的"六大"会址报到。

6月12日左右，苏共中央总书记斯大林接见中共"六大"部分代表和五届中央委员，进行谈话。项英和瞿秋白、苏兆征、周恩来、蔡和森、向忠发、张国焘、李立三等出席。

6月14日至15日，出席共产国际政治书记处书记布哈林召集的"政治谈话会"。

6月18日至7月11日，参加中共"六大"，在大会讨论时多次发言。7月1日由他领衔的29位代表提出提案，建议用大会名义致电中央政治局，指示正确路线，强调要切实制止盲动倾向，为大会采纳，写入大会于7月8日《对国内工作指示》的电稿中[②]。在大会上，当选为中央委员。

7月19日，参加六届一中全会，当选为中央政治局委员、常务委员。

7月20日，出席中央政治局会议。研究和确定了中央政治局常委的分工，分管职工运动和妇委等工作。决定政治局成员分两批回国，和周恩来、苏兆征等第二批回国。

7月17日至9月1日，共产国际第六次代表大会在莫斯科举行。化名张成出席这次大会，被选为共产国际监察委员会委员。

7月至9月，在出席中共"六大"和共产国际"六大"期间，照党中央的分工，为项英所熟悉的上海市总工会委员长郑覆他、上海市总工会党团书记许白昊两位烈士写出传略，分别于9月4日和24日完稿，颂扬了他们为中国人民解放事业英勇奋斗的业绩和革命精神。

10月初，从莫斯科动身回国，11月上旬回到上海。

11月9日，在中央政治局常委会上，提议就贯彻"六大"通过的《职工运动决议案》发两个文件：一是讲清在职工运动中如何运用正确的斗争策略；二是讲清职工运动委员会的性质、任务和与党、团组织的关系，得到与会者的赞同，确定由项英组织办理，于11月12日、28日发出。

11月，为加强工人运动理论的研究和指导，交流实践经验，提请党中央批准，恢复《中国工人》刊物的出版。

同月，得知上海法商电车、电灯、自来水公司（简称"法电"）的工人吴同根惨遭法国兵刺死，建议抓住这个时机发动罢工。党中央和职工运动委员会研究后，由项英在20日到江苏省委作了部署。上海法电工人罢工于12月3日举行。

1929年　31岁

1月3日，在中央政治局讨论解决江苏省委领导问题时，政治局主席向忠发提出由中央兼江苏省委，与会的多数政治局委员表示赞同，唯独项英不赞成。认为：这对全局不利，会削弱中央对各地党的工作的领导，也会影响对江苏各地党的工作的指导，而且由于接触面广会危及中央机关的安全，一再建议中央慎重考虑。10日，在政治局会议上，再次提出中央兼江苏省委的办法不妥。直到11日周恩来从外地返回中央，也不赞成由中央兼江苏省委的做法后，向忠发才改变自己的主张。

1月中旬，和周恩来一起找江苏省委领导人谈话，指出他们无组织无纪律的错误，江苏省委表示接受。随即进行组织调整，使江苏省委的问题得到妥善解决。

2月17日至20日，在上海秘密主持召开了中华全国总工会四届二次扩大会议，作了《一年来职工运动形势和目前的总任务》的报告。

6月25日至30日，在上海参加中共六届二中全会。着重检查"六大"后一年来的工作。

夏，应邀为中央军委举办的军事干部训练班第一、第二期学员讲课。后任红军高级将领的许光达、蔡申熙等，均听过项英讲的课。

8月29日，参加中共中央政治局会议，听取陈毅关于红四军历史及其现状的汇报，赞同周恩来提出的解决红四军内部分歧的意见。

11月7日至10日，中华全国总工会在上海秘密举行第五次全国劳动大会。化名"江俊"主持大会，作了《中华全国总工会工作报告》，当选为中华全国总工会执行委员和委员长。

11月，和周恩来一起出席江苏省委常委会，听取关于（南）

通、海（安）、如皋、泰兴地区游击运动情况的汇报，同意将通海如泰地区的红军游击队编组为工农红军，会后排定为红 14 军，还确定调一批干部去加强领导。

12 月 14 日，参与制定的《中央通告第 62 号——接受共产国际对于中国职工运动的决议案》正式发出。尽管通告中"左"的情况越来越明显，但共产国际远东局并不满意，于 12 月初作出决议指责中共中央犯了右倾错误。12 月 6 日，中央在讨论时，项英认为"远东局不了解中国实际情况"。远东局对他这句话非常恼火，要求中共中央解除他的职务。中共中央考虑到同远东局的争执难以解决，于是派周恩来去苏联向共产国际汇报。

1930 年　32 岁

2 月 3 日，出席中共中央政治局会议，讨论筹备召开苏维埃区域代表大会问题，中央于 4 日发出通告。这是最早提出筹建全国苏维埃的任务。

5 月 20 日至 23 日，中共中央和中华全国总工会在上海召开全国苏维埃区域代表大会。他作为中央政治局常委和中华全国总工会委员长，参与主持了这次大会。会议指出，创立全国革命政权已成为当前的中心问题。

6 月 11 日，中共中央政治局在李立三主持下，通过了《新的革命高潮与一省或几省的首先胜利》的决议，要求红军向主要城市发展，与主要城市的武装暴动相结合，夺取和建立全国政权，形成了以冒险主义为特征的"立三路线"。他投了赞成票。

6 月，中共中央、中央军委在武汉成立长江办事处，由项英任书记。20 日，制订出工作计划，要求红军向武汉进逼，会师武汉，饮马长江。

8月1日，中共中央政治局会议决定，将党、团、工会的领导机构合并成立中央行动委员会（简称"总行委"），作为指导全国武装暴动和总同盟罢工的最高领导机构。"总行委"开始由14人增加到22人，项英是成员之一。

同日，中共中央政治局决定在武汉设长江局，管辖湖南、湖北、江西、河南、四川5省党的工作，项英任书记。

8月3日，中共中央政治局决定举行武汉、南京暴动与上海总同盟罢工，派项英到武汉任长江"总行委"书记。于6日到达武汉。

8月7日，主持召开长江局第一次会议，传达中央指示，确定将湖北省委合并于长江总行委，湖北省及武汉市的工作归长江总行委直接领导。8日夜，向中央写出传达和布置情况的报告，同时如实反映了湖北党、团、工会组织遭破坏的情况。

8月10日，将连日了解到的情况：白色恐怖严重，赤色区域调来的干部难以立足，缺乏干部，使工作无法落实，向中央写出第二次情况报告。

8月27日，召开长江局会议，讨论形势，对附近红军进逼武汉提出了要求。将会议情况向中央写出报告，同时反映武汉党的工作微弱，缺乏武器，经费困难。

9月2日，长江局军委书记刘伯承到达武汉。当晚在长江局会议上，传达了由周恩来、瞿秋白从莫斯科带回的共产国际不同意中共中央关于组织全国暴动计划的指示，中央决定停止南京、武汉暴动计划。认为中央新的指示精神符合实际，表示完全接受。于9月5日给中央写出报告。

9月上、中旬，领导长江局根据中共中央关于停止暴动的指示，把原定暴动的部署转移到正常的工作轨道上来。

9 月 12 日，全国苏维埃代表大会中央准备委员会全体会议在上海举行。会议决定将中央准备委员会移至赤色区域内。选出中央准备委员会委员 25 人，被选为 9 名常委之一。

9 月 24 日至 28 日，参加中共六届三中全会。听取共产国际指示精神的传达，批评了以李立三为首的"左"倾领导对中国革命形势的错误估计，李立三作了检讨，停止了组织全国总起义和集中红军进攻中心城市的计划，恢复了党、团、工会的独立组织和经常工作。作了职工问题的报告，会议就此通过了决议案。会议改选了中央政治局，项英仍为政治局委员。会议决定加强苏维埃区域的工作，在苏维埃区域建立中央局，以统一各苏区党的领导。

10 月 17 日，中共中央政治局会议确定，由周恩来、项英、毛泽东、任弼时、朱德等组成苏区中央局，以周恩来为书记，由于周恩来一时难以离开中央，由项英代理。会议根据周恩来提议，确定成立苏区军事委员会，由项英、毛泽东、任弼时、朱德、彭德怀、贺龙、邓小平、刘伯承、周恩来、李富春等 25 人组成，项英为主席。

11 月，中共中央政治局制发了《关于苏维埃区域目前工作计划》。规定：在中央苏区立即设立中央局，以指导整个苏维埃区域之党的组织，同时在苏区成立中央革命军事委员会，以统一各苏区的军事指挥。参与了这个计划的制订。

11 月下旬，由上海动身经闽西于 12 月 30 日到达赣南，同朱德、毛泽东会合。

1931 年　33 岁

1 月 7 日，中共六届四中全会在共产国际代表米夫指导下于上海举行。会议改选中央领导机构，陈绍禹（王明）进入政治局（不久为中央常委）。项英没有参加这次全会，保留了中央委员和中央政治局委员。

1 月 15 日，根据中共六届三中全会后中央的决定，苏区中央局在江西宁都的小布成立，项英为代理书记；中央革命军事委员会成立，项英为主席，朱德、毛泽东为副主席并分兼红一方面军总司令、总政委。当日，项英签发关于苏维埃区域中央局的成立及其任务的第 1 号通告。红一方面军总前委即行撤销。

1 月 16 日，主持制定苏区中央局第 2 号通告，严肃批评了发动富田事变的错误行径，同时指出在反 AB 团斗争中要纠正乱供乱咬、乱打乱杀的错误。

2 月 17 日，与朱德、毛泽东联名，就《总政治部的任务及红军中政治部与政治委员的关系》，发布了军委第 6 号通令。指出：为加强红军政治工作，确定建立军委总政治部，并暂兼红一方面军总政治部，以毛泽东为主任。通令规定了总政治部与红军中政治部、政治委员的关系，还明确了政治部、政治委员间的相互关系。

2 月 19 日，在调查研究后，发出苏区中央局第 11 号通告，肯定富田事变不是 AB 团领导的反革命暴动，批评了总前委反富田事变的过火斗争，提出用党的会议方式来解决党内分歧。

2 月，面对第二次反"围剿"即将到来的敌情，主持苏区中央局和红一方面军总部多次开会，研究对策，确定继续采取毛泽东提出的诱敌深入的方针来反"围剿"。苏区中央局和军委还要求地方红军领导赤卫队、少先队，执行扰敌、堵敌、截敌、袭敌、诱敌、毒敌、捉敌、侦敌、饿敌、盲敌 10 项任务。

3月18日，在苏区中央局扩大会上讲到解决富田事变问题时，认为采取解决党内矛盾的办法来处理是正确的。

4月1日起，国民党20万大军分4路向中央苏区进行第二次"围剿"。和朱德、毛泽东以军委名义下达通令，要求地方红军和赤卫队积极开展游击战，配合红军主力作战。

4月16日，由任弼时、王稼祥、顾作霖组成的中央代表团，带着六届四中全会后的党中央全权调查和处理富田事变的旨意，到达江西宁都青塘。在17日举行的苏区中央局第一次扩大会上，中央代表团传达了六届四中全会精神，认定富田事变是AB团领导的反革命暴动，坚持按敌我矛盾处理，完全否定了项英按党内矛盾处理的正确意见。

4月至5月，中央代表团提出"以毛代项"③的意见，他的苏区中央局代理书记和军委主席被撤销，改为中央局委员和军委副主席。按照中央代表团的决定，将回中央局承认错误的谢汉昌、刘敌、李白芳等以"AB团头子"罪名，将陪同他们来开会的赣西特委书记王怀以"同伙"罪名，先后杀害；将到赣江西说服、带回红20军部队的该军政委曾炳春，以及该军排以上干部大部杀害。项英对富田事变的结局公开表示不服，保留意见。直到60年后的1991年，中共中央党史研究室编著的《中国共产党历史（上卷）》才对富田事变及打AB团的处理问题作了公正叙述，认为项英当时的看法和做法是正确的④。

5月起，在苏区中央局领导下，项英转为召开中华苏维埃第一次全国代表大会做准备工作。

6月20日，作为中央军委副主席，与主席毛泽东、副主席朱德联名发布第14号通令，鉴于原定8月1日举行的"一苏大"

因各地准备不及，确定改在当年俄国十月革命节（11月7日）举行。

11月1日至5日，出席中央苏区党组织第一次代表大会（赣南会议）。会议由中央代表团主持，听取了苏区中央局代理书记毛泽东作的政治报告。会议在讨论时强调反右倾，致使毛泽东的正确主张未能贯彻。在会上，项英汇报了"一苏大"会议准备情况，提议对领导反"围剿"和发展苏维埃事业作出重要贡献的红军部队及其领导人，应授予特制的旗帜和徽章，获得赞同。

11月7日至20日，出席"一苏大"。当选为主席团常务主席，代表主席团致开幕词和闭幕词，作了《劳动法报告》，被选为中华苏维埃共和国临时中央政府执行委员会委员。

11月27日，出席临时中央政府执行委员会第一次全体会议，选举毛泽东为主席，项英、张国焘为副主席。在执行委员会之下设人民委员会，作为中华苏维埃共和国中央行政机关，毛泽东为主席，项英为第一副主席（兼政府中共党团书记）。项英还兼劳动人民委员，并代理财政人民委员。

11月28日，与毛泽东主席、张国焘副主席联名发布命令，公布《中华苏维埃共和国婚姻条例》，明确规定男女婚姻自由，废除封建包办和买卖婚姻制度，禁止童养媳。这是中国历史上第一个旨在解放妇女的法规。

12月11日，中华苏维埃共和国临时中央政府机关报《红色中华》正式创刊。曾兼任主笔，重视运用这个舆论阵地，宣传胜利消息和党的政策、主张。

12月13日，与毛泽东、张国焘联名，就处理反革命案件和建立司法机关的暂行程序发出训令，强调依法办事。

12 月 18 日，在《红色中华》报上发表《地方苏维埃建设问题》。强调要建立和健全地方苏维埃。

12 月 28 日，在《红色中华》报上发表《反对帝国主义瓜分中国和推翻国民党的统治》，揭露帝国主义瓜分中国的行径，指出：国民党及其政府，是帝国主义统治中国的工具；要打倒帝国主义，必须推翻国民党反动统治；要驱逐帝国主义出中国，只有苏维埃政府领导群众去完成。

1932 年　34 岁

1 月 6 日，在《红色中华》报上，发表《1931 年的总结与1932 年的开始》的文章。指出：1931 年形势有很大变化，在中国诞生了中华苏维埃共和国，有两个完全不同的国家。

1 月 7 日，周恩来就任苏区中央局书记不久，专门开会检查"肃反"扩大化问题，作出决议。指出：由于认识不正确，将AB 团扩大化了，发展到乱打 AB 团，斗争方法不仅简单化而且恶化，专凭口供，苦打成招，以杀人为儿戏，使革命力量受到损害。这是最严重的错误。决议承认中央局对过去"肃反"工作中路线错误的领导责任。项英出席了这次会议。

1 月 10 日，中革军委根据中共中央指示发出攻打赣州的训令。项英就支前工作作了具体安排。

1 月 13 日，在《红色中华》报上发表《大家起来做防疫的卫生运动》的文章。这是项英根据少数地区发生疫情，主持人民委员会讨论做好红军和苏区人民的防疫卫生工作后发表的，提出了 6 条要求。

1 月 20 日，在《红色中华》报上，就中央苏区共青团第一次代表大会和少年先锋队代表大会将分别于1月15日和21日开幕，发表文章祝贺。

1月27日，为《红色中华》报撰写了《大大地向外发展积极地进行革命战争》的社论，指出这是目前苏维埃事业最中心的任务。

2月1日，以临时中央政府名义，发表《为帝国主义瓜分中国与帝国主义大战致全国的通电》，号召全国工人、农民、士兵、学生及一切劳苦民众，自动组织义勇军，夺取国民党的武装，直接与帝国主义作战，将帝国主义侵略者驱逐出中国。

2月7日，是二七惨案9周年纪念日。在3日出版的《红色中华二七增刊》上，发表《二七事略》的文章，详细介绍了京汉铁路工人大罢工的过程，揭露了军阀制造二七惨案的情景，歌颂了共产党员林祥谦和广大工人同反动军警英勇斗争的业绩。它成为研究京汉铁路工人大罢工的宝贵史料。

2月17日，在《红色中华》报上发表《发展生产，节俭经济，来帮助红军发展革命战争》的社论。阐述了经济对于红军胜利的关系，要求各地大力发展生产，同时要重视节约，积少成多，来支援革命战争。

2月24日，针对有些指示、训令、决议落实不够的情况，在《红色中华》报上发表《实行工作检查》的社论，强调苏维埃政府要很好履行职责，对下要严格检查，使工作更有成效。

同日，就临时中央政府颁发的婚姻条例发表后读者提出的问题，应编辑部之约，在《红色中华》报上作了解答，指出：婚姻条例的主要精神，是彻底消灭束缚妇女的旧礼教。

2月29日，出席临时中央政府举办的苏维埃工作人员训练班第一期结业并讲话。要求各级苏维埃工作人员，密切联系群众，多做实事，少讲空话。

3月2日，主持人民委员会研究后，就进行工作检查发出第5号命令，要求各级苏维埃对临时中央政府颁布的法令、条例、训令、通令执行隋况，认真检查，并将结果汇总上报。

同日，针对许多地方苏维埃负责人文化低，看不懂文件，少数的又不学习，以"我是工农"来搪塞等情况，提请人民委员会研究后，发出第6号命令，对各级苏维埃工作人员的学习提出了严格要求。

同日，在《红色中华》报开辟的"苏维埃法庭"专栏里，发表《写在前面的几句话》的短文。指出：对反革命分子，必须坚决制裁；对"肃反"，要废止肉刑，严禁偏听偏信，以事实为依据；对犯人，由政治保卫局和司法部门处理。

同日，在《红色中华》报"苏维埃建设"专栏里，发表《反对浪费，严惩贪污》的文章。指出：随意浪费，那实际是破坏革命战争；侵吞公款、营私舞弊等行为，要用革命纪律制裁。文章号召群众帮助政府杜绝浪费现象，将政府中的贪污分子驱逐出去。

3月9日，就红十二军连克闽西武平、上杭两城，以临时中央政府名义致函闽西苏维埃政府，要他们努力使其成为巩固的赤色区域。

同日，主持临时中央政府第9次常会，就动员群众帮助红军发展革命战争问题，发出第4号通令。

同日，在《红色中华》报上，发表《反对对于革命战争的消极》的社论。指出：要使革命战争不断取得胜利，不仅在于红军勇敢作战,而且要动员群众,做好后方工作,积极支援红军。

3月16日,主持临时中央政府第10次常会,讨论并通过临时中央政府给福建省第一次工农兵苏维埃代表大会的10点指示,要求他们联系福建实际情况,组织贯彻。

同日,主持临时中央政府第10次常会,通过了开展植树运动的决议。

同日,用"江钧"之名,在《红色中华》报"突击队"专栏里,发表3篇短文:第一篇题为《好阔气的江西政治保卫分局》,批评他们做旗子、购手枪丝带、买日历、点洋烛等浪费现象。第二篇题为《威权无上的区苏秘书》,批评会昌县洛口区苏维埃秘书专权,欺负工农干部不识字,拿区苏维埃主席当菩萨。第三篇题为《无奇不有的兴国国家商店和合作社》,批评他们学投机商人,搞垄断商业、操纵市场的不良行为。

4月6日,用"江钧"之名,在《红色中华》报"突击队"专栏里,发表两篇短文:一篇题为《好个石城县主席的迁家大喜》,批评该主席由农村向县城搬家时,放很多鞭炮,收很多贺礼,像这样封建县长式的主席就要请他出苏维埃。另一篇题为《沿用当铺惯例的闽西工农银行》,批评该行借给工农通讯社200元钱,只用4天就收1个月的利息。

4月7日,主持临时中央政府第11次常会,检查分析第一季度工作,安排下一步工作。强调在工作部署后,要常派人下去检查指导,推动工作落实。

4月12日,主持临时中央政府会议,就关于合作社暂行组织条例作出决议。

4 月 13 日，用"江钧"之名，在《红色中华》报"突击队"栏目里，发表《好摆威风的一位中央女同志》的短文，批评她乱开路条、开假证明的错误和机关随便开证明、盖公章等失职行为。

5 月 1 日，出席江西省第一次工农兵苏维埃代表大会，并作报告。

6 月 20 日，与毛泽东、张国焘联名，就关于保护妇女权益和建立妇女生活改善委员会的组织和工作，发出人民委员会第 6 号训令，指出：妇女在革命战争中发挥了很大作用，后方许多工作由妇女来担当，训令要求切实纠正轻视妇女、忽视妇女权益的倾向，提出了保护妇女权益的要求。

7 月 7 日，人民委员会发出第 6 号命令，决定成立劳动与战争委员会，负责主持计划并指导关于革命战争的一切军事、经济、财政、劳动的动员事宜，由周恩来、项英、朱德、邓发、邓子恢 5 人组成，由周恩来任主席。同日，他主持制发第 14 号训令，要求各苏区成立红军补充团，发动群众参加担架队、救护队等战勤组织。

8 月 30 日，就红军在粤北南雄重创进犯的粤军和乐安、宜黄战役的胜利，在《红色中华》报上发表《怎样配合红军的胜利去争取江西首先胜利》的社论，向各级苏维埃政府和群众团体提出了搞好参军、支前、瓦解白军等 6 点要求。

9 月 6 日，是国际青年节。在《红色中华》报上发表《今年纪念国际青年节的战斗任务》的社论。号召赤卫队员、少先队员踊跃参加红军，武装保卫苏维埃。

9 月 20 日，与毛泽东、张国焘联名，就改造地方苏维埃政府发出中央执行委员会第 15 号训令。指出：健全与巩固苏维埃的领导，是争取革命战争胜利的一个基本条例。有些地方苏维埃执行任务不坚决，出现官僚腐化、贪污浪费现象，要通过改选、改造加以解决。

9 月 30 日，主持临时中央政府第 25 次常会，报告了他出席福建省苏维埃执委扩大会议情况，要求各部门应加强对各省、区苏维埃政府工作的指导。

10 月 10 日，代表临时中央政府出席中国工农红军学校第三期 1000 余名学员毕业典礼，并致辞祝贺。

10 月上旬，出席由周恩来主持的苏区中央局在宁都举行的全体会议（称宁都会议）。会议就红军反"围剿"作战进行激烈争论。来自后方的中央局成员批评前方成员表现对革命胜利与红军力量估计不足，专去等待国民党军进攻的右倾危险，集中批评了毛泽东，提出将其调离前方回后方主持中央政府工作。26 日，临时中央任命周恩来兼红一方面军总政治委员。

10 月 13 日，和毛泽东、张国焘联名，根据国民党军即将进行第四次大规模"围剿"，就"关于战争紧急动员"，发出第 12 号通令，要求苏区军民紧急动员，来粉碎国民党军的第四次"围剿"。

11 月 7 日，是中华苏维埃共和国临时中央政府成立一周年，主持庆祝活动。6 日下午，在庆祝会上代表临时中央政府作向全体选民的工作报告书。7 日上午，举行阅兵典礼。

11 月 29 日，与毛泽东、张国焘联名，发出《中央人民委员会紧急决议——关于战争动员和工作方式》的文告。要求苏维埃政府密切联系群众，反对官僚主义作风，反对空喊口号和不切实、不具体的做法。

1933 年　35 岁

1 月，中共临时中央政治局在上海无法立足，博古、张闻天、陈云等相继到达瑞金。项英作为中央政治局委员，又开始参加中央的集体领导活动。

2 月下旬，红一方面军在第四次反"围剿"中歼国民党军两个师，项英以临时中央政府名义，给朱德、周恩来发去贺电。

2 月 26 日，主持临时中央政府第 36 次常会，就粮食短缺专门作了研究，确定通过借粮以筹集军粮；群众缺粮通过粮食合作社进行调剂。

3 月 4 日，和毛泽东、张国焘联名，就调剂民粮、接济军粮发出第 39 号命令，要求各级苏维埃政府把粮食调剂当作一件大事来抓。指出，只有使大家有饭吃，尤其是红军有饭吃，才能打败国民党军的进攻。

5 月 8 日，临时中央政府第 41 次常会决定：将中革军委从前方移至瑞金；在前方，另组建工农红军总部；增加博古、项英为中革军委委员；在中革军委主席朱德留前方期间，由项英代理中革军委主席。

6 月初，经临时中央批准，以中革军委代主席名义发布命令，调整红一方面军编组，将小师小团改为大师大团，撤销军一级番号。

6 月 6 日，参加中共苏区中央局会议，就扩大红军的工作作了报告。会议作出了《关于扩大红军的决议》。

6 月 30 日，以中革军委代主席名义发布命令。指出：八一南昌起义是反帝的土地革命的开始，是英勇的工农红军的来源。

为纪念南昌暴动与红军成立，确定 8 月 1 日为工农红军成立纪念日。7 月 11 日，临时中央政府第 45 次常会批准将八一作为工农红军成立纪念日。

7 月 1 日，根据临时中央、苏区中央局的要求，以中革军委代主席名义发出指示，由红三军团和红十九师组成东方军，彭德怀兼司令员，滕代远任政治委员。

7 月 9 日，以中革军委代主席名义发布命令，确定颁发红星奖章，奖励对革命战争有功的指战员。当年 8 月 1 日，周恩来、朱德、彭德怀等被授予一等红星奖章，陈毅、张云逸、罗炳辉等 34 人被授予二等红星奖章，王震等 53 人被授予三等红星奖章。

7 月 24 日，参加中共临时中央政治局会议，讨论形势，就第五次反"围剿"作出决议。要求动员群众，保卫苏维埃；猛烈扩大红军，创立新的军团、新的师；在苏区周围，和国民党军开展游击战争。

7 月 26 日，以中革军委名义发布第五次反"围剿"作战纲要。

7 月 28 日，以中革军委代主席名义发布训令，公布《中国工农红军誓词》，供部队进行教育和宣誓使用。

8 月 1 日，中革军委在瑞金举行盛大阅兵典礼，以纪念红军成立 6 周年。这是红军第一次庆祝建军节。博古、毛泽东、张闻天、陈云等领导人出席。项英乘马检阅受阅队伍，然后发表讲话，并带领受阅指战员朗读红军誓词。

同日，以中革军委名义颁发《工农红军纪律暂行条例》。

8 月 8 日，和临时中央政府主席毛泽东联名，打电报给东方军领导人，祝贺东方军作战的胜利。

8 月 28 日，和中革军委副主席王稼祥、彭德怀联名下达密令，要求各军区地方红军、游击队，独立开展游击战争，袭扰打击敌人；还可组织精干部队深入到敌人后方，袭击敌人交通，配合主力作战。

9 月 18 日，和王稼祥、彭德怀联名，就保守军事机密发出指示。

9 月 25 日，共产国际派来的军事顾问李德（又名华夫）到达瑞金。此人在博古的支持下，实际控制了中革军委的领导权。

10 月 5 日，面对国民党军从 9 月下旬开始对中央苏区的第五次大规模"围剿"，和王稼祥、彭德怀联名下达紧急命令，要求红军各部队紧急动员，投入反"围剿"作战。

10 月 17 日，和王稼祥、彭德怀联名，下达改编红军学校的命令。确定将中央军事政治学校扩编，分别组成中国工农红军大学、第一步兵学校、第二步兵学校、特科学校、地方武装干部学校。

10 月 28 日，以中革军委名义命令，决定组建中国工农红军第七、第九军团。第七军团辖第十九、第二十、第三十四师，寻淮洲任军团长，萧劲光（后乐少华）任政治委员；第九军团下辖第三、第十四师和独立第一、第四团，罗炳辉任军团长，蔡树藩任政治委员。

11 月 2 日，和王稼祥、彭德怀联名给红军高级首长及司令部发函，强调：高级指挥机关工作要协调一致，对上级命令要坚决服从，向下赋予任务时对侦察、警戒要提出严格要求，搞好保密。

12 月 20 日，根据中共临时中央决定，命令红一方面军组成

东方军、中央军和西方军。即：红五、红七军团为东方军，红九
军团为中央军，红一、红三军团为西方军。

12 月 20 日，中共临时中央决定：红军"前方总部"撤回瑞
金，并入中革军委机关，由中革军委直接指挥中央苏区各军团和
各独立师、团作战，中革军委主席仍为朱德，副主席仍为周恩
来、王稼祥。项英不再代理中革军委主席职务，仍回临时中央政
府工作。

1934 年　36 岁

1 月上旬，参与研究制定的《关于优待红军家属的决定》，
由中共中央、中华苏维埃共和国人民委员会正式公布。

1 月 15 日至 18 日，参加中共六届五中全会，当选为中央政
治局委员和书记处书记。

1 月 22 日至 2 月 1 日，出席在瑞金召开的中华苏维埃第二次
全国代表大会。毛泽东代表临时中央政府人民委员会作了总结报
告，朱德就红军问题作了报告，项英作了中华苏维埃共和国宪法
修改的报告。在会上，项英当选为中央执行委员会委员和工农检
查委员会委员。

2 月 3 日，中华苏维埃中央政府执行委员会举行第一次全体
会议，选出中央执行委员会主席团，为中央政府的最高权力机
关，毛泽东为主席，项英、张国焘为副主席。项英还任工农检查
委员会主席。

3 月，带领工作组前往于都调查，发现该县苏维埃机关腐败
现象普遍，尤其是县苏维埃主席熊仙壁包庇贪污、私用公款做生
意，影响很坏。项英向中央政府作了汇报，建议严肃处理。

3 月 20 日，和毛泽东、张国焘联名发布命令，对熊仙壁除

批准人民委员会将其县苏维埃主席撤职外，并开除其中央执行委员会委员，交最高法院治罪。经最高法院审判，判处熊仙壁有期徒刑1年。

4月2日，以工农检查委员会名义发出训令，号召开展检查运动，以保障实现战斗任务为主体，反对对战斗任务的消极怠工，反对退却逃跑，反对贪污浪费现象。

5月，参加中共中央书记处会议。会议认为第五次反"围剿"的形势无法扭转，决定红军主力撤离中央苏区，向共产国际报告并请示。共产国际复电同意红军撤离中央苏区，进行战略转移。

夏，调任赣南军政委员会主席兼赣南军区司令员。

9月上旬，奉命返回瑞金。7日，被任命为中革军委代副主席，参与战略转移的准备工作。

10月上旬，中共中央决定他任中央苏区分局书记、中央军区司令员兼政治委员，负责指挥红二十四师和地方红军共1.6万人，留下坚持斗争。中革军委要求他们掩护红军主力转移，保卫中央苏区，准备适时配合主力反攻，并划定瑞金、会昌、于都、宁都4个县城之间的"三角地区"为基本地区和必须最后坚守的阵地；规定必须待中央和红军主力长征到湖南后，项英才能宣布主力出征的消息。指挥地方红军接替红军主力一线防务，掩护红军主力集结和转移。22日，中革军委正式宣布中央军区成立。

10月10日至12日，在瑞金梅坑，送别中央和军委领导人及机关队伍。

10月13日上午，去医院看望负伤的分局委员、中央政府办事处主任陈毅，向陈传达了党中央赋予中央分局的任务和要求，就掩护主力转移等问题初步交换了意见。

10 月 14 日上午，主持召开中央分局成立会议。传达了党中央赋予的任务，就掩护、策应党中央和红军主力转移作出部署。

10 月 18 日，在《红色中华》报上发表了《开展广泛的游击战争，保卫中央苏区》的文章。

10 月下旬，红军主力向南突围。指挥留下的部队全力掩护、策应主力转移；令赣南军区部队前伸，肃清敌残余力量，同时接收伤员，收容红军主力掉队人员。

11 月，指挥部队继续掩护、策应党中央、中革军委率红军主力进行战略转移。22 日，红二十四师在谢坊附近，取得歼国民党军半个旅、击溃半个旅的胜利，又拖住一大批敌人。

11 月，为中央军区在宽田办的游击训练班作报告和讲课。

11 月，以中央军区名义，令由红十军和红七军团编成的红十军团向闽浙赣边发展，吸引牵制东南诸省的国民党军。

11 月下旬，主持召开中央分局会议，提出独立作战和坚持斗争的口号，陆续作出开展游击战争的部署，派一批得力干部去各地领导开展游击战争，其中张鼎丞等去闽西，在赣粤边设置特委和军分区。

12 月，整顿部队。调整编组，充实基层，提拔勇敢坚决的骨干充实领导岗位，学习游击战术。以中央军区司令员兼政委名义，就加强部队组织纪律、克服游击习气发布训令。

同月，在中央分局所辖地区，开展反逃跑现象和失败主义的斗争。对闽浙赣省委书记曾宏毅的逃跑行为和散布的失败言论，开展斗争，撤销其职务，通报各地。

同月，组织精简和疏散，将庞大的机关精简，人员充实基层，安置伤病员。

12月28日，致电中共中央、中革军委，详细汇报了红军主力长征后中央军区的情况，请中央和军委对中央军区的工作及时作指示。

12月29日，在瑞金、瑞西两县干部会上作报告，强调一切工作都应为了开展游击战争。

12月下旬，率中央分局、中央军区机关由宽田转至于都县黄龙区井塘村。

1935年   37岁

1月下旬，红十军团在向闽浙赣边转移途中遭国民党军袭击，先头部队约800人在参谋长粟裕、政治部主任刘英率领下进入闽浙赣苏区。项英在向中央报告的同时，责成闽浙赣省委和军区立即以红十军团余部为基础组成挺进师，粟裕为师长，刘英为政委，进入浙南开展游击战争。

1月下旬，面对严峻形势，主持讨论认为留在中央苏区的部队必须突围，但向哪里突围，涉及变更中央赋予的原定任务，多次向中央报告和请示。

2月1日、4日，致电中央，报告当前敌情，是坚持原地区还是分散游击，请中央速示。

2月5日，向中央报告突围打算，大部分以团为单位向湘赣边、闽赣边、广东、闽南等地突围，分局率一部留中区坚持，请中央即速复示。

同日，接到遵义会议后中央书记处发来急电：立即转入游击战争，组织形式与斗争形式要与游击战争相适应；由项英和陈毅、贺昌组成中央革命军事委员会中区分会，项英为主席。

同日，主持召开中央分局会议，传达学习中央书记处的指示，联系实际，研究措施。确定只保持他与陈毅、贺昌3人的集体领导，其余领导干部立即分散去各地领导斗争。项英的夫人张亮和中央分局妇女部长周月林随瞿秋白、邓子恢等于11日去福建。

2月13日，接到中央关于坚持游击战争的指示，指出：在中区坚持游击战争，对全国有重要意义，将牵制蒋介石许多部队；立即改变组织形式和斗争方式，游击队要短小精干，到敌后开展斗争；开展白区工作，切实瓦解白军。

2月15日、19日、21日，连电中央，报告部队分9路突围，一部分已出动，和陈毅、贺昌率机关、部队转移至于都县禾丰地区。

2月23日，接中央书记处指示，要求：游击部队要绝对轻装，干部分散到游击队，独立开展工作，反对机械搬用老区工作方法。

2月28日，接到中央书记处传来遵义会议精神的电报，表示坚决拥护；要机要部门立即转发给还保持电台联络的赣南省委等单位。

3月9日，向党中央报告，部队分9路突围，其中8路已出动，与陈毅、贺昌率第七十团今向长汀突围。贺昌在白天突围中牺牲，项英在将向中央报告突围的电报发出后，鉴于敌人临近，立即埋掉电台，烧掉密码，此后与中央失掉联系。

3月10日，和陈毅鉴于向闽西突围已不可能，决定改向赣粤边分散突围。巧遇原代英县委书记曾纪才带路，几经辗转，于3月下旬到达大余东南的油山，与在赣粤边的特委、军分区会合。为利于保密,项英开始化名叫"老周"。

4月初,在南雄县大岭下村,他同陈毅召集赣粤边特委、军分区领导干部开会,在听取汇报后指出:为对付国民党军即将到来的"清剿",机关要精简,队伍要分散,工作方式要彻底转变。

4月上旬,和陈毅在大余县长岭村召开干部会议,对坚持赣粤边游击战争作了部署,确定了依靠群众、坚持斗争、积蓄力量、创造条件、迎接新的革命高潮的斗争方针。

4月下旬,和陈毅率游击队在北山遭袭。他们当即进一步分散,转至大余与南雄交界的天井洞地区指挥各地斗争。

春、夏,国民党军对赣粤边发动大规模"清剿",与陈毅确定依靠群众,运用灵活的战术和策略,武装斗争与群众斗争、公开斗争与秘密斗争相结合,来进行反"清剿"。来往于各游击区,指挥游击队挺进山外活动,袭击国民党军据点、碉堡,伏击军车。

夏,和陈毅布置开展白区工作,发展"红色细胞",一些保甲长甚至区长变成"白皮红心"。

10月中旬,叛徒龚楚制造"北山事件",游击队员和干部数十人遇害,和陈毅率指挥机关迅速转移。

10月底,和陈毅在信丰县潭塘坑召开县委书记会议,布置反封坑斗争,领导干部分头赴各地指挥。项英兼赣粤边特委书记。确定建立交通站,沟通与各地的联系。

10月,委托赣粤边特委少共委书记刘新潮在信丰县上乐建立特委油印处。

11月上旬,从报上得知日本帝国主义侵略华北、国民党当局出卖华北主权的事件，和陈毅研究后，提出"抗日救华北""实行全国联合一致抗日"的口号，出布告，散传单，揭露国民党当局丧权辱国的行为，扩大了游击队的政治影响。

11 月，针对有些人对革命前途信心不足的情况，确定进行革命前途教育。分工陈毅去南雄县委，项英留在信康赣县委，直接进行指导。

1936 年　38 岁

1 月，决定将赣粤边特委警卫班调到"三南"（龙南、全南、定南）游击队，增强那里开辟新区的力量。

2 月，领导反搜山斗争，将领导机关移至山外隐蔽；组织游击队挺进到敌后方袭击，在山外制造假象；动员群众对抗搜山，使敌"抄剿"计划难以进行。

4 月，为巩固内部，编写出《关于开展反叛徒讨论大纲》，以赣粤边特委名义印发各游击队学习。

6 月，获悉"两广事变"爆发，立即召开干部会，提出"反对军阀战争，实行抗日战争，要变军阀战争为抗日战争"的口号，以赣粤边红军游击队名义印发《为两广事变告群众书》。确定利用蒋介石与地方军阀之间矛盾开展活动，集中力量打击保安团队，游击区和游击队均得到扩大，赣粤边游击战争进入新阶段。

9 月，"两广事变"结束后，蒋军第四十六师以碉堡封锁为主要手段"进剿"。在信丰的油山召开干部会，制订"九月决议"，组织群众阻挠修碉堡，放手搞"两面政权""黄色村庄"，组织游击队到白区活动。

12 月，西安事变发生。立即开会研究，写出《关于西安事变》的文章，认为中国革命已发展到抗日救亡的新阶段。确定将游击队适时集中整训，准备打击国民党军新的进攻。

同年，编写《红色指挥员必读》《红色战士必读》和《游击队战术歌诀》，印发各游击队学习。

1937年 39岁

1月，编出《帝国主义》教材，介绍帝国主义的现状、对中国侵略等情况，揭示反对国民党的统治和反对帝国主义侵略的关系，正式印发各游击队学习。

同月，西安事变和平解决后，蒋介石搞"北和南剿"，加紧对南方各游击区的"清剿"。领导赣粤边红军游击队开展新的斗争。

2月，蒋军第四十六师在保安团队配合下，对信康赣地区进行篦梳式"清剿"，立即布置反抄山措施。陈毅随南雄县委活动。

2月下旬，同信康赣县委书记刘符节及警卫员共5人跳出蒋军包围圈，来到大余县新城区鹅湾里隐蔽，指挥地下人员割电线，散传单，将标语贴到国民党区署门口。当抄山的蒋军撤回时，他们又返回游击区。

3月下旬，从香港报上看到党中央给国民党五届三中全会的电报，立即写信通报各游击区，指出：抗日民族统一战线正进一步发展，抗日革命高潮就要到来，但要警惕国民党军新的进攻。

4月，与陈毅在梅岭开会，检查兵运工作。

5月初，发生"梅岭事件"，蒋军利用叛徒诱捕项英和陈毅，与陈险遭不测，幸又重逢。

5月下旬，蒋军第46师发动新的"清剿"，指挥被"清剿"

地区游击队向外线游击，其他游击区积极策应，再次粉碎了蒋军的"清剿"。

7月7日，抗日战争全面爆发。得知发生卢沟桥事变的消息后，迅即召开特委会议，确定了同国民党当局举行谈判、联合抗日的方针，写出《卢沟桥事变与抗日斗争高潮》的文章，要求国民党政府实行对日宣战，反对和平妥协，表示愿意联合抗战、为保卫祖国而奋斗。

7月下旬，从香港刊物看到毛泽东在中国共产党全国代表会议上的报告摘要，迅即召开干部会学习讨论，领会党中央关于建立民族统一战线的政策和对国民党地方当局谈判、联合抗日的要求。写出《中国新的革命阶段与党的路线》的文章，阐述了党的路线的转变。

8月初，在赣粤边游击区干部大会上作报告，指出：卢沟桥事变后形势发生重大变化，民族矛盾上升为主要矛盾，阶级矛盾下降为次要矛盾，停止内战、一致抗日已成为党内的中心任务，各级干部应尽快实行由反蒋到"联蒋"、由内战到抗日的思想转变。

8月8日，同特委成员研究后，起草了中共赣粤边特委和红军游击队联合宣言，指出：为争取民族解放，挽救国家危亡，愿遵照党中央的路线，放弃对政府的敌对活动，停止游击战争，与国民党政府合作抗日。同时要求国民党当局立即停止对游击区的"进剿"。

8月20日，以赣粤边特委名义，写信给国民党江西和赣南军政领导人，宣传抗日民族统一战线主张，敦促协商抗日事宜。

8月25日，以赣粤边特委名义，发表《告赣南民众书》，号召赣粤边各界人士团结一致，共同抗日。同时指出，赣粤边红军游击队已停止游击战争，待与国民党地方当局谈判达成协议后，即开赴抗日前线杀敌。

8 月 27 日，和陈毅接大余县长彭育英专函，表示欢迎红军游击队下山谈判。与特委成员研究，认为谈判时机已成熟，由陈毅作为谈判的全权代表。

8 月下旬，根据闽赣边红军游击队负责人的要求，派陈丕显前往传达形势变化和中央政策调整的精神。

8 月下旬，与陈毅研究同国民党地方当局谈判内容和注意事项。陈毅经两次谈判，于 9 月 12 日在"合作意见书"上签字。

9 月 21 日，到赣州同国民党赣南军政负责官员就红军游击队集中的问题进行谈判，并达成协议。

9 月 24 日，作为中共中央分局书记，应国民党江西省政府之邀到南昌，就解决赣粤边以外的南方其他游击区红军游击队改编为抗日武装进行谈判。他在报上看到《中共中央为公布国共合作宣言》。

9 月 27 日，应邀在国民党江西省党部举行总理纪念周会上发表讲演，表示愿共同抗日。

9 月 28 日，给中共闽浙边临时省委书记刘英写信，对他们的英勇斗争表示敬意，告知局势变化和政策调整，决定将红军游击队集中改编为抗日武装。

9 月下旬，给在南京谈判的中共中央代表博古和八路军代表叶剑英发去电报，请他们转毛泽东等中央领导人，告诉他为各边区部队改编到南昌谈判，即日回赣南，请派人去联络。

9 月 29 日，离开南昌前，发表了《告南方游击队的公开信》，传达了党中央关于将红军游击队改编为抗日武装等指示精神。

10月1日，回到大余县池江驻地，立即召开干部会，传达《中共中央为公布国共合作宣言》等文件精神，讨论了赣粤边红军游击队集中整训的问题。随即派人去附近游击区传达联络。

10月上旬，组织红军游击队学习，帮助指战员实行由反蒋到联蒋抗日的战略思想转变。

10月11日，博古派顾玉良来到池江找到他。项英随即对工作作出安排，确定由杨尚奎任赣粤边特委书记，到吉安同陈毅交谈研究，请陈去湘赣边游击区传达，然后由顾玉良陪同转赴南京，23日到达八路军驻南京办事处。

10月26日，离开南京转赴延安，11月7日到达。

11月8日，出席中共中央为项英举行的欢迎会。同叶挺会面交谈。

11月中旬到12月上旬，准备向党中央汇报，写出《三年来坚持的游击战争》，于12月7日报送中央。

12月11日，在延安《解放》周刊上发表《南方三年游击战争经验对于当前抗战的教训》一文。

12月9日至14日，出席中共中央政治局十二月会议。13日，政治局通过了《对于南方游击区工作的决议》，对项英和南方红军游击队开展的三年游击战争给予高度评价。政治局会议重新明确：中央常委由张闻天、毛泽东、王明、康生、陈云、周恩来、张国焘、博古、项英9人组成⑤。

12月14日下午，出席中央政治局会议，讨论和确定了新四军的编组原则。决定成立中共中央东南分局，项英任书记，曾山任副书记；成立中央军委新四军分会，项英任书记，陈毅任副书记。

12 月 14 日，毛泽东与他联名复电叶挺：新四军的编组，原则上可按何应钦提议，作进一步磋商；各支队在长江南北展开游击；新四军的干部配备，不允许国民党方面插手。

12 月 23 日，率中央军委派往新四军的第一批干部 50 多人到达武汉，同中央代表团王明、周恩来、博古等会面，向他们传达了中央关于新四军编组和组织领导的决定事项，就新四军的干部配备作了研究。当晚，同叶挺军长见面交谈，研究了新四军编组的有关问题。

12 月 24 日，叶挺在武汉大和街 26 号，招待项英和从延安来的干部吃饭。项英强调要尊重叶军长的领导，加速部队编组。

12 月 25 日下午，项英和叶挺、张云逸召集已到武汉的新四军干部和技术人员开会。叶挺和项英分别报告了抗战形势、上海和南京失陷经过及原因，布置了当前工作。这实际是军部机关成立的会议。

12 月 27 日，根据中共中央意图，代表中国共产党同国民党当局谈判，在坚持共产党对新四军绝对领导的前提下，同意在军以下编为 4 个支队，每个支队辖两个团，隶属于第 3 战区管辖，位于江北的第 4 支队归第 5 战区指挥。

12 月 27 日，向叶军长介绍同国民党当局谈判达成协议的情况，就领导骨干配备又作研究和确定。

同日，向毛泽东、洛甫报告：新四军编为 4 个支队，并就干部配备提出建议。

12 月 28 日，接到毛泽东复电，同意新四军编为 4 个支队及各支队领导干部配备。

12 月 29 日，向党中央报告：同高敬亭、傅秋涛见面交谈情况；不日将转赴南昌，指导各地部队集中。

12 月 30 日，接到洛甫、毛泽东等来电，明确了新四军成立后的部署，"以皖南为重心"，攻击并准备攻击南京、芜湖、杭州、浙赣路、湖口及沿江之敌，陈毅支队置于江南，高敬亭支队置于江北。

12 月，接到斯大林从苏联捎来赠给他的手枪 1 支、望远镜 1 架、毛毯 1 条。

1938 年　40 岁

1 月 3 日晚，周子昆率 30 多名干部抵达武汉。项英表示欢迎，同周子昆交谈，一部分干部随即充实到军部机关。

1 月 4 日，和张云逸、周子昆率新四军军部机关人员由武汉去南昌。动身前，和张云逸、周子昆、曾山与留武汉办理交涉的叶挺合影留念。

1 月 6 日，率新四军军部机关人员到达南昌，随即与陈毅会面。

1 月 10 日，召开新四军机关干部会，专门讲了发扬艰苦奋斗优良传统的问题。

1 月 10 日下午，顾玉良陪同闽赣边红军游击队负责人黄道和红军闽东独立师政委叶飞到达军部。11 日，项英听取黄道、叶飞汇报后，传达了党中央将红军游击队集中编为新四军的决策，同他们研究了部队集中编组事宜。

1 月 10 日前后，主持东南分局成立会议。项英传达了党中央对东南地区党的工作和红军游击队集中编组的指示，研究了分工、机构设置和近期工作安排。确定将东南分局对外称新四军驻南昌办事处，由黄道任办事处主任。

1月12日前后，会见皖浙赣边、湘赣边、闽西游击区的代表，听取汇报，向他们传达了党中央关于将南方红军和游击队集中编为新四军的决策，同他们研究了部队集中改编事宜。

1月13日前后，与曾山在听取黄道、叶飞汇报中得知，黄与叶及叶与刘英间关系紧张，进行耐心帮助，强调要按党的原则和尊重党的利益前提下解决矛盾。

1月16日，同曾山动身去湘赣游击区，先在吉安听取了湘赣游击区负责人谭余保的汇报，接着到莲花看望了湘赣边红军游击队指战员，向他们传达了党中央的指示，同他们研究了部队集中编组及坚持斗争的问题。

1月下旬，与曾山到达赣南大余县池江，于29日将湘赣游击区的情况向长江局和中共中央写出报告，向赣粤边游击区的干部传达党中央指示，同他们研究了将红军游击队集中编组和坚持斗争问题。

2月12日，与曾山从赣南回到南昌。当晚，出席军部机关为叶、项军长到来举行的欢迎会。讲道，由于干部来自四方，阅历、特点不同，要互相学习，团结共事，很好地履行自己的职责。

2月13日，出席叶挺主持的会议，听取副参谋长周子昆和参谋处长赖传珠汇报部队编组、集中情况。要求军机关要大力抓好部队集中的工作。

2月14日，与陈毅致电毛主席：新四军组建后，不宜全部集结皖南，应尽量前伸，向苏浙赣边地区配置。15日，毛泽东复电项、陈：同意所提行动原则，指出目前最有利于发展的地区是苏南的茅山山脉。

2月15日，新四军教导队第一期开学。在讲话时，要求教导队参照抗大的教学经验，结合新四军的实际来设置课程，搞好教学。

2月中旬，组织军机关研究部队集中问题，规定行进路线，下达集中通知。

2月16日，向长江局和党中央报告：部队动员和集结情况；东南地区党组织的恢复和分局工作展开情况；当前工作安排，强调以毛泽东的谈话作为指导工作的"纲要"；建议中央派一得力的人来负分局领导责任。

2月19日，与曾山会见闽浙边游击区负责人刘英派来的代表龙跃、余龙贵。听取他们的汇报，传达了党中央的指示和东南分局关于闽浙边红军游击队主力由粟裕率领编入新四军、刘英留浙南坚持斗争的安排。因事关重大，请曾山代表东南分局前往浙江传达和部署。

3月9日，与叶挺接见、招待上海煤业救护队成员，介绍了新四军前身的光荣历史，动员他们参加新四军。4月，这个救护队在忻元锡、陈昌吉、叶进明等领导下，带领23辆卡车、两辆救护车和120多名救护队员，集体参加了新四军。

3月中旬，刘英来到南昌。项英与曾山一起听取汇报，介绍了红军游击队集中的进展情况及坚持南方战略支点的安排，要他们利用新四军在温州、丽水设置的办事机构作掩护，大力恢复和发展党的组织，动员一批工人、学生参加新四军。对刘英与叶飞之间的矛盾，要按照党的原则和党的利益前提下解决。

3月16日，发表《巩固部队提高战斗力准备胜利的战斗》一文。强调要加强政治教育，保持和发扬优良传统，不能因搞统一战线就曲解为自己与人家一样。

3月18日，接毛泽东电报，任命袁国平为新四军政治部主任。至此，新四军和各支队的主要领导干部均已确定下来。

3月下旬，与曾山研究后指示各省委、特委，对恢复党的组织、大力发展党员的工作，提出了新要求。以军分会书记名义，要求各部队积极协助地方党组织做好恢复与发展工作。

4月5日，率新四军军部机关由南昌进到皖南歙县岩寺。此时，第一、第二、第三支队在岩寺附近集结，第四支队在皖中舒城、庐江地区集结。上旬，初步确定派先遣队去苏南进行战略侦察。

4月中旬，新四军军部召开营以上干部会。项英讲道：这是南方红军游击队会师的会议，南方红军游击队将形成铁的力量；番号虽改变，但人民军队的性质没有变；传达了党中央、毛主席对新四军的关怀，提出集中期间的要求和注意事项；叶军长是北伐名将，要很好尊重领导，听取指挥。

4月中旬，和叶挺等一起，组织部队应对国民党第3战区高官的点验，使部队及早开赴敌后；确定将教导队扩建为教导营，于23日开学。

4月24日，接毛主席复电，赞许"先派支队去溧水一带侦察甚妥"。立即与叶挺等从第一、第二、第三支队抽调侦察分队组成先遣队，共200余人，由粟裕率领。26日，召开干部会，项英对先遣队的出动作了动员，介绍新到的军政治部主任袁国平与大家见面。28日，和军领导人欢送先遣队出动。

4月29日，向毛主席和长江局报告：先遣队已出动，各支队不日将陆续跟进。

5月4日，接毛泽东电报，要求到敌后开展游击战，建立茅山抗日根据地。14日，中央书记处又电示，新四军应到敌后建立根据地，发展武装。他迅即转各部坚决执行。

5月，与叶挺向新四军各部队发出号召，到敌后开展游击战，积小胜为大胜。

5月12日，接到第四支队报告蒋家河口首战胜利的消息，迅即组织上报。15日，《新华日报》刊出这一胜利消息，扩大了新四军的影响。

6月7—9日，叶挺于7日向陈绍禹、周恩来、秦邦宪、叶剑英提出，要求"组织新四军委员会，以便共同商议处理一切军政问题"。毛泽东、洛甫于9日复电长江局并告项英：批准成立新四军委员会，项英为主任，叶挺为副主任。

6月15日，发表《新四军的昨天和今天》一文，对新四军的由来、编组和集中情况作了介绍。

同日，向党中央、毛主席报告：陈毅率第1支队与粟裕的先遣队已在溧水会合，正着手建立茅山根据地。报告提到第3、第2支队部署及展开情况。

6月16日，按规定写出历史思想自传。

6月17日至19日，新四军召开第一次政治工作会议，到会讲话。

6月23日，致信陈毅，对先遣队取得韦岗战斗的胜利给予很高评价，称赞"先遣队的确起了先锋作用"。信中提到在茅山建立根据地要注意的问题。

6 月下旬，新四军召开第一次参谋工作会议。到会讲话。

7 月，会见上海地下党领导人刘晓、沙文汉，听取他们的汇报，交流了情况。

7 月 28 日，由南陵县土塘动身去延安，参加中共六届六中全会。先参加了 9 月 14 日至 27 日的中央政治局会议，接着参加了从 29 日开始举行的六中全会全体会议，在 30 日上午作了《关于新四军的成立与现状》的报告。由于叶挺去电催促及战局形势的急剧变化，项英未等会议结束，经批准于 10 月初离开延安，22 日回到皖南泾县云岭军部。

8 月，赴延安途经武汉时，会见了美国著名作家埃德加·斯诺，介绍了新四军成立前的光荣历史。斯诺称红军游击队是"决死的部队"，称项英是"由坟墓里出来的"。

9 月 27 日，在延安致电叶挺等人，祝贺新四军成立一周年。

9 月，在延安参加六中全会的晚间，同女儿项苏云、儿子项学成作短暂团聚。这是他一生中唯一一次同儿女在一起。

10 月 1 日，中共中央致电叶挺、项英，祝贺新四军成立一周年。指出："新四军在与日寇血战的一年中，取得了很大的胜利，打击了日寇，壮大了自己，创建了游击区域。"

秋，经军分会决定，第一、第六团对调，第三支队第六团划归第 1 支队建制，第一团调皖南整训。

10 月，批准派军部印刷厂厂长陈昌吉去沦陷的上海了解情况，带去一些照片，通过在租界出版的《译报》和《译报周刊》介绍，扩大了新四军的政治影响。

10 月 31 日，在新四军和东南分局机关党员干部会上，传达了中共六届六中全会精神。

11 月 1 日，参加新四军教导总队开学典礼，并作报告。

11 月 6 日，中共六届六中全会闭幕，会议确定东南分局改为东南局，他仍为书记，曾山仍为副书记。

11 月上旬，听取中共浙江省委书记刘英汇报，要求他们要在敌沦陷区开展武装斗争，要注视局势变化，保持警惕，救亡活动从城镇向农村延伸，扩大活动地区。

11 月 10 日，毛泽东等致电项英并告周恩来、叶剑英："白崇禧已允新四军张云逸同志率一个营到长江以北安徽境内活动"；"现在安徽中部最便利我军活动，新四军可否派二个至三个营交张云逸同志率领过江。"根据六中全会确定的向北发展的方针和毛主席指示，于 17 日派参谋长张云逸率一批干部和军部特务营去皖中，加强江北抗日斗争的领导。

11 月，和军分会决定，军政治部举办的《抗敌报》在云岭创刊。

11 月，会见美国著名记者、作家艾格尼丝·史沫特莱女士，介绍了新四军的历史和发展、在敌后开展游击战争、培养干部等情况，并预支津贴费 3 元招待史沫特莱。

11 月底至 12 月初，上海民众慰劳团由新四军联络员、印刷厂长陈昌吉陪同到达云岭。项英召开大会，代表已去广东的叶挺军长、军部及全体指战员讲话欢迎，接受了慰劳团赠给的锦旗，回答了他们提出的问题。12 月 2 日，项英以叶挺和他的名义，给上海工人救亡协会、上海妇女难民救济会分别写了感谢信，表示："坚持江南抗战，变敌人后方为前方。"随团访问的美国记者杰克·贝尔登在《大美晚报》上连续作了报道。

12 月 1 日，接中央书记处电示，要求"新四军应成为江南

（包括浙、皖南、苏南）、闽、粤、赣游击战争之产婆"，给闽、浙、赣地方党派干部，建立新的武装。浙南、闽北、闽粤边的游击武装就是当时留下的种子发展起来的，他们长期坚持斗争，于1949年配合解放军主力迎来全国的解放。

12月16日，得知叶挺难以在粤东开展抗日活动后，致电党中央并告周恩来、叶剑英，称："希夷在广东既不能取得名义，最好劝他回新四军工作。"

12月25日，召集红军老战士开会，座谈发扬优良传统问题。

冬，与曾山同中共福建省委书记曾镜冰讨论福建党的工作。他指出：福建形势还会有变化，要有在沦陷区开展武装斗争的准备；原闽北游击区的工作要继续加强，可作为将来斗争的基本区域；鉴于国民党顽固势力摩擦事件增多，领导机关要做预防不测的准备。

1939年　41岁

1月1日，在干部会上作了《新四军一年来抗战的经验与教训》的报告。

1月上旬，中央书记处、周恩来电告新四军：叶挺将回新四军；新四军委员会改以叶挺为主任，项英为副主任（项实际上为政委）；军事指挥交叶办，要项英多注意总的领导和东南局的工作。

1月12日上午，动身去苏南巡视。传达中共六届六中全会精神，了解第一支队挺进苏南的情况，看望部队，调查苏南社会情况对抗战进入新阶段的影响，就一些问题同陈毅商谈。

2月，主持创办《抗敌》杂志，总结交流作战、建军经验。

在该刊第 1—6 期发表 8 篇文章。

2 月 7 日至 16 日，新四军召开第二次政治工作会议。在会上作了《新阶段中我们在江南抗战的任务》的报告。

2 月，根据江西、浙江、福建等地形势逐渐恶化的情况，要求各地党组织采取应变措施，转入地下活动。

2 月 23 日至 3 月 14 日，周恩来视察皖南，叶挺军长返回军部。项英向周恩来汇报了部队作战、建设情况，陈毅、袁国平、周子昆、曾山作了补充；听取周恩来对六届六中全会后期的发展及毛泽东对会议结论的传达和作了《形势与任务》的报告；陪同视察部队；商定了新四军"向南巩固，向东作战，向北发展"的发展方针。

3 月 10 日，叶挺和项英联名发出新四军进入江南第一年抗战情况的报告。

3 月 18 日至 24 日，新四军军部召开第二次参谋工作会议。在会上作了《一年来作战的经验与本军建军工作》的报告，强调要一面作战，一面建军。

春，会见加拿大女护士琼·尤恩女士，对她赠给新四军的医药和医疗器械表示感谢。

3 月下旬至 4 月中旬，就贯彻发展方针作出部署，包括建立江北指挥部，领导第四支队和新建第五支队及江北游击纵队，军参谋长张云逸兼江北指挥部指挥，邓子恢兼江北指挥部政治部主任，赖传珠任江北指挥部参谋长。江北指挥部于 5 月 5 日成立。

4 月，以新四军政治委员名义，与政治部主任袁国平、副主任邓子恢将《新四军政治工作组织纲要（草案）》，用命令形式公布施行，并将此草案呈送延安总政治部审示。

4月至5月，多次致电张云逸和中央书记处，提出对高敬亭要耐心帮助，尽力挽救，推动其前进。

4月底至5月初，中共上海地下党组织的第二批民众慰劳团到达云岭。代表赴江北的叶挺军长表示欢迎，对上海各界民众关心支持新四军表示感谢。该团副团长、共产党员杨帆和大部分团员均留在新四军工作。

4月至5月，与袁国平、周子昆、李一氓、朱镜我、黄诚等研究修改新四军军歌的歌词，突出了东进抗敌和向敌后发展的思想，形成了陈毅原词、集体改词，何士德作曲的《新四军军歌》。

5月1日，《项英将军言论集》由集纳出版社出版。

5月4日，新四军政治部举行纪念"五四"运动20周年大会。他在会上作了报告。

5月，发表《开展全军的体育运动》一文，指出：没有强健的身体，就不能冲锋杀敌、决胜疆场。

6月，国民党顽固派制造"平江惨案"。和叶挺在强烈抗议的同时，决定将在江西、湖南、福建、浙江等地的新四军办事处、留守处等机构撤销，人员一部返回新四军，一部转入地下斗争。

7月至8月，新四军举行第一次党代表大会。总结新四军成立一年多来和坚持南方三年游击战争的经验。在会上作了讲话。8月1日，中共中央给项英并大会发来贺电，高度评价新四军及前身部队在斗争中取得的胜利，肯定了项英为书记的东南局和军分会领导的正确⑥。

8月，中共中央政治局开扩大会议，总结南方局和新四军、东南分局、东南局的工作。正在延安的军分会委员张鼎丞作了《新四军与东南党的工作》的报告。政治局讨论后，对周恩来领导的南方局和他领导的东南局的工作都给予充分肯定。

8月20日，致电中共中央军委，鉴于张鼎丞当选为"七大"代表并已赴延安，建议第一、第二支队均由陈毅指挥。11月7日，第一、二支队机关合并组成江南指挥部，陈毅任指挥，粟裕任副指挥。

8月25日，发表了《本军成立两周年纪念感言》，在叙述战斗历程和歌颂胜利的同时，提出要根据敌人的新特点来开展斗争。

10月12日，在《抗敌报》上发表了《纪念新四军成立两周年》。

10月中旬，新四军政治部召开全军第一次青年代表大会。他到会讲话。

10月26日，向党中央报告："江抗"西移，是由于他们无信心及不了解坚持东路的意义所致，这是大的失策，已派何克希等东返主持。对顽固派的进攻，就是要反击，不斗争就难生存。

10月，中共浙江省委书记刘英来东南局汇报。项英根据局势逆转，提醒刘英要做好应付局势变化的准备。

冬，从来自上海地下党的杨帆处得知，蓝苹（江青）在上海政治上、生活作风上有不良表现，项英立即打电报向党中央报告。

12月2日，向党中央报告：已令第六团和第四团主力、管文蔚部1个营由扬中北渡长江。其中，叶飞率领的第六团与管文蔚部在渡江前已合编为新四军挺进纵队，张道庸（陶勇）率领的第四团主力随即改为苏皖支队。

12 月，新四军政治部召开宣教工作会议。项英在讲话时要求组织干部学习马列主义理论和党的路线。

1940 年　42 岁

1 月 1 日，根据中原局书记刘少奇已到皖东、军部对江北部队指挥不便的情况，向党中央建议并经批准，新四军江北部队均归中原局指挥。

1 月 14 日，在云岭召开军分会、东南局联席会议，讨论江南工作方针和应变措施，强调要大力加强武装力量，充实与扩大部队。

1 月 15 日，党中央就新四军的应变方针给他复电，指出："如遇急变不能向北，当然只有向南，你的决心是对的。"⑦

1 月 20 日，向党中央报告，苏南东路大有发展前途，应力争成为江南人、枪、款三项之来源。3 月，派第三支队副司令员谭震林率一批干部去加强苏南东路的领导，任"江抗"东路指挥部司令员兼政委。

1 月 25 日，新四军政治部召开敌军工作会议。项英讲话时强调，要运用斗争策略瓦解敌军，"不懂得策略的人，就做不好敌军工作。"

2 月 10 日，党中央和军委发出关于战略方针的指示中，规定了八路军、新四军各部队的任务，要求"项英直接指挥皖南斗争，巩固现有阵地，建立政权，力求扩军"⑧。这就明确了要他领导巩固皖南的阵地。

3 月，在军部领导对"三八"妇女节的纪念活动。2 月在《抗敌》杂志发表《我们的女战士》一文。在"三八"妇女节纪念会上，表扬了经评选的朱镜我与赵独步、袁国平与邱一涵、薛暮桥与罗琼 3 对模范夫妻。

3 月 30 日，致电江苏省委，在苏北对顽固派韩德勤要坚决反击，争取中间派李明扬、李长江，才能求得发展。

3 月至 4 月，根据项英主持军分会、东南局联席会议确定的扩军要求，至 4 月，皖南及苏皖等地扩军 4500 名。

4 月 3 日，与叶挺、袁国平、邓子恢联名发表《为反对汪逆政权的成立告全军将士书》，声讨汉奸汪精卫。

4 月下旬至 5 月初，日伪军出动万余名对皖南大"扫荡"。他指挥第一、三、五团等部进行反"扫荡"，取得歼敌 900 余名的胜利。

5 月 4 日，中共中央给东南局发出《放手发展抗日力量，抵抗反共顽固派的进攻》的指示，要求尽可能多地控制地区，独立地扩大军队，建立政权。陈毅和粟裕率江南指挥部主力北渡长江。项英派东南局青年部长陈丕显率一批干部转赴苏北敌后，协助陈毅开展地方工作。

5 月 5 日，中共中央书记处就他 4 月 23 日转报陈毅、粟裕关于放弃皖南军部及皖南主力移至苏南的建议，复电项英和陈毅："同意军部、后方机关及皖南主力移至苏南，惟请注意皖南力量不要太弱，并须设置轻便指挥机关，以便坚持皖南阵地并发展之。"⑨这就是说，中央既同意军部及主力移至苏南，又要坚持皖南，还要发展皖南。由于当时新四军的"统辖"⑩权在国民党方面，国民党第 3 战区阻拦，致未能实现。

5 月 6 日，总政治部发出《对于新四军政治工作的指示》，指出 1939 年上报的《新四军政治工作组织纲要（草案）》有些错误。

5月9日，致电中央，对中央关于统战政策指示，认为是讲项英犯了路线错误，思想不通，要求中央派一位政治局委员到新四军及东南局负领导之责，在中央派人未到前，拟请曾山代理东南局书记、陈毅或袁国平代理军分会书记，请中央对项英的错误作彻底检查。

5月12日，致电中央：党中央指示，已由袁国平传达；对中央的路线政策，本人并无异议；项英提出由曾山、袁国平分别代理东南局、军分会书记，讨论时认为需由中央决定；希望中央指出他的错误性质和具体内容，撤他的职。

5月23日，中央致电项英和东南局、军分会，指出：在项英领导下的东南局与军分会，在三年抗日战争中是有成绩的，是执行了抗日民族统一战线路线的，但在执行这一路线时也犯有某些个别策略问题错误；项英仍继续担负东南局及军分会书记之责。

6月，接到周恩来的电报：叶挺已改变辞职想法，仍回新四军，要新四军派一高级干部去重庆接叶挺回军部。项英请袁国平前往重庆接叶军长，并当面将有关情况向周副主席和叶军长汇报。周恩来在听取袁国平关于新四军贯彻发展方针及路线、方针、政策的情况汇报后指出："3年来东南局在项英同志领导下是正确的。"⑪8月，袁国平陪同离开皖南近一年的叶军长回到云岭军部。

夏，刘英来东南局汇报请示工作。项英和曾山同刘英一起分析形势，强调要切实做好应变的准备。

10月初，得知黄桥战役胜利消息后，立即布置《抗敌报》

发表祝捷社论。

10月上旬，协助叶挺指挥皖南秋季反"扫荡"，取得歼敌2900余名的重大胜利。

10月11日，陈毅在苏北指挥部纪念新四军成立3周年纪念干部会上指出：项副军长"以其历史地位和在全党的威信，使南方七、八省游击队造成铁的力量。以后跟叶军长合作，使改编成功，这就是本军成立的关键"⑫。

10月12日，新四军军部在云岭举行大会，庆祝新四军成立3周年。叶挺军长作了《纪念新四军成立三周年》的演讲，称赞项英在组建新四军过程中"起着领导的决定的作用"。⑬

10月19日，何应钦、白崇禧发出"皓电"，要求八路军、新四军在1个月内撤到黄河以北地区，掀起第二次反共高潮。

11月1日，中共中央就皖南新四军行动方针致项英电中称："如移苏南，须得顾顾祝同许可，如顾不许可，则只好留皖南"⑭，讲明了皖南部队当时的真实处境。

11月9日，毛泽东以朱德、彭德怀、叶挺、项英名义复电，在驳斥其诬蔑的同时，为顾全抗战大局，答应将新四军皖南部队移至江北。根据中央关于放弃皖南的决策，项英与叶挺组织贯彻，认真准备：选择北移路线，加强北移教育，将大批干部、技术人员、地方公开的党员、家属近2000名于11月26日至12月9日以非战斗人员名义分批撤离，布置秘密工作，进行战斗编组。东南局副书记曾山等12月13日经苏南去苏北。由于北移要以阻止汤恩伯等部东进为"交换条件"⑮，故走不走、何时走均需中央根据情况而定。

12月26日，中共中央电示，要求皖南新四军部队坚决北移。28 日，项英主持军分会扩大会议确定走绕道经苏南的路线北移。

1941 年　43 岁

1 月 1 日，叶挺和项英以新四军名义报中央：我们决定全部移苏南，如遇阻击即以战斗前进，万不得已时分散游击。3 日，毛泽东等复电同意开苏南。

1 月 4 日晚，叶挺和项英率新四军军部及皖南部队共 9000 余人，冒雨踏上东进北移的征途。当日，在《抗敌报》告别号上发表《临别之言》的社论和《告皖南同胞书》，表明奉命北移是正大光明之举。

1 月 6 日晨，新四军皖南部队行至泾县茂林以东地区时，突遭国民党军预伏的 8 万重兵包围袭击，发生了震惊中外的皖南事变。新四军皖南部队指战员经 7 昼夜浴血奋战，至 14 日，因寡不敌众，弹尽粮绝，遭到重大损失，除 2000 余人分散突出重围外，其余 6000 余人大部分壮烈牺牲、失散或被俘。袁国平在突围时牺牲，叶挺在谈判时被扣，他与周子昆突出重围，转至泾县蜜蜂洞隐蔽。

3 月 14 日，与周子昆在蜜蜂洞，在聚集失散人员、准备同秘密的皖南特委研究在皖南建立游击武装开展斗争、待机北渡时，被叛徒杀害，时年 43 岁。

（本文发表在中共党史出版社 2009 年出版的《近看项英》一书，收入本书时，作了增补和订正。）

2019 年 2 月 26 日稿

注　释

① 《包惠僧回忆录》，人民出版社 1982 年版，第 390 页；《中国共产党六十年》（上），解放军出版社 1984 年版，第 33 页；《中国共产党组织史资料汇编——领导机构沿革和成员名录》，红旗出版社 1983 年版，第 8 页。

② 《中共中央文件选集》（四），中共中央党校出版社 1989 年版，第 235 页。

③ 《任弼时传》，中央文献出版社、人民出版社 1994 年版，第 220 页。

④ 《中国共产党历史》（上卷），中共党史出版社 1991 年版，第 306—307 页。

⑤ 《陈云年谱》（上），中央文献出版社 2000 年版，第 214 页。

⑥ 中央档案馆编：《中共中央文件选集》（十二），中共中央党校出版社 1991 年版，第 152—153 页。

⑦ 《毛泽东军事文集》（第二卷），军事科学出版社、中央文献出版社 1993 年版，第 505 页。

⑧ 《八路军·文献》，解放军出版社 1994 年版，第 460 页。

⑨ 《新四军·文献》（一），第 163、11 页。

⑩ 《新四军·文献》（一），第 163、11 页。

⑪ 中共中央党史研究室：《中国新民主主义革命史专题讲座》，中共党史出版社 1988 年印，第 98 页。

⑫ 《南方三年游击战争·综合篇》，第 579 页。

⑬ 《新四军·文献》（一），第 802 页。

⑭ 中央档案馆编：《皖南事变》（资料选辑），中共中央党校出版社 1982 年版，第 70 页。

⑮ 《皖南事变》（资料选编），第 100 页。

附表一

韵目代日表

一　日	东、先、董、送、屋	十二日	文、侵、吻、震、锡	二十二日	养、祃
二　日	冬、萧、肿、宋、沃	十三日	元、覃、阮、问、职	二十三日	梗、漾
三　日	江、肴、讲、绛、觉	十四日	寒、盐、旱、愿、缉	二十四日	迥、敬
四　日	支、豪、纸、质、寘	十五日	删、咸、潸、翰、合	二十五日	有、径
五　日	微、歌、尾、未、物	十六日	铣、谏、叶	二十六日	寝、宥
六　日	鱼、麻、语、御、月	十七日	筱、霰、洽	二十七日	感、沁
七　日	虞、阳、遇、曷、麌	十八日	巧、啸	二十八日	俭、勘
八　日	齐、庚、荠、霁、黠	十九日	皓、效	二十九日	豏、艳
九　日	佳、青、蟹、泰、屑	二十日	哿、号	三十日	陷、卅
十　日	灰、蒸、贿、卦、药	二十一日	马、箇	三十一日	世、引
十一日	真、尤、轸、队、陌				

附表二

地支代月代时表

子	丑	寅	卯	辰	巳	午	未	申	酉	戌	亥
一月	二月	三月	四月	五月	六月	七月	八月	九月	十月	十一月	十二月
23—1	1—3	3—5	5—7	7—9	9—11	11—13	13—15	15—17	17—19	19—21	21—23
（时）	（时）	（时）	（时）	（时）	（时）	（时）	（时）	（时）	（时）	（时）	（时）

后　记

　　项英作为我国杰出的无产阶级革命家、工人运动的著名活动家、党和红军早期的领导人之一、新四军的创建人和主要领导人之一，为中国共产党的事业的发展壮大、为中华民族的解放、为新中国的诞生作出了不可磨灭的贡献。

　　《项英文集》主要由中国人民解放军军事科学院百科研究部原副部长、少将王辅一研究员负责编注。王辅一从事项英研究三十余年，潜心研究项英生平事迹及其思想，出版了多部项英研究专著，积累了大量项英历史资料，经过反复考证，精心整理，将项英生前的著述、书信、电文以及中央、军委发出与项英有关的电文，包括项英的入党介绍人包惠僧以及叶挺、陈毅等所撰写的回忆项英的文章，女儿项苏云所写回忆父亲的文章，王辅一本人整理的项英传略和生平大事年表，等等，编辑成《项英文集》，并列入国家出版基金资助项目，正式出版发行，供广大读者学习和研究，这对于人们了解项英的光辉一生和研究项英会有很大的帮助。

　　在《项英文集》编辑过程中，军事科学院张明金研究员较大丰富了项英著述，中央党史和文献研究院审读专家在审读书稿过程中提出了宝贵修改意见和建议，中共中央宣传部及所属国家新闻出版署及时安排项英书稿的送审和批复事宜，同时，项英的女儿项苏云、侄女项玉兰对本书出版给予了大力支持和帮助，在此一并致谢！

编者

2019 年 6 月 18 日

责任编辑:吴继平

封面设计:肖 辉 王欢欢

版式设计:汪 莹

图书在版编目(CIP)数据

项英文集:上、下/项英 著. —北京:人民出版社,2019.8
(中国共产党先驱领袖文库)
ISBN 978－7－01－021074－2

Ⅰ.①项… Ⅱ.①项… Ⅲ.①项英(1898—1941)-文集②军事
理论-中国-文集 Ⅳ.①E20－53

中国版本图书馆 CIP 数据核字(2019)第 150453 号

项英文集

XIANGYING WENJI

项 英 著

人 民 出 版 社 出版发行

(100706 北京市东城区隆福寺街 99 号)

北京新华印刷有限公司印刷 新华书店经销

2019 年 8 月第 1 版 2019 年 8 月北京第 1 次印刷

开本:700 毫米×1000 毫米 1/16 印张:85.5 插页:8

字数:1020 千字

ISBN 978－7－01－021074－2 定价:268.00 元(上、下册)

邮购地址 100706 北京市东城区隆福寺街 99 号

人民东方图书销售中心 电话 (010)65250042 65289539